LES NOUVEAUX CHANTIERS DE FINANCES PUBLIQUES EN AFRIQUE

Mélanges
en l'honneur
de Michel BOUVIER

LES NOUVEAUX CHANTIERS DE FINANCES PUBLIQUES EN AFRIQUE

Mélanges
en l'honneur
de Michel BOUVIER

Contributions réunies par
Nicaise MEDE

Sénégal
L'Harmattan

10 VDN, Sicap Amitié 3, Lotissement Cité Police, DAKAR

http://www.harmattansenegal.com
senharmattan@gmail.com
senlibrairie@gmail.com

ISBN: 978-2-343-17633-8
EAN: 978-2-343-17633-8

COMITÉ SCIENTIFIQUE

Coordonnateur

Nicaise MEDE

Membres

Eloi DIARRA
Salif YONABA
Gérard PEKASSA
Dabakh KEBE

SOMMAIRE

COMPTABILITE PUBLIQUE

DROIT FISCAL

VARIA

MICHEL BOUVIER

INTRODUCTION SUR L'HOMME

Michel Bouvier est Professeur à l'Université Paris 1 Panthéon-Sorbonne où il a fondé le Master droit et gestion des finances publiques. Il a par ailleurs créé le Groupement Européen de Recherches en Finances Publiques en 1999.

Auteur de plusieurs ouvrages, Michel Bouvier dirige la *Revue Française de Finances Publiques* qu'il a fondée en 1983.

Il est Président-Fondateur de L'Association pour la Fondation Internationale des Finances Publiques (FONDAFIP).

Il est membre du Comité d'experts de la délégation aux collectivités territoriales et à la décentralisation du Sénat. Il est aussi membre de l'Observatoire des finances locales du Comité des finances locales ainsi que du Comité consultatif d'orientation du Conseil de normalisation des comptes publics.

Il est enfin membre du comité de rédaction de différentes revues françaises et étrangères et directeur de plusieurs collections d'ouvrages aux éditions *Lextenso*

FONCTIONS

- Fondateur et Directeur de la Revue française de finances publiques
- Fondateur du Groupement Européen de Recherches en Finances Publiques (GERFIP)
- Président - Fondateur de l'Association pour la Fondation internationale de finances publiques (FONDAFIP)
- Avocat au Barreau de Paris
- Membre de l'Observatoire des Finances et de la Gestion publique Locales du Comité des Finances Locales
- Expert international (FMI, UE, AFD, CTB, MAE)
- Fondateur et Directeur des collections : Systèmes, Décentralisation et développement local, Politiques locales, éditions LGDJ-Lextenso
- Directeur de la collection Bibliothèque de Finances publiques et fiscalité ; éditions LGDJ-Lextenso
- Membre de l'Observatoire des Finances Locales du Comité des Finances Locales
- Membre du Comité d'experts de la délégation aux collectivités territoriales et à la décentralisation du Sénat

- Membre du Comité consultatif d'orientation du Conseil de normalisation des comptes publics
- Membre du Conseil de l'Observatoire de la Dépense Publique
- Membre de Sorbonne Fiscalité - IRJS
- Membre de la Task Force d'experts de la Région Bruxelles-Capitale
- Membre de la Commission de révision et de simplification de la législation fiscale de l'Etat du Minas Gérais (Brésil)
- Membre du Conseil scientifique de la Montesquieu Law Review
- Membre du Comité de rédaction de la Revista International de Direito Tributario (Brésil)
- Membre du Comité de rédaction de la Revista de Finanças publicas e direito fiscal (Portugal)
- Membre du Comité de rédaction de la revue European Tax Studies
- Membre du Comité de rédaction de la revue Politique et management public
- Membre du Conseil scientifique de la Montesquieu Law Review
- Membres des Jury : *Prix Bercy* (MINEFI) - *Prix Cambon* (Cour des comptes) - *Prix de thèse du Sénat*
- Ancien membre du Conseil des impôts
- Fondateur et ancien Directeur du Master Droit et gestion des finances publiques (Université Paris 1 Panthéon-Sorbonne)
- Ancien responsable du module *Gestion publique* de l'Institut national du patrimoine
- Ancien membre du jury du concours d'entrée à l'ENA et du jury de sortie de l'ENA
- Ancien membre de plusieurs jurys du concours externe d'administrateur territorial
- Ancien membre du Conseil des prélèvements obligatoires
- Ancien membre du Comité de l'Outre-mer de l'Agence Française de Développement

DECORATIONS

Chevalier de la Légion d'honneur ; Officier de l'Ordre national du mérite

- « La sécurité fiscale : une politique publique à part entière », *in Revue française de finances publiques,* N° 130, 2015
- « Comment les collectivités locales pourraient trouver des marges de manœuvre financière ? », La Tribune, 13/4/2015
- « Le choc des métropoles : une dynamique économique et politique nouvelle », *in Administration,* N°129, 2015
- « La sécurité fiscale : une politique publique à part entière », *in Revue française de finances publiques,* N° 130, 2015
- « Utopie technicienne et cybernétique financière publique », *in Revue française de finances publiques,* N° 129, 2015
- « L'autonomie financière locale a-t-elle un sens ? », *in* Revue française de finances publiques, N° 129, 2015
- « Sens et légitimité de l'impôt », *in Revue Pouvoirs,* N° 151, 2014
- « La métropole : avenir d'un nouveau modèle de gouvernance publique », *in Revue française de finances publiques*, N° 128, 2014
- « Crise des finances publiques, mobilisation de l'impôt et lutte contre l'évasion fiscale », *in Revue française de finances publiques,* N° 127, 2014
- « Finances publiques et démocratie politique : inventer un nouveau lien social » *in Mélanges Alain LAMBERT*, Ed. Lexis Nexis, Mai 2014
- « Nouveaux maires et nouveau pouvoir financier local : l'espoir ou inquiétude ? » *in Revue française de finances publiques, N° 126, 2014*
- « La TVA, un trésor national de moins en moins rentable ? » *in Journal du dimanche* (JDD) du 8/4/2014
- « La maîtrise de la dépense publique au cœur d'un projet de société ? » *in Revue française de finances publiques*, N° 125, 2014
- « Autonomie financière locale et fédéralisme financier européen : sortir du quiproquo », *in Revue Pouvoirs locaux*, N°99, 2013
- « Justice fiscale, légitimité de l'impôt et société postmoderne », *in Revue française de finances publiques,* N° 124, 2013
- *« Les français face à l'impôt : quelle fiscalité pour quelle société ? » in Revue française de finances publiques* N° 124, 2013
- « Un grand débat national sur la question fiscale est urgent », *in Le Monde*, 14 octobre 2013
- « Exposicion sobre el desarrollo territorial e desarrollo humanoy el buen gobierno, in Desarrollo territorial, transparencia, e institucionalido ». Ouvrage coll. sous la dir. de JT Montas et JM Liger. Editions AFD- Ministère de l'Economie de la république de Saint-Domingue. 2013
- « Pour une mobilisation générale contre le désarroi fiscal ! », *in* Les Echos, 19 septembre 2013

- « Constitutionnalisation et quasi-constitutionnalisation du système financier public français », *in La Constitution, l'Europe et le Droit.* Mélanges en l'honneur de Jean MASCLET. Ed. Publications de la Sorbonne 2013
- « Nouveau Moyen-âge fiscal ou nouvel ordre fiscal ? », *in Revue Française de Finances publiques,* N°123, 2013
- « Les ambigüités fatales du droit public financier », *in Revue Française de Finances publiques,* N°122, 2013
- « Un système fiscal en transformation », *in Cahiers français,* N°373, 2013
- « L'intégration financière des collectivités locales versus recentralisation », *in Revue Française de Finances publiques,* N°121, 2013
- « Mise en cohérence des finances publiques : sortir du quiproquo », *in Revue Française de Finances publiques,* N°121, 2013
- « La « règle d'or » : d'un imaginaire financier à une mutation du pouvoir politique ? » *in Pouvoirs locaux,* N°95, 2012
- « Considérations sur le besoin de cohérence des systèmes financiers publics », *in Mélanges en l'honneur de JP Lassale, G. MONTAGNIER, L. SAÏDJ.* Ed. L'Harmattan 2012
- « Union européenne : la solidarité financière ou l'aventure ! », *in Revue Française de Finances Publiques,* N° 120, 2012
- « Gestion financière publique » *in Le Dictionnaire encyclopédique de l'administration publique*, L. Côté et J.-F. SAVARD (sous la dir.), Ed. ENAP (Québec). Novembre 2012
- « Etat et finances publiques depuis la fin des années 1970 », *in Revue Problèmes économiques* (septembre 2012)
- « Les normes financières publiques internationales : quelle légitimité ? » *in Revue Française de Finances Publiques,* N° 119, 2012
- « L'autonomie financière locale à travers les crises », *in Revue Française de Finances Publiques,* N° 119, 2012
- « A nouvelle gestion des finances publiques, nouveau processus de décision », *in Mélanges en l'honneur du Professeur Joël MOLINIER*, LGDJ, 2012
- « La réforme du système financier public français…et au-delà », *in Revue bancaire et financière*, N°2/3, 2012
- « La soutenabilité des finances publiques en déficit de projet politique », *in RFFP,* N°118, 2012
- « Réflexions sur le besoin de cohérence du système financier public », *in La cohérence des finances publiques au Maroc et en France*, LGDJ, 2012
- « Inventer un nouveau modèle financier public pour retrouver le sens du collectif », *in Revue Française de Finances Publiques,* N°117, 2012

- « Une voie législative de l'équilibre budgétaire et du désendettement public ? » *in Journal of Public Administration*, N°6, 2011 (Université Sun Yat Sen. Guangsu. Chine).
- « La règle d'or des finances publiques a-t-elle un avenir » *in Revue Française de Finances Publiques*, N°117, 2012
- « Inventer la fiscalité du 21 siècle : pour un débat public transnational », *in Revue Française de Finances publiques*, N° 116, 2011
- « La règle d'or : une révolution des finances publiques ? » *in Regards sur l'actualité*, N°373, 2011
- « Nouvel ordre financier public et nouvel ordre politique européen : d'un monde à l'autre », *in Revue Française de Finances publiques*, N° 116, 2011
- « Konstytucjonalizacja wieloletniego programowania finansow publicznychwe Francji », *in Instrumenty nowego zarzadzania finansami publicznymi*. Ouvrage sous la direction de E Ruskowski. Ed. Temida 2011
- « Ers une gouvernance financière publique européenne », *in Revue Française de Finances Publiques*, N°115 (septembre 2011)
- « L'autonomie financière locale : un concept à l'épreuve du 21 siècle », *in Revue Française de Finances Publiques*, N° Spécial (mai 2011)
- « Article 34 : la constitutionnalisation de la programmation pluriannuelle des finances publiques », *in La révision de 2008 : une nouvelle constitution ?* Ouvrage sous la direction de J.P. CAMBY, P. FRAISSEX, J. GICQUEL. LGDJ- Lextenso 2011
- « La vieillesse a-t-elle un sens ...financier ? » *in Revue Française de Finances Publiques*, N°114, 2011
- « L'introduction de la « règle d'or » dans la Constitution » *in Constitutions*, N°1, 2011
- « La « règle d'or » : un concept à construire » *in Revue Française de Finances Publiques*, N°113-2011
- « Le système fiscal local français » *in Federalismo fiscale e autonomia degli enti territoriali*, ouvrage sous la dir. d'A. Ennio La scala, Editions Giappichelli 2010
- « L'autonomie financière locale : illusion ou refondation ? » *in Pouvoirs locaux*, N°87, 2010
- « Nouvelle gouvernance financière publique et gestion des services publics locaux » *in Le financement des services publics locaux*, ouvrage sous la dir. de Martine Long, LGDJ, Nov. 2010, Collection Décentralisation et développement local
- « Les mutations du système fiscal français », *in Regards sur l'actualité*, N°365, Novembre 2010

- « Nouvelle gouvernance financière publique et transformations du pouvoir politique, *in Réformes des finances publiques et modernisation de l'administration* (Mélanges R Hertzog). Economica 2010
- « Justice fiscale : un enjeu éthique et philosophique » *in Revue Française de Finances Publiques,* N°112, 2010
- « Nouveau civisme fiscal et légitimité du recouvrement de l'impôt », *in Revue Française de Finances Publiques,* N°112, 2010
- « La sincérité budgétaire et comptable : un principe paradoxal ? » *in Revue Française de Finances Publiques,* N°111, 2010
- « Recentralisation ou intégration verticale des systèmes financiers publics ? » *in Revue Française de Finances Publiques,* N°111, 2010
- « La lutte contre l'évasion fiscale internationale : répression ou prévention ? » *in Revue Française de Finances publiques,* N°110-2010
- « Crise des finances publiques et refondation de l'Etat », *in Revue Française de Finances publiques,* N° Hors-série Finances publiques au Maroc et en France : enjeux et réponses face à la crise ; avril 2010
- « Die subnationalen Ebenen in Frankreich: ein komplexes System », *in Federalismus-Symposium des Bundesrates: Die Rolle der Regionen im europäischen Einigungsprozess.* Ed. Bundesrat 2010
- « La réforme de la taxe professionnelle : une refondation de la gouvernance fiscale locale ? » *in Regards sur l'actualité,* N°359, Mars 2010
- « Estados social : regulaçao, economia e politica », *in Revista de fiananças publicas e direito fiscal Vol1,* Mars 2010.
- « Les « accords fiscaux préventifs » : une sécurité pour l'entreprise et pour l'administration », *in Ecrits de fiscalité des entreprises, études à la mémoire du Professeur Maurice COZIAN,* Litec 2009
- « Crise des finances publiques, crise d'un modèle politique », *in Revue Française de Finances publiques,* N°108-2009
- « Ouvrir le débat : quelle fiscalité pour quel Etat ? » *in Revue Française de Finances publiques,* N°108, 2009
- « Nouvelle gouvernance fiscale » *in Revista internacional de Direiti tributario,* N°10, Ed. Del Rey
- « A questao do imposto ideal », *in Principios e limites da tributaçao,* Ed. Quartier Latin, Sao Paulo (Brésil), 2009
- « La nouvelle gouvernance financière de l'Etat », *in Bialistockie studia prawnicze,* Ed. Wydzial Prawa Uniwersytetu, Byalistok (Pologne), 2009
- « La crise d'un modèle politique », *in RFFP,* N°107, 2009
- « La gouvernance financière locale : splendeur, déclin ou renouveau ? », *in Regards sur l'actualité,* N° 351, 2009

- « L'âge de la nouvelle gouvernance financière et de la responsabilisation généralisée des acteurs publics : un autre contrat social, un autre Etat », *Revue Française de Finances Publiques,* N° 92, 2005
- « Nouveau civisme fiscal et transformations de l'alliance citoyen-contribuable », *Revue Tunisienne de Fiscalité,* N°3, 2005
- « Experts et politiques face à la gouvernance des sociétés complexes » *in Mélanges offerts à L. Philip*, Economica 2005
- « Réhabiliter et refonder la science des finances publiques » in Mélanges offerts à P. Amselek, Bruylant 2005
- « La conférence annuelle des finances publiques : vers un nouveau processus de décision financière », *RFFP* n°88, 2004
- « Pour une nouvelle gouvernance financière : Repenser et reconstruire les finances publiques de demain ; *RFFP,* N° 87, 2004
- « Les transformations de la légitimité de l'impôt », *in Réforme des finances publiques, démocratie et bonne gouvernance* ; LGDJ 2004
- « La loi organique du 29 juillet 2004 », *La semaine juridique*, N° 40, 41, octobre 2004
- « Repenser la péréquation financière comme un outil de bonne gouvernance », *Revue Territoires 2020*, N°10, juillet 2004
- « Nouvelle gouvernance et philosophie de la réforme de la gestion des finances publiques : aux frontières du réel et de l'utopie » *RFFP,* N° 86, 2004
- « La réforme de la Taxe professionnelle », *in Magazine Grandes Villes Hebdo*, 6 avril 2004
- « Nouvelle culture de gestion publique, gouvernance des sociétés complexes et réforme de l'Etat », *in Gouvernance et conduite de l'action publique au XXIème siècle* ; Ed. L'Harmattan, 2003
- « L'imaginaire fiscal : des utopies fiscales à l'impôt virtuel » ; *RFFP,* N°84, 2003
- « La nouvelle gestion publique comme condition de la nouvelle gouvernance », *RFFP, N°82, 2003*
- « La réduction des dépenses publiques » *in magazine Le Point, 23 mai 2003*
- « Impôts directs locaux », *in Jurisclasseur Collectivités territoriales*, 4ème édit., LITEC, 2003
- « L'autonomie financière locale en question », *RFFP,* N°81, 2003
- « Finances locales et nouvelle décentralisation », *RFFP,* N° 80, 2003
- « Transformations de l'impôt et de la démocratie dans le cadre du « cyberespace », *Actes Université de Murcia (Espagne) 2003*
- « De l'autonomie financière et de la libre administration des collectivités locales », *La Semaine Juridique,* N°3, 28/10/2002

- « Idéologie de la compétence et gouvernance des sociétés complexes », *in Elites, gouvernance et gestion du changement*, 2002
- « Mutations des finances publiques et crise du pouvoir politique ? » *RFFP, N°79*, 2002
- « Surveillance multilatérale des finances publiques et pouvoir politique », *in* Actes du colloque OCDE/Sénat, *Processus budgétaire : vers un nouveau rôle du Parlement,* éd. Sénat 2002 (article traduit en iranien et publié par la revue « Iranian Central bar association law review » vol. 180 et 181 de 2003)
- « Quelle légitimité de l'impôt pour demain ? » *in Refonder l'impôt*, ouv. coll.éd. L'Harmattan 2002.
- « Quel avenir pour l'impôt idéal ? » *in Archives de la Philosophie du Droit*, tome 46, 2002
- « La loi organique du 1 août 2001 relative aux lois de finances », *Petites Affiches*, N°265, Novembre 2001
- « La loi organique relative aux lois de finances du 1 août 2001 », *AJDA*, N° 10 Octobre 2001
- « Transformations des finances publiques et mutations du pouvoir politique », *in Quel Etat pour le XXIème siècle ?* ouvrage collectif. Ed. L'Harmattan, 2001
- « Une nouvelle démocratie budgétaire », *Le Figaro*, 7 février 2001
- « La logique du crédit d'impôt », *Le Monde, 16 janvier 2001*
- « Le poids de l'Union économique et monétaire dans la réforme de l'ordonnance du 2 janvier 1959 » (en collab. avec G. MONTAGNIER), *RFFP,* N°73, 2001
- « Les conditions de la légitimité du pouvoir fiscal aujourd'hui », *AL MALIYA,* N° 24, 2000
- « Les chambres régionales des comptes », *in Après-demain, N° 426-427, juil.-sept. 2000*
- « La proposition de réforme de l'ordonnance du 2 janvier 1959 : un enjeu politique majeur », *RFFP,* N° 71, 2000
- « Les nouvelles figures de la corruption et l'évanescence des finances publiques », *RFFP,* N° 69, 2000

COLLOQUES ET CONFERENCES (depuis 2003)

- Colloque Sciences Po Paris : *Le futur du droit administratif.* Intervention : *Les mutations du droit public financier à l'avant-garde des transformations actuelles et futures du droit administratif.* Paris le 22/6/2018
- Colloque FONDAFIP : *Territorialité de l'impôt sur les sociétés : la crise est-elle surmontable ?* Rapport introductif. Paris (Assemblée Nationale) le 21/6/2018
- Conférence-débat avec Didier Migaud, Premier Président de la Cour des comptes : *La responsabilisation dans la nouvelle gestion publique est-elle effective ?* Paris le 14/6/2018

- Colloque Ministère des finances du Maroc/FONDAFIP : *Les investissements d'avenir.* Rapport introductif. Rabat le 9/6/2018
- Colloque FONDAFIP /Le Débat : *Argent public et nouvelle corruption.* Rapport introductif. Paris le 23/5/2018
- Colloque FONDAFIP/AFCM : *Le compte financier unique : une opportunité pour la nouvelle gouvernance financière locale ?* Rapport introductif. Paris le 13/4/2018
- Colloque FONDAFIP/Université de Rouen (CUREJ) : *Que reste-t-il de l'Etat-Providence ?* Rapport introductif. Rouen le 3/4/2018
- Colloque Ministère des finances du Maroc /FONDAFIP : *Quelle indépendance financière de l'institution judiciaire.* Rapport introductif. Rabat le 20/01/2018
- Colloque Université de Versailles-Saint-Quentin : *La main invisible du droit : étude des rapports du droit et de l'économie.* Rapport : *Dire les silences droit/économie dans un monde en transition.* Guyancourt 18/12/2017
- Colloque FONDAFIP/Afigése : *Les modes alternatifs de financement des collectivités locales.* Rapport introductif. Paris le 13/12/2017
- Colloque CRC Auvergne-Rhône-Alpes/FONDAFIP : *Régions /métropoles : Finances locales et développement économique.* Rapport introductif. CRC. Lyon le 26/10/2017
- Colloque Cour de cassation/FONDAFIP : *Quelle indépendance financière pour l'autorité judiciaire ?* Rapport introductif. Cour de cassation Paris le 16/10/2017
- Colloque international de l'Association des Hautes Juridictions de Cassation des pays ayant en partage l'usage du français (AHJUCAF) : Indépendance des hautes juridictions et autonomie budgétaire. Rapport : *Méthode et difficultés à résoudre pour parvenir à l'autonomie de gestion des cours suprêmes.* Bruxelles 9/10 octobre 2017
- Colloque de la 12 journée des finances locales de l'UBFC : *La certification des comptes publics locaux.* Rapport introductif. Université de Bourgogne-Franche Comté. Dijon les 27/28 septembre 2017
- Colloque international Ministère des Finances Maroc / FONDAFIP : *Finances publiques et souveraineté des Etats.* Allocution d'ouverture. Rapport introductif. Rabat (Maroc) les 15/16 septembre 2017
- Colloque international Ministère des Finances Maroc / FONDAFIP : *Le centenaire de la Trésorerie générale du Royaume du Maroc.* Allocution d'ouverture. Rapport introductif : *Quelle comptabilité publique dans un monde globalisé et numérisé ?* Rabat (Maroc) le 4 juillet 2017
- Colloque international FONDAFIP/Tribunal de Contas/Université de Lisbonne : *Finances publique, mondialisation, numérique et développement durable.* Allocutions d'ouverture et de clôture du colloque. Rapport introductif : *Les finances publiques face aux chocs du futur.* Lisbonne le 30 juin 2017

- Colloque Sciences Po : Une *action publique locale efficace*. Rapport introductif. Paris le 29 juin 2017
- Colloque FONDAFIP/Le Débat : *Les finances publiques et l'Etat à l'heure du numérique et des métropoles*. Allocution d'ouverture. Rapport introductif Université Paris1 le 27 mars 2017
- Colloque international Ministère des Finances Maroc/FONDAFIP : *Le centenaire de la Trésorerie générale du Royaume du Maroc*. Allocution d'ouverture. Rapport introductif : *Quelle comptabilité publique dans un monde globalisé et numérisé ?* Rabat (Maroc), 4 juillet 2017
- Colloque international FONDAFIP/Tribunal de Contas/Université de Lisbonne : *Finances publiques, mondialisation, numérique et développement durable*, Allocutions d'ouverture et de clôture du colloque. Rapport introductif : *Les finances publiques face aux chocs du futur*, Lisbonne, 30 juin 2017
- Colloque Sciences Po : *Une action publique locale efficace*, Rapport introductif, Paris, 29 juin 2017
- Colloque FONDAFIP/Le Débat : Les finances publiques et l'État à l'heure du numérique et des métropoles. Allocution d'ouverture. Rapport introductif. Université Paris 1 le 27 mars 2017
- Colloque FONDAFIP/Sciences Po : *Quels financements pour les territoires "intelligents" ? L'impact du numérique sur la gestion locale*. Allocution d'ouverture. Rapport introductif : *Une gouvernance financière locale dans un monde en transition*. ScPo Paris le 17 janvier 2017
- Colloque international Ministère des Finances Maroc/FONDAFIP : *Finances publiques et protection de l'environnement*. Allocution d'ouverture. Rapport introductif : *Finances publiques et fiscalité : quel impact ? quels acteurs financiers pour demain ?* Rabat (Maroc) le 10 décembre 2016
- Conférence-débat FONDAFIP : *Territorialité de l'impôt, mondialisation et numérique*. Rapport d'ouverture : *Une fiscalité dans un monde en mutation*. Université Paris 1 (Paris) le 7 décembre 2016
- Colloque international FONDAFIP/Université de Bologne : *Le contribuable face à l'éclatement du pouvoir d'imposer*. Allocution d'ouverture. Rapport introductif. *Dérive vers un nouveau moyen-âge fiscal ou fin de l'impôt ?* Bologne (Italie) le 18 novembre 2016
- Colloque international FONDAFIP/Université de Sherbrooke/APFF : *Démocratie, transparence et fiscalité*. Rapport d'ouverture : *Quelle transparence fiscale aujourd'hui ?* Sherbrooke (Canada) le 3 novembre 2016
- Colloque Université Versailles-Saint-Quentin : *la dette publique*. Rapport : *Equilibre budgétaire et dette publique dans un monde en transition*. Guyancourt le 27 octobre 2016
- Colloque international Cour des comptes algérienne/Cour des comptes française : l*a nouvelle gestion publique*. Rapport introductif : *La nouvelle gestion publique dans le temps et dans l'espace*. Alger (Algérie) le 21 octobre 2016

- Colloque international Université Aix-Marseille : *Dettes, équilibres et constitutions en Europe*. Rapport : *Quels équilibres pour l'avenir ?* Aix le 3 octobre 2016
- Colloque FONDAFIP/AFCM : *Gestion de l'argent public : quelles responsabilités ?* Rapport introductif : *La responsabilité financière publique confrontée à un système budgétaire en transition*. Conseil économique, social et environnemental. Paris le 19 septembre 2016
- Colloque international Ministère des Finances Maroc/FONDAFIP : *Pouvoirs politiques et finances publiques*. Allocution d'ouverture. Rapport introductif : *Politiques et finances publiques : la grande transition*. Rabat, septembre 2016
- Colloque Cour des comptes : *La comptabilité générale de l'État, dix ans après*, Rapport : *Un monde en mutation, une comptabilité publique en transition*. Palais du Luxembourg (Paris) le 30 juin 2016
- Colloque Ministère des Finances Maroc/FONDAFIP : *Les finances publiques et la lutte contre la pauvreté*. Allocution d'ouverture. Rapport : *Le revenu universel*, Rabat, le 11 juin 2016
- Colloque Université de Hubei/FONDAFIP : *La nouvelle gouvernance financière locale/approches comparées*. Allocution d'ouverture. Rapport introductif : *La réforme des finances locales en France*, Wuhan (Chine), les 27/28 mai 2016
- Conférence-débat FONDAFIP : *Gouvernance financière locale et numérique*. Allocution d'ouverture, Paris, le 18 mai 2016
- Colloque Institut de Science Politique Paris/Caisse des dépôts : *Un nouveau système territorial*. Rapport introductif : *Une gouvernance financière locale en transition*, Paris, le 10 mai 2016
- Colloque FONDAFIP : *Le contrôle fiscal des entreprises en France et dans l'Union européenne : quels enjeux ?* Allocution d'ouverture : *Le contrôle fiscal, la mondialisation et le numérique*. Paris le 14 avril 2016
- Conférence-débat FONDAFIP : *Finances publiques et lutte contre la pauvreté*. Allocution d'ouverture. Paris le 6 avril 2016
- Colloque Ministère des Finances Maroc/FONDAFIP : *La sécurité fiscale*. Allocution d'ouverture. Rapport introductif : *Les enjeux majeurs de la sécurité fiscale*. Rabat le 12 mars 2016
- Conférence-débat FONDAFIP : *Faut-il une loi de financement des collectivités territoriales ?* Rapport introductif. *Du Pacte de stabilité financière aux lois de financements pour les collectivités territoriales ?* Paris le 9 mars 2016
- Conférence-débat FONDAFIP : *Doit-on gérer le secteur public comme une entreprise ?* Rapport introductif : *Une gestion publique en transition*. Paris le 16 février 2016
- Colloque FONDAFIP : *Nouveaux territoires, nouveaux patrimoines, nouveaux financements*. Rapport introductif : *Etat et territoires en transition*. Paris le 15 janvier 2015

- Conférence au Royal Golf Anfa Mohammedia : *L'impôt : Quelle légitimité ? Quel avenir?* Casablanca (Maroc) le 11 décembre 2015
- Colloque ADCF : *Dépenses publiques locales: vers de nouveaux repères.* Rapport : *La dépense publique locale : quels enjeux pour le présent et l'avenir ?* Paris le 25 novembre 2015
- Colloque international France-Italie : *Moderniser l'impôt.* Colloque organisé par l'Association pour la Fondation Internationale de Finances Publiques (FONDAFIP) et l'Université de Bologne. Allocution d'ouverture. Rapport introductif : *Refonder le consentement de l'impôt pour le moderniser.* Bologne (Italie) le 13 novembre 2015
- Colloque international France-Québec : *L'autonomie fiscale locale au Québec et en France.* Colloque organisé par l'Association pour la Fondafion Internationale de Finances Publiques (FONDAFIP) et l'Association de planification fiscale et financière (APFF) du Canada. Allocution d'ouverture. Rapport introductif : *Une gouvernance financière locale en transition.* Paris (Sénat) le 6 novembre 2015
- Troisième journée nationale du Syndicat des juridictions financières et du Syndicat National des directeurs généraux des collectivités territoriales, Rapport *La gouvernance financière locale en transition*, Sénat (Paris), le 16 octobre 2015
- Colloque DLR : Location et FCTVA. Rapport introductif : TVA/FCTVA et gouvernance financière locale, Sénat (Paris) le 16 octobre 2015
- Colloque de l'Association française de philosophie du droit : *L'ordre public.* Présidence de la table ronde "Ordre public économique, social, culturel et financier", Paris, le 17 décembre 2015
- 9ème Colloque international FONDAFIP-Ministère des Finances du Maroc, *La gestion financière des villes au Maroc et en France*, Discours introductif et conclusif. Rapport général "De la ville à la métropole : une dynamique économique et politique nouvelles", Rabat, les 11 et 12 septembre 2015
- Rencontres nationales du Club des Présidents d'Entreprises publiques locales. Rapport : *La gouvernance financière locale autrement ?* Paris le 1er juillet 2015
- Colloque FONDAFIP/Tribunal de Contas/Université de Lisbonne : *Quel avenir pour la citoyenneté financière publique ?* Allocution d'ouverture et rapport introductif. Lisbonne le 26 juin 2015
- Colloque FONDAFIP/Mairie de Paris : *Assises des finances locales.* Allocution d'ouverture et Rapport : *La gouvernance financière locale autrement ?* Paris le 18 mai 2015
- Colloque FONDAFIP/Université de Zagreb : *Procédures fiscales comparées France/Croatie.* Allocution d'ouverture et Rapport : *Sécurité fiscale et accords préventifs.* Zagreb (Croatie) le 14 mai 2015

- Colloque Université Paris V : *Le rescrit fiscal.* Rapport : *Les accords fiscaux préventifs : une sécurité pour le contribuable et pour l'administration.* Paris le 4 mai 2015
- Colloque FONDAFIP : *La sécurité fiscale.* Rapport : *La sécurité fiscale : une politique publique.* Paris le 13 avril 2015
- Colloque FONDAFIP/Université de Rouen : *La fiscalité du numérique.* Allocutions d'ouverture et de clôture. Rouen le 27 mars 2015
- Colloque international FONDAFIP/Université de Mons : *La décentralisation financière en Belgique et en France.* Rapport : *La gouvernance financière publique en question*, Mons, 11 mars 2015
- Colloque : La LOLF dans tous ses états. Rapport final : "L'avenir des réformes budgétaires en Afrique". Cotonou (Bénin), 21 février 2015.
- Colloque de la Société française de finances publiques : Les finances publiques, quelle place pour demain ? Rapport : "Science des finances publiques et droit public financier : sortir du quiproquo". Paris le 15 janvier 2015.
- Symposium de la Fédération Territoires. Rapport : Equilibre des finances publiques, contraintes européennes et autonomie financière locale. Poitiers le 4 décembre 2014
- 97 Congrès de l'Association des Maires de France. Rapport d'ouverture à la table-ronde : *2014/2017 : 28 milliards d'euros en moins pour les collectivités locales : quelles conséquences pour les entreprises et les ménages ?* Paris le 27 novembre 2014
- Colloque international France-Canada organisé par FONDAFIP et l'Association pour la planification financière et fiscale du Canada : *Le contrôle fiscal en France et au Canada : approche comparée. Allocution d'ouverture.* Rapport introductif : *Contrôle fiscal et consentement à l'impôt.* Rapport : *Le droit du contrôle fiscal en France.* Rapport : *Le Conseil des prélèvements obligatoires.* Montréal le 6 novembre 2014
- Colloque internationale de l'Université Autonome de Madrid : *La estabilidad presupuestaria local.* Rapport : *L'équilibre budgétaire des collectivités locales en France.* Madrid le 27 octobre 2014
- Forum Libération/Mulhouse. *Vive l'impôt !* Intervention : *L'impôt a-t-il un sens ?* Mulhouse le 25 octobre 2014
- Intervention ENA : *L'autonomie financière locale en question ?* Paris le 24 novembre 2014
- Colloque international FONDAFIP/Université de Finance et d'Economie de Pékin (Chine). Réforme des finances publiques en Chine et en France : approche comparée. Allocutions d'ouverture et de clôture. Rapport introductif : *La réforme budgétaire en France.* Rapport : *Le nouveau civisme fiscal en France.* Pékin, les 20 et 21 octobre 2014

- Colloque FONDAFIP/Brest Métropole Océane : *L'an 1 des métropoles.* Allocution d'ouverture. Rapport : *Métropole : avenir de la gouvernance publique.* Brest le 6 octobre 2014
- Colloque des XIXème Assises de l'AFIGESE : Quels temps pour demain pour la gestion publique locale ? Intervention : Quel futur pour l'autonomie financière locale ? Avignon le 26 septembre 2014
- 8ème Colloque FONDAFIP-Ministère de l'Economie et des Finances du Maroc : L'Etat territorial au Maroc et en France : quelles synergies entre les finances de l'Etat et celles des collectivités territoriales ? Discours introductif et conclusif. Rapport général : Le nouvel Etat territorial. Rabat les 12 et 13 septembre 2014
- Colloque de l'Association des Agents comptables des universités. Rapport de clôture : Le décret GPCP : une réforme de la gouvernance financière publique. Strasbourg le 13 juin 2014
- Colloque Institut de sciences politiques de Paris : La solidarité territoriale. Rapport : Le système financier local en question. Paris le 12 juin 2014
- Colloque de l'Association des Agents comptables des universités. Rapport de clôture : *Le décret GPCP : une réforme de la gouvernance financière publique.* Strasbourg le 13 juin 2014
- Colloque Institut de sciences politiques de Paris : La solidarité territoriale. Rapport : *Le système financier local en question.* Paris le 12 juin 2014
- 10èmes Assises des services publics de l'ANDFCG. : *La performance dans les services publics : mythe ou réalité ?* Rapport introductif : *Performance et nouvelle gouvernance financière publique.* Paris le 11 mars 2014
- Colloque FONDAFIP/DLF : *La TVA 60 ans après.* Allocution d'ouverture. Rapport introductif : *La TVA entre imaginaire et réel.* Paris le 10 mars 2014
- Conférences Université de Bialystok (Pologne). Le 20/3/2014 : *Le droit français du contrôle fiscal.* Le 21/3/2014 : *La sécurité fiscale en droit français*
- Rencontre Pologne/France/Allemagne. Rapport : *Le droit public financier entre ordre et mouvement.* Université de Bialystok (Pologne) le 20 mars 2014
- Colloque IGPDE, Intervention : *L'évasion fiscale dans un contexte de crise.* Paris le 12 mars 2014
- Forum de l'Association des directeurs du budget des pays d'Afrique centrale (FoHBAC). Rapport d'ouverture : *Réformer l'Etat et consolider la démocratie par le budget.* Première intervention : *L'exécution budgétaire en mode programme : le cas de la France.* Deuxième intervention : *Les enjeux de la décentralisation financière.* Kinshasa (République démocratique du Congo) du 24 au 28 février 2014
- Colloque FONDAFIP : *La réforme des finances publiques au Maroc.* Allocution d'ouverture. Paris le 19 février 2014
- Colloque du CERDARE de la Faculté de Droit de Bordeaux, *La territorialisation du droit financier local.* Rapport de synthèse : *La*

territorialisation du droit financier local à l'épreuve des crises, Bordeaux le 29 novembre 2013

- Congrès de l'Association des Maires de France. Rapport : *Quels enjeux pour les finances locales ?* Paris le 21 novembre 2013
- Colloque international Québec-France : *Crise des Finances Publiques et évasion fiscale.* Colloque organisé par l'Association de planification fiscale et financière (APFF) du Canada, la Chaire de recherche en fiscalité et en finances publiques de l'Université de Sherbrooke, l'Association pour la fondation Internationale de finances publiques (FONDAFIP). Allocution d'ouverture. Rapport introductif. Paris le 15 novembre 2013.
- Colloque Université de Rouen-FONDAFIP, *L'euro et l'impôt.* Rapport : *Une politique fiscale est-elle possible ?* Rouen le 18 octobre 2013
- Colloque de l'Université de Gênes (Italie), *Decisione di balancio e sistemi di governo.* Rapport : *L'équilibre des comptes publics en France.* Gênes les 11 et 12 octobre 2013
- 7ème Colloque FONDAFIP-Ministère des Finances du Maroc : Quel pilotage des réformes en finances publiques au Maroc et en France ? Discours introductif et conclusif. Rapport général : Le pilotage des réformes financières publiques face aux crises. Rabat les 13et 14 septembre 2013
- Conférence à l'ONU : *Les péréquations financières locales.* Genève le 1er juillet 2013
- Séminaire du Ministère du Plan de la République Démocratique du Vietnam : *Strentgthening the planning reforme at the central and decentralized level.* Hanoi et Ho Chi Min Ville, 17 au 21 juin 2013
- Colloque Fitch Ratings : Le financement du secteur public. Rapport de clôture : *Le financement du secteur public à l'épreuve des crises.* Paris le 6 juin 2013
- Célébration des 30 ans de la *Revue Française de Finances Publiques.* Discours d'ouverture. Paris le 5 juin 2013 ;
- Colloque de l'Institut de Sciences politiques de Paris : La réforme des territoires. Rapport : *Le financement des compétences.* Paris le 4 juin 2013
- Colloque international FONDAFIP/Université SUN YAT SEN de Canton (Chine) : Réformes budgétaires publiques et défis pour le 21ème siècle : une perspective internationale. Allocutions d'ouverture et de clôture du colloque. Rapport d'ouverture : *La réforme des finances publiques : grandes tendances internationales.* Guangzhou les 23 et 24 mai 2013
- Colloque international FONDAFIP/Tribunal de Contas/Université de Lisbonne : Les politiques budgétaires dans un contexte de crise. Allocutions d'ouverture et de clôture du colloque. Rapport : Politiques fiscales : le dilemme. Lisbonne le 29 avril 2013.
- Conférence à l'ENA : Développement local et bonne gouvernance financière. Paris le 18 avril 2013

- Conférence à l'IGPDE : La conférence financière locale à l'épreuve des crises. Paris le 18 avril 2013.
- Colloque FONDAFIP-IDP de l'Université de Poitiers : *Que deviennent les politiques fiscales ?* Allocution d'ouverture du colloque. Rapport : *Idéologies et politiques fiscales*. Poitiers le 2 avril 2013.
- Colloque international : Les enjeux de la nouvelle gouvernance financière au Brésil et en France. Allocution d'ouverture. Rapport : *Les enjeux de la gouvernance financière locale en France.* Colloque organisé par FONDAFIP avec le soutien du GERFIP, de l'Ecole de droit de la Sorbonne et de la Revue Française de Finances Publiques. Université Paris I Panthéon-Sorbonne. Paris le 18 mars 2013.
- Colloque : Les transformations du droit public financier. Rapport d'ouverture : *Le droit public financier entre ordre et mouvement.* Colloque organisé par FONDAFIP avec le soutien du GERFIP et de la Revue Française de Finances Publiques. Université Paris I Panthéon-Sorbonne. Paris le 13 mars 2013.
- Colloque : Les impôts affectés : Quelle légitimité ? Allocution d'ouverture et présidence. Colloque organisé par FONDAFIP avec le soutien du GERFIP et de la Revue Française de Finances Publiques. Amphithéâtre Pierre Mendès-France, Ministère des finances, Paris le 11 mars 2013
- Colloque international Italie-France : Les nouveaux enjeux des finances publiques en Italie et en France. Allocution d'ouverture. Rapport introductif : *Les nouveaux enjeux des finances publiques en France.* Colloque organisé par l'Université de Bologne et FONDAFIP. Bologne le 23 février 2013.
- Colloque international Belgique-France : L'influence de l'union européenne sur les politiques financières publiques des Etats membres. Allocution d'ouverture. Rapport : *L'influence de l'union européenne sur les politiques fiscales en France.* Colloque organisé par l'Université de Mons et FONDAFIP. Charleroi le 12 février 2013.
- Séminaire régional du FMI pour la sensibilisation des enseignants des finances publiques sur les réformes en cours dans les Etats de l'Afrique Centrale. Yaoundé (Cameroun) du 12 au 18 janvier 2013. *Animation des tables-rondes.* 1er rapport : *La nouvelle gouvernance financière publique : origines et développement international contemporain.* 2ème rapport : *Transparence et gouvernance financière publique.*
- Séminaire régional du FMI de dissémination des nouvelles directives budgétaires de la CEMAC Yaoundé le 3 décembre 2012. 1er rapport : *Directives CEMAC : objectifs, innovations, enjeux.* 2ème rapport : *La transposition des directives CEMAC dans le droit interne des Etats.*
- Colloque international Québec-France : *La justice fiscale.* Colloque organisé par l'Association de planification fiscale et financière (APFF) du Canada, la Chaire de recherche en fiscalité et en finances publiques de l'Université de Sherbrooke, l'Association pour la fondation Internationale de finances

publiques (FONDAFIP). Allocution d'ouverture. Rapport introductif : *Justice fiscale, légitimité de l'impôt et société post-moderne*. Montréal le 22 novembre 2012. (Québec ; Canada).

- Colloque international Maroc-Union européenne : *Une convergence institutionnelle pour la réussite du statut avancé.* Rapport introductif : *Les enjeux du statut avancé pour le Maroc et l'Union européenne.* Université de Fès les 12 et 13 novembre 2012.
- Colloque du Centre de droit européen de l'Université de Dijon : *Le cadre financier de l'Union européenne.* Rapport introductif : *Le cadre financier de l'Union européenne à l'horizon 2020.* Dijon le 25 octobre 2012
- 16 Congrès international de droit fiscal de l'Association brésilienne de droit fiscal. Rapport : *Contencioso administrativo e judicial em materia tributaria e metodos alternativos de soluçao de disputas.* Belo Horizonte (Brésil) le 20 septembre 2012.
- Colloque du Centre d'études internationales et européennes de l'Université de Strasbourg : La crise financière et budgétaire en Europe. Présidence et introduction de la première table-ronde *: Réponse des parlementaires aux défis budgétaires et financiers de l'Europe.* Strasbourg le 13 septembre 2012
- 6ème Colloque FONDAFIP-Ministère des Finances du Maroc : *Transparence des finances publiques au Maroc et en France : vers un nouveau modèle.* Discours introductif et conclusif. Rapport général : *La transparence des finances publiques : quel modèle ?* Rabat les 7 et 8 septembre 2012.
- Intervention à l'Institut supérieur d'administration du Maroc : *La réforme budgétaire dans le temps et dans le monde.* Rabat le 6 juillet 2012
- Colloque FONDAFIP/AFIGESE, L'autonomie financière des collectivités locales dans les pays de l'Union européenne. *Rapport d'ouverture*. Paris le 27 juin 2012.
- Colloque Institut de sciences politiques de Paris : 30 ans de décentralisation. Rapport *: Les vicissitudes de l'autonomie financière des collectivités territoriales.* Paris le 19 juin 2012
- Colloque FONDAFIP-IDP de l'Université de Poitiers : 30 ans de décentralisation financière. Allocution d'ouverture du colloque. Rapport : Le contexte matériel et théorique de la décentralisation financière. Poitiers le 3 avril 2012.
- Animation de la conférence-débat de FONDAFIP : L'aide au développement face aux crises. Débat avec Dov Zehra, Directeur général de l'Agence Française de développement. Université Paris I Panthéon-Sorbonne le 27 mars 2012
- Colloque Chambre régionale des comptes de Bretagne/FONDAFIP : *Le financement de la protection du patrimoine culturel.* Introduction et clôture du colloque. Rennes le 16 mars 2012.
- Colloque du Conseil général du Finistère : *30 ans de décentralisation et demain ?* Rapport : *L'autonomie financière locale face aux crises*. Brest le 12 mars 2012.

- Animation de la conférence-débat de FONDAFIP : *La décentralisation : Bilan et perspective*. Débat avec Edmond Hervé. Université Paris 1 Panthéon-Sorbonne le 28 février 2012.
- Colloque international du Ministère du Plan vietnamien : Décentralisation et programmation des investissements. 1er rapport : *Décentralisation : une condition du développement*. 2eme rapport : *Les conditions de la bonne gouvernance financière publique*. Ha Long (Vietnam) 23/24 février 2012.
- Rencontre Institut national du patrimoine, ENA, INET ; présidence de séance : Quels financement européens pour la culture ? Strasbourg le 6 février 2012.
- Conférence à l'Université Paris 2 Panthéon-Assas : *La gouvernance financière locale en crise ?* Paris le 23 janvier 2012.
- Colloque du CERAP de l'Université Paris 13 : *Refonder l'impôt sur le revenu*. Rapport : *Justice fiscale et impôt sur le revenu* et présidence de la table-ronde sur *La progressivité de l'impôt sur le revenu*. Paris le 20 janvier 2012.
- Colloque KPMG/Conseil économique, social, environnemental : *Dix ans après la LOLF*. Introduction et animation de la table-ronde *LOLF et gestion publique*. Paris le 16 décembre 2011.
- Colloque international du CERCP de l'Université de Mons et de FONDAFIP : *Les enjeux des finances publiques en Belgique et en France*. Introduction du colloque et rapport : *La réforme budgétaire de l'Etat en France*. Mons (Belgique) le 5 décembre 2011.
- Colloque *Du Conseil des impôts au Conseil des prélèvements obligatoires*. Introduction du colloque et présidence de séance. Cour des comptes/FONDAFIP. Paris le 30 novembre 2011.
- Séminaire RGPP du Ministère du Budget. Intervention : *La RGPP a-t-elle trahi la LOLF ?* Bercy, Paris le 29 novembre 2011.
- Colloque international, *Quelle réforme fiscale en Italie et en France ?* Rapport introductif : *Réformer l'impôt : enjeux actuels*. FONDAFIP/Université de Bologne. Bologne (Italie) le 22 novembre 2011.
- Séminaire international de l'Institut de droit local de l'Université Autonome de Madrid, *Gobierno local in Francia*. Rapport : *Las crisis y la nueva gobernanza financiera local en Francia*. Madrid (Espagne) le 18 novembre 2011.
- Colloque FONDAFIP, *La notation financière*, Ouverture, présidence et clôture. Université Paris I, le 15 novembre 2011.
- Colloque Cour des comptes / Assemblée nationale, *Les dix ans de la LOLF*. Rapport : Enjeux *et perspectives politiques*. Paris les 9 et 10 novembre 2011.
- Colloque Université Rennes 2 / IEP de Rennes : *La décision financière publique*. Rapport : *Le processus de décision financière publique au regard de la démocratie et de la souveraineté*. Rennes les 13 et 14 octobre 2011.
- Colloque FONDAFIP : *La consolidation des comptes publics*. Présidence de séance. Paris le 11 octobre 2011.

- Colloque FONDAFIP / Association française de droit constitutionnel : *Constitution et équilibre des finances publiques.* Discours introductif et conclusif. Intervention : *Les conditions d'effectivité de l'équilibre des finances publiques*. Paris le 30 septembre 2011.
- 5ème Colloque FONDAFIP-Ministère des Finances du Maroc : *Cohérence des finances publiques au Maroc et en France*. Discours introductif et conclusif. Rapport : *La cohérence du processus de décision financière publique*. Rabat les 9 et 10 septembre 2011.
- 15ème Congrès international de droit fiscal de l'Association brésilienne de droit fiscal. Rapport : *As crisis e as repartiçao de competencias entre o estado nacional e as coletividades territoriais*. Belo Horizonte (Brésil) le 17 août 2011.
- 4ème Congrès de droit fiscal international de l'Institut brésilien de droit fiscal. Rapport : *Mobilizar e reinventar o imposto : una reposta as crisas*. Sao Paulo (Brésil) le 22 août 2011.
- Colloque Brésil-France de la Faculté de Droit de l'Université de Sao Paulo (Brésil) : *Droit financier et fiscal comparé*. Rapport: *Novo civismo fiscal e legitimado do imposto*. Sao Paulo le 24 août 2011.
- Conférence au Département de Droit économique et financier de l'Université de Sao Paulo (Brésil) : *As crisis e as transformaçoes do direito orçamiento*. Sao Paulo le 22 août 2011.
- Colloque du Ministère des finances de la République Dominicaine : Desarrollo territorial, transparencia e institucionalidad. Rapport introductif : *Développement territorial et bonne gouvernance*. Saint Domingue les 5 et 6 juillet 2011.
- Colloque Tribunal de Contas, Université de Lisbonne, FONDAFIP : *La gestion financière publique et la crise.* Discours introductif et conclusion. Rapport introductif : *La mobilisation des ressources fiscales.* Lisbonne le 29 juin 2011.
- Colloque Université Aix-Marseille III, La bonne gouvernance fiscale. Présidence et introduction de la table ronde. Les avancées vers la bonne gouvernance fiscale. Aix-en-Provence, le 27 mai 2011.
- Colloque Science Po, Collectivités territoriales et décentralisation : les impensés de la réforme, Paris le 3 mai 2011. Introduction et animation de la table-ronde : *La réforme de la taxe professionnelle et ses impacts*.
- Hommage à Philippe Séguin organisé par FONDAFIP avec le soutien de la Cour des comptes à l'Université Paris 1 Panthéon-Sorbonne le 5 avril 2011. Intervention : Philippe Séguin, Président du Conseil des prélèvements obligatoires.
- Colloque IDP de l'Université de Poitiers et FONDAFIP, Poitiers, le 25 mars 2011 : Finances publiques et vieillissement. Rapport de synthèse.
- Colloque de la Chaire MADP de Sciences Po (Paris le 11 mars 2011) : L'avenir du modèle français de droit public en Europe. Intervention : Fondements et limites de l'intervention publique : le cas du droit public financier.

- Colloque international de l'Université d'économie de Hubei et de FONDAFIP des 15 et16 janvier 2011 à Wuhan (République populaire de Chine) : Réforme des finances publiques et nouvelle gouvernance. Ouverture et clôture du colloque. Rapport : la réforme du budget de l'Etat
- Colloque KSAP-ENA des 16 et 17 décembre 2010 à Varsovie (Pologne) ; La gestion du changement dans l'administration publique. Rapport : Stratégies de réforme de l'administration en France
- Colloque de FONDAFIP-GERFIP (Présidence) : La redevance : quelle actualité ? Paris le 30 novembre 2010
- Colloque international, Quelle fiscalité pour l'après crise en France et en Italie, Rapport : Les outils de prévention de l'évasion fiscale. FONDAFIP/ Université de Bologne le 26 novembre 2010
- Colloque international, Les problèmes juridiques de la construction d'un budget de programmes. Rapport : programmation et nouvelle gouvernance financière en France. Bialystok, (Pologne) le 25 octobre 2010.
- Cours à la Faculté de droit de Bialystok (Pologne) le 25 octobre 2010 : La réforme budgétaire de l'Etat en France.
- Colloque international, La nouvelle gouvernance des finances publiques au Maroc et en France : quelles perspectives ? Rapport : Les trois âges de la gouvernance financière locale et de la réforme de l'Etat. Rabat les 18 et 19 septembre 2010.
- Colloque, Les rencontres de la Direction Générale des Finances Publiques Rapport : Nouveau civisme fiscal et légitimité du recouvrement de l'impôt. Paris le 29 juin 2010
- Colloque international de l'Union européenne et du Ministère des finances polonais : Le budget de performance et la gestion des finances publiques. Rapport : La mise en place et les enjeux du budget de performance en France. Varsovie : 24/25 juin 2010
- Colloque de l'AFIGESE, Paris le 15 juin 2010, Rapport : La gouvernance financière locale face aux crises financières publiques
- Université d'économie de Saint-Pétersbourg (Russie) ; 11 juin 2010 conférence : Le système local français
- Cour des Comptes du Maroc, Dîner-débat le 4 juin 2010 ; conférence : Les enjeux budgétaires des crises économiques : les relations difficiles entre les finances publiques, l'Etat, le marché et le temps
- Colloque du Centre d'économie de la Sorbonne ; le 2 juin 2010 ; Rapport : Compliance et droit fiscal : regards croisés.
- Colloque de l'Institut de Sciences Politiques de Paris, Les collectivités territoriales à l'épreuve des réformes. Paris le 4 mai 2010. Rapport : La réforme des finances locales

- Colloque international de l'Académie des finances de Moscou, Les réformes budgétaires et fiscales dans la société contemporaine. Moscou les 18 et 19 mars 2010. Ouverture du colloque et deux rapports. 1er rapport : La réforme budgétaire en France : origines, caractéristiques, enjeux. 2ème rapport : L'autonomie financière des collectivités locales en France
- Colloque international FONDAFIP-Université de Cracovie, La nouvelle gouvernance financière publique en Pologne et en France : enjeux dans un contexte de crise, Cracovie les 8 et 9 mars 2010. Ouverture du colloque et rapport introductif : Crises des finances publiques et réformes de l'Etat.
- Colloque international FONDAFIP-Université de Liège, Finances publiques, programmation et crise économique, Bruxelles le 12 février 2010, Ouverture du colloque et rapport introductif : La nouvelle gouvernance financière publique et les crises.
- Colloque de l'Université de Savoie, Chambéry le 5 février 2010 : Le principe de sincérité en finances publiques. Rapport de synthèse et présidence d'une table-ronde.
- Conférence au colloque du Collège d'études interdisciplinaire de l'Université Paris 11 : Crise des finances publiques et crise de l'Etat, Sceaux le 16 décembre 2009
- Conférence au Congrès de l'Association des régions de France (Marseille, le 10 décembre 2009) : Rapport : La réforme de la taxe professionnelle.
- Colloque FONDAFIP-GERFIP, présidence de séance, La place du contrat et de la répression en droit douanier, Université Paris I, le 24 novembre 2009
- Conférence au 13 Congrès international de l'Association brésilienne de droit fiscal (Belo Horizonte ; Brésil, 13 novembre 2009). Rapport de clôture : Existe segurança jurídica numa sociedade pós-moderna complexa ?
- Conférence au Seminario democracia participativa (Ano da França no Brasil) (Belo Horizonte, Brésil, le 13 novembre 2009) : As experiença do Conselho de impostos frances e da Comissao permanente de simplificaçao e revisao da ligislaçao tributaria : fiscalidade e tributo participativo

TEMOIGNAGES

SALIF YONABA SE SOUVIENT...

Si les différentes occasions, somme toute non négligeables, qui nous ont été données de rencontrer le professeur Michel Bouvier, depuis l'année 2000 pour la première fois jusqu'à ce jour, ne nous autorisent pas à prétendre connaître à fond l'Homme, elles ne nous en ont pas moins permis de nous faire une idée de cet universitaire qui fascine autant par ses nombreuses qualités, aussi bien humaines que professionnelles. Sur le plan humain, nous nous en voudrions de ne pas évoquer cette qualité tout à fait remarquable de grande humilité et de facilité d'accès. M. Michel Bouvier incarne à la perfection ce titre d'universitaire qui lui confère cette capacité tout à fait exceptionnelle à se mettre au même niveau que ses interlocuteurs, quels qu'ils soient : collègues universitaires et/ou chercheurs confirmés, nationaux ou étrangers, jeunes doctorants, etc. Le professeur Bouvier est parfaitement à son aise quand il communique avec ces différents acteurs, servi en cela par sa grande disponibilité.

Mais c'est bien évidemment sur le plan purement professionnel –ou universitaire- que le professeur Bouvier impressionne l'observateur un tant soit peu intéressé par le travail scientifique ; il ne nous paraît nullement exagéré ou irrévérencieux de considérer le professeur Bouvier comme un véritable « bourreau du travail », tant sa démarche dénote un grand dynamisme et activisme qui pourrait le faire apparaître à certains égards comme un « impérialiste » qui a littéralement confisqué ou monopolisé la matière des finances publiques. Son nom est assurément étroitement associé à la matière dans son état contemporain comme ceux de ses vénérables collègues R. HERTZOG, P. LOÏC, L. SAÏDJ, pour ne citer que ceux-là. Et l'intérêt qu'il porte à la matière dépasse le cadre strictement français puisqu'il maîtrise parfaitement l'état de la question à l'étranger, depuis le Maroc jusqu'à la Chine, en passant par l'ensemble des Etats africains de l'UEMOA et de la CEMAC, de nombreux pays européens (comme l'Italie ou la Belgique notamment) ou américains.

Par ses nombreuses publications dans la matière des finances publiques tout spécialement, à travers son implication dans l'animation de la « Société française de finances publiques » (SFFP) surtout à ses débuts, puis dans celle de la « Fondation internationale pour les finances publiques » (FONDAFIP) qu'il a portée sur les fonts baptismaux depuis maintenant plus d'une dizaine d'années, le professeur s'est imposé comme une référence incontournable dans la matière. Les nombreuses publications qui lui sont dues, comme le manuel de finances publiques réalisé en collaboration active avec son épouse la grande spécialiste de la matière Marie Christine Esclassan, ou sentimentale avec son maître Jean-Pierre LASSALE aujourd'hui disparu, tout comme les différents Editoriaux de la *Revue française de finances publiques* riches de sens, sans oublier l'ouvrage de finances locales, ou encore la « nouvelle gouvernance financière » co-écrite avec l'Inspecteur des finances A. BARILARI font incontestablement autorité. Très nombreuses également sont les contributions de l'auteur dans diverses autres revues scientifiques ou les Mélanges offerts à ses collègues !

Et c'est donc tout à fait naturellement un grand plaisir qui confine à l'honneur, quand l'occasion est donnée à tout un chacun de prendre part à quelque manifestation scientifique sur les finances publiques, aux côtés du professeur Bouvier, comme ce fut le cas pour nous personnellement à Strasbourg à deux reprises (en 2000 puis en 2011), à Bordeaux en 2004 (aux réflexions sur l'introduction de l'idée de performance dans la gestion des finances publiques africaines), à Paris en 2004 (lors de la seconde université de printemps de finances publiques) et en 2005 (lors de l'une des nombreuses activités sur la Lolf), à Marseille en 2007 (lors de l'une des nombreuses activités commémoratives du bicentenaire de la Cour des comptes) et à Rennes en 2011 (au colloque sur la décision budgétaire). A toutes ces différentes occasions, l'on se rend compte de la grande sympathie et considération que l'ensemble des spécialistes de finances publiques (universitaires, inspecteurs des finances, magistrats de la Cour des comptes, acteurs du monde politique, etc.) vouent au professeur BOUVIER.

Ce sont là autant d'éléments et de faits, qui sont bien loin d'ailleurs d'être exhaustifs, qu'il nous a été donné de relever de manière tout à fait fortuite, concernant cet infatigable enseignant chercheur. Et bien évidemment nous ne pouvons que nous réjouir d'avoir pu être associé, grâce à l'heureuse initiative et l'aimable insistance aussi de Nicaise MEDE, à ce projet d'hommage que certains universitaires africains entendent ainsi rendre à un grand maître qui s'est montré très attentif à la problématique de la promotion de la bonne gouvernance financière dans nos Etats africains dont on connaît les ressources bien limitées et la grande dépendance à l'égard des institutions financières internationales.

Ouagadougou, le 31 août 2018

Salif YONABA,

Professeur à l'Université Ouaga II/Ouagadougou.

ELOI DIARRA SE SOUVIENT…

Il n'est pas aisé de porter un témoignage sur une personne qu'on admire et qu'on considère comme un ami. Soit, cela apparaît aux yeux de personnes extérieures comme de la flagornerie, soit, cela provoque de la gêne chez le destinataire. Aussi, sans froisser l'humilité de Michel BOUVIER, je voudrais lui rendre ici un témoignage davantage axé sur sa personne.

Certes, on connaît bien le juriste, publiciste, spécialiste des finances publiques et de la fiscalité. On connaît ses nombreux écrits ; sa fondation, la FONDAFIP est reconnue à travers le monde, du Japon à l'Amérique, en passant par l'Afrique. Bien entendu, la *Revue française de finances publiques* qu'elle sous-tend, a, elle aussi, largement dépassé les frontières européennes. Mais pour réaliser tout cela, il faut sans doute que l'homme soit soutenu par une femme admirable, mais aussi que lui-même ait un « supplément d'âme ». C'est ce supplément d'âme que nous voudrions rapidement évoquer.

Je n'ai plus le souvenir de la date de notre première rencontre, mais je sais que c'est dans le cadre de la Société française de finances publiques (SFFP) qu'elle eut lieu, au milieu des années 1990. Et la première impression ressentie et qui ne m'a jamais quitté : « C'est celui-là, l'homme ?!? », avec cette petite pointe de déception, tant il paraissait ordinaire. Ordinaire par le vêtement, dans un milieu où l'apparat joue un rôle extraordinaire. Mais aussi ordinaire par la simplicité de son exposé, de son phrasé qui ne cherche pas la formule pompeuse pour marquer les esprits.

En réalité, cet « ordinaire » cache une multitude de qualités extraordinaires, formidables, admirables. D'abord une vraie humilité de l'homme. Elle est la marque du vrai intellectuel, celui qui cherche à convaincre, par des arguments solides, par le dialogue, et non pas celui qui veut séduire par la belle formule ou qui veut en imposer par le ton tonitruant et docte qui n'admet pas de réplique. Elle s'allie naturellement à la simplicité. Et c'est vrai que Michel n'a pas besoin de se forcer. Il est proche de tous, autant de ses collègues que de ses étudiants.

Mais si humilité et simplicité il y a, celles-ci s'accompagnent d'une grande opiniâtreté, d'une force de caractère où la persévérance est une marque fondamentale. C'est tout cela, allié, qui permet à Michel Bouvier de développer un grand réseau d'amitiés. Et comme souligné plus haut, son humilité et sa simplicité débordent sur tous les continents.

L'accessibilité s'accompagne d'une proximité des autres, pour répondre à leurs besoins et à leurs demandes. C'est ainsi qu'il prête son soutien à de nombreuses manifestations scientifiques. Voici plusieurs années que, dans notre laboratoire de recherche[1], avec quelques collègues, nous avons créé un pôle « Finances publiques

[1] Le CUREJ, Centre universitaire rouennais d'études juridiques.

et Fiscalité ». Celui-ci s'est donné pour objectif d'organiser tous les ans une journée « Loi de finances de l'année » et un colloque. Lorsque notre équipe a sollicité l'appui de la FONDAFIP, sans aucune hésitation, Michel nous a ouvert les colonnes de la *Revue française de finances publiques* pour y annoncer nos manifestations et publier leurs résultats.

Soulignons encore deux qualités majeures. La première porte sur la capacité de Michel à partager et faire partager ses approches, ses réflexions et les résultats de sa recherche. Au fond, l'intellectuel qu'il incarne est soucieux de l'impact de sa pensée sur l'évolution de la société. La quête pour elle-même ne relève pas de sa conception des choses. Le professeur doit être utile à son époque ; sa pensée doit lui permettre de répondre aux défis qui sont les siens. On le voit bien à travers ses nombreuses publications.

Enfin, bien plus que pour les autres continents, Michel Bouvier a un penchant particulier pour l'Afrique. En témoignent les nombreux étudiants d'origine africaine qui ont fréquenté son Master de finances publiques et fiscalité, les nombreuses thèses qui en ont résulté, thèses de primo-étudiants ou de fonctionnaires africains soucieux de leur formation permanente ou de leur promotion. En témoignent les nombreuses missions accomplies dans les Etats. Tout ceci, tant en Afrique du Nord que dans l'Afrique subsaharienne. Nous aurions pu mettre un accent particulier sur son lien avec le Maroc, mais ce n'est guère nécessaire.

C'est donc pour tout cela, que je veux dire ici, publiquement, la reconnaissance du continent noir. Merci, Michel !

Eloi DIARRA,

Rouen le 10 septembre 2018

LES FINANCES LOCALES

Ena Etienne SIMICLAH[1]

LE PRINCIPE DE L'ÉQUILIBRE RÉEL DES BUDGETS LOCAUX EN DROIT POSITIF BÉNINOIS

INTRODUCTION

L'équilibre a toujours rimé avec l'évolution de l'humanité en tant que vecteur de stabilité. Pour cette raison, le pouvoir a toujours développé une stratégie de quête d'un équilibre qui est même devenu « un mythe mobilisateur autour du pouvoir politique pour asseoir ou renforcer sa cohésion et sa stabilité ».[2] L'équilibre trouve sa suite dans les finances publiques. Ainsi, ses vertus s'amplifient dès lors que s'affirment les enjeux liés à la gestion des services publics dans un contexte de rareté de ressources.

Sur la base de nombreux textes normatifs qui peuplent l'ordonnancement juridique béninois, il apparait quelquefois une juxtaposition de vocables, que le législateur dispose, « pour interpeller au quotidien la sagacité des juristes ».[3] L'« équilibre réel du budget » est de ces formulations-là.

La signification de l'équilibre, à son apparition au 16ème siècle, a tout de même quelque chose d'évocateur et d'instructif relativement à la question sémiologique qui est posée. De la combinaison du « latin *aequus* (égal) et de *libra* (balance) »[4], l'équilibre dénote d'abord un principe physique d'harmonie, de stabilité et de viabilité. « Il est l'expression d'un bon sens qui veut s'incarner dans le réel »[5].

«Tous les problèmes économiques sont des problèmes d'équilibre », écrivait Pierre-Etienne FLANDIN[6] en 1934. Pour Adam SMITH, l'équilibre du marché, l'adéquation entre l'offre et la demande devait être servie par la main invisible de la concurrence. La doctrine libérale, à la fois économique et financière, développa une

[1] Maître-assistant des universités, Faculté de Droit et de Sciences Politiques (FADESP), Université d'Abomey-Calavi (UAC)

[2] La stabilité est un indice d'institutionnalisation, voir sur la question, G. BALANDIER, *Anthropologie politique*, Paris, PUF 1967, p.37.

[3] N. MEDE, « L'équilibre réel des budgets locaux en Afrique de l'Ouest francophone », *Revue Ivoirienne des Sciences Juridiques et Politiques -RISJPO N° 1 Septembre 2013, p.6-36*

[4] O. BLOCH et W. WARTBURG, *Dictionnaire étymologique de la langue française*, Paris, Presses Universitaires de France, 1950, p. 221.

[5] N. MEDE, « L'équilibre réel des budgets locaux en Afrique de l'Ouest francophone », article précité.

[6] P. E. FLANDIN, Préface à J. PERREAU PRADIER, *L'équilibre budgétaire*, Paris, Domat- Montchrestien, 1934, p. V.

« mystique de l'équilibre »[7] qui traduit bien la « connotation positive »[8] dont est auréolée cette notion. Gaston JEZE et Edgard ALLIX en arrivèrent à présenter le ministre des finances comme étant ou devant être le « ministre de l'équilibre »[9].

En fait, la mise en œuvre de l'équilibre du budget n'a eu lieu, en France, qu'au début du 20ème siècle, et « sous la pression des évènements »[10]. Le « dogme de l'équilibre budgétaire »[11] que nourrissait la théorie libérale ne semblait pas inspirer les décideurs financiers au point où l'équilibre devenait une exception dont la prégnance, pour Gilbert ORSONI, « aurait plutôt tendance à infirmer »[12] la règle de l'équilibre. L'équilibre budgétaire ne serait pas ainsi, un principe évident en lui-même, et la récurrence des déficits des finances des Etats conforte l'idée de la relativité de l'équilibre et même de la « vanité d'un principe ». *Keynes* apporte le coup de grâce à l'idolâtrie de l'équilibre avec sa théorie du *deficit spending,* qui se traduit par un « soutien de la demande d'investissement et de la demande de consommation des ménages».[13] Pour être plus précis, lorsque l'investissement privé s'essouffle, l'investissement public doit lui venir en relais par le gonflement de la dépense publique.

Les enjeux liés à l'équilibre justifient son érection en un principe autour duquel s'articulent des opérations budgétaires.

L'équilibre est défini généralement comme une « juste combinaison d'éléments assurant une stabilité ».[14] Pour autant, la définition spécialisée appréhende l'équilibre budgétaire comme « une situation du budget dans laquelle les dépenses inscrites sont égales aux recettes inscrites ».[15]

Les différents textes relatifs au budget local consacrent le principe de l'équilibre réel.

Si cette expression d'équilibre budgétaire ne transparaît pas comme un principe juridique explicite dans la Directive n° 06/2009/CM/UEMOA relative aux lois de finances[16], il est par contre un principe à valeur constitutionnelle presque dans tous

---

[7] M. BOUVIER, « Les représentations théoriques de l'équilibre budgétaire : essai sur la vanité d'un principe » *in* L. TALLINEAU (dir.), *L'équilibre budgétaire*, Paris, Economica, 1994, p. 24.

[8] L. TALLINEAU, *L'équilibre budgétaire*, *op. cit.* XIII.

[9] Cités par J. PERREAU PRADIER, *L'équilibre budgétaire*, *op. cit.*, p. 10.

[10] *Ibidem*, p. 48.

[11] M. BOUVIER, « Les représentations théoriques de l'équilibre budgétaire : essai sur la vanité d'un principe » article précité, p. 23.

[12] G. ORSONI, « L'équilibre budgétaire, histoire d'une pratique », *in* L. TALLINEAU (dir.), *L'équilibre budgétaire*, Paris, Economica, 1994, p. 20.

[13] H. BROCHIER écrit à ce propos que «si les conséquences des déficits budgétaires étaient aussi fâcheuses que le prétendent les auteurs libéraux, on aurait assisté depuis longtemps à la ruine d'un grand nombre d'Etats » ; H. BROCHIER, *Finances publiques*, Paris, Cujas, 1970).

[14] Dictionnaire *Larousse* édit. 2008, p.299.

[15] C. T. NGUYEN, *Lexique budgétaire et fiscal du Sénégal*, Dakar, CREDILA, 1982, p.51.

[16] La Directive n° 06/2009/CM/UEMOA parle d'un « équilibre budgétaire et financier » surdéterminé par la situation et les « objectifs macro-économiques des Etats membres » ainsi que les « obligations du Pacte de convergence, de stabilité, de croissance et de solidarité » selon l'article 3.

les pays membres,[17] notamment en République du Bénin.[18] Nombre d'Etats membres de l'Union Economique et Monétaire Ouest Africaine (UEMOA) sont donc astreints à l'observance de la règle de l'équilibre s'agissant de la présentation et du vote de la loi de finances, référentiel financier de l'Etat. *Quid* ensuite des collectivités publiques infra-étatiques ?

La directive n° 01/2011/CM/UEMOA portant régime financier des collectivités territoriales au sein de l'UEMOA dispose que « l'équilibre du budget » est un principe du droit budgétaire des collectivités territoriales (article 9), que cet équilibre « vise l'équilibre comptable des recettes et des dépenses » (article 15), et que le budget local doit être voté en « équilibre réel » (articles 71 & 77). Le budget local doit ainsi être non seulement en équilibre mais présenter un équilibre réel. L'adjectif qualificatif qui valorise l'équilibre est notable mais pas inédit. René STOURM parlait déjà en 1896 de « l'équilibre réel des budgets »[19] tandis qu'en 1923, une commission parlementaire française invitait le gouvernement à apporter des propositions nouvelles de nature à réaliser « l'équilibre réel des dépenses et des recettes »[20] de l'Etat. La consécration législative intervient, en France, avec l'ordonnance 59-33 du 5 janvier 1959 (art. 5) suivie de la loi 70-1297 du 31 décembre 1970 relative à la gestion municipale et les libertés communales et enfin la loi 82-213 du 2 mars 1982, relative aux droits et libertés des communes, des départements et des régions (art. 8).[21]

La doctrine manifeste vis-à-vis de la « rigueur du principe de l'équilibre »[22] réel, une bienveillante neutralité. Ce qui est présenté comme la « règle d'or »[23] des finances locales, le « principe le plus important du droit budgétaire communal »,[24] s'explique par le « souci de protéger à la fois la situation financière des collectivités locales et de l'Etat (spontanément appelé en garantie) et de réserver l'essentiel de l'action conjoncturelle (...) à l'Etat »[25] dès lors que les collectivités territoriales « ne disposent pas d'une compétence fiscale propre »[26]. L'équilibre réel signifiant «de plus en plus absence de déficit»[27], la pertinence du principe est de « protéger les contribuables locaux contre la prodigalité ou l'inconséquence de certains élus

---

[17] On peut citer la Côte d'Ivoire, Constitution du 23 juillet 2000, article 80 : « Le projet de loi de Finances doit prévoir les recettes nécessaires à la couverture intégrale des dépenses. L'Assemblée nationale vote le budget en équilibre. », le Mali, Constitution de 1992, Article 77 : « L'Assemblée Nationale est saisie du projet de Loi de Finances dès l'ouverture de la session ordinaire précédant la période budgétaire. Le projet de Loi de Finances doit prévoir les recettes nécessaires à la couverture intégrale des dépenses », le Niger, Constitution de la VIIe République. (25 novembre 2011), Article 114, « Le projet de loi de finances doit prévoir les recettes nécessaires à la couverture intégrale des dépenses. L'Assemblée nationale vote le budget en équilibre » ....

[18] Constitution du 11 décembre 1990, Art 110, « L'Assemblée Nationale vote le budget en équilibre ».

[19] R. STOURM, *Le budget*, Paris, Guillaumin et cie, 1896.

[20] J. PERREAU PRADIER, *L'équilibre budgétaire*, *op. cit.* p. 43.

[21] Article 8 devenu article L. 1612-4 du Code général des collectivités territoriales en France.

[22] W. GILLES, *Les principes budgétaires et comptables publics*, Paris, L.G.D.J., 2009, p.133.

[23] M. BOUVIER, *Les finances locales*, 13ème édit., Paris, L.G.D.J., 2010, p.212.

[24] M. DONIER, G. DESVIGNES, *Le budget communal*, Paris, Vie publique, 1978, p.20.

[25] L. SAÏDJ, *Finances publiques*, 4ème édit. Paris, Dalloz, 2003, p.384.

[26] J.-F. PICARD, *Finances publiques*, 2ème édit. Paris, Litec, 1997, p.324.

[27] *Ibidem* p. 385.

locaux »,[28] les risques en ligne de mire étant, soit « une augmentation douloureuse des impôts »[29], soit de graves « difficultés financières »[30]. Edgar ALLIX ajoute une note de subjectivité à ce panorama doctrinal en estimant que la tutelle préfectorale avait du bon et se justifiait « à raison de l'incompétence fréquente des municipalités »[31] au 19ème et au début du 20ème siècle en France.

Par ailleurs, la décentralisation, l'administration du « pays par le pays »[32] ainsi que l'écrit Maurice HAURIOU, « trouve son fondement et sa justification dans le souci d'une intervention de proximité sur les questions de développement ».[33] L'Etat central en Afrique de l'ouest francophone a montré ses limites par une propension morbide à capter et divertir de la cible, les ressources nationales et les contributions extérieures au développement. Les compétences transférées au niveau local traduisent un impératif de faire des collectivités territoriales décentralisées, les cellules opératoires de la mutation prométhéenne des masses citoyennes dans leur quête légitime de mieux-être. Or, la Banque Mondiale a montré depuis plusieurs années que les flux financiers ne suffisent pas à impulser et accélérer la croissance. Il faut un adjuvant managérial, une manière alternative d'organiser et de gérer la relation au travail. D'où « la dissémination de la technique de budgétisation par programme en expérimentation depuis les années 1999 au Sénégal, au Burkina Faso et au Bénin ».[34] Si le concept de droit du développement a un sens, c'est qu'il doit servir de levier aux mutations qualitatives qui apportent plus de bien-être à des millions d'Africains. C'est un droit de « mobilisation efficace des ressources », et un « droit de rationalité ». Il a vocation à servir de levier au changement. Ainsi, en droit financier des collectivités locales béninoises, l'équilibre comptable et des budgets locaux reste à être repensé juridiquement.

La question qui se pose est de savoir quelle est l'énoncé de l'équilibre réel du budget dans les collectivités territoriales du Bénin.

Ensuite, quelle est l'effectivité du principe de l'équilibre réel du budget local dans un contexte caractérisé par une absence d'autonomie dans la conception des recettes et des dépenses des collectivités locales ?

Celles-ci sont des personnes morales de droit public dotées de l'autonomie financière et relevant de la décentralisation territoriale.

---

[28] F. LABIE, *Finances locales*, Paris, Dalloz, 1995, p.249.

[29] F. ROBERT, *Les finances locales*, Paris, La Documentation française, 2009, p.27.

[30] *Ibidem*, p. 27

[31] E. ALLIX, *Traité élémentaire de science des finances et de législation financière française*, Paris, A. Rousseau, 1912, p.706.

[32] M. HAURIOU, *Précis de droit administratif et de droit public*, 6e éd., Paris, Librairie de la Société du Recueil Sirey et du Journal du Palais, 1907, p.64.

[33] Voir en sens C. NACH MBACK, *Démocratisation et décentralisation*, Paris, Karthala- PDM 2003.

[34] N. MEDE, « La nouvelle gestion budgétaire : l'expérience au Bénin des budgets de programme » *in Revue Afrilex*, n° 4, décembre 2004, p. 56. A. PARIENTE, A. S. COULIBALY, « Programmes et mesure de la performance en France et dans les pays africains », *Revue Française de Finances Publiques*, n°98/2007, p. 33

Cette question centrale est légitime dès lors que « les Collectivités territoriales décentralisées n'ont ni une maîtrise certaine de leurs recettes (absence de maîtrise de la chaîne fiscale) ni un pouvoir de conception de leurs dépenses ».[35]

Certes, l'élaboration d'un budget local en équilibre réel est une attribution légale mais cette considération développe des pratiques irrationnelles avec en filigrane tout un rituel.

A cet égard, il importe de voir également quelle est l'étendue du contrôle aménagé en tant que moyen destiné à sanctionner négativement l'irrespect de l'équilibre budgétaire ? Cette question se justifie dès lors que le respect de l'équilibre réel du budget local reste une obligation légale pour toute collectivité territoriale.

Le sujet a un intérêt théorique et pratique. Théorique en ce sens qu'il convient d'évaluer ce qui reste du principe de l'équilibre budgétaire « naguère conçu par la doctrine classique comme la clef de voûte des finances publiques ».[36]

Il est pratique dans la mesure où le contrôle qui accompagne nécessairement le principe de l'équilibre budgétaire lui donne une effectivité ou une portée pratique.

Le choix de ce thème s'explique par le souci d'analyser et de mettre en exergue comment l'équilibre budgétaire et son contrôle sont formellement aménagés par le droit positif béninois.

Ainsi, l'approche est articulée autour de deux parties relatives au fait que l'équilibre réel du budget local est un principe consacré. (I). Toutefois, compte tenu d'un contexte défavorable, il se révèle un leurre, voire inopérant techniquement (II).

I. L'EQUILIBRE REEL, UN PRINCIPE JURIDIQUEMENT CONSACRE

L'équilibre réel du budget local est un principe consacré par une pluralité de textes, parmi lesquels, il convient de citer des textes législatifs et réglementaires mais également la directive communautaire relative aux lois de finances. Ce qui en fait une obligation légale (A) assortie d'un contrôle relevant de divers organes (B).

A. UNE OBLIGATION LEGALE POUR LA COLLECTIVITE LOCALE

Selon la loi, « Le budget d'une collectivité territoriale est en équilibre réel lorsque la section « Fonctionnement » et la section « Investissement » sont respectivement votées en équilibre, les recettes et les dépenses ayant été évaluées de façon sincère, et lorsque le prélèvement sur les recettes de la section « Fonctionnement » au profit de la section « Investissement », ajouté aux recettes

[35] C'est le caractère obligatoire de certaines dépenses qui doivent figurer dans le budget de la collectivité locale. Voir la directive n° 01/2011/CM/UEMOA portant régime financier des collectivités territoriales au sein de l'UEMOA dispose que « l'équilibre du budget » est un principe du droit budgétaire des collectivités territoriales

[36] P. M. GAUDEMET, *Finances publiques*, tome I, Montchrestien 1989, p.9 et s.

propres de cette section, à l'exclusion du produit des emprunts, et éventuellement aux dotations des comptes d'amortissement et de provision, fournit des ressources suffisantes pour couvrir le remboursement en capital des annuités d'emprunt à échoir au cours de l'exercice ».[37]

Il s'analyse comme une obligation de faire pour la collectivité locale qui se traduit par le vote en équilibre réel du budget local. Cette exigence a, certes, un fondement juridique dont les conditions d'existence sont soigneusement circonscrites par le droit positif mais également, elle s'appuie sur un certain nombre de facteurs dont il importe d'analyser les contours.

L'équilibre budgétaire est tributaire du cadre économique qui lui a donné naissance. « Ce cadre économique est dominé par l'idéologie libérale fondée sur une abstention de l'Etat sur l'arène économique ».[38]

Au plan budgétaire, les dépenses avaient pour vocation naturelle de couvrir les charges nées des dépenses de nature administrative. A raison de sa simplicité technique, l'équilibre budgétaire demeurait un indice fort d'une bonne gestion financière. C'est la raison pour laquelle, il a été érigé en principe. C'est-à-dire « élevé en une proposition admise comme base d'une science ou d'un raisonnement ».[39]

Philippe LOÏC définit les principes budgétaires comme « les principes juridiques de droit public qui gouvernent la vie d'un budget pris au sens juridique du terme. Ils concernent donc : l'Etat, les collectivités territoriales, les établissements publics administratifs et les communautés européennes … ».[40]

La signification historique assignée au principe de l'équilibre budgétaire draine en sa faveur une puissante charge émotive. Ce principe connaît des fortunes diverses dans les documents budgétaires des collectivités publiques.

Indicateur de « convergence en droit communautaire »,[41] le principe de l'équilibre budgétaire a une portée relative dans le budget de l'Etat, « il est un levier ou une technique de politique économique et financière n'emportant aucune obligation de résultat à la charge de l'Etat ».[42]

En droit budgétaire local, le principe de l'équilibre budgétaire présente une spécificité dès lors que les textes qui encadrent le budget local insistent sur le caractère réel de l'équilibre. « Il a une portée obligatoire pour les collectivités territoriales ».[43]

---

[37] Cf. loi n° 98-007 du 15 Janvier 1999 portant régime financier des communes en République du Bénin.

[38] Voir F. DERUEL, *Budget et pouvoir financier*, 10ème édition, Dalloz 1993, p.133 et s.

[39] J. M. PONTIER, « Considérations sur les principes en droit », *in Les principes et le droit*, PUAM 2007

[40] P. LOÏC, *Les principes budgétaires*, Economica, 1991, p. 1225 et s.

[41] A. DIOUKHANE, *L'harmonisation du droit budgétaire des Etats membres de l'UEMOA* (La directive n°05/97 du 16 décembre 1997 relative aux lois de finances'', *EDJA* n°60, janvier 2004, p.35 et s.

[42] M. TIRARD, « La constitutionnalisation de l'équilibre budgétaire : les leçons de l'expérience américaine, » *Revue Pouvoirs* 2012/1 (n°140), p.99-110

[43] C. FOURIER, *Finances publiques du Sénégal*, Paris Pedone 1975, p.13.

En effet, « les collectivités territoriales sont assujetties à une obligation de voter leurs budgets en équilibre ».[44] La loi n°98-007 du 15 janvier 1999 portant régime financier des communes en République du Bénin met à la charge des collectivités territoriales décentralisées une obligation de voter « en équilibre leurs budgets en parfaite harmonie avec le droit communautaire »[45]. Selon l'alinéa 1er de l'article 31 de ladite loi, « lorsque le budget de la commune n'est pas voté en équilibre réel, l'autorité de tutelle dispose d'un délai d'un mois à compter de la date du vote du conseil communal pour proposer à la commune les mesures nécessaires au rétablissement de l'équilibre budgétaire et demander au conseil communal une nouvelle délibération qui doit intervenir dans le délai d'un mois à partir de la communication des propositions de l'autorité de tutelle ».

Cette obligation légale est plus renforcée par la combinaison des articles 31-32 et 34 qui renseignent sur le caractère obligatoire de l'équilibre du budget local. Ainsi, l'article 32 utilise le caractère obligatoire du principe dans les termes suivants. Si l'autorité de tutelle constate qu'une dépense obligatoire n'a pas été inscrite au budget communal ou l'a été pour une somme insuffisante, elle adresse une mise en demeure à la commune concernée. Il s'ajoute que « si, dans un délai d'un mois, cette mise en demeure n'a pas été suivie d'effets, l'autorité de tutelle inscrit cette dépense au budget de la commune en l'accompagnant de la création de ressources de diminution de dépenses facultatives destinées à couvrir la dépense obligatoire ». Ensuite, elle « règle et rend exécutoire le budget de la commune ainsi rectifié ».

Ainsi, le représentant de l'Etat règle le budget à partir d'une procédure particulière. Par cette procédure, le conseil communal, notamment le maire, n'est pas seulement tenu de respecter le principe mais également perd une partie de ses prérogatives de gestionnaire autonome. L'article 20 de ladite « loi portant régime financier des communes en République du Bénin »[46] a le mérite d'être plus explicite.

En outre, l'équilibre réel du budget local renvoie au préalable à la notion d'équilibre. Ce dernier porte sur le budget qui renvoie à un ensemble de documents budgétaires votés pour une année. Il s'agit d'une pluralité de documents de nature budgétaire.

En réalité, l'équilibre porte entre autres sur le budget primitif qui est la première mouture du document budgétaire principal. C'est le document budgétaire initial. Il porte également sur le budget supplémentaire qui est un document qui intervient à mi-parcours d'un exercice en vue de réajuster les prévisions contenues dans le budget primitif. L'équilibre budgétaire est requis pour les autorisations spéciales qui viennent décrire une situation nouvelle en procédant à des réajustements rendus nécessaires par le contexte. Enfin, il porte sur les budgets annexes qui décrivent les opérations des services publics locaux.

---

[44] F. DERUEl, *Finances publiques, budget et pouvoir financier*, 10ème édition, Dalloz 1993, p.133 et s.

[45] Voir le recueil des lois sur la décentralisation, juillet 2006, p. 110-125.

[46] Décret n°66-510 du 04 juillet 1966 portant régime financier des collectivités locales, *op. cit*, p.892

Génériquement, le budget est un acte de prévision et un acte d'autorisation de dépenses et recettes.

La prévision est une opération d'ordre conceptuel et prospectif visant à établir sur un horizon à venir des dépenses à effectuer et des recettes susceptibles de les couvrir. En ce qui concerne l'autorisation, elle est un acte d'habilitation donné dans le processus budgétaire local par le Conseil communal.

Le budget local se présente de façon duale « en section fonctionnement et en section investissement dont le contenu est déterminé par des dépenses et des recettes ».[47] Les recettes et dépenses de fonctionnement ont vocation à prendre en charge la vie courante de la collectivité territoriale. Quant aux recettes et dépenses de la section investissement, « elles sont relatives aux mécanismes destinés à accroître le patrimoine de la collectivité territoriale ».[48] Aux termes des dispositions de ces articles 4 et 6 de la loi portant régime financier des communes en République du Bénin, non seulement le budget de la commune doit être voté en équilibre réel en dépenses et en recettes mais également divisé en deux sections, la section fonctionnement et celle investissement tant en recettes qu'en dépenses.

L'équilibre décrit à l'article 4 de la loi portant régime financier des communes ne quantifie pas son contenu. Est-il un équilibre fondé sur une adéquation conforme entre sections ? Ou est-il un équilibre de compatibilité entre sections ?

L'article 6 de la même loi a le privilège d'être plus clair et détaillé. Aux termes des dispositions de cet article, « le budget de la commune, obéissant aux principes du droit budgétaire doit être en équilibre réel des recettes et des dépenses de fonctionnement et d'investissement ». Ainsi les prévisions de recettes de la section ordinaire doivent être au moins égales aux prévisions de dépenses de cette section.

Les prévisions de dépenses de la section extraordinaire ne peuvent être supérieures aux prévisions de recette de cette section qu'au cas où la section ordinaire fait apparaître un excédent de recettes et dans la limite de cet excédent ; « l'équilibre de la section ordinaire ne peut, en aucun cas, être assuré par un prélèvement sur la section extraordinaire ».

L'équilibre auquel renvoie la loi n° 98-007 du 15 Janvier 1999 portant régime financier des communes en République du Bénin est un équilibre aménagé à partir du principe d'égalité entre sections ou de correspondance conforme, alors que l'exception est révélée par l'existence possible d'un excédent compensateur. Il s'y ajoute que cet équilibre budgétaire aménage également des interdits pour compenser l'équilibre d'égalité entre sections.

La combinaison des deux définitions renseigne sur la nature et la portée de l'équilibre réel en droit budgétaire local.

Il existe à cet égard, des conditions à respecter pour pourvoir à l'équilibre budgétaire. Il s'agit d'une quantification au moins égale des prévisions de recettes

---

[47] Cette présentation découle de l'arrêté interministériel n°010830 du 01èr décembre 1993 fixant la nomenclature du budget des collectivités locales, *in Manuel de procédures de contrôles de légalité et budgétaire, op. cit*, p.129

[48] M. D. CISSE et M. P. DIOUF, *Manuel de procédures de contrôle de légalité et budgétaire, op. cit*, p.72 et s.

et de dépenses au niveau de chaque section. Il s'y ajoute un régime d'interdits dans la perspective d'un équilibre d'égalité.

Ce dispositif est couronné et enrichi par les principes énoncés à l'article 4 de la loi n° 98-007 du 15 janvier 1999. Il s'agit du principe de la réalité et du principe de la sincérité, gages de modernité des finances publiques. Ces conditions confèrent à l'équilibre budgétaire un caractère multidimensionnel.

En effet, l'équilibre du budget local se révèle de nature bien variée et diversifiée suivant des principes. L'élaboration du budget local obéit à une classification dualiste. Il s'agit de la section « Fonctionnement » et de la section « Investissement ». L'équilibre auquel fait allusion l'article 49 et s. de la loi n°98-007 du 15 janvier 1999 portant régime financier des communes pose une condition première. Elle est relative à un équilibre comptable. Il se définit comme une action ayant pour objet d'évaluer un ensemble de disponibilités par la quantification. Concrètement, l'équilibre comptable du budget local renvoie à un équilibre respectueux des deux sections du budget.

Autrement dit, au niveau de chaque section, les recettes de fonctionnement sont égales aux dépenses de fonctionnement. Egalement, les recettes d'investissement sont égales aux dépenses d'investissement. Ici, il s'agit véritablement d'un équilibre comptable interne. A côté de cet équilibre, il convient de faire remarquer l'existence d'un équilibre global ou externe. A ce niveau, les recettes totales sont égales aux dépenses totales.

Dans l'ensemble, « l'équilibre comptable du budget local décrit une correspondance conforme entre dépenses et recettes de chaque section du budget ».[49] Les sections naturellement distinctes sont déterminées par la nomenclature budgétaire. Elles obéissent à un niveau de spécialisation beaucoup plus large.

La section « Fonctionnement » renvoie aux actes de gestion courante nécessaires à la vie de la collectivité locale alors que la section « Investissement » porte sur des opérations d'acquisition et de renouvellement du patrimoine.

Il se constate que l'équilibre respectueux des sections auxquelles renvoie l'équilibre comptable est absent des dispositions de la loi n° n°98-007 du 15 janvier 1999 portant régime financier des communes. Cette absence ne nie en rien « la dimension comptable de l'équilibre du budget qui reste visible dans ladite loi portant régime financier « symbolisé par l'égalité des prévisions de recettes et de dépenses ».[50] L'équilibre comptable n'épuise pas les caractères de l'équilibre du budget local. En effet, l'équilibre a également une dimension financière. Il s'agit de l'équilibre financier qui décrit une balance entre ressources et charges de la collectivité locale. Il en découle forcément un solde susceptible de constituer un équilibre prévisionnel.

La dimension financière de l'équilibre du budget local est surtout mise en œuvre par les dispositions des articles 4, 7 et s. de la loi portant régime financier des

---

[49] M. DIOP, *Les finances des collectivités locales*, cours dactylographié 1994, p.18.

[50] *Recueil des lois sur la décentralisation, op.cit.* p.110 et s.

communes. L'équilibre budgétaire, dans toutes ses dimensions, est une obligation légale pour la collectivité territoriale.

C'est alors « une spécificité de droit budgétaire local ».[51] Le caractère comptable et financier de l'équilibre du budget local est la première condition qui fonde l'équilibre.

La deuxième condition est relative à l'évaluation des recettes et des dépenses de la collectivité locale. C'est la consécration du principe de sincérité qui guide et éclaire l'équilibre du budget local.

En effet, l'équilibre saisi à la lumière du principe de sincérité se révèle être une préoccupation contemporaine du droit financier public. Mais la sincérité ne peut pas s'appréhender pareillement sur le volet budgétaire et sur le volet comptable. L'idée de principe en droit budgétaire coïncide avec la période classique des finances publiques. L'exigence de sincérité est d'abord apparue dans la jurisprudence du Conseil constitutionnel en France, notamment la décision 94-351 DC du 29 décembre 1994. Le mode d'emploi est donné, en quelque sorte, dans la décision 2001-448 DC du Conseil constitutionnel relative à la LOLF. Pourquoi élaborer des principes dans le cadre des règles budgétaires ?

En effet, le principe de sincérité budgétaire implique l'exhaustivité, la cohérence et l'exactitude des informations financières fournies par l'État. Les principes éclairent les règles budgétaires. En réalité, « le principe de sincérité donne à l'équilibre du budget local son caractère réel qui cumule deux conditions. La première est liée à l'équilibre comptable enrichi par la seconde condition relative à la sincérité des évaluations en termes de recettes et de dépenses ».[52] Autrement dit, l'équilibre réel du budget local renvoie à une tâche d'élaboration des dépenses et des recettes qui renonce aux aléas et à la démarche approximative. Il s'agit alors d'une évaluation guidée par le principe de sincérité.

La sincérité ne permet de prendre dans le budget local que les recettes dont le principe est acquis. Les dépenses doivent également être appréciées de manière réaliste. Il s'agit d'une appréciation véridique des recettes et des dépenses qui intègre largement l'éthique financière. Autrement dit, « le principe de sincérité interdit la surévaluation des recettes, la surestimation ou la sous-estimation des dépenses ».[53] Le principe de sincérité est consacré par l'article 32 de la loi relative au régime financier de la commune, mais ce n'est pas une spécificité du droit budgétaire local.

En outre, notons que ce principe n'est pas d'application récente en droit français. Depuis l'année 1993, « le juge constitutionnel français acceptait de connaître des

---

[51] R. MUZELLEC, *Finances publiques*, 12ème édition, *Syrey*, 2002, p.130.

[52] P. PIEROT, « L'autonomie financière des collectivités locales et les réformes récentes de la décentralisation », Etudes de finances publiques, *in Mélanges en l'honneur de monsieur le professeur P. M. Gaudemet*, Economica, 1984, p.563

[53] G. REIHLAN, « Le principe de sincérité budgétaire. L'effectivité des saisines à l'épreuve des rapports de la Cour des Comptes sur l'exécution de lois de finances », *RFFP*, n°78, juin 2002, p.187 et s.

moyens soulevés par les requérants tirés de l'insincérité budgétaire considérée comme un motif d'inconstitutionnalité ».[54]

En effet, « le Conseil Constitutionnel se réfère de manière constante au principe de sincérité ».[55] C'est un principe qui côtoie de nos jours les autres principes budgétaires sanctionne avec la plus grande rigueur les prévisions jugées irréalistes et traduit par une surévaluation des recettes et une sous-évaluation des dépenses. Selon le Professeur *Muzellec* : « le principe de sincérité est à la fois un principe comptable et un principe budgétaire qui gouverne la préparation et la présentation de la loi de finances ». [56]

En France, le principe de sincérité est même consacré par les articles 27 et 32 de la loi organique n°2001-692 du 1er août 2001 relative aux lois de finances. L'article 32 de ladite loi dispose que « les Lois de finances présentent de façon sincère l'ensemble des ressources et des charges de l'Etat».[57]

En République du Benin, la loi organique n° 2013-14 relative aux lois de finances en son article 8, alinéa 2 dispose que « les prévisions de ressources et de charges de l'Etat sont sincères. Elles sont effectuées avec réalisme et prudence, compte tenu des informations disponibles au moment où le projet de loi de finances est établi. »

Le principe de sincérité a révélé une efficacité et une rigueur dans le contrôle de l'exactitude des prévisions.[58] Par conséquent, le Conseil constitutionnel français affirme que « le principe de sincérité se caractérise par une absence d'intention de fausser les grandes lignes de l'équilibre déterminé par la loi de finances ».[59] A cause de « son importance ce principe nécessite un droit de regard »[60], d'où la nécessité de contrôle.

---

[54] Décision n°94-351, Celle-ci constitue la véritable décision de contrôle de la sincérité budgétaire. Voir à cet égard, les observations de L. FAVOREU et L. PHILIP, *Les grandes décisions du Conseil constitutionnel, 13ème édition, Dalloz,* août 2005, n°44, p.794.

[55] Décision n°97-395 DC du 30 décembre 1997, Décision n°98-406 DC du 29 décembre 1998, Décision n°99-424 DC du 29 décembre 1999, Décision n°2001-448 DC. Voir également, J.P. CAMBY, « Le Conseil constitutionnel et les principes budgétaires », *RFFP,* n°51,1995, p.51 et s.

[56] R. MUZELLEC, *Finances publiques,* 12ème édition, Sirey, 2002, p.246. Il détermine les éléments de la sincérité qui se ramènent « à la bonne foi impliquant que les évaluations soient réalisées aussi correctement que possible » mais également « la cohérence qui implique une complémentarité entre divers documents tout au moins une cohérence entre eux ».

[57] Loi organique n°2001-692 du 1er août 2001 relative aux lois de finances, JORF n°177 du 02 août 2001, p.12480

[58] Une doctrine assez abondante est intéressée par le principe de sincérité. Il convient de noter entre autres : D. LAMDEC, « La notion de sincérité en finances publiques », *RFDA* 2002, p.798 et s. H. M. CRUCIS, « La sincérité des lois de finances, Nouveau principe du droit budgétaire », JCP 2000, 1244 et s. H. ARBOUSSET, « Un grief plein d'avenir », *RFFP*, avril 2001, p.183.

[59] Décision n°2001-448 du 25 juillet 2001, *RFFP* n°76, année 2001.

[60] G. WILLIAM, *Les principes budgétaires et comptables publics*, LGDJ, 2009, 45 et s.

B.- AMENAGEMENT FORMEL DU CONTROLE

Dans l'optique de garantir rigoureusement le respect de ce principe d'équilibre réel du budget, il est aménagé un contrôle qui aboutit à deux types de sanction. Une sanction négative qui se traduit par l'absence d'approbation du budget de la collectivité territoriale, ce qui le prive d'effets de droit. Cette sanction n'exclut pas une possibilité d'annulation juridictionnelle. Une sanction positive qui s'exprime par l'approbation du budget par le représentant de l'Etat, alors l'acte déploiera tous ses effets juridiques[61].

Le contrôle de l'application du principe de l'équilibre réel du budget local est un contrôle de légalité. L'idée de contrôle renvoie au droit de regard qu'une personne exerce sur une autre. Il peut porter sur les matières prises en charge par la personne contrôlée, c'est alors la dimension matérielle du contrôle. Il peut également porter sur l'organe, c'est la dimension organique du contrôle. Enfin, il peut s'exercer sur la finalité de la mission prise en charge par l'organe contrôlé, c'est la dimension téléologique ou finaliste du contrôle.

Relativement à la décentralisation, qui est une technique de répartition du pouvoir de décision entre l'Etat et ses démembrements, le contrôle est essentiellement matériel. Dans le même temps, le contrôle demeure également une condition nécessaire et même vitale à la survie des collectivités territoriales en ce sens qu'il se justifie par les « affaires locales sur lesquelles délibèrent celles-ci comme dans le cadre de l'Etat unitaire ».[62]

En République du Bénin, depuis 1990 un système de contrôle reposant sur le mécanisme du contrôle *a posteriori* est érigé en règle, alors que le contrôle *a priori* en est l'exception.

A cause du régime de contrôle institué par les articles 144-145 de la loi n° 97-029 du 15 janvier 1999 portant organisation des communes en République du Bénin, le contrôle a une valeur purement matérielle. Il se ramène au droit de regard exercé par certains organes sur la manière dont sont prises en charge les matières conférées par la loi aux collectivités territoriales. Il s'y ajoute que c'est un contrôle qui porte sur la légalité des actes des collectivités territoriales[63].

Le contrôle budgétaire se définit comme la soumission des opérations d'élaboration, du vote et de l'exécution du budget au droit. Il est consacré par la loi sur le régime financier des communes à travers son chapitre V. L'article 52 de la loi n° 98-007 du 15 janvier 1999 portant régime financier des communes en République du Bénin dilue le contrôle dans la partie relative aux contrôles de l'ordonnateur et du receveur-percepteur. Ce qui en fait un régime partiel. Le constat qui s'impose au regard des dispositions des articles 142 et 52 des deux grands textes, concernant la loi n° 97-029 du 15 janvier 1999 portant organisation des communes

---

[61] N. NGOM, « Le contrôle de la légalité des actes des collectivités locales », *in La régionalisation approche comparée France – Sénégal*, Dakar *CREDILA*, 1998, 253 et s.

[62] Voir H. PORTELLI, *Droit constitutionnel*, 3eme éd, éd. Dalloz, Paris, 1999, p10-11.

[63] Voir le recueil des textes sur la décentralisation, Imp. NOUNAGNON & FILS, p. 51 ; voir également A. DIOUKHANE, « La réforme régionale au Sénégal », *EDJA*, n°30, septembre1996, p.7et s.

et celle n° 98-007 du 15 janvier 1999 portant régime financier des communes en République du Bénin, est que le régime de contrôle se révèle plus entier en tant qu'il fait intervenir une pluralité d'organes et d'actes de nature différente.

Naturellement, le contrôle budgétaire porte sur le budget.[64] Il saisit le budget primitif jusqu'aux décisions modificatives dans la perspective de leur élaboration, de leur vote et de leur exécution.[65]

A cet effet, le contrôle budgétaire vise à garantir la conformité des opérations budgétaires à l'acte d'autorisation conféré par l'organe délibérant, le Conseil de la collectivité territoriale.[66] Le contrôle budgétaire fait intervenir des acteurs différents à partir d'une procédure particulière à chaque structure. C'est alors qu'on parle de contrôle juridictionnel et de contrôle non juridictionnel.

Le contrôle juridictionnel est le contrôle et le jugement des comptes des comptables publics ayant exercé de droit une gestion. Il s'agit des comptables de l'Etat, des collectivités locales et des établissements publics à caractère administratif.[67]

La loi n°98-007 du 15 janvier 1999 portant régime financier des communes aménage un système de contrôle dominé par un contrôle *a posteriori* qui est le principe et un contrôle *a* priori, presque résiduel.

Le contrôle juridictionnel prend source dans le cadre du contrôle *a posteriori*. Il côtoie le contrôle exercé par le représentant de l'Etat. Cependant, il est important de souligner qu'il n'y a pas de cloisonnement entre ces deux types de contrôle. En d'autres termes, il existe une corrélation entre l'espace de contrôle du représentant de l'Etat et celui du contrôle juridictionnel.[68] Ce dernier relève notamment de deux juridictions. Il s'agit de la chambre administrative et de celle des comptes.

Il importe de signaler que le contrôle qui s'exerce sur la gestion des collectivités locales est totalement un contrôle de légalité qui a une dimension administrative et une dimension financière. En réalité, ces deux dimensions dérivent de la légalité au sens du respect du droit par les collectivités territoriales.

Au regard de ces considérations, se profile une question légitime qui est celle de savoir en quoi la chambre administrative et la chambre des comptes sont intéressées par le principe de l'équilibre réel du budget local[69].

En réalité, quant au contrôle relatif à l'équilibre réel, deux organes tiennent une place de choix dans le dispositif du contrôle de légalité. Il s'agit, dans un premier temps, du représentant de l'Etat qui est habilité à saisir la chambre administrative aux fins d'annulation d'un acte d'une collectivité locale. A cet effet, il importe de faire remarquer que le vote du budget en déséquilibre est une violation de la légalité.

---

[64] De nos jours, un budget est un élément comptable dressant l'ensemble des recettes et des dépenses prévisionnelles d'un agent économique (un individu, un ménage, une entreprise, un État, etc.) au cours d'un exercice comptable à venir.

[65] M. DIAGNE, *Droit administratif local*, *op. cit.* p.208

[66] C. T. NGUYEN, *Lexique budgétaire et fiscal*, *op. cit.* p.45

[67] Cf. l'al. 1 de l'article 36 de l'ordonnance 21/PR DU 26/4/1966.

[68] A. BALDE, *Le contrôle des finances publiques au Sénégal*, Septentrion Presse universitaire, mai 1996, p.52.

[69] F. X. AUBRY et J. LEPAGE, « Les juges administratifs face à la décentralisation », *AJDA*, 1984, p.371.

Cependant, le représentant de l'Etat ou un particulier ou les deux à la fois peuvent saisir la chambre administrative.

Il est question, dans un second temps, du comptable principal qui exécute les opérations de recette et de dépense, c'est-à-dire un comptable qui rend directement compte de sa gestion à la chambre des comptes. Ainsi, les modalités d'exercice du contrôle juridictionnel sont variées.

Pour le compte de la chambre administrative, il s'agit du recours pour excès de pouvoir (REP) et du déféré qui sont des techniques à partir desquelles, le juge de l'excès de pouvoir est saisi. A côté du contrôle de la chambre administrative, s'exerce le contrôle de la chambre des comptes en tant que juge des comptes des comptables principaux. Ce mode de contrôle ne fait pas obstacle à d'autres types de contrôle exercés par des organes de la chambre des comptes.

Le cadre juridique du contrôle des comptes de l'Etat et des Communes est régi par la Constitution du 11 décembre 1990, la loi n°2004-07 du 23 octobre 2007 portant composition, organisation, fonctionnement et attributions de la cour suprême et les divers textes législatifs et réglementaires.[70]

En réalité, « la production du Compte de gestion au juge des comptes demeure une obligation pour les comptables principaux des organismes publics » et « la Cour Suprême est la plus haute juridiction de l'Etat en matière administrative, judiciaire et des comptes de l'Etat ».[71] Selon l'article 35 de cette loi fondamentale, « les citoyens chargés d'une fonction publique ou élus à une fonction politique, ont le devoir de l'accomplir avec conscience, compétence, probité, dévouement et loyauté dans l'intérêt et le respect du bien commun ». « Les biens publics sont sacrés et inviolables. Tout citoyen béninois doit les respecter scrupuleusement et les protéger. Tout acte de sabotage, de vandalisme, de corruption, de détournement, de dilapidation, ou d'enrichissement illicite est réprimé dans les conditions prévues par la Loi.»[72]

La chambre des comptes, en tant qu'une des composantes de la cour suprême, dispose d'une part d'un pouvoir de contrôle juridictionnel sur les comptables de deniers publics et les comptables des deniers privés soumis réglementairement au maniement d'un compte public et d'autre part d'un pouvoir de contrôle administratif sur les Collectivités publiques, les établissements publics, les sociétés d'Etat, les sociétés d'économie mixte, les organismes de sécurité sociale et les organismes subventionnés par une collectivité publique ou un établissement public ».[73]

Les dispositions générales sus énumérées, consacrent l'obligation de reddition de compte par les gestionnaires publics à tous les niveaux aux fins de contrôle, par des juridictions spécialisées, en l'occurrence la Chambre des Comptes de la Cour Suprême. Une fois les comptes produits, la juridiction financière peut se saisir

[70] Voir Manuel de reddition des comptes de gestion des communes en République du Bénin.

[71] Cf. article 131 de la Loi n°90-32 du 11 décembre 1990 portant Constitution de la République du Bénin.

[72] Cf. l'article 37 de la Constitution du Bénin.

[73] Cf. article 36 de l'Ordonnance n°21/PR du 26 avril 1966 portant composition, organisation, fonctionnement et attributions de la Cour Suprême.

d'office de toutes les affaires relatives au pouvoir de contrôle juridictionnel et de contrôle administratif.

En fait, elle vérifie la régularité des recettes et des dépenses et « s'assure du bon emploi des crédits, fonds et valeurs gérés par les services de l'Etat ou par les personnes morales de droit public (...) ».[74] La chambre des comptes juge les comptes des comptables publics, assiste le parlement et le gouvernement dans le contrôle des lois de finances. Enfin, elle exerce un contrôle sur l'administration et certains organismes investis d'une mission de service public.[75] Parmi ces compétences, il en existe une qui « sert » le principe de l'équilibre réel du budget local.

En effet, selon l'article 36, la Chambre des Comptes a pour mission de veiller à la bonne gestion des ressources publiques. Dans ce cadre, elle peut exercer un contrôle juridictionnel, c'est-à-dire un contrôle sur la régularité des opérations effectuées par les comptables publics, un contrôle administratif, c'est-à-dire un contrôle de la performance de la gestion des ordonnateurs publics. La Chambre des Comptes « (...) produit chaque année un rapport public sur ses observations et recommandations en vue d'une meilleure gestion des ressources de l'Etat. En cas de faute ou d'irrégularité constatée, la Chambre peut rendre un arrêt avec des sanctions pécuniaires à l'encontre des ordonnateurs comptables et comptables publics coupables de fautes de gestion, saisir les autorités hiérarchiques en vue des sanctions administratives à prendre à l'encontre des ordonnateurs ayant commis certaines irrégularités, transmettre aux autorités judiciaires compétentes les constatations sur les actes de gestion qui sont de nature à mettre en jeu la responsabilité pénale de leurs auteurs ».[76] En outre, la Chambre des Comptes reçoit la déclaration des biens du Président et des membres du Gouvernement au début et à la fin de leurs mandats. Elle exerce également un contrôle sur les comptes des candidats et des partis politiques lors des élections.[77]

Le principe de l'équilibre réel du budget local « est une condition de légalité des actes budgétaires effectués par la collectivité locale »[78]. Alors, l'inobservation d'une telle obligation fonde le recours à la chambre administrative. Cette dernière peut, à cet effet, exercer un contrôle médiat ou immédiat.[79]

Juge de la légalité des actes administratifs, la chambre administrative exerce un contrôle de la légalité à partir de deux techniques mises en œuvre par le représentant de l'Etat et les citoyens par le biais du recours pour excès de pouvoir qui a un

---

[74] Loi n°2001-03 du 22 janvier 2001 portant Constitution, JO, n° spécial du 22janvier 2001, p.27.

[75] Ordonnance n° 21/PR du 26 avril 1966, art. 36, 37 et 38.

[76] J. MAGNET, *Les pourvois à la Cour des Comptes contre les arrêtés et jugements relatifs aux comptes des collectivités locales et établissements publics locaux*, Paris, Economica, 1984, p.503.

[77] Ordonnance n° 21/PR du 26 avril 1966, art. 36, 37 et 38, *Ibidem.*

[78] L. SAIDJ, *Finances publiques*, 2ème édition, Dalloz, p.240.

[79] Voir en droit français, J. MAGNET, « La jurisprudence budgétaire de la Cour des Comptes », *RFFP*, 1989, p.295

caractère d'ordre public.[80] Les techniques de contrôle contentieux de la légalité renvoient au recours pour excès de pouvoir et au déféré du représentant de l'Etat.[81]

Le recours pour excès de pouvoir est une action portée devant la chambre administrative par une personne qui y a intérêt en vue de l'annulation d'un acte litigieux.

Il s'agit également du déféré qui est une action portée devant la chambre administrative par le représentant de l'Etat en vue de l'annulation d'un acte litigieux. Cet acte administratif peut être bilatéral ou unilatéral. Depuis, l'avènement de la loi n°97-028 du 15 janvier 1999 portant organisation de l'administration territoriale de la République du Bénin, la chambre administrative joue un rôle de premier plan dans le dispositif du contrôle *a posteriori*.[82]

L'examen de la jurisprudence de la chambre administrative béninoise ne révèle pas encore des cas de contrôle spécifique sur l'équilibre réel du budget local. Toutefois, en se gardant de faire l'apologie du mimétisme, il convient de faire remarquer que la jurisprudence du Conseil d'Etat français est « transposable », du moins peut s'appliquer dans ce cas au Bénin. En effet, le vote du budget local en équilibre réel est une contrainte conforme aux lois et règlements en vigueur pour la collectivité locale. C'est donc une condition de la légalité des actes budgétaires dont la transgression peut être sanctionnée sur le fondement de l'erreur de droit.

Ainsi, encourt l'annulation, tout acte budgétaire qu'il soit primitif ou additionnel qui viole le principe de l'équilibre réel du budget local. Toutefois, aux termes de la disposition de l'alinéa 2 de l'article 36 de la loi n°2004-07 du 23 octobre 2007 portant composition, organisation, fonctionnement et attributions de la cour suprême, des décisions rendues en dernier ressort, sont susceptibles de cassation devant la Cour Suprême, statuant en assemblée plénière. La formation de renvoi est tenue de se conformer à l'arrêt de cassation qui a, à son égard, l'autorité de la chose jugée ».[83] Cette disposition est le fondement légal de l'articulation entre la chambre administrative et celle des comptes. [84]

Elle est également un prétexte pour s'appesantir sur le budget local en déséquilibre à la faveur du jeu des voies de recours. Par la cassation, le Conseil d'Etat peut être amené à imprimer une orientation à la ligne jurisprudentielle de la chambre des comptes qui est tenue de déférer à l'arrêt de cassation rendu par la chambre administrative. En d'autres termes, la chambre administrative peut valablement connaître du contentieux relatif à la méconnaissance de la règle de

---

[80] Ce 17 février 1950 Dame Lamotte, *RDP*, 1951, p.78. Le caractère d'ordre public signifie que le recours pour excès de pouvoir existe sans texte et que les textes éventuellement restrictifs doivent être interprétés comme n'écartant pas ce recours.

[81] D. CHABANOL, « Décentralisation et juge administratif », *AJDA* 1983, p.73.

[82] Voir I. FALL, « Le contrôle de la légalité des actes des collectivités locales au Sénégal », *EDJA*, n°63, octobre 2004, *op. cit.* p.66 et s.

[83] Loi n°99-70 du 17 février sur la Cour des comptes, JO, n° 5845, op.cit. p.805.

[84] Au regard de la loi organique n°20-2008 sur la Cour suprême, cette articulation reste actuelle avec une nouvelle configuration qui met en relief la Cour des comptes et la Cour suprême. Celle-ci recueille la cassation des décisions de la Cour des comptes.

l'équilibre réel du budget local par le biais de la cassation des décisions de la chambre des comptes. [85]

II. L'EQUILIBRE REEL, UN PRINCIPE TECHNIQUEMENT INOPERANT

En dehors des techniques du recours pour excès de pouvoir et du déféré, le Conseil d'Etat peut être amené à suspendre provisoirement les effets des actes administratifs unilatéraux ou bilatéraux par la voie du sursis à exécution qui peut revêtir plusieurs formes dans le cadre du contentieux administratif local.[86]

Le contrôle vise à donner au principe d'équilibre réel du budget local une effectivité mais celui-ci reste tributaire d'un contexte défavorable qui le rend inaccessible. La conséquence en est que le principe de l'équilibre réel du budget local est une véritable utopie entachée de pratiques imaginaires, irrationnelles.

Contrairement à l'État, les collectivités décentralisées adoptent, et en théorie exécutent des budgets en équilibre. L'existence de l'équilibre budgétaire est caractéristique des budgets locaux et ils sont surveillés et contrôlés. Pour assurer le respect de l'équilibre budgétaire, une procédure spéciale dite de contrôle budgétaire est adoptée et amène à l'intervention de la chambre des comptes. Cette procédure se déclenche en l'absence d'équilibre, c'est-à-dire quand les collectivités territoriales ne votent pas leur budget en équilibre.

En raison de cette procédure, il est possible d'intituler la section « le contrôle de l'équilibre budgétaire ». Le point de départ, c'est une collectivité territoriale qui vote un budget mais ce budget n'est pas en équilibre réel. Ce budget va être, comme les autres actes de la collectivité territoriale, transmis au représentant de l'Etat pour le contrôle rituel.

A. UN CONTROLE RITUEL

Parallèlement au contrôle de légalité, les collectivités territoriales sont également soumises à un contrôle *a posteriori* spécifique, le contrôle budgétaire. Prévu aux articles L. 1612-1 à L. 1612-20 du Code Général des Collectivités Territoriales (CGCT) en France, ce contrôle est exercé par le préfet, en liaison avec les chambres régionales des comptes (CRC).

L'objectif de ce contrôle est d'assurer le respect des règles applicables à l'élaboration, l'adoption et l'exécution des budgets des collectivités territoriales et de leurs établissements publics (budget primitif, budget supplémentaire, décision modificative et compte administratif).

---

[85] Conseil d'Etat, 25 septembre 2003, Sokhna c/ Etat du Sénégal. Cet arrêt constitue le premier que le Conseil d'Etat rend en tant que juge de cassation des arrêts de la Cour des comptes. Voir à cet effet, les observations de A. DIOUKHANE, *EDJA*, n°60, mars 2004, p.77.

[86] M. SECK, « Le sursis à exécution des décisions administratives devant le Conseil d'Etat sénégalais », *EDJA*, n°53, juin 2002, p. 51 et s.

En France, le contrôle budgétaire relève de la compétence exclusive du préfet en application de l'article 72 de la Constitution et du CGCT. Le préfet est seul habilité, dans les cas prévus par le CGCT et après avis de la CRC, à réformer les documents budgétaires dans le cadre de son pouvoir de substitution qui lui permet de régler d'office et de rendre exécutoire le budget d'une collectivité.

Le principe de l'équilibre réel se révèle une nécessite consacrée par les lois et règlements à la charge de la collectivité locale. Son inobservation est négativement sanctionnée. La valeur du principe de l'équilibre réel explique et justifie l'enchevêtrement des organes de contrôle qui, de manière directe ou distante, exercent un droit de regard sur l'application de ce principe « sacro-saint ».[87]

C'est la raison pour laquelle, les collectivités locales développent une stratégie de quête de l'équilibre réel du budget. C'est le recours quasi généralisé à un artifice comptable comme le mouvement financier. Cette pratique comptable qui suppose l'existence d'excédent de recettes de fonctionnement inspire les remarques suivantes.

En effet, « les collectivités locales n'ont aucune maîtrise sur les grandes recettes ».[88] Il s'y ajoute un budget de fonctionnement relativement lourd et des dépenses obligatoires à leur charge. Eu égard à ces considérations, il est légitime d'avoir des doutes sur le bien-fondé d'une telle pratique. Ce doute s'amplifie dès lors « qu'elle se déroule sous une forme généralisée ».[89]

La recherche acharnée de l'équilibre réel du budget local emportant l'usage systématique du mouvement financier fait penser que le principe de l'équilibre réel du budget local paraît inaccessible et traduit un aveu d'impuissance. Cette quête prend alors tous les contours d'un mythe. En fait, dans l'élaboration du budget local, le recours au mouvement financier s'analyse « comme une explication ou une solution sommaire avec une tentative d'exagération délibérée d'un excédent virtuel ».[90] Aujourd'hui, l'usage généralisé d'artifice comptable et sa répétition dans le temps font du principe de l'équilibre budgétaire, « un mythe mobilisateur avec un grand effet psychologique ».[91]

Le mouvement financier permet de reconstituer une « vérité vivante et dynamique ». Par effet d'entraînement, le contrôle sur l'équilibre réel du budget local déroule également un rituel au lieu d'un contrôle authentique dans lequel se côtoient sanction négative et sanction positive. Le contrôle renvoie à l'image « d'une chambre d'enregistrement des comptes de la Collectivité décentralisée ».

Le contrôle apparaît alors sous forme de rite. Il satisfait un besoin d'ordre et par là apaise l'angoisse d'un équilibre en réalité aléatoire.

---

[87] La règle de l'équilibre budgétaire considérée comme la clef de voûte des finances classiques conserve ce trait de caractère en droit budgétaire local. C'est la raison de sa consécration formelle.

[88] Voir *Bulletin de droit et d'information de la cour suprême*, n°11, Spécial décentralisation, 1, 2000, p. 6 et s.

[89] R. PELLET, « Les enjeux politiques de la décentralisation financière », *RDP,* 1991, p.1351.

[90] Ces considérations relancent l'actualité de l'étude de A. LAMBERT et P. MARTINI, « En finir avec le mensonge budgétaire. Enquête sur la transparence très relative des comptes de l'Etat », Commission finance Sénat, n°485,1999-2000.

[91] M. DUVERGER, *Finances publiques*, 10e éd., éd. PUF, p.89 et s.

Le contrôle budgétaire est véritablement un contrôle rituel. Il met en exergue un cérémonial exagéré comme valeur démesurée emportant une banalisation ou une « routinisation » des règles d'origine faiblement ou approximativement appropriées. En réalité, c'est « le rite qui vivifie le mythe ».[92] Ce rituel saisit à la fois le contrôle juridictionnel et le contrôle non juridictionnel. Comment se manifeste cependant le rituel dans le contrôle juridictionnel ?

En République du Benin, la chambre des comptes exerce un contrôle sur les Collectivités décentralisées avec la chambre administrative. Aux termes des dispositions de l'article 54 de la Loi 98-007 du 15 janvier 1999 visée supra, « le compte de gestion et ses annexes, établis par le comptable sont soumis au contrôle juridictionnel de la chambre des comptes de la Cour Suprême dans les conditions fixées par les textes en vigueur. Ledit compte et l'arrêt rendu par la chambre des comptes font l'objet d'une large diffusion».[93]

Compte tenu, des effectifs de contrôle de la chambre des comptes, il est possible d'envisager un doute sur l'efficacité ou le caractère opératoire du contrôle juridictionnel exercé par la chambre des comptes. En fait, la juridiction financière est unique pour toutes les soixante-dix- sept (77) commune de la République du Bénin.

Ainsi, comptant sur ces ressources humaines et institutionnelles visiblement limitées l'inefficacité de la portée du contrôle exercé par la chambre des comptes sur les Collectivités décentralisées s'avère-t-elle être évidente. L'hypothèse d'une dégénérescence de la mission de contrôle de la Cour est envisageable.[94] Il est à craindre que la chambre des comptes serve de chambre d'enregistrement des comptes desdites Collectivités dès lors qu'ils sont mis en état par les services du trésor public. Eu égard à l'immensité de la tâche, le risque de reprendre les états existe. Cela constitue une véritable limite à l'effectivité du contrôle juridictionnel exercé par la Chambre des comptes.

Il s'y ajoute que dans plusieurs Communes, les comptes produits ne sont pas souvent en état d'être jugés. Il manque à une large échelle, l'existence de comptes administratifs régulièrement tenus. Si de tels documents existent, ils sont la pâle copie des comptes de gestion. Il convient même de faire remarquer l'inexistence de compte administratif.[95]

Dès lors que le juge des comptes ne reçoit que les seuls comptes dont le greffe a constaté la mise en état, les comptes effectivement jugés constituent alors un échantillon peu représentatif de l'état souhaité du contrôle juridictionnel de la chambre des comptes.

---

[92] Voir l'ouvrage de *''Philosophie''* de E. CLEMENT et C. DEMONQUE, sur le mythe et le rite, Hatier, avril 1999, p.337

[93] Loi n°2004-07 du 23 octobre 2007 portant composition, organisation, fonctionnement et attributions de la cour suprême du Bénin.

[94] Chambre des Comptes, *Rapport public, 2004,* p.11.

[95] Dans le *rapport public de la Chambre des Comptes, année 2001*, la haute juridiction financière note : « Les comptes de gestion n'étaient cependant pas accompagnés de pièces justificatives ni revêtus du visa du comptable supérieur chargé de leur mise en état ; leur examen a donné lieu à des observations de la Chambre et ils ont étés finalement retournés en vue de l'accomplissement des formalités requises ».

Ainsi, la couverture juridictionnelle de la chambre des comptes sur les Collectivités décentralisées n'est pas encore satisfaisante.

Le rituel se manifeste également par le recours en 1996 d'un apurement sur chiffres emportant un jugement des comptes sur vingt ans.[96]

Toutes ces considérations font penser que le contrôle juridictionnel prend la forme d'un rituel, d'un ''cérémonial'' au détriment de sa fonction originelle. L'absence de pièces essentielles, le dépôt tardif des comptes, l'insuffisance du personnel de contrôle n'excluent certes pas le contrôle, mais il est à craindre que de telles considérations en arrivent à vider le contrôle de son sens. La conséquence en est que les contrôles peuvent se répéter en ne conservant qu'un cachet psychologique et symbolique déroulant un rituel.

Ce rituel relègue alors le droit à une place qui ne doit pas être la sienne. A terme, l'appropriation des règles d'origine est faible eu égard au cérémonial exagéré donnant lieu au ''défoulement''. En outre, la supervision du représentant de l'Etat ne fait que renforcer le rituel, voire l'« inopérationnalisation » du principe de l'équilibre réel en question.

Le représentant de l'Etat joue un rôle très important dans le dispositif de dissuasion de la gestion des Collectivités territoriales. C'est au représentant de l'Etat d'exercer un contrôle de proximité, c'est-à-dire une vérification rigoureuse des actes desdites Collectivités. Le vote du budget en équilibre réel est un acte qui s'inscrit dans le processus budgétaire. A cet effet, il entre alors dans le champ de l'article 4 de loi n°98-007 du 15 janvier 1999. A ce titre, il est soumis à l'approbation préalable du représentant de l'Etat en vue de donner au budget un caractère exécutoire.[97]

Le rituel dans le contrôle dévoile des pratiques en marge du formel. C'est ainsi que le contrôle du représentant sur l'équilibre réel du budget local reste un contrôle de l'équilibre virtuel porté par l'artifice comptable symbolisé par le mouvement financier. Le recours systématique et généralisé au mouvement financier dénature l'équilibre réel du budget local. Le contrôle du représentant de l'Etat sur le budget local ne tient pas compte de la configuration comptable réelle du budget local. C'est alors un contrôle rituel fondé sur le fait que le contrôle est formellement aménagé, il convient alors de satisfaire cette exigence légale sans donner au contrôle sa ''destination légale''. Il s'y ajoute l'inscription de recettes douteuses de subventions incertaines ou de recettes aléatoires. Le rituel reste également observable par l'inscription constante de certaines dépenses et recettes sur plusieurs exercices. Toutes ces pratiques informelles réduisent le contrôle du représentant de l'Etat à un contrôle rituel.

Ces considérations bousculent l'obligation légale de voter le budget local en équilibre réel. Faut-il continuer à l'ériger en un principe obligatoire pour les collectivités territoriales décentralisées dès lors que tous les indicateurs d'un déséquilibre certain sont évidents ? Sur cette base, le budget décentralisé est dans la

---

[96] Recueil de textes sur la décentralisation, 2008, p.27.

[97] L'article 336 CCL est le domaine dans lequel, le représentant de l'Etat détient des pouvoirs importants. C'est un domaine de subsistance d'un contrôle sévère révélé par le contrôle *a priori*. Le budget occupe une place de choix au niveau de cet article 336 du Code des collectivités locales.

« équilibre psychologique » à l'image du budget de l'Etat. Il ...nent de noter la part déterminante du représentant de l'Etat dans ...gétaire.

... précède explique la coïncidence entre le compte de gestion et le compte adm...stratif « soumis à la délibération du conseil municipal ou communal» selon les dispositions de l'article 37 de la loi n°98-007 du 15 janvier 1999 portant régime financier des communes au Bénin.[98] Par ailleurs, selon l'article 44, alinéa 3 de la loi n°2004-07 du 23 octobre 2007 relative à la cour suprême, le contrôle administratif est un contrôle extra-juridictionnel en matière de gestion des collectivités territoriales.

Il s'agit d'un contrôle opérationnel couvrant tous les aspects de gestion de l'organisme public et non exclusivement le domaine financier et celui comptable. L'objectif est, d'une part, d'apprécier la qualité de la gestion, la réalisation des objectifs assignés, l'adéquation des moyens utilisés et les coûts des biens et services produits et d'autre part, de formuler des propositions d'amélioration des méthodes de gestion en vue d'en accroitre l'efficacité et le rendement.

En outre, ce contrôle décrit une architecture animée par plusieurs acteurs au statut différent. Toutefois, le dispositif est formellement articulé à partir des liens établis entre différents organes. Parmi ces acteurs, il convient de citer, l'organe délibérant de la Commune, le représentant de l'Etat, les receveurs-percepteurs, les comptables principaux des budgets communaux, qui sont les comptables publics. Il s'y ajoute certains organismes administratifs de contrôle administratif. Il ne faut pas oublier le contrôle exercé par les individus, ces divers acteurs qui interviennent à différents niveaux en dehors des juridictions.

B. LE CONTROLE EXTRAJUDICTIONNEL

L'organe délibérant renvoie au conseil de la collectivité territoriale. Il s'agit du conseil communal pour la commune, du Conseil d'arrondissement et du conseil de village et/ou de quartier de ville. L'implication de l'organe délibérant « est surtout remarquée avant l'exécution du Budget. »[99]

Comment le conseil de la collectivité territoriale exerce-t-il un contrôle sur l'équilibre réel du budget de la collectivité territoriale ?

En réalité, le principe de l'équilibre réel du budget local saisit les opérations du budget primitif, du budget annexe et de toutes décisions modificatives de nature budgétaire. Concrètement, le premier acte de contrôle du conseil de la collectivité territoriale avant l'exécution du budget est symbolisé par l'examen et le contrôle du compte administratif du président du conseil de la collectivité territoriale, ordonnateur du budget. Le compte administratif enregistre les opérations d'exécution du budget en vue d'avoir une idée sur la manière dont l'autorité a

---

98 Décret 66-510 du 04 juillet 1966 portant régime financier des collectivités locales, *op.cit.* p.896. Cette disposition est très controversée et développe de vives résistances de la part du trésor public, du fait que le compte de gestion ne peut être assujetti à un vote.

99 M.D. CISSE et M.P. DIOUF, *Manuel de procédures de contrôles de légalité budgétaire*, *op. cit.* p.14 et s.

exécuté le budget et les résultats de l'exécution comparant les dépenses et les recettes.[100]

En définitive, l'assemblée délibérante a un droit de regard sur l'équilibre du compte administratif de l'ordonnateur dans la phase post exécution du budget. Le conseil communal vote le compte administratif qui est réputé adopté si une majorité n'est pas dégagée contre.

Il convient de signaler, toujours avant le vote du budget, l'existence d'un débat sur les orientations budgétaires de la collectivité territoriale qui constitue un espace de contrôle des comptes de la collectivité territoriale. D'ailleurs, ce débat reste une obligation légale aux termes des dispositions de l'article 16 de la loi n° n°98-007 du 15 janvier 1999 portant régime financier des communes en République du Bénin.[101] Parfois, le contrôle exercé par le représentant de l'Etat se révèle un handicap pour le fonctionnement de la collectivité territoriale.

Par ailleurs, le représentant de l'Etat est une autorité déconcentrée relevant du pouvoir central. Il exerce une mission de suivi et de contrôle auprès des Communes pour le compte de l'Etat. Ce contrôle s'explique et se justifie par l'unité de la mission de l'Etat. Il s'y ajoute que les compétences sur lesquelles délibèrent les collectivités territoriales leur sont transférées par la loi.

Le seul représentant de l'Etat au niveau local reste le préfet conformément à l'alinéa 1er de l'article 141 de la loi n 97-029 du 15 janvier 1999 portant organisation des communes en République du Bénin ; il peut être assisté de collaborateurs appartenant au corps des administrateurs civils siégeant au chef-lieu du département d'après l'alinéa 2 du même article. Selon l'article 142, le pouvoir de tutelle comporte des fonctions d'assistance et de conseil à la commune, de soutien des actions de la commune et d'harmonisation de ses actions avec celles de l'Etat, de contrôle de légalité des actes pris par le conseil communal et le maire ainsi que du budget de la commune. Les pouvoirs du représentant de l'Etat sont gradués compte tenu de la matière. Ils sont étendus pour les matières qui entrent dans le champ d'application de l'article 144 de la même loi. L'étendue des pouvoirs du représentant de l'Etat est mise en exergue par son pouvoir d'approbation du budget de la Commune. Le représentant de l'Etat veille à l'équilibre réel du budget sous la dimension comptable et financière et en sanctionnant le système de compensation décrit par l'article 31 de la loi n°98-007 du 15 janvier 1999 portant régime financier des communes en République du Bénin interdisant formellement que l'équilibre de la section « Fonctionnement » soit assuré par un prélèvement de recettes de la section « Investissement ».

L'inobservation des conditions d'existence d'un équilibre réel est sanctionnée par la non-approbation du budget par le représentant de l'Etat. Il peut même aller jusqu'à régler le budget de la collectivité territoriale dans certaines circonstances et le rendre exécutoire. Le contrôle du représentant de l'Etat suit les actes de nature budgétaire. Il en est ainsi du compte administratif du président de l'exécutif de la collectivité territoriale, ordonnateur du budget. Ici, le représentant de l'Etat veille à

---

[100] CE 03 novembre 1989, Ecorcheville et autres, *Grands arrêts du droit de la décentralisation*, n°45, p.310.

[101] Loi n°96-06 du 22 mars 1996 portant Code des collectivités, JO n°5689 du 20 mai 1996, *op. cit.* p.198.

l'équilibre réel du budget local, en sanctionnant tout déficit des recettes de la section « Fonctionnement ». La démarche consiste alors à proposer « les mesures nécessaires au rétablissement de l'équilibre budgétaire qui est une obligation légale pour toute collectivité territoriale ».[102] Si les représentants de l'Etat estiment qu'il n'y a pas d'équilibre réel dans le budget, le représentant de l'Etat dans le département va saisir la chambre des comptes.

En réalité il n'y a aucune définition doctrinale ni du concept ni de la fonction de comptable public. Pendant longtemps, la définition admise était celle du décret français du 20 mai 1932 qui caractérisait le comptable public comme étant celui qui avaient les deniers publics à sa disposition, qui les détenaient et pouvaient se les procurer. Ce décret a été abrogé et la définition elle-même abandonnée à cause de son étroitesse. Ensuite, le décret du 09 août 1953 définissait de son côté le comptable public par rapport aux opérations qu'il effectue.

Le nouveau règlement général sur la comptabilité du 29 décembre 1962 qui a abrogé le décret de 1953 ne comporte aucune définition du comptable public. Néanmoins l'analyse de certaines dispositions de ce texte ainsi que l'article 60 de la loi du 23 février 1963 qui organise la responsabilité des comptables publics permet de dégager cinq (05) éléments d'identification d'un comptable public. Il s'agit de la nature des organismes pour lesquels travaille le comptable public (Etat, collectivité publique), de ce que le comptable public est un agent assermenté, de ce que le comptable public constitue un cautionnement dont le montant varie en fonction de l'importance du poste comptable qu'il gère et enfin le comptable public effectue un certain nombre de tâches qu'il est en principe seul à pouvoir accomplir.

En fait, le comptable public est un agent séparé de l'ordonnateur sur le fondement du principe de la séparation entre ordonnateur et comptable.[103] Il exerce principalement deux fonctions au niveau de la collectivité territoriale. Le comptable public est payeur et caissier.

L'article 49 de la loi n°98-007 du 15 janvier 1999 portant Régime financier des Communes en République du Bénin retient que le comptable public est un « receveur-percepteur » tenant la comptabilité de la commune conformément aux dispositions de la loi et produit en fin d'exercice le compte de gestion de la commune.

Le problème qui se pose est de savoir si un comptable public peut exécuter des opérations de dépenses et de recettes tirées d'un budget local déséquilibré.

Il importe de signaler que le représentant de l'Etat est le premier palier de contrôle et sert alors de filtre. Ce palier ou cet écueil contourné pour plusieurs raisons liera-t-il le comptable public ? Autrement dit, le comptable public peut-il continuer à exécuter des opérations de recettes et de dépenses d'un budget local déséquilibré approuvé par le représentant de l'Etat ?

---

[102] I.M. FALL, « Le contrôle de la légalité des actes des collectivités locales au Sénégal » *op. cit.* p..295.

[103] Décret n°62-0095 du 17 mai 1962 portant réglementation concernant les comptables publics, *J.O* du 02 juin 1962, p.921

Hypothèse d'école ou cas de figure vraisemblable, le comptable public est responsable de la légalité et de la régularité des « certifications » qu'il délivre. Ainsi, il est soumis à la légalité. Il est tenu alors d'exécuter des opérations de dépenses et de recettes conformes au droit en général. En effet, le budget est également un acte d'autorisation, c'est une habilitation de l'organe délibérant. La conformité des actes d'exécution du budget local par rapport à l'autorisation est un élément de la légalité. Sur le fondement de ces considérations, le comptable public peut valablement refuser d'exécuter des opérations de dépenses et de recettes d'un budget local voté en déséquilibre.

En effet, le vote du budget local en équilibre réel est une obligation légale pour la collectivité territoriale. Etant soumise au principe de légalité, cette obligation légale lie le comptable public. Cela trouve confirmation dans l'article 54 de la loi n°98-007 du 15 janvier 1999, selon lequel « le compte de gestion et ses annexes, établis par le comptable, sont soumis au contrôle juridictionnel de la chambre des comptes de la Cour suprême dans les conditions fixées par les textes en vigueur… ». « Le comptable ne peut subordonner ses actes de paiement à une appréciation de l'opportunité des décisions prises par l'ordonnateur. Il ne peut soumettre les mêmes actes qu'au contrôle de la chambre des comptes habilitée par la loi n°2004-07 du 23 octobre 2007 portant composition, organisation, fonctionnement et attributions de la cour suprême à exercer un contrôle administratif sur les collectivités publiques … ».[104]

Ainsi, il a une mission de veille et de prévention d'un déséquilibre budgétaire. En effet, il tient la situation comptable mensuelle de la collectivité territoriale.

Il tient également le compte de gestion ; il enregistre au plan comptable la situation financière de la collectivité territoriale jusqu'à la clôture de la gestion. Ce compte de gestion tenu par le receveur inspire de manière informelle le compte administratif de l'ordonnateur, président de l'exécutif de la collectivité territoriale. Ce compte administratif tenu par l'ordonnateur établit par section, par chapitre et par article, les dépenses engagées non mandatées, les restes à recouvrer constatés, et rend compte de la situation financière générale de la collectivité territoriale. Concrètement, le comptable public peut refuser le paiement ou le règlement d'une dépense. Toutefois, « il est passible d'une réquisition de l'ordonnateur ».[105] Le droit de regard populaire, soit la veille citoyenne, n'est pas exclu.

En réalité, il s'agit du contrôle exercé par les populations rattachées à la collectivité territoriale par un lien géographique, ayant intérêt à exercer un droit de regard sur un budget local voté en déséquilibre.

Il convient de rappeler que le vote en équilibre réel du budget est une obligation légale qui pèse sur toute collectivité locale. Alors, tout contrôle portant sur cette obligation s'avère être un contrôle de légalité. Ainsi, l'individu est un acteur du

[104] Voir le guide du maire réalisé par la Mission de la décentralisation en 2006, p.111 et s.

[105] Décret n°62-0095 MF du 17 mai 1962 portant réglementation concernant les comptables publics, JO du 02 juin 1962, p.921.

dispositif de contrôle de légalité dont la dimension budgétaire fait partie intégrante[106].

Quand bien même les conditions où les collectivités et personnes publiques locales n'ont pas de véritable autonomie, un déséquilibre éventuel des budgets des personnes publiques décentralisées ne saurait uniquement considérer comme une affaire nationale. La réalisation de déficits plus ou moins nombreux et importants aurait nécessairement des répercussions cumulées sur les finances de l'Etat et les contribuables'', tant il est vrai que le budget de l'Etat participe au financement des charges publiques locales, et que la notion de pression fiscale intéresse tous à la fois, le contribuable national et le contribuable local''.[107] C'est pourquoi il n'est pas surprenant que le contribuable local ait un droit de regard sur le contrôle de l'équilibre réel du budget local.

Il faut alors distinguer les actes préparatoires au contrôle proprement dit, les actes de contrôle immédiat et les actes de contrôle médian.

Quant aux actes préparatoires au contrôle, il convient de faire remarquer que ceux-ci tiennent à l'information de l'individu. C'est ce qui ressort des dispositions de l'article 33 de la loi n° n°98-007 du 15 janvier 1999 : « Une fois votés par le conseil communal et approuvés par l'autorité de tutelle, les budgets de la commune restent déposés à la mairie où ils sont tenus à la disposition du public».[108] Ainsi, le vote d'un budget local en déséquilibre reste une information accessible à l'individu qui peut alors enclencher une procédure de contrôle direct ou indirect.[109]

En ce qui concerne les actes de contrôle immédiat, il convient de citer le recours pour excès de pouvoir qui est un outil de contestation contentieuse pouvant être utilisé par l'individu à raison de son caractère d'ordre public et de son utilité publique.

Selon le Doyen Alain BOCKEL, « le contribuable participe à la couverture des dépenses publiques. Il a donc un intérêt patrimonial à ce que ces dépenses soient régulières. Mais cet intérêt doit être suffisamment individualisé pour que le recours puisse être admis contre une mesure irrégulière ayant des conséquences financières.»[110] De ce point de vue, l'individu disposant d'un lien territorial avec une collectivité territoriale a la qualité de « contribuable local » et peut contester un budget voté en déséquilibre en recours pour excès de pouvoir.

Enfin, il s'agit des mesures de contrôle médiat. Ce cas de figure recoupe le déféré provoqué du représentant de l'Etat. Autrement dit, l'individu saisit le représentant de l'Etat aux fins d'un pourvoi en annulation devant la chambre administrative par la voie du déféré. Certes, l'initiative revient à l'individu, mais il incombe au

---

[106] M. DIAGNE, *Droit administratif local : Les collectivités locales et le citoyen*, *op. cit.* p.225.

[107] J. CATHOLINEAU, *Les finances locales*, Paris, éd. Dalloz, 1993, p.30.

[108] Loi n° 97-029 du 15 janvier 1999 portant organisation des communes en République du Benin.

[109] CE Section 11 janvier 1978, *Commune de Muret,* AJDA, 1978, p.219. Selon la haute juridiction française :''Considérant que le droit reconnu par l'article 34 du Code de l'administration communale aux habitants et contribuables d'une commune de prendre communication des procès-verbaux du conseil municipal implique le droit de recevoir également communication des pièces annexées à ces procès-verbaux''.

[110] Voir A. BOCKEL, *Droit administratif,* Dakar, NEA, 1978, p.467.

représentant de l'Etat de saisir le juge. C'est alors une action indirecte de saisine de la juridiction administrative par l'entremise du représentant de l'Etat. Il convient de faire remarquer que l'exercice d'un contrôle de légalité reste à l'actif de certains organismes. C'est le contrôle des corps de contrôle[111].

Ainsi, le juge, qu'il soit administratif ou financier, donne un visage concret à ces énoncés théoriques en décidant que la règle de l'équilibre réel n'est pas respectée, dès lors que les recettes inscrites au budget n'ont pas un caractère juridiquement certain. Une recette d'investissement financée par un emprunt dont l'objet et l'organisme prêteur sont incertains ne peut être légitimement validée par l'autorité de tutelle.[112] De même, l'équilibre réel n'est pas réalisé, pour défaut de sincérité, lorsque des recettes attendues de subvention ne sont pas certaines parce que la subvention est devenue caduque et que les recettes d'emprunt sont aléatoires, en raison du niveau très élevé de l'endettement de la collectivité territoriale au regard de sa capacité de remboursement.[113] La sincérité des inscriptions budgétaires n'est pas acquise non plus, et l'équilibre réel n'est pas réalisé, dès lors que les évaluations de recettes sont trop élevées par rapport aux résultats de l'exécution budgétaire de l'année précédente, « eu égard à la diminution de la population, le produit de ces recettes évoluant en fonction du nombre d'habitants».[114] Enfin, l'annulation par le juge d'une délibération créant une recette inscrite au budget prononcée postérieurement à son vote est sans incidence sur l'équilibre réel dudit budget. L'équilibre s'apprécie, en effet, à la date du vote.[115]

Avant de terminer, il importe de rappeler que la chambre des comptes peut exercer un contrôle non juridictionnel.[116] Elle est une juridiction supérieure spécialisée dans le contrôle des finances publiques[117]. Le contrôle non juridictionnel consiste à apprécier la qualité de la gestion et à formuler des suggestions en vue d'améliorer l'efficacité et le rendement des organismes publics. La collectivité territoriale est un organisme public au sens de l'article 21 de la loi n° 97-028 du 15 janvier 1999 portant organisation de l'administration territoriale de la République du Benin.[118] La chambre des comptes vérifie la régularité et la sincérité des dépenses et recettes décrites dans les comptabilités publiques.[119]

---

[111] Il s'agit principalement de l'inspection générale des finances créée par le décret n° 93-45 du 11 mars 1993 portant attribution, organisation et fonctionnement de l'Inspection Générale de l'Etat, du contrôle financier créé par le décret n° 93-178 du 4 août 1993 portant attribution, organisation et fonctionnement de du contrôle financier et de la chambre de comptes créée par la loi n°2004-07 du 23 octobre 2007 portant composition, organisation, fonctionnement et attributions de la cour suprême du Benin.

[112] C.E. 9 juillet 1997, *région Guadeloupe*, req. 159041.

[113] C.E. 16 mars 2001, *commune de Rennes-les-Bains*, req. 160257.

[114] Cour administrative de Bordeaux, 23 octobre 2007, *Commune de Pointe à Pître*, req. 05BX01886.

[115] C.E. Section, 27 mai 1994, *Braun Ortéga*, req. 112026, Leb. p. 265.

[116] La Cour des comptes procède de la volonté de respecter les directives de l'Union économique et monétaire ouest-africaine qui ont recommandé la création d'une Cour des comptes à l'échelle des Etats. Il s'agit des directives 05/97/CM sur les lois de finance, 06/97/CM sur la comptabilité.

[117] Elle est créée par la loi n°2004-07 du 23 octobre 2007 portant composition, organisation, fonctionnement et attributions de la cour suprême du Bénin.

[118] *op.cit.* p.799.

[119] *Ibidem.*

Le contrôle de la chambre des comptes est un contrôle global qui intègre tous les aspects de la gestion de la collectivité territoriale. Il lui est tout à fait loisible de s'appesantir sur l'équilibre réel du budget et sur la sincérité des comptes administratifs et des comptes de gestion. Il convient de préciser que cette forme de contrôle non juridictionnel reste l'outil le plus adapté pour exercer un droit de regard sur la gestion de la collectivité territoriale. Il se révèle un moyen ''d'atteindre'' l'ordonnateur par l'examen de sa gestion. La vérification est faite sur place et sur pièces et reste un moyen de contrôler l'équilibre réel du budget local et de sa sincérité.

CONCLUSION

Le principe d'équilibre budgétaire renvoie à la nécessité d'équilibrer les comptes de manière à éviter la présence de déficit dans le budget de l'Etat. Il n'est pas vraiment une règle technique traditionnelle comme le principe d'annualité ou d'universalité, car il est très rarement respecté. La politique budgétaire fait partie d'une possibilité proposée par le courant keynésien de la théorie économique. « La question de l'équilibre est donc un enjeu politique sensible ».[120] D'ailleurs, selon C. BIGAUT, « Il est d'essence politique ».[121]

En l'absence de gouvernement économique capable de mener une politique budgétaire coordonnée, la lutte contre les déficits publics reste un objectif rationnel au sens où toute tentative de relance budgétaire non coordonnée est condamnée *a priori* à l'échec. Ainsi, on constate aujourd'hui des tentatives pour accroître la valeur juridique du principe d'équilibre.

En outre, la notion d'équilibre est une notion plus économique que budgétaire. Avec la révision constitutionnelle de 2008 en France, elle se trouve inscrite à l'article 34 C : « Les orientations pluriannuelles des finances publiques sont définies par des lois de programmation. Elles s'inscrivent dans l'objectif d'équilibre des comptes des administrations publiques[122]».

Les lois de programmation ont pour avantage de tracer un cadre à l'évolution des finances publiques avec une longueur de vue plus importante que celle imposée par le principe d'annualité s'appliquant aux lois de finances. Elles renforcent également la maîtrise de l'Etat sur ses dépenses. Ainsi la préparation des lois de finances se fait désormais sur la base d'un budget pluriannuel, notamment à travers la Programmation à moyen terme (PMT) que réalise la direction du Budget.

L'inscription dans la Constitution d'un objectif d'équilibre des comptes permet donc, en théorie, à la juridiction administrative de censurer les projets de loi de finances votés en déséquilibre. L'équilibre est apprécié au regard des intérêts économiques et non pas seulement en fonction d'une stricte égalité inscrite dans le budget entre les ressources et les charges. Les dispositions constitutionnelles

---

[120] J. M. KEYNES, *Théorie générale de l'emploi, de la monnaie et de l'intérêt*, Paris, Seuil, 1936, p. 14 et s.

[121] C. BIGAUT, *Finances publiques, droit budgétaire, le budget de l'Etat*, Paris, Ellipses, 1995, p. 63 et s.

[122] Voir en droit comparé le Rapport d'information n°289, Sénat (français), 10 mai 1998 fait au nom de la délégation pour la planification sur la programmation pluriannuelle des finances publiques en Allemagne, Belgique, Espagne, Italie, Pays Bas et Royaume Uni.

relatives à l'équilibre, qui évaluent les recettes et plafonnent les charges, arrêtent les conditions générales de l'équilibre financier pour une année. La seule contrainte pour le gouvernement est que si en cours d'année, les grandes lignes de l'équilibre économique et financier définies par la loi de finances sont modifiées par un événement imprévu (une crise économique par exemple), alors il doit obligatoirement mettre en œuvre une loi de finances rectificatives (LFR). Malgré tout, la notion d'équilibre conserve une dimension normative faible, « les lois de finances déterminent, pour un exercice, la nature, le montant et l'affectation des ressources et des charges de l'État, ainsi que l'équilibre budgétaire et financier qui en résulte».[123]

Il faut entendre encore par cette notion d'équilibre, l'idée que l'incertitude doit être réduite concernant l'évolution des dépenses. Avec la LOLF, l'équilibre budgétaire inclut les fonds de concours et les plafonds d'emplois autorisés. Les recettes budgétaires et les prélèvements sur recette doivent faire l'objet d'une évaluation sincère à l'Etat. En outre, les dépenses et les autorisations d'emplois doivent être plafonnées. Cette notion d'équilibre ne comporte donc pas de mesures contraignantes sur l'équilibre réel, contrairement à ce qui prévaut pour les collectivités locales, des finances de l'Etat, mais un simple encadrement des déficits susceptibles de survenir en cours d'année.

L'aspect peu contraignant du principe d'équilibre est l'objet de remise en cause. Il faut distinguer, en effet, deux équilibres différents.

Il s'agit, dans un premier temps, de l'équilibre de présentation (ou prévisionnel). « Il ne figure que dans la loi de finances initiale (LFI) ; il est donc discuté par les parlementaires et corrigé par les lois de finances rectificatives (LFR) »[124]. Comme la présentation de la loi de finances est un moment-clef de la vie politique, la présence de déséquilibres est évidemment source de commentaires et de critiques de la part des responsables politiques et des observateurs avertis de la vie politique. Dans un second temps, il est question de l'équilibre d'exécution, soit l'équilibre constaté par la loi de règlement (LR), une fois l'année écoulée et le budget exécuté. Si l'équilibre est dépassé, comme il n'est plus possible d'y remédier, il n'intéresse plus ni les responsables politiques, ni **l'opinion publique**.

Par ailleurs, s'il a existé une tendance à présenter les budgets en équilibre et à les exécuter en déséquilibre, **le principe de sincérité budgétaire** peut constituer une certaine atténuation de cette tentation. De même, la mise en place de la LOLF et le contrôle de la chambre administrative et la chambre des comptes permettent de lutter contre « la débudgétisation, technique qui permettait de transférer d'importantes dépenses d'investissement de l'Etat (par exemple pour la

---

[123] G. CHOURAQUI, « Le solde du budget comme mesure de l'indice de la politique budgétaire », *Revue de science financière* n°4, 1977 ; voir aussi F. LOGEROT, B. SCHWERER VACHIA et J. P. « L'équilibre budgétaire », *RFSP*, n°26.

[124] C. BIGAUT, *Travaux diriges-Finances publiques, droit budgétaire*, Eyrolles, 1991, p.34 et s., v. aussi J. M. COTTERETC et G. EMERI, *Le budget de l'Etat*, PUF, « Que sais-je ? », 6e éd., 1990,. 56.

construction des autoroutes) vers des comptes spéciaux, ce qui conduisait à ne plus les faire apparaître dans le budget de l'Etat ».[125]

Ensuite, il apparaît nécessaire que l'Etat « central » encadre davantage l'équilibre budgétaire, par exemple en inscrivant dans la Constitution, « à la manière de ce qui s'est fait en Allemagne en 2009, une règle de limitation des déficits ».[126]

En somme, le principe de l'équilibre réel du budget local est, théoriquement, une contrainte à la charge des Collectivités territoriales décentralisées en République du Bénin. Mais en pratique, il s'avère être aléatoire par une absence d'autonomie fiscale, une répétition de dépenses constantes et l'inscription de recettes incertaines sur plusieurs exercices.

De ce point de vue, le glissement d'un équilibre réel formellement consacré à un équilibre virtuel porté par l'artifice comptable intelligemment qualifié de mouvement financier, se révèle évident.

La logique de cette dynamique budgétaire conduit naturellement à un objectif mythique que constitue la réalisation de l'équilibre réel du budget local.

Cette externalité négative grève le contrôle de limites objectives qui se présente sous la forme d'un rite.

C'est alors le prétexte de remodeler l'articulation organique et matérielle entre la Chambre administrative et la Chambre des comptes d'après la loi n° n°2004-07 portant composition, organisation, fonctionnement et attributions de la cour suprême de la République du Bénin.

---

[125] R. MUZELLEC, *op. cit.*, p.63 et s.

[126] Voir le rapport de la commission Camdessus chargée de réfléchir à une réforme constitutionnelle pour réduire les déficits publics français, en 2010. Il propose ainsi la création d'une *"règle constitutionnelle d'équilibre"* encadrant plus strictement dépenses et recettes publiques.

M. Abdelmjid BOUTAQBOUT[1]

LE CONTRÔLE ADMINISTRATIF DES FINANCES DES COLLECTIVITÉS TERRITORIALES AU MAROC[2]

INTRODUCTION

La question du contrôle exercé sur les collectivités territoriales est d'actualité au Maroc, compte tenu de la dynamique des réformes dans laquelle s'est engagé notre pays ces dernières années. A ce titre, la Constitution du 1er juillet 2011[3] a institué des règles de bonne gouvernance des affaires publiques et des finances publiques en particulier.

Cette constitution énonce que les services publics sont soumis aux normes de qualité, de transparence, de reddition des comptes et de responsabilité, et sont régis par les principes et valeurs démocratiques.

Par ailleurs, la loi organique des finances de 2015 a consacré les principes énoncés par la Constitution et a lancé les jalons d'une nouvelle culture de gestion axée sur les résultats et des objectifs à réaliser à travers des instruments, telles que la contractualisation, la programmation budgétaire pluriannuelle et surtout la responsabilisation des gestionnaires des deniers publics.

C'est dans ce contexte que la régionalisation avancée a été mise en place, comme étant un nouvel instrument de développement économique et social du fait des compétences importantes accordées aux différentes collectivités territoriales. Ces dernières se sont, en effet, vues accorder des pouvoirs de gestion et de décision notamment dans le domaine financier sans précédent, à même de concrétiser l'élan de décentralisation ou de démocratisation locale.

---

[1] Directeur du Contrôle, de l'Audit et de l'Inspection à la Trésorerie générale royale du Maroc

[2] Ce texte est la reproduction de la communication de l'auteur au colloque organisé les 28 et 29 mai 2016 à Wuhan en Chine sur la réforme financière et gouvernance locale par FONDAFIP et l'Université d'Economie d'Hubei et a connu la participation d'imminents experts et professeurs des Universités d'Hubei et de Pékin, de Paris I Panthéon-Sorbonne, de Liège en Belgique, du Benin et de Pologne, des experts représentants la Cour Régionale des Comptes d'Auvergne et Rhône Alpe en France et la Trésorerie Générale du Royaume du Maroc.

[3] *Dahir* n° 1-11-91 du 29 juillet 2011 portant promulgation du texte de la constitution.

Il s'agit de développer une politique de proximité[4] qui soit efficace, efficiente et bénéfique pour les citoyens, en faisant intervenir l'acteur le plus apte à répondre favorablement à leurs demandes au meilleur coût.

La régionalisation avancée implique non seulement la mobilisation des ressources financières supplémentaires, mais aussi et surtout l'amélioration du cadre de leur gestion. Un tel objectif suppose indéniablement l'existence d'un système de contrôle des finances locales efficace et performant.

En effet, ce nouvel environnement institutionnel explique pourquoi, au Maroc, le système de contrôle des finances locales devrait être érigé en une exigence fondamentale[5] du système de gouvernance publique.

Avant de présenter le système du contrôle en vigueur au Maroc en matière des finances des collectivités territoriales, nous allons vous présenter le secteur de ces collectivités, tel que défini par la constitution et les lois organiques relatives aux régions, provinces, préfectures et communes[6].

I. LES COLLECTIVITÉS TERRITORIALES : DIMENSION TERRITORIALE ET ENJEUX FINANCIERS

Aux termes de l'article 135 de la Constitution, les collectivités territoriales sont les régions, les préfectures, les provinces et les communes. Elles constituent des personnes morales de droit public, qui gèrent démocratiquement leurs affaires. Les conseils des régions et des communes sont élus au suffrage universel direct et les conseils des préfectures et provinces sont élus au suffrage indirect.

De même, les lois organiques précitées précisent que les régions, provinces, préfectures et communes sont des collectivités territoriales de droit public, dotées de la personnalité morale, de l'autonomie administrative et financière et constituent des niveaux de l'organisation territoriale décentralisée du Royaume.

Quelques chiffres relatifs aux collectivités territoriales

Les collectivités territoriales sont au nombre de 1590 dont 12 régions, 13 préfectures, 62 provinces et 1503 communes.

En termes budgétaires, les collectivités territoriales gèrent un budget d'investissement global de 25 MMDH (3 milliards de dollars), un budget de

---

[4] N. BENSOUDA : Rapport introductif (Actes du 8éme colloque international des finances publiques organisé par le ministère de l'économie et des finances et FONDAFIP du 12 au 13 septembre 2014).

[5] Z. El ADAOUI : Le contrôle des finances locales au Maroc et en France : quels enjeux (Actes du 8éme colloque international des finances publiques organisé par le ministère de l'économie et des finances et FONDAFIP du 12 au 13 septembre 2014).

[6] - *Dahir* n° 1-15-83 du 7 juillet 2015 portant promulgation de la loi n° 111-14 relative aux régions (B.O n° 6380 en date du 23 /07 /2015, version arabe) ;

- *Dahir* n° 1-15-84 du 7 Juillet 2015 portant promulgation de la loi n° 112-14 relative aux préfectures et provinces (B.O n° 6380 en date du 23 /07 /2015, version arabe) ;

- *Dahir* n° 1-15-85 du 7 Juillet 2015 portant promulgation de la loi n° 113-14 relative aux Communes (B.O n° 6380 en date du 23 /07 /2015 ; version arabe).

fonctionnement de 24 MMDH [7]et disposent d'un effectif de plus de 150 000 fonctionnaires.

Les chiffres ci-dessus exposés témoignent de l'importance des collectivités territoriales et des enjeux financiers et budgétaires qu'elles présentent. Ils nécessitent un suivi rigoureux et un contrôle efficace faisant la part tant à la performance en matière de gestion qu'au respect des règles juridiques et comptables qui organisent les finances locales.

La question à laquelle nous allons tenter de répondre dans cette présentation est celle qui consiste à questionner les contrôles des finances des collectivités territoriales au Maroc sur le degré d'adaptation de leur intervention aux exigences du moment, en termes d'efficacité et de régularité de la gestion des finances locales.

II. LE CONTRÔLE DES FINANCES DES COLLECTIVITÉS TERRITORIALES : QUEL APPORT EN MATIÈRE DE GESTION LOCALE ?

Parler du contrôle des finances des collectivités territoriales, c'est aborder une réalité à multiples facettes qui varie selon l'angle de vue choisi. En effet, on distingue à ce niveau plusieurs concepts de contrôle[8] :

- contrôle *a priori* et contrôle *a posteriori* ;
- contrôle sur pièces et contrôle sur place ;
- contrôle de régularité, contrôle d'opportunité et contrôle de matérialité ;
- contrôle interne et contrôle externe ;
- contrôle administratif, contrôle politique et contrôle juridictionnel.

C'est cette dernière catégorie de contrôles qui nous intéresse dans cette présentation et qui devra nous permettre de situer le contrôle administratif exercé sur les finances des collectivités territoriales et sa contribution à l'efficacité de la gestion publique locale.

1. le contrôle administratif : de la tutelle au contrôle de la légalité

L'évolution du contexte de la gestion des collectivités territoriales initiée dans le cadre de la refonte du cadre juridique et légal qui organise la sphère locale, tend vers l'allégement des contrôles préalables exercés par le ministère des finances[9], notamment par la Direction du Budget et par le comptable de la Trésorerie générale du Royaume au niveau de l'engagement de la dépense.

---

[7] Bulletin mensuel des finances locales de la Trésorerie Générale du Royaume du mois de décembre 2014.

[8] M. MOUMEN « Le contrôle de la dépense publique » *Revue Almalya* n° 26 d'avril 2001.

[9] Décret n°2-09-441 du 17 *moharrem* 1431 portant règlement de la comptabilité publique des collectivités locales et de leurs groupements (Bulletin officiel du 18 février 2010).

L'allégement de ce contrôle *a priori* devra laisser place à l'émergence des contrôles *a posteriori* de l'inspection générale de l'administration territoriale et de l'inspection générale des finances ainsi qu'au développement du contrôle juridictionnel exercé par le juge des comptes.

Ainsi, le contrôle administratif préalable est exercé par deux acteurs représentant les ministères des finances et de l'intérieur. Il s'agit du comptable public en ce qui concerne le contrôle budgétaire et comptable et le *wali* ou le gouverneur auxquels est dévolu le contrôle de la légalité des actes desdites collectivités, en plus du contrôle de régularité exercé par le ministère de l'intérieur.

a°) : Le contrôle de la légalité des actes des collectivités territoriales. Ce contrôle relève des attributions des *walis* et gouverneurs en vertu des dispositions de l'article 145 de la Constitution du 1er juillet 2011 et porte sur la légalité des décisions et arrêtés pris par les organes exécutifs et délibérants desdites collectivités.

Quant aux modalités de ce contrôle de la légalité, les actes des collectivités territoriales doivent être transmis aux *walis* ou aux gouverneurs dans un délai de dix (10) jours[10] pour les régions, les préfectures et les provinces et quinze (15) jours[11] pour les communes. Ce contrôle consiste à vérifier si les actes pris notamment dans le domaine financier sont conformes aux dispositions législatives et réglementaires applicables en la matière.

En cas de non-respect des dispositions légales, ces actes pourront faire l'objet d'un déféré devant le juge de référé des juridictions administratives. Autrement dit, le pouvoir de sanctionner l'illégalité de ces actes relève des compétences du juge administratif.

Cependant, préalablement au déféré, le *wali* ou le gouverneur font part de leurs remarques à la collectivité territoriale concernée se rapportant aux actes pris par cette dernière, et ce dans le but de procéder aux régularisations nécessaires et éviter le recours au juge administratif dont la saisine entraine la suspension de l'acte objet de déféré[12].

b°) : Le contrôle de régularité. Il concerne certains actes des collectivités territoriales qui ne peuvent être exécutés qu'après avoir été visés par le ministère chargé de l'intérieur ou son représentant. Ledit visa doit intervenir dans un délai de vingt (20) jours à partir de la date de réception des actes en question. A défaut de visa dans le délai imparti, les actes sont réputés visés.

A cet effet, les collectivités territoriales doivent transmettre au ministre de l'intérieur, aux fins de visa[13] :

[10]Article n°113 du *Dahir* n° 1-15-83 du 7 juillet 2015 portant promulgation de la loi n° 111-14 relative aux régions (B.O n° 6380 en date du 23 /07 /2015, version arabe) et article n°107 du *Dahir* n° 1-15-84 du 7 Juillet 2015 portant promulgation de la loi n° 112-14 relative aux préfectures et provinces (B.O n° 6380 en date du 23 /07 /2015 ; version arabe).

[11]Article n° 116 du Dahir n° 1-15-85 du 7 Juillet 2015 portant promulgation de la loi n° 113-14 relative aux Communes (B.O n° 6380 en date du 23 /07 /2015 ; version arabe).

[12] Articles 114, 108 et 117 respectivement des lois 111-14, 112-14 et 113-14.

[13] Articles 115, 109 et 118 respectivement des lois 111-14, 112-14 et 113-14.

C'est dans ce cadre que la Trésorerie générale du Royaume adapte constamment son maillage du territoire national pour accompagner la multiplication des collectivités et procède à la restructuration de ses services pour répondre au mieux aux attentes des élus locaux.

La recomposition du champ de contrôle des finances des collectivités territoriales a permis de confier le contrôle *a posteriori* à des organes administratifs qui prennent le relais au stade de l'exécution des dépenses et des recettes. Il s'agit de l'inspection générale des finances et de l'inspection générale de l'administration territoriale.

3. Le contrôle exercé par les inspections générales

En vertu des textes régissant la régionalisation avancée, les opérations financières et comptables des collectivités territoriales sont soumises à un contrôle administratif exercé essentiellement par deux organes de contrôle relevant de deux départements ministériels différents, à savoir l'inspection générale des finances placée sous l'autorité du ministre de l'économie et des finances et l'inspection générale de l'administration territoriale qui relève hiérarchiquement du ministre de l'intérieur.

S'agissant de l'inspection générale des finances (IGF), elle exerce ses missions de contrôle sur la base d'un programme annuel. Son intervention porte sur la vérification des opérations financières et comptables des services des régions, des provinces, des préfectures et des communes. En effet, conformément aux dispositions de l'article 2 du *dahir* n°1-59-269 du 14 avril 1960 relatif à l'inspection générale des finances, cet organe de contrôle est chargé de :

- vérifier la gestion des services de caisse, de comptabilité des comptables publics et de tout agent de l'Etat, des établissements publics et des collectivités territoriales ;
- s'assurer de la régularité des opérations enregistrées dans les comptes des ordonnateurs de recettes et de dépenses publiques et de tout administrateur.

Par ailleurs, l'inspection générale des finances est chargée de :

- l'audit des comptes des projets publics financés par les organismes financiers régionaux et internationaux ;
- préparer des études à caractère financier et budgétaire ;
- l'évaluation des politiques publiques.

Ainsi, l'inspection générale des finances est investie de compétences générales en matière de contrôle des finances publiques et notamment des finances locales. Ces compétences concernent la gestion de tous les acteurs intervenant dans ce domaine que ce soit les services ordonnateurs que comptables. L'inspection générale des finances a en outre un champ d'intervention très étendu et porte sur la régularité des procédures, la matérialité des recettes et des dépenses, l'audit des processus et la formulation de recommandations qui sont à même d'améliorer la gestion vers davantage d'efficacité.

Quant à l'Inspection générale de l'administration territoriale (IGAT), son contrôle est organisé par le décret n° 2-94-100 du 6 *moharrem* 1415 (16 juin 1994) portant statut particulier de l'inspection générale de l'administration territoriale du ministère de l'intérieur. Aux termes de l'article 2 de ce décret, cette institution « a pour mission le contrôle et la vérification de la gestion administrative, technique et comptable des services relevant du ministère de l'intérieur, des collectivités locales et de leurs groupements ».

Il découle de ce qui précède, que les missions de ces deux organes de contrôle sont complémentaires. Une telle complémentarité dans le domaine des finances locales s'impose aujourd'hui avec acuité en raison d'une part de l'insuffisance des ressources humaines dédiées à la fonction de contrôle de ces deux institutions et d'autre part de l'élargissement des champs d'intervention des collectivités décentralisées.

Suite à cet élargissement, les nouveaux textes régissant l'action publique territoriale prévoient désormais que les deux inspections générales sont appelées à effectuer annuellement, conjointement ou séparément, des missions d'audit financier et comptable qui s'effectuent sur place et sur pièces.

Leurs missions sont sanctionnées par la production de rapports adressés au président de la collectivité concernée qui les notifie au conseil de ladite collectivité pour délibération. Les mêmes rapports sont adressés également au *wali* et au ministre de l'intérieur, ainsi qu'à la cour régionale des comptes compétente pour prendre les mesures nécessaires en se basant sur les conclusions desdits rapports.

La fonction de contrôle confiée à ces deux inspections générales est d'une importance capitale pour ce qui est de l'amélioration des conditions de la gestion financière et comptable des collectivités territoriales. Elle est pour l'optimisation des contrôles politique et juridictionnel notamment des cours régionales des comptes.

CONCLUSION

La recomposition du champ de la gouvernance locale entamée par le Royaume s'est traduite par une rationalisation de l'intervention des acteurs notamment en matière de contrôle des finances locales. Cette rationalisation répond à une logique de complémentarité et d'efficacité afin d'éviter les redondances des contrôles et leur impact négatif sur l'environnement de la gestion locale.

De même, le rôle de conseiller financier de la trésorerie générale du Royaume au profit des gestionnaires locaux est mis en évidence à travers les instruments nouveaux mobilisés tels les systèmes intégrés de gestion, pour accompagner l'action de ces gestionnaires au quotidien sur le chantier de la performance et de la rationalisation.

Dans ce contexte, la place de gestionnaire responsable des finances des collectivités territoriales est désormais assumée par l'élu local qui dispose de pouvoirs importants encadrés par un arsenal juridique, qui laisse la place à l'initiative et à la liberté de gestion mais avec l'obligation de rendre compte aux organes de contrôle *a posteriori* institués à cet effet.

DROIT BUDGETAIRE

Eloi DIARRA[1]

L'UTILITÉ DES FINANCES DE L'UEMOA[2]

L'utilité des finances publiques est-elle à démontrer ? Que non pas, si l'on se réfère à leur origine moderne dans la sphère francophone : « Pour l'entretien de la force publique, et pour les dépenses d'administration, une contribution commune est indispensable »[3]. Ainsi, les impôts, première manifestation des finances publiques ont pour mission d'assurer l'ordre public. Ils permettent aussi assurer les dépenses d'administration, c'est-à-dire de la gestion de l'Etat en premier et des autres structures publiques ensuite. Et lorsqu'un célèbre auteur en vient, en 1983, à se poser la question de savoir s'il peut y avoir un Etat sans finances[4], il la pose invariablement sous le prisme des services publics. En d'autres termes, s'il n'y a pas de finances publiques, les individus peuvent-ils bénéficier de services publics et même au-delà, la vie collective est-elle possible ? A cela, l'un de ses prédécesseurs, tout aussi célèbre, avait répondu : « l'impôt est… un prélèvement pécuniaire, en vue de la couverture des charges publiques »[5]. C'est la raison pour laquelle nous avons l'habitude de ramasser la définition des finances publiques dans la formule suivante : « Ensemble des ressources et des dépenses des personnes morales de droit public, effectuées suivant des normes, la plupart du temps, exorbitantes du droit commun et destinées à la satisfaction des besoins d'intérêt général »[6]. Ce que confirme une autre auteure, lorsqu'elle écrit : « les finances publiques … se situent au cœur des nécessités publiques. Elles constituent un levier indispensable à la concrétisation de toute politique publique… Elles se perçoivent en leurs dimensions politiques et économiques »[7]. Bref, l'utilité des finances publiques est nettement établie pour toute la doctrine qui s'intéresse à la matière.

La question spécifique posée ici est celle de savoir quelle est l'utilité des finances de l'Union économique et monétaire ouest-africaine. Il s'agit d'une Union née le 10 janvier 1994 à Dakar, grâce au traité institutionnel signé par les sept (7) Etats

---

[1] Professeur de droit public à l'Université de Rouen, Assesseur de l'Ecole doctorale de l'Université catholique de l'Afrique de l'Ouest (UCAO)

[2] Union économique et monétaire ouest-africaine.

[3] Article 13 de la Déclaration des droits de l'Homme et du citoyen du 26 août 1789.

[4] P. AMSELEK, « Peut-il y avoir un Etat sans finances », *in Revue de droit public*, 1983, p. 267 et ss.

[5] Définition de l'impôt attribuée à G. JEZE, *in Cours de finances publiques*, Ed. Giard, 1936.

[6] L'auteur, *Cours de droit budgétaire*, 2017-2018, Master 2, Services et politiques publics, document d'enseignement à distance, Université de Rouen, p. 9.

[7] S. DAMAREY, *Finances publiques*, Gualino, Lextenso Editions, 2010, p. 13.

fondateurs de l'Afrique de l'Ouest francophone[8]. Quelques années plus tard, le 5 mars 1997, la Guinée-Bissau, Etat lusophone, en voie de ''francophonisation'', se joindra à eux.

D'emblée, les Etats partenaires reconnaissent, pour eux, « la nécessité de favoriser (leur) développement économique et social, grâce à l'harmonisation de leurs législations, à l'unification de leurs marchés intérieurs et à la mise en œuvre de politiques sectorielles communes dans les secteurs essentiels de leurs économies »[9].

Et pour réaliser ces objectifs, des moyens financiers sont indispensables. Rabelais[10] le disait déjà, par la bouche de son géant, Gargantua : « Les nerfs des batailles sont les pécunes ». Pour remporter la bataille du développement, dès son traité constitutif, l'Union s'est dotée d'un régime financier dont les traits principaux peuvent être ainsi dessinés : un budget unique comprenant toutes les recettes et les dépenses des institutions, à l'exception des institutions que sont la BOAD et la BCEAO[11] ; ce budget est équilibré en recettes et en dépenses. Le budget dispose de ressources propres provenant d'un pourcentage assis sur le tarif extérieur commun, sur la taxe sur la valeur ajoutée et les taxes indirectes nationales. Préparé par la Commission, adopté par le Conseil des Ministres, le budget est soumis au contrôle de la Cour des comptes de l'Union[12]. Ces dispositions sont précisées ensuite dans un règlement financier de l'Union[13].

Se demander quelle est l'utilité des finances de l'UEMOA, revient à se poser en fait plusieurs questions : à quoi servent les finances de l'Union, à quoi sont-elles utilisées ? Leur mise en œuvre permet-elle d'obtenir les résultats conformes aux objectifs de l'Union ? En quoi les ressources permettent-elles de réaliser les objectifs ? Et les dépenses, sont-elles effectivement mises au service de l'objectif du développement intégré ? Permettent-elles de le de réaliser ? Au fond, ne peut-on pas faire aux finances de l'UEMOA le reproche qui est régulièrement adressé aux budgets nationaux, à savoir qu'ils ne servent qu'à faire vivre une administration, des finances incapables d'être un moteur efficace du développement économique et social ?

A ce questionnement, des réponses péremptoires du genre « oui, les ressources de l'Union ne servent pas le développement économique et social des Etats de la zone » peuvent être données ; « elles ne servent qu'à entretenir une caste de fonctionnaires dits internationaux et qui, en réalité, ne relèvent que de la parentèle des tenants du pouvoir » ; « la modicité du budget de l'Union ne permet pas de faire grand-chose » ; « d'ailleurs, les budgets nationaux demeurent nettement plus élevés

---

[8] Ce traité sera modifié, profondément, par celui du 29 janvier 2003, voir site http://www.uemoa.int/fr/le-traite-modifie, consulté le 30 juillet 2018.

[9] Point 4 du préambule du traité de l'Union, « Affirmant…leurs économies ».

[10] F. RABELAIS (1494-1553), moine et médecin, et génie littéraire du 16e siècle, il publie *Gargantua* en 1534.

[11] Banque ouest-africaine de développement et Banque centrale des Etats de l'Afrique de l'Ouest.

[12] L'économie des articles 47 à 59 du traité.

[13] Règlement financier n° 01/2008/CM/UEMOA du 28 mars 2008 abrogeant et remplaçant le règlement n° 10/2001/CM/UEMOA du 26 novembre 2001.

que ceux de l'Union ». Etc. La réalité étant plus complexe, une démarche analytique s'impose.

Elle concerne tout d'abord les ressources. D'où proviennent-elles et à quoi servent-elles ? Sont-elles des contributions ou ont-elles d'autres origines ? En quoi sont-elles favorables à l'intégration sous-régionale ou en quoi la desservent-elles ? (Première partie).

La même démarche s'impose pour les dépenses. Les classifications des dépenses distinguent, sans que cela ne relève de l'absolu, les dépenses dites de fonctionnement et les dépenses d'investissement. Aux premières, on reproche de n'être qu'une consommation d'une part de la production nationale[14], sans rien offrir en retour ; et on pare les secondes de toutes les vertus, telle la vertu d'être le moteur de la vie économique et sociale de la nation. Cela peut paraître caricatural, mais de nombreuses positions des théoriciens des finances publiques n'en sont pas éloignées ! Quelle place tient donc chacune de ces catégories dans les budgets de l'Union ? C'est à partir de leur approche qu'une opinion pourra être émise (Deuxième partie).

I. LES RESSOURCES ET L'INTÉGRATION FINANCIÈRE SOUS-RÉGIONALE.

Si l'idée n'est pas reprise explicitement dans le règlement financier du 28 mars 2008, elle est cependant inscrite dans le marbre du traité de l'Union : « Les ressources de l'Union sont soumises au principe de solidarité financière entre les Etats membres. Aucun Etat ne peut invoquer une équivalence entre sa contribution financière et les avantages qu'il tire de l'Union »[15].

En revanche, c'est dans le règlement financier que l'on trouve la description très exhaustive de l'ensemble des ressources de l'Union. Ainsi, son article 25 dispose que « les recettes de l'Union sont constituées de recettes ordinaires qui sont des ressources propres et des recettes extraordinaires qui sont des ressources d'origine extérieure ».

Au titre des ressources extérieures, le texte cite « les subventions et aides…, les dons et legs de toute origine acceptés par l'Union et les emprunts contractés par l'Union »[16]. On notera que, depuis 1996, l'Union a reçu d'importantes

---

[14] C'est la position des économistes libéraux et décrite dans les finances dites classiques. Citant plusieurs auteurs, R. MUZELLEC écrit : « l'Etat n'est pas un agent économique comme les autres : il consomme mais ne produit pas, il prélève, mais ne restitue guère (Duverger). Le budget est un gouffre qu'il convient de n'alimenter qu'avec prudence et sagesse (Allix) », in *Finances publiques*, 14e édit. Sirey-Dalloz, 2006, p. 51.

[15] *Article 49 du traité de l'Union*, dans sa version du 29 janvier 2003.

[16] Article 27 du règlement financier du 28 mars 2008. Le recours à l'emprunt est strictement encadré par l'article 29 : « *l'Union peut avoir recours à l'emprunt à condition que l'objet de l'emprunt soit compatible avec ses objectifs. L'Union ne contracte un emprunt que (si)… la charge financière qui en résulte n'est pas de nature à compromettre à terme les équilibres financiers et budgétaires de l'Union… Le Président de la Commission… soumet à l'approbation du Conseil des Ministres (tout) projet de décision autorisant la signature d'un contrat d'emprunt… Il ne peut signer ledit contrat d'emprunt qu'après approbation de la Décision par le Conseil des Ministres. Toute recette provenant d'un emprunt fait l'objet d'une inscription au budget de l'Union* ».

subventions[17] provenant essentiellement de la France et de l'Union européenne : celles-ci ont supporté financièrement, de façon conséquente, les premiers pas de l'Union ouest-africaine[18].

Nous nous concentrons sur les ressources propres, à l'exclusion des ressources extérieures. Et il s'agit de répondre à la question de savoir quelles sont les ressources propres de l'Union (A). Quel usage principal en a-t-on fait ? Obéissent-elles au principe de la solidarité prônée à l'article 49 du traité ? (B).

A. Les ressources propres de l'Union

L'UEMOA est une personne morale de droit public. Les finances des personnes morales de droit public désignent l'ensemble de leurs recettes et de leurs dépenses. En général, la majorité des recettes est obtenue par le recours à des actes de puissance publique ; la part des revenus d'activité ou du domaine demeure très faible aujourd'hui. Les premières sont appelées des impôts, les secondes sont constituées par des recettes aussi diverses que les bénéfices tirés d'entreprises industrielles et commerciales que de redevances ou de ventes de biens déclassés, de brevets ou de licences.

Qu'en est-il en de l'UEMOA ? Pendant deux ans, entre 1994 et 1996, les ressources budgétaires de l'Union lui sont fournies par les excédents dégagés par la Banque centrale des Etats de l'Afrique de l'Ouest. A partir du budget de 1997, ceux-ci sont remplacés par les ressources propres. Ces ressources sont constituées par les revenus d'activité de l'Union et par le revenu du prélèvement communautaire de solidarité (PCS).

1. La part des revenus d'activité ou du domaine

Les revenus d'activité ou du domaine de l'UEMOA représentent une part très variable des ressources de l'Union, selon les années, comme on va s'en rendre compte. Et elles ne sont pas toujours si négligeables ! Le règlement financier du 28 mars 2008[19] les énumère par le menu.

En premier lieu, nous avons les *revenus du domaine*. L'UEMOA, comme toute personne morale de droit public dispose d'un domaine privé et d'un domaine public. Ils se composent de biens meubles divers tels des voitures, des ordinateurs, des photocopieurs, des chaises, tables, armoires et autres meubles meublants. Au bout d'un certain nombre d'années d'usage, ces biens doivent être remplacés, mais ils conservent une certaine qualité d'usage et peuvent alors être vendus. On dit, dans le vocabulaire administratif qu'ils sont réformés.

Ce domaine comprend également des biens immeubles, tels le siège de l'Union, le siège du Parlement de l'Union, le siège de la Cour de justice de l'Union.

---

[17] Entre 2000 et 2013, un relevé, à travers les Rapports d'activité de la Commission, permet de chiffrer les subventions obtenues de l'extérieur à hauteur de 118,424 milliards de F. CFA. Ce qui n'est pas négligeable.

[18] Par exemple, le budget de l'UEMOA de 2000 fait état d'appuis financiers de l'Union européenne de 2,504 milliards de F. CFA et de la France (MAE) de 320,363 millions de F. CFA.

[19] En son article 26-2, autres recettes ordinaires.

Evidemment, ces sièges sont indispensables aux activités de l'Union et il ne peut être question de les vendre. En revanche, on sait que l'Union possède des locaux pour ses représentations dans tous les Etats membres, à Bruxelles et à Genève. A notre connaissance, aucun de ces bâtiments n'a fait l'objet de transaction financière de la part de l'Union. En revanche, des cessions de biens meubles ont bien eu lieu et, par exemple, en 2009, le budget de l'Union note qu'elles ont rapporté 8,7 millions de F. CFA.

En second lieu, nous évoquons les *revenus d'activité*. Ces revenus sont d'origine très diverses. L'Union peut placer des fonds disponibles dans des banques et en retirer des produits financiers tels que des intérêts. Ceux-ci peuvent, selon les années, être d'apports intéressants, par exemple 48,8 millions de F. CFA en 2009 et jusqu'à **262,5** millions en 2012, pour revenir à 93,028 millions en 2016.

Il peut s'agir aussi de publications, tels le Bulletin officiel[20] de l'Union, le Bulletin d'information de l'Union ou des documents nécessaires aux concours des marchés publics, destinés aux acteurs économiques. En 2009, le produit de la vente de ces publications a rapporté 13,99 millions de FCFA.

Entrent également dans cette catégorie de revenus les dommages-intérêts accordés par le juge lors de procès ou encore des indemnités ou pénalités de retard dans l'exécution de travaux. En 2009, il a été ainsi perçu 32,07 millions de F. CFA. En 2016, les ventes de dossiers des marchés publics, les redevances pour mise sur le marché de médicaments et les pénalités diverses ont représenté **121,935** millions de F. CFA, pour passer à **814,826** millions en 2017.

Enfin, entrent dans cette catégorie les excédents des gestions antérieures. Mais comme chacun sait, il s'agit d'une ressource bien aléatoire. Néanmoins, les textes budgétaires de 2009 et 2012 enregistrent en recettes, à ce titre, respectivement **15 milliards** et **10 milliards** de F. CFA. Ce qui, pour le coup, n'est pas rien ! Depuis, les textes financiers n'en font plus état.

Si donc on s'en tient aux produits normaux, l'ensemble des recettes à prendre en compte ici atteint rarement les 300 millions de F. CFA. En effet, la ressource principale de l'Union se trouve ailleurs, c'est le prélèvement communautaire de solidarité (PCS).

2. Le prélèvement communautaire de solidarité

L'article 26-1 du règlement financier cite, au titre des recettes statutaires[21], « (1) le prélèvement communautaire de solidarité… ; (2) la fraction du produit des taxes

[20] Concernant ce Bulletin officiel, selon son numéro 2 de décembre 1996, il s'agit d'une publication trimestrielle, dont le prix au numéro est de 1300 F.CFA pour les Etats membres, de 1800 pour les autres Etats ; pour les abonnements, les tarifs étaient les suivants : 3000 F. CFA pour les Etats membres, 3500 pour les autres Etats d'Afrique, pour l'Amérique du nord et l'Asie : 7200 F.CFA et pour le reste du monde : 5200 F.CFA.

[21] Par cette notion de recettes statutaires, on désigne les recettes prévues dans le traité et qui font partie des recettes ordinaires : cf. art. 54 du traité : « Les ressources de l'Union proviennent notamment d'une fraction du produit du tarif extérieur commun (TEC) et des taxes indirectes perçues dans l'ensemble de l'Union » ; et art. 55 : « A terme, une taxe à la valeur ajoutée (TVA) de l'Union sera instituée et substituera à la fraction du produit des taxes indirectes nationales… Au besoin, des taxes additionnelles pourront être introduites par l'Union. ».

indirectes nationales pouvant être perçue au profit de l'Union jusqu'à l'instauration de la TVA intra-communautaire ; (3) le produit de la TVA intra-communautaire lorsqu'elle sera instaurée ; (4) le produit des taxes additionnelles pouvant être introduites par l'Union à son profit ».

A ce jour[22], les produits numérotés de 2 à 4 ne sont pas institués. Il ne reste donc que le prélèvement communautaire de solidarité.

Comment se présente ce prélèvement communautaire de solidarité ?

Du droit additionnel au droit de douane communautaire, le prélèvement communautaire de solidarité est un supplément de droit de douane, perçu au profit de l'Union. A ce titre, l'Organisation mondiale du commerce (OMC) pourrait le contester, au motif qu'il s'agit d'un contournement à l'abaissement effectif des droits de douane, selon les engagements pris par l'organisation sous régionale.

Ce droit additionnel est de montant faible : 0,8 % aujourd'hui, après avoir été longtemps à 1 %[23]. Il pourrait tomber, en 2019, à 0,5 %. Malgré tout, en tant que droit additionnel, le prélèvement communautaire de solidarité n'est pas sans incidence sur la consommation ; il a pour effet indéniable d'augmenter les prix à l'importation et il peut même avoir un impact inflationniste. Ainsi, imaginons un prix Hors TEC de 100 et posons l'hypothèse que le TEC est égal à 20 %[24]. Il en résulte que le TEC total est de 20,8 %. Le prix Hors TVA est donc de 120,8. A ce montant, il faut appliquer la TVA à l'importation au taux de 18 %. On obtient alors un prix TTC ainsi déterminé :

120,8 + (120,8 x 18/100) = 120,8 + 21,74 = **142,54**.

Si le taux n'avait pas existé, le montant total aurait été : 120 + (120 x 18/100) = 120 + 21,60 = 141,60.

L'incidence ou ΔPCS est donc de : 142,54 – 141,60 = **0,90.**

---

[22] Soit plus de vingt-quatre ans après la création de l'Union. Certes la directive n° 02/98/CM/UEMOA du 22 décembre 1998 a procédé à une harmonisation des législations des Etats membres en matière de taxe sur la valeur ajoutée (TVA), tant en ce qui concerne son assiette que son taux (fixé entre 15 et 20 %, mais appliqué uniformément à 18 % par tous les Etats membres), mais cela n'a pas induit l'application de la TVA intra-communautaire dont il est ici question.

[23] Voir Article 1er de l'Acte additionnel n° 07/99 de la Conférence des chefs d'Etat et de gouvernement du 8 décembre 1999 portant relèvement du prélèvement communautaire de solidarité (PCS), actuellement fixé par l'acte additionnel n° 04/96 du 10 mai 1996 à 0,5 % de la valeur en douane des marchandises importées de pays tiers par les Etats membres de l'Union est portée à 1 % de la même valeur. En avril 2017, les chefs d'Etat et de gouvernement décident de le ramener à 0,8 %, ceci compte tenu de la création d'un mécanisme analogue au sein de la Communauté économique des Etats de l'Afrique de l'Ouest (CEDEAO) dont Etats de l'UEMOA sont également membres où le taux est de 0,5 %. Les deux cumulés relèvent sensiblement les prix pour les consommateurs de la seule UEMOA. La même réunion d'Abidjan en avril 2017 avait prévu qu'au 1er janvier 2019, le taux du PCS reviendrait à 0,5 %, mais la Conférence des chefs d'Etat et de gouvernement de Lomé du 30 juillet 2018 a décidé de surseoir à cette date, sans fixer de date d'application. Il est simplement demandé au « Conseil des Ministres d'approfondir la question » (voir le Communiqué de la Conférence sur http://www.uemoa.int/fr/communique-final-de-la-20eme-session-ordinaire-de-la-conference-des-chefs-detat-et-de-gouvernement-0, consulté le 2 août 2018.

[24] Sachant que les taux du TEC sont de 0 %, 5%, 10%, 20% et 35% depuis l'harmonisation des tarifs entre l'UEMOA et la CEDEAO (voir *Règlement n° 06/2014/CM/UEMOA du 25 septembre 2014 portant modification du Règlement n° 02/97/CM/UEMOA portant adoption du tarif extérieur commun de l'UEMOA*, Bul. Officiel n° 90, p. 14).

Sur une base faible, l'incidence Δ paraît mineure. A 1000, on passe à 9 ; à 10 000 à 90 ; à 100 000 à 900 et ainsi de suite et à 1 million, on est à 9 000.

Observons au passage que l'application du tarif extérieur commun, du droit additionnel et de la taxe sur la valeur ajoutée à l'importation renchérit le coût initial de 42,54 %. C'est dire qu'il est demandé aux résidents de l'UEMOA un effort fiscal non négligeable sur les biens importés. On pourrait gloser en avançant qu'il s'agit de protéger les économies de la zone. Sauf que, souvent, il s'agit de biens non produits localement.

Malgré ces défauts, c'est donc la solution d'un droit additionnel qui a été préférée, comme moyen de garantir l'autonomie financière de l'Union[25]. Pour plusieurs raisons. La première est incontestablement l'assiette qui est très large, étant entendu que les Etats de l'Union sont de grands importateurs de biens les plus divers. D'ailleurs la fiscalité de porte est celle qui rapporte le plus aux budgets nationaux. La deuxième tient à la collecte qui est aisée pour l'Union, puisqu'elle est effectuée par les services douaniers des Etats membres. L'Union n'a donc pas besoin d'agents propres pour ce faire. Deux fois par an, ses agents passent dans les Etats rencontrer les services des douanes et ensemble, ils procèdent et au calcul et au versement du PCS sur le compte de l'Union sis à l'Agence nationale de la Banque centrale des Etats de l'Afrique de l'Ouest (BCEAO). Enfin, les contribuables sont des redevables captifs, puisqu'ils représentent tous les consommateurs de l'Union. En somme, on retrouve les quatre qualités du bon impôt selon la définition d'Adam SMITH[26] : la *généralité de l'impôt* – l'impôt doit être certain et non arbitraire et applicable à tous ; *l'équité* – chacun paie en fonction de ses capacités, car c'est le même taux qui est appliqué à tous ; *la simplicité* du recouvrement ; *la soutenabilité* – l'impôt doit faire sortir le moins d'argent des mains du peuple, puisque son taux doit être très faible.

Le prélèvement communautaire de solidarité est donc préféré et est aujourd'hui la ressource ordinaire principale de l'Union.

Les ressources ordinaires doivent, selon le traité, obéir au principe de solidarité financière entre les Etats, comme s'il devait y avoir une sorte de péréquation financière[27] entre les Etats. En est-il effectivement ainsi ?

---

[25] Faisons observer au passage que la devancière de l'UEMOA, la défunte Communauté de l'Afrique de l'Ouest (CEAO) connaissait deux formes essentielles de financements : les contributions des Etats membres et la taxe de coopération régionale, payée par les Etats à la communauté en fonction de leur participation aux échanges intra-communautaires. Nous avions pensé en son temps qu'une recherche d'autonomie financière de cette Communauté à travers des ressources propres pouvait passer par un droit additionnel aux droits de porte (voir notre thèse, *Les aspects financiers de la Communauté économique de l'Afrique de l'Ouest (CEAO)*, sous la direction du Pr P. AMSELEK, soutenue le 29 juin 1982 à l'Université de Paris II-Panthéon, p. 195-196.

[26] Adam *Smith* (1723-1790), *Recherches sur la nature et les causes de la richesse des nations* (1776), Des impôts, Livre V, chapitre II, deuxième section. Edit. Flammarion, 1991.

[27] La solidarité financière entre personnes publiques relève soit du fédéralisme financier, soit de la décentralisation. Il s'agit d'une forme de répartition des ressources entre personnes publiques.

B. Les ressources propres et la solidarité financière au sein de l'UEMOA

Le produit du PCS vient s'ajouter aux revenus d'activité et du domaine pour constituer les ressources ordinaires de l'Union. Les seconds résultent du travail accompli par la Commission tandis que le premier est un impôt que les résidents des Etats membres – on peut dire aussi les Etats – payent à l'Union.

La théorie moderne de l'impôt définit celui-ci comme un prélèvement obligatoire sur les particuliers comme sur les sociétés privées ou publiques en vue de la couverture des charges publiques, mais elle ajoute aussi qu'il est un instrument de redistribution, un moyen de répartition du produit intérieur brut. Il participe à une sorte de renforcement de la solidarité nationale. Il semblerait que le PCS ait joué un rôle analogue entre les Etats de l'UEMOA. L'idée de redistribution entre les Etats membres n'apparaît pas à l'étape de la collecte de l'impôt[28], mais à celle de son utilisation.

1. La collecte du prélèvement communautaire de solidarité

On l'a dit, mais il faut le rappeler : le PCS est un droit additionnel au tarif extérieur commun de l'UEMOA. En tant que tel, il n'épargne aucun consommateur qui désire acquérir un bien importé d'un Etat tiers. De même, il ne discrimine pas entre les Etats. Tout Etat, dès qu'il procède à l'importation d'un produit en provenance d'un Etat non membre se doit d'appliquer ce taux additionnel sur le TEC indiqué. A ce stade, on peut dire qu'il y a une égalité parfaite de traitement des Etats. Cependant, le montant que chacun aura à verser à l'Union sera fonction de sa consommation de produits hors zone UEMOA. Ainsi, celui qui importe le plus de produits étrangers à l'Union devra verser davantage de PCS. Les tableaux qui suivent le démontrent amplement. La Côte d'Ivoire et le Sénégal qui sont les Etats les plus avancés de l'Union sont également ceux dont les économies ont le plus besoin d'importations hors Union ; aussi, leurs résidents sont-ils les plus gros contribuables de l'Union.

De façon globale, les versements opérés par les Etats au titre du PCS dépassent les 920 milliards de F. CFA depuis la mise en place du système en 1996, comme en atteste le tableau ci-dessous.

---

[28] En ce qui concerne l'Etat, les mécanismes de fonctionnement de l'impôt, en son sein, permettent, dès la phase de l'établissement et du recouvrement, de pratiquer déjà une certaine forme de répartition, puisque, selon les activités, les charges de l'individu et sa philanthropie, des réductions d'impôts pourront lui être accordées, ce qui constitue en soi une sorte de redistribution.

Année	Montant*
2006*	233,403
2007	49,095
2008	55,375
2009	51,121
2010	51,480
2011	61,811
2012	62,321
2013	60,550
2014**	64,345
2015**	68,263
2016	72,371
2017	96,951
TOTAL	**927,106**

**Montant en milliards de F.CFA ; 1 euro = 655,957 F.CFA*

2006* : le montant inscrit concerne les années allant du 1er juillet 1996 au 31.12.2006.

Sources : *Rapports annuels de la Commission sur le fonctionnement et l'évolution de l'UEMOA de 2000 à 2017*, sauf pour 2014** et 2015** années pour lesquelles il s'agit de projections.

L'assertion selon laquelle les économies les plus avancées sont aussi celles qui versent les montants les plus élevés est vérifiée dans le tableau ci-dessous. En comparant deux années, à cinq ans de distance, on constate qu'il n'y a pas de changement majeur, dès que l'on regarde les pourcentages de participation des Etats au PCS.

ETAT	MONTANT* 2012	TAUX 2012	MONTANT* 2016	TAUX 2016
Bénin	4.852	7.79%	6.571	9.08%
B-Faso	8.004	12.84%	7.929	10.96%
C.d'Ivoire	***22.737***	***36.48%***	***28.971***	***40.03%***
G. Bissau	00.411	0.66%	00.402	0.56%
Mali	7.332	11.77%	8.111	11.21%
Niger	2.369	3.80%	2.882	3.98%
Sénégal	***12.744***	***20.45%***	***12.966***	***17.92%***
Togo	3.871	6.21%	5.524	6.27%
TOTAL	**62.321**	**100%**	**72.371**	**100%**

Montant* = montant exprimé en milliards de F.CFA,

1 euro = 655,957 F. CFA, arrondis à 656. F.CFA

Sources *: Rapports annuels de la commission sur le fonctionnement et l'évolution de l'UEMOA, 2012, p. 69 et 2016, p. 89.*

Au vu de ces tableaux, on constate que la Côte d'Ivoire et le Sénégal représentent à eux deux plus de la moitié des recettes du prélèvement communautaire de solidarité. C'est sans conteste, le signe de leur plus grande dépendance par rapport à l'extérieur, au regard des besoins de leurs économies. *A contrario*, c'est le signe qu'ils ne trouvent pas sur le marché communautaire ce dont leurs consommateurs et leurs entreprises ont besoin. Les économistes devraient sans doute analyser de façon fine ces données pour voir dans quelle mesure une complémentarité peut être trouvée entre les différentes potentialités économiques de la sous-région. Mais là n'est pas l'essentiel ; l'essentiel tient en ce que la recette ainsi collectée a été ensuite répartie entre les Etats membres, en fonction de leur consommation de produits communautaire, pendant un certain nombre d'années.

2. La péréquation financière entre Etats membres

L'UEMOA, à travers le PCS, réalise une péréquation financière au sens où les Etats qui versent plus ne sont pas nécessairement ceux qui ont perçu le plus. Et voici pourquoi. On sait que les Etats sous-développés dépendent énormément de leurs recettes douanières. Avec l'établissement de l'union douanière, les Etats membres de l'UEMOA ne perçoivent plus de recettes lors de la circulation des marchandises entre eux, soit des recettes en moins. Ensuite, le tarif extérieur commun en uniformisant les taux a également pu faire perdre de nouvelles recettes, selon que le taux communautaire est plus faible que celui que l'Etat considéré pratiquait antérieurement.

Il a donc été convenu par les Etats de l'Union[29] que les pertes de recettes douanières subies par les Etats du fait de l'importation de produits communautaires – et donc non assujettis à des droits de douane – donneraient lieu à une compensation, versée par l'Union. Cette compensation est ponctionnée sur le PCS, la norme de référence étant la participation de l'Etat concerné aux échanges intra-communautaires. Ainsi, plus un Etat importe des produits originaires de l'Union, et plus la compensation reçue est élevée.

L'observation montre alors ici que ce sont les Etats enclavés (Burkina-Faso, Mali et Niger) qui importent le plus de produits communautaires et, par conséquent, sont les plus grands bénéficiaires des compensations. Le tableau ci-dessous le montre de façon évidente. Il s'agit des versements compensatoires reçus par les Etats entre le 1er janvier 1998 et le 30 septembre 2006.

ETAT	VERSEMENT RECU*	TAUX
Bénin,	14,726	10,25 %
Burkina-Faso,	***29,498***	***20,54 %***
Côte d'Ivoire	1,779	1,24 %
Guinée-Bissau	0,257	0,18 %
Mali	***38,093***	***26,53 %***
Niger	***34,781***	***24,22 %***
Sénégal	16,624	11,58 %
Togo	7,846	5,46 %
TOTAL	**143.607**	**100**

**En milliards de F. CFA ; 1 euro = 655,957 F.CFA*

Source : *Rapport de la Commission sur le fonctionnement et l'évolution de l'UEMOA, 2006, p. 36 et 37.*

[29] C'était déjà le cas au temps de la CEAO. Voir *Acte additionnel n° 06/99 de la Conférence des Chefs d'Etat et de Gouvernement de l'UEMOA du 8 décembre 1999 instituant un dispositif de compensations financières au sein de l'UEMOA, entre 2000 et 2006*. A cette date, en effet, les compensations ont été supprimées, mais la gestion comptable du système a perduré jusqu'en 2013.

Selon le Rapport de la Commission pour 2006, les versements totaux de PCS par les Etats se montaient à la même date à 233,403 milliards de F. CFA. A la date du 30 septembre 2006, l'Union aura reversé aux Etats, sous forme de compensations, un montant égal à 143,607 milliards ; cela représente un pourcentage de 61,52 %. Il ne manque que le montant d'un trimestre.

Mais ce n'est pas tout. Il convient d'affiner l'analyse, en rapprochant les pourcentages moyens de montants versés des pourcentages moyens des montants reçus. On obtient alors le tableau ci-dessous :

ETATS	POURCENTAGEVERSE	POURCENTAGERECU
Bénin,	9,08 %	10,25 %
Burkina-Faso	**10,96 %**	**20,54 %**
Côte d'Ivoire	*40,03 %*	*1,24 %*
Guinée-Bissau	00,56 %	0,24 %
Mali	**11,21 %**	**26,53 %**
Niger	**3,98 %**	**24,22 %**
Sénégal	17,92 %	11,58 %
Togo	6,27 %	5,46 %
TOTAL	100 %	100 %

Source *: Tableau établi à partir des Règlements fixant les budgets annuels de l'Union et des Rapports annuels de la Commission.*

De ce tableau, on peut tirer les conclusions suivantes : certains Etats ont peu versé au titre du PCS, mais ont beaucoup reçu au titre de la compensation des pertes de recettes douanières ; d'autres ont beaucoup versé au titre du PCS, mais n'ont presque rien reçu. On peut ainsi distinguer les 'Petits et Grands Gagnants' des 'Petits et Grands perdants' dans le système :

Grands gagnants	Burkina-Faso, Mali, Niger
Petit gagnant	Bénin
Petits perdants	Sénégal, Togo, Guinée-Bissau
Grand perdant	Côte d'Ivoire

Ainsi, à la question de savoir quelle est l'utilité des finances de l'UEMOA, une première réponse s'impose : elles ont permis, pendant un certain temps, de réaliser une péréquation financière entre les Etats membres, un transfert financier des Etats plus développés de l'Union vers les moins développés. La ressource principale de l'Union a assuré, en son sein, une fonction capitale qui a contribué au renforcement de la solidarité et d'une certaine façon du lien financier entre les Etats membres. Et ceci n'est pas négligeable. Mais, rappelons-le, le système des compensations n'a été mis en œuvre que sur une brève période. Par la suite, la solidarité financière a donc dû se manifester autrement.

Ceci est – et a été – une première utilité des finances de l'UEMOA ; elle résulte de ses ressources. Qu'en est-il du côté des dépenses ?

II. LES DÉPENSES ET L'INTÉGRATION ÉCONOMIQUE ET SOCIALE SOUS RÉGIONALE

On prête à Esope[30] la fable selon laquelle la langue serait la meilleure et la pire des choses. En transposant, on pourrait dire que, selon les auteurs, la dépense publique est la pire ou la meilleure des recettes aux maux de la société. Pour les uns, la ressource qui permet d'effectuer la dépense n'est qu'une ponction intolérable sur les gains péniblement obtenus par chacun par son travail, au profit d'oisifs ou de paresseux. Parfois, on est plus pondéré en disant que c'est le minimum qu'il faut consentir à sacrifier si l'on veut pouvoir vivre paisiblement du reste de sa fortune ou des résultats de son activité[31]. Pour sa part, l'Etat-Providence ne voit le salut de la collectivité que dans la dépense publique, grâce à laquelle on peut offrir l'ensemble le plus large possible de services publics au plus grand nombre. Et de façon conjoncturelle, on a même admis qu'on puisse alors pratiquer le déficit systématique[32].

De cela, il résulte deux attitudes face à la dépense publique. La première ne cesse de fustiger la dépense publique comme totalement inutile et se désole de sa place dans l'économie nationale. Pour elle, la dépense publique est un mal que l'on supporte, avec l'espoir de la réduire à son plus bas niveau possible. Derrière cette attitude se cache l'espoir que les impôts en seront d'autant plus légers. La seconde fait l'effort d'appréhender la répartition de la dépense publique entre les différents secteurs : secteur social, secteur de l'éducation, de la santé, de la recherche, de la défense, de l'économie, de l'agriculture de la pêche, etc.[33]

Face à ces conceptions, quelles lunettes empruntons-nous pour regarder les dépenses de l'UEMOA ? Celles des négationnistes de toute utilité de la dépense publique, des partisans de la futilité de la dépense publique ou celles des tenants de son intérêt ? Si on ne peut nier que la dépense publique a une incidence sur la vie économique et sociale, il reste que sa portée est variable d'un domaine à l'autre. Et ce n'est pas parce qu'elle est utile qu'elle doit être débridée et qu'il ne faut pas la contenir.

Alors que l'on se plaint trop souvent de l'importance des dépenses de fonctionnement dans les budgets publics, celles-ci, dans le cadre de l'UEMOA, recueillent de notre part une appréciation certes réservée, mais pas totalement

---

[30] Esope (vers 620-vers 564 av. J-C, écrivain et fabuliste grec) à qui son maître aurait demandé d'acheter, pour ses convives, ce qu'il y avait de meilleur dans un premier temps, et dans un second temps, ce qu'il y a de pire. Et dans les deux cas, il acheta de la langue, au motif que la langue « *est le lien de la vie civile, la clef des sciences, elle instruit, elle persuade, ... (*mais*) elle est aussi la mère de tous les débats, la nourrice des procès, la source des guerres, de la calomnie et du mensonge* ».

[31] C'est la conception de Charles Louis de Secondat, baron de la Brède et de Montesquieu en matière d'impôt, puisque celui-ci n'est qu'« une portion que chaque citoyen donne de son bien, pour avoir la sûreté de l'autre, ou pour en jouir agréablement » (voir *L'esprit des lois, Livre XIII, chapitre 1*, première phrase).

[32] Si elle trouve ses racines dans l'ouvrage principal de John Maynard *Keynes* (1883-1946, *La théorie générale de l'emploi, de l'intérêt et de la monnaie*, 1936), la thèse du déficit systématique est développée par Lord *Beveridge* (1879-1963), en 1944 : cf. Eric *Devaux*, *Finances publiques*, 2002, p. 17.

[33] Voir M. BOUVIER, M.-C. ESCLASSAN, J.-P. LASSALE, *Finances publiques*, 15e édition, 2016-2017, LGDJ Lextenso, p. 79.

négative (A). Quant aux dépenses d'intervention et d'investissement, elles auraient besoin d'être nettement accrues et mieux structurées pour hâter l'intégration sous-régionale (B).

A. De l'utilité des dépenses de fonctionnement, jusqu'où ?

De façon générale, les dépenses de fonctionnement ont très mauvaise presse. En effet, les administrations ne font-elles pas trop de gaspillages ? Combien d'achats de matériels ou de fournitures sont vraiment ajustés aux besoins ? Et d'ailleurs, pour ne pas avoir des crédits en diminution, n'ont-elles pas tendance, en fin d'exercice, à se dépêcher de consommer les restants, alors que cela ne se justifie pas ?[34]

Au sein de l'UEMOA, les dépenses de fonctionnement concernent toutes les institutions statutaires et les autres structures créées par des Actes additionnels de la Conférence des Chefs d'Etat et de Gouvernement. Ce sont les dépenses de la Conférence des Chefs d'Etat et de Gouvernement, du Conseil des Ministres, du Comité des Experts, de la Commission, du Comité interparlementaire, de la Cour de justice, de la Cour des comptes de l'Union, de la Chambre consulaire régionale, du Conseil des collectivités territoriales, du Conseil du travail et du dialogue social. Toutes ces institutions ne sont pas au même régime, en matière de dépenses de fonctionnement. Pour les unes, il s'agit de dépenses ponctuelles, dépenses des sessions, trimestrielles, semestrielles ou annuelles. Pour les autres, telles la Commission, ses structures rattachées et la Cour de justice, il s'agit de dépenses permanentes et continues.

Quelle est l'étendue de ces dépenses de fonctionnement (1) ? Quelles appréciations porter sur elles ? (2)

1. L'étendue des dépenses de fonctionnement

Les dépenses de fonctionnement de l'Union sont énumérées à l'article 31 du règlement financier. On pourrait y distinguer les dépenses de premier rang et les dépenses de deuxième rang.

Au titre des dépenses de fonctionnement de premier rang, on retiendra les suivantes : les dépenses de personnel, les achats de fournitures, les dépenses de transport et les dépenses relatives aux services extérieurs. Au titre des dépenses de personnel, il faut comprendre les traitements, primes et indemnités des membres et personnels de la Commission, de la Cour de justice, de la Chambre consulaire régionale, du Comité interparlementaire, leurs allocations familiales, les frais médicaux et de santé, les charges sociales et même les dépenses de formation. Les fournitures comprennent les matériels les plus divers tels les fournitures de bureaux, les imprimés, le petit outillage, les produits d'entretien, l'habillement, les matériels d'équipement (tables, chaises, armoires, ordinateurs, photocopieuses, etc.). Les transports désignent les frais de déplacements, de séjour et de mission et le fret

[34] C'est d'ailleurs à cette tendance que la procédure dite de la « *justification au premier euro* » a voulu mettre fin en même temps que la loi organique relative aux lois de finances (LOLF) du 1er août supprimait la pratique dite des *services votés* (article 33 de l'ordonnance organique du 2 janvier 1959).

administratif. Les services extérieurs regroupent, pêle-mêle, les abonnements et documentations, les télécommunications, l'éclairage, les affranchissements de courriers, les annonces publicitaires, etc.[35]

Les dépenses de fonctionnement de second rang, d'après le texte financier, sont constituées par les dépenses relatives aux impôts, droits et taxes, aux frais financiers sur emprunts et autres dettes, aux dotations aux amortissements et aux provisions. On peut résumer en disant qu'il s'agit de toutes les charges financières de l'Union à un titre ou à un autre. Pour prendre un exemple, dans le budget de 2008, la répartition de ces dépenses de fonctionnement se présentait de la façon suivante :

En milliards de F. CFA

Titre I	Dépenses de fonctionnement	38,272
Ch. I	Paiement intérêts et frais financiers	00,000
Ch. II	*Sessions et réunions des organes*	*3,970*
Ch. III	**Dépenses de personnel**	**8,752**
Ch. IV	Impôts et taxes	0,001
Ch. V	Travaux, fournitures et services extérieurs	6,209
Ch. VI	***Transports et déplacements***	***1,847***
Ch. VII	Frais divers, télécom., TIC, subventions aux Etats[36]	17,346
Ch. VIII	Dépenses des exercices antérieurs	0,150
TOTAL		38,272

Source : *Annexe du Règlement n° 16/2008/CM/UEMOA du 19 décembre 2008.*

Le texte officiel indique donc un total de dépenses de fonctionnement de l'ordre de 38 milliards deux cents soixante-douze millions (38,272 milliards). Cependant, ce chiffre est faussé par le montant des subventions versées aux Etats membres qui se sont montées, cette année-là à dix-sept milliards trois cents quarante-six millions (17,346 milliards). Dans le détail, certains chiffres provoquent l'étonnement : les dépenses de personnel, les dépenses de réunions des organes et les dépenses de transports et déplacements. Les premières représentaient, à un moment où des effectifs du personnel n'atteignaient pas encore trois cents (300), huit milliards sept cent cinquante-deux millions (8,752 milliards) dus essentiellement aux salaires, indemnités et autres versés aux commissaires[37] ; les sessions et réunions des organes, trois milliards neuf cents soixante-dix millions (3,970 milliards) et les transports et déplacements un milliard huit cent quatre sept millions (1,847 milliard) de F. CFA. Il s'agit de sommes élevées. En effet, si l'on sait que l'ensemble du budget de cette année-là était de l'ordre de cent onze milliards huit cents soixante

[35] Pour plus de détails, voir le Tableau annexé au Règlement n° 16/2008/CM/UEMOA du 19 décembre 2008, portant modification du budget des organes de l'Union pour l'exercice 2008, in *Bulletin officiel de l'UEMOA*. Cette présentation de la nomenclature budgétaire est profondément modifiée par l'Annexe au règlement n° 05/2012/UEMOA – Exercice 2012 où apparaissent la notion de Dépenses communes et la notion de Programmes pour toutes les opérations de développement ou d'intervention de l'Union.

[36] Le montant élevé de ces aides aux Etats membres fausse quelque peu le chiffre réel des dépenses de fonctionnement.

[37] Les commissaires ont le statut de personnel diplomatique, couvert par une immunité et bénéficiant d'exonérations fiscales. Comme les diplomates, en général, leurs rémunérations sont généreuses, au motif qu'il faut les mettre à l'abri du besoin et des tentations de corruption par des gouvernements étrangers.

millions (111,860 milliards) de F.CFA, les dépenses réputées de fonctionnement représentaient alors 34,21 %, soit plus du tiers. Ce qui est très important.

2. Quelles appréciations sur les dépenses de fonctionnement de l'Union ?

Il est évident que l'aspect « d'auto-entretien » de ces dépenses est le plus frappant. *A priori,* elles ne paraissent avoir aucun impact sur l'extérieur. Ce sont des dépenses par lesquelles les personnels et les institutions de l'Union se conservent et montrent qu'ils accomplissent les missions pour lesquelles ils ont été mis en place.

Comme tout organisme vivant, le danger, c'est la multiplication ou la prolifération des institutions, c'est l'augmentation des personnels. Ainsi, au titre des institutions, à l'origine, il n'existait que la Conférence des chefs d'Etat et de gouvernement, le Conseil des Ministres, la Commission, la Cour de Justice. Puis sont venus s'agréger la Cour des comptes, la Chambre consulaire régionale, le Conseil des collectivités territoriales et le Conseil du travail et du dialogue social[38]. Puis, sont nés par décision du Conseil des Ministres des organes consultatifs auprès de la Commission tels le Conseil comptable ouest-africain[39] auquel se juxtapose un Conseil permanent de la profession comptable de l'UEMOA[40], le Comité vétérinaire de l'UEMOA auquel on a adjoint un Comité régional du médicament vétérinaire[41], le Comité Pêche et Agriculture[42], etc. On pourrait y ajouter les structures partagées ou temporaires les plus diverses, tels l'Observatoire des pratiques anormales (OPA) chargé de traquer les tracasseries routières subies par les voyageurs d'un pays membre à l'autre ou le Groupe de travail régional pour l'appui aux stratégies nationales d'extension de la couverture du risque maladie (GTR-CRM) et bien d'autres.[43]

Mais au-delà des structures, les organismes administratifs de quelque nature qu'ils soient ont toujours tendance à accroître leurs personnels. Ainsi, dans l'UEMOA, parti à moins de cent (100) agents en tout en 1994, le personnel a vite atteint les quatre cent vingt- trois (423) personnes en 2010. Aujourd'hui, on en compte plus de cinq cents (500).

Les dépenses de fonctionnement afférentes à ces deux domaines sont celles que les responsables politiques et administratifs ont souvent du mal à justifier. Ce sont

[38] On prête à M. WEBER (1864-1920, *Le Savant et le Politique* - 1919, *Economie et société* – 1920) cette tendance à la « reproduction » de l'administration ou à la bureaucratisation de l'Etat, au sens où l'administration se découvre chaque fois de nouvelles fonctions, et donc la nécessité de créer de nouveaux organes. Et quand bien même la mission est accomplie, le service demeure. Les recherches de Michel *Crozier* (1922-2013) confirment également cette vision (voir *Le phénomène bureaucratique*, 1963).

[39] Règlement n° 03/1997/CM/UEMOA du 28 novembre 1997, plusieurs fois modifié.

[40] Règlement n°01/2009/CM/UEMOA du 27 mars 2009.

[41] Règlement n° 02/2006/CM/UEMOA du 23 mars 2006.

[42] Décision n° 04/2007/CM/UEMOA du 23 mars 2007.

[43] Il s'agit souvent de provoquer la coordination entre des structures nationales sous l'égide de l'Union. Mais alors, les coûts des travaux de telles structures sont supportés par l'Union.

elles qui créent l'impression chez le citoyen que le travail dans l'administration est une sorte de sinécure où une rémunération est toujours garantie[44].

Dans le cadre de l'UEMOA, l'utilité de toutes ces dépenses n'emporte pas totalement la conviction. Ceci pour plusieurs raisons. La lecture attentive des rapports annuels de la Commission montre que le personnel a augmenté sans que cela corresponde à des besoins nettement identifiés. Ensuite, ce personnel passe bien plus de temps en multiples réunions, sessions, ateliers, conférences et autres déplacements que dans la poursuite assidue des objectifs de l'Union. Certes, on nous dira qu'il n'y a pas d'action sans concertation préalable, mais la nécessité de la multitude de ces rencontres n'est pas non plus prouvée. En effet, on ne trouve pas dans les rapports les apports positifs d'un certain nombre de ces réunions, comme si elles avaient été sans lendemain.

Ce ressentiment de la société n'est certes pas partagé par les économistes. Ceux-ci y voient des salaires versés à des consommateurs ; leur pouvoir d'achat a un impact sur la production nationale. Et pour eux, il ne peut s'agir de dépense inutile. En appelant le multiplicateur keynésien à l'appui de leurs démonstrations, ils pourront affirmer que ces dépenses ont une incidence sur l'économie burkinabè. Mais reconnaissons que cette influence est bien minime. Et surtout, il faut bien dire que là n'est pas l'essentiel du débat. La question est celle de l'intérêt de telles dépenses pour l'Union. A nos yeux, elles pourraient être mieux maîtrisées. Et donc ces dépenses sont certes nécessaires, mais leurs justifications, tant *a priori* qu'*a posteriori,* devraient être plus rigoureuses afin d'y éviter des gaspillages ou des excès préjudiciables.

Qu'en est-il des dépenses d'investissement et d'intervention ?

B. DES DÉPENSES D'INVESTISSEMENT ET D'INTERVENTION

Tournées vers l'objet de l'organisation, les dépenses d'investissement et d'intervention ont tardé à se déployer, en particulier pour les dépenses d'intervention, soit pratiquement dix ans après le lancement de l'Union.[45]

1. Les dépenses d'investissement.

Les économistes parent les dépenses d'investissement de toutes les qualités. Elles seules seraient créatrices de richesses nouvelles pour l'institution, l'organisation ou l'Etat. Elles seules favoriseraient la croissance ; elles seules créeraient des emplois. Certes, cela est en grande partie exact, sauf qu'il s'agit aussi d'un mythe qui veut dévaloriser les dépenses de fonctionnement, dont le rôle est également important pour la cohésion sociale et indispensable pour la préparation des décisions.

[44] Le système américain du *Shut down* (arrêt du paiement des agents fédéraux si les crédits alloués sont épuisés avant la fin de l'année budgétaire) est exceptionnel dans l'ordre international.

[45] En effet, il a fallu attendre 2006 pour que les Ministres estiment qu'il est temps de réaliser des actions concrètes en faveur des populations et pour manifester la solidarité entre les Etats.

En ce qui concerne l'UEMOA, on peut distinguer deux sortes d'investissements, les investissements destinés à l'équipement mobilier et immobilier de l'organisation (a) et les investissements destinés au développement et à l'intégration économiques des Etats membres (b).

a°) : Il faut rappeler que l'UEMOA a succédé à la CEAO[46] et, à ce titre, non seulement elle a repris une partie des compétences de celle-ci, mais aussi, elle a investi ses locaux et récupéré ses biens mobiliers et immobiliers. Cependant, elle s'est attachée à étoffer tout de suite son mobilier. C'est ainsi que les dépenses d'acquisitions de véhicules, de mobilier et de matériel de bureau ou de locaux d'habitation, de matériels et de logiciels informatiques ont encore représenté en 2008 pas moins d'un milliard six cents dix-huit millions (1,618 milliard) de F. CFA. Quant aux locaux du siège de l'institution, ils ont été agrandis pour pouvoir loger les Commissaires et leurs secrétariats ainsi que les différents départements qui leur sont rattachés ; des acquisitions de terrains ou de biens immobiliers ont été réalisées[47]. Avec la création de nouvelles institutions, tels le Parlement de l'Union, la Cour de Justice et les représentations dans les Etats, il a fallu investir dans des bâtiments. L'accroissement des personnels administratifs de la Commission a conduit à la construction d'un complexe administratif[48]. En ne retenant que le budget 2008, on note que la construction du siège de la Cour des comptes et de la Cour de Justice a monopolisé plus de deux milliards soixante millions (2,060 milliards) de F. CFA.

Face à ces dépenses d'équipement, on reconnaît volontiers qu'elles ont une utilité pour l'organisation et qu'elles ont procuré du travail à des résidents de l'Union et à des sociétés nationales ou multinationales. Elles ont été enregistrées dans la comptabilité de l'Union comme des éléments d'actifs, mais il s'agit bien d'actifs non productifs. D'une machine qui permet à une entreprise d'accroître sa productivité et sa compétitivité, les dépenses immobilières de l'UEMOA ne sont pas génératrices de revenus. Une fois de plus, la preuve est faite que la classification économique des dépenses publiques, telle qu'elle est souvent présentée, est totalement inopérante dans le cas présent, et même par extension, dans le cas d'autres organisations internationales.

---

[46] Sur la théorie de la succession des organisations internationales, en particulier en Afrique, voir le vieil ouvrage de R. RANJEVA, *La succession d'organisations internationales en Afrique*, Pédone, 1978.

[47] Voir Annexe au *Règlement n° 16/2008/CM/UEMOA du 19 décembre 2008 portant modification du budget général des Organes de l'UEMOA pour l'exercice 2008*.

[48] A ce titre, voir par exemple le *Règlement n° 11/2010/CM/UEMOA du 30 novembre 2010 portant autorisation du programme de construction de la représentation de la Commission de l'UEMOA en Guinée-Bissau et ouverture de crédits de paiement* (montant : **2,876 milliards de F. CFA**) ; ou le *Règlement n° 12/2010/CM/UEMOA portant autorisation du programme de construction du siège de la Chambre consulaire régionale de l'UEMOA et de la représentation de la Commission au Togo et ouverture de crédits de paiement, modifié par le règlement n° 04/2011/CM/UEMOA du 16 décembre 2011* (montant : **8,005 milliards de F.CFA**) ; ou le *Règlement n° 03/2011/CM/UEMOA modifiant l'article 2 du règlement n° 18/2009/CM/UEMOA du 29 décembre portant autorisation du programme de construction du siège du Parlement de l'Union et ouverture de crédits de paiement* (montant : **15,334 milliards de F. CFA**) ; ou le *Règlement n° 02/2016/CM/UEMOA modifiant les articles 1 et 2 du règlement n° 17/2008/CM/UEMOA du 19 décembre 2008 portant autorisation du programme de construction d'un complexe administratif de l'UEMOA et ouverture de crédits de paiement* (montant : **7,476 milliards de F. CFA**). Soit un total de ***33,691 milliards de F. CFA***, en prévision.

L'utilité de toutes ces dépenses d'immobilisations corporelles réside exclusivement dans les commodités qu'elles offrent pour le travail des organes et des agents de l'Union. D'autres solutions auraient pu être imaginées, telles que des locations immobilières, mais, celles-ci, à long terme, se seraient certainement révélées plus onéreuses qu'une acquisition en propre d'immeubles.

Les autres dépenses d'investissement de l'Union sont celles qui sont faites, soit dans le cadre de la promotion de l'intégration sous régionale, soit au profit des Etats membres. Une catégorie de ces dépenses pose invariablement une question : il s'agit des dépenses d'études. Celles-ci se répartissent en deux catégories, les études et travaux statistiques de tous genres concernant les Etats, la biosécurité, l'érosion côtière, l'élaboration d'un plan concerté des pêches, la sécurité aérienne[49] et les études, préalables à des opérations d'investissement proprement dites. La première catégorie doit être considérée comme des dépenses de fonctionnement. En revanche la deuxième série doit être incorporée aux montants totaux des dépenses d'investissement. Il faut dire que ces dépenses d'études avant travaux ou investissements sont relativement importantes. De telles études donnent d'ailleurs lieu à la passation de marchés publics[50].

Pour la couverture des dépenses de développement de l'Union ou des Etats membres, il a été créé trois instruments[51], avec des entrées en activité effective en 2003 pour le Fonds d'aide à l'intégration régionale (FAIR), en 2004 pour le Fonds régional de développement agricole et le Fonds de développement de l'énergie (FDE) et en 2008 pour le Programme Economique régional (PER)[52]. Les trois premiers sont dits des « fonds structurels »[53] et se voient affecter des ressources propres, prélevées généralement sur le produit du PCS. Par le temps, ils ont finalement eu aussi vocation à recevoir des financements étrangers, en particulier le FDE[54].

Ces fonds participent aux financements des opérations les plus diverses : constructions d'infrastructures routières, hydraulique villageoise (creusement de puits et leurs équipements), créations de centre d'embouches, aides aux entreprises de pêche, promotion de l'aquaculture, promotion de la sécurité alimentaire par la

---

[49] Voir, par exemple, le *Rapport annuel de la Commission pour l'année 2007*, p. 27-33 ou *Rapport annuel*, 2013, p. 62-63.

[50] L'article 67 du Règlement financier impose cette procédure pour les prestations de services intellectuels d'un montant au moins de 10 millions de F.CFA ;

[51] Voir *Acte additionnel n° 01/98 de la Conférence des chefs d'Etat et de Gouvernement du 17 février 1998* instituant un fonds structurel dénommé Fonds d'aide à l'intégration régionale des Etats membres de l'UEMOA (FAIR).

[52] Voir *Décision n° 01/2004/CM/UEMOA du 26 mars portant adoption du Programme économique régional* (2004-2008). En réalité, il n'est devenu effectif que sur la période 2008-2012 (PER I) et a été suivi du PER II (2012-2016). Cette politique est appelée à se poursuivre.

[53] La technique des fonds structurels existe aussi dans l'Union européenne. Ces fonds ont pour spécificité de faciliter des financements permettant le renforcement de la solidarité entre les Etats membres, tout en accompagnant des actions déjà entreprises ou qu'entreprendront les Etats eux-mêmes. Ils concernent des domaines que les Etats jugent prioritaires.

[54] Le *Rapport annuel de la Commission sur l'évolution et le fonctionnement de l'UEMOA, 2017*, note ainsi en p. 51 : « *Concernant le FDE, le montant des engagements (étrangers) à fin décembre 2017 serait de 178,320 milliards, et le montant des décaissements (sur ces engagements) s'établirait à 114,520 milliards* ».

construction de lieux de stockage, développement des énergies renouvelables, etc. Le tableau suivant donne une idée des sommes affectées à ces fonds :

<u>En milliards de F. CFA</u>

Année	FAIR	FRDA	FDE	TOTAL
2008	14,253	5,000		19,253
2009	48,362	7,990		56,352
2010	65,543	-----		65,543
2011	73,241	7,639	15,000	95,880
2012	68,791	15,308	15,000	99,099
2013	50,662	10,406	15,000	76,068
2014	58,171	17,673	15,000	90,844
2015	41,228	12,715	15,000	68.943
2016	64,276	15,789	15,000	95.065
2017	44,616	11,464	15,000	71.080
TOTAL	**529,143**	**103,984**	**75,000**	**708,127**

Sources : *Règlements portant adoption ou modification des budgets portant sur les années considérées.*

En revanche, le PER est une sorte de plan pluriannuel communautaire de développement dont le financement est recherché tant auprès des banques qu'auprès des gouvernements étrangers en vue de réaliser des projets à impact communautaire. En 2007, le rapport annuel de la Commission note que « le PER comporte soixante-trois (63) projets intégrateurs répartis sur les cinq axes suivants : (I) la consolidation de la gouvernance et l'approfondissement de l'intégration économique, (II) le développement des infrastructures économiques, (III) la construction d'un appareil productif intégré, (IV) le développement des ressources humaines, (V) la mise en place d'un partenariat pour la mobilisation des ressources et le suivi/évaluation »[55]. Et dès 2008, trente-huit (38) de ces projets étaient lancés[56]. Au 31 décembre 2009, quarante-quatre (44) des soixante-trois (63) projets étaient en cours de réalisation, dont principalement ceux de l'axe I et de l'axe II. En effet, concernant ce dernier, les infrastructures routières y tiennent la place prépondérante, à côté des interconnexions électriques et téléphoniques entre Etats membres et avaient mobilisé mille deux cents sept milliards (1 207 milliards) de F.CFA.

Le PER II (2012-2016) reprend les mêmes axes d'action, mais comprend 102 projets. Au 1er janvier 2017, 7 projets étaient terminés, 51 en cours d'exécution, 34 en phase d'étude ou de passation des marchés et 10 n'avaient pas démarré. Sur les six mille neuf cents onze milliards (6 911 milliards) nécessaires, trois mille quatre-vingts quinze milliards (3 095 milliards) de F.CFA ont été mobilisés.

Grâce au PER II, plusieurs programmes routiers ont été lancés ou sont poursuivis : (I) Bamako-Ouagadougou-Téma, (II) Dakar-Bamako par le Sud, (III) Dori-Téra, (IV) Dakar-Conakry, (V) Lomé-Cotonou, (VI) Lomé-Cinkansé-Ouagadougou, (VII) Abidjan-Bobo-Dioulasso-Ouagadougou, (VIII) San-Pédro-

[55] Voir Rapport annuel de la Commission sur l'évolution et le fonctionnement de l'UEMOA, 2007, p. 39.

[56] Neuf (9) projets dans l'axe I, 19 dans l'axe II, 7 dans l'axe III, 2 dans l'axe IV et 1 dans l'axe V (voir Rapport annuel 2008, p. 54).

Zantiébougou-Bamako. Il s'agit d'axes routiers majeurs dont l'impact sur le développement des relations économiques et commerciales sous régionales est énorme ; la réalisation de l'ensemble de ces investissements provoquera de façon certaine une meilleure intégration des économies et un développement partagé pour l'ensemble des populations. Afin de faciliter le contrôle des marchandises lors de leur passage d'un Etat à l'autre, il est entrepris la construction, l'équipement et l'exploitation de postes de contrôle juxtaposés (PCJ). De même, pour que les surcharges de camion de marchandises ne dégradent pas trop rapidement les routes communautaires, des stations de pesage sont construites tout au long des trajets. En matière d'électricité, des centrales utilisant l'énergie solaire sont réalisées au Burkina, au Sénégal, en Côte d'Ivoire et au Niger. D'autres sont en voie d'exécution au Mali, au Bénin et en Guinée-Bissau. Et bien d'autres actions sont entreprises dans le domaine agricole, dans le domaine de la protection de la végétation, des animaux et des aliments[57].

Avec l'ensemble de ces dépenses d'investissements, on est au cœur du projet de l'UEMOA, celui de réaliser le développement économique par l'intégration des politiques des Etats. Il s'agit de dépenses capitales pour l'avenir de plus de cent seize millions d'habitants, répartis sur une superficie de plus de trois millions cinq cents mille km2. L'utilité de ces dépenses apparaît comme une évidence. Cependant les montants inscrits ne vont pas réellement à l'action elle-même. Trop de dépenses sont consacrées aux concertations, aux ateliers, aux comités spéciaux travaillant sur les différents domaines d'intervention. Sans oublier les sommes englouties dans d'interminables études. A cela, il faut ajouter un regret majeur. Certes l'Union fait des efforts pour trouver des ressources financières par elle-même, cependant, l'essentiel est attendu, ou bien de l'extérieur, sous la forme de subventions, ou des banques de développement, sous la forme de prêts concessionnels, les principaux bailleurs étant la Banque africaine de développement (BAD), la Banque islamique de développement (BID), la Banque ouest-africaine de développement (BOAD), Eximbank de Chine et l'Union européenne. Les institutions financières de Bretton Woods (BIRD et FMI) ont montré de l'intérêt pour la démarche, mais tardent à délier les cordons de leur bourse. Le tableau suivant est assez éloquent :

PER I (2008-2012)	3 453 milliards F. CFA
PER II (2012-2016)	6 911 milliards F. CFA
TOTAL	**10 364 milliards F. CFA**
Participation de l'UEMOA	708,127 milliards F. CFA

Face à des besoins de financement de l'ordre de plus de dix mille milliards trois cents soixante-quatre millions (10 364 milliards), l'UEMOA ne peut contribuer que pour sept cents huit milliards cent vingt-sept millions (708,127 milliards), soit à hauteur de 6,82 % des sommes nécessaires.

Aussi n'est-il pas étonnant que les projets routiers avancent lentement, que les interconnexions de télécommunications ou d'électricité prennent du retard et se

[57] Pour plus de détails, on peut utilement se reporter au *Rapport annuel de la Commission sur le fonctionnement et l'évolution de l'UEMOA pour l'année 2017*, p. 51 à 71.

reportent d'un PER à l'autre. En effet, sur le PER I, seuls mille huit cents soixante-dix-neuf mille milliards huit cent quarante millions (1 879,840 milliards) de F.CFA ont été collectés et à ce jour. Sur le PER II seuls trois mille quatre-vingt-quinze milliards (3 095 milliards) de F.CFA ont été réunis, soit un total de quatre mille neuf cents soixante-quatorze mille milliards huit cents quarante millions (4 974,840 milliards) de F.CFA, soit 47,97 % des sommes requises.

Il se pose invariablement la question de savoir comment une organisation africaine peut s'autofinancer, sans recourir à l'extérieur, sans recourir à la mendicité où à l'endettement. Ici, celui-ci risquerait d'être très vite insoutenable.

2. Les dépenses d'intervention.

Ailleurs, on les appellerait les dépenses de transferts. En effet, l'UEMOA, sa Commission et ses départements prennent en charge de nombreuses dépenses qui doivent être analysées comme des subventions ou des aides directes ou indirectes à toute une série d'organismes, de personnes physiques, de groupements à but lucratif ou non lucratif, aux associations ou organisations non gouvernementales ou même aux Etats.

Les rapports sont parsemés d'un grand nombre d'exemples. Parfois, il s'agit d'actions qui sont prises en charge par l'Union, alors qu'elles devraient l'être par les Etats, comme ces achats de matériels informatiques pour des universités d'Etats membres[58], ou la formation de cadres des administrations des mines des Etats membres, la construction de magasins de stockage de graines ou de récoltes, la construction de marchés de bétail dans les Etats membres, etc.[59]

En ce qui concerne les structures et organisations, deux exemples peuvent être donnés : le soutien financier octroyé au Festival panafricain du cinéma de Ouagadougou (FESPACO) et le soutien financier au Réseau des opératrices économiques du Bénin (RESOPE-BENIN), dans le cadre d'un programme Genre[60].

Enfin, les transferts peuvent être attribués directement à des personnes physiques : « des bourses d'études et de recherche ont été octroyées, sur la période 2011-2012, à environ deux cents trente-cinq (235) bénéficiaires, dont 25 % de femmes et plus de 75 % des bénéficiaires ont effectué leur formation dans un pays de l'Union autre que le leur »[61]. Ou encore « les actions ont porté sur… l'octroi de vingt-deux (22) bourses aux étudiants pour accroître la mobilité intra-communautaire »[62].

Les documents communautaires ne permettent pas malheureusement d'évaluer avec précision les montants de ces transferts. Représentent-ils des centaines de milliers, des millions ou ont-ils atteint le milliard de F. CFA, nous sommes dans

---

[58] Voir *Rapport annuel de la Commission sur le fonctionnement et l'évolution de l'UEMOA*, 2012, p. 57.

[59] Voir *Rapport annuel de la Commission sur le fonctionnement et l'évolution de l'UEMOA*, 2017, p. 61, 63-64.

[60] Voir *Rapport annuel*, 2017, idem, p. 71.

[61] *Rapport annuel de la Commission*, 2012, idem, p. 57.

[62] *Rapport annuel de la Commission*, 2017, ibid. p. 70.

l'incapacité de le dire. Mais quoi qu'il en soit, il s'agit de dépenses à incidence communautaire, qui se veulent la preuve visible de la solidarité entre les Etats et de la proximité de l'Union des préoccupations concrètes des populations. Mais au-delà de cette signification politique, ces dépenses représentent de l'investissement directement ou indirectement productif. Il est directement productif lorsqu'il s'agit de « la formation de huit (8) promotions concernant cent douze (112) jeunes chefs d'entreprises, dont 19 femmes » ou lorsqu'il s'agit d'appuis financiers à des acteurs des « filières de l'élevage, de la production de riz et de la pêche »[63]. Il s'agit de soutiens directs à la productivité des entreprises. Ici, l'UEMOA, à travers sa Commission, agit comme un banquier, un banquier généreux qui subventionne au lieu de prêter[64].

Quelles appréciations porter sur ces actions ? Il s'agit indéniablement d'opérations à incidence économique positive et dont les statisticiens et autres économistes sont friands. Il est vrai que leur impact économique est vite mesurable et quantifiable. De façon globale, leur effet est apprécié positivement et leur utilité paraît indéniable.

CONCLUSION

Au terme d'une analyse des dépenses d'une organisation d'intégration économique telle que l'Union économique et monétaire ouest-africaine (UEMOA), il apparaît que les critères d'appréciation applicables aux dépenses étatiques ne sont pas transposables en tant que telles. Les objectifs différenciés en sont la raison.

L'objectif principal d'une organisation d'intégration est de créer une solidarité[65]. Ici, la pratique des compensations des pertes de recettes douanières qui s'est étalée de 1998 à 2013 était comme les prolégomènes d'une intégration fédérative. Leur suppression constitue, malgré les apparences, un recul.

Il en résulte que les dépenses du FAIR, du FRDA et du FDE, les dépenses effectuées dans le cadre des générations de PER ne sont plus que la conséquence de compromis, de négociations où chaque Etat essaie de tirer le meilleur pour lui-même.

Dans le détail, l'utilité des finances de l'UEMOA devient nettement moins ambitieuse. Les dépenses de fonctionnement et une bonne partie des dépenses d'équipement, y compris les dépenses immobilières, ponctionnent une part non négligeable des ressources et constituent une sorte d'auto-consommation sans véritable incidence sur l'intégration, et sans véritable impact économique et social.

---

[63] *Rapport annuel de la Commission*, 2013, p. 24 et 33.

[64] Encore faut-il signaler qu'il lui est arrivé de prêter des sommes importantes, avec intérêts, à certains Etats membres : Niger (10 milliards de F. CFA en 2008 et Côte d'Ivoire, 13 milliards en 2013, in *Rapport annuel* 2013, idem, p. 28).

[65] Il faut dire ici que les conceptions sur cette solidarité peuvent évoluer. On peut la voir comme une démarche dynamique devant conduire à une forme fédérative, on peut la voir comme une « entente cordiale » entre Etats qui s'apportent des soutiens mutuellement profitables, sans porter une sérieuse atteinte à leur souveraineté. Dans le cas de l'UEMOA, il y a, en la matière, une tension entre ceux qui veulent « plus d'intégration » et ceux qui ne veulent concéder une parcelle de souveraineté que de façon très « parcimonieuse ».

Du coup, seules les dépenses dans les différents chantiers communautaires de l'agriculture, de l'aviation civile, de l'éducation, de l'élevage, de l'électricité et de l'énergie, de l'hydraulique villageoise, de l'industrie, des infrastructures routières, des mines, de la pêche, des télécommunications et des transports, constituent des dépenses à utilité communautaire, rapprochant quelque peu les Etats et leurs populations. Ces dépenses sont utiles, certes, mais très éloignées du projet politique de l'Unité africaine, procédant par « cercles concentriques »[66], prônée par les fondateurs[67] de la défunte Organisation de l'Unité africaine (OUA), transformée depuis lors en Union Africaine (UA).

Les autres dépenses, qu'elles soient appelées dépenses d'aide à l'intégration régionale ou dépenses d'intervention, concourent, toutes, à maintenir en éveil ce rêve d'une Afrique plus unie, mais dont les contours fluctuent d'une génération à l'autre[68]. Cela n'est pas sans rappeler l'Amérique latine, qui avait rêvé aussi de constituer, avec *Bolivar*[69] les Etats-Unis d'Amérique latine, mais se retrouvent totalement morcelée aujourd'hui. L'Afrique, au regard du contexte international, évitera certainement cette catastrophe, mais l'impératif reste toujours le même : « Africa must unite »[70].

Il faut néanmoins reconnaître que la dépense n'est pas le seul moyen de réalisation de l'intégration. Le pouvoir de régulation ou d'harmonisation des normes entre Etats voisins n'est pas des moindres. L'UEMOA ne le méconnaît pas.

---

[66] La Communauté économique de l'Afrique de l'Ouest, ancêtre de l'UEMOA était conçue, à l'origine, comme l'un de ces cercles.

[67] Parmi eux, signalons le Ghanéen Kwamé *Nkrumah* (21.9.1909 - 27.4.1972), le Malien Modibo *Kéita* (4.6.1915 - 16.5.1977) et les Sénégalais Léopold Sédar *Senghor* (9.10.1906 - 20.12.2001) et Cheikh Anta *Diop* (29.12.1923 – 7.2.1986) et son ouvrage, *Les fondements culturels, techniques et industriels d'un futur Etat fédéral d'Afrique noire*, 1960 et réédité, plusieurs fois par Présence Africaine sous le titre *Les fondements culturels et économiques d'un Etat fédéral d'Afrique noire*, dont la dernière en 2000.

[68] Voir à ce sujet, S. N. TALL, *Droit des organisations internationales africaines*, L'Harmattan, 2015.

[69] Simon José Antonio de la Santisima Trinidad *Bolivar* (24.7.1783 - 17.12.1830), surnommé le Libertador de l'Amérique latine.

[70] Ouvrage de référence de K. NKRUMAH, *Africa must unite*, Heinemann, London, 1963, ou *l'Afrique doit s'unir*, Présence africaine, Paris.

Noureddine BENSOUDA[1]

LA LOI ORGANIQUE RELATIVE À LA LOI DE FINANCES ET L'EXIGENCE DE GOUVERNANCE DES FINANCES PUBLIQUES : ESSAI EN L'HONNEUR DE MICHEL BOUVIER

INTRODUCTION

Fort de sa longue expérience en finances publiques et conscient que les réformes doivent intégrer les réalités économiques, sociales et culturelles de chaque pays ainsi que l'environnement national et international, Michel BOUVIER a toujours conseillé l'adaptation des principes et méthodes des finances publiques à l'évolution réelle de nos sociétés.

Importer des modèles conçus pour d'autres pays constitue à ses yeux une erreur méthodologique. Par contre, le fait de s'en inspirer, autrement dit, faire du *benchmark*, permet de bénéficier des dernières innovations en la matière, sans refaire le chemin parcouru par les autres pays qui ont révolutionné les finances publiques et ont réussi leur gouvernance.

Michel BOUVIER soulignait à ce titre que « la LOLF ne peut être mise en œuvre avec succès qu'en tenant compte de la réalité administrative à laquelle elle doit s'appliquer »[2].

Le cas de la réforme de la loi organique relative à la loi de finances est un exemple significatif et édifiant. Il montre tout le processus de réforme depuis sa conception, reflétant une volonté politique traduite par des lois et des règlements, et mise en œuvre concrètement grâce au recours aux principes de management privé ayant déjà prouvé leur succès.

Les lois organiques des finances en vigueur au Maroc et en France s'appuient sur les mêmes principes fondamentaux, à savoir :

- le passage d'une culture de moyens à une logique de résultats ;
- la mise en place d'une comptabilité d'exercice et la certification des comptes ;
- la transparence, la responsabilité et la reddition des comptes ;

[1] Trésorier Général du Royaume du Maroc. Ami et ancien étudiant du Professeur Michel BOUVIER

[2] M. BOUVIER, Au-delà de la LOLF : une réforme de l'Etat, un nouveau contrat social, Colloque sur « Finances publiques et pérennité de l'Etat », Fondation *ResPublica*, Lundi 24 avril 2006, 50 pages, pp.10-16, p.13.

- l'évaluation des résultats et de la performance.

Ces principes ont été d'ailleurs affirmés par la Cour des comptes française qui souligne que « la LOLF présente dans son contenu trois objectifs principaux :

- définir les politiques financées par l'argent public, leur stratégie et leurs contours, et inciter les pouvoirs publics à adopter un schéma plus pertinent d'organisation et de pilotage des administrations ;
- affirmer la responsabilité, à tous les niveaux, des décideurs publics mieux éclairés dans leurs choix, en élargissant leurs marges de manœuvre et en les dotant de nouveaux outils de gestion ;
- améliorer les résultats de la gestion publique, en termes d'efficience, d'efficacité et de qualité de service rendu au citoyen, grâce à la formulation d'objectifs, présentés au Parlement, et à l'introduction d'indicateurs de performance permettant de mesurer les résultats »[3].

La similitude des principes entre les lois organiques des finances au Maroc et en France est toutefois atténuée par des différences d'approche au niveau de la loi organique relative à la loi de finances (LOLF) marocaine, tenant compte des spécificités et de la réalité du pays.

Les principales différences se rapportent notamment, à la présentation du budget de l'Etat, aux reports de crédits, aux recettes des comptes spéciaux du Trésor, aux versements entre les composantes du budget de l'Etat, à la tenue d'une comptabilité d'analyse des coûts et au délai de présentation du projet de loi de règlement.

I. LA PRESENTATION DES DEPENSES DU BUDGET DE L'ETAT

L'article 7 de la loi organique relative aux lois de finances française précise que « les crédits ouverts par les lois de finances pour couvrir chacune des charges budgétaires de l'Etat sont regroupés par mission relevant d'un ou plusieurs services d'un ou plusieurs ministères. Une mission comprend un ensemble de programmes concourant à une politique publique définie ».

Ainsi, « le budget n'est plus présenté par nature de dépenses (personnel, fonctionnement, investissement, intervention, etc.), mais par politiques publiques désormais appelées missions. Le parlement et le citoyen sont ainsi en mesure d'apprécier la totalité des moyens déployés pour mettre en œuvre chaque politique de l'État »[4].

A titre d'illustration, la loi de finances pour l'année 2017 comprenait 31 missions, dont la culture, la défense, l'économie, l'égalité des territoires et le logement, l'immigration, l'asile et l'intégration, la justice, la santé, etc.

---

[3] Cour des comptes, *La mise en œuvre de la loi organique relative aux lois de finances (LOLF) : un bilan pour de nouvelles perspectives*, novembre 2011, 231 pages, p.10

[4] Ministère de l'économie et des finances, *Guide pratique de la LOF. Comprendre le budget de l'Etat*, édition juin 2012

Par ailleurs, « la LOLF prévoit une double présentation des crédits de chaque programme, par destination (par actions) et par nature de dépenses (personnel, fonctionnement, investissement, intervention, etc.) »[5].

Au Maroc, par contre, le budget de l'Etat demeure présenté par nature de dépenses (fonctionnement, investissement, service de la dette publique, personnel, charges communes, etc.) et non par politiques publiques.

En effet, l'article 38 de la loi organique relative à la loi de finances marocaine dispose que : « les dépenses du budget général sont groupées sous trois titres :

- Titre I : dépenses de fonctionnement
- Titre II : dépenses d'investissement
- Titre III : dépenses relatives au service de la dette publique.

Les dépenses du budget général sont présentées, à l'intérieur des titres, par chapitres, subdivisés en programmes, régions et projets ou actions ».

Par ailleurs, au niveau de la LOLF au Maroc, le programme est défini comme étant « un ensemble cohérent de projets ou actions relevant d'un même département ministériel ou d'une même institution ».

Ainsi, la présentation des dépenses par nature ne permet pas d'apprécier l'action de l'Etat, déclinée dans les politiques publiques qui constituent la traduction budgétaire du programme du gouvernement.

Cette présentation ne permet pas au Parlement d'apprécier la dépense par rapport à l'objet auquel elle est destinée.

Elle ne permet pas également d'appréhender les interactions entre les départements concernant les programmes interministériels et la cohérence et la coordination nécessaires pour atteindre les résultats escomptés.

II. LE REPORT DES CREDITS

Le report des crédits non consommés constitue un thème majeur de la gestion des dépenses publiques, puisqu'il a trait à la performance en matière de réalisation des projets.

A ce titre, les lois organiques des finances au Maroc et en France ont prévu des facilités de gestion en permettant aux gestionnaires de reporter une partie des crédits alloués qui n'ont pas fait l'objet d'émission.

En France, l'article 15 de la LOLF prévoit que « ... les crédits de paiement disponibles sur un programme à la fin de l'année peuvent être reportés sur le même programme ou, à défaut, sur un programme poursuivant les mêmes objectifs ». Toutefois, le report de crédits de paiement ne peut dépasser un plafond de 3% « de l'ensemble des crédits initiaux inscrits sur les mêmes titres du programme à partir duquel les crédits sont reportés ».

---

[5] *idem*

Au Maroc, les gestionnaires ne peuvent reporter que les crédits de paiement concernant les seules dépenses d'investissement du budget général, dans la limite de 30% des crédits de paiement ouverts par la loi de finances au titre de la gestion en cours, pour chaque ministère ou institution.

Il résulte de ce qui précède que la LOLF française accorde plus de facilités de gestion aux services ordonnateurs, en élargissant le champ des crédits reportables mais en les limitant à 3% des crédits initiaux des programmes. Par contre, la LOLF marocaine restreint le champ des crédits reportables aux seuls crédits d'investissement, mais en accordant une limite plus large, à savoir 30% des crédits ouverts par la loi de finances de l'année, sachant que, comme l'a souligné la Cour des comptes française, « l'absence de plafond de report entraînait [...] une moindre vigilance et un recours parfois exagéré à cette facilité de gestion »[6].

III. LES VERSEMENTS ENTRE COMPOSANTES DU BUDGET DE L'ETAT

Les versements entre composantes du budget de l'Etat constituent un enjeu financier majeur, dès lors que les services ordonnateurs ont la possibilité, pour le cas du Maroc, de procéder à des transferts du budget général aux comptes d'affectation spéciale (CAS) et aux SEGMA, avec comme objectif notamment d'éviter leur annulation en fin d'année et, par conséquent, les reporter d'année en année.

En France, l'article 21 de la LOLF prévoit que « les comptes d'affectation spéciale retracent, [...], des opérations budgétaires financées au moyen de recettes particulières qui sont, par nature, en relation directe avec les dépenses concernées. **Ces recettes peuvent être complétées par des versements du budget général, dans la limite de 10% des crédits initiaux de chaque compte** ».

En outre, il est précisé qu'« aucun versement au profit du budget général, d'un budget annexe ou d'un compte spécial ne peut être effectué à partir d'un compte d'affectation spéciale ».

Pour ce qui concerne le cas du Maroc, la LOLF a interdit les versements entre CST, entre SEGMA et entre CST et SEGMA.

Elle a par contre autorisé les versements à partir des CST et des SEGMA au profit du budget général sans limitation de plafond, ouvrant ainsi la possibilité de versements de dotations aux CST et aux SEGMA à partir du budget général.

Durant l'année 2017, les versements du budget général au profit des comptes d'affectation spéciale ont représenté environ 28% des ressources desdits comptes. Les versements des CAS au profit du budget général ont atteint **6,7 milliards de dirhams**.

Les versements des CAS au profit du budget général sont, dans la plupart des cas, effectués pour contourner la contrainte de non versements entre CAS.

[6] Cour des comptes, *op. cit.* p.127.

IV. LA COMPTABILITE D'ANALYSE DES COUTS

L'évaluation de la performance des politiques publiques consiste à procéder à une analyse comparative, au moyen d'indicateurs, entre les objectifs poursuivis lors de l'élaboration de la loi de finances et les résultats constatés et à faire ressortir les écarts correspondants.

La comptabilité d'analyse des coûts constitue, à ce titre, un instrument essentiel pour appréhender les coûts réels des programmes. En effet, « la tenue d'une comptabilité d'analyse des coûts permet de donner une vision agrégée des coûts complets des politiques publiques »[7].

En France, l'article 27 de la LOLF précise que « l'Etat tient une comptabilité des recettes et des dépenses budgétaires et une comptabilité générale de l'ensemble de ses opérations. En outre, **il met en œuvre une comptabilité destinée à analyser les coûts** des différentes actions engagées dans le cadre des programmes ».

Par contre, l'article 31 de la LOLF marocaine prévoit que « **l'Etat [...] peut tenir une comptabilité destinée à analyser les coûts** des différents projets engagés dans le cadre des programmes ».

Ainsi, si l'Etat français a l'obligation de mettre en œuvre une comptabilité d'analyse des coûts des actions engagées dans le cadre des programmes, l'Etat marocain n'est pas tenu de mettre en place une telle comptabilité.

On peut se demander alors comment évaluer la performance si jamais l'Etat ne met pas en place une comptabilité d'analyse des coûts.

V. LE DELAI DE PRODUCTION DE LA LOI DE REGLEMENT

La production des lois de règlement constitue la concrétisation du principe de responsabilité et de reddition des comptes. Il permet au Parlement de se débattre et de se prononcer sur l'exécution de la loi de finances et de confronter les réalisations avec les prévisions.

La loi de règlement ne peut remplir son rôle d'instrument de contrôle de l'action du gouvernement par le Parlement que si elle est produite et discutée avant la présentation du projet de loi de finances.

A ce titre, l'article 46 de La LOLF française prévoit que « le projet de loi de règlement [...] est déposé et distribué **avant le 1er juin de l'année suivant celle de l'exécution du budget auquel il se rapporte** ».

Les parlementaires ont, de ce fait, largement le temps d'examiner le projet de loi de règlement de la loi de finances écoulée avant d'entamer les discussions sur le projet de loi de finances de l'année.

Par contre, l'article 65 de la LOLF marocaine précise que « le projet de loi de règlement de la loi de finances est déposé annuellement, [...] **au plus tard, à la fin du premier trimestre du deuxième exercice qui suit celui de l'exécution de la**

[7] Cour des comptes, *op.cit*, p.23.

loi de finances concernée », soit au plus tard 15 mois après l'exécution de la loi de finances à laquelle il se rapporte.

Ce délai explique en partie le peu d'intérêt que le projet de loi de règlement suscite auprès des parlementaires marocains, comparativement aux débats concernant le projet de loi de finances.

CONCLUSION

L'adoption par le Maroc d'une nouvelle constitution financière a été une opportunité unique pour la mise en place d'une approche renouvelée, modernisée et novatrice des finances de l'Etat et au-delà, des finances publiques et de la gestion des affaires publiques en général.

La loi organique relative à la loi de finances est en effet une refonte du cadre budgétaire et comptable de l'Etat et une mutation profonde du modèle de gestion publique auquel elle insuffle une dynamique managériale de rupture plus responsabilisante, plus performante et mieux orientée vers la satisfaction des attentes et aspirations de nos concitoyens.

Les finances publiques, et, plus particulièrement, la loi organique relative à la loi de finances, constituent un sujet fort apprécié par le Professeur Michel BOUVIER qui a marqué le droit public financier par son enseignement, ses écrits et sa générosité à partager son savoir avec le plus de gens possible, à travers la participation à l'élaboration de lois organiques des finances dans certains pays et l'organisation de séminaires, de conférences-débat, de colloques, en France et dans d'autres pays, comme ce fut le cas au Maroc, au Portugal, en Chine, etc.

Les experts en droit financier public ont pu apprécier, au fil de ses écrits et des colloques et conférences qu'il a organisés ou co-organisés, sa manière inégalée d'appréhender les questions majeures se rapportant à la gestion des finances publiques, à savoir, l'impôt, l'endettement, l'équilibre budgétaire, la loi organique relative à la loi de finances, l'Etat territorial, l'évasion et la fraude fiscales, etc.

Même si le sujet des finances publiques est aride, Michel BOUVIER n'a cessé de présenter de nouvelles grilles de lecture pour en faciliter la compréhension, car il croit que « l'organisation des finances publiques est un indice de la qualité du lien entre le politique et le social. Lorsqu'elle prévoit des mécanismes de consentement à l'impôt, une transparence des comptes et un contrôle sur les dépenses par des représentants élus, elle va de pair avec la démocratie »[8].

---

[8] Pourquoi est-il nécessaire d'organiser les finances publiques ? in http://www.viepublique.fr/ decouverte-institutions/finances-publiques/definition-histoire/histoire/pourquoiest-il-necessaire-organiser-finances-publiques.html, consulté le 28 mars 2018

Ahmed ABBAR[1]

LE DÉFICIT BUDGÉTAIRE ET LA DETTE PUBLIQUE : AU-DELÀ DES CHIFFRES[2]

John ADAMS, deuxième président des États-Unis de 1797 à 1801, disait qu'« il y a deux manières de conquérir et d'asservir une nation, l'une est par les armes, l'autre par la dette ».

Quand on s'intéresse à l'équilibre budgétaire et à la dette publique ainsi qu'aux liens de causalité entre ces deux indicateurs des finances publiques, certaines interrogations se posent avec acuité :

- le déficit budgétaire est-il une fatalité ?

La persistance du déficit renvoie à l'image d'une maladie chronique avec laquelle on s'habitue à vivre, avec des périodes d'accalmie et des périodes de douleurs.

- L'Etat doit-il toujours s'endetter ? Si oui, dans quelle limite et pour financer quels types de dépenses ?
- l'emprunt résulte-t-il du seul déficit budgétaire ?
- y-a-t-il d'autres alternatives au déficit et à l'endettement ?
- qui paie les intérêts de la dette ? qui en bénéficie ?

Afin de répondre à ces questions, il est nécessaire de dépasser les chiffres et les dimensions techniques de l'équilibre budgétaire et de l'endettement, telles que le solde primaire, le déficit avec ou sans privatisation, les taux d'intérêts, la durée de vie moyenne, les maturités, la gestion active, etc.

En effet, il convient d'appréhender le déficit et la dette publique à travers leurs dimensions politiques et les différents enjeux et choix de société dont ils résultent et dont l'un des plus importants est la répartition de la charge fiscale entre les différentes catégories sociales et le financement des dépenses publiques.

En fait, le déficit budgétaire représente l'excédent des dépenses sur les recettes.

[1] Directeur des comptes publics, Trésorerie Générale du Royaume du Maroc

[2] Ce texte est la reproduction de l'intervention de l'auteur à la conférence-débat sur « l'équilibre budgétaire et la dette publique au Maroc et en France », organisée par la Trésorerie Générale du Royaume et l'Association FONDAFIP à Rabat, le 21 novembre 2015.

Il est constitué d'un déficit conjoncturel, lié à l'effort financier supporté par l'Etat pour faire face aux aléas de la conjoncture et d'un déficit structurel, lié au fait que les dépenses sont constamment supérieures aux recettes.

Si le déficit conjoncturel est nécessaire lorsque l'État doit intervenir pour réduire les fluctuations économiques ou pour financer de l'investissement, le déficit structurel n'a pas sa raison d'être.

La dette publique représente l'ensemble des engagements financiers pris sous forme d'emprunts par l'État, les collectivités territoriales, les établissements et entreprises publics ainsi que par les organismes de retraite et de prévoyance sociale.

La dette publique qui est généralement prise en compte est dite « explicite », car elle ne retient que les engagements financiers que le secteur public s'est engagé à payer de manière contractuelle, avec des taux d'intérêts et des échéanciers précis.

A côté de cette dette, il y a les engagements financiers qui ne sont pas soumis à un échéancier précis, à des taux d'intérêts convenus ou qui ne sont simplement pas reconnus par l'administration comme faisant partie de la dette.

Au Maroc, les finances de l'Etat ont toujours été caractérisées par l'existence d'un déficit budgétaire, à l'exception des années 2007 et 2008, qui ont été marquées par deux légers excédents.

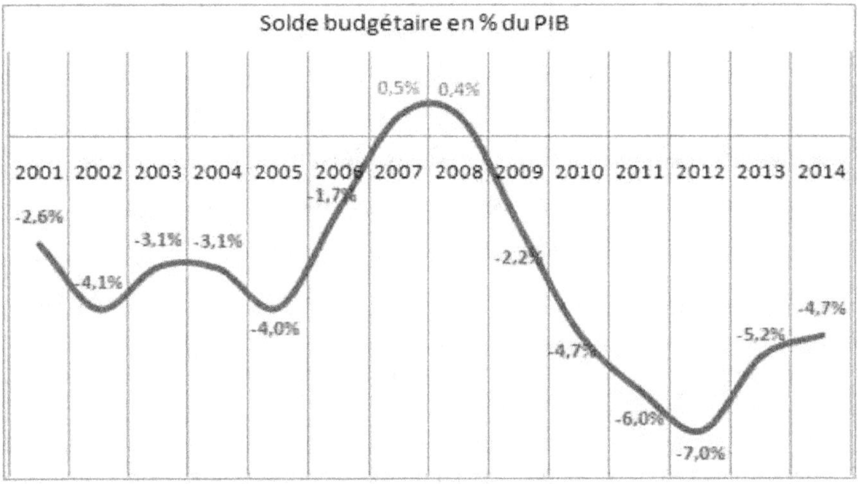

Le déficit budgétaire signifie que les dépenses de l'Etat sont toujours supérieures à ses recettes et partant, l'Etat vit à crédit.

C'est ce qui explique l'évolution de l'encours de la dette du Trésor au Maroc, puisque l'État s'endette pour financer le déficit budgétaire de l'année ainsi que les remboursements des dettes émises les années précédentes.

A fin décembre 2014, l'encours de la seule dette du Trésor, soit 586,4 MMDH, représentait l'équivalent de 63,9% du PIB.

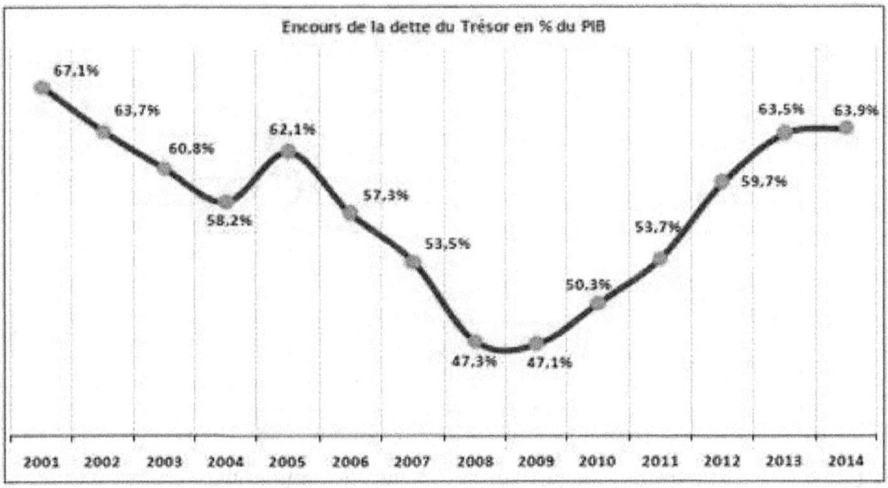

Il représente l'équivalent de 3,3 années de recettes fiscales globales réalisées durant l'année 2014 (177,5 MMDH) et chaque Marocain est endetté pour environ 17.300 DH.

Les intérêts de la dette du Trésor payés en 2014 représentent l'équivalent des dépenses d'investissement de tous les départements ministériels, à l'exception du ministère de l'agriculture.

Pour financer ses dépenses, l'Etat peut recourir à l'impôt, à l'emprunt ou à la création monétaire. L'impôt constitue le moyen le plus approprié pour le financement des dépenses, car il permet une meilleure évaluation des coûts réels des biens et services publics produits et partant, conduit à la rationalisation des dépenses qui doivent être dimensionnées en fonction des recettes fiscales attendues.

Par contre, le recours à l'emprunt permet de reporter la perception des impôts pour le financement des dépenses, en étalant dans le temps la charge fiscale, sachant que dans ce cas, le contribuable n'est pas directement concerné par l'emprunt qui est supporté par toute la collectivité.

Cette responsabilité collective de l'emprunt crée l'illusion momentanée que la dette est moins coûteuse et plus supportable que l'impôt.

D'où l'idée défendue par certains économistes, qu'avec l'existence de conditions favorables de disponibilité de fonds et de taux d'intérêts réduits, le recours à l'emprunt constitue une alternative à l'impôt.

Le déficit budgétaire étant la différence entre les recettes et les dépenses, une question essentielle se pose. Le déficit budgétaire au Maroc résulte-t-il de dépenses excessives, de recettes insuffisantes ou les deux à la fois ?

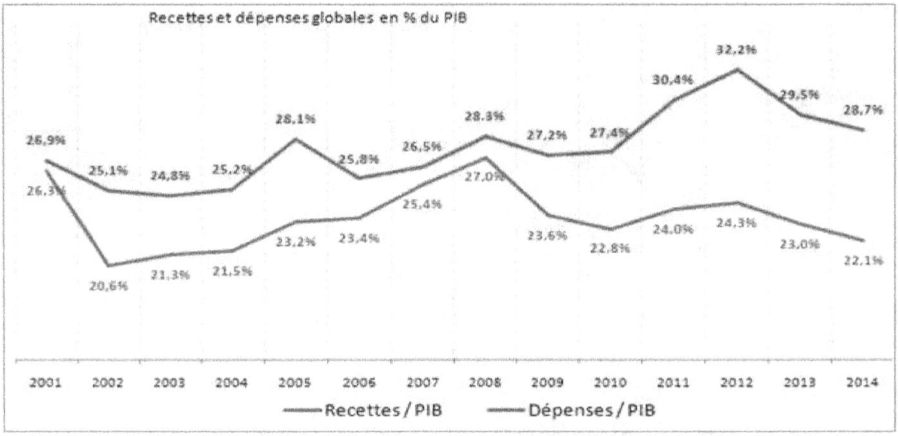

La lecture de ce graphique permet de relever les deux constats suivants :

- entre 2003 et 2008 : une réduction graduelle de l'écart entre les recettes et les dépenses, qui a été limité à 1,3 point du PIB en 2008 ;
- entre 2009 à 2014 : une augmentation continue de l'écart entre les recettes et les dépenses, qui a atteint 6,6 points du PIB en 2014.

Il ressort des données de l'exécution de la loi de finances pour l'année 2014 que : **1 DH de dépenses est financé par 88 centimes de recettes ordinaires et par 12 centimes d'emprunt.**

L'augmentation de la dette du Trésor et des intérêts supportés par le budget résulte, à mon sens, moins de dépenses excessives que des politiques de réduction des recettes fiscales ou de mobilisation insuffisante du potentiel fiscal. Cela apparait à travers les principaux points suivants :

1- **Les restes à recouvrer** de l'Etat se sont élevées à environ 40 MMDH à fin décembre 2014.

Si ces impositions sont dues à l'Etat, elles doivent être recouvrées, sinon elles devraient être annulées et non plus inscrites et reportées d'année en année.

2- Les dépenses fiscales évaluées ont atteint 32,1 MMDH, selon le rapport d'accompagnement du projet de loi de finances pour l'année budgétaire 2016. Didier MIGAUD, Premier Président de la Cour des comptes en France, disait à ce sujet que « remettre en cause des niches, c'est augmenter le produit de l'impôt ». Remettre en cause les dépenses fiscales n'est pas toujours aisé, car avec le temps, certains opérateurs privés ont développé une addiction aux dépenses fiscales.

3- La baisse graduelle des taux des principaux impôts

C'est ce qui est arrivé en 2009, année de fort impact de la crise économique et financière et l'on a notamment procédé à la baisse :

- du taux marginal de l'impôt sur le revenu qui est passé de 42% à 40% et le seuil exonéré est passé de 24.000 à 28.000 DH ;
- du taux de l'impôt sur les sociétés qui est passé de 35% à 30% pour tous les secteurs d'activité et de 39,6% à 37% pour le secteur financier.

4- L'impact des baisses d'impôts sur la dette

Les baisses d'impôts et les dépenses fiscales constituent des transferts de revenus au profit des catégories sociales les plus aisées qui, disposant de capacités d'épargne suffisantes, peuvent par la suite prêter à l'Etat. De ce fait, ils ont moins d'impôt à payer en amont, et peuvent souscrire en aval aux bons du Trésor, un placement garanti et rentable. C'est ce qui fait dire à certains économistes que l'endettement de l'Etat est en partie le résultat du choix consistant à faire payer de moins en moins d'impôts à une couche sociale auprès de laquelle, il faut ensuite s'endetter et payer une rente sous forme d'intérêts.

Il en découle que certaines décisions de politique budgétaire à savoir, plus de dépenses et moins d'impôts, ont un impact sur l'équilibre budgétaire et sur la répartition des revenus.

La tendance à plus de dépenses peut être illustrée notamment à travers les dépenses d'investissement réalisées entre 2001 et 2014, où l'on constate une forte augmentation à partir de 2009.

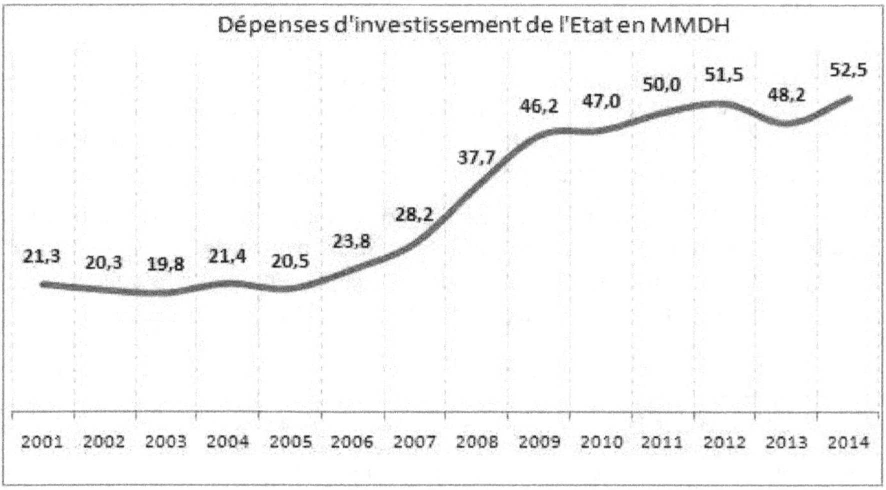

Il est à noter que les dépenses d'investissement réalisées en 2014 ont plus que doublé par rapport aux émissions effectuées en 2006.

Concernant la tendance à moins de recettes d'impôts, elle peut être illustrée à travers l'évolution des recettes fiscales globales, où l'on constate que le surplus généré durant la période 2010 à 2014, soit 26,6 MMDH, est nettement inférieur au surplus réalisé durant la période 2005 à 2009, soit 62,2 MMDH, bien que l'année 2009 ait été marquée par le fort impact de la crise économique et financière et la baisse du taux de l'IS et de l'IR[3].

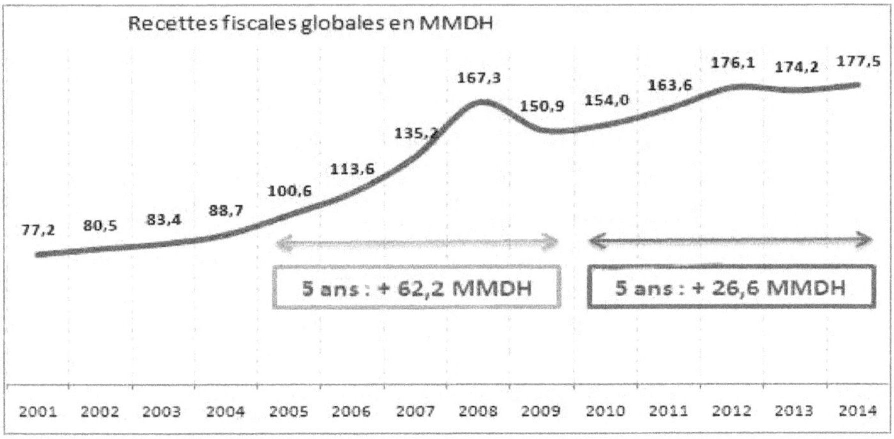

5- La tendance à ne pas payer d'impôt

En 1993 et dans le cadre de l'émission « 7 sur 7 », Sa Majesté le Roi Hassan II avait souligné que « le Marocain riche est très mauvais payeur d'impôt[2] ». Dans ce contexte, comment l'administration fiscale peut-elle mobiliser tout le potentiel fiscal si elle ne peut pas utiliser les instruments mis à sa disposition, notamment l'avis à tiers détenteur ?

6- Le déficit et l'emprunt d'aujourd'hui ne sont que les impôts et taxes de demain.

Un déficit budgétaire et un endettement élevés se traduisent inéluctablement, tôt ou tard, par l'augmentation des impôts et/ou la création de nouvelles taxes, ce qui impacte négativement l'activité économique. A titre d'illustration et faute de pouvoir revenir sur les baisses des taux de l'IS et de l'IR, des mesures ont été prises pour augmenter le rendement de la fiscalité. Il s'agit notamment :

- de la création de nouvelles taxes : la contribution sociale de solidarité sur les bénéfices et revenus, la taxe sur le ciment, la taxe sur le sable, la taxe sur le fer à béton, la taxe sur la plasturgie, la taxe aérienne pour la solidarité et la promotion touristique, etc...

---

[3] Le taux de l'IS est passé de 35% à 30% pour tous les secteurs d'activité et de 39,6% à 37% pour le secteur financier et le taux marginal de l'IR est passé de 42% à 40% et le seuil exonéré est passé de 24.000 à 28.000 DH. 2 Émission « 7 sur 7 » animée par Anne *Sinclair* en date du 16/05/1993.

- du réaménagement à partir du 1[er]janvier 2013 du barème de la taxe spéciale annuelle sur les véhicules automobiles ;
- du relèvement, en 2012, du taux réduit de 3 à 4% des droits d'enregistrement pour l'acquisition de locaux construits et de terrains à lotir ou à construire ;
- du réaménagement, en 2012, du droit de timbre sur la première immatriculation des véhicules automobiles.

Cela rappelle la période où il a été procédé à la création de plusieurs impôts et taxes, à savoir la participation à la solidarité nationale, la taxe sur les profits immobiliers, la taxe sur les produits de placement à revenu fixe, la taxe sur les produits des actions, la contribution sur les revenus professionnels et fonciers exonérés…

Le projet de loi de finances 2016 a apporté son lot de mesures fiscales, dont la plus importante se rapporte à l'IS : institution de plusieurs taux et la hausse du taux de 30 à 31%.

L'introduction à l'occasion de chaque loi de finances de nouvelles mesures fiscales ne permet pas aux opérateurs d'avoir de la visibilité et génère des distorsions qui peuvent se traduire par l'inverse des résultats attendus. C'est ce que Max WEBER appelait le paradoxe des conséquences. Cela apparait d'ailleurs clairement de l'évolution du taux de progression des recettes fiscales. En 2014, ce taux n'a été que de 1,9% seulement, malgré la rentrée de recettes fiscales exceptionnelles liées à la cession d'une partie du capital de Maroc Télécom.

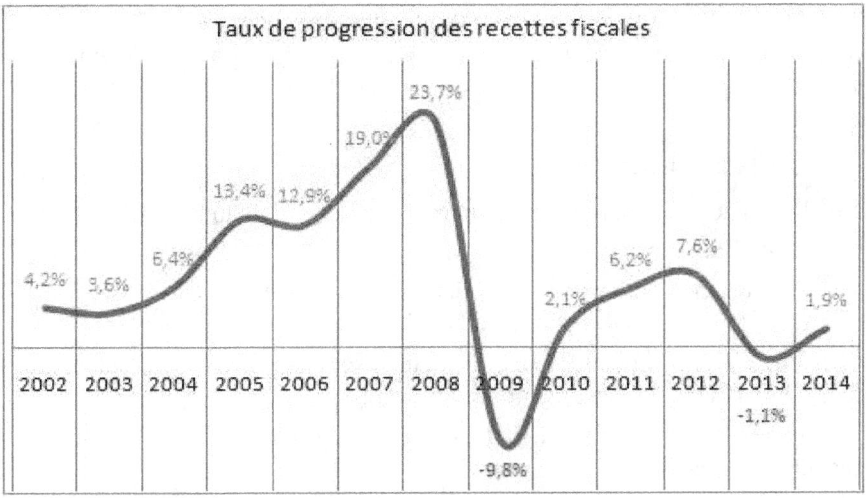

Il ressort également de l'évolution des recettes fiscales globales en % du PIB qui n'ont cessé de diminuer.

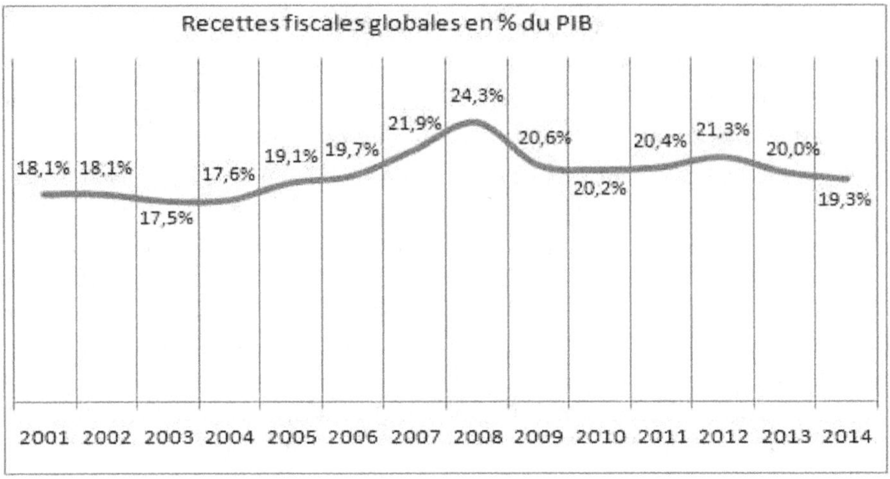

7- L'impact de la programmation budgétaire sur les décisions d'emprunt.

Généralement et comme il ne peut y avoir parfaite simultanéité entre la perception des recettes et la réalisation des dépenses, le Trésor se trouve contraint d'emprunter pour faire face à ce décalage. Normalement, ce type d'emprunt est infra-annuel et devrait s'annuler à la fin de l'exercice budgétaire.

Toutefois, il a été constaté une forte accélération et/ou concentration des dépenses durant certaines périodes de l'année qui impose le recours à l'emprunt à moyen et long termes pour faire face à un décalage de quelques jours.

La plupart des économistes s'accordent à dire qu'il n'y a pas de seuil limite à l'endettement public et que les risques les plus extrêmes liés à une dette excessive sont :

- le défaut de paiement ;
- l'incapacité du marché intérieur à satisfaire une demande de l'État pour plus d'emprunt ;
- l'importance du service de la dette qui accapare une part substantielle de recettes et conditionne les choix de dépenses.

Un autre risque encouru par une dette excessive est la contrainte liée au refinancement de la dette par de nouveaux emprunts.

D'où un cercle vicieux : l'État est contraint d'emprunter pour honorer ses précédents emprunts.

S'il n'y a pas consensus parmi les économistes sur le seuil limite de l'endettement, ils sont par contre unanimes à préciser que l'emprunt devrait servir en priorité à financer l'investissement.

A ce titre, Joseph STIGLITZ précise que « la dette est l'assurance de la prospérité future, quand elle finance des investissements clés ». En effet, « l'endettement lié à du vrai investissement est normal, légitime et nécessaire », si cet investissement permet de développer des infrastructures ou des conditions utiles à l'activité économique. Il s'agit par exemple de l'investissement lié à l'éducation, à la recherche et développement, à la santé, aux ports et aéroports, aux télécommunications, à l'électrification, *etc.* Par contre, l'endettement est généralement déconseillé s'il est destiné à faire face à des dépenses courantes, sans aucune amélioration future de la situation budgétaire.

En conclusion, je voudrais partager avec vous quelques propos portant sur le déficit et l'endettement :

1- L'équilibre budgétaire et la dette sont avant tout les résultats de choix et de décisions de politique budgétaire.

C'est le cas par exemple lorsque le gouvernement a pris la décision de procéder à la décompensation des prix des produits pétroliers. Cela rejoint ce qu'a dit Alain LAMBERT, lorsqu'il a souligné que « l'assainissement des comptes publics est d'abord affaire de volonté, et que pour être mené avec succès, cet exercice requiert plus de courage et de constance que de science et de discours[4] ».

2-L'allégement de la dette est possible et suppose une rigueur budgétaire fondée sur la maîtrise des dépenses et le renoncement à la baisse des impôts.

Toute réforme fiscale doit impérativement se traduire par la sauvegarde dans l'immédiat des ressources fiscales de l'État. L'Etat doit veiller à stabiliser les dépenses en valeur, ce qui suppose plus de performance et d'efficacité dans le processus de la dépense publique. Et s'il faut économiser, il faut le faire dans les domaines qui n'impactent pas les conditions de vie de la population. En effet et comme cela a été relevé pour le cas de la France, « prises individuellement, toutes les dépenses, ou presque, de nos administrations publiques sont valables. En revanche, toutes ne sont pas supportables par notre pays[5] ».

3- Il est impératif de sortir de l'obsession du court terme liée aux contraintes de renouvellement des échéances de la dette et au décalage entre la rentrée des recettes et le règlement des dépenses.

Le déficit et la dette ne sont pas des fatalités. Toutefois comme l'a précisé D. MIGAUD, « il faut être conscient de la réalité de la situation et que celle-ci fasse l'objet d'un constat partagé. Le redressement est possible, mais il ne doit pas être reporté ».

---

[4] A. LAMBERT, *Déficits publics, la démocratie en danger*, Paris, Armand Colin, p.123.

[5] Fondation Concorde, « Nous ne paierons pas vos dettes, comment s'en sortir ? », mai 2006, p.14.

Maxime B. AKAKPO[1]

LA JUSTICE FINANCIÈRE : LE MAL LOGÉ DE LA DÉMOCRATIE EN AFRIQUE FRANCOPHONE SUBSAHARIENNE

INTRODUCTION

Même si la reconnaissance de l'égalité en droit de l'Homme n'a pas été le postulat de tous les régimes connus dans l'histoire, la légitimité de la démocratie, en ce qu'elle proclame ce droit, ne semble pas remise en cause depuis plus de deux siècles.

Robert A. DAHL considère d'ailleurs que : « Durant plusieurs milliers d'années, la démocratie sous une forme primitive, pourrait fort bien avoir constitué le système politique le plus naturel… Tout comme le feu, ou la peinture, ou l'écriture, la démocratie a été inventée plus d'une fois, et en plusieurs endroits. Car, si les conditions ont été favorables à l'invention de la démocratie en un lieu et à un moment donnés (disons, par exemple, à Athènes aux environs de l'an 500 av. J.-C), ne peut-on pas imaginer que les mêmes conditions favorables aient existé ailleurs?»[2]

La démocratie, phénomène naturel, est donc l'aspiration de tout individu dans la société. C'est certainement ce qui a inspiré Winston *Churchill*[3] lorsqu'il écrivait que « la démocratie est le pire des régimes à l'exception de tous les autres ».

Aujourd'hui, il est pratiquement impossible à un régime politique de revendiquer qu'il est anti démocratique, c'est-à-dire qu'il est contre *le gouvernement du peuple, par le peuple, pour le peuple,* pour emprunter l'expression du président Abraham *Lincoln.* Même les régimes dits de « monarchie » s'arrangent pour que des élections donnent l'occasion au peuple de se prononcer et de choisir des représentants.

La démocratie est la forme de gestion de la cité dans laquelle chaque membre du corps social a son mot à dire, même si cette vision de la société n'a pas toujours été partagée de tout temps, en tout lieu et au même moment. Il a fallu la révolution française et le développement des communications pour que le monde s'oriente vers une certaine standardisation des systèmes et consacre la démocratie sous la forme

[1] Ancien Président de la Chambre des comptes de la Cour suprême (Bénin)

[2] R. A. DAHL, *De la démocratie*, Paris, Nouveaux Horizons, 2001 ; p. 10.

[3] Homme politique britannique ; 1874-1965 ; https://www.franceculture.fr/

moderne qu'on lui connaît. L'Afrique francophone aussi s'est « embarquée » dans le processus démocratique, en particulier dans les années 1990 à la faveur des conférences nationales organisées dans la plupart des Etats.

Mais suffit-il pour autant de proclamer qu'un régime est démocratique pour qu'il le soit ? Assurément non. Le passage formel des Etats africains à l'indépendance dans les années 1960 ne s'est pas, et ne pouvait pas, s'accompagner instantanément de la mutation d'une mentalité de sujet du roi à celle de citoyen d'un Etat démocratique. Le citoyen lambda continue malheureusement de ne vivre la démocratie qu'à travers l'exercice de certains droits primaires et des élections auxquelles il participe à échéances plus ou moins régulières avec des résultats souvent contestés. Ce faisant, il sacrifie l'âme même de la démocratie, la reddition des comptes.

Le rendez-vous manqué des juridictions financières africaines (I) dans le dispositif a préjudicié la bonne gestion et favorisé le développement de la corruption. Des réformes hardies s'imposent pour une transition pacifique vers la démocratie réelle, celle où le citoyen est le maître et non le sujet (II).

I. DU RENDEZ-VOUS MANQUE DES JURIDICTIONS FINANCIERES

Dans une démocratie doublée d'un système napoléonien de gestion des finances publiques, les juridictions financières sont attendues sur le champ de la veille à la bonne gestion des ressources collectives, la vigie des finances publiques. Les juridictions financières africaines n'ont pas été mises en état d'assumer cette mission ; elles ne sont pas présentes sur le terrain de la lutte contre la mauvaise gestion et la corruption.

A. UN PASSAGE NON ABOUTI À LA DÉMOCRATIE

Cinquante années après l'historique mouvement de décolonisation, le citoyen lambda découvre progressivement les attendus du système démocratique, en particulier la nécessité de la reddition des comptes. Cette transition mentale du citoyen vers la démocratie est appelée à s'accélérer avec la scolarisation généralisée en Afrique.

L'entrée déjà difficile de l'Africain en démocratie a été malheureusement plombée au niveau institutionnel par une erreur d'appréciation qui a précipité la gestion des biens publics dans les zones UEMOA et CEMAC dans un système d'opacité et de manque de reddition de compte. Il s'agit du choix d'insérer des Chambres ou des sections des comptes naissantes dans les Cours suprêmes sans tenir compte des spécificités de la juridiction financière.

En effet, que ce soit au niveau de l'objet, des procédures que des qualifications requises pour ses animateurs, les particularités de la juridiction financière sont prégnantes.

Déjà, de par l'objet, la juridiction financière est chargée de s'assurer du bon emploi des fonds publics et de l'information du Parlement et des citoyens, alors que les autres juridictions sont chargées de régler des différends, des contentieux, entre les citoyens et les pouvoirs publics (juridiction judiciaire, juridiction administrative ou juridiction constitutionnelle).

Au niveau des procédures, la Cour des comptes est juge de droit commun de tous les comptes publics avec cette particularité qu'elle se saisit d'office, en l'absence même de litige (ou même de la présomption d'un problème) et non par le moyen d'un recours. Jusqu'à une réforme récente[4], les décisions de la juridiction des comptes sont, en règle générale, rendues hors la présence des justiciables qui ne produisent aucun mémoire ni ne sont défendus par aucun avocat. La procédure est essentiellement écrite et repose sur l'exploitation des éléments contenus dans les comptes appuyés de pièces justificatives. Le juge des comptes cumule la fonction de juge de l'instruction et celle de juge du fond. Il peut même rendre plusieurs arrêts sur un même dossier (arrêt provisoire et arrêt définitif).

Au niveau de la qualification requise, la matière première du juge des comptes demeure les comptes de l'Etat et des autres organismes publics (comptes de gestion, comptes administratifs, états financiers). L'audit aussi est sa tasse de thé en ce qu'il doit être en mesure de disséquer les systèmes et pratiques de gestion des entités publiques quel que soit le domaine considéré. Le juge des comptes a des attributions juridictionnelles (apurement des comptes des comptables publics) et non juridictionnelles (contrôle de la gestion des services de l'Etat et des organismes publics) pour lesquelles il se comporte exactement comme un cabinet d'audit privé. Les affaires que le juge financier est appelé à instruire et à juger requièrent donc la connaissance approfondie non seulement des règles du droit financier, mais également et surtout des modes opératoires conduisant à l'élaboration d'un compte par la maîtrise des matières comme la comptabilité, l'analyse financière, les finances publiques, etc. : le juge des comptes doit aimer les chiffres.

Dans l'ignorance de ces réalités, les Chambres et Sections des comptes des Cours suprêmes ont été investies par les magistrats judiciaires dont les profils de base, les formations et les expériences sont loin des qualifications requises pour animer une juridiction financière. Dans ces conditions, ces juridictions ne pouvaient évidemment pas être performantes et satisfaire aux attentes citoyennes. Elles ont évolué dans un environnement institutionnel et organisationnel qui les a privées de ressources humaines de qualité indispensable pour la couverture de leurs champs de compétence. Entre autres, il a été noté :

- ✓ que les interventions des juges des comptes sont restées très superficielles ;
- ✓ que l'apurement des gestions n'a pas été assuré ;
- ✓ que les comptes de gestion n'ont pas été produits annuellement à la juridiction par les gestionnaires publics;
- ✓ que très peu de ressources humaines ont été déployées à leur profit ;
- ✓ qu'aucun souci de couverture du champ de compétence des juridictions financières n'a été observé ;

---

[4] Arrêt Martini.

- ✓ que la professionnalisation de l'audit public externe a été reléguée au second plan ;
- ✓ que la peur du gendarme n'a pas habité les gestionnaires publics (ordonnateurs et comptables).

Dans une récente évaluation du Système National d'Intégrité (SNI) du Bénin, *Transparency International* a dégagé entre autres, les caractéristiques suivantes de la gestion publique :

- ✓ une impunité généralisée au niveau du pouvoir exécutif ;
- ✓ une inefficacité des contrôles internes ;
- ✓ un manque de volonté de l'exécutif ;
- ✓ une lenteur dans la mise en œuvre des réformes communautaires ;
- ✓ un contrôle insuffisant de l'exécution des lois de finances par l'Assemblée nationale ;
- ✓ une justice ordinaire en manque de ressources ;
- ✓ un faible niveau d'intégrité de l'administration publique ;
- ✓ une Chambre des comptes inopérante et maillon très faible du SNI;
- ✓ une autorité nationale de lutte contre la corruption paralysée par les textes ;
- ✓ une floraison de partis politiques sans idéologie ;
- ✓ une perte de confiance en l'action des médias ;
- ✓ une faible contribution de la société civile à l'intégrité du système.

Ce diagnostic, pas très élogieux, est loin d'être une exclusivité béninoise. Une telle évaluation produirait les mêmes résultats dans les autres Etats de l'Afrique occidentale au Sud du Sahara pour une raison bien simple : le système de gestion publique adopté n'a pas été mis en œuvre. Il lui a manqué le moteur pour fonctionner : une juridiction financière efficace étant donné que c'est elle l'organe de veille à la reddition des comptes de la gestion de la cité.

C'est ce mal congénital que l'UEMOA et la CEMAC ont voulu conjurer en prescrivant l'autonomisation des Juridictions des comptes vers la fin des années 1990.

B. La juridiction financière, un instrument de lutte contre la mauvaise gestion et la corruption

C'est une assertion qui tarde à se faire accepter : Le juge des comptes est au cœur de la lutte contre la mauvaise gestion et la corruption. La mauvaise gestion peut se définir comme la gestion effectuée en marge des normes établies, des principes porteurs de protection du patrimoine public. Une bonne gestion repose avant tout sur l'efficacité, l'économie et l'efficience. Le bon gestionnaire développe les pratiques lui permettant d'atteindre les objectifs de l'organisation en utilisant les ressources justes nécessaires et acquises aux prix avantageux.

Quant à la corruption, le mot vient du latin *corruptio* et signifie, dans son sens ancien, pourrissement. Sur le plan moral, l'acte que l'on qualifie de corruption est un acte d'avilissement, de perversion, de souillure et de vice. Il s'agit en général d'avantages obtenus par la mise en œuvre d'une pratique non conforme à la morale ou à la réglementation. De façon plus précise, il est retenu en droit pénal que le délit de corruption est « un comportement par lequel sont sollicités, agréés ou reçus des offres, promesses, dons ou présents à des fins d'accomplissement ou d'abstention d'un acte, d'obtention de faveurs ou d'avantages particuliers. Il met donc en présence deux individus, le corrupteur, celui qui donne et le corrompu, celui qui reçoit ». Quant à TI, cette ONG internationale considère la corruption comme « l'abus de pouvoir reçu en délégation à des fins privées.»[5]

En définitive, si le défaut d'intention de malfaisance peut être évoqué dans le cas de la mauvaise gestion, il n'en est pas ainsi de la corruption. La mauvaise gestion semble moins grave que la corruption mais elle peut provoquer des effets aussi dramatiques. Les deux fléaux ont ceci en commun qu'ils affectent les finances publiques, provoquent la déperdition de ressources publiques et l'appauvrissement des citoyens.

Pour les réduire, voire les annihiler, le système démocratique de gestion des finances publiques a chargé le juge des comptes d'importantes attributions qui sont :

- ✓ le contrôle de l'exécution du budget : il entre dans le cadre de l'assistance à apporter aux représentants du peuple dans leur mission de contrôle de l'action gouvernementale. La Cour des comptes élabore, à la suite de ses travaux, le rapport sur l'exécution de la loi de finances qui est une source contradictoire d'information permettant au Parlement et au citoyen de disposer d'éléments d'appréciation des documents de reddition des comptes produits par le gouvernement. Dans le nouveau contexte de la gestion publique caractérisé par la gestion axée sur les résultats, ce rapport est appelé à intégrer des informations non financières, en particulier sur la performance dans l'exécution des programmes ;
- ✓ le contrôle juridictionnel du compte de gestion du comptable : il s'agit d'une mission traditionnelle des juridictions financières et qui a même inspiré leur création. Elle consiste à se prononcer sur la régularité des opérations de recettes et de dépenses exposées dans le compte de gestion du comptable public. En effet, les comptables publics sont tenus de produire au plus tard le 30 juin de l'exercice suivant, le compte retraçant l'exécution des recettes et des dépenses ainsi que les pièces appuyant ces opérations telles que prévues dans le texte portant nomenclature des pièces justificatives ;
- ✓ le contrôle de la gestion au terme duquel des observations sont faites aux responsables des services publics pour revoir les procédures et les pratiques nuisibles à la gestion. Ce contrôle du bon emploi des fonds publics est en train de muter en audit de performance par lequel la juridiction s'assure que

[5] *In Combattre la corruption, Enjeux et perspectives* ; adapté du Source Book de TI, éd. Karthala, 2002 p. 41.

les gestionnaires ont fait preuve d'économie, d'efficacité et d'efficience dans les activités menées.

Ces attributions séculaires ont été renforcées à la fin du siècle dernier par la sanction des fautes de gestion, qui, si elle était effectivement mise en œuvre, serait une véritable contribution de lutte contre la corruption.

Suivant la directive de l'UEMOA relative aux lois de finances, les fautes de gestion sont ces faits qui peuvent conduire devant « la formation de discipline budgétaire et financière de la Cour des comptes, tout fonctionnaire, agent civil ou militaire de l'Etat, tout agent des établissements publics et des collectivités territoriales...toute personne investie d'un mandat public et toute personne ayant exercé, de fait, lesdites fonctions, à qui il est reproché…

- ✓ le fait d'avoir, dans l'exercice de ses fonctions ou attributions, procuré ou tenté de procurer à autrui ou à soi-même, directement ou indirectement, un avantage injustifié, pécuniaire ou en nature ;
- ✓ le fait d'avoir entraîné la condamnation d'une personne morale de droit public ou d'une personne de droit privé chargée de la gestion d'un service public, en raison de l'inexécution totale ou partielle ou de l'exécution tardive d'une décision de justice ;
- ✓ le fait d'avoir enfreint les règles relatives à l'exécution de recettes et des dépenses des collectivités et entreprises publiques ou à la gestion des biens leur appartenant ou, étant chargé de la tutelle ou du contrôle desdites entités, donné son approbation aux décisions incriminées ;
- ✓ le fait d'avoir, en méconnaissance de ses obligations, porté préjudice à une collectivité ou à une entreprise publique… »

L'auteur d'une faute de gestion est passible d'une amende prononcée directement par la juridiction financière. Il peut également, comme dans les autres procédures devant la juridiction financière, être poursuivi, en cas de graves irrégularités, devant les juridictions pénales sur saisine du ministère public près la Cour des comptes.

Si on se plait à rêver de la mise en œuvre effective de ces attributions et la publication chaque année de rapports par le juge des comptes africains, on comprendra aisément l'importance d'une Cour des comptes dans la lutte contre le fléau de la corruption et la mauvaise gestion. Mais pour passer du rêve à la réalité, que de défis à relever !

II. LES DÉFIS POUR L'ESSOR DE LA JUSTICE FINANCIÈRE

Après avoir recommandé aux Etats membres en 1994 la création des Cours des comptes nationales, l'UEMOA a montré l'importance de la juridiction financière à travers la directive n°02/2000 de l'UEMOA. « Il n'y a pas de bonne gestion des finances publiques sans un contrôle a posteriori efficace dévolu à une juridiction financière indépendante et dotée de pouvoirs et de capacités d'investigation étendues ».

Pour qu'elles puissent effectivement être le moteur de la bonne gestion, des défis[6] importants doivent être relevés par les Etats africains francophones à travers la levée des goulots d'étranglement qui entravent l'effectivité de l'exercice des missions dévolues aux Cours des comptes. La mise en place de juridictions financières modernes et performantes engage les Etats à opérer des choix pertinents par rapport aux questions relatives au cadre institutionnel, à l'utilisation des ressources et à la prise en compte des évolutions récentes de l'audit public sur le plan international. De même, les responsables des Cours des comptes devraient engager leurs juridictions dans une gestion performante.

A. LES DÉFIS INSTITUTIONNELS

1. Le cadre institutionnel des Cours des comptes

Les Etats membres de l'UEMOA, à travers leurs législateurs et leur Exécutif, ont une lourde responsabilité dans la création de Cours des comptes modernes et efficaces comme le préconise l'Union. Cette réforme commande un minimum de dispositions à prévoir lors de la modification de la Constitution mais aussi de l'élaboration des textes d'organisation. Les Cours des comptes devraient être érigées au rang d'institution de la République indépendante du pouvoir exécutif, législatif et judiciaire.

Certaines Cours des comptes créées ces dernières années continuent malheureusement de relever du pouvoir judiciaire, voire même de l'exécutif pour la désignation de leurs animateurs.

Ensuite vient l'épineux problème des ressources humaines. Tant que le mode de mise à disposition des ressources humaines de la juridiction financière restera la cooptation, il y a peu de chance que la performance soit au rendez-vous. Il est important de donner à tous les citoyens l'égale chance de compétition pour travailler dans ce corps prestigieux de l'Etat qu'est la juridiction financière, à travers une compétition organisée des matières objet de la justice financière (finances, comptabilité, gestion, audit, essentiellement). C'est le seul moyen de disposer des compétences les plus affirmées pour l'exercice du métier de juge des comptes.

Une juridiction financière sans une corporation bien organisée est également un handicap à l'efficacité. Le corps de la magistrature financière doit être créé par un statut particulier avec une hiérarchisation à trois niveaux : grade initial (auditeurs), grade intermédiaire (conseillers référendaires) et grade terminal (conseillers maîtres).

La réforme pour la création des Cours des comptes en Afrique francophone resterait inachevée et n'induirait pas de changements significatifs s'il n'est pas tenu

---

[6] Ces défis ont été présentés dans mon ouvrage : *Démocratie financière en Afrique occidentale francophone*, Fondation Friedrich Ebert Bénin, 2015.

compte de ces considérations relatives au recrutement des magistrats et si leur effectif n'est pas suffisant pour couvrir le champ de compétence de la juridiction.

La Cour devrait être organisée en Chambres dont le nombre doit tenir compte du volume d'activités avec un accent particulier sur la formation de jugement des fautes de gestion.

Un autre point d'attention est le Parquet de la Cour des comptes dont il faut faire en sorte que les animateurs aient une culture financière suffisante et une bonne connaissance des procédures. La pratique en la matière consiste à confier le ministère public des juridictions financières à des magistrats ayant fait leurs armes au siège de la Cour des comptes, donc pétris d'expériences.

Un souci particulier devrait aussi être accordé aux services du Greffe et des Archives dont le personnel devra recevoir des formations spécifiques en matière de réception, de gestion et de conservation des documents de reddition des comptes.

Au total, les textes organiques des juridictions financières ouest-africaines francophones devraient prévoir des dispositions qui assurent le recrutement de personnel compétent, méritant et intègre retenu sur la base de l'égalité de chance pour tous les citoyens désireux d'y travailler.

De même, les ressources de fonctionnement suffisantes devraient être prévues dans le budget de l'Etat et gérées de façon autonome. Elles devraient être planifiées suivant une étude basée sur une estimation réelle de la charge de travail de l'institution.

2. De la prudence dans les innovations à opérer

Les trois dernières décennies ont enregistré des mutations profondes dans le contrôle des finances publiques telles que conçues par le système français. Ces innovations sont appelées à influencer les juridictions financières africaines au cours des années à venir. Il paraît toutefois utile de relever les risques d'une transposition mécanique qui renforcerait le constat actuel de l'existence en Afrique de juridictions financières formelles mais d'efficacité limitée.

Les points d'attention en cette matière sont la création de Chambres régionales des comptes, la certification des comptes, la prise en compte des innovations dans l'apurement juridictionnel.

a. Des Chambres régionales des comptes

En accompagnement à la réforme de l'administration territoriale, la France a procédé en 1981 à la déconcentration des activités de sa Cour des comptes en créant des Chambres régionales des comptes. La tentation est grande de reproduire ce même schéma dans les pays africains.

Il faut rappeler que cette réforme est intervenue après environ deux siècles d'exercice de la mission d'apurement juridictionnel des comptes des comptables publics par la Cour des comptes.

Il paraît donc indiqué d'observer beaucoup de circonspection dans la duplication de cette réforme dans les pays africains francophones qui ont traversé des décennies de non exercice effectif du contrôle juridictionnel des finances publiques. Ces Etats gagneraient à asseoir des Cours des comptes performantes et crédibles avant de passer à la création de Chambres régionales des comptes.

La résolution des questions de disponibilité de magistrats financiers compétents, de consistance de la matière à traiter sur toute l'année et de rentabilité économique devrait précéder la mise en œuvre d'une telle réforme.

b. La certification des comptes

La France, forte de ses deux siècles d'exercice effectif du contrôle juridictionnel et de contrôle de la gestion des fonds publics, et sous la houlette de l'Union Européenne, a adopté, dans la loi organique relative aux lois de finances (2001), la certification des comptes de l'Etat. Mais ce n'est que sur la base de sa loi de finances 2006 que la Cour des comptes française a pu commencer la certification des premiers comptes, avec l'assistance d'une trentaine d'experts mis à disposition par des cabinets privés d'audit avec lesquels des contrats de trois ans renouvelables ont été signés.

Il ne serait pas recommandable de chercher coûte que coûte à suivre ce mouvement en retenant, comme nouvelle mission des Cours des comptes africaines, la certification des comptes publics en raison du volume de travail et des qualifications en ressources humaines requises pour des juridictions financières jeunes qui peinent à exercer leur mission traditionnelle, mais également en raison du temps qu'il faudra à l'Exécutif pour se doter d'un système d'information performant nécessaire à la production de comptes fiables.

Au titre des nouvelles missions confiées aux Cours des comptes, l'UEMOA a retenu l'avis sur la qualité des procédures comptables et des comptes. La qualité des procédures comptables et des comptes suppose l'intérêt porté à trois éléments de contrôle : la régularité des opérations enregistrées dans les comptes, la sincérité des comptes et l'image fidèle du résultat de l'exercice, du patrimoine et de la situation financière. On se retrouve ainsi dans les déterminants des contrôles dans le cadre de la certification des comptes.

Sans utiliser formellement le mot certification des comptes, la directive relative aux lois de finances ne suggère pas moins cette réforme dans les Etats membres à l'horizon 2019. Il est permis de douter que la certification des comptes soit une réalité dans les Etats membres de l'UEMOA à cette époque. Dans tous les cas, le choix d'aller vers la certification des comptes publics devrait reposer sur une analyse avantages-coûts et surtout tenir compte des conditions difficiles de reddition des comptes dans les Etats.

c.- La prise en compte des innovations dans l'apurement juridictionnel

A la suite de la décision de la Cour européenne des droits de l'homme[7] critiquant les procédures de la Cour des comptes française pour leur caractère jugé inéquitable

---

[7] Arrêt Martinie c/ France du 12 avril 2006- La Convention Européenne de Sauvegarde des Droits de l'Homme et de libertés fondamentales (CEDH) entrée en vigueur le 21 septembre 1970, en son article 6, édicte que : « *toute personne a droit à ce que sa cause soit entendue équitablement, publiquement et dans un délai*

pour le justiciable et leur longueur excessive, la France a introduit certaines innovations relatives, entre autres :

- ✓ à la distinction entre les fonctions d'instruction, de poursuite et de jugement des comptables (désormais, toute procédure contentieuse ne pourrait être ouverte que par un réquisitoire du ministère public) ;
- ✓ au renforcement de la publicité des débats et du principe du contradictoire ;
- ✓ à la suppression de la règle du double arrêt (provisoire et définitif) dans le cadre des procédures contentieuses ;
- ✓ à la décharge du comptable par ordonnance du président de la Cour des comptes en cas de défaut d'ouverture d'une instance contentieuse ;
- ✓ à la réduction à cinq ans du délai de prescription de l'action en responsabilité contre les comptables publics et les comptables de fait ;
- ✓ à la suppression du droit de remise gracieuse du ministre des finances.

Le bien-fondé de la préoccupation soulevée par l'arrêt Martinie devrait inciter l'UEMOA et la CEMAC à ouvrir cet important chantier pour prévoir des dispositions nécessaires à la modernisation de la justice financière dans les pays membres.

B. Les défis internes

1. De l'utilisation rationnelle des ressources par les juridictions financières

Sur le plan interne, les juridictions financières africaines doivent veiller à une utilisation rationnelle des ressources financières, matérielles et humaines mises à leur disposition. En effet, à l'heure de la quête de performance chez les audités, les Cours des comptes ne sauraient échapper longtemps à la reddition des comptes sur leurs propres activités.

Il est important pour elles de relever ce défi, de se doter d'une bonne organisation et d'un plan stratégique et surtout d'établir chaque année un programme de vérification dont l'exécution doit être évaluée en fin d'année.

L'accent devra également être mis sur l'utilisation des nouvelles technologies de l'information et de la communication ainsi que sur l'élaboration et l'utilisation de manuels de procédures pour assurer la célérité dans le traitement des dossiers, la qualité des rapports et décisions.

---

raisonnable, par un tribunal indépendant et impartial, établi par la loi » et que l'accusé a le droit d'être « *informé dans le plus court délai, dans une langue qu'il comprend et d'une manière détaillée, de la nature et de la cause de l'accusation portée contre lui* » *et qu'il doit* « *disposer du temps utile et des facilités nécessaires à la préparation de sa défense* ».

2. Satisfaire les besoins de formations

Un autre défi à relever est celui de la formation. Disposer d'un plan de formation et le mettre en œuvre rationnellement est aujourd'hui un impératif pour les Cours et Chambres des comptes. La matière financière n'est plus le seul domaine de prédilection des juridictions financières et celles-ci gagneraient, après la formation commune de base de ses animateurs à inscrire leur spécialisation dans ses préoccupations. Les Cours des comptes africaines devraient pouvoir compter pour cela sur les formateurs mis à leur disposition par l'IDI[8] et le CREFIAF[9].

3. Audit de performance et gestion axée sur les résultats

La réforme dite de la gestion axée sur les résultats (ou des budgets programmes) importée des pays anglo-saxons se met progressivement en place dans les administrations africaines et les organes de contrôle développent de nouvelles approches de vérification basées sur la performance. L'audit de performance est la réponse à cette innovation par laquelle les organisations publiques accroissent leur efficacité avec un souci à l'égard de l'économie et de l'efficience tout en augmentant la qualité des services publics.

Qu'il soit direct ou d'attestation, l'audit de performance vise à fournir des informations sur les soucis d'efficacité, d'économie et d'efficience qui devront animer les gestionnaires publics dans les systèmes et pratiques déployés pour atteindre les résultats.

Les juridictions financières africaines devraient opter pour l'audit d'attestation qui accroît le souci du gestionnaire par rapport à son auto-évaluation (dans son rapport de performance) et allège, par ses critères plus simples le travail du juge des comptes. Ainsi serait évité le risque de double contrôle avec celui exercé par les organes de contrôle administratif (Contrôleur financier, Inspection générale d'Etat, Inspection générale des finances, ...).

4. L'évaluation des politiques publiques

L'évaluation des politiques publiques vise à s'assurer que les objectifs poursuivis par le déploiement des ressources publiques ont été atteints. Les objectifs doivent être évalués selon le critère de leur pertinence par rapport aux besoins et au contexte économique, social et culturel.

En plus de l'efficacité (rapport entre les résultats atteints et les objectifs fixés), il faut mesurer l'efficience (rapport entre les résultats et les intrants). Plus difficile, mais indispensable, il faut disposer d'éléments d'appréciation objective de l'impact des « programmes », de leurs résultats et de leurs effets à plus long terme sur l'épanouissement des personnes et le contexte socio-économique.

---

[8] Initiative pour le Développement de l'INTOSAI. L'INTOSAI est l'organisation internationale des institutions supérieures de contrôle des finances publiques.

[9] Centre Régional de Formation des Institutions supérieures de contrôle des finances publiques de l'Afrique Francophone.

Mais les soucis ainsi exposés, qui sont prioritairement ceux de l'audit et surtout de l'évaluation, ne peuvent valablement prendre corps que si nos juridictions financières s'acquittaient véritablement de leur mission première qui est le contrôle de la régularité des opérations de recettes et de dépenses décrites dans les comptes de gestion.

5. L'information du citoyen

Les Cours des comptes africaines devraient mieux communiquer sur les résultats de leurs travaux pour assurer l'une de leurs missions primaires qui consiste à informer le citoyen sur la gestion des deniers publics. En dehors du Rapport public annuel, les juridictions financières effectuent de nombreux travaux dont les résultats méritent d'être portés à la connaissance des citoyens en temps réel. Il est à noter par exemple qu'au nombre des innovations introduites par l'UEMOA, il est attendu des Cours des comptes nationales de donner des avis sur le système de contrôle interne et le dispositif de contrôle de gestion, sur la qualité des procédures comptables et des comptes ainsi que sur les rapports annuels de performance. Ces avis qui sont accompagnés de recommandations sur les améliorations souhaitables n'auraient qu'une portée limitée s'ils n'étaient pas rendus publics.

Il y a lieu de dépasser les pesanteurs et habitudes acquises du fait de l'assimilation de la juridiction financière à une juridiction judiciaire pour porter l'information au citoyen.

Comment réaliser ce dessein avec une population à plus de 50% analphabète ? La publication des rapports par la Cour des comptes suffit-elle ? La Cour ne devrait-elle pas revoir son mode d'information, au besoin, par l'utilisation des langues locales et les débats relayés par les médias pour satisfaire le destinataire final de ses interventions qu'est le citoyen ? Ce sont là autant de questions qui méritent réponse de la part des juridictions financières africaines et des pouvoirs publics. En attendant tout ceci, la diffusion des rapports sur internet est un minimum réalisable. Elle contribuera à une certaine visibilité des juridictions financières africaines.

CONCLUSION

« L'argent public est au cœur de l'État de droit et de la démocratie ». *(Code de transparence de l'UEMOA).* Qu'on ne s'y trompe guère : le véritable enjeu du développement des pays africains est celui de la bonne gestion des ressources dont dispose le continent par ceux qui en ont la charge.

Les scandales financiers sur fond de corruption qui alimentent assez souvent les débats en Afrique sont la traduction de ce que la gestion des ressources publiques ne s'opère pas suivant les normes établies. Le comble, c'est qu'il est difficile d'évaluer l'ampleur des dégâts dans des circonstances où les organes chargés du contrôle de l'application des normes ne tournent pas à plein régime. Il s'agit de la justice sous toutes ses formes.

Il est important de noter que les ressources d'un Etat étant confiées à l'Exécutif, il serait risqué de fonder une certitude de leur bonne utilisation sur la bonne foi de celui-ci. La lutte contre la corruption serait alors messianique, c'est-à-dire fondée sur la seule foi en un chef « messie », c'est-à-dire le Chef de l'Etat, à qui l'on prêterait toute vertu. Or c'est cette conception des choses qui a été remise en cause par les différentes révolutions ayant conduit à l'avènement de la démocratie. Il est donc important de changer de paradigme, de passer de l'approche messianique de la gestion publique à une approche institutionnelle qui privilégierait le fonctionnement effectif des institutions prévues pour la gestion des ressources publiques. Un fonctionnement effectif et performant de la juridiction financière est donc le point de départ de la bonne gestion des ressources publiques et de la lutte contre la corruption. Les dirigeants des Etats africains et les citoyens sont-ils prêts pour relever les défis qu'impose cette importante réforme ? Il est permis d'en douter.

Docteur Pierrot SEGO[1]

GESTION BUDGÉTAIRE PAR LA PERFORMANCE AU SEIN DES ETATS MEMBRES DE L'UEMOA : UNE AMBITION, QUATRE DÉFIS !

INTRODUCTION

Les Etats francophones d'Afrique sont saisis par la fièvre de la performance financière[2]. Au sein de l'Union Economique et Monétaire Ouest-Africaine, les lignes de l'ordonnancement juridique du système de gestion budgétaire et comptable publique bougent. Les textes sont en pleine mutation. Une batterie de directives est adoptée au plan communautaire[3] et de nouvelles lois organiques relatives aux lois de finances sont prises dans les Etats membres[4].

A s'en tenir aux lois et textes règlementaires nouvellement adoptés, on peut certifier qu'au plan normatif, le changement de logique de gestion au sein de l'UEMOA est une réalité. L'environnement juridique de la gestion budgétaire et de la tenue de la comptabilité publique est, en effet, enrichi d'innovations portées vers la mise en place des budgets de programmes.

Aussi bien dans le domaine budgétaire que dans celui de la comptabilité publique, les nouveautés sont multiples et convergent, toutes, vers un seul but : la performance financière publique. Pour preuve, le nouveau cadre juridique de gestion des finances publiques promeut l'articulation du budget autour de politiques publiques[5], la définition d'indicateurs de résultats, l'institution de cadres de

---

[1] Haut fonctionnaire à la Direction générale du Budget, Chercheur Associé au Centre d'Etudes et de Recherches sur l'Administration et les Finances (CERAF, Université d'Abomey-Calavi, Bénin)

[2] 2 *Cf.* N. MEDE, « L'Afrique francophone saisie par la fièvre de la performance financière », *RFFP*, n° 135, septembre 2016, p. 349.

[3] Directive n° 06/2009/CM/UEMOA du 26 juin 2009 portant lois de finances au sein de l'UEMOA ; directive n°01/2009/CM/UEMOA du 26 juin 2009 portant code de transparence dans la gestion des finances publiques au sein de L'UEMOA ; directive n°08/2009/CM/UEMOA du 26 juin 2009 portant nomenclature budgétaire de l'Etat au sein de l'UEMOA ; directive n°09/2009/CM/UEMOA du 26 juin 2009 portant plan comptable de l'Etat (PCE) au sein de l'UEMOA , directive 10/2009/CM/UEMOA du 26 juin 2009 portant tableau des opérations financières de l'État (TOFE UEMOA) au sein de l'UEMOA, etc.

[4] Loi organique n°2013-14 du 27 septembre 2013 relative aux lois de finances au Bénin ; loi organique n°2014-336 du 05 juin 2014 relative aux lois de finances en Côte d'Ivoire ; Loi organique n°2014-013 du 27 juin 2014 relative aux lois de finances au Togo ; loi organique n° 2016-34 du 23 décembre 2016 modifiant la loi organique n° 2011-15 du 08 juillet 2011 relative aux lois de finances, etc.

[5] Aux termes des dispositions de l'article 12 de la directive n° 06/2009/CM/UEMOA du 26 juin 2009, à

performance[6], la comptabilité patrimoniale[7], la déconcentration de la fonction d'ordonnateur[8].

Au demeurant, de par les nouvelles dispositions juridiques qui encadrent la gestion budgétaire et comptable dans les pays composant l'UEMOA, ce sont les politiques publiques, tenues comme ligne d'action des pouvoirs publics, qui reçoivent affectation de crédits à travers le budget de l'Etat. Selon les mêmes dispositions, le niveau des allocations de ressources doit être en étroite cohérence avec les résultats attendus de la mise en œuvre des activités. Tout bien considéré, le cadre de référence pour la budgétisation axée sur la performance est bien tracé au sein de l'UEMOA et n'attend qu'à être mis en œuvre.

De même, la gestion des biens de l'Etat est censée connaître une transformation. Dans le dessein de l'établissement de bilan financier pour l'Etat, les comptes de patrimoine doivent dorénavant être mouvementés à l'entrée et à la sortie des biens. Un suivi en cours d'utilisation est aussi requis pour la pratique des dotations d'amortissement en vue de l'établissement de valeurs bilancielles fiables en fin de gestion. Aussi, avec la fixation de seuils de valeurs pour les biens à insérer et suivre en stock, c'est à une révolution qu'est promue la gestion des biens au sens des nouvelles dispositions juridiques.

En outre, la promotion de la responsabilité dans la gestion budgétaire et comptable est également prévue avec la consécration des premiers responsables des ministères et institutions de l'Etat comme ordonnateurs principaux de dépenses. A cela s'ajoute l'institution de comptables ministériels et l'affranchissement des services de passation des marchés publics sectoriels, dans la limite de seuils déterminés, du recours aux services centraux du ministère en charge des finances pour le prononcé des adjudications définitives. Ce qui, logiquement, est de nature à entretenir l'autonomie de décision des ordonnateurs principaux.

Les prérequis juridiques nécessaires pour le passage à une gestion budgétaire axée sur les résultats dans les pays francophones de l'Afrique de l'Ouest sont donc établis. Le pas qui reste à franchir pour la concrétisation des innovations introduites dans le cadre juridique du système de gestion des finances publiques des Etats sous études semble relever de la gestion du changement. Ceci paraît fondamental au regard de la profondeur des réformes à opérer. Des habitudes de gestion acquises et entretenues sur des décennies sont appelées à être abandonnées ou rectifiées. Le nœud de la question que pose la gestion du changement dans le contexte de l'adoption d'une nouvelle logique de gestion se trouve, en réalité, dans le fait que les procédures et les méthodes de travail changent, presque subitement, alors que les acteurs, eux, restent et devront rentrer dans un processus de recyclage.

---

l'intérieur des ministères, les crédits sont décomposés en programmes et un programme regroupe les crédits destinés à mettre en œuvre une action ou un ensemble cohérent d'actions représentatif d'une politique publique clairement définie dans une perspective de moyen terme.

[6] Aux termes des dispositions de l'article 12 alinéas 4 et 5 de la directive n° 06/2009/CM/UEMOA du 26 juin 2009, aux programmes sont associés des objectifs précis, arrêtés en fonction de finalités d'intérêt général et des résultats attendus. Ces résultats sont mesurés par des indicateurs de performance.

[7] *Cf.* Article 72 de la directive n° 06/2009/CM/UEMOA du 26 juin 2009.

[8] *Cf.* Article 68 de la directive n° 06/2009/CM/UEMOA du 26 juin 2009.

Bien que le genre humain soit capable d'adaptation, le *big bang* qu'implique le passage de la gestion budgétaire classique à la gestion budgétaire en mode programme induit des exigences spécifiques. L'accompagnement des acteurs de la chaîne des finances publiques mérite une prise en charge à la dimension des changements. Il se pose, dès lors, la question de savoir quelle politique faut-il mener ou quels défis faut-il relever pour mettre l'administration publique en capacité de porter la réforme. Tout bien considéré, semer et entretenir les pratiques, techniques et outils de gestion budgétaire par la performance au sein de l'administration publique fait appel à des défis. Le premier, c'est l'émergence de ressources humaines de qualité au sein du secteur public (I) et le second, c'est la connaissance de la dimension scientifique des finances publiques par les acteurs de la gestion financière publique (II).

I. LE DEVELOPPEMENT DE L'EXPERTISE AU SEIN DE L'ADMINISTRATION PUBLIQUE

La détention d'expertise dans une discipline ou dans un domaine donné suppose l'existence d'une méthodologie[9] (A). Au-delà de l'utilisation mécanique, voire aveugle des techniques et autres outils du domaine, elle exige la compréhension de la philosophie et de la finalité de leur création (B)

A. La définition d'une nouvelle méthodologie de gestion

« Prendre position sur les affaires de la communauté et le faire du point de vue de la rationalité [...] nécessite de comprendre de quoi il s'agit et de pouvoir apprécier ce qui est en jeu »[10]. Cette citation démontre, par elle-même, à quel point la compréhension des phénomènes financiers publics réputés complexes[11] ne relève plus simplement d'une nécessité mais d'une obligation pour les acteurs publics. Les décideurs publics et les gestionnaires des finances de l'État ne peuvent plus continuer à opérer dans l'ignorance de ce qui constitue la trame des finances publiques ou, plus exactement, de la science des finances publiques. C'est ce qui impose l'impératif de la maîtrise de la méthodologie qui gouverne le management des ressources publiques et de l'accommodation à leur évolution.

Le monde évolue, les États se modernisent, les modes de gouvernance changent. Les acteurs sont appelés à compter avec ces mutations et à se perfectionner pour être à la hauteur des implications de ces divers mouvements, en termes d'acquisition de nouvelles cultures de gestion. Rien que l'exemple de l'adoption d'une nouvelle approche de gestion suffit pour exprimer la nécessité d'un réarmement

[9] Au sens littéraire, la méthodologie s'entend de l'ensemble des méthodes et techniques d'un domaine particulier. *Cf.* Dictionnaire le Petit LAROUSSE, 2009, p.642.

[10] E. WEIL, *Philosophie politique (1985),* cité par M. BOUVIER, « Editorial », *RFFP*, n°32, 1990.

[11] M. BOUVIER, M-C. ESCLASSAN., J-P, LASSALE, *Finances publiques*, Paris, L.G.D.J, 16ème édition, 2017-2018, p.26.

méthodologique au sein de l'administration publique. Les exemples d'autres pays peuvent constituer, à cet effet, une source d'inspiration[12].

La nouvelle philosophie de gestion, il faut l'appréhender. Les nouveaux instruments de gestion, il faut en connaître les déterminants logiques et les articulations qu'ils recèlent. Il faut connaître leurs contenus et apprécier les changements qu'il faut introduire dans les pratiques anciennes ou les ruptures qu'il faut opérer d'avec les anciennes modalités de gestion et de management des ressources publiques. Il s'agit, à titre d'exemple, de prendre en charge, de façon optimale, l'élaboration de la loi de finances suivant une nouvelle méthodologie et de gagner en expertise par rapport à l'élaboration des instruments de programmation, de budgétisation et de gestion, tels que les documents de programmation pluriannuelle des dépenses et les projets annuels de performance, le plan prévisionnel de trésorerie[13], la comptabilité en droits constatés, les états financiers et la certification des comptes.

Le défaut de maîtrise des innovations induites dans le cadre juridique de gestion budgétaire et comptables des Etats de l'UEMOA présente un risque important. Celui-ci est lié à la préservation de la démocratie et des pouvoirs dévolus aux institutions de l'État. En effet, faute de connaissance et pris à défaut par les évolutions doctrinales et pratiques en matière de gouvernance financière publique, le pouvoir exécutif et le Parlement deviendraient des spectateurs du processus de décision financière publique, plutôt que d'en être les acteurs privilégiés. Ceci, d'autant plus que la mise en œuvre des réformes qui recommandent l'opérationnalisation des innovations précitées est assortie de délai[14].

De façon concrète, le dévoiement du pouvoir des institutions de l'État se ferait de la manière suivante, en cas de défaut de définition et de diffusion des méthodologies appropriées. Sous la pression communautaire et démuni de ressources humaines qualifiées pour la conduite des réformes et l'opérationnalisation des innovations, l'État n'aurait de choix que de faire recours à des acteurs qui ne relèvent pas du secteur public. Les innovations en question

[12] Par exemple, dans les mêmes conditions de mutation d'une logique de gestion à une autre, l'Australie essayé de distiller parmi tous les fonctionnaires une culture de l'usager et de l'impact/évaluation des politiques publiques, afin que chaque fonctionnaire se sente concerné par le sens de l'action administrative. *Cf.* S. TROSA, « La loi organique relative aux lois de finances (LOLF) : contrôle ou liberté ? », *Revue française d'administration publique,* n° 117, 2006, p. 57-68.

[13] *Cf.* Article 46 de directive n° 06/2009/CM/UEMOA du 26 juin 2009 portant loi de finances au sein de l'UEMOA et article 49 de la loi n° 2013-14 du 27 septembre 2013 portant loi organique relative aux lois de finances au Bénin ; article 46 de la loi organique n° 2014-013 relative aux lois de finances au Togo.

[14] L'article 86 de la directive n°06/2009/CM/UEMOA du 26 juin 2009 précise que les dispositions de la Directive sont appliquées au plus tard le 1er janvier 2012. Toutefois, les Etats membres ont jusqu'au 1er janvier 2017 pour procéder à l'application intégrale des dispositions relatives à la déconcentration de la fonction d'ordonnateur principal, telle que prévue à l'article 68 de la directive, aux programmes et aux dotations, tels que prévus notamment aux articles 12, 13, 14, 15 et 16 de la directive, ainsi que des annexes y relatives dans les articles 46, 47 et 50 de la directive, à la programmation pluriannuelle des dépenses, telle que prévue à l'article 53 de la directive, aux tableaux matriciels croisés prévus au 7° de l'article 46 de la directive, aux règles et procédures découlant du principe de la constatation des droits et obligations régissant la comptabilité générale prévue à l'article 72 de la présente Directive. Pour ce dernier cas, les Etats membres qui le souhaitent disposent d'un délai supplémentaire de deux (02) ans.

n'étant, pour l'essentiel, que la reproduction des règles et modes de gestion du secteur privé dans le secteur public, les experts du secteur privé les pratiquent depuis de longues dates et savent, conséquemment, les manipuler, au point même de pouvoir endoctriner ceux qui n'y sont pas initiés. Cooptés par l'administration publique elle-même ou imposés par des partenaires au développement, ceux-ci deviendraient de véritables acteurs de la décision financière publique en lieu et place de leur fonction de conseiller.

Il est évident que les connaissances requises aujourd'hui ne sont pas celles pour lesquelles les acteurs publics actuels ont été formés hier. Cependant, avec la réalité que « les systèmes financiers publics en viennent à se trouver exagérément éloignés des citoyens ainsi que des élus »[15], il est un devoir pour l'État de s'ajuster et de ne pas s'abandonner aux mains d'experts qui n'ont en réalité aucune responsabilité devant les populations. La redevabilité ne repose pas sur eux, mais plutôt sur les gouvernants élus ou détenteurs d'une légitimité dérivée. Il faut impérativement à ce sujet imaginer et mettre en place un système de contrôle des experts et de garantie des prérogatives des institutions républicaines.

A vrai dire, aujourd'hui déjà, comme on peut le noter, la mise en place de la nouvelle gouvernance financière publique fait observer « l'intervention croissante d'experts assumant parfois de fait, la responsabilité des décisions »[16]. On n'est donc pas loin, à l'instar de ce qu'on a pu appeler "la république des juges" aux États-Unis, de la "république des experts" dans les États en crise de ressources humaines qualifiées, mais contraints à la mise en place d'un système de gouvernance moderne axé sur l'utilisation de techniques et outils nouveaux et dynamiques. L'exemple du Bénin et celui de ses pairs de l'UEMOA et de la CEMAC sont assez illustratifs à ce sujet. En effet, la nouvelle gestion publique (budgétisation axée sur les résultats et exécution en mode programme), inspirée du nouveau cadre harmonisé des finances publiques et rendue obligatoire dans l'ensemble des pays membres de ces espaces communautaires, reste à être mis en œuvre dans ses multiples compartiments.

En réalité, la nouvelle architecture du budget de l'État, notamment en ce qui concerne le segment programmatique de la nomenclature budgétaire de l'État, emporte une exigence infrastructurelle pointue. Il s'agit du système d'information qui nécessite, non seulement de l'investissement financier important mais également d'ingéniosité et de connaissance technique. En vérité, si l'échéance de 2017 fixée pour le passage de l'exécution en mode classique à l'exécution en mode programme au sein de l'UEMOA n'a pas respectée, c'est beaucoup plus par défaut d'infrastructures informatiques et de connaissances approfondies. Seul le Burkina Faso semble avoir réussi à adapter son système d'information, le Circuit Informatisé des Dépenses (CID), à la nouvelle architecture budgétaire.

Tous les autres États continuent de se battre, avec des cortèges d'experts du privé, pour la construction d'un système d'information moderne et capable d'accueillir les quatre segments de la nouvelle nomenclature budgétaire de l'État et

---

[15] M. BOUVIER, « Réhabiliter et refonder la science des finances publiques », *in Mélange, Paul AMSELEK*, Bruxelles, Bruylant, 2005, p. 136.

[16] *Ibidem.*

d'intégrer les opérations de préparation, d'exécution (au plan budgétaire et au plan comptable) et de reddition de compte. En dehors du Burkina Faso, la Côte d'Ivoire s'appuie également, de façon substantielle, sur une expertise locale développée par la Société Nationale de Développement Informatique (SNDI). Pour le reste des États, l'expertise est beaucoup plus apportée par le privé. Au Bénin, comme au Sénégal, il y a eu un effort des professionnels de l'informatique en matière d'adaptation. Une préfiguration de l'exécution en mode programme est espérée avec des logiciels adaptés. Quant au nouveau système, sa réalisation est confiée à une équipe mixte d'experts (nationaux et étrangers), au sein de laquelle, l'essentiel de l'expertise est attendu du privé.

Ce que craint, dans ces conditions le Professeur M. *Bouvier* va au-delà de ce qu'il convient d'appeler "république des experts". Pour lui, « plus redoutable encore qu'une «république des experts», c'est la mise en place de systèmes fonctionnant selon des logiques propres sans que quiconque puisse en maîtriser les effets, toute capacité d'appréhension globale étant devenue impossible».[17] Et c'est ici tout l'intérêt que revêtent la recherche et l'instauration d'une nouvelle méthodologie pour la gestion des finances publiques. Ce n'est plus une faculté pour les États, mais plutôt un passage obligé. Elles s'imposent pour une meilleure compréhension des phénomènes financiers publics qui deviennent, par ailleurs, complexes.

L'obstacle, on le connaît et il faut anticiper pour le lever. C'est le manque d'instruments de compréhension en adéquation avec la variété et la dynamique du système financier public, pensé en silos. Le fondement de l'anticipation se trouve dans le caractère inévitable de la cohabitation entre le secteur public et les experts privés. Ce qui importe est d'éviter au secteur public de valider des propositions d'experts sans rien y comprendre. C'est cela qui donnerait de la vitalité à la "république des experts" au détriment des institutions démocratiques. Il n'est pas tard de s'en rendre compte et de se déterminer à jouer sa partition.

Dans tous les cas, « il s'en est produit un rapprochement remarqué entre les décideurs politiques et les experts du contrôle de la gestion financière qui n'est pas sans conséquence sur la démocratie parlementaire »[18]. Il faut simplement adhérer à l'idée selon laquelle « les phénomènes financiers publics sont [...] le produit d'interactions de tous ordres, faisant intervenir une grande variété de structures et d'acteurs, ce qui les rend par ailleurs sensibles aux transformations qui s'opèrent au sein des sociétés»[19]. Aujourd'hui, la réforme des finances publiques ne procède plus d'un simple angle de vue national, ni communautaire où la modernisation de la gestion publique serait rendue nécessaire par le besoin de partager rationnellement les économies[20].

Ainsi, avec la crise désormais structurelle des finances publiques, la fin du rapprochement n'est pas pour demain, car la performance en gestion du secteur

---

[17] M. BOUVIER, « Réhabiliter et refonder la science des finances publiques », article précité.

[18] C. D. DESMOULIN et G. DESMOULIN (dir.), *La décision financière publique*, Paris, LGDJ, p.18.

[19] M. BOUVIER, « Réhabiliter et refonder la science des finances publiques », article précité.

[20] M.BOUBIER, « Cybernétique financière publique et fin du politique ?», *Pouvoirs Locaux*, n° 102, octobre 2014.

privé est palpable et continuera de constituer une référence. Bien que les acteurs privés ne soient pas contraints à des obligations républicaines comme ceux du secteur public (notamment en ce qui concerne la recherche, la promotion et la préservation de l'intérêt général), l'évidence de la performance en termes d'efficience et d'efficacité fera toujours école chez eux. C'est apparemment plus facile de viser uniquement la réalisation du profit et de s'astreindre à l'observance des règles de rationalisation des charges. Mais de plus en plus, l'idée de la responsabilité sociale de l'entreprise émerge et engendre des charges additionnelles qui n'ont cependant pas, pour le moment, remis en cause l'efficacité du secteur privé. Elle oblige, par exemple, une entreprise qui opère dans le domaine de l'environnement à se préoccuper de l'équilibre naturel et donc à prendre des initiatives de renouvellement du couvert végétal, si son activité était de nature à créer de dommage à l'environnement.

Ce qu'il convient, par ailleurs, d'admettre, c'est que la définition et la maîtrise de la méthodologie en matière de gestion des finances publiques ne suffisent pas à elles seules pour assurer une bonne capacité d'appréciation et de mise en œuvre des outils et autres techniques aux cadres des administrations financières publiques. Il faut, en outre, avoir une bonne connaissance de la philosophie qui a présidé à la mise en place de tel ou tel instrument et en maîtriser la finalité.

B. L'APPROPRIATION DE LA PHILOSOPHIE DES OUTILS ET TECHNIQUES DE GESTION

« C'est la théorie qui décide de ce que nous observons »[21] dit-on. L'application des instruments et outils modernes de gestion nécessite, pour être intelligible, que les praticiens se familiarisent avec la théorie ou le courant de pensée qui a guidé l'invention de tels instruments ou la mise en place de tels autres outils. C'est dire qu'on ne pourra faire un bon usage d'un instrument, si les usagers ou les utilisateurs ne connaissent pas la finalité de la création de l'instrument et à quelle philosophie son introduction dans le dispositif de gestion publique répond.

En d'autres termes, dans la sphère de la gestion financière publique, il ne doit pas être admis une application mécanique des nouveaux outils et instruments de gestion. Il faut éviter la robotisation des ressources humaines des administrations publiques et faire prévaloir l'intelligence humaine et l'aptitude des hommes à la perfection. L'appropriation de la philosophie des outils et techniques modernes de gestion répond à cette exigence qui est liée à la fois à la dimension anthropique des acteurs, mais également à la dynamique évolutive des systèmes financiers publics. Les transformations institutionnelles désormais rapides et permanentes des finances publiques appellent plutôt une capacité d'adaptation véloce. Or, s'il n'y a pas eu au prime abord un degré appréciable de dissémination de la culture théorique et philosophique des instruments et outils en usage, nul ne peut anticiper sur leur redimensionnement ou réorientation.

---

[21] *Cf.* http://mediateur.blog.lemonde.fr/2014/09/15/la-pensee-liberale-et-albert-einstein/. A. EINSTEIN est un Physicien allemand né à Ulm le 14 Mars 1879.

Il importe d'évoquer en soutien du plaidoyer en faveur de l'appropriation des techniques et outils de gestion qu'« en sciences sociales l'appropriation est définie à la fois comme état psychologique et comportement de l'individu »[22]. On peut comprendre par-là que les évolutions dans la gestion des finances publiques qui sont à l'origine de la création de nouvelles méthodes de gestion et de nouveaux instruments et outils, doivent s'accompagner aussi de changement au niveau du comportement des acteurs, tout comme et surtout au niveau de leur psychologie. L'exigence de cette double dimension dans la caractérisation du profil des acteurs des finances publiques est le répondant de la double facette que présente le phénomène de l'appropriation. « Tandis que l'appropriation en tant que comportement peut être observé et qualifié par des acteurs autres que l'individu lui-même, l'appropriation en tant qu'état psychologique de l'individu ne peut être caractérisée que par celui-ci ». A y voir de près, un acteur contemporain de la gestion des finances publiques doit être capable de réaliser en lui-même cette double mutation, étant donné que « ces deux « indicateurs » de l'appropriation sont complémentaires l'un de l'autre et permettraient de mieux tenir compte de la complexité du phénomène »[23].

Sur le plan sémantique, en effet, « le mot appropriation se compose du mot latin « proprius » et du suffixe « ation » [et] « Propius » signifie à la fois « celui que je suis » et « ce qui m'appartient en propre » et le suffixe « ation » signifie « l'action en train de s'accomplir »[24]. La mobilisation du concept d'appropriation dans différentes disciplines reste toutefois diversifiée, au-delà de l'acceptation commune de l'étymologie du mot[25]. On aperçoit clairement, avec cette définition, la prégnance de la dimension anthropienne dans le processus de l'appropriation qui permet peut-être d'affirmer que « le processus d'appropriation peut-être compris selon trois perspectives interdépendantes socio-politique, psycho-cognitive et rationnelle »[26]. En définitive, l'homme, qui est à l'œuvre dans les administrations financières publiques, doit être au cœur des changements qu'il est appelé à vivre et à gérer.

Ce qu'il ne faut jamais laisser s'installer, c'est le phénomène que A. EINSTEIN caractérise en écrivant que « la théorie, c'est quand on sait tout et que rien ne fonctionne [et que] la pratique, c'est quand tout fonctionne et que personne ne sait pourquoi »[27]. Pour faire face aux défis que posent par ces temps nouveaux les phénomènes financiers publics, la conjonction des deux aspects des instruments et outils de gestion s'avère nécessaire. Il ne doit pas avoir de théorie sans pratique et

---

[22] *Cf.* http : //www.strategie - aims. com / **events / conferences / 4 – xxeme – conference – de -l-ims / communications** / 1226 – proposition – dune – echelle – de – mesure – psychometrique - de-lappropriation-individuelle-dun-outil-informatique/download.

[23] *Ibidem.*

[24] *Ibidem.*

[25] *Ibidem.*

[26] F. X. De VAUJANY « Pour une théorie de l'appropriation des outils de gestion : vers un dépassement de l'opposition conception-usage », *Management & Avenir*, n° 9, 3/2006 p. 109-126. URL : http://www.cairn.info/revue-management-et-avenir-2006-3-page-109.htm DOI : 10.3917/mav.009.0109.

[27] *Cf.* http : //evene. lefigaro.fr/ citation/theorie-sait-tout-rien-fonctionne-pratique-tout-fonctionne-pers-14093.php.

il ne doit pas non plus avoir de pratique sans théorie. C'est en cela que les efforts de modernisation du cadre de gestion des finances publiques pourront s'accomplir et porter la promesse des philosophies qui les ont inspirés. Si à ce niveau, il est observé un défaut d'articulation, la conception des nouveaux outils qui participent d'une politique d'anticipation n'aura pas servi à grande chose, car le « le perfectionnement des outils suppose une capacité à penser et très vite s'établissent des relations de complémentarité entre l'activité et la réflexion »[28].

On le sait, la gestion des finances publiques est devenue exigeante parce que contingente. Les prévisions sont moins solides que jamais avec les crises et les chocs de tout genre. En outre, depuis la fin du XVIIIème siècle, les doctrines financières publiques associent démocratie, transparence et éthique politique. C'est assez complexe pour admettre une déficience de la connaissance théorique des instruments et outils à partir desquels cette alliance pourrait être réalisée. Sans doute, chacun est conscient du fait que l'écart entre la politique et l'éthique est bien profond. Le rapprochement des deux ne relève pas de la technique financière ni des outils de gestion financière. C'est peut-être pour cela que la transparence des finances publiques est apparue dans l'agencement. Bien mise en œuvre dans ses différents compartiments, elle (la transparence budgétaire), pourrait contribuer au rattrapage de l'écart entre la politique et l'éthique. Sa relation avec la qualité du vivre ensemble en dit long. Pour tout dire, « la transparence des finances publiques est inséparable d'une conception de la qualité du lien social de ce qui est estimé juste pour la vie en société »[29].

Dès lors, on comprend plus la nécessité de l'appropriation et même son caractère fondamental dans la vie financière contemporaine de l'État, vu que le combat des États aujourd'hui ne s'arrête plus simplement à la fonction d'assurer la production des biens et services non marchands et la redistribution des revenus. C'est d'abord la maîtrise de la progression des dépenses publiques dans un contexte de rareté des ressources. Tout ceci fait que « l'appropriation est un phénomène complexe qui nécessite l'activation de trois "regards" afin d'être appréhendée dans toute sa richesse »[30]. Le challenge, il ne faut pas se le cacher, c'est de comprendre comment un ou plusieurs acteurs rendent un outil de gestion propre à un usage par le partage des points de vue de divers groupes.

D'abord, il s'agit des points de vue du ou des co-concepteurs et des formateurs-diffuseurs de l'outil. Ici, il est pris en compte la question du pourquoi. Autrement dit, les points de vue du concepteur et des formateurs diffuseurs s'inscrivent dans une perspective de régulation, de contrôle, avec des préoccupations d'efficacité et d'efficience. C'est, en fait, le contenu de

---

[28] *Cf.* A. LEROI-GOURHAN., « Le geste et la parole », *in Revue française de sociologie*, 1966, Vol 7, n° 1 pp. 92-94.

[29] *Ibidem.*

[30] F. X. De VAUJANY « Pour une théorie de l'appropriation des outils de gestion : vers un dépassement de l'opposition conception-usage », *Management & Avenir*, 3/2006 (n° 9), p. 109-126. URL : http://www.cairn.info/revue-management-et-avenir-2006-3-page-109.htm **DOI :** 10.3917/mav.009.0109.

la perspective rationnelle de l'appropriation évoquée plus haut. Le cas du document de programmation budgétaire et économique pluriannuelle introduit dans le nouveau cadre harmonisé des finances publiques de l'UEMOA pourrait constituer un exemple. Ce qu'implique l'appropriation, dans son volet rationnel, c'est un partage de points de vue entre les rédacteurs des directives, ceux qui sont à l'origine de la conception du nouvel instrument, et ceux qui sont chargés de faire sa transposition en droit interne des États. A ce niveau, les échanges doivent porter sur les fondements philosophique, théorique en lien avec la finalité, en terme de rationalité et de robustesse des prévisions macro-économiques et macro-budgétaires.

Ensuite, ce sont les points de vue des utilisateurs-finaux. Ils répondent à des dynamiques d'apprentissage-représentation de l'outil, par lesquelles les utilisateurs finaux vont cadrer leur emploi de l'outil dans une logique de régulation autonome perspective. On est ici dans l'explication de la perspective dite "psycho-cognitive" du processus de l'appropriation. Ce qu'il importe de souligner ici, c'est en réalité des échanges de points de vue qui doivent conduire à un transfert de compétences. Les formateurs-diffuseurs de l'outil de gestion sont appelés, non seulement à restituer aux utilisateurs finaux la philosophie et la finalité de la conception du nouvel outil, mais ils doivent également amener les utilisateurs à un niveau de compréhension qui leur permette de s'autonomiser. Il s'agit de l'autonomie dans l'utilisation de l'outil mais également de l'indépendance personnelle en termes de réflexion pour une meilleure intégration de l'outil dans le dispositif de gestion existant. L'exemple du document de programmation budgétaire et économique pluriannuelle reste édifiant. En réalité, c'est à cette étape que les utilisateurs finaux doivent se faire une idée sur la mutation qu'il faut réaliser par eux-mêmes, pour passer de l'ancienne note d'orientation économique du budget au DPBEP.

Enfin, il y a le croisement des points de vue des utilisateurs-finaux et des processus sociologiques par lesquels passe l'appropriation afin de constituer une régulation autonome. C'est la dimension perspective dite "socio-politique"[31] de l'appropriation. Au Bénin, par exemple, après des rencontres des responsables du pôle de Dakar (institution financée, entre autres, par le PNUD pour la vulgarisation du nouveau cadre harmonisé des finances publiques), il a été question de définir un canevas qui fusionne la note d'orientation économique et budgétaire (l'ancêtre du DPBEP) et la note d'orientation du programme d'investissement public.

In fine, l'outil de gestion étant un ensemble de règles et d'objets[32] intégrés de façon systématique dans une logique fonctionnelle (ou toute autre logique d'acteur),

---

[31] *Cf.* A. LEROI-GOURHAN., « Le geste et la parole », article précité.

[32] Un objet de gestion correspondra à tout signe, technique ou savoir-faire local et élémentaire dont le but est d'orienter ou de faciliter une action collective et micro-sociale. Les termes techniques, mais aussi les schémas, croquis, représentations graphiques, les lignes de codes, les interfaces d'outils informatiques, les concepts ou

il est propre à un besoin tout aussi spécifique. Ainsi, « en pratique, l'outil est donc souvent difficile à dissocier des règles qu'il intègre »[33]. Enfin, un dispositif de gestion est un ensemble d'éléments de design organisationnel porté par une intention stratégique, produit et géré par le centre ou le pivot d'un collectif organisé et qui vise à intégrer les outils et les acteurs de façon cohérente et dans le respect de certaines règles de gestion[34]. D'où l'inévitable nécessité d'appropriation.

Sur cette base, on peut assimiler, par exemple, le code de bonne conduite élaboré par le FMI à un outil de gestion. Ce code pose quatre principes essentiels : « la définition claire des attributions et des responsabilités, au sein du périmètre public, la détermination d'un processus budgétaire clair, l'accès du public à l'information, l'existence d'un contrôle interne et d'un audit indépendant »[35]. Il en est de même de la démarche PEFA qui se décline en une trentaine d'indicateurs[36] et qui est une initiative de la Banque Mondiale, du manuel de transparence des finances publiques et des rapports d'observation sur les normes et les codes (ROSC), établi sur la base d'un volontariat de la part des États (90 à l'heure actuelle), du manuel de statistiques des finances publiques consacré à l'application d'une comptabilité en droits constatés[37], des critères de gouvernance promus par l'OCDE[38].

L'appropriation, vue comme « une opportunité de repenser les rapports entre conception et usage »[39] repose donc sur des prérequis de la part des acteurs. Au-delà des expériences accumulées, une connaissance scientifique, fût-elle embryonnaire, paraît nécessaire pour le succès de l'appropriation.

II. LA PRISE EN COMPTE DE LA DIMENSION SCIENTIFIQUE DES FINANCES PUBLIQUES

En affirmant que «les conditions d'exercice du pouvoir dans la société contemporaine ont changé »[40], le professeur M. Bouvier faisait fondamentalement allusion au pouvoir budgétaire et au pouvoir normatif financier. Effectivement, le pouvoir de décision financière dans l'État appelle, plus que jamais, technicité, expertise et connaissance scientifique. C'est ce qui justifie la nécessité du

---

slogans "à la mode" ou bien encore les indicateurs, sont autant d'objets de gestion, dès lors qu'ils sont envisagés comme des supports isolés dans l'action organisationnelle. *Cf.* F. X. De VAUJANY « Pour une théorie de l'appropriation des outils de gestion : vers un dépassement de l'opposition conception-usage », Management & Avenir, 3/2006 (n° 9), p. 109-126. URL : http://www.cairn.info/revue-management-et-avenir-2006-3-page-109.htm **DOI :** 10.3917/mav.009.0109.

[33] *Ibidem.*

[34] *Ibidem.*

[35] B. CAILLEMER et M.VALENTE, « Les standards de la bonne gouvernance financière publique », *Op.cit.*, p.5.

[36] *Idem*, p.6.

[37] *Idem, p.5.*

[38] *Idem*, p.6.

[39] A. GRIMAND, *L'appropriation des outils de gestion : vers de nouvelles perspectives. Cf.* ***https://books.google.fr/books?isbn=286272419X*** Amaury Grimand - 2006 - Management.

[40] M Bouvier, M.-C., Esclassan., J.-P Lassale, Finances publiques, LGDJ, 13e éd., 2014, p.109.

développement de la diffusion du savoir scientifique en la matière (A), pour une amélioration de la capacité d'adaptation des acteurs (B).

A. La promotion de la recherche appliquée en finances publiques

L'université doit sortir de la tour d'ivoire et mettre les résultats des recherches au service du développement[41]. Ces propos rappellent, s'il en est encore besoin, la nécessaire conjugaison des efforts entre théoriciens (principalement universitaires) et technocrates pour le succès de la mise en œuvre des politiques publiques dans les différents compartiments des fonctions de l'État. Il s'agit, à la fois, d'une mise en commun des savoirs théoriques et pratiques pour plus d'efficacité, mais également d'une mise en commun des ressources (humaines, matérielles et autres infrastructures...) pour apporter une solution scientifique à des problèmes complexes. En fait, il y a lieu de travailler à l'éclosion d'une alliance entre les praticiens des finances publiques et les théoriciens qui se consacrent à la recherche fondamentale et à la recherche appliquée dans le domaine des finances publiques.

L'utilité d'une telle démarche semble évidente. Les implications de l'évolution de la société sur l'organisation des pouvoirs publics et sur les finances de l'État sont là, palpables et se posent en des défis qu'il faut relever. La pérennité de l'État en dépend, vu l'étroitesse des relations entre les finances publiques et le pouvoir politique. Même s'il faut admettre que l'État n'est plus la matrice des finances publiques[42], ces dernières restent indéniablement un facteur de la définition et de l'existence de l'État. En d'autres termes, il faut garantir l'existence du pouvoir politique pour assurer l'existence de l'État. Ce qui revient à travailler à asseoir l'autorité du pouvoir politique sur le processus de décision financière publique.

Or, comme il a été démontré, la maitrise par les pouvoirs publics du processus de décision financière publique est aujourd'hui conditionnée par un minimum de savoir, non plus seulement pratique, technique mais scientifique. Ce qui revient à dire, au minimum, qu'il faut pouvoir en appréhender l'objet et en cerner la dimension, avec la dynamique évolutive que connaît la discipline d'une part et, en maitriser la méthode d'étude, d'autre part. L'association des experts technocrates et théoriciens spécialistes s'analyse donc comme la piste, la seule pour renforcer les capacités de l'État à sauvegarder son pouvoir de décision.

Au regard de ce qui précède, au plan de la gestion des finances publiques, ce sont les commis de l'État qui se situent sur la chaîne de la préparation, du vote, de l'exécution et du contrôle de la loi de finances qu'il faut doper en connaissance scientifique pour gagner le pari. Dans le contexte du Bénin, et en vertu des dispositions de la constitution du 11 décembre 1990[43], il s'agit des animateurs des

---

[41] *Cf.* propos du Professeur N. AWANOU, Recteur de l'Université d'Abomey-Calavi dans son discours lors du colloque international tenu à Cotonou en 2010 sur l'état des juridictions financières en Afrique de l'ouest francophone.

[42] *Cf.* R. HERTZOG, « La mutation des finances publiques : manifeste pour une discipline rajeunie ! », *RFFP*, n° 79, 2002, p. 270.

[43] *Cf.* Loi N° 90-32 du 11 Décembre 1990 portant Constitution de la République du Bénin

technostructures financières du pouvoir exécutif[44], des parlementaires et des animateurs des organes d'appui technique au Parlement, en matière d'exercice de ses prérogatives financières et il s'agit, enfin, des animateurs du volet financier du pouvoir judiciaire. Pour le moment, c'est encore la chambre des comptes, incrustée au sein de la Cour suprême, en attendant la création de la cour des comptes, telle que recommandée par l'UEMOA[45].

Les agents des organes ci-dessus cités ne peuvent rien, ou pas grande chose, quelle que soit leur volonté de servir efficacement et loyalement l'État, si leur capacité de compréhension et d'utilisation de la méthode d'analyse appropriée n'est pas constamment entretenue et scientifiquement renforcée. En effet, la simple pratique sans connaissance scientifique, c'est l'empirisme et la routine[46]. Autrement dit, sans connaissance scientifique de base et renouvelée au fil des changements et transformations qu'enregistrent les finances publiques, la valeur ajoutée ou la contribution des acteurs sera nulle ou presque nulle. Ce qui est en jeu, c'est l'éclairage de la pratique par la connaissance théorique et l'exploitation des problèmes enregistrés dans la pratique pour approfondir la connaissance théorique.

Il va sans dire que « ceux qui n'ont pas médité longuement avec la méthode scientifique, les problèmes financiers sont incapables de diriger les finances publiques d'un État »[47]. Et pour cause, ils ne sauront appréhender les phénomènes financiers publics dans leur juste dimension et ne pourront s'appuyer sur des ressorts scientifiques et techniques pour orienter la décision financière. C'est dire qu'il faut une certaine incubation théorique et pratique dans les évolutions des finances publiques et avoir une idée plus ou moins juste des défis futurs en matière financière pour opiner ou agir efficacement dans le domaine des finances publiques. Comme l'a souligné l'auteur, « il leur est matériellement impossible de trouver les solutions des grands problèmes financiers. Ils manquent de hardiesse ; ils s'en tiennent à ce qui existe ; ils s'arrêtent au détail »[48]. Il ne s'agit pas forcément d'une question d'initiation profonde à la science des finances publiques, mais tout au moins d'accoutumance et de prise de contact avec la réalité scientifique des finances de l'État.

En définitive, le fait de lier ou de gager la solidité du pouvoir politique à la compétence technique dont devraient faire montre les animateurs de l'appareil financier de l'État n'emporte pas une dépendance du pouvoir politique de la

---

[44] Il faut entendre, par-là, les agents ayant à charge la mise en œuvre de la mission d'Etat dénommée « planification et finances » ou la fonction « affaire économique », suivant le manuel de statistiques de finances publiques du fonds Monétaire International. Cf. décret n°2014-794 du 31 décembre 2014 portant nomenclature budgétaire de l'Etat.

[45] L'article 68 du Traité de l'Union Économique et Monétaire Ouest Africaine (UEMOA) prescrit à chaque État membre de l'Union de créer une Cour des comptes nationale autonome qui pourra garantir la fiabilité des comptes publics. L'obligation de créer une Cour des comptes autonome a été reprise par la Directive n° 002/2000/CM/UEMOA du 29 juin 2000 portant code de transparence dans la gestion des finances publiques au sein de l'UEMOA et par celle n°01/2009/CM/UEMOA portant code de transparence dans la gestion des finances publiques au sein de l'UEMOA

[46] G. JEZE, *Cours de finances publiques, 1926-1927, professé à la Faculté de droit de l'Université de Paris pendant le premier semestre 1926-1927*, Paris, M. *Giard*, 1927.

[47] *Ibidem.*

[48] *Ibidem.*

technocratie. Les spécialistes des finances publiques qui officient dans les administrations publiques sont sous ordre du pouvoir politique auquel ils ne peuvent s'opposer. Le président de la République au Bénin dispose, aux termes des dispositions de la constitution, de l'administration[49]. Le facteur politique étant un élément essentiel de l'organisation de la société[50], il ne saurait en être autrement. Ainsi, le fait que « le prisme technique domine et s'avère de plus en plus nécessaire pour appréhender les phénomènes systémiques dans des sociétés cognitives[51], n'est pas à percevoir comme un ombrage de la science et de la connaissance professionnelle à l'exercice du pouvoir politique.

Comme c'est déjà le cas dans certains secteurs de l'administration publique, le développement de la recherche scientifique et de la recherche appliquée dans le domaine des finances publiques doit être promu. Aux côtés des administrateurs des finances, des administrateurs du trésor, des administrateurs des impôts, des administrateurs des banques et institutions financières doivent évoluer des chercheurs en fiscalité, en droit de la comptabilité publique, en droit budgétaire, etc. De même, les ingénieurs en planification et en statistique ont besoin d'être en phase avec les développements scientifiques récents ou nouveaux qui affectent leur domaine de compétence.

Le cas qui semble le plus illustratif actuellement au Bénin est celui du secteur agricole où on observe une volonté affichée de l'État de faire avancer la recherche appliquée au même titre que la recherche fondamentale. La manifestation de cette volonté, qui n'est pas aussi récente qu'on puisse le croire, est la création et le maintien de l'Institut National des Recherches Agricoles du Bénin (INRAB) dans l'architecture institutionnelle du ministère chargé de l'agriculture puis la création d'une université thématique dédiée à l'agriculture[52]. Cet institut a survécu à plusieurs Gouvernements et continue de tenir sa position dans l'architecture institutionnelle du ministère chargé de l'agriculture de l'Elevage et de la Pêche, en dépit de la revue des politiques publiques opérée par le Gouvernement à la suite de l'alternance politique d'avril 2016. Il fonctionne avec un personnel à statut mixte. Il y a les chercheurs, qui sont pour la plupart des docteurs dans diverses disciplines des sciences agronomiques et les administratifs, parmi lesquels on note des ingénieurs agronomes, spécialisés dans diverses branches de l'agriculture. Cet institut est, en quelque sorte, le trait d'union entre les laboratoires de la Faculté des

---

[49] *Cf.* Article 54 de la Constitution béninoise du 11 décembre 1990.

[50] A. LACHEZE et F. WASERMAN, « Les chemins de la bonne gouvernance financière publique », *in La bonne gouvernance des finances publiques dans le monde*, compte rendu des tables-rondes de l'université de printemps de finances publiques, FONDAFIP, septembre 2008, p.3.

[51] Il faut entendre par sociétés cognitives, les sociétés dans lesquelles le savoir, la connaissance, la compétence, et pour tout dire l'intelligence, toutes nouvelles matières premières, sont le ciment qui tient ensemble les briques de la maison Etat. *Cf.* A. LACHEZE et F. WASERMAN, « Les chemins de la bonne gouvernance financière publique », *in La bonne gouvernance des finances publiques dans le monde*, compte rendu des tables-rondes de l'université de printemps de finances publiques, FONDAFIP, septembre 2008, p.3.

[52] Il s'agit de l'Université nationale d'agriculture chargée, conformément au décret n°2017-125 du 27 février 2017, d'assurer la formation des cadres professionnels, la recherche scientifique et l'appui au développement dans les domaines des sciences agronomiques, agropastorales, halieutiques, forestières, environnementales.

Sciences Agronomiques qui font la recherche fondamentale et les directions techniques chargées de la promotion de l'agriculture[53].

S'il est vrai qu'il faut accéder à la thèse qui postule que c'est l'importance de l'agriculture pour le développement du Bénin qui aurait milité en faveur de l'investissement de l'État dans la promotion de la recherche agricole, beaucoup de facteurs existent aujourd'hui et plaident en faveur de la mise en place d'une véritable politique publique en matière de recherche en finances publiques. Il n'est pas nécessaire que cela soit sous la forme de la création d'un institut dédié comme on a pu le constater au niveau du secteur de l'agriculture. L'essentiel est que les finances publiques ne soient plus pilotées sans l'éclairage scientifique nécessaire.

Avant d'aborder d'autres facteurs, il convient de souligner que la question de financement de l'action publique, de par son ampleur aujourd'hui, suffit à elle seule pour motiver l'incitation à la recherche en matière de finances publiques. La volonté affichée de l'État en matière de recherche agricole au Bénin n'aboutirait pas aux résultats escomptés, en l'absence d'une politique publique de financement efficace. En conséquence, ce sont les finances publiques qui méritent, en premier, une attention soutenue des décideurs publics, puisqu'elles constituent, par ailleurs, le moyen d'affirmation de leur autorité.

En réalité, la nécessité, plus accrue aujourd'hui qu'hier, de gérer les finances publiques à travers des options et des décisions plus que jamais rationnelles trouve son fondement dans l'accentuation du décalage entre les ressources et les charges publiques. C'est une réalité partagée aujourd'hui que le déséquilibre des finances publiques est présent dans presque tous les pays. Pour le Bénin et les autres pays de l'UEMOA, il y a des raisons particulières à la crise des finances publiques, en dehors de ce que partagent en commun les États du tiers-monde, à savoir principalement le tassement des ressources extérieures (baisse de l'aide publique au développement et rareté des prêts concessionnels). Ceci est fondamentalement lié à la décélération de la croissance économique dans les États développés.

Ces raisons particulières sont de deux ordres, il y a d'un côté la mise en œuvre du tarif extérieur commun (TEC) qui a induit un fléchissement au niveau des ressources de porte. En effet, avec l'entrée en vigueur du TEC, il y a un désarmement tarifaire sur la circulation des biens et des personnes, avec comme conséquence, le renoncement de l'État à la perception de certains droits et taxes de douanes. Au même moment, les mécanismes de compensation prévus au plan communautaire pour atténuer les pertes de recettes publiques au niveau des États n'ont pas encore atteint un niveau de mise en œuvre satisfaisant[54].

---

[53] Créé par décret n° 92-182 du 6 Juillet 1992, l'Institut National des Recherches Agricoles du Bénin (INRAB) est la seule institution nationale qui s'inscrit dans la recherche agricole au Bénin. Il répond, avec les différents acteurs du monde agricole, aux enjeux nationaux et internationaux de l'agriculture et du développement. *Cf.* *http://inrab.org/index.php/qui-sommes-nous/inrab-en-bref.*

[54] Il s'agit, par exemple : - de la Taxe Dégressive de Protection (T.D.P), *cf.* Règlement N° 03/99/CMIUEMOA du 25 Mars 1999 portant adoption du mécanisme de la Taxe Dégressive de Protection au sein de l'U.E.M.O. A ;- de la Taxe Conjoncturelle à l'Importation (T.C.I), *cf.* Règlement N° 06/99/CMIUEMOA du 17 Septembre 1999 portant adoption du mécanisme de la Taxe Conjoncturelle à l'Importation (la T.C.I). ; - des mesures spécifiques, *cf.* Règlement N° 04/99/CM/UEMOA du 25 Mars 1999 portant adoption d'un système

D'un autre côté, il y a la suspension, à partir de l'année 2002, des avances statutaires de la Banque Centrale des États de l'Ouest (BCEAO) aux États membres. Auparavant, et sur le fondement des dispositions de l'article 20 des statuts de la Banque centrale des Etats de l'Afrique de l'Ouest, des avances de trésorerie sont consenties aux États en début d'année. Des ressources équivalant à 20% des recettes fiscales de l'année précédente étaient, en effet, rendues disponibles sur les comptes des États ouverts dans les livres de la banque. Mais, vu que les ressources décaissées au profit des États à titre d'avance n'étaient pas régulièrement remboursées par la plupart des États, la pratique qui tendait à devenir une forme d'émission monétaire (logique de planche à billet) a été suspendue. Un moyen alternatif de financement a été offert aux États en remplacement des avances statutaires. C'est la création du marché régional des titres publics qui est destiné à faciliter aux États, la mobilisation des ressources, soit pour le financement des investissements, soit pour couvrir certaines dépenses ordinaires, en attendant la réalisation des recettes qui sont prévues pour les financer.

Or, l'intervention sur le marché financier n'est pas aussi simple que la mise à disposition des avances statutaires. Elle répond à des règles bien précises selon l'instrument de mobilisation qu'on compte utiliser (titres obligataires ou bons de trésor). Il faut mettre en place un calendrier d'émission. En clair, cette alternative renforce le besoin de connaissance scientifique et professionnel des acteurs. Les instruments en question méritent d'être mieux connus du point de vue des aspects théoriques de leur intégration au dispositif des instruments de financement de l'État. Autrement dit, c'est la quête de nouvelles connaissances qui s'impose, de même que le développement d'un nouveau corps de métier dans l'administration publique : les spécialistes en valeur du trésor.

Face à ces défis de connaissance scientifiques des finances publiques, il existe des lueurs d'espoir au Bénin. Un laboratoire spécialisé dans la recherche fondamentale et dans la recherche appliquée est créé à l'Université d'Abomey-Calavi, par arrêté rectoral n°74-10/UAC/SG/VR/AAIP/SA du 23 décembre 2010 dans les domaines de l'Administration et des Finances. Il s'agit du Centre d'Etudes et de Recherches sur l'Administration et les Finances (CERAF) dont les activités permettent de gager un approfondissement de l'étude des questions liées aux finances publiques au Bénin. A titre d'exemple, on peut citer les nombreuses réflexions organisées sur des thématiques d'actualité en matière de gouvernance financière publique, telles que l'état des juridictions financières en Afrique de l'ouest francophone, la réforme de l'État[55], la mise en œuvre de la nouvelle loi organique relative aux lois de finances[56].

---

d'évaluation en douane dénommé Valeur de Référence au sein de l'U.E.M.O.A.

[55] Les actes de ce colloque, tenu au Bénin les 18 et 19 juin 2013, de concert avec l'Association Béninoise des Anciens Elèves de l'ENA France, l'Observatoire des Fonctions Publiques Africaines et l'Ecole Nationale d'Administration et de Magistrature du Bénin, ont été publiés la même année. Cf. N. MEDE (dir.), *La réforme de l'Etat au Bénin : état de la réforme et perspectives,* Abomey-Calavi, Centre des publications universitaires, 4ème trimestre 2013, 485 p.

[56] Les actes de ce colloque, tenu au Bénin les 13 et 14 février 2015, de concert avec le Centre de Formation Professionnelle de la Direction Générale du Budget, ont été publiés la même année. Cf. N. MEDE (dir.), *La LOLF dans tous ses états,* Abomey-Calavi, Centre des publications universitaires, 4ème trimestre 2015, 620 p.

Il reste que la collaboration entre les technostructures financières et ce laboratoire et avec bien d'autres encore soit renforcée. Pour une bonne coordination de la collaboration entre les chercheurs et les praticiens, il est peut-être nécessaire d'envisager la création, au sein du ministère chargé des finances, d'une Direction Générale de la Recherche en Finances Publiques ou d'un Institut National de la Recherche en Finances Publiques ou encore une section « recherche » au sein de l'Unité de Gestion de la réforme du Système de gestion des finances publiques. Le recyclage et l'adaptation du profil des animateurs de la vie financière de l'État en dépendent.

B. L'ADAPTATION DU PROFIL DES ACTEURS

Les caractéristiques des finances publiques ne sont pas statiques. Elles s'actualisent au rythme de l'évolution de la discipline. Elles se corrigent ou s'adaptent selon que le contexte économique change, selon que l'organisation institutionnelle du pouvoir connaît un redimensionnement ou encore selon que de nouvelles règles de gestion sont introduites dans l'arsenal juridique de gestion des finances publiques. Les finances publiques sont donc dynamiques, évolutives et emportent, par conséquent, une mise à jour permanente des connaissances et des repères d'appréhension et d'analyse. Les qualifications de finances publiques classiques, de finances publiques modernes, de finances publiques de l'UEMOA, de finances publiques de la CEMAC ou encore, en droit comparé occidental, de finances publiques européennes montrent bien que la matière admet une variété de caractéristiques selon l'époque, selon l'idéologie économique en vogue ou encore selon le cadre géographique et communautaire considéré.

Les implications de cette dimension des finances publiques, pour ceux qui en sont les acteurs, sont presque évidentes. C'est plus d'efforts pour la maîtrise des phénomènes financiers publics, c'est un retour fréquent aux méthodes d'analyse pour une meilleure acclimatation et c'est, finalement, un renouvellement systématique du recyclage des praticiens des finances publiques, suivant le rythme des changements. L'exemple le plus récent de changement qui induit une prise en charge, en termes de recyclage et de formation, est le passage du budget objet au budget de programme dans les zones UEMOA[57] et CEMAC[58].

Face au caractère mouvant des finances publiques, sous l'impulsion des facteurs ci-dessus énumérés (mutation de l'architecture des Institutions Politiques, évolution du contexte économique, mise en place de nouvelles réforme, etc.), l'adaptation conséquente du profil des ressources humaines de l'administration publique ayant en charge la mission d'accompagnement des politiques dans la gestion des finances publiques est indispensable. Convaincu de cette nécessité, le Sénégal a établi en 2016 le constat selon lequel « beaucoup de structures administratives n'ont pas encore atteint le niveau nécessaire, au plan technique comme sur le plan des ressources de toute nature, pour gérer sans risque majeur la fonction budgétaire telle

---

[57] *Cf.* génération 2009 des directives de l'UEMOA sur le cadre harmonisé des finances publiques.

[58] *Cf.* Directive n°1/11-UEAC-190-CM-22 du 19 décembre 2011 relative aux lois de finances.

qu'envisagée par la nouvelle LOLF, force étant de reconnaître que ladite fonction n'est pas exempte de sophistication et de complexité »[59]. Les spécialistes de la planification financière, les spécialistes des prévisions économiques et budgétaires du secteur public, les comptables, les spécialistes du contrôle juridictionnel des finances publiques, les organes d'appui au Parlement dans le cadre du contrôle politique sont appelés, non seulement à améliorer leur pratique des instruments mais aussi à saisir les forces et faiblesses des innovations.

Le défi pour une bonne gouvernance des finances publiques semble ainsi se résumer, outre la discipline que doivent s'imposer les décideurs politiques, à l'amélioration des connaissances théoriques, techniques et instrumentales des agents qui participent au processus d'aide à la décision financière dans le secteur public. Les partenariats entre les administrations financières publiques et les centres de recherches des entités universitaires dans les domaines de l'économie, du droit, de l'administration, de la gestion paraissent, à cet effet, une piste privilégiée. On peut citer, à titre d'exemple, l'Ecole Nationale d'Administration et de Magistrature, la Faculté de Droit et de Science Politique, la Faculté des Sciences Economiques et de Gestion, l'Ecole Nationale d'Economie Appliquée et de Management, etc.

La question de renforcement des capacités des acteurs est ainsi essentielle dans le pilotage et le succès de toutes réformes. Elle doit être pensée et traitée au même moment que les options de réformes se font. Autrement dit, le contenu des actions de formations doit découler des choix opérés en matière de réforme. A chaque point clé de la réforme doivent être associées des idées et stratégies de formations adéquates afin de préparer les acteurs à une bonne assimilation et à une bonne inculturation. C'est ce que promeut l'Initiative Africaine pour une Réforme Budgétaire Concertée (CABRI) qui estime qu'il faut « établir un équilibre entre les réformes et la croissance de capacités [et que] les faibles capacités en ressources humaines et des systèmes peuvent faire échouer toute initiative de réforme »[60].

En réalité, les finances publiques sont, elles-mêmes, pluridisciplinaires et pluridimensionnelles. La compréhension de l'interrelation ou de l'articulation entre les différents compartiments commandent « d'adopter une attitude intellectuelle transversale, autrement dit systémique, prenant en compte la logique de réseaux qui est aux fondements des choix financiers publics »[61]. Ceci a pour avantage, de favoriser une appréciation globale des phénomènes financiers publics et, par voie de conséquence, une meilleure maîtrise des facteurs déterminants de l'évolution des recettes et des dépenses publiques.

Les paramètres à prendre en compte pour l'adaptation du profil des acteurs de la gestion des finances publiques se doivent ainsi d'être endogènes. Ils doivent être révélés par une étude diagnostique qui mettrait en relief les défis qu'implique, en termes de capacités techniques et de connaissances théoriques, l'opérationnalisation

---

[59] *Cf.* Exposé des motifs de la loi organique n° 2016-34 du 23 décembre 2016 modifiant la loi organique n° 2011-15 du 08 juillet 2011 relative aux lois de finances.

[60] CABRI, Rapport d'activité, *La bonne gouvernance financière en Afrique*, 2011, P.15.

[61] M. BOUVIER, « Concevoir une méthodologie pour des finances publiques dans un monde en transition », *RFFP*, n°135, septembre 2016.

des options de réforme retenues. Il peut, par exemple, être question de renforcer simplement les capacités du personnel présent par des formations complémentaires ou des visites en administration comparée ou d'identifier de nouveaux besoins de compétences non encore disponibles dans le secteur public et de procéder à des recrutements directs.

Il n'est donc pas exclu que le besoin d'adaptation des profils des acteurs de la gestion des finances publiques aux exigences des réformes conduise à l'apparition de nouvelles fonctions, à la création et à la description de nouveaux postes ou encore à la revue des curricula de formation. Tout réside dans les nécessités nées du diagnostic, en rapport avec les mutations espérées. Si on considère le nouveau cadre harmonisé de gestion des finances publiques au Bénin, on peut noter l'obligation, désormais légale, de la mise en place du contrôle interne, du contrôle de gestion, de la comptabilité patrimoniale ou encore de la certification des comptes de l'État. Pour l'essentiel, il s'agit, pour les exemples ci-dessus cités, de nouvelles fonctions pour lesquelles il faut développer de nouvelles compétences, voire de créer de nouveaux corps qui n'existaient pas dans l'administration.

Le moins qu'on puisse dire, en observant les activités menées au niveau communautaire et dans les pays de l'espace UEMOA, c'est qu'il y a effectivement une prise de conscience de la nécessité de rendre disponibles les compétences appropriées pour la conduite de la réforme. Ainsi, si au niveau communautaire, la démarche observée est la mise en œuvre d'une stratégie de diffusion des bonnes pratiques instaurées par les nouveaux textes, au niveau des États, c'est la formation des acteurs à l'exercice des nouvelles fonctions et responsabilités qui a cours. En effet, l'Union Economique et Monétaire Ouest-Africaine (UEMOA) a engagé, après l'adoption des directives, une campagne de communication et de sensibilisation des acteurs budgétaires au nouveau cadre harmonisé des finances publiques. L'objectif poursuivi est d'expliquer à chaque acteur, les principales innovations qui y sont contenues[62].

Au niveau étatique, le Bénin a lancé en novembre 2015 la formation intensive des acteurs de la chaîne des dépenses publiques. Initiée conjointement par l'Unité de gestion de la réforme des finances publiques et la Direction générale du budget, la formation vise à donner aux directeurs de la programmation et de la prospective et aux responsables en charge de la gestion des ressources financières, des outils méthodologiques pour mieux comprendre les nouvelles orientations décidées au plan communautaire et intégrées au cadre juridique de gestion des finances publiques. Les autorités béninoises considèrent, en effet, la formation comme « l'un des paramètres du succès de la mise en œuvre de la réforme des finances publiques »[63] et espèrent conduire les praticiens à « une mobilisation générale et un réarment technique pour relever les défis qu'imposent les réformes »[64].

---

62 C'est le cas de la session de formation/sensibilisation de Ouagadougou (11 au 14 septembre 2012).

63 *Cf.* Discours de S. ADJOVI, Directeur de Cabinet du Ministre d'Etat chargé de l'Economie, des Finances et des Programmes de Dénationalisation à l'occasion du lancement, le mercredi 26 novembre 2015, de la formation intensive des acteurs des finances publiques.

64 *Ibidem.*

Les autres États de la communauté ont quasiment adopté la même démarche que le Bénin. L'essentiel des activités, en ce qui concerne l'adaptation du profil des acteurs, se résume en la mise œuvre des actions de renforcement de capacités, avec ou sans la définition au préalable d'un plan de formation en bonne et due forme. Pour le Togo, on peut évoquer, à titre d'exemple, la formation des acteurs des structures impliquées dans le processus budgétaire[65], en l'occurrence, les cadres de la direction du budget ainsi que ceux de la cour des comptes sur « le nouveau cadre légal et réglementaire de la gestion des finances publiques au sein de l'UEMOA » et « le processus budgétaire, l'élaboration de la loi de finances et les annexes budgétaires ».

Il faut, toutefois, noter que la démarche au Sénégal apparaît un peu plus rationnelle. Il a été procédé au recrutement, par appel d'offre, d'un consultant pour élaboration d'un Plan national de formation des acteurs budgétaires, comptables et autres acteurs non étatiques sur les modules de formation labellisés UEMOA et d'exécution des formations[66].

Le consultant recruté a eu pour mission d'assister le Ministère de l'Economie et des Finances (MEF), représenté par le Secrétariat exécutif du Projet de Coordination des Réformes Budgétaires et Financières (SE/PCRBF), dans l'élaboration et la mise en œuvre d'un plan national pluriannuel de formation (2013-2015), en matière de préparation, d'exécution et de contrôle du budget de l'État sur la base du cadre législatif et réglementaire issu de la transposition du nouveau cadre harmonisé des Finances publiques de l'UEMOA.

Cette démarche répond à l'idée de diagnostic préalable évoquée plus haut et qui devrait déterminer les actions de réforme à entreprendre. Elle intègre, par ailleurs la dynamique de la convocation du savoir scientifique pour l'éclairage des décisions publiques, à travers l'expertise qui est aujourd'hui considérée comme « un mode de connaissance pratique jouant un rôle de légitimation politique dans les sociétés modernes »[67].

De par ses exigences en termes d'adaptation des profils et de prise en compte de nouvelles pratiques de gestion, d'émergence de nouvelles fonctions et de nouveaux corps de métier dans l'administration publique, la décision financière publique est indubitablement source de transformation institutionnelle.

CONCLUSION

La gestion de la chose publique, plus précisément de l'argent public, devient de plus en plus exigeante. Les ressources publiques sont rares et l'obligation de rationalisation des charges publiques s'impose. Les acteurs étatiques sont contraints à l'efficacité, voire à l'efficience. Pour ce faire, ils sont appelés à être ingénieux et obtenir des résultats. La seule issue pour répondre à cet impératif, reste l'acquisition

---

[65] Cet atelier fait partie des activités de renforcement des capacités prévues dans le cadre de l'exécution du Projet d'Appui à la Mobilisation des ressources et au renforcement des Capacités Institutionnelles (PAMOCI). Il a été financé par la Banque Africaine de Développement (BAD).

[66] *Cf.* Dossier d'appel d'offre 47/2012/MEF.

[67] M. LEROY, *Sociologie des finances publiques*, Paris, La Découverte, 2007, p.84.

de nouvelles compétences pour une meilleure compréhension des phénomènes financiers publics et un meilleur agencement des choix publics. L'adaptation des profils passe alors pour un passage obligé. Autrement, les réformes financières publiques resteraient des initiatives vaines, du fait de l'ignorance !

Yakouba OUEDRAOGO[1]

LE CHANTIER DE LA NOUVELLE ARCHITECTURE BUDGÉTAIRE DANS L'ESPACE UEMOA

Le dédicataire des mélanges, le professeur Michel *Bouvier*, n'est pas à présenter aux universitaires spécialistes et aux praticiens des finances publiques. L'auteur de la présente contribution a d'ailleurs "fait sa connaissance" à travers ses travaux, notamment ceux portant sur les mutations que subissent actuellement les finances publiques du fait de la recherche de performance. Ayant rédigé une thèse sur *L'influence de la démarche de performance sur le droit public financier des États membres de l'UEMOA*[2], les nombreux travaux du professeur Bouvier sur *la nouvelle gouvernance financière publique*[3] introduite par la loi organique française relative aux lois de finances (LOLF) du 1er août 2001 ont constitué une riche bibliographie pour comprendre les mutations actuelles des systèmes financiers publics. Il nous a par ailleurs fait l'honneur de siéger dans notre jury de soutenance. C'est pour toutes ces raisons que nous lui rendons ici un hommage.

La question de la construction d'une nouvelle architecture budgétaire dans les États de l'Union Economique et Monétaire Ouest-Africaine (UEMOA)[4] parait être un thème pertinent pour un tel hommage. Il reflète en effet l'idée de "mutations – transition des finances publiques" qui caractérise les travaux du professeur BOUVIER et constitue aussi l'un des chantiers actuels des finances publiques dans les États membres de cette organisation.

Comme les autres parties du monde, l'Afrique subsaharienne est en effet engagée dans une nouvelle ère gestionnaire, qui caractérise les finances publiques. Dans les pays appartenant à une même organisation sous-régionale d'intégration comme l'UEMOA ou la Communauté Économique et Monétaire de l'Afrique

---

1 Docteur en droit public, Assistant à l'Université Ouaga II (Burkina Faso)

2 Voir Y. OUEDRAOGO, *L'influence de la démarche de performance sur le droit public financier des États membres de l'UEMOA*, Paris, LGDJ, 2018, coll. « Bibliothèque de finances publiques et fiscalité », t. 65.

3 A. BARILARI et M. BOUVIER, *La LOLF et la nouvelle gouvernance financière de l'État*, LGDJ, 3e éd., 2010, coll. Systèmes de Finances publiques, 261 p. M. BOUVIER, « La loi organique du 1er août 2001 relative aux lois de finances », *AJDA*, 20 octobre 2001, n° 10, p. 876 ; « L'âge de la nouvelle gouvernance financière et de la responsabilisation généralisée des acteurs publics : un autre contrat social, un autre État », *RFFP*, n° 92-novembre 2005, p. 45.

4 L'UEMOA est une organisation d'intégration créée par le Traité de Dakar du 10 janvier 1994, entré en vigueur le 1er août 1994. Elle a succédé à l'ancienne Communauté économique de l'Afrique de l'ouest (CEAO). Elle regroupe sept pays francophones : le Bénin, le Burkina Faso, la Côte d'Ivoire, le Mali, le Niger, le Sénégal et le Togo et un pays lusophone, la Guinée Bissau, qui y a adhéré le 2 mai 1997.

Centrale (CEMAC)[5], la fédéralisation financière confère aux autorités communautaires une compétence d'harmonisation des règles de gestion des finances publiques[6]. Dans l'UEMOA, l'exercice de cette compétence a permis l'adoption, en mars et juin 2009, de six directives adaptant les systèmes financiers aux exigences de la gestion axée sur la performance[7], que les États devaient transposer et appliquer intégralement au 1er janvier 2017[8]. L'objectif de ces directives de seconde génération[9] (ou nouveau cadre harmonisé de gestion des finances publiques, ci-après CHFP) est, comme la LOLF française de 2001, de substituer ou, du moins, de compléter « la classique et parfois courtelinesque logique de moyens [par] une logique de résultats »[10].

On perçoit ainsi la portée spatiale des travaux du professeur Bouvier sur les mutations des systèmes financiers. Au-delà du seul cas français, ils intéressent tous les systèmes financiers de type francophone. Les pays d'Afrique francophone comme ceux de l'UEMOA ayant hérité ou repris le modèle français de finances publiques dit de « système de budget de moyens »[11], sur lequel pèse généralement

---

[5] La CEMAC a été créée par le Traité de N'Djaména du 16 mars 1994. Elle regroupe le Cameroun, le Congo, le Gabon, la Guinée équatoriale, la République Centrafricaine et le Tchad.

[6] Art. 67 du Traité de Dakar créant l'UEMOA ; art. 54 de la Convention du 25 juin 2008 régissant l'Union Économique de l'Afrique Centrale (UEAC) ; N. MÉDÉ, *Finances publiques. Espace UEMOA/UMOA*, L'Harmattan-Sénégal, 2017, 548 p. L'Union européenne ne dispose pas d'une compétence d'harmonisation comparable.

[7] Directive n° 06/2009/CM/UEMOA du 26 juin 2009 portant lois de finances au sein de l'UEMOA, Directive n° 07/2009/CM/UEMOA du 26 juin 2009 portant règlement général sur la comptabilité publique au sein de l'UEMOA, Directive n° 08/2009/CM/UEMOA du 26 juin 2009 portant nomenclature budgétaire de l'État au sein de l'UEMOA, Directive n° 09/2009/CM/UEMOA du 26 juin 2009 portant plan comptable de l'État au sein de l'UEMOA, Directive n° 10/2009/CM/UEMOA du 26 juin 2009 portant tableau des opérations financières de l'État. À ces textes s'ajoute une directive du 24 juin 2011 portant régime financier des collectivités territoriales au sein de l'UEMOA et ses deux annexes.

[8] Comme dans l'UEMOA, des directives ont été également adoptées dans la CEMAC : Directive n° 06/11-UEAC-190-CM-22 du 19 décembre 2011 relative au Code de transparence et de bonne gouvernance dans la gestion des finances publiques ; Directive n° 01/11-UEAC-190-CM-22 du 19 décembre 2011 relative aux lois de finances ; Directive n° 02/11-UEAC-190-CM-22 du 19 décembre 2011 relative au règlement général de la comptabilité publique ; Directive n° 03/11-UEAC-190-CM-22 du 19 décembre 2011 relative au plan comptable de l'État, complétée par la Directive n° 01/12-UEAC-190-CM-23 du 22 juillet 2012 portant Additif à la Directive n° 03/11-UEAC-190-CM-22 du 19 décembre 2011 relatif à l'adoption du Guide d'application du plan comptable de l'État ; Directive n° 04/11-UEAC-190-CM-22 du 19 décembre 2011 relative à la nomenclature budgétaire de l'État et Directive n° 05/11-UEAC-190-CM-22 du 19 décembre 2011 relative au tableau des opérations financières de l'État.

[9] Une première génération de directives communautaires avait été adoptée avant celle de 2009 : Directive n° 5/97/CM/UEMOA du 16 décembre 1997 relative aux lois de finances, Directive n° 6/97/CM/UEMOA du 16 décembre 1997 portant règlement général sur la comptabilité publique, Directive n° 4/98/CM/UEMOA du 22 décembre 1998 portant nomenclature budgétaire de l'État (NBE), Directive n° 5/98/CM/UEMOA du 22 décembre 1998 portant plan comptable de l'État (PCE), Directive n° 6/98/CM/UEMOA du 22 décembre 1998 tableau des opérations financières de l'État (TOFE) et Directive n° 02/2000/CM/UEMOA du 29 juin 2000 portant Code de transparence dans la gestion des finances publiques au sein de l'UEMOA.

[10] M. BOUVIER, « La loi organique du 1er août 2001 relative aux lois de finances », *op. cit.* p. 876.

[11] P. LALUMIÈRE et B. CASTAGNÈDE (dir.), *Encyclopédie juridique de l'Afrique*, Tome 3 : *Systèmes budgétaires, financiers, fiscaux et douaniers*, Les Nouvelles éditions africaines, 1982, p. 21 et s. ; J-P DUPRAT, « La formation et l'évolution du droit financier en Afrique francophone subsaharienne », *in* D. BARDON et J. DU BOIS DE GAUDUSSON (dir.), *La création du droit en Afrique*, éd. Karthala, 1997, coll. Hommes et sociétés, p.

un soupçon d'inefficacité, la recherche de performance dans laquelle ils sont engagés entraine une transformation de leurs systèmes financiers. S'ajoute ainsi à la rationalité juridique, caractérisant traditionnellement la gestion budgétaire, une nouvelle rationalité dite gestionnaire ou managériale, entraînant ainsi une hybridation du droit financier[12].

L'architecture budgétaire représente un élément important du système financier public. Constituant l'ossature ou la charpente même du budget, dont il détermine la nature, l'architecture budgétaire influence le système d'allocation des ressources. Gaston *Jèze r*econnaissait à cet effet qu'« il est indispensable, pour une bonne administration des dépenses publiques, que les pouvoirs publics établissent [...] un bon classement, un bon groupement des dépenses. [Cette exigence] n'est pas seulement une satisfaction donnée au besoin d'ordre, de logique et de systématisation ; c'est, par-dessus tout, une condition essentielle pour que la gestion financière d'un pays soit claire, sincère et économe »[13]. Une bonne spécialisation des dépenses présente même un intérêt démocratique, car « c'est la classification des dépenses qui donne son "sens" à l'autorisation budgétaire »[14].

Le passage à la gestion axée sur la performance entraîne un changement du système de spécialité, autour duquel est construite l'architecture du budget. Le budget classique par poste de dépense, dite spécialité juridique ou administrative, doit évoluer vers une présentation des crédits en fonction des objectifs et finalités de la dépense publique. Ce nouveau système de présentation des crédits, dite spécialité par destination, est construit autour des missions – lorsqu'elles existent – et surtout des programmes, des actions et des activités. Cette nouvelle spécialité est censée accroître la lisibilité du document budgétaire[15], en permettant aux parlementaires d'accorder leur autorisation en connaissance des actions à mener et de leurs enjeux financiers[16] et de suivre les résultats atteints en fin de gestion.

Les pays membres de l'UEMOA se trouvent en chantier dans la construction d'une nouvelle architecture budgétaire. Après une internalisation plus ou moins satisfaisante des directives, les États ont pris du retard par rapport au délai initial fixé au 1er janvier 2017 pour le basculement du budget en mode performance. La gestion 2018 se présente comme l'année de transition dans l'officialisation de la nouvelle structure budgétaire. Trois des huit pays membres de l'Union ont opéré à

[12] M. BOUVIER, « Nouvelle gouvernance et philosophie de la loi organique du 1er août 2001 : aux frontières du réel et de l'utopie », *RFFP*, n° 86-avril 2004, p. 211 ; M. LASCOMBE et X. VANDENDRIESSCHE, « Les rapports "droit-gestion" à travers la responsabilité des acteurs de l'exécution budgétaire », *in* M. BOUVIER (dir.), *Innovations, créations et transformations en Finances Publiques* (actes de la IIe Université de printemps de Finances Publiques du GERFIP), LGDJ, 2006, pp. 167-192 ; S. KOTT, « Banalisation de la comptabilité, hybridation du droit comptable », *Gestion & Finances publiques*, n° 2, mars-avril 2016, pp. 50-54.

[13] Cité par M. CONAN, « Gaston Jèze et l'utilité de la dépense publique. L'élaboration d'une théorie générale des dépenses publiques », *La Revue du Trésor*, n° 2-février 2008, p. 164.

[14] L. TALLINEAU, « La loi organique du 1er août 2001 relative aux lois de finances », *RFDA*, novembre-décembre 2001, p. 1213.

[15] A. BARILARI et M. BOUVIER, *La LOLF et la nouvelle gouvernance financière de l'État*, *op. cit.*, p. 27 ; S. TROSA, « La loi organique relative aux lois de finances (LOLF) : contrôle ou liberté ? », *RFAP*, n° 117-2006, p. 59.

[16] P. JUEN, « L'autorisation parlementaire dans la loi organique relative aux lois de finances : réforme ou continuité ? (2e partie et fin) », *LPA*, 26 février 2002, n° 41, p. 8.

cette date le basculement, en adoptant un budget conforme à la nouvelle spécialité budgétaire : le Bénin, le Burkina Faso et le Mali. Pour le Burkina Faso, le budget 2018 constitue le second du genre, le premier exercice en mode performance étant celui de 2017. Mais l'architecture budgétaire de 2018 est restée identique à celle de l'année antérieure. Au Mali, malgré une relative longue expérience dans l'élaboration des budgets-programmes expérimentaux, c'est avec la loi de finances gestion 2018 que le budget « a été bâti dans la logique d'une gestion axée sur les résultats, en vue du basculement en mode budget-programmes conformément aux dispositions de la Loi n°2013-028 du 11 juillet 2013, modifiée, relative aux Lois de Finances »[17]. *Le Ministère des finances a*vait élaboré en 2017, parallèlement à la loi de finances construite selon l'ancienne spécialité (Section – Titre – Article), un budget blanc en mode programmes, qui répartit les crédits selon la nouvelle nomenclature de présentation[18]. Tout comme au Mali, le premier budget en mode programmes est aussi intervenu en 2018 au Bénin.

L'on voit à travers ces trois pays que la nouvelle structure budgétaire fait encore l'objet d'expérimentation. L'objectif de la présente contribution est de porter un regard sur la mise en œuvre de la nouvelle spécialité budgétaire. Si un bilan semble encore prématuré, l'analyse de la construction de l'architecture budgétaire permettrait d'apprécier l'adaptation et la cohérence de la nouvelle architecture budgétaire des États par rapport à celle définie par les textes communautaires. Cela permettrait ainsi de déterminer les avancées, mais aussi les contraintes et limites qui s'imposent aux États dans la construction de leur structure budgétaire, lesquelles pourront faire l'objet d'améliorations au cours des futurs exercices et servir d'expériences pour les autres pays de la zone qui n'ont pas encore opéré ce basculement.

Ainsi, s'il existe un effort d'adaptation à la nouvelle structure découlant des textes communautaires (I.), celle-ci demeure inachevée et reste encore perfectible (II.).

I. L'EFFORT D'ADAPTATION DE LA STRUCTURE BUDGÉTAIRE AU NOUVEAU SYSTÈME DE SPÉCIALITÉ

Les textes financiers internalisant les directives communautaires et des lois de finances révèlent un effort d'adaptation au nouveau système de spécialité. Cette adaptation s'observe à travers la consécration d'une nouvelle spécialité budgétaire (A.), dont les éléments fondamentaux sont repris dans la construction de la structure budgétaire (B.).

---

[17] MEF, *Projet de loi de finances 2018*, septembre 2017, p. 4.

[18] MEF, *Budget blanc en mode programmes. Exercice 2017*, document non daté, 189 p.

A. La consécration formelle d'une nouvelle spécialité budgétaire

La démarche de performance introduit un nouveau système de spécialité budgétaire, surtout en matière de dépenses publiques. La présentation des recettes ne soulève pas les mêmes enjeux que celle des dépenses. Elles sont d'ailleurs regroupées dans un titre unique et font l'objet d'un vote d'ensemble pour le budget général, par budget annexe et par compte spécial du trésor, ce qui s'apparenterait à un système d'abonnement s'il était appliqué aux dépenses publiques[19]. Pour les dépenses en revanche, le système de spécialité budgétaire conditionne l'exercice par le Parlement de ses prérogatives d'autorisation et de contrôle. Ses pouvoirs budgétaires peuvent être plus ou moins étendus, selon que l'unité de spécialité est étroite ou au contraire très large.

Dans l'espace UEMOA, la nouvelle nomenclature budgétaire prévoit que les dépenses du budget général, des budgets annexes et des comptes spéciaux du Trésor sont présentées selon les classifications administratives, par programme, fonctionnelle et économique[20]. Les classifications administrative[21], fonctionnelle[22] et économique[23] existaient déjà, mais sont mieux précisées dans les nouveaux textes financiers.

La classification par programme constitue en revanche l'innovation fondamentale de la nouvelle nomenclature des dépenses. C'est elle qui exprime en effet le passage à la gestion axée sur la performance, d'autant plus qu'elle détermine également l'unité de vote des crédits. Elle trouve son fondement juridique dans l'article 12 de la directive relative aux lois de finances, qui dispose que « Les lois de finances répartissent les crédits budgétaires qu'elles ouvrent entre les différents

---

[19] La classification des recettes a néanmoins connu une amélioration dans les directives de 2009. Elles sont désormais classées selon leur nature correspondant à l'assiette de l'impôt, et éventuellement selon leur source. Elles doivent être codifiées en deux niveaux obligatoires : l'article, correspondant à la nature de recette (vente de produits, recettes fiscales, recettes non fiscales, transferts reçus d'autres budgets, dons programmes et legs, recettes exceptionnelles, produits financiers) et le paragraphe, précisant à l'intérieur de l'article la source de la recette (pour les recettes fiscales par exemple : Impôt sur les revenus, les bénéfices et les gains en capital ; impôts sur les salaires versés et autres rémunérations ; impôts sur le patrimoine, etc ; art. 3 de la directive portant nomenclature budgétaire de l'État). Le troisième niveau de codification (la rubrique ou la ligne) reste facultatif pour les États.

[20] Art. 16 de la directive relative aux lois de finances. Pour une présentation de chaque type de classification, voir J-B. MATTRET, « Classification et conséquences économiques de la dépense publique », *Gestion & Finances publiques*, n° 3, mai-juin 2017, pp. 24-31.

[21] Calquée sur l'organisation administrative, la classification administrative présente les dépenses selon les services ou groupes de services chargés de leur gestion. Deux niveaux de classification administrative sont prévus : les Sections correspondant aux ministères et institutions, et les chapitres correspondant aux services ou groupes de services.

[22] La classification fonctionnelle présente, conformément aux normes internationales, les dépenses en dix grandes fonctions, correspondant à leurs objectifs socio-économiques : Services généraux des administrations publiques ; Défense ; Ordre et sécurité publics ; Affaires économiques ; Protection de l'environnement ; Logements et équipements collectifs ; Santé ; Loisirs, culture et culte ; Enseignement ; Protection sociale. Ces fonctions étaient au nombre de quatorze dans l'ancienne directive relative à la NBE.

[23] La classification économique présente les dépenses d'après leur nature économique (personnel, de biens et services, transferts et subventions, investissement). Elle est codifiée à deux niveaux obligatoires : l'article et le paragraphe, et éventuellement par la rubrique ou la ligne.

ministères et institutions constitutionnelles. À l'intérieur des ministères, ces crédits sont décomposés en programmes, sous réserve des dispositions de l'article 14 de la présente Directive. Un programme regroupe les crédits destinés à mettre en œuvre une action ou un ensemble cohérent d'actions représentatif d'une politique publique clairement définie dans une perspective de moyen terme [...]»[24]. Cette disposition retient ainsi la spécialisation par programme, qui remplace l'ancien chapitre budgétaire, qui constituait l'unité de spécialité de référence dans l'ancienne nomenclature budgétaire. Les ministères et institutions sont des cadres de regroupement et de mise à disposition des crédits. La mission n'est pas retenue comme un niveau de spécialité budgétaire[25]. La réserve faite à la spécialisation par programmes en vertu de l'article 14 concerne les dotations, unités de spécialité d'exception, qui regroupent « un ensemble de crédits globalisés destinés à couvrir des dépenses spécifiques auxquelles ne peuvent être directement associés des objectifs de politiques publiques ou des critères de performance »[26]. Les comptes spéciaux du trésor et les budgets annexes sont assimilés ou répartis en programmes et traités comme tels dans l'exécution du budget[27]. À l'intérieur des programmes et dotations, les crédits sont ensuite décomposés selon leur nature en crédits de personnel, de biens et services, d'investissement et de transfert, qui constituent des plafonds de dépense s'imposant aux acteurs d'exécution du budget (ordonnateurs et comptables publics), sous réserve des possibilités d'exercice de la fongibilité asymétrique par le responsable de programme[28]. Ce système de spécialité prévu par l'article 12 est repris et complété par la directive n° 08/2009/CM/UEMOA du 26 juin 2009 portant nomenclature budgétaire de l'État (NBE), qui détaille la nomenclature des recettes et précise les quatre types de classification des dépenses.

La nouvelle nomenclature budgétaire découlant des directives de l'UEMOA est quasiment reprise à l'identique dans les dispositions correspondantes des lois (organiques) qui internalisent la directive relative aux lois de finances[29] et les textes qui transposent la directive portant nomenclature budgétaire de l'État[30]. La

[24] L'article 17 de la directive n° 01/11-UEAC-190-CM-22 du 19 décembre 2011 relative aux lois de finances consacre le même système de spécialité budgétaire dans la CEMAC.

[25] En droit français, l'article 7 de la LOLF prévoit que « *les crédits ouverts par les lois de finances pour couvrir chacune des charges budgétaires de l'État sont regroupés par mission relevant d'un ou plusieurs services d'un ou plusieurs ministères. Une mission comprend un ensemble de programmes concourant à une politique publique définie. Seule une disposition de loi de finances d'initiative gouvernementale peut créer une mission* ».

[26] Quatre catégories de crédits font l'objet de dotations : les crédits des pouvoirs publics et institutions constitutionnelles, les crédits globaux pour dépenses accidentelles et imprévisibles, les crédits destinés à couvrir les défauts de remboursement ou appels en garantie intervenus sur les comptes d'avances, de prêts, d'avals et de garanties ainsi que les charges financières de la dette de l'Etat (art. 14 de la directive relative aux lois de finance).

[27] Art. 35 et 36 de la directive relative aux lois de finances.

[28] Art. 15 de la directive relative aux lois de finances.

[29] Art. 14 de la LOLF béninoise du 27 septembre 2013, art. 14 de la LOLF burkinabè n° 073-2015/CNT du 21 avril 2016 relative aux lois de finances, art. 15 de la LOLF ivoirienne du 5 juin 2014, art. 11 de la loi malienne du 11 juillet 2013, art. 12 et 13 de la LOLF nigérienne du 26 mars 2012, art. 12 de la LOLF sénégalaise du 8 juillet 2011, art. 12 de la LOLF togolaise du 27 juin 2014.

[30] Décret burkinabè n° 2016-600/PRES/PM/MINEFID du 8 juillet 2016 portant NBE ; Décret malien n° 2014-0694/P-RM du 12 septembre 2014 portant NBE et arrêté n° 2017-1229/MEF-SG du 4 mai 2017 fixant les

nomenclature budgétaire découlant des textes nationaux est quasiment identique à celle les directives. Il faut dire que l'exhaustivité et le degré de précision des textes communautaires ne laissent pratiquement pas de marge de manœuvre aux États dans la transposition.

Les éléments fondamentaux de la nouvelle spécialité se retrouvent ainsi repris dans la nouvelle architecture budgétaire en reconstruction.

B. La reprise des éléments fondamentaux de la spécialité dans l'architecture budgétaire

L'adaptation de la structure budgétaire à la nouvelle spécialité trouve sa traduction dans les textes nationaux de transposition et les lois de finances des pays ayant opéré le basculement dans la nouvelle présentation budgétaire. Concernant déjà la nature de l'autorisation, les lois de finances prévoient la double autorisation des crédits des programmes et des dotations en autorisations d'engagement et en crédits de paiement[31]. Les autorisations d'engagement remplacent les anciennes autorisations de programmes. Elles correspondent, dans la chaîne de dépense, à la limite supérieure des dépenses pouvant être juridiquement engagées au cours de l'exercice pour la réalisation des investissements prévus par la loi de finances. Les crédits de paiement correspondent aux crédits pouvant faire l'objet de consommation effective. Ils constituent en effet la limite supérieure des dépenses pouvant être ordonnancées ou payées au cours de l'exercice.

Le format de l'architecture budgétaire intègre le système de classification des directives. La présentation des recettes ne fait pas l'objet d'adaptations particulières. Les textes nationaux retiennent, en plus de la classification obligatoire par article et paragraphe, le troisième niveau correspondant à la rubrique ou à la ligne.

La nomenclature des dépenses respecte également la structure générale définie au niveau communautaire. On peut cependant souligner la présence, en plus des sections générales correspondant aux ministères et institutions constitutionnelles, de sections spécifiques regroupant généralement les crédits des Transferts de ressources aux collectivités territoriales (loi de finances burkinabè) et les Dépenses communes interministérielles[32] (loi de finances burkinabè et budget blanc malien en mode programme). Les textes maliens assimilent les régions administratives aux ministères et institutions, codifiés par les sections. Le décret béninois relatif à la nomenclature budgétaire ne prévoit pas de sections spécifiques aux transferts aux collectivités et aux dépenses communes[33].

Malgré la faible marge de manœuvre des États, les lois organiques béninoise et ivoirienne autorisent une présentation des crédits par mission. Une mission

---

codifications relatives à la NBE ; Décret ivoirien n° 2014-417 du 9 juillet 2014 portant NBE ; Décret sénégalais n° 2012-673 du 4 juillet 2012 portant NBE ; Décret béninois n° 2014-794 du 31 décembre 2014 portant NBE.

[31] Art. 42 de la loi de finances burkinabè, gestion 2018 ; MEF/Mali, *Budget blanc en mode performance. Exercice 2017*, p. 10.

[32] Comme les provisions pour imprévus, les intérêts et charges de la dette ainsi que les autres charges imprévisibles.

[33] Voir Annexe II 2-1 du décret.

regroupe un ensemble de programmes ou de dotations concourant à la réalisation d'une politique publique relevant d'un même ou de plusieurs ministères ou institutions[34]. Le décret béninois du 31 décembre 2014 portant nomenclature budgétaire regroupe les programmes et dotations en sept grandes missions de l'État[35], elles-mêmes divisées en missions budgétaires, représentant des axes des grandes catégories de missions[36]. Leur nombre peut être actualisé en cas de besoin.

En complément à la spécialité obligatoire, certains textes nationaux prévoient des niveaux de déclinaisons supplémentaires des programmes. En vertu du décret béninois portant NBE, les crédits des programmes sont déclinés en actions[37]. Le décret malien les décompose en actions ou sous-programmes[38], tandis que le décret burkinabè retient deux subdivisions à l'intérieur des programmes, à savoir les actions, elles-mêmes décomposées en activités.

La mise en œuvre de la spécialité fait l'objet de rationalisation, concernant notamment le nombre des programmes, des dotations et de leurs déclinaisons opérationnelles. À cet égard, le décret burkinabè fixe un plafond de sept (7) programmes maximum par ministère, deux (2) par institution[39], dix (10) actions maximum par programmes et quarante (40) activités maximum par action. Le budget 2018 comporte cent dix-sept (117) programmes et douze (12) dotations, regroupés dans quarante et un (41) ministères et institutions, auxquels s'ajoutent deux sections spécifiques (transferts aux collectivités territoriales et dépenses communes), soit une moyenne de trois programmes/dotations par ministère ou institution[40]. Si les crédits des organismes et institutions constitutionnels sont le plus souvent regroupés en une seule dotation ou en un seul programme, il existe une disparité entre les ministères sur le nombre des programmes. Seul le ministère de l'économie, des finances et du développement (MINEFID) atteint toutefois le plafond des sept programmes, la dotation relative à la charge de la dette non considérée. Le décret béninois sur la nomenclature budgétaire prévoit également une liste de quatre-vingt-quatre (84) programmes et onze (11) dotations[41] regroupés en trente-huit (38) ministères et institutions constitutionnelles, soit un peu moins de trois programmes/dotations par ministère et institution. Mais il ne fixe pas de plafond pour le nombre des actions.

La rationalisation de la spécialité est traduite par la présence systématique de programme de pilotage et de soutien des services, selon la terminologie de la loi de finances burkinabè, correspondant au programme Administration générale (et

---

[34] Art. 6 du décret béninois du 31 décembre 2014 portant NBE.

[35] Mission de souveraineté ; mission de planification et finances ; mission d'équipement ; mission de soutien au développement ; mission éducative ; mission sociale et environnementale ; mission administrative (art. 6 du décret de 2014).

[36] Pour la mission de souveraineté par exemple, l'annexe II1-1 prévoit comme missions budgétaires : Pouvoirs publics, Défense, Sécurité, Affaires étrangères, Justice, Budgets annexes, Comptes spéciaux du Trésor.

[37] Art. 5 du décret.

[38] Art. 13.

[39] Les institutions devaient plutôt faire l'objet de dotations.

[40] La présence de dotations dans les crédits des ministères et de programmes dans les crédits des institutions constitutionnelles ne permet pas d'établir une bonne moyenne par ministère et institution.

[41] Annexe II 1-2 et II 1-3 du décret.

contrôle) dans la pratique malienne[42]. Ce programme regroupe les crédits des services communs et polyvalents qui, compte tenu de leur transversalité et de leur indivisibilité, ne peuvent être rattachés à un programme déterminé du ministère.

Les crédits des budgets annexes et le nombre des comptes spéciaux du Trésor sont également limités dans leur montant. Le budget blanc malien prévoit ainsi pour les budgets annexes 1 071 188 000 francs CFA en autorisation d'engagement 2017 et 5 980 456 000 en crédits de paiement. Le même texte contient huit comptes spéciaux du Trésor relevant de cinq ministères (tout comme la loi de finances burkinabè gestion 2018). Leur montant s'élève, au titre de l'année 2017, à 8 087 700 000 francs CFA en autorisation d'engagement et 88 752 200 000 en crédits de paiement.

La nomenclature budgétaire reprend également les trois classifications obligatoires (administrative, fonctionnelle et économique) qui se combinent avec la spécialisation par programme, ainsi que les classifications facultatives par source de financement et par bénéficiaire de la dépense, que les États peuvent adopter pour répondre à des préoccupations spécifiques[43].

Si l'architecture budgétaire est reconstruite pour répondre aux exigences de la nouvelle classification imposée par les textes communautaires, cette adaptation reste encore inachevée.

II. L'ADAPTATION INACHEVÉE DE L'ARCHITECTURE BUDGÉTAIRE AU NOUVEAU SYSTÈME DE SPÉCIALITÉ

La construction de l'architecture budgétaire présente des insuffisances. L'analyse des textes financiers et des lois de finances révèle des anomalies dans la construction du budget (A). D'autres aspects de la performance sont en revanche laissés en suspens, révélant ainsi les limites de la mise en œuvre de la spécialité budgétaire rénovée (B).

A. LES ANOMALIES DANS LA CONSTRUCTION DE LA STRUCTURE DU BUDGET

L'expérience des lois de finances des trois pays ayant basculé dans la performance révèle des limites dans la construction de la structure budgétaire. On note d'abord une certaine confusion entre programmes et dotations, qui s'explique

[42] Il constitue l'unique programme de certaines institutions constitutionnelles (Cour constitutionnelle, Comité national de l'égal accès aux médias d'État ainsi que des anciens ministères qui ont changé de dénomination dans la loi de finances).

[43] Art. 12 de la directive NBE. La classification par sources de financement permet d'identifier et de suivre les moyens financiers des dépenses et le bailleur (fonds propres, dons et prêts ou extérieurs). La classification par bénéficiaire établit le lien entre la dépense et le bénéficiaire final (institution de la République, entreprises publiques, entreprises privées, institutions financières, collectivités territoriales, administrations publiques, ménages, institutions sans but lucratif, agents de l'État, institutions internationales ou supranationales, etc.) ; art. 23 de l'arrêté malien du 4 mai 2017 fixant les codifications relatives à la nomenclature budgétaire de l'État.

par la volonté de généraliser la spécialisation par programmes. Il convient d'ailleurs de souligner qu'une des particularités de la pratique budgétaire malienne est de ne pas prévoir de spécialisation des crédits par dotation. Tous les crédits sont répartis en programme, y compris ceux du Parlement, pour lesquels la loi relative aux lois de finances du 20 juin 2013 déroge pourtant, au nom de la séparation des pouvoirs et de l'autonomie financière, à la spécialisation par programmes[44]. La répartition de tous les crédits en programmes résultait déjà des budgets-programmes expérimentaux et a été reprise dans le budget blanc 2017 en mode programmes. Cette pratique n'est pas contraire à la nouvelle gestion budgétaire. La dotation vise seulement à soustraire certaines dépenses spécifiques à l'obligation de formulation d'objectifs de politique publique et de critères de performance, mais leur spécialisation par programmes n'est pas interdite.

Dans la loi de finances burkinabè, on note la présence de dotations et de programmes au sein d'une même institution constitutionnelle. C'est le cas de la Section 01 : Présidence du Faso qui contient des crédits spécialisés en une dotation et deux programmes et de la Section 03 : Premier ministère, dont les crédits sont répartis en une dotation et trois programmes. Les crédits du Premier ministère comportent d'ailleurs un Programme 008 : Promotion du capital humain, qui semble plutôt devoir se rattacher au Ministère de la fonction publique, du travail et de la protection sociale. La spécialisation des crédits concernés en programmes est cependant justifiée. En sens inverse, on observe la présence de dotations parmi les crédits de certains ministères : Ministère de la défense nationale et des anciens combattants (Dotation 022 : Défense) ; Ministère de la sécurité (Dotation 010 : Sûreté de l'Etat) ; Ministère de l'économie, des finances et du développement (Dotation 031 : Charge de la dette). Si la spécialisation de ces crédits en dotation est compréhensible eu égard à leur nature, leur regroupement dans les ministères peut paraître illogique. Ils pouvaient faire l'objet d'une section budgétaire spécifique, regroupant par exemple les dotations de souveraineté, comme il en existe dans la pratique béninoise.

L'existence de ministères et institutions mono-programmes ou mono-dotations peut être aussi considérée comme une insuffisance[45]. Cette pratique est justifiable pour les institutions constitutionnelles (Grande chancellerie des ordres burkinabè et Conseil constitutionnel dans la loi de finances 2018 burkinabè), mais elle l'est moins pour les crédits des organismes pour lesquels il est retenu une spécialisation

---

[44] Art. 11 §2 de la loi relative aux lois de finances.

[45] Dans le budget blanc malien, ils sont le plus souvent consacrés à l'administration générale (personnel, biens et services, transferts et subventions et investissement). Les institutions et ministères concernés sont : l'Assemblée nationale ; la Délégation générale aux élections ; le Cour constitutionnelle ; la Cour suprême ; la Haute Cour de justice ; le Conseil économique, social et culturel ; le Haut Conseil des collectivités territoriales ; le Bureau du Vérificateur Général ; le Médiateur de la République ; le Comité national de l'égal accès aux médias d'Etat ; l'Office national de lutte contre l'enrichissement illicite ; la Sécurité d'Etat ; l'Autorité de protection des données à caractère personnel ; le Haut Conseil national de lutte contre le SIDA ; la Haute Autorité de la communication ; le Commissariat à la sécurité alimentaire.

par programmes[46]. Elle traduit une insuffisante réflexion stratégique sur les missions de ces structures, en vue de leur découpage en programmes.

D'un point de vue formel, on constate aussi des insuffisances dans la formulation de certains programmes, surtout dans les documents budgétaires burkinabè. En dehors des ministères et institutions mono-programmes pour lesquels il est souvent repris la dénomination de l'institution ou l'intitulé « Administration générale (et contrôle) », les programmes ont fait globalement l'objet d'un effort de dénomination dans la pratique malienne. L'expérience de formulation des budgets-programmes expérimentaux a sans doute servi dans le découpage et la dénomination des programmes. La loi de finances burkinabè contient en revanche des intitulés inappropriés, qui ne correspondent pas aux buts ou missions des institutions ou ministères. Les dotations uniques du Conseil économique et social et du Médiateur du Faso reprennent la dénomination de ces institutions. Cette confusion entre dénomination de l'institution et intitulé du programme existe également dans le budget blanc malien 2017 à propos des crédits de l'Assemblée nationale, de la Haute Cour de justice, de la Sécurité d'État, de la Cour suprême, du Bureau du Vérificateur Général et du Médiateur de la République. Pour d'autres institutions, la loi de finances burkinabè se contente d'une simple description de sa nature juridique. Il en est ainsi dans la spécialisation des crédits des juridictions suprêmes et de certains organes de contrôle : Conseil d'État (Programme 118 : Juridiction supérieure de l'Ordre administratif) et Cour de cassation (Programme 120 : Juridiction supérieure de l'Ordre judiciaire). Seuls les crédits de la Cour des comptes (Programme 119 : Contrôle juridictionnel et contrôle de la gestion des finances publiques) et, dans une moindre mesure, ceux du Conseil constitutionnel (Dotation 117 : Coordination des actions du Conseil constitutionnel) font l'objet d'un effort de formulation en rapport avec la mission de ces organes. La dénomination est encore meilleure pour les crédits du Conseil supérieur de la Communication (Programme 115 : Régulation du secteur de la communication) et de la Commission Informatique et Libertés (Programme 122 : Protection des données à caractère personnel).

L'intitulé des programmes et dotations se révèle parfois incomplet ou imprécis. Or, à la différence de la spécialisation administrative fondée sur les services ou groupes de services destinataires des crédits, l'intitulé des programmes doit correspondre aux axes ou finalités des politiques publiques du ministère concerné. Tel n'est pas toujours le cas. Dans la loi de finances burkinabè gestion 2018, l'intitulé de certaines dotations et de certains programmes est lacunaire : Dotation 114 : Ordres burkinabè (délivrance, administration, gestion ?) ; Programme 121 : Élections (administration, organisation ?) ; Programme 048 : Femme et du genre (protection ou promotion ?) ; etc. D'autres programmes consistent en une simple décomposition des attributions du ministère, sans un effort de formulation par rapport à leurs attributions ou missions. Il en est ainsi dans la loi de finances burkinabè des programmes du Ministère du commerce, de l'industrie et de

[46] C'est le cas du Conseil supérieur de la communication, de l'Autorité supérieure de contrôle d'État et de lutte contre la corruption, du Conseil d'État, de la Cour des comptes, de la Cour de cassation, de la Commission électorale nationale indépendante, de la Commission de l'Informatique et des Libertés et du Médiateur du Faso dans la loi de finances 2018 burkinabè.

l'artisanat (programmes 67-71 consacrés à l'industrie, au commerce, à l'artisanat, au secteur privé, auxquels s'ajoute le programme de soutien). Il en va de même du ministère de la culture, des arts et du tourisme, qui retient deux programmes opérationnels relatifs à la culture et au tourisme et de celui des mines et carrières qui retient un seul programme (mines et carrières), auquel s'ajoute le programme de pilotage et de soutien des services.

En plus des anomalies, certains aspects de la performance sont laissés en suspens dans la nouvelle structure budgétaire.

B. Les aspects de la performance laissés en suspens

Certains éléments de la nouvelle structure budgétaire n'apparaissent pas encore dans la présentation du budget. Il s'agit d'abord des classifications complémentaires, dont le croisement donne la nomenclature matricielle des crédits. Sans être des unités de vote, les classifications croisées des dépenses doivent être produites en annexes obligatoires à la loi de finances. Il s'agit du tableau matriciel croisé de classifications fonctionnelle et économique, du tableau matriciel croisé des classifications administrative et fonctionnelle et du tableau matriciel croisé de classifications administrative et économique[47].

Ces documents annexes ne sont pas toujours formulés dans les documents budgétaires. Au Burkina Faso, le format général de la nomenclature budgétaire prévoit certes les classifications obligatoires, par destination (programmes, actions, activités), administrative et par programme, fonctionnelle, économique et les deux classifications additionnelles, mais pas la combinaison entre elles, sauf entre la classification administrative et par destination. La loi de finances se limite à la nomenclature d'autorisation, donc à la classification par programme et dotation à l'intérieur des sections. La nomenclature matricielle est encore inexistante.

Les décrets béninois et sénégalais relatifs à la NBE décrivent également les différentes classifications des dépenses rendues obligatoires, sans prévoir leur combinaison pour donner les tableaux matriciels croisés.

Au Mali, le budget blanc en mode programmes comporte toutefois, en plus de la nomenclature d'autorisation, une récapitulation de quatre principales classifications croisées, à savoir la combinaison de la nomenclature administrative, par programme et économique ; des classifications fonctionnelle et économique ; classification administrative et fonctionnelle et de la classification administrative et économique.

Plus problématique que la nomenclature matricielle est la question des instruments de performance accompagnant la nouvelle spécialité. L'une des originalités de la démarche de performance est d'associer aux programmes des instruments de performance permettant de mesurer les résultats atteints en fin de gestion. L'article 12 précité de la directive relative aux lois de finances prévoit en effet qu'aux « programmes sont associés des objectifs précis, arrêtés en fonction de finalités d'intérêt général et des résultats attendus. Ces résultats, mesurés

[47] Art. 46 7 de la directive relative aux lois de finances.

notamment par des indicateurs de performance, font l'objet d'évaluations régulières et donnent lieu à un rapport de performance élaboré en fin de gestion par les ministères et institutions constitutionnelles concernés ». Au sens strict, la performance s'organise autour de ces trois concepts fondamentaux (objectifs, résultats attendus, indicateurs de performance) qui forment le cercle vertueux[48] ou la cascade[49] de performance. Les résultats attendus font l'objet d'évaluations régulières et donnent lieu à un rapport de performance élaboré en fin de gestion par les ministères et institutions constitutionnelles. Les instruments sont repris dans les projets annuels de performance (PAP) qui accompagnent le projet de loi de finances initiale (LFI) en début d'année et dans les rapports annuels de performance (RAP) accompagnant la loi de règlement (LR), qui rend compte de la gestion et des résultats des programmes[50].

Malgré une expérience de formulation des instruments de performance dans la phase des budgets-programmes expérimentaux, ces instruments ne figurent pas dans les documents budgétaires actuels. L'absence d'instruments de performance relève sans doute d'une démarche prudente dans la mise en œuvre des réformes, qui privilégie pour l'instant la rénovation de l'architecture budgétaire avant la mise en place progressive des annexes budgétaires qui doivent l'accompagner.

Déterminant l'ossature même du budget, la reconstruction de l'architecture budgétaire constitue l'un des premiers chantiers de la recherche de performance dans la gestion budgétaire. Dans l'espace UEMOA, la conduite de ce chantier révèle, certes, des avancées, mais encore des limites et des défis ! Les avancées s'observent dans la mise en compatibilité des cadres juridiques nationaux avec les exigences des directives du nouveau cadre harmonisé des finances publiques et l'effort d'adaptation de l'architecture budgétaire à la nouvelle spécialité. Les limites tiennent surtout à la présentation des premières lois de finances qui se démarquent de la nomenclature définie. Elles devraient être corrigées pour rendre l'architecture budgétaire conforme aux exigences de la nouvelle spécialité.

---

[48] A. SINÉ et I. VEILLET, « La performance. Un outil et une démarche indispensables au pilotage des politiques publiques », *Regards sur l'actualité*, n° 335-2007, p. 25 ; J. ARTHUIS, *LOLF : culture des indicateurs ou culture de la performance ?*, Rapport n° 220 (2004/2005) fait au nom de la Commission des finances du Sénat, déposé le 2 mars 2005, 213 P.

[49] S. TROS (dir.), *Le guide de la gestion par programmes : vers une culture du résultat*, Éditions d'organisation, coll. « Service public », 2002, p. 89.

[50] Art. 46 et 50 de la directive n° 06/2009 relative aux lois de finances.

Nabil CHEURFA[1]

LE PROJET DE RÉFORME BUDGÉTAIRE EN ALGÉRIE : QU'EN EST-IL DU CONTRÔLE BUDGÉTAIRE DU PARLEMENT ?

INTRODUCTION

En théorie, le pouvoir de contrôle du Parlement sur les finances publiques est plus étendu que son pouvoir de décision[2]. A ce titre, le Parlement jouit de prérogatives de contrôle général qu'il exerce sur l'action du gouvernement par le biais des questions écrites et des questions orales[3], des interpellations[4], du contrôle de l'utilisation des crédits qu'il a votés[5], de l'approbation du programme du Gouvernement[6], de la constitution de commissions d'enquêtes[7]et annuellement à l'occasion de la déclaration de politique générale, par la possibilité de censure du Gouvernement, mise en œuvre par le dépôt de motions de censure[8]ou par le rejet du vote de confiance lorsque celui-ci est demandé par le Gouvernement[9].

Cette panoplie d'instruments politiques de contrôle s'est renforcée à la faveur de la révision constitutionnelle du 6 mars 2016 par un dispositif de contrôle supplémentaire, les missions d'information. Conformément à l'article 134 de la constitution : « Chaque commission permanente au niveau de chacune des deux chambres peut mettre sur pied une mission temporaire d'information sur un sujet précis ou sur une situation donnée ».

Par ailleurs, l'avant-projet de loi organique relative aux lois de finances (LOLF) accompagnant la réforme budgétaire dont l'entrée en vigueur est prévue pour 2024, laisse admettre qu'à la conception technico-administrative dans laquelle le contrôle des finances publiques a été longtemps cantonné, vient s'adjoindre une dimension politique qui se précise de plus en plus. Il est ainsi possible de reformuler

[1] Docteur en sciences juridiques, Université Paris I Panthéon-Sorbonne.

[2] E. OLIVA, *Finances publiques*, 2ème édition 2008, p. 67.

[3]Art. 134 de la Constitution et 71 à 75 de la loi organique n° 99-02 du 08 mars 1999 fixant l'organisation et le fonctionnement de l'Assemblée populaire nationale et du Conseil de la nation, ainsi que les relations fonctionnelles entre les chambres du Parlement et le Gouvernement.

[4]Art. 131 de la Constitution et 65 à 67 de la loi organique susvisée.

[5]Art. 160 de la Constitution.

[6]Art. 80 - 81 et 83 de la Constitution et 46 à 48 de la loi organique susvisée.

[7]Art. 161 de la Constitution et 76 à 86 de la loi organique susvisée.

[8]Art. 135 à 137 de la constitution et 57 à 61 de la loi organique susvisée.

[9]Art. 84 de la constitution et 62 à 64 de la loi susvisée.

l'interrogation qui est la nôtre : Le contrôle des finances publiques s'accommode-t-il d'une conception exclusivement administrative ? Dans un système politique prônant la séparation des pouvoirs, le Parlement n'est-il pas l'institution la mieux indiquée pour assumer une dose d'externalité ? Et enfin, quel rôle peut-il être indexé à la Cour des comptes dans la quête, par le Parlement, du recouvrement de l'une de ses missions les plus originelles et la moins controversée[10], celle de contrôle de l'utilisation de l'argent public ?

La réforme budgétaire tend à substituer au contrôle budgétaire timoré du Parlement un contrôle renforcé au moyen notamment de la réhabilitation de la loi portant règlement budgétaire et l'évaluation des politiques publiques. En effet, la lecture de l'avant-projet de LOLF permet de relever un certain regain d'intérêt pour le contrôle budgétaire du Parlement en ce qu'une attention particulière y est accordée particulièrement à la loi portant règlement budgétaire (I).

Par ailleurs, au moment où l'avant-projet de LOLF consacre le concept de l'évaluation qui exige d'en analyser les conséquences pour le Parlement **(II),** le renforcement des pouvoirs du Parlement algérien en matière de contrôle budgétaire passe inexorablement par un rapprochement institutionnel avec la Cour des comptes (III), suivant en cela une tendance commune qui se dégage des expériences observées sur le plan international : Les Cours des comptes s'érigent en véritables centres d'expertise des Parlements.

I. VERS UNE ÉVOLUTION EN DEMI-TEINTE DU CONTRÔLE BUDGÉTAIRE DU PARLEMENT

Si tant est que la procédure budgétaire soit adossée à la responsabilité du Gouvernement et qu'elle échappe donc au Parlement, il est indispensable que le raffermissement des pouvoirs budgétaires et financiers du Parlement s'inscrive dans une autre facette de la gestion des finances publiques, celle du renforcement de l'efficacité du contrôle parlementaire[11].

En matière budgétaire, le Parlement exerce un contrôle *a priori* qui se manifeste, tout d'abord, au moment de l'adoption de la loi de finances **(A).** Ensuite le contrôle parlementaire intervient en cours d'exécution de la loi de finances qu'il a votée à l'exécutif par le biais notamment de ses commissions des finances **(B).** Enfin, le contrôle parlementaire intervient en fin d'exécution et se matérialise par le vote et l'adoption de la loi portant règlement budgétaire qui constitue l'un des moyens les plus efficaces de contrôle de la conformité de l'action du Gouvernement aux autorisations parlementaires accordées en amont du processus budgétaire **(C).**

---

[10] M. LASCOMBE et Xavier VANDENDRIESSCHE, « La loi organique relative aux lois de finances (LOLF) et le contrôle des finances publiques », *Revue française d'administration publique*, 2006/1 no117, p. 135.

[11] A. BAUDU, « L'incertaine renaissance parlementaire en matière budgétaire et financière », *Revue du droit public et de la science politique en France et à l'Étranger*, 01 septembre 2010 n° 5, p. 1423.

A. Le contrôle parlementaire au moment du vote de la loi de finances : Vers une information plus enrichie

Le vote des crédits s'apparente à un contrôle politique *a priori* de l'opportunité des actions envisagées au titre du programme du Gouvernement[12]. A ce titre, en lieu et place d'une documentation complexe s'apparentant à un langage de Morse[13] pouvant rendre perplexe même un commissaire aux comptes[14], le Parlement aura à s'appuyer, au regard de l'avant-projet de LOLF, sur des documents budgétaires rénovés, plus lisibles et où l'information sera plus enrichie. L'accès à l'information étant indissociable du contrôle parlementaire[15] car, comme le souligne parfaitement le Professeur ORSONI, le risque en est que « l'excès de complexité ne soit un moyen de camouflage permettant de faciliter l'adoption de dispositions, qui, exposées clairement, eussent été rejetées »[16]. En outre, un texte inintelligible, particulièrement en matière budgétaire, risquera fort de susciter le soupçon d'insincérité[17].

Le contenu matériel de la loi de finances sera sensiblement étendu : les lois de finances auront à connaitre de la détermination du plafond d'emploi (art 14), le placement des disponibilités de l'Etat ainsi que l'escompte et l'encaissement des effets de toute nature émis au profit de l'Etat (art 58), l'octroi des garanties de l'Etat ainsi que la prise en charge des dettes des tiers (art 72), l'information et le contrôle du Parlement et les dispositions relatives à la comptabilité de l'Etat (art 72). Pour la première fois, les lois de finances connaîtront des fonds de concours dont une évaluation doit y être donnée.

La consécration organique d'un principe de sincérité budgétaire devra conduire à élever la qualité des prévisions budgétaires comme elle devra protéger le domaine propre des lois de finances de la pratique des *cavaliers budgétaires*[18].

Les coûts complets des actions des programmes seront présentés dans les documents budgétaires. Le parlement devra continuer de voter la loi de finances par ministère mais celle-ci devra inclure pour la première fois un plafond d'endettement et un tableau de financement. Le débat budgétaire sera centré désormais sur la destination des crédits et non plus sur la nature de la dépense, c'est-à-dire les chapitres.

---

[12] E. OLIVA, *Finances publiques*, *op. cit.*, p. 405.

[13] M.-T. BOUARA, *L'évolution de la loi de finances en droit algérien, Alger : pages bleues, novembre 2007*, p.356.

[14] A. LAMBERT, *Déficits publics, La démocratie en danger*, Paris, Edition Armand COLIN, 2013, p.133.

[15] A. LAMBERT, « Vers un modèle français de contrôle budgétaire ? », Le Seuil |*Pouvoirs*, 2010/3 - n° 134, p. 34.

[16] G. ORSONI, « Le principe de sincérité à l'étranger », *Revue française de Finances publiques*, 01 septembre 2010, n°111, p. 37.

[17] *Ibid.*

[18] Article 9 de l'avant-projet de LOLF, version du mois de mai 2017. Le but de l'interdiction des « *cavaliers budgétaires* » est souligné par M. BASLE (Le *budget de l'Etat*, 7e édition, Paris, La Découverte, 2012, p. 22), en ces termes : « On désarçonne ainsi « le cavalier » qui veut emprunter le cheval budgétaire (rapide et toujours disponible) au lieu des chevaux non budgétaires lents et rares (procédure législative ordinaire)».

B. Le contrôle parlementaire en cours d'exécution des lois de finances : Une évolution mitigée

Le contrôle parlementaire en cours d'exécution des lois de finances est essentiellement l'œuvre des commissions des finances du Parlement, en l'occurrence, la Commission des finances et du budget de l'Assemblée Populaire Nationale (APN) et la Commission des affaires économiques et financières du Conseil de la Nation.

Ces commissions peuvent obtenir, par le truchement de leurs bureaux, toutes les informations et documents susceptibles de faciliter leurs travaux. De plus, les membres de ces deux commissions ont le droit de contrôler sur place et sur pièces pour vérifier l'emploi des crédits du ministère dont ils ont la charge de présenter le rapport.

Par ailleurs, le ministre chargé des finances ou tout autre ministre dépensier peut être entendu par les commissions pour fournir des explications sur l'exécution de la loi de finances[19].Un nouveau droit d'information sera ouvert au Parlement en matière de décrets d'avance qui permettent au gouvernement d'ouvrir de nouveaux crédits dans la limite de 3% des crédits ouverts par la loi de finances[20]. Aussi, le report des crédits sera-t-il admis sous le seuil réglementaire de 5% du crédit initial du programme concerné[21].

Pour autant, aucune condition de consultation préalable ou d'information *a posteriori* du Parlement ne semble être posée en matière de mouvement des crédits en cours d'année. En effet, alors même que le plafonnement à 20% des transferts et des virements de crédits s'avère de nature à modifier profondément l'autorisation originelle du Parlement, aucune condition ne se trouve posée en cette matière ni même d'ailleurs en matière d'annulation de crédits[22].

Le principe de l'annualité budgétaire devra être renforcé par une période complémentaire qui ne saurait dépasser la date du 20 janvier de l'année suivant celle de l'exécution du budget[23], ce qui ne manquera pas d'entraîner un respect plus rigoureux du cadre temporel de l'autorisation parlementaire.

A l'opposé du cadre budgétaire français qui adosse expressément des prérogatives élargies aux présidents, aux rapporteurs généraux et aux rapporteurs spéciaux des commissions des finances du Parlement en matière de contrôle

---

[19]Article 70 de la loi organique 99-02 du 08 août 1999 fixant l'organisation et le fonctionnement de l'Assemblée populaire nationale et du Conseil de la nation, ainsi que les relations fonctionnelles entre les chambres du Parlement et le Gouvernement.

[20] Article 27 de l'avant-projet de LOLF, version du mois de mai 2017.

[21] Article 36 de l'avant-projet de LOLF, version du mois de mai 2017.

[22]Les mouvements de crédits sont en France, sous l'empire de la LOLF, soumis à de nouvelles obligations d'information des commissions des finances du Parlement en ce qui concerne les crédits de virement entre programme (maximum 2%) et les crédits d'annulation (maximum d'annulation de 1.5% des crédits). Cf. à ce sujet, M. BOUVIER, M-C. ESCLASSAN, J-P. LASSALE, *Finances publiques*, 16e édition 2017-2018, L.G.D.J, p. 411.

[23] Article 36 de l'avant-projet de LOLF.

budgétaire[24], l'avant-projet de LOLF n'endosse aucune attribution de ce genre à l'indicatif des commissions des finances. Les attributions de celles-ci ressortent plus de prérogatives générales dictées par la constitution et les règlements intérieurs des deux assemblées.

Cependant, les deux commissions des finances du Parlement pourront au regard de la révision constitutionnelle du 6 mars 2016, constituer en leur sein, des missions d'information. En matière budgétaire, de telles missions d'information peuvent être particulièrement efficaces pour le contrôle parlementaire à l'image de la mission d'évaluation et de contrôle (MEC)[25] ou de la mission d'information relative à la mise en œuvre de la LOLF (MILOLF)[26] du Parlement français.

C. Le contrôle parlementaire en fin d'exécution : Vers un renforcement nuancé

En fin d'exécution, le contrôle parlementaire se manifeste au moyen de l'examen et de l'adoption de la loi portant règlement budgétaire. Caractérisée par une intermittence chronique **(1),** la loi portant règlement budgétaire tend à retrouver un certain regain d'intérêt de la part du projet de réforme budgétaire **(2).**

1. Un règlement budgétaire longtemps intermittent

La loi de règlement budgétaire est l'occasion pour le Parlement de demander des comptes au Gouvernement sur la gestion faite de l'autorisation parlementaire, le « moment de vérité budgétaire » écrivait C. WALINE[27]. Elle constitue un véritable rendez-vous de l'examen du compte rendu de la gestion faite de l'autorisation parlementaire en réponse au principe de l'apurement législatif des comptes budgétaires de l'Etat[28].

C'est une obligation constitutionnelle consacrée par l'article 179 de la constitution : « le Gouvernement rend compte, à chaque chambre du Parlement, de l'utilisation des crédits budgétaires qu'elle lui a votés pour chaque exercice

---

[24]En effet, l'article 57 de la LOLF stipule que : « les commissions de l'Assemblée nationale et du Sénat chargées des finances suivent et contrôlent l'exécution des lois de finances et procèdent à l'évaluation de toute question relative aux finances publiques. Cette mission est confiée à leur président, à leur rapporteur général ainsi que, dans leurs domaines d'attributions, à leurs rapporteurs spéciaux. A cet effet, ils procèdent à toutes investigations sur pièces et sur place, et à toutes auditions qu'ils jugent utiles … ».

[25]La MEC se présente comme une sous-commission parlementaire au sein de la commission des finances, elle est décrite par Eric OLIVA (*Finances publiques*, *op. cit.*, p. 416) comme étant un élément de dynamisation du contrôle budgétaire du Parlement. Pour J. LAUZE, la MEC est une méthode novatrice qui s'érige en véritable machine à produire du consensus. Cf. à ce sujet, J. LAUZE, « Les paradoxes de la Mec : un laboratoire de l'évaluation parlementaire », *Revue française de finances publiques* du 1er février 2011, n° 113, p. 109-127.

[26] Dans le but de préserver l'implication du Parlement dans la réforme budgétaire, la commission des finances de l'Assemblée nationale française a créé en son sein annuellement, depuis le 15 janvier 2003, une mission d'information sur la mise en œuvre de la LOLF. Pour plus de détails sur la MILOLF, Cf. G. SUTTER, « Une institution originale : la mission d'information sur la mise en œuvre de la loi organique relative aux lois de finances (MILOLF) », *Revue française de Finances Publiques* du 01 février 2011, n° 113, p. 97-106.

[27] C. WALINE, « Les commissions des finances : Une commission des finances à l'heure de la LOLF et de la crise financière », *Revue française de Finances Publiques*, 01 février 2011 n° 113, p. 78.

[28]J.-R. ALVENTOSA, « Loi de règlement et sincérité des lois de finances », *Petites affiches*, 04 mai 2010 n° 88, p.3.

budgétaire. L'exercice est clos en ce qui concerne le Parlement, par le vote par chacune des chambres, d'une loi portant règlement budgétaire pour l'exercice considéré ». Cependant, bien qu'elle soit une obligation constitutionnelle devant être initiée pour chaque exercice, force est de constater que sur 56 exercices budgétaires s'étalant de 1963 à 2017, la loi de règlement budgétaire n'a été mise en œuvre que pour treize exercices seulement.

Pour sa première application, la loi de règlement budgétaire adoptée en 1980 portait sur l'exercice de 1978. Elle sera mise en œuvre sans interruption pour les exercices 1979, 1980 et 1981 pour marquer un arrêt de plus de 26 ans, soit de 1982 à 2007, avant qu'elle ne soit mise en œuvre régulièrement depuis l'adoption en 2010 de la loi de règlement pour 2008. Pour les 26 années d'interruption, il a été décidé en vertu de l'article 105 de l'ordonnance n° 09-01 portant loi de finances complémentaire pour 2009, qu'elle fasse l'objet d'un état statistique global établi par nature et par année budgétaire à transmettre au Parlement à l'occasion de la première présentation de la loi de règlement budgétaire[29].

Même lorsqu'elle est mise en œuvre, la loi de règlement budgétaire accusait un retard tel qu'elle n'avait plus aucun intérêt ni pour le Gouvernement ni d'ailleurs pour les parlementaires[30]. C'est pour cette raison sans doute que le député de NAAMA, Slimane SADAOUI, s'étonnait du fait que l'on parle d'un contrôle parlementaire sur l'exécution du budget de l'Etat : « Cela fait cinq ans que je cherche ce contrôle au sein de l'APN mais je ne l'ai pas vu »[31], s'exclamait-il.

Le retard dans l'examen des lois de règlement était si considérable que M. BENIDIR relevait que souvent d'ailleurs, le gouvernement qui défendait le projet de la loi de règlement n'était pas celui qui avait exécuté le budget soumis à l'examen du Parlement[32]. Ainsi en était-il par exemple des lois de règlement budgétaire des exercices 1980 et 1981 lesquelles lois n'ont été promulguées qu'en 1985 et 1987 respectivement.

Le même constat est établi par le ministre des finances, lui-même pour qui les retards sont tels que l'Algérie était le seul pays au monde où le règlement d'une seule année budgétaire nécessitait plusieurs années[33].

Pour sa part, l'examen de l'évaluation de la performance de la gestion des finances publiques dans le cadre du programme PEFA n'a pas manqué de relever cet état de fait en soulignant en substance que « le retard de l'examen, *a posteriori*, des comptes de l'Etat réduit la crédibilité de la gestion publique, rend aléatoire la

---

[29] K. REZIGUE, « Le cadre théorique de la loi de règlement budgétaire et ses dimensions », Communication (en arabe) à la journée d'étude sur *l'expérience algérienne en matière de règlement budgétaire et systèmes comparés,* Alger, Résidence El- MITHAK le 23 juin 2014, dactyl.

[30]M. Med L. GHANEM Directeur Général de la Comptabilité au Ministère des Finances, « expérience algérienne en matière d'élaboration de la loi de règlement budgétaire et systèmes comparés », Communication à la journée d'étude sur *L'expérience algérienne en matière de règlement budgétaire et systèmes comparés*, 23 p., document disponible en ligne : http://www.mrp.gov.dz/Ministere/J_etude_23062014.htm, consulté en date du 21 janvier 2018.

[31] Quotidien El WATAN du 27 janvier 2012.

[32] T. BENIDIR, *Le pilotage des finances publiques algériennes vers l'idéologie de la performance : un processus inachevé »,* thèse de doctorat Sous la dir. DEBARD (T.)- Lyon : 2013, p. 169-170.

[33] Quotidien arabophone ECHOUROUK du 30 mars 2015.

fiabilité de la préparation budgétaire et conduit, en l'absence de sanctions, à une déresponsabilisation des administrations. L'image et la qualité des services administratifs et financiers risquent de s'en trouver diminuées »[34].

Mais il faut souligner que ce retard induit initialement par la pratique s'est trouvé une assise juridique à la faveur de l'article 68 de la loi n° 84-17 du 07 juillet 1984 relative aux lois de finances qui stipule que « Le projet de loi de finances de l'année est accompagné [...] du projet de loi portant règlement budgétaire de l'année n-3 ». En posant un décalage temporel de trois années (N-3) entre la mise en œuvre des lois de finances et l'examen des lois de règlement y afférentes, cet article se trouve lui-même en violation de l'article 179 de la constitution qui exige pourtant, dans sa lettre comme dans son esprit, une mise en œuvre annuelle de la loi de règlement.

Le plus surprenant au demeurant, est de savoir que la commission des finances de l'APN qui, tout en exigeant l'amendement de l'article 68, inscrit une telle exigence à l'année n-2 seulement[35], aux antipodes de toutes les pratiques internationales recommandant que la loi de règlement budgétaire doive pouvoir être examinée avant l'adoption de loi de finances de l'année.

Pourtant, les explications justifiant l'absence de la loi de règlement ou le retard pris dans son dépôt devant le Parlement se révèlent confinées dans de simples questions de moyens dont la Cour des comptes se plaint constamment[36]. En réalité, devant le manque des effectifs, la Cour procède à un examen traditionnel de tous les documents-papiers, document par document, facture par facture, ce qui nécessite au minimum deux années de travail pour l'examen des dépenses d'une seule année budgétaire[37].

Une lecture du programme d'intervention de la Cour permet en effet de relever que la reddition des comptes y constitue une composante déterminante. Pour 2016, cette composante représentait des réquisitions impressionnantes : 21151 comptes administratifs, 20751 comptes de gestion et 11313 comptes financiers, soit un total de 53215 comptes[38]. Dans un système de l'exercice, c'est seulement quand tous les comptes ont été vérifiés que la loi de règlement peut intervenir.

Mais ce prétexte se heurte en pratique à l'existence d'une panoplie de techniques, de méthodes d'analyse et de contrôle à l'instar de l'échantillonnage, du

---

[34] PEFA Algérie, *Evaluation de la performance de la gestion des finances publiques*, rapport final, juillet 2010, p. 10.

[35] M. BRIK, « L'A.P.N et la pratique du contrôle *a posteriori* : étude comparée », (en arabe), communication présentée au cours de la journée d'étude sur *L'expérience algérienne en matière de règlement budgétaire et systèmes comparés*, D. El MITHAK, le 23 juin 2014, dactyl., 66 p. http:// www. mrp.gov.dz /Ministere_Arabe/j_etude_23062014/Brik_23juin2014.pdf, consulté en date du 22 janvier 2018.

[36] Selon M. B. ZEBBAR, président de la Commission des finances et du budget de l'A.P.N, (Quotidien arabophone ECHOUROUK du 30 mars 2015), les retards pris dans l'examen par le Parlement de la loi de règlement budgétaire sont à imputer à la défaillance de la Cour des comptes.

[37] Ces doléances ont été exprimées par la Cour des comptes lors d'une visite qui a conduit, aux locaux de la Cour, le ministre des Finances accompagné par les membres de la Commission des finances et du budget de l'A.P.N durant le mois de mars 2015. Source : Quotidien arabophone ECHOUROUK, édition du 30 mars 2015.

[38] Source : http://www.ccomptes.org.dz/programmes_annuels.html, consulté en date du 22 janvier 2018.

tirage au sort, des sondages et de l'analyse de système lesquels doivent amener à l'abandon de « la fiction du contrôle exhaustif »[39].

2. Vers la réhabilitation de la loi portant règlement budgétaire

Réduite à sa stricte expression formelle sous le règne de la loi n° 84-17, la loi de règlement budgétaire retrouve sous la réforme budgétaire un certain regain d'intérêt. Au plan de la forme, l'avant-projet de LOLF lui consacre tout le Titre V introduisant plusieurs innovations par rapport au régime juridique antérieur :

D'abord, ledit avant-projet se propose d'opérer une mise à niveau sémantique en ce qu'il retient la notion de loi portant règlement budgétaire au lieu de la notion de loi de règlement et ce, dans un souci de conformité avec l'article 179 de la constitution qui use du concept de loi portant règlement budgétaire.

Outre le fait qu'elle présentera le résultat des opérations du budget général de l'Etat, des comptes spéciaux du Trésor et des opérations de trésorerie, la loi portant règlement budgétaire devra présenter un tableau de financement devant arrêter le montant définitif des ressources et des charges de trésorerie ayant concouru à la réalisation de l'équilibre financier de l'année correspondante[40]. Par ailleurs, la loi portant règlement budgétaire pourra dorénavant comporter toutes dispositions relatives à l'information du Parlement, à la comptabilité de l'Etat ainsi qu'au régime de la responsabilité pécuniaire des agents des services publics[41].

Ensuite, le projet de loi portant règlement budgétaire devra être accompagné d'un rapport ministériel de rendement précisant le degré d'atteinte des objectifs, les résultats obtenus et les explications relatives aux écarts constatés[42]. En plus, additivement au rapport relatif aux résultats d'exécution de la loi de finances de l'exercice concerné, que la Cour des comptes devra produire annuellement, celle-ci sera appelée à produire un second rapport relatif cette fois-ci à la certification des comptes devant retracer les vérifications effectuées à cette fin[43].

Enfin, l'avant-projet de LOLF se propose de retenir la date du 1^er^juin de l'année pour le dépôt au Parlement du projet de loi portant règlement budgétaire y compris les documents annexes[44]. Cependant, la réforme se borne à confirmer que ce projet se rapporte à l'exercice budgétaire N-2[45].

La proposition du consultant, CRC SOGEMA, de mettre en œuvre la loi portant règlement budgétaire durant le mois de juin de l'année n+1 n'a pas été retenue car

[39] B. CIEUTAT, « Le contrôle des finances publiques : quel équilibre entre régularité et performance, entre responsabilité et liberté ? », dans M. BOUVIER (dir.), *Réforme des finances publiques, démocratie et bonne gouvernance, actes de la 1ère université de printemps de finances publiques du GERFIP*, L.J.D.J 2004, p. 98.

[40] Article 84, troisième alinéa de l'avant-projet de LOLF.

[41] Article 85, dernier alinéa de l'avant-projet de LOLF.

[42] Article 85, point c de l'avant-projet de LOLF.

[43] Article 86 de l'avant-projet de LOLF.

[44] *Ibid.*

[45] Il faut dire que la version du mois de mai 2017 de l'avant-projet de LOLF marque une certaine évolution par rapport aux anciennes versions lesquelles se sont bornées à confirmer que le projet de loi portant règlement budgétaire se rapporte à l'exercice n-3.

les autorités algériennes afficheraient, selon T. BENEDIR, certaines appréhensions quant à une reddition des comptes immédiate[46]. Cette thèse n'est pas conforme cependant aux arguments avancés par les autorités qui estiment que les moyens actuels ne permettent présentement de mettre en œuvre la loi portant règlement budgétaire qu'au niveau de l'année n+2.

Au demeurant, se résigner à cette explication ne saurait être valable dans le cadre de supports informatiques qui devraient permettre une gestion informatisée de l'exécution du budget à l'image de SIGBUD[47] et de SIGBD[48]. Qui plus est, la réforme comptable tend à adopter un compte unique pour l'Etat, le compte général qui, comme en France, permet de donner « une vision globale de la situation financière et patrimoniale. Ce système favorise aussi une clôture des comptes qui se fait dans des délais réduits par rapport à la situation rencontrée dans d'autres pays »[49].

En plus, rendre des comptes deux années après l'exécution du budget n'a pas de sens dans le cadre d'une budgétisation axée sur les résultats du moment où cette reddition ne permet pas de servir de support (*feed back*) aux options budgétaires de l'exercice budgétaire suivant. En étant produits trop tardivement, les comptes annuels ne peuvent influencer les débats au Parlement sur le budget de l'année suivante. Le Parlement se trouve par conséquent dans l'impossibilité de « mettre en cause les contenus de l'information financière fournie »[50]. Le but visé est de créer un « chaînage vertueux[51] » des lois de finances. « C'est à partir de la critique du passé que l'on enrichit le débat sur la loi de finances à venir »[52] laquelle critique doit pouvoir éclairer l'examen du prochain projet de loi de finances à la lumière des

---

[46] T. BENIDIR, *op.cit.,* p. 370.

[47]SIGBUD est l'abréviation de système intégré gouvernemental de budgétisation qui est un progiciel informatique spécifiquement développé pour les besoins de la modernisation des systèmes budgétaires en Algérie. Actuellement en cours d'implantation, ce progiciel porte sur les différentes étapes de la préparation du budget de l'Etat sur la base de budgets programmes et axés sur les résultats. Les prévisions budgétaires de tous les ministères seront saisies dans le système SIGBUD en fonction de la structure de programme nouvellement créé. Le consultant, CRG SOGEMA, estime qu'environ 50 000 à 60 000 activités gouvernementales avec leurs estimations et projets d'investissement seront saisies dans le système qui sera accessible par plus de 6000 fonctionnaires du budget lorsque la réforme sera pleinement implémentée. Source : http://sti.systems/realisations/, consulté en date du 06 mars 2018.

[48]SIGB est l'abréviation de système intégré de gestion budgétaire qui couvrira le circuit de la dépense et de la comptabilité. A ce titre, SIGB sera installé auprès des ordonnateurs, dans les postes comptables et dans les services du ministère des finances responsables de l'exécution budgétaire. Selon le rapport PEFA Algérie, (*op. cit.,* p. 13), le SIGB devra être déployé sur l'ensemble du territoire national pour relier 32 Administrations Centrales, 48 Wilayas, 1541 Communes et 8000 établissements publics administratifs.

[49]D. LITVAN, « la qualité des comptes publics : point d'étape sur la réforme comptable de l'Etat et perspectives », *Revue française de Finances Publiques* n° 122, 01 avril 2013, p. 156.

[50] F.-R. CAZALA, « Structure et procédures pour le renforcement de la discipline et de la responsabilité financière », dans M. BOUVIER (dir.), *La bonne gouvernance des finances publiques dans le monde*, Actes de la IVe Université de printemps de Finances Publiques, Paris : L.J.D.J, 2009, p.36.

[51] Le principe de « chainage vertueux » est inscrit à l'article 41 de la LOLF française. Il lie les discussions budgétaires de la loi de règlement n-1 et du projet de loi de finances n+1 de sorte que les conséquences de l'exercice passé puissent être prises en comptes pour l'année à venir. Il s'agit donc d'un principe nécessaire à la mise en place d'un véritable cycle de la performance.

[52] J. LAUZE, « Les commissions des finances : Les paradoxes de la MEC. Un laboratoire de l'évaluation parlementaire », art. cité, p.123.

enseignements qui peuvent être tirés de l'exécution du dernier budget[53]. Cet ordre de priorité est essentiel à la compréhension, à la détection des disfonctionnements et à la correction des trajectoires.

La reddition des comptes deux années après l'exécution du budget va à l'encontre de toutes les pratiques reconnues sur le plan international lesquelles sont assez explicites en cette matière : le manuel sur la transparence budgétaire de l'OCDE dans la meilleure pratique 1.5 stipule que : « Le rapport de fin d'année est le document comptable principal du Gouvernement. Il doit être soumis à la vérification de la Cour des comptes [...] et doit être rendu public dans les six mois qui suivent la fin de l'année budgétaire »[54]. Le FMI, dans son manuel sur la transparence des finances publiques, recommande que « les comptes définitifs audités et les rapports d'audits, y compris les rapprochements avec le budget approuvé, doivent être présentés aux autorités législatives et publiés dans un délai d'un an »[55].

Pour l'avant-projet de recueil des normes comptables de l'Etat[56] : « L'utilité des états financiers diminue si ceux-ci ne peuvent être mis à la disposition des utilisateurs dans un délai raisonnable à compter de la date d'arrêté des comptes. **La publication des états financiers doit être faite dans les six mois suivant la date d'arrêté des comptes** [...] ».

Par ailleurs, certifier les comptes de l'Etat par un certificateur externe doit trouver des prolongements en direction des autres secteurs des finances publiques à l'image des hôpitaux, des universités et des collectivités territoriales et ce, dans la perspective de certifier à terme, dans une approche intégrée, l'ensemble des comptes des administrations publiques[57].

II. QUELLE ÉVALUATION DES POLITIQUES PUBLIQUES ? ET QUEL RÔLE POUR LE PARLEMENT ?

L'évaluation des politiques publiques est une activité récente. Parce qu'elle n'emporte pas encore de définition univoque qui fasse autorité[58], elle se présente

[53] E. ARJONA, « La loi de règlement budgétaire dans l'expérience française », communication présentée lors de la journée d'études sur « l'expérience algérienne en matière de règlement budgétaire et système comparé », Résidence D. El MITHAK, lundi 23 juin 2014, p. 2-8.

[54] Revue de l'OCDE sur la gestion budgétaire, *Transparence budgétaires : les meilleures pratiques de l'OCDE,* volume 1, n°03, 2001, p. 10.

[55] FMI, *manuel sur la transparence des finances publiques* (2007), p. 5.

[56] Ministère des Finances, Conseil national de la comptabilité, *Avant-projet de recueil des normes comptables de l'Etat,* juillet 2014, p. 26.

[57] Sur l'approche intégrée en matière de certification, Cf. R. BRIET, « France : les nouvelles règles de gouvernance de finances publiques », dans M. BOUVIER, (dir.), *Quel pilotage des réformes en finances publiques au Maroc et en France* ? Actes du 7e colloque international de Rabat, p. 151-158.

[58] J.-E. FURUBO, « pourquoi l'évaluation a-t-elle tant de mal à tenir ses promesses ? », dans S. TROSA (dir.), *Evaluer les politiques publiques pour améliorer l'action publique, une perspective internationale*, Paris 2009, Institut de la gestion publique et du développement économique, Comité pour l'histoire économique et financière de la France, p. 139.

souvent en fonction des contextes sous diverses facettes et dans un sens très large[59] qui frise parfois l'abus de langage : « tout le monde évalue l'action publique, au parlement, à l'université, à l'inspection générale des finances, au bar-tabac-pmu[60] », disait J-R BRUNETIERE pour qui, la clé de voûte de l'évaluation des politiques publiques n'est autre que le suffrage universel[61].

S'apparentant à une activité qui déverse tantôt des jugements de valeur, tantôt des appréciations objectives, l'évaluation institutionnelle porte parfois sur l'estimation *ex ante* des résultats attendus des politiques publiques et d'autres fois elle en détermine les résultats *ex post* en cherchant, dans ce cas de figure, d'établir des liens de cause à effet. Mais il arrive également que ce concept renferme une dimension à la fois prospective et rétrospective[62].

Plus encore, V. CHANUT distingue l'évaluation de l'action de l'évaluation dans l'action. Celle-ci devant accompagner l'action même de mise en œuvre des politiques publiques et qui doit permettre, le cas échéant et chemin faisant, d'en infléchir le cours. « L'évaluation est alors conçue comme accompagnement de l'action, lié au processus même de l'action publique »[63]. Dans ce cas précis, le sens même de l'évaluation glisse vers un autre mode d'observation, celui du contrôle de gestion.

Cependant, pour constituer une évaluation, il ne suffit pas qu'une appréciation d'une politique publique soit associée à un jugement, fût-il global et précis[64]. A moins de vouloir faire le procès des organisations de l'Etat[65], l'évaluation devra découler prioritairement de la qualité intrinsèque du processus qui justifie d'un tel jugement[66].

En se présentant comme « le processus qui mesure et apprécie les résultats des politiques, programmes, et projets publics en vue d'améliorer l'action future de manière cohérente »[67], l'évaluation des politiques publiques se présente comme une

---

[59] A. BAUDU, « L'évaluation parlementaire, problème ou solution ? », *Revue française de Finances Publiques*, 01 février 2011 n° 113, p. 141.

[60] J.-R. BRUNETIÈRE, « A quoi sert l'évaluation de l'action publique ? », dans S. TROSA (dir.), *Evaluer les politiques publiques pour améliorer l'action publique, une perspective internationale*, *Ibid.*, p. 203.

[61] *Ibid.*, p. 211.

[62] Les études d'impact par exemple en France lesquelles sont, depuis le 1er septembre 2009, obligatoirement et systématiquement, à quelques exceptions tacites, transmises au Parlement à l'appui de chaque projet de loi et devant permettre d'évaluer, au préalable, les incidences économiques, financières, sociales, environnementales des réformes envisagées dans le cadre d'un projet de loi.

[63] V. CHANUT, « Pour une nouvelle geste évaluative », dans S. TROSA (dir.), *Evaluer les politiques publiques pour améliorer l'action publique, une perspective internationale*, *Ibid.*, p. 179.

[64] J.-P. CAMBY, « La commission des finances : du contrôle à l'évaluation », *Revue française de Finances Publiques*, 01 février 2011, n° 113, p. 47.

[65] B. MAZOUZ, M. J.B TARDIF, « À propos de la performance : l'Arlésienne de la sphère publique », dans D. PROULX (dir.), *Management des organisations publiques : théorie et applications*, *op. cit.*, p. 39.

[66] J.-E. FURUBO, « pourquoi l'évaluation a-t-elle tant de mal à tenir ses promesses ? », dans S. TROSA (dir.), *Evaluer les politiques publiques pour améliorer l'action publique, une perspective internationale*, *op. cit.*, p. 140.

[67] M. BENACHENHOU, « l'évaluation des politiques publiques », communication présentée lors d'une journée d'étude sur l'évaluation, **organisée par le Cercle d'Action et de Réflexion autour de l'Entreprise (CARE), lundi 18 février 2013 – Hôtel Hilton. Disponible en ligne :** http: //www. beyondnova.com/ care/ index.php/ 2013/02/ 19/levaluation-des-politiques-publiques/, consulté en date du 04 mars 2018.

activité rétrospective assez voisine d'autres formes d'observation, à l'image du contrôle, du contrôle de gestion et de l'audit[68]. Mais elle s'en distingue en ce qu'elle ne repose pas sur un référentiel fixé à l'avance, plus qu'elle ne repose sur les objectifs assignés à l'action publique. Son intérêt découle de sa vocation à éclairer la décision par la production d'une connaissance rigoureuse et objective sur la mise en œuvre des politiques publiques[69], car « l'évaluation est un préalable à l'amélioration, à la pédagogie et au processus de correction continu des imperfections »[70], c'est-à-dire à l'apprentissage organisationnel.

L'évaluation relève, ainsi que le fait observer S. TROSA, de la rationalité des preuves mais également de la dialectique du débat social[71] car s'exerçant souvent sous une pression polémique[72]. Celle-ci fait en sorte que pour avoir une influence, le jugement évaluatif doit être partagé, via son principal vecteur de partage qui est le débat[73], par toutes les parties prenantes : les responsables politiques, les managers publics, les bénéficiaires ou encore les citoyens[74]. C'est sans doute pour cette raison que l'évaluation des politiques publiques ait été assimilée à une forme de construction historique et sociale[75].

En Algérie, l'évaluation des politiques publiques est considérée comme un thème récent qui vient à peine de faire l'objet de revendications **(A)** vis-à-vis desquelles la réforme tend à souscrire **(B)** mais en consacrant son positionnement à l'abri du Parlement **(C).**

A. Un début de revendication institutionnelle et citoyenne

L'évaluation des politiques publiques fait son entrée à petit pas dans la sphère publique nationale. Un début de revendication se fait écho auprès de différents intervenants à l'image du Parlement, de l'IGF, du Conseil national économique et social, voire tout simplement au niveau de la société civile.

Pour le Parlement, une telle revendication est clairement affichée par le président de la commission des finances et du budget de l'Assemblée populaire nationale

---

[68] A. FOUQUET, « L'évaluation des politiques publiques concepts et enjeux », dans S. TROSA (dir.), *Evaluer les politiques publiques pour améliorer l'action publique, une perspective internationale, op.cit.*, p. 23. L'auteur dresse un tableau synoptique (p. 25) qui fait ressortir en quoi l'évaluation se distingue des autres formes d'observation que sont le contrôle, le contrôle de gestion et l'audit, que ce soit dans son objet, dans les normes appliquées ou les conséquences attendues.

[69] J-F. AMÉDRO, « L'évaluation des politiques publiques : structure et portée constitutionnelle d'une nouvelle fonction parlementaire », *Revue du droit public et de la science politique en France et à l'Étranger*, 01 septembre 2013, n° 5, p. 1137.

[70] S. A. BOUKRAMI, *questions énergétiques et économie politique, le modèle algérien*, Alger : OPU, 2013, p.19.

[71] S. TROSA, « L'évaluation : nécessité ou gadget ? », dans S. TROSA (dir.), *Evaluer les politiques publiques..., op. cit.*, p. 17.

[72] V. CHANUT, « pour une nouvelle geste évaluative », art. cité, p.175.

[73] J-R. BRUNETIÈRE, « à quoi sert l'évaluation de l'action publique ? », art. cité, p. 207.

[74] A. FOUQUET, « l'évaluation des politiques publiques concepts et enjeux », art. cité, p. 23.

[75] C. EYRAUD, *Le capitalisme au cœur de l'Etat : comptabilité privée et action publique*, éditions du Croquant, octobre 2013, p. 14.

(APN) qui revendique la mise en place d'une base de données devant permettre à terme une meilleure évaluation des politiques publiques, notamment celles de l'emploi, de la santé, de l'investissement, de la solidarité nationale et de l'agriculture[76].

Le Conseil national économique et social (CNES) laisse entendre qu'il est à la recherche d'un modèle pour l'évaluation des politiques publiques. Le modèle qui l'intéresserait comprend cinq domaines majeurs. Il s'agit du développement humain, de la lutte contre la pauvreté, des libertés économiques, de la gouvernance et enfin de l'économie fondée sur la connaissance. Ces domaines feront l'objet d'investigations devant déboucher sur l'élaboration de rapports d'évaluation annuelle[77].

La société civile n'est pas en marge de telles revendications, celles-ci sont portées sous l'égide d'organisations constituées en *think tank*. Pour le collectif ''Notre Algérie Bâtie sur de Nouvelles Idées (NABNI)'' par exemple, cette évaluation doit être l'œuvre d'une agence parlementaire spécialisée sur le modèle du *Général Accounting Office (GAO)* dépendant du *Congress* américain ou le *Public Acount Commitee* Britannique.

Avec le soutien de la Fondation Friedrich NAUMANN, le Cercle d'Action et de Réflexion autour de l'entreprise (CARE) a fait de l'évaluation des politiques publiques le thème d'un déjeuner-débat durant la journée du 18 février 2013 à l'hôtel Hilton d'Alger dont les travaux ont été massivement repris par la presse nationale[78].

De telles revendications, bien qu'elles soient timides et éparpillées, renseignent sur un phénomène de prise de conscience de l'utilité de la démarche évaluative dans l'appréciation des politiques publiques. L'analyse historique des différentes configurations de l'évaluation en France, laisse admettre qu'avant qu'elle ne soit institutionnalisée et qu'elle n'obtienne consécration constitutionnelle en 2008, l'évaluation des politiques publiques, connaissait déjà des scènes multiples où elle a pu se déployer, se concrétiser dans les pratiques et acquérir un certain degré de pérennisation[79].

Statutairement, l'Inspection Générale des Finances est investie d'une mission d'évaluation des politiques publiques en vertu du décret n° 08-272 du 6 septembre 2008. Il s'agit donc d'une évaluation administrative. Qu'en est-il donc de l'évaluation politique de ces politiques publiques ?

---

[76] Quotidien El WATAN, édition du 7 mai 2015. « *Le Parlement veut approfondir son action d'évaluation des politiques publiques* ».

[77] N. HAMIDACHE, « Evaluation des politiques publiques, le CNES à la recherche d'un modèle », Quotidien l'Expression du 18 juin 2008.

[78] Voir à ce sujet la revue de presse de l'événement PDJ 18 2 2013, disponible sur le site de CARE : http://care-dz.org/wp-content/uploads/2013/02/REVUE-DE-PRESSE-PDJ-18-02-2013.pdf, consultée en date du 27 février 2018.

[79] C. LACOUETTE-FOUGERE, P. LASCOUMES, « Les scènes multiples de l'évaluation : Les problèmes récurrents de son institutionnalisation », Science Po/ Laboratoire interdisciplinaire d'évaluation des politiques publiques, P*olicy paper,* n° 1, mai 2013, p. 127.

B. A LAQUELLE LA RÉFORME TEND À SOUSCRIRE

La mise en œuvre de la future loi organique relative aux lois de finances devra favoriser l'évaluation des politiques publiques. En privilégiant une présentation budgétaire nouvelle assise sur des programmes, déclinés en sous-programmes et actions et assortis d'objectifs et d'indicateurs, la future loi rend en toile de fond, l'action publique évaluable. L'article 6 de l'avant-projet de LOLF stipule que « la loi de finances de l'année prévoit et autorise, pour chaque année civile, l'ensemble des ressources et des charges de l'Etat destinées à la réalisation des programmes de l'Etat conformément aux objectifs définis et aux résultats attendus et faisant l'objet d'une évaluation ».

Les systèmes budgétaires axés sur les résultats favorisent l'institutionnalisation et le foisonnement des systèmes d'évaluation[80] en ce que la logique de la loi de finances se trouve, ainsi que souligné par P. CAMBY, inversée : « il ne s'agit pas seulement d'autoriser la dépense, et donc de la contrôler, il s'agit de définir les moyens mis en regard des priorités de l'action publique, donc d'évaluer celle-ci »[81].

Le programme et ses subdivisions concourant à la mise en œuvre d'une politique publique définie[82], la loi de finances devient ainsi le terrain privilégié de l'évaluation des politiques publiques. Cette évaluation s'exprime au moyen d'un document budgétaire dédié, joint annuellement à l'appui du projet de loi portant règlement budgétaire, **le rapport ministériel de rendement** « précisant les conditions dans lesquelles les programmes inscrits au budget ont été exécutés ainsi que le degré d'atteinte des objectifs prévus, les résultats obtenus et les explications relatives aux écarts constatés »[83].

Cependant, une évaluation rétrospective annuelle des programmes peut paraître temporellement restreinte dès lors que les programmes mis en œuvre ne produisent des résultats que sur le moyen et le long terme. Pour pallier cette difficulté, le cadre logique de performance élaboré par le consultant s'appuie sur une chaîne de résultats qui décrit les changements d'état à différents niveaux temporels : Ainsi, à court terme, sont produits des **extrants** au niveau de la structure d'activité dite **action** des programmes. A moyen terme, l'ensemble de ces extrants produit des **effets** au niveau de la structure activité dite **sous-programme**. A long terme, l'ensemble de ces effets produit, au niveau du **programme**, un **impact** qui est le résultat ultime du programme[84].

Un tel alignement entre la structure du programme et la chaîne de résultats permet de suggérer une importante conclusion : **dans son positionnement institutionnel comme dans ses méthodes, l'évaluation est fonction du type du résultat attendu.** Ainsi, l'évaluation des résultats à court terme des programmes,

---

[80] J.-E. FURUBO, « Pourquoi l'évaluation a-t-elle tant de mal à tenir ses promesses ? », art. cité, p. 138.

[81] J.-P. CAMBY, « La commission des finances : du contrôle à l'évaluation », art. cité, p. 47.

[82] Alinéa 4 de l'article 23 de l'avant-projet de LOLF.

[83] Article 85 de l'avant-projet de LOLF.

[84] Ministère des Finances- Algérie, CRC SOGEMA, *Projet de modernisation des systèmes budgétaires – phase II, TC*, p. 50.

c'est-à-dire des effets, s'effectue annuellement dans le cadre de la reddition des comptes devant le Parlement. Pour l'évaluation de la performance globale des programmes, c'est-à-dire de l'impact, le consultant recommande une évaluation tous les 3 à 5 ans qui doit être conduite par les ministères dépensiers avec l'appui de la Direction Générale du Budget[85].

L'évaluation des effets ressort donc de la compétence du Parlement et celle de l'impact ***ex post,*** qui s'inscrit dans un deuxième temps, demeure confisquée au bénéfice de l'exécutif. A l'instar du modèle *néerlandais* d'évaluation *ex post*[86], l'évaluation de l'impact devra s'inscrire dans le prolongement des conclusions et données de performance issues des rapports annuels de performance.

Mais il faut dire que ces deux évaluations ne recouvrent pas le même champ d'analyse. En effet, la notion d'évaluation de la performance globale des programmes ou des impacts s'apparente plus à la notion d'évaluation des politiques publiques en France laquelle notion renvoie à des pratiques qui transcendent l'évaluation annuelle des programmes.

Ainsi que le font observer D. BUREAU et M. MOUGEOT, la thématique des indicateurs peut paraître plus étroite que celle de l'évaluation qui, sans opérer de distinction, englobe les différents niveaux : « de la légitimation, en termes de bilan coûts-avantages, du niveau de l'action publique ; du choix du mode d'intervention retenu ; du partage des rôles entre public et privé, et de l'efficacité de l'organisation de l'État pour remplir ses missions »[87].

C. Un positionnement conçu à l'abri du Parlement

Selon l'entité chargée de la pratiquer, l'évaluation des politiques publiques peut revêtir plusieurs formes : elle peut être administrative lorsque le pouvoir exécutif se donne les moyens et les instruments de cette évaluation, elle peut être politique lorsque les organes élus au niveau central et local conduisent cette évaluation et elle peut être sociale quand la société civile se donne les moyens de la conduire.

Ainsi, l'évaluation des politiques publiques revêt diverses conceptions et sa mise en œuvre interpelle plusieurs formes. A ce titre, différentes entités peuvent être impliquées dans un processus d'évaluation des politiques publiques : l'Office national des statistiques, le Conseil national économique et social[88], la Cour des

---

[85]Ministère des Finances- Algérie, CRC SOGEMA, *projet de modernisation des systèmes budgétaires, op. cit.*,p. 82.

[86]P. VAN DER KNAAP, « l'évaluation au plus haut niveau audits de performance et études d'efficacité aux Pays-Bas », dans S. TROSA (dir.), *Evaluer les politiques publiques ...., op. cit.*,144.

[87]D. BUREAU et Michel MOUGEOT, *performance, incitations et gestion publique*, Paris, La Documentation française, 2007 - p. 9.

[88] Le Conseil national économique et social (CNES) obtient consécration constitutionnelle en faveur de la révision constitutionnelle du 06 mars 2016. Au terme du nouvel article 204, le CNES est érigé en conseiller du Gouvernement. Son rôle en matière d'évaluation des politiques publiques est conforté par le nouvel article 205 de la révision constitutionnelle qui lui adosse la mission de l'évaluation et l'étude des questions d'intérêt national dans les domaines économique, social, de l'éducation, de la formation et de l'enseignement supérieur.

comptes, les inspections des ministères, l'Inspection générale des finances[89] mais également le Parlement[90].

Au demeurant, « parce qu'il ne connaît que des citoyens et non des requérants, des usagers ou des administrés »[91], le Parlement est probablement le mieux placé que n'importe qu'elle autre institution ou juridiction pour procéder à l'évaluation des politiques publiques[92]. Aussi, est-il bien établi que l'évaluation s'avère particulièrement puissante lorsqu'elle se trouve associée à un objectif politique[93]. En n'étant pas soumis au Parlement, l'exercice de l'évaluation perdrait la portée politique nécessaire à l'encadrement de l'action publique.

En plus, le Parlement apparaît comme la seule institution en dehors du Gouvernement capable d'exercer un contrôle de l'opportunité qui implique immanquablement, une décision politique à un stade donné[94]. Plus prosaïquement, adosser l'évaluation au Parlement répond à un principe plus général qui postule que le contrôle externe est en principe plus efficace que le contrôle interne dès lors qu'il est réalisé par un organe indépendant[95].

En effet, « une dose d'externalité est toujours nécessaire, ne serait-ce que pour mettre en question des paradigmes implicites que les acteurs ne peuvent « démonter seuls »[96]. La qualité d'intégrité des évaluations ne peut être garantie sans avoir assuré l'impartialité des évaluateurs eux-mêmes. Pour autant qu'elle soit nécessaire à l'apprentissage organisationnel, l'évaluation interne ne satisfait pas totalement à l'exigence d'intégrité : « Comment invoquer de façon crédible les résultats d'une évaluation si les responsables d'une politique procèdent eux-mêmes à son évaluation ? »[97]. Un jugement venant du Parlement serait certainement plus impartial mais aussi plus crédible.

Se déroulant comme des mises en œuvre de normes juridiques, comme des interventions et des programmes[98], juger de la performance globale des politiques

---

[89] B. SABONI, « Réforme du contrôle administratif des finances publiques. Quelles implications pour l'IGF ? », *Revue française de finances publiques*, 2011, n° spécial Maroc, p.133-134.

[90]Selon le *guide pratique du contrôle de gestion dans les services de l'Etat* (édition 2015, p. 40-45, document disponible en ligne : http://www.performance-publique.budget,), en France, différents organes de contrôles peuvent être amenés à pratiquer l'évaluation des politiques publiques : les inspections ministérielles et interministérielles, l'Inspection générale des finances, l'Assemblée nationale par le biais de la Mission d'évaluation et de contrôle (MEC) et du Comité d'évaluation et de contrôle (CEC), la Cour des comptes, le Secrétariat général pour la modernisation de l'action publique, ou le Commissariat général à la stratégie et à la prospective ou ce qui est convenu d'appeler France stratégie.

[91] J.-P. CAMBY, « La commission des finances : du contrôle à l'évaluation », art. cité, p. 45.

[92] *Ibid.*, p. 47.

[93] D. RACHER, « l'aventure du programme *Sure Start* : rôle de l'évaluation dans la mise en œuvre du programme de centres d'accueil des enfants », dans S. TROSA (dir.), *Evaluer les politiques publiques…, op. cit.*, p. 104.

[94] A. LAMBERT, « Vers un modèle français de contrôle budgétaire ? », art. cité, p. 56.

[95] E. OLIVA, *Finances publiques, op. cit.*, p. 395.

[96] S. TROSA, « L'évaluation : nécessité ou gadget ? », art. cité, p. 16.

[97]P. VAN DER KNAAP, « L'évaluation au plus haut niveau : audits de performance et études d'efficacité aux Pays-Bas », art. cité, p. 115.

[98]M. BASLÉ, « révision générale des politiques publiques et activités évaluatives en France : différences, complémentarités ? », dans Sylvie TROSA (dir.), *Evaluer les politiques publiques…, op. cit.*, p. 78.

publiques reviendrait à juger sinon de la performance de la société toute entière, du moins, de la performance d'un segment sociétal. La performance publique ne saurait se réduire à une question exclusive de l'administration publique et du Gouvernement, tant elle se trouve en grande partie subordonnée aux capacités intrinsèques des acteurs[99]. Les organisations publiques sont animées par des compétences qui interagissent avec d'autres composantes sociétales dans une dynamique sociale globale.

La performance globale de l'action de l'Etat et de l'action publique en général s'apparenterait alors, dans l'optique qui est celle de J-R BRUNETIÈRE, au résultat d'une coproduction entre 40 millions d'Algériens dont 1.2 millions de fonctionnaires[100].

III. UN REPOSITIONNEMENT INSTITUTIONNEL DE LA COUR DES COMPTES AU BENEFICE DU PARLEMENT DEMEURE SOUHAITABLE

De la logique de contrôle de régularité à une logique d'évaluation de la performance des politiques publiques, les Parlements s'octroient dans le cadre de la budgétisation axée sur la performance, des attributions plus vastes en matière de contrôle de l'action du Gouvernement eu égard notamment à la globalisation de l'autorisation parlementaire accordée au début du cycle budgétaire.

Pareillement, le contrôle de la Cour des comptes doit se déplacer d'un contrôle exclusivement de régularité vers l'évaluation de l'efficacité et de l'efficience de l'action publique. En écho à la LOLF, la Cour des comptes française s'est vue « reconnaitre un rôle pivot dans le contrôle des résultats. Son traditionnel rapport sur l'exécution du budget, qui était consacré jusqu'à récemment à la seule régularité des opérations budgétaires, comporte désormais une analyse des performances par mission et par programme »[101].

Le renforcement des moyens d'action du Parlement, dans le cadre de la modernisation des systèmes budgétaires, passe par un rapprochement avec la Cour des comptes lequel rapprochement est devenu presque naturel et constituant la pierre angulaire des réformes budgétaires observées sur le plan international[102].

---

[99] B. MAZOUZ, M. J.B. TARDIF, « À propos de la performance : l'Arlésienne de la sphère publique », art. cité, p. 40.

[100] J.-R. BRUNETIÈRE, « A quoi sert l'évaluation de l'action publique ? », art. cité, p. 207. L'auteur estime en effet, tout en s'insérant dans l'optique du courant de pensée de la rationalité limitée, que la performance dans la plupart des politiques de l'État en France, « est le résultat d'une coproduction entre 65 millions de Français et 2,5 millions de fonctionnaires ». B. ABATE (« Quels indicateurs de performances pour le nouveau budget de l'Etat », dans M. BOUVIER (dir.), *Réforme des finances publiques..., op. cit.*,p. 60-62), abonde dans le même sens en soulignant que : « La chaîne de réalisation des politiques publiques de l'Etat est très longue, du Parlement qui vote les lois et le budget aux deux millions d'hommes et de femmes qui assurent le service de l'Etat ».

[101] P. SEGUIN, « Les nouvelles fonctions de la Cour des comptes en France », dans M. BOUVIER (dir.), *La bonne gouvernance des finances publiques dans le monde*, actes de la IVe Université de printemps de Finances Publiques, Paris : L.J.D.J, 2009, p. 210.

[102] F. JACQUELOT, « La cour des comptes : un pouvoir public en devenir ? », *Petites affiches*, 31 mai 2005 n° 107, p. 13. Pour appuyer ses propos, l'auteur cite les exemples des dernières réformes de la gestion publique

Au demeurant, le statut des institutions supérieures de contrôle varie en fonction des systèmes politiques. Elles peuvent être carrément sous l'emprise directe du Parlement comme c'est le cas en Grande Bretagne, aux USA, en Belgique et en Autriche comme elles peuvent être à équidistance du Parlement et du Gouvernement comme c'est le cas en Espagne, en Italie et en France où 50% des activités de la Cour des comptes sont dédiées à l'information des assemblées[103]. Même lorsqu'elles se trouvent à équidistance du Parlement et du Gouvernement, les évolutions récentes sous l'influence des modèles anglo-saxons des institutions comparables, font des Cours des comptes de véritables centres d'expertise des Parlements et dont les contrôles deviennent de moins en moins juridictionnels et de plus en plus administratifs et informatifs[104].

En effet, les Parlements recourent de plus en plus à l'assistance des Cours des comptes que ce soit en matière d'information, de diligence d'enquêtes ou de certification des comptes de l'Etat à telle enseigne que les Cours des comptes s'érigent en véritable « semi- pouvoir public»[105]. Ainsi que le fait observer F-R. CAZALA, « l'expérience de la plus part des pays de l'Europe occidentale au cours de la période récente a témoigné d'un intérêt aigu des organes parlementaires pour les activités d'audit public externe »[106].

Les réformes constitutionnelles récentes renseignent sur une tendance commune : les institutions supérieures de contrôle (ISC) doivent assister les chambres parlementaires dans leur mission de contrôle budgétaire tout en affirmant leur indépendance. D'ailleurs, les principes de l'INTOSAI[107] considèrent l'accès du Parlement aux travaux d'une ISC comme une des conditions essentielles de l'indépendance de celle-ci[108]. Un tel repositionnement institutionnel s'analyse en définitif comme le prolongement naturel de la mise en œuvre d'une budgétisation par programmes axée sur les résultats. « Ainsi cette méthode rapproche les organisations participant à la conception des politiques, des institutions chargées de l'exécution et de celles responsables du contrôle et de l'évaluation, elle jette les

---

faisant observer une tendance presque naturelle au rapprochement entre les institutions supérieures de contrôle et les parlements. Ainsi, en Allemagne, la réforme budgétaire de 1985 a ainsi rapproché institutionnellement la Cour des comptes fédérale du Bundestag et du Bundesrat. La même tendance est observée en Finlande où, la loi du 14 juillet 2000, a créé un Office d'audit d'État directement en relation avec le Parlement. Le même constat s'observe au Luxembourg en ce que la loi du 8 juin 1999 portant organisation de la Cour des comptes place celle-ci sous la sauvegarde de la chambre des députés.

[103] Rapport d'activité de la Cour des comptes française pour 2010, p. 27.

[104] Dans son Rapport d'activité pour 2010 (p. 23), la Cour des comptes française soulignait que la Cour a réalisé 16 enquêtes à la demande des commissions des finances et des commissions des affaires sociales au courant de l'année 2010. La Cour estimait par ailleurs que 50% de son activité contribue directement à l'information des assemblées.

[105] F. JACQUELOT, *Ibid.*, p. 14.

[106] F.-R. CAZALA, « Structure et procédures pour le renforcement de la discipline et de la responsabilité financière », art. cité, p. 49.

[107] Organisation Internationale des Institutions Supérieures de Contrôle des Finances Publiques.

[108] M. MOINDZE, « le parlement et le processus budgétaire dans les pays en développement », juillet 2011, p. 31. Document disponible en ligne, adresse : http://blog-pfm.imf.org/files/le-r%C3%B4le-du-parlement-dans-le-processus-budg%C3%A9taire-1.pdf, consulté en date du 15 février 2018.

ponts entre ces trois catégories d'institutions »[109]. En effet, l'ampleur de telles transformations transcende le simple fait budgétaire[110] en ce qu'elle interpelle une réforme tant politique qu'institutionnelle et technique[111].

Pourtant, un tel cadre de coopération entre le Parlement et la Cour des comptes n'est pas totalement absent des textes normatifs algériens, tant il trouve des fondements juridiques dans la loi n° 95-20 du 17 juillet 1995 relative à la Cour des comptes, modifiée et complétée dont les articles 20 et 22 ouvrent le droit au Président de l'institution législative et aux présidents des groupes parlementaires respectivement, de soumettre à la Cour, l'étude de dossiers d'importance nationale.

Cependant, ce cadre de coopération doit être renforcé notamment par l'élargissement du champ de saisine de la Cour au Président de la commission des finances et aux rapporteurs car le resserrement des liaisons institutionnelles entre les commissions parlementaires des comptes publics et la Cour des comptes peut s'avérer déterminant pour l'efficacité du contrôle parlementaire du budget[112].

Même en l'absence d'arrangements institutionnels qui définissent le cadre de coopération entre le Parlement et la Cour des comptes, la pratique renseigne qu'il peut être de tradition « que les travaux du corps de contrôle externe soient adressés aux parties concernées (exécutif - législatif) quel que soit le commanditaire »[113].

Mais il faut reconnaître que le statut de la Cour des comptes algérienne ne répond pas, dans l'état actuel du droit, aux normes internationales régissant les institutions supérieures de contrôle notamment celles adoptées par l'INTOSAI sur les normes constitutionnelles applicables aux contrôles externes[114]. Que ce soit en matière d'indépendance de la Cour, de nomination et de destitution de ses membres, de ses relations avec le Parlement ou des rapports annuels qu'elle produits, la constitution algérienne ne fournit aucune précision, et renvoie à la loi, la détermination de la composition et du fonctionnement de la Cour des comptes.

A cet égard, la révision constitutionnelle du 6 mars 2016, sans satisfaire exhaustivement aux normes internationales recommandées par l'INSTOSAI, proclame explicitement l'indépendance de la Cour des comptes[115], qui devra en plus contribuer dorénavant au développement de la bonne gouvernance et de la

---

[109] J. K. KRISTENSEN, W. S. CROSZYK et B. BÛHLER, « L'élaboration et la gestion des budgets centrées sur les résultats », *Revue de l'OCDE sur la gestion budgétaire*, volume 1, n°4, p. 13.

[110] F. MORDACQ, *La LOLF : Un nouveau cadre budgétaire pour réformer l'Etat*, Paris : L.J.D.J, 2006, p.16.

[111] F. AKHOUNE, *Le statut du comptable en droit public financier*, Thèse dirigée par M. BOUVIER, L.J.D.J Lextenso éditions, p. 10.

[112] C. SANTISO, « Pour le meilleur ou pour le pire ? Le rôle du Parlement dans le processus budgétaire dans les pays en développement », *revue française d'administration publique* 2006/1, n°117, p. 72.

[113] G. MIGNOT, « le contrôle externe des finances publiques en France : à propos de quelques défis actuels », *Petites affiches*, 17 septembre 1997, n° 112, p. 18.

[114] Normes constitutionnelles applicables aux contrôles externes : extrait de la déclaration de LIMA adoptée par l'INTOSAI, dans « *Le cadre juridique des systèmes budgétaires : une comparaison internationale* », *Revue de l'OCDE sur la gestion budgétaire*, numéro spécial, volume 4, n°03, p. 150.

[115] L'article 192, premier alinéa de la loi 16-01 du 6 mars 2016 portant révision constitutionnelle stipule que : « La Cour des comptes est indépendante [...] »

transparence dans la gestion des finances publiques[116]. Une telle reformulation constitutionnelle répondait au souci des autorités de redynamiser les institutions constitutionnelles de contrôle[117].

Il est permis cependant d'espérer qu'une mise à niveau statutaire de la Cour puisse être opérée par la future loi à laquelle renvoie le dernier alinéa de l'article 192 de la constitution : « La loi détermine les attributions, l'organisation et le fonctionnement de la Cour des comptes et la sanction de ses investigations, ainsi que ses relations avec les autres structures de l'Etat chargées du contrôle et de l'inspection ».

Par ailleurs, l'avant-projet de LOLF gagnerait à prévoir les modalités suivant lesquelles la Cour assiste le Parlement dans le contrôle des finances de l'Etat, voire de toutes les finances publiques à l'image de l'article 58 de la LOLF française. La Cour y a tout intérêt car, comme le soulignait P. SEGUIN s'agissant du contexte français, « c'est là une voie de valorisation de ses travaux et un puissant levier pour donner des suites à ses recommandations »[118].

CONCLUSION

Qu'elles soient portées sur la régularité des opérations financières ou qu'elles soient orientées vers l'évaluation de la performance, les diverses formes de contrôle des finances publiques sont conçues d'une façon qui amène à penser que ce contrôle se confine dans des aspects purement techniques, se jouant tantôt entre l'ordonnateur et le comptable et épisodiquement entre la Cour des comptes et les ministères dépensiers. Le projet de réforme budgétaire n'arrive pas globalement à se départir d'une telle conception tant le contrôle des finances publiques se confinera toujours entre le ministère des finances et les ministères dépensiers par le biais du dispositif de performance. Pourtant, un système budgétaire axé sur les résultats devait normalement favoriser une véritable dynamique des contrôles « d'autant qu'ils s'épaulent, s'alimentent, se complètent les uns les autres »[119].

Cette conception hautement technique du contrôle des finances publiques demeure puissamment tenue par un sacro-saint réflexe bureaucratique. Elle trouve son explication dans le phénomène d'hypertrophie de la branche exécutive dans laquelle le contrôle des finances publiques semble strictement confiné. Si elle doit être en mesure d'avoir la certitude que ses finances soient bien gérées, la branche exécutive ne peut en revanche être en même temps juge et partie. Le contrôle des finances publiques ne peut être seulement administratif car avant qu'il ne le soit, il est originellement et prioritairement politique d'où l'intérêt du contrôle parlementaire.

---

[116] Dans son deuxième alinéa, l'article 192 stipule que « La Cour des comptes contribue au développement de la bonne gouvernance et de la transparence dans la gestion des finances publiques ».

[117] Communiqué de la Présidence de la République du 01 novembre 2015. Ce dernier faisait observer que l'un des objectifs assignés à la révision constitutionnelle réside dans « … la dynamisation des institutions constitutionnelles de contrôle ».

[118] P. SEGUIN, « Les nouvelles fonctions de la Cour des comptes en France », *loc. cit.*

[119] R. MUZELLEC, *Finances publiques*, 15e édition, 2009, édition DALLOZ, p. 437.

Au demeurant, le contrôle parlementaire des finances publiques renvoie immanquablement à la question de la séparation des pouvoirs. En réponse à l'exhortation de *Montesquieu* sur la séparation des pouvoirs, seul le pouvoir est à même de limiter le pouvoir. Il s'agit là assurément d'un principe fondamental qui s'érige aujourd'hui en patrimoine universel dans le domaine de l'organisation politique.[120]

---

[120] M. BOUSOLTANE, Allocution à l'occasion de la célébration du 25ème anniversaire de la création du Conseil constitutionnel, *Revue du Conseil constitutionnel* n°03-2014, p. 19.

Nabil CHEURFA[1]

LE DROIT D'AMENDEMENT DU PARLEMENT ALGÉRIEN : D'UNE LECTURE CRITIQUE DE L'ARTICLE 139 DE LA CONSTITUTION À L'OPPORTUNITÉ DE SA REFORMULATION

INTRODUCTION

L'article 136 de la constitution dispose que « l'initiative des lois appartient concurremment au Premier ministre, aux députés et aux membres du Conseil de la Nation… », c'est-à-dire que le Parlement est en droit de formuler des propositions de lois et de proposer des amendements aux projets de lois initiés par le Gouvernement.

Cependant, le droit d'initiative comme le droit d'amendement n'est conféré pleinement que pour la chambre basse du Parlement, en l'occurrence l'Assemblée Populaire Nationale (APN). Le Conseil de la nation n'en est pourvu qu'en trois matières énoncées limitativement par la constitution[2]. En dehors de ces trois matières intéressant l'organisation locale, l'aménagement du territoire et le découpage territorial, le Conseil de la Nation ne délibère que sur le texte voté par l'APN. Il ne peut, en outre, mettre en cause la responsabilité du Gouvernement à l'occasion du débat sur la politique générale, car seule l'APN détient la compétence de voter une motion de censure[3].

Ceci témoigne de l'importance de la chambre élue au suffrage universel. Le caractère inégalitaire du bicaméralisme algérien transparaît le plus clairement à travers deux points essentiels : la privation du Conseil de la Nation de l'initiative des lois et celle du droit de faire des amendements[4]. Cependant, la révision

---

[1] Docteur en sciences juridiques, Université Paris I Panthéon-Sorbonne

[2] L'article 136 de la constitution dispose « […] Les propositions de lois, pour être recevables, sont déposées par vingt (20) députés ou vingt (20) membres du Conseil de la Nation dans les matières prévues à l'article 137 ci-dessous ». L'article 137 quant à lui confère un droit de priorité au Conseil de la Nation en trois matières législatives : « Les projets de lois relatifs à l'organisation locale, à l'aménagement du territoire et au découpage territorial sont déposés sur le bureau du Conseil de la Nation. A l'exception des cas énumérés à l'alinéa ci-dessus, tous les autres projets de lois sont déposés sur le bureau de l'Assemblée Populaire Nationale ».

[3] Article 135 de la constitution.

[4] Fouzia BENBADIS, « Les prérogatives législatives du Conseil de la Nation dans le bicamérisme Algérien », communication présentée lors de la journée d'étude sur *le rôle législatif du Conseil de la Nation dans le système constitutionnel algérien et systèmes comparés*, Hôtel El-AURASSI, dimanche 7 décembre 2014, dactyl. p.

constitutionnelle du 06 mars 2016 a investi le Conseil de la Nation d'un droit d'initiative consacré en trois matières législatives : l'organisation locale, l'aménagement du territoire et le découpage territorial conformément à l'article 137 de la constitution. Au lieu d'une privation totale du droit d'initiative, le Conseil de la Nation se trouve désormais investi d'un droit d'initiative circonscrit.

Il en découle qu'en matière budgétaire, les sénateurs du Conseil de la nation ne connaissent aucun droit d'amendement, ce droit est conféré exclusivement à la Commission des finances et du budget de l'APN, au Gouvernement et aux groupes de dix (10) membres de la chambre basse[5].

Cependant, le droit d'amendement n'est pas un droit absolu ou désincarné. Au-delà des conditionnalités politiques, son usage est conditionné par un ensemble de règles juridiques de forme et de fond, lesquelles interpellent l'interrogation de savoir quel est l'usage qui en est fait par le Parlement algérien et quelles règles juridiques conditionnent sa mise en œuvre.

Ces questions revêtent un intérêt particulier en raison notamment de l'absence de lois d'initiative parlementaire. Devant cette absence de fait, le droit d'amendement est conduit à s'ériger comme le moyen d'expression le plus usité du Parlement algérien **(I)** bien qu'il soit strictement encadré et davantage réduit par les irrecevabilités financières de l'article 139 de la Constitution **(II).** Cet article pose des conditionnalités qui semblent de prime abord moins contraignantes mais qui consacrent l'usage de concepts impropres à la matière budgétaire. Au lieu d'apporter des clarifications conceptuelles à une terminologie constitutionnelle approximative à l'origine, le projet de réforme budgétaire s'obstine à imaginer un régime des irrecevabilités financières qui semble s'éloigner de la lettre comme de l'esprit du texte constitutionnel **(III).**

I. LE DROIT D'AMENDEMENT DU PARLEMENT COMME MOYEN D'EXPRESSION DU PARLEMENT ALGERIEN

En pratique, les lois d'initiative parlementaire sont quasi inexistantes dans le système de production des normes bien que les parlementaires disposent du droit de proposer des lois. Toutefois, la faiblesse des initiatives parlementaires en Algérie est quelque peu compensée par le droit d'amendement qui est conduit à s'ériger comme le moyen d'expression parlementaire le plus usité[6].

9.http://www.mrp.gov.dz/Ministere_Arabe/J_etude_07122014/BENBADISS_Fouzia.pdf, consulté en date du 30 janvier 2018.

[5] Conformément à l'article 28 de la loi organique n° 16-12 du 25 août 2016 fixant l'organisation et le fonctionnement de l'Assemblée Populaire Nationale et du Conseil de la Nation ainsi que les relations fonctionnelles entre les chambres du Parlement et le Gouvernement, mais aussi de l'article 61 du règlement intérieur de l'A.P.N.

[6] Voir sur ce point, M. CHIHOUB, « L'initiative des lois entre le Parlement et le Gouvernement dans le système juridique algérien », (en arabe), *revue El-WASSIT,* n° 10, 2013, p. 98.

Ainsi que relevé par le Directeur général de la formation et des études législatives de l'APN[7], durant la cinquième et sixième législatures s'étalant de 2002 à 2012, il a été recensé près de 5033 propositions d'amendement portant sur 171 lois adoptées. Parmi les propositions d'amendement, 2217 d'entre elles ont été adoptées, soit un taux de recevabilité de l'ordre de 44%.

Mais il faut souligner qu'en matière budgétaire, le Parlement ne dispose pas de droit d'initiative, c'est-à-dire qu'il ne peut en droit formuler une proposition de loi de finances à l'instar des autres matières autres que budgétaires. En matière budgétaire, « le seul droit d'initiative parlementaire[8] » se trouve circonscrit dans le droit d'amendement qui ne permet aux parlementaires que d'opérer de modestes inflexions sur le projet du Gouvernement. Le droit d'amendement est pour eux le seul moyen d'infléchir la politique du Gouvernement.

Ainsi, sur les 80 articles constituant le projet de lois de finances pour 2011, 38 amendements ont été apportés par les parlementaire, soit un taux de l'ordre de 47.50%. Ce taux se situait à 48.27% pour le projet de loi de finances pour 2012, à 39.6% pour celui de 2013 et à 46.6% pour celui de 2014. Si l'on venait à considérer l'ensemble des amendements proposés, qu'ils aient été déclarés recevables ou non, le taux des amendements apportés auxdits projets de lois de finances serait en moyenne de l'ordre de 85.71%[9]. En effet, sur les 315 articles constituant les projets de lois de finances pour 2011, 2012, 2013 et 2014, 270 articles ont fait l'objet de propositions d'amendement[10].

II. UN DROIT D'AMENDEMENT ENCADRE ET DAVANTAGE REDUIT PAR LES IRRECEVABILITES FINANCIERES DE L'ARTICLE 139 DE LA CONSTITUTION

Le droit d'amendement à l'origine très encadré[11] se trouve davantage réduit en matière budgétaire par l'article 139 de la constitution qui dispose :« Est irrecevable, toute proposition de loi qui a pour objet ou pour effet de diminuer les ressources publiques ou d'augmenter les **dépenses publiques**, sauf si elle est accompagnée de

---

[7] B. TATAH « La pratique du droit d'amendement au niveau de l'Assemblée Populaire Nationale (de 2002 à 2012) », (en arabe), *revue El WASSIT* n°10-2013, p. 237.

[8]E. OLIVA, *Finances publiques*, Paris, Dalloz, 2ème édition, 2008, p. 155.

[9]M. BRIK, chargé d'études et de synthèse de la Commission des finances et du budget de l'A.P.N, « L'A.P.N et la pratique du contrôle a *posteriori* : étude comparée », (en arabe), communication présentée au cours de la journée d'étude sur *L'expérience algérienne en matière de règlement budgétaire et systèmes comparés*, Djenane El MITHAK, le 23 juin 2014, dactyl., 66 p. http:// www.mrp.gov.dz/Ministere_Arabe/ j_etude_23062014/Brik_23juin2014.pdf, consulté en date du 22 janvier 2018.

[10]*Ibid.*

[11] Le droit d'amendement se trouve en effet encadré par un ensemble de règles de forme, de règles de recevabilité dont la recevabilité financière et la règle de la compétence législative. D'autres règles dites réglementaires sont requises à l'image de la règle du délai et celle de la relation (entre l'amendement et le texte sur lequel il porte). Pour plus de détails sur ce point, Cf. El A. CHRIET, « Le droit d'amendement dans le système parlementaire algérien : étude comparée » (en arabe), *Revue El-WASSIT,* n° 10, 2013, p. 98.

mesures visant à augmenter les **recettes de l'Etat** ou à faire des économies au moins correspondantes sur d'autres postes de dépenses publiques ».

Assimilé à une forme de cantonnement de la loi[12], cet article est de prime abord de portée générale, c'est-à-dire qu'il n'est pas spécifique à la seule matière budgétaire[13]. Mais compte tenu de la nature même des projets de lois de finances, ces restrictions constitutionnelles au droit d'amendement peuvent s'avérer particulièrement fortes[14].

Une première analyse textuelle permet de relever que cet article ne cite que les propositions des lois à l'exclusion des amendements à l'opposé du régime des irrecevabilités financières de l'article 40 de la constitution française qui cite expressément les propositions comme les amendements. Mais cette lacune est rattrapée par la jurisprudence du Conseil constitutionnel qui assimile le droit d'amendement comme un droit dérivé du droit d'initiative lorsqu'il a dénié, au Conseil de la Nation, tout droit d'amendement, étant donné que celui-ci ne dispose pas de droit d'initiative en matière de proposition des lois[15]. En effet, *tant que les conditionnalités de l'article [139] étaient obligatoires dans les initiatives, elles sont par voie de conséquence tout autant valables pour les amendements*[16].

Ainsi, cet article conditionne le droit d'amendement du Parlement au respect de l'équilibre budgétaire global par la compensation des nouvelles charges qui pourraient y surgir en prévoyant des ressources nouvelles ou des économies au moins correspondantes. Mais une lecture juridique plus nuancée peut amener à considérer que ce régime des irrecevabilités financières tel qu'imaginé par le constituant algérien se distingue du régime des irrecevabilités financières admis par le constituant français. Le régime algérien semble moins contraignant du fait d'une rédaction plus conciliante **(A)** bien qu'elle révèle l'usage de concepts impropres **(B).**

A. UNE RÉDACTION QUI ADMET UNE PRATIQUE CONCILIANTE

Le régime algérien des irrecevabilités financières admet qu'une proposition de loi peut être recevable même si elle a pour objet ou pour effet de diminuer les ressources publiques ou d'augmenter les dépenses publiques à la seule condition

---

[12] S. GHAOUTI-MALKI, « le Parlement dans le système politique algérien », p. 2. Communication disponible en ligne : http://www.mrp.gov.dz/ Ministere/ghaouti.pdf, consultée en date du 14 janvier 2018.

[13] Ainsi, le bureau du Parlement a invoqué l'article 121 de la constitution, devenu l'article 139 après la révision constitutionnelle de 2016, pour rejeter la proposition de loi initiée en date du 15 février 2014 tendant à réhabiliter les victimes des événements de **1963**. Le régime des irrecevabilités financières de l'article 121 conçu à l'origine pour tenir compte de l'équilibre financier du programme du gouvernement est souvent opposé à des fins autres que strictement financières.

[14] M. MOKHTARI, Secrétaire général de l'APN (Le *Magasine promotionnel de l'Algérie El Djazair*, n° 90 du mois de septembre 2015), assure que c'est sur la base de ces dispositions que le bureau de l'A.P. N a déclaré l'irrecevabilité en la forme de 41 propositions d'amendement au projet de loi de finances pour 2013. « Toutes les propositions d'amendement invalidées par le bureau de l'APN ont été référenciées à l'article 139 de la Constitution. […] Il (le Bureau) a statué sur la conformité de 40 propositions d'amendement qu'il a transmises à la commission des finances et du budget ».

[15] Avis n°04/ A.R.I/CC/98 du 10 février 1998 relatif à la conformité du Règlement intérieur du Conseil de la Nation à la constitution.

[16] El A. CHRIET, « Le droit d'amendement dans le système parlementaire algérien : étude comparée », (en arabe), art. cité, p. 133.

qu'elle soit accompagnée soit de mesures visant à augmenter ***les recettes de l'Etat,*** soit à faire des économies au moins correspondantes ***sur d'autres postes de dépenses publiques***.

Tel n'est pas le cas pour le régime français qui réserve un traitement différencié des amendements selon qu'ils portent sur les ressources ou sur les dépenses. « Les propositions et amendements formulés par les membres du Parlement ne sont pas recevables lorsque leur adoption aurait pour conséquence soit une diminution des ressources publiques, soit la création ou l'aggravation d'une charge publique »[17].

En effet, en matière de ressources, le régime français interdit à un parlementaire de proposer une diminution de ressources tant qu'elle n'est pas gagée par une ressource équivalente. **Le gage par une économie sur la dépense étant interdit,** alors même que le conseil constitutionnel dégage d'autres conditionnalités bien spécifiques[18] telles que celles qui stipulent que la compensation doit être immédiate, réelle et bénéficiant à la même collectivité que celle pour laquelle la ressource objet de la proposition de diminution est perçue.

A la différence du droit français, le régime des irrecevabilités financières tel qu'il ressort de l'article 139 de la constitution algérienne, admet que le gage soit indifféremment garanti au moyen d'une économie sur les dépenses publiques ou par le biais d'une augmentation de recettes. Il s'agit là indéniablement d'un régime beaucoup moins contraignant que le régime français[19].

Mais la pratique peut être moins exigeante que la rigueur de la loi. Aussi, est-il permis en France de contourner l'obstacle formel du gage par la procédure du « lever de gage » que le Gouvernement a pris l'habitude de consentir au profit des amendements qu'il accepte juste avant leur adoption[20]. Le gage lui-même ne soulève pas de problématiques particulières puisque l'auteur de l'initiative n'est pas obligé de calculer la perte de recettes qui en résulterait. L'utilisation de la formule « à due concurrence » suffit à définir le montant du gage pour la majoration de telle ou telle ressource[21].

---

[17] Article 40 de la constitution française.

[18] La décision n° 76-64 DC du 2 juin 1976 dispose : « Considérant que les dispositions des articles 24, alinéa 2, et 45, premier alinéa, du Règlement du Sénat, dans la rédaction qui leur a été donnée par la résolution susvisée, ne sont contraires ni à l'article 40, ni à aucune autre disposition de la Constitution, pour autant, toutefois, que la ressource destinée à compenser la diminution d'une ressource publique soit réelle, qu'elle bénéficie aux mêmes collectivités ou organismes que ceux au profit desquels est perçue la ressource qui fait l'objet d'une diminution et que la compensation soit immédiate ».

[19] En vérité, la constitutionnalisation initiale du régime des irrecevabilités financières telle qu'elle ressortait de l'article 149 de la constitution de 1976, ne prévoyait pas la possibilité d'assurer le gage au moyen d'économies sur plusieurs postes budgétaires. La rédaction retenue en 1976 stipulait que les économies devaient se faire sur un autre poste de dépenses publiques. L'emploi du terme « poste » au singulier laisse admettre que le gage par l'économie de dépenses ne peut se faire que sur un seul poste de dépenses et qu'il n'était pas permis dès lors de cumuler des économies sur plusieurs postes de dépenses. C'est à la faveur de la rédaction retenue à l'article 114, 121 et 139 des constitutions respectives de 1989, de 1996 et de 2016 que ces limites ont été évacuées et les possibilités élargies en retenant une rédaction qui admet que les économies peuvent se faire « **sur d'autres postes de dépenses publiques** » au lieu que ce soit « ***sur un autre poste de dépenses publiques*** ».

[20] H. MESSAGE, M. BERMOND et J.-L. MATT, *Lois de finances et lois de financement à l'Assemblée nationale*, n°3, 3° édition, 2007, mise à jour au 31 août 2010, p. 118.

[21] *Ibid.*

C'est en matière de charges publiques que la rigueur de l'article 40 de la constitution française se fait plus contraignante. En effet, il n'est pas possible aux parlementaires français d'apporter des amendements aux crédits.

Toute création ou aggravation d'une charge publique étant prohibée même compensée par une diminution d'une autre charge ou par l'augmentation des ressources publiques[22]. « Considérant que l'article 40 de la Constitution dispose que les propositions et amendements formulés par les membres du Parlement ne sont pas recevables lorsque leur adoption aurait pour conséquence soit une diminution des ressources publiques, soit la création ou l'aggravation d'une charge publique ; qu'il résulte des termes mêmes de cet article qu'il fait obstacle à toute initiative se traduisant par l'aggravation d'une charge, fût-elle compensée par la diminution d'une autre charge ou par une augmentation des ressources publiques »[23] . Ce n'est que récemment et à la faveur de l'article 47 de la LOLF que l'initiative parlementaire a été accrue s'agissant des crédits[24].

En matière de dépenses, toute la différence réside dans l'emploi au pluriel du terme « dépenses publiques », là où le constituant français employait le singulier « création ou aggravation d'une charge publique[25] » ne prenant donc pas en considération les conséquences sur les autres charges. Pour le droit d'amendement en France, « cette différence entre le singulier et le pluriel est majeure[26] », et il en résulte l'interdiction des amendements compensés.

B. Qui consacre l'usage de concepts impropres

En soulignant qu' « est irrecevable, toute proposition de loi qui a pour objet ou pour effet de diminuer **les ressources publiques** ou d'augmenter les **dépenses publiques**, sauf si elle est accompagnée de mesures visant à augmenter les **recettes de l'Etat** ou à faire des économies au moins correspondantes sur d'autres postes de **dépenses publiques** », l'article 139 semble entretenir un certain amalgame entre les concepts de « ressources publiques », de « dépenses publiques » et de « recettes de l'Etat » certes voisins mais différents.

L'usage indifférencié, voire impropre de tels concepts de surcroît au niveau d'un texte aussi fondamental que la constitution heurte à l'évidence le principe

---

[22] Mais là encore, l'article 40 de la constitution française n'est pas appliqué à la lettre car, comme le soulignent les Professeurs BOUVIER, M.-C. ESCLASSAN et J. P. LASSALE, (*Finances publiques*, 16° édition 2017-2018, L.G.D.J, p. 402), cela « [...] aurait abouti à supprimer toute possibilité d'initiative parlementaire en matière législative » considérant qu'il n'est pas de réforme qui ne puisse entraîner d'incidences financières. « En pratique [...] l'appréciation de la recevabilité se fait en fonction de toute une série de facteurs : le caractère direct ou indirect, éventuel ou certain, immédiat ou différé de l'incidence financière entre ainsi en ligne de compte ».

[23] Décision n° 85-203 DC du 28 décembre 1985.

[24] En France, la rigueur de l'article 40 de la Constitution a été atténuée par une lecture extensive de la charge faite par l'article 47 de la LOLF, la charge est à ce titre entendue de la mission, ce qui permet au Parlement de proposer des amendements aux programmes.

[25] E. OLIVA, *Finances publiques*, *op. cit.*, p. 70.

[26] A. BAUDU, « L'incertaine renaissance parlementaire en matière budgétaire et financière », *Revue du droit public et de la science politique en France et à l'Étranger*, 01 septembre 2010, n° 5, p. 1430.

d'intelligibilité du droit[27]. Si « les concepts ne sont utiles qu'en fonction des objectifs de l'analyse à laquelle on les destine[28] », au niveau d'un texte constitutionnel et au niveau d'un article se substituant à l'ensemble des rapports du Parlement et du Gouvernement, chaque concept utilisé entraîne des conséquences sur les équilibres des pouvoirs. En cette occurrence, l'usage qui en est fait semble impropre à triple titre :

D'abord, le concept de « ressources publiques » est confronté maladroitement à celui de « dépenses publiques », alors que les ressources sont par définition beaucoup plus larges que les recettes, concept souvent opposé à celui de dépenses. A l'opposé des recettes et des dépenses qui sous-tendent une vision typiquement comptable des mouvements financiers, les ressources et les charges impliquent des encaissements pour les premiers et des décaissements pour les seconds, immédiats et définitifs en plus des mouvements de fonds futurs ou temporaires qui n'induisent, au regard de la comptabilité en droits constatés, ni enrichissement ni appauvrissement[29].

Le constituant aurait dû confronter le concept de « ressources publiques »[30] à celui de « charges publiques »[31] de sorte que la rédaction de l'article 139 disposerait qu' « est irrecevable, toute proposition de loi qui a pour objet ou pour effet de diminuer **les ressources publiques** ou **de créer ou d'aggraver les charges publiques [...] »** au lieu de la rédaction actuelle qui dispose qu' « est irrecevable, toute proposition de loi qui a pour objet ou pour effet de diminuer les **ressources publiques** ou d'augmenter les **dépenses publiques… ».**

Ensuite, le constituant emploie d'une manière inconsidérée le concept de « **recettes de l'Etat** » pour désigner la ressource qui doit gager l'initiative

---

[27] Le principe d'intelligibilité de la loi est conduit à s'ériger comme un principe fondamental de droit contemporain dont le non-respect peut désormais conduire à l'invalidation des lois, parce qu'elles sont inintelligibles. Cf. à ce sujet Philippe *Malaurie*, « L'intelligibilité des lois », *Pouvoirs* 2005/3 (n° 114), p. 131-137.

[28] M. BOUVIER, « La « règle d'or » des finances publiques a-t-elle un avenir ? », *Revue française de Finances Publiques* n° 117, 01 février 2012, p. 138.

[29] En effet, une avance de l'Etat consentie à une autre collectivité est assimilée à une charge et non une dépense alors que le remboursement à l'Etat d'une créance est assimilée à une ressource et non une recette. Dans cet ordre d'idées, un engagement futur de dépenses n'impliquant pas de décaissement immédiat est assimilé à une charge et non une dépense.

[30] Les ressources englobent tous les flux financiers entrants, de manière définitive ou temporaire.

[31] Selon *le Glossaire des termes de finances publiques* de S. DAMAREY (Gualino éditeur, EJA- Paris 2006, p. 43), la notion de charge publique n'est pas définie par les textes constitutionnels et organiques relatifs aux finances publiques bien qu'à elle seule, cette notion encadre le pouvoir d'amendement des parlementaires en matière de dépenses. La LOLF en a donné une interprétation en assimilant la charge à la mission. Cependant, en se référant à la comptabilité des entreprises, il ressort que les charges donnent lieu à un appauvrissement du patrimoine constaté par une augmentation des dettes ou une diminution d'actif. Il est généralement fait distinction entre les charges décaissables qui génèrent une dépense immédiate ou future (achat de biens et de services) et les charges non décaissables qui ne donnent pas lieu à dépense ni présente ni future et qui représente une simple perte de valeur sans sortie d'argent à l'instar des dotations aux provisions et aux amortissements ainsi que la variation de stock. Ainsi donc, c'est les charges décaissables qui correspondent à la notion de « dépenses ». Celle-ci ne représente qu'une partie des charges, celles dites décaissables. Selon la norme comptable du secteur public **IPSAS1- présentation des états financiers**, les charges sont définies comme étant « des diminutions d'avantages économiques ou de potentiel de service au cours de la période sous forme de sorties ou de consommation d'actifs, ou de survenance de passifs qui ont pour résultat de diminuer l'actif net/situation nette autrement que par des distributions en faveur des contributeurs **».**

parlementaire à l'origine de la diminution de ressources ou de l'aggravation des charges. A ce titre, la notion de « **recettes de l'Etat** » semble être réductrice et confuse à la fois. Elle témoigne d'une conception centraliste révolue[32]des finances publiques qui amène à penser qu'un amendement qui tend à diminuer une ressource publique doit être compensé par une recette exclusivement de l'Etat, alors même que cette compensation peut bien être entrevue au moyen d'une ressource d'une collectivité autre que l'Etat[33]. Plus encore, « en ce début de XXIe siècle, il n'existe plus aucune identification entre **finances publiques** et **finances de l'État** »[34]. Bien plus, sous d'autres cieux, le champ des finances de l'Etat se trouve paradoxalement de plus en plus minoritaire au sein des finances publiques[35].

Le concept de « **ressources publiques** » concerne les ressources de l'ensemble des administrations publiques au sens de la comptabilité nationale, y compris l'Etat. Impropre, le constituant algérien aurait dû employer à la place du concept de « **recettes de l'Etat** » celui plus large et plus juste, de « **ressources publiques** ». Les ressources publiques servent indistinctement de gage à la compensation de toutes les ressources venant en diminution à la suite d'un amendement parlementaire[36].

Enfin, en soulignant que « ...ou à faire des économies au moins correspondantes sur d'autres postes de **dépenses publiques** », le constituant fait un usage malavisé une deuxième fois du concept de « **dépenses publiques** » pour désigner l'économie de dépenses qui doit compenser la diminution de ressource ou l'aggravation de charges, alors qu'il aurait été plus juste d'employer le concept de « **charges publiques** ».

---

32 L'article 139 de la constitution est marqué par de profondes pesanteurs historiques et sociologiques. La lecture des constitutions algériennes permet en effet d'affirmer que le régime des irrecevabilités financières a été constitutionnalisé pour la première fois dans la constitution de 1976 (article 149) qui épouse le dogme socialiste comme option irréversible et consacre la centralisation comme mode de gouvernance. La centralisation du système financier public qui en découlait était telle que les finances publiques allaient se réduire aux seules finances de l'Etat. Le régime des irrecevabilités, tel que conçu par l'article 149 de la constitution de 1976, a été transposé d'abord au niveau de l'article 114 de la constitution de 1989 et ensuite au niveau de l'article 121 de la constitution de 1996, devenu l'article 139 par la réforme de 2016.

33 En vérité, l'emploi du concept de *« recettes de l'Etat »* témoigne en filigrane, et d'une façon un peu plus large, d'une conception centraliste qui déborde le seul contexte algérien et qui a longtemps assimilé les finances de l'Etat à l'ensemble des finances publiques alors que le périmètre de celles-ci s'est considérablement élargi en direction notamment des organismes de sécurité sociale et des collectivités locales. Même si, les finances publiques algériennes sont essentiellement des finances de l'Etat, il n'en demeure pas moins qu'elles n'y sont pas exclusives.

34M. LASCOMBE et X. VANDENDRIESSCHE, « La loi organique relative aux lois de finances (LOLF) et le contrôle des finances publiques », *Revue française d'administration publique*, 2006/1, no117, p. 133.

35A. LAMBERT, *Déficits publics, La démocratie en danger*, Edition Armand COLIN 2013, p. 152.

36Les ressources publiques à l'instar des charges publiques, au terme de l'article 40 de la constitution française, s'entendent de toutes les ressources publiques et de toutes les charges publiques, qu'elles soient celles de l'Etat, des collectivités territoriales, des organismes de sécurité sociale ou des établissements publics à caractère administratif. Par une jurisprudence ancienne du Conseil constitutionnel (décision n° 60-11 DC du 20 janvier 1961), celui-ci considérait que la notion de charge publique devait s'entendre des charges de l'Etat mais également de celles des départements, des communes et des divers régimes d'assistance ou de sécurité sociale. La lecture de l'article 139 de la constitution algérienne ne semble pas consacrer *a priori* de dérogations à ce sujet. L'emploi de l'expression *« ressources publiques »* consacre en principe les ressources publiques de l'ensemble des personnes publiques intéressées par les finances publiques et non pas les seules ressources publiques de l'Etat.

En tenant compte de ces remarques, la rédaction qui aurait dû être réservée à l'article 139 de la constitution aurait été la suivante : « est irrecevable, toute proposition de loi qui a pour objet ou pour effet de diminuer **les ressources publiques** ou **de créer ou d'aggraver les charges publiques**, sauf si elle est accompagnée de mesures visant à augmenter les **ressources publiques** ou à faire des économies au moins correspondantes sur d'autres postes de **charges publiques** ».

La rédaction du texte français semble, *in fine*, plus concise sur les concepts mais moins conciliante en pratique, alors que le texte algérien est moins pointilleux sur les concepts mais consacre en pratique un régime des irrecevabilités financières beaucoup plus souple que celui consacré en droit français.

Considérer le droit d'amendement comme « une valeur politique ajoutée[37] », revient à admettre que quel que soit le régime retenu « [...] chaque initiative de loi et chaque amendement entraîne d'une façon ou d'une autre des répercussions financières »[38]. C'est pourquoi, il est généralement considéré que le régime des amendements implique en pratique une conception « polysémique et excessivement large »[39].

Une pareille conception fait en sorte que le régime juridique des amendements soit en dernier ressort intimement lié aux pratiques politiques car lorsque les tractations politiques n'auront pas permis de conclure de compromis, les parties prenantes se retournent vers la force contraignante de la norme juridique et ceci est d'autant plus vrai lorsque cette norme est de rang constitutionnel.

III. UN PROJET DE REFORMULATION ORGANIQUE DU DROIT D'AMENDEMENT QUI SEMBLE S'ECARTER DU TEXTE CONSTITUTIONNEL

Les arrangements institutionnels issus de la révision constitutionnelle de 2016 ne permettent pas au Parlement d'exercer pleinement ses pouvoirs de contrôle de la procédure budgétaire qui semble relever plus d'une ratification que d'une réelle autorisation législative. Les aménagements techniques prévus par l'avant-projet de loi organique relative aux lois de finances en faveur de la consolidation de l'autorisation budgétaire ne suffisent pas, non plus, à restaurer l'importance du vote de la loi de finances par le Parlement au regard du droit d'initiative très limité. Les parlementaires « doivent avoir la possibilité de corriger ou d'infléchir les choix gouvernementaux grâce à la restauration du droit d'amendement »[40].

A ce titre, l'avant-projet de LOLF introduit une disposition innovante et pour le moins anodine s'agissant du droit d'amendement du Parlement en matière de lois

---

[37] Boualem TATAH « La pratique du droit d'amendement au niveau de l'Assemblée Populaire Nationale (de 2002 à 2012) », art. cité, p. 224.

[38] El Amine CHRIET, « Le droit d'amendement dans le système parlementaire algérien : étude comparée » (en arabe), art. cité, p. 142.

[39] *Ibid.*

[40] G. DESMOULIN, « La loi organique relative aux lois de finances ou le renouveau de la règle des quatre temps alternés », *La revue du Trésor*, n°8-9 août-septembre 2004, p. 505.

de finances dont l'énoncé stipule : « **Tout amendement ayant pour objet une diminution de recette ou une augmentation de dépenses est irrecevable sauf si, sont proposées des ressources nouvelles ou des économies de dépenses au moins correspondantes sur d'autres postes budgétaires en vue de leur couverture** »[41].

Cette rédaction révèle néanmoins plusieurs écarts par rapport au texte constitutionnel : D'abord, elle s'écarte du texte constitutionnel lorsqu'elle ne retient que les amendements qui ont seulement pour objet une diminution de recettes ou une augmentation de dépenses à l'exclusion de ceux qui peuvent avoir pour effet un tel résultat. Les amendements qui n'ont pas pour objet une diminution de recettes ou une augmentation de dépenses mais qui auraient pour effet une telle diminution ou une telle augmentation peuvent bien être déclarés recevables si l'on se réfère à la formulation du projet de texte organique.

A contrario, le texte constitutionnel déclare irrecevable, toute proposition de loi qu'elle ait pour objet ou ***même pour effet*** une telle diminution ou pareille augmentation. Le « ou » est une conjonction de coordination qui induit une alternative entre deux éléments de même niveau syntaxique : soit pour objet, soit pour effet.

L'irrecevabilité étant donc valable au titre des deux alternatives et les amendements sont, par voie de conséquence, irrecevables lorsqu'ils ont pour objet et ils sont également irrecevables lorsqu'ils ont pour effet une telle vocation, c'est-à-dire entraînant une diminution des recettes ou une augmentation des dépenses.

Ensuite, cette formulation se caractérise par l'imprécision des concepts employés au même titre d'ailleurs que la rédaction retenue au titre de l'article 139 de la constitution en ce qu'elle consacre l'opposition du concept de « dépenses » à celui plus large de « ressources ».

Ainsi, l'article 76 de l'avant-projet de LOLF se borne à imaginer un régime des irrecevabilités financières qui se distingue de celui instauré par l'article 139 de la constitution. En vérité, en s'essayant de donner une interprétation de l'article 139 de la constitution, l'article 76 de l'avant-projet de LOLF conçoit non seulement un régime des irrecevabilités qui s'écarte du texte constitutionnel, mais qui, en plus, met en œuvre un régime différent et juxtaposé au texte constitutionnel et quand bien même le régime qu'il concevait lui aurait été conforme, il n'en constituerait qu'un double emploi.

En cela, l'article 76 de l'APLOLF ne trouve aucune raison d'être inséré dans le projet de texte organique. Une norme de rang organique ne saurait en effet concurrencer une norme constitutionnelle bien supérieure. La révision de l'article 139 de la constitution à la lumière des incohérences relevées, aurait été à elle seule de nature à clarifier le régime des irrecevabilités financières en droit algérien.

---

[41] Dans son article 76, deuxième alinéa.

CONCLUSION

A l'image de l'article 47 de la LOLF française[42], l'avant-projet de LOLF gagnerait à donner des clarifications s'agissant des concepts de ressources et de charges ou de recettes et de dépenses. La charge et la dépense s'entendent-elles du portefeuille, du programme, du sous-programme ou de l'action ?

Assimiler la charge publique au portefeuille reviendrait tout simplement à étendre le pouvoir d'amendement du Parlement lequel sera sensiblement diminué en cas d'assimilation de la charge publique à l'action. Les charges pouvant bien s'entendre du programme ou, dans l'optique d'une conception plus extensive, d'un portefeuille. Les précisions à apporter conditionneront certainement l'étendu du pouvoir d'amendement des parlementaires. C'est sans doute pour cette raison que l'article 47 de la LOLF française était considéré comme le véritable cœur de la réforme en ce qu'il a permis d'envisager la résurgence de l'initiative parlementaire[43].

Mais il faut dire que dans l'état actuel de sa rédaction, l'avant-projet de LOLF enlève tout intérêt pratique à une telle perspective car le principe d'indexation du vote du Parlement sur les programmes n'est pas envisagé, tant le vote continuera de s'opérer par ministère au moment où les crédits sont spécialisés par programme[44] lequel constituera pourtant l'unité d'exécution des crédits[45].

En effet, la rédaction actuelle de l'article 76 de l'avant-projet de LOLF pose véritablement problème de compréhension. En soulignant que « les dépenses de toute nature y compris celles relatives aux comptes spéciaux du Trésor sont votées par ministères et institution publique comportant l'ensemble de leurs programmes », cet article entretient un certain amalgame, tant il remet en cause sinon complètement, du moins, fortement, l'essence même de la réforme.

En contradiction avec les lignes directrices mêmes du projet de modernisation des systèmes budgétaires telles qu'elles sont présentées par le consultant, le vote des crédits continuera à s'opérer sur la base des Titres et par ministère ou institution publique. En effet, le consultant souligne que le Parlement « approuvera le budget de dépenses par programme. Il importe donc que les programmes portent sur des enjeux significatifs pour les parlementaires et que les documents mis à leur disposition soient accessibles et pas trop volumineux »[46].

---

[42] L'article 47 de la LOLF en France qui assimile la charge de l'article 40 de la constitution à la mission en mode LOLF. Ceci a permis d'étendre considérablement le droit d'amendement des parlementaires. Mais il faut dire que l'article 47 n'est pas un doublon de l'article 40 de la constitution en ce qu'il ne s'intéresse qu'aux amendements en matière de lois de finances. Ceci est souligné par Eric *Oliva* (finances *publiques*, *op. cit.*, p. 70) en ces termes : « La seule différence qui existe est que l'article 40 de la constitution s'applique de manière générale à toutes les initiatives parlementaires tandis que l'article 47 s'applique aux amendements déposés à des projets de lois de finances ».

[43] J. GICQUEL, « Le ministre des Finances dans le cadre de la réforme des finances publiques », dans M. BOUVIER (dir.), *Réforme des finances publiques, démocratie et bonne gouvernance, actes de la 1re Université de printemps de finances publiques du GERFIP*, Paris, L.J.D.J, 2004, p. 48.

[44] Alinéa 2 de l'article 23 de l'avant-projet de LOLF.

[45] Article 78 de l'avant-projet de LOLF.

[46] Ministère des Finances – Algérie, « *projet MSB II : TC* », *op. cit.*, p. 19.

Certes, il s'est trouvé par le passé que la présentation des crédits lors du vote n'ait pas été conforme à la présentation des crédits lors de l'exécution[47]. Mais c'était dans un souci de simplification de la procédure au niveau du Parlement dont le vote par chapitre était devenu une opération contraignante[48]. Le maintien du vote par Titre et par institution ne saurait se comprendre dans le cadre d'un système de budgétisation par programme. Une gestion par ministères entraîne le risque de réduire considérablement l'esprit du programme[49]. Ainsi que souligné par F-R CAZALA « la budgétisation par programmes peut se révéler dès lors un exercice abstrait, sinon vain, sans aucun impact réel sur la gestion de la fourniture des services publics »[50].

Le programme en tant qu'un ensemble cohérent d'activités poursuit des objectifs communs et pour lesquelles il est possible de rendre compte. Cela justifie que le vote des crédits se fasse par programme[51]. A cet effet, il faut bien relever que l'article 22 de l'avant-projet de LOLF indexe les objectifs et les résultats aux programmes et non aux ministères. Constituant le cadre naturel de la déclinaison du dispositif de performance, les programmes s'érigent désormais comme la pierre angulaire de la nouvelle nomenclature budgétaire, ce qui risque de faire du vote par ministère « une affirmation en décalage par rapport à la réalité d'exécution »[52].

La rédaction de l'article 76 heurte à l'évidence un principe cardinal de la réforme. Pourquoi préserver deux modes de présentations ou deux modes de spécialisation des crédits ? Dans quel but et pour quelle finalité ? La budgétisation par programmes doit en principe donner lieu à un vote par programme qui doit constituer aussi bien l'unité de vote des crédits par le Parlement que l'unité d'exécution des crédits par le Gouvernement. La spécialité des crédits devant être uniforme tant au niveau du vote que de l'exécution des lois de finances. Le programme devient ainsi, « le lieu politique d'un vote plus éclairé pour les parlementaires »[53].

---

[47] Pour P. CLICHE (Gestion *budgétaire et dépenses publiques : description comparée des processus, évolutions et enjeux budgétaires du Québec*, Presses de l'Université du Québec 2009, p. 12), « dans le cadre d'une classification budgétaire traditionnelle fondée sur la structure organisationnelle, c'est l'organigramme qui détermine la façon dont sont présentées les données budgétaires. Il est dès lors compréhensible que dans une classification de ce type, le vote des crédits s'opère par ministère et à l'intérieur de chaque ministère par Direction Générale ou régionale.

[48] F. CHOUVEL (*Finances publiques 2015*, p. 104) fait observer que le vote du budget nécessitait près de 3000 votes en France sous la 3ème République et près de 5000 votes sous la 4ème. Pour les Professeurs M. BOUVIER, M.-C. ESCLASSAN et J-P. LASSALE (*Manuel de finances publiques*, *op. cit.*, p. 401) la LOLF a permis de réduire considérablement le nombre de vote en les ramenant d'environ 130 à 50 votes seulement.

[49] S. TROSA, « la LOLF, les RGPP et l'évaluation des politiques publiques : bilan et perspectives » *Revue française de Finances Publiques* n° 121 du 01 février 2013, p. 243.

[50] F.-R. CAZALA, « Structure et procédures pour le renforcement de la discipline et de la responsabilité financière », dans M. BOUVIER (dir.), *La bonne gouvernance des finances publiques dans le monde*, Actes de la IVe Université de printemps de Finances Publiques, Paris : L.J.D.J, 2009, p. 40.

[51] P. CLICHE, *op.cit.*, p. 122.

[52] J.-P. CAMBY, « Le Conseil constitutionnel et la réforme de la procédure budgétaire », *Petites affiches*, 10 octobre 2001, n° 202, p. 24.

[53] Maurice BASLE, *Le budget de l'Etat*, Paris, La Découverte 2012, 7e édition, p. 17.

Djibrihina OUEDRAOGO[1]

LA REFORME INACHEVÉE DE LA JURIDICTION FINANCIÈRE IVOIRIENNE. A PROPOS DE LA LOI ORGANIQUE N° 2015-494 DU 7 JUILLET 2015 SUR LA COUR DES COMPTES

INTRODUCTION

« Mieux vaut tard que jamais » ! Ce dicton est bien indiqué pour rendre compte de la réforme de la juridiction financière ivoirienne. En effet, si la loi organique n°2015-494 du 7 juillet 2015 parachève, au plan normatif, le processus de création de la Cour des comptes de Côte d'Ivoire, cette création a été longtemps attendue !

Avec le Mali et le Bénin, la Côte d'Ivoire faisait figure de mauvais élève au regard de l'obligation imposée par l'UEMOA à ses États membres de procéder à la création d'une Cour des comptes autonome en lieu et place de la Chambre des comptes de la Cour suprême[2].

Du reste, par rapport aux deux États cités, la situation de la Côte d'Ivoire était des plus paradoxales. Si la création d'une Cour des comptes au Mali et au Bénin achoppe encore sur la difficulté tenant à la révision de la Constitution[3], la Côte d'Ivoire avait, très tôt, à la faveur de l'adoption de la Constitution de la IIè République du 1er aout 2000, prévu la création d'une Cour des comptes. C'est donc

[1] Docteur en droit, Enseignant-chercheur Université Ouaga II (Burkina Faso)

[2] Déjà, en son article 68, le traité de Dakar du 10 janvier 1994 instituant l'UEMOA exigeait des États membres qu'ils recourent à une Cour des comptes autonomes pour assurer un contrôle efficace des finances publiques. Puis, la directive n° 02/2002 portant Code de transparence a imposé un délai pour la mise en place effective de cette Cour des comptes autonomes. Le point E de cette directive stipule ainsi « Il n'y a pas de bonne gestion des finances publiques sans un contrôle a posteriori efficace dévolu à une juridiction financière indépendante et dotée de pouvoirs et de capacités d'investigation étendus. **Les Etats membres devront créer des Cours des Comptes autonomes au plus tard le 31 Décembre 2002** ». Devant l'inertie de certains États, cette obligation est rappelée dans la directive n° 01/2009 n°01/2009/CM/UEMOA portant code de transparence dans la gestion des finances publiques au sein de l'UEMOA : « **Les finances publiques et les politiques qu'elles soutiennent sont soumises au contrôle externe de la Cour des Comptes, dont la création est obligatoire dans chaque Etat membre ».**

[3] En effet, la création de la Cour des comptes nécessite la révision préalable de la Constitution afin de supprimer la chambre des comptes de la Cour suprême et d'intégrer des dispositions sur la Cour des comptes. Or, les procédures de révision de la Constitution au Mali et au Bénin sont si rigides que les tentatives de révision de la Constitution n'ont pu aboutir. Cet obstacle a amené le Mali à demander un avis à la Cour de justice de l'UEMOA pour savoir s'il était possible de se contenter d'une chambre des comptes. Dans un avis n°01-2003, la Cour de justice a décidé que la primauté du droit communautaire ne permet pas de déroger à l'obligation de création d'une Cour des comptes autonomes dans chaque État membre.

dire que depuis 2000, le Constituant ivoirien avait déjà acté la création d'une Cour des comptes[4]. Il a donc fallu quinze (15) ans pour aboutir à l'adoption de la loi organique 2015-494 portant organisation et fonctionnement de la haute juridiction financière ivoirienne.

Il est possible de justifier le retard accusé dans la construction de l'édifice normatif nécessaire à la création de la Cour des comptes par la décennie d'instabilité qu'a connue le pays depuis la tentative de coup d'État muée en rébellion le 19 septembre 2002. Toutefois, cet argument doit être fortement relativisé, dans la mesure où pendant la période de crise un projet de loi organique avait été élaboré avec l'appui des partenaires financiers et que l'Assemblée nationale ivoirienne continuait à légiférer.

Tout porte à croire que les autorités ivoiriennes n'avaient pas fait de l'installation de la Cour des comptes une question prioritaire. En effet, l'audience officielle d'installation de la Cour des comptes n'a seulement eu lieu que le 9 janvier 2018, soit un peu moins de trois ans après l'adoption de la loi organique n°2015-694 sur la Cour des comptes[5]. Le retard accusé dans la mise en place de la Cour des comptes apparaît même comme une rétribution en monnaie de singe par les autorités ivoiriennes, tant il est vrai que la Chambre des comptes s'est révélé comme la Chambre la plus active de la Cour suprême après l'accession du pays à l'indépendance[6]. D'ailleurs, dans l'espace ouest-africain francophone, seule la Chambre des comptes du Sénégal faisait aussi mieux que la Chambre des comptes ivoirienne[7].

Que la durée de la gestation de la Cour des comptes ivoirienne ait été anormalement longue importe peu aujourd'hui, du moment que la Côte d'Ivoire s'est finalement conformée à l'obligation communautaire. Cependant, il importe de rechercher si la longue période de gestation a été mise à profit pour favoriser l'émergence d'une Cour des comptes à même de garantir efficacement l'utilisation régulière, rationnelle et efficace des deniers publics.

Le sujet est particulièrement intéressant puisqu'il s'inscrit dans la continuité de la thèse de doctorat que l'on avait consacrée à « l'autonomisation des juridictions financières dans les pays membres de l'UEMOA »[8]. A cet égard, il était opportun de saisir l'occasion de ces Mélanges consacrées à l'une des figures majeures des finances publiques dans l'espace francophone, et au-delà, pour rendre compte des évolutions de la juridiction financière ivoirienne et, à travers celle-ci, de l'ensemble des juridictions financières des pays membres de l'UEMOA. Du reste, à travers

---

[4] Voir article 102 de la Constitution du 1er août 2000.

[5] Comparativement, la Cour des comptes du Burkina a été installée en 2002, soit deux ans après l'adoption de la loi organique 014-2000 sur la Cour des comptes.

[6] R. LUDWIG, « La Chambre des comptes ivoirienne », *La Revue du Trésor*, n°2, février 1991, p.97 ; C. DJE-BI-DJE, « Les attributions juridictionnelles de la Chambre des comptes de la Cour suprême de Côte d'Ivoire », *in* Gérard CONAC, *Les Cours suprêmes en Afrique*, Tome II, Paris, Economica, 1989, p.208 ;

[7] B. S. YORO, « La jurisprudence financière de la Cour suprême du Sénégal et droit financier », *in* G. CONAC, Les Cours suprêmes en Afrique, Tome II, Paris, Economica, 1989, p.240 ; M. S. SAMBA, « La Cour de discipline budgétaire du Sénégal », *Revue sénégalaise de Droit*, 1969, n°3, p.19.

[8] Notre thèse, *L'autonomisation des juridictions financières dans l'espace UEMOA. Etude sur l'évolution des Cours des comptes*, Université Montesquieu Bordeaux IV, 2013, 672 p.

cette contribution, l'on voudrait, en quelque sorte mettre les pendules à l'heure et faire amende honorable de n'avoir pas eu l'occasion d'échanger sur les finances avec le dédicataire de ces Mélanges.

La notion de « juridiction financière », énoncée dans le titre de cette note, renvoie à l'organe juridictionnel chargé de protéger l'utilisation des finances publiques, à travers le jugement des comptes publics, la sanction des fautes de gestion et le contrôle des deniers publics. En France, l'expression désigne alors la Cour des comptes, les Chambres régionales des comptes et la Cour de discipline budgétaire et financière. En Côte d'Ivoire, l'expression s'applique à la Cour des comptes qui est l'unique juridiction financière du pays. Celle-ci remplit, par ailleurs, le rôle dévolu à l'ensemble des juridictions financières françaises précédemment énumérées. Toutefois, la mise en place des Chambres régionales des comptes est annoncée. Par conséquent, l'expression « juridiction financière » est entendue ici dans un sens strict. Il ne s'agit donc pas de prendre en compte les perspectives doctrinales qui tendent, à certains égards, à voir dans le juge administratif, un juge financier[9] ou encore dans le juge constitutionnel, un juge financer[10].

Dans cette logique sémantique, la loi organique 2015-494 ne reprend pas la formule du projet de loi organique initial qui énonçait que la Cour des comptes est l'institution supérieure de contrôle des finances[11]. Quant à l'article 152 de la Constitution de la IIIè République, adoptée en décembre 2016, donc bien après l'adoption de la loi organique 2015-494, il dispose que « la Cour des comptes est l'Institution suprême de contrôle des finances publiques ». Sans vouloir rentrer dans des polémiques de sémantique, comme on a pu le noter au Burkina Faso[12], on retiendra que dans les pays inspirés du modèle français de contrôle, c'est bien la Cour des comptes qui fait office d'« institution supérieure de contrôle » telle que cette notion est entendue par l'Organisation internationale des institutions supérieures de contrôle (INTOSAI).

La « réforme inachevée » implique que le processus qui a conduit à substituer une Cour des comptes à la Chambre des comptes de la Cour suprême a été mené à demi-teinte. Ainsi, il s'agit de montrer que, par certains côtés, des éléments n'ont pas été pris en compte pour opérer la rénovation de l'institution étudiée. De ce point de vue, cette étude présente plusieurs intérêts.

D'abord, si la réforme de la juridiction financière s'imposait à la Côte d'Ivoire comme une obligation communautaire et comme une exigence des différents partenaires techniques et financiers, elle était aussi un viatique pour les pouvoirs publics de continuer le chantier de la modernisation des institutions.

---

[9] S. DAMAREY, *Le juge financier, juge administratif*, Nouvelle bibliothèque des thèses, Paris, Dalloz, 2001, 538 p.

[10] N. MEDE, « Le juge constitutionnel, juge financier ? », *in* O. NAREY, *La justice constitutionnelle*, Actes du colloque international de l'ANDE, Paris, L'Harmattan, 2016, pp.245-260.

[11] L'article 1. al.1 de la loi organique 2015-494 dispose seulement que « la Cour des comptes est la juridiction suprême de contrôle des finances publiques ».

[12] Voir dans ce sens notre article, « Le Conseil constitutionnel et l'impossible réforme de la Cour des comptes », *RBD*, n°52, 2017, pp. 226-238.

Ensuite, l'étude de la loi organique sur la Cour des comptes est encore intéressante à analyser parce que celle-ci a été adoptée après la LOLF de 2014[13] qui, pour être une transposition de la directive n° 06/2009 de l'UEMOA[14], s'inscrit dans la logique de performance et de la gestion efficace des deniers publics. Dès lors, cette étude permettra de mettre en perspective ces deux textes essentiels sinon de mettre en évidence la prise en compte des nouvelles exigences de gestion par la loi organique n° 2015-494 sur la Cour des comptes.

En outre, comme il s'agit d'une loi organique, celle-ci a fait l'objet d'un contrôle obligatoire de constitutionnalité. L'analyse de la loi organique n°2015-464 pourrait alors renseigner sur la contribution du juge constitutionnel à l'ancrage de la Cour des comptes, d'autant que l'on a déjà démontré qu'ailleurs la jurisprudence constitutionnelle constituait un obstacle majeur à la réforme de la juridiction financière[15].

Enfin, l'intérêt de l'étude se situe dans une logique comparatiste et devrait permettre de dire si les faiblesses signalées ailleurs concernant l'organisation et le fonctionnement des juridictions financières apparentées ont été prises en compte par le législateur organique ivoirien.

Au regard des intérêts que présente le sujet, la problématique suivante peut être dégagée : quelles sont les avancées et les insuffisances de la réforme de la juridiction financière ? Quelles réformes s'avèrent-elles encore nécessaires pour y remédier ?

A l'analyse, deux grandes tendances se dégagent. Au premier abord, la réforme a permis d'améliorer l'état de la juridiction financière. Mais, au second abord, il se dégage des imperfections qui appellent déjà une réforme de la réforme. Pour rendre compte de l'ensemble de ces considérations, il sera évoqué successivement les aspects louables (I) et les aspects regrettables (II) de la rénovation de la juridiction financière ivoirienne.

I. LES ASPECTS LOUABLES DE LA REFORME

La loi organique 2015-494 comporte des avancées notables aussi bien s'agissant des modalités d'organisation de la Cour des comptes (A) que de l'aménagement de ses compétences (B).

A. Une amélioration notable de l'organisation

L'un des enjeux majeurs de l'autonomie organique des juridictions financières, exigée par les instances communautaires, était de parvenir à asseoir un organe indépendant qui remplirait de manière efficace les attributions de contrôle. De ce

---

[13] P. N'DRI-THEOUA, « Le "rééquilibrage"des pouvoirs dans la procédure budgétaire en Côte d'Ivoire », *Gestion et finances publiques*, n°5/6 mai-juin, 2015, pp.134-138.

[14] N. MEDE, « Réflexions sur le cadre harmonisé des finances publiques dans l'espace UEMOA », *in* 2ème numéro spécial finances publiques, *Afrilex*, juin 2012, afrilex.u-bordeaux4.fr.

[15] Voir notre article, « Le Conseil constitutionnel et l'impossible réforme de la Cour des comptes au Burkina Faso », *RBD*, n°52, 2017, pp.226-238.

point de vue, il est permis de relever un raffermissement de l'indépendance de l'institution (1) assortie d'un raffermissement du statut des membres (2).

1. Le raffermissement de l'indépendance de l'institution

Les lignes directrices de l'INTOSAI exigent la réunion de huit conditions pour garantir l'indépendance des institutions supérieures de contrôle (ISC). Pour l'essentiel, les lignes directrices de l'INTOSAI demandent que les ISC soient consacrées par un texte supérieur, de préférence la Constitution, et qu'elles bénéficient d'une indépendance organique et financière. Relativement à ces exigences, on relève dans la loi organique n°2015-494 la consécration d'un ordre juridictionnel financier autonome (a), bénéficiant de l'autonomie financière (b).

a. La consécration d'un ordre juridictionnel financier libéré de la tutelle de la juridiction administrative.

La doctrine française s'est longtemps employée à s'interroger sur la nature de la Cour des comptes et des chambres régionales des comptes. Sont-elles des juridictions ?[16] Si oui, leur nature est-elle judiciaire ou administrative ?[17]

La question est loin d'avoir reçu une réponse définitive et unanime dans la doctrine française puisque des voix sont récemment venues suggérer de penser la Cour des comptes comme une autorité administrative indépendante[18]. Toutefois, le rattachement institutionnel de la Cour des comptes au Conseil d'État, par la voie de la cassation des décisions, a convaincu des éminents auteurs, comme le doyen *Vedel*, de qualifier la Cour des comptes de juridiction administrative[19].

Ce rattachement de la Cour des comptes à l'ordre juridictionnel administratif, quoiqu'ayant désormais bénéficié d'un brevet constitutionnel[20], est encore mal perçu. Comme l'a fait remarquer le doyen VEDEL, en optant pour une Cour (aussi prestigieuse) soumise au Conseil d'État, on aboutit à « peu d'impact juridique »[21]. Et c'est peu dire si les membres de la Cour française des comptes vivent mal une telle situation d'autant plus que le Conseil d'État ne revêt la tunique de juge financier que le temps de vider les recours en cassations formés contre les arrêts de la Cour des comptes. Ce qui laisse entendre que le juge de cassation (le Conseil d'État) ne semble pas mieux affuté que le juge contrôlé (la Cour des comptes).

Au rebours de la complexité du schéma français, le législateur organique ivoirien, suivant en cela certains États membres de l'UEMOA (Burkina Faso et Niger), a fait preuve d'originalité. Il est allé loin dans sa volonté de garantir

---

[16] N. BAVEREZ, « La Cour des comptes, juridiction introuvable », *Dalloz*, 1992, p.173.

[17] J. MAGNET, « La Cour des comptes est-elle une juridiction administrative ? », *RDP*, 1978, p.1537.

[18] N. OCHOA, « La Cour des comptes, autorité administrative indépendante. Pour une lecture administrativiste du droit de la comptabilité publique », *RFDA*, 2015, p.831.

[19] G. VEDEL, « La Cour des comptes et le juge administratif de droit commun », *in* G. VEDEL et al., *Pages de doctrine*, Tome 2, LGDJ, 1980, p. 336.

[20] Conseil constitutionnel français, Décision n°2001-448 DC du 25 juillet 2001, *Loi organique relatives aux lois de finances*, Rec., p.99.

[21] *Ibidem*, p.356.

l'autonomie organique de la juridiction financière en consacrant un véritable ordre juridictionnel financier autonome. En effet, la Cour des comptes n'est rattachée à aucun ordre de juridiction. Ainsi, l'article 2 de la loi organique 2015-494 dispose que : « La Cour des comptes connaît : -en cassation, des pourvois dirigés contre les arrêts définitifs rendus par elle-même ». Aux termes des articles 48 et 112, les chambres réunies de la Cour des comptes sont compétentes pour connaître des recours en cassation contre les arrêts rendus par les chambres.

Loin d'être laissées pour compte, comme on a pu l'observer pour la Cour des comptes burkinabè[22], des chambres régionales de comptes dont la création est annoncée sont rattachées à la Cour des comptes, pour constituer un véritable ordre juridictionnel financier. Dans ce sens, l'article 2 de la loi organique 2015-494 dispose que « la Cour des comptes connaît :-en appel, des jugements rendus par les chambres régionales de comptes ».

Loin d'être une simple opération cosmétique, cette option de constituer un ordre juridictionnel financier autonome apparaît pertinente. En effet, il n'est pas judicieux de reproduire le modèle français dans les États africains, dans la mesure où le juge administratif peine encore à s'affirmer comme un véritable garant du droit administratif. Dans ces conditions, il eût été périlleux de confier à ce dernier la délicate mission de juger en cassation les arrêts de la Cour des comptes ; lesquels interviennent dans le domaine complexe de la comptabilité publique. Cela est d'autant plus vrai qu'en général, les juges administratifs comme judiciaires, dans les États africains francophones, ne bénéficient pas, dans leur formation initiale, d'enseignements sur les disciplines financières (droit budgétaire, comptabilité publique, fiscalité). Bien souvent d'ailleurs, leur seul repère dans ces matières tient aux enseignements reçus à l'université sur des volumes horaires congrus. Au regard de ces considérations, la constitution d'une juridiction financière autonome apparait judicieuse. Il en est de même de l'option relative à la reconnaissance de l'autonomie financière.

b. Le bénéfice de l'autonomie financière

L'autonomie financière est une des conditions nécessaires à l'indépendance de l'organe de contrôle au sens des lignes directrices de l'INTOSAI. Ainsi, pour Franz FIEDLER, ancien secrétaire Général de l'INTOSAI et Président de la Cour des comptes d'Autriche « quelles que soient les bonnes intentions des dispositions juridiques relatives aux compétences et à l'indépendance de l'ISC, leur efficacité sera sapée si un manque chronique de moyens financiers empêche l'ISC d'exercer correctement ses fonctions de contrôle »[23]. C'est pourquoi, la déclaration de Lima dans sa section 7 suggère que les ISC soient non seulement dotées de moyens conséquents pour remplir leurs missions mais en plus qu'elles aient elles-mêmes la possibilité de déterminer leurs besoins financiers et aient la liberté de disposer de leurs ressources. Il apparaît alors que l'autonomie financière doit permettre à l'ISC

[22] Discours du procureur général (Badou Emile Toé) près la Cour des comptes du Burkina Faso à l'occasion de la rentrée judiciaire 2013-2014, octobre 2013. http://news.aouaga.com /h/15093.html.

[23] F. FIEDLER, « L'indépendance des institutions supérieures de contrôle des finances publiques », *RIVCP*, n° spécial, INTOSAI : 50 ans (1953-2003), 2004, p.124.

d'avoir la pleine maîtrise des ressources qu'elle aura demandées pour assurer son fonctionnement.

Les exigences relatives à l'autonomie financière sont bien traduites dans la loi organique n°2015-494. Celle-ci pose, en son article 157, le principe selon lequel « la Cour des comptes et le ministère public près ladite Cour jouissent de l'autonomie financière. Les budgets font l'objet de propositions préparées par les services financiers respectifs et inscrites au projet de loi de finances au titre de la Cour des comptes et du ministère public près ladite Cour ».

Au moins deux remarques peuvent être formulées sur le contenu de l'article 157. Dans un premier temps, il apparaît que l'autonomie financière dont il est question est une autonomie budgétaire qui est la capacité pour un organe d'autodéterminer ses besoins financiers. De ce point de vue, la Cour des comptes et le ministère public bénéficient d'une autonomie financière complète et les besoins financiers déterminés par leurs services respectifs doivent être inscrits comme tels dans le projet de loi de finances. Il en résulte que seul le Parlement peut arbitrer les budgets proposés, ce qui exclut l'arbitrage du ministre des finances, et partant, de l'exécutif. Cette option est conforme aux recommandations de l'INTOSAI qui souligne que « les ISC doivent avoir le droit de demander directement à l'organe compétent (Parlement) la libre disponibilité des moyens financiers nécessaires ».

Par ailleurs, cette autonomie budgétaire est assortie d'une autonomie de gestion prévue à l'article 157 qui confère au président de la Cour des comptes et au procureur général la fonction d'ordonnateur délégué des budgets alloués à leurs institutions. Cette fonction d'ordonnateur délégué interroge, dans la mesure où la directive n°07/2009 portant règlement général sur la comptabilité publique, dans la logique de la gestion axée sur les résultats, met fin à la fonction d'ordonnateur principal unique. Désormais, les ministres et présidents d'institutions (art. 8 al. 2) sont ordonnateurs principaux des programmes et dotations budgétaires alloués. Toutefois, une telle formulation pourrait rendre compte du pouvoir de régulation budgétaire reconnu au ministre des finances par les directives n°06/2009 portant loi de finances (art. 67) et n°07/2009 (art.8 al.2) portant règlement général sur la comptabilité publique, ce qui reviendrait à limiter l'autonomie financière reconnue à la Cour et au ministère public. Dans tous les cas, cette formule d'« ordonnateurs secondaires » interroge sur le point de savoir quelle est l'autorité qui assure la fonction d'ordonnateur principal des budgets de la Cour et du ministère public près d'elle. Au demeurant, est-ce qu'une telle formule ne revient pas finalement à limiter leur autonomie financière ?

Dans un second temps, l'article 157 de la loi organique n°2015-494 procède à ce qu'on pourrait appeler une disjonction financière de la Cour des comptes et du ministère public. Ce qui implique que le parquet près la Cour des comptes bénéficie d'un budget propre. Cet élément est important parce qu'il contribue à rendre le parquet indépendant de la Cour des comptes. En effet, si le parquet est placé près la Cour, il ne doit pas être pensé comme un organe de celle-là. Cette organisation est importante du moment qu'il revient au parquet d'engager les poursuites nécessaires à l'activation du contrôle de la Cour.

Toutefois, par cette autonomie financière du parquet près la Cour des comptes, le législateur organique ivoirien n'entend pas faire du ministère public une instance isolée. C'est pourquoi, il a permis (art.23-25) le recrutement des membres du parquet parmi les magistrats de la Cour des comptes afin d'assurer un meilleur partage des expériences et une meilleure collaboration entre la Cour et le parquet. Cette option permet ainsi de mieux rendre compte du ministère public dont la place est près la Cour des comptes : « ni tout à fait dedans et certainement pas en dehors »[24]. Il est bien entendu que l'indépendance du parquet vis-à-vis de la Cour ne doit pas conduire à un isolement qui ne pourrait que nuire à sa légitimité[25].

Au-delà de son statut organique, le raffermissement de la juridiction financière ivoirienne peut être également mis en évidence relativement au statut de ses membres.

2. Le raffermissement du statut des membres

Deux questions essentielles se posent relativement au statut des membres. D'une part, il s'agit de rechercher si les règles édictées favorisent le recrutement de membres compétents pour animer efficacement la Cour. D'autre part, il s'agit de rendre compte des dispositions qui permettent de garantir l'indépendance des membres de la Cour.

a. Les garanties de la compétence des membres de la Cour des comptes

Le passage du statut de chambre à celui de Cour des comptes tient également compte de la nécessité de mettre à la disposition de la juridiction financière un personnel qualifié pour remplir efficacement ses missions. Or de ce point de vue, les chambres des comptes des Cours suprêmes ne présentaient pas suffisamment de garanties. En effet, en raison du principe de l'unité de juridiction, les magistrats affectés à la chambre des comptes étaient davantage formés pour connaître des contentieux en matière judiciaire. De ce fait, ce sont des magistrats judiciaires qui devaient animer le fonctionnement de la chambre des comptes. Sans remettre en cause leur compétence en matière judiciaire, ces magistrats n'étaient pas bien outillés pour traiter des questions financières. Il est vrai qu'à l'époque, la chambre des comptes de la Cour suprême ivoirienne présentait un bilan qui a pu faire l'objet d'analyses doctrinales[26].

Le législateur organique a pris en compte la nécessité d'affecter à la Cour des comptes des personnes qualifiées pour remplir les attributions qui lui sont assignées. Dans ce sens, les membres de la Cour des comptes, par ordre d'importance, sont rangés dans les catégories de conseillers-maîtres (présentés comme les magistrats

---

[24] D. LAMARQUE, « Quel Parquet et quel greffe pour les juridictions financières ? », *R.B.S.J.A.*, n°24, 2011., p.82.

[25] G. Hélène, « La fonction de Procureur général près la Cour des comptes », *in* M. BOUVIER (sous dir.), *Réforme des finances publiques, démocratie et bonne gouvernance*, Paris, LGDJ, 2004, p.101.

[26] C. DJE-BI-DJE, « Les attributions juridictionnelles de la Chambre des comptes de la Cour suprême de Côte d'Ivoire », *in* G. CONAC, *Les Cours suprêmes en Afrique*, Tome II, Paris, Economica, 1989, p.234 et *Revue ivoirienne de droit*, n° hors-série, 1986, p.150.

hors hiérarchie du groupe B-art.18), les conseillers-référendaires (présentés comme les magistrats du premier grade-art.19) et les auditeurs (présentés comme les magistrats du deuxième grade-art.21). Ces membres de la Cour doivent être recrutés au sein des magistrats des Cours et tribunaux ivoiriens présentant une certaine expérience, au sein des professeurs et maîtres de conférence des facultés de droit, des sciences économiques et de gestion et présentant une expérience pratique de dix ans, au sein des personnes titulaires d'un doctorat, d'un diplôme de troisième cycle, de maîtrise ayant une expérience professionnelle en matière juridique, économique, financière ou de gestion et au sein de personnalités reconnues pour leurs compétences dans les domaines précédemment énumérés et justifiant d'une expérience et d'une expertise avérées particulièrement utiles au bon exercice des contrôles de la Cour.

Les personnes recrutées à la Cour sont soumises à un stage probatoire à l'issue duquel elles sont évaluées avant d'être titularisées. La Cour des comptes peut, en outre, recourir à une expertise externe que certains auteurs ont qualifiée ailleurs de sous-traitance[27]. Ainsi, l'article 39 dispose que « la Cour des comptes peut recourir, pour des enquêtes à caractère technique, à l'assistance d'experts extérieurs désignés par le président ».

Il faut noter une volonté du législateur organique de diversifier les compétences à la Cour qui doit être composée de magistrats de carrière, d'universitaires ou de personnalités reconnues pour leur qualification. Cette option est salutaire puisque le champ des attributions de la Cour des comptes, notamment en matière du contrôle de gestion, l'oblige à avoir des compétences dans presque tous les domaines de l'action publique, voire même de la sphère privée. Il faut alors regretter qu'on ait seulement axé le profil des membres sur les compétences en matière juridique, économique et de gestion. Certes, ces compétences englobent l'essentiel de la mission de la Cour mais elles ne sont pas suffisantes. Ainsi, si la Cour doit opérer le contrôle d'un musée par exemple, il serait intéressant, pour plus d'impact, qu'elle dispose en son sein de membres qualifiés dans le domaine des arts et de la culture. Dans cette hypothèse, on peut faire recours à l'expertise externe. Mais, comme l'affirme le professeur Médé « on ne peut durablement fonder l'existence et la performance d'une institution pérenne sur de la sous-traitance externe ». C'est pourquoi, on aurait dû prévoir, ne serait-ce que dans une proportion infime, la possibilité pour la Cour de procéder à des recrutements dans divers domaines autres que les matières prioritaires (droit, économie et gestion).

Si la précision du profil des membres apparaît commode, il faut noter que l'effectif de ceux-ci est largement encore en deçà du seuil raisonnable. La cérémonie d'installation de la nouvelle Cour des comptes a permis de relever que celle-ci comprend actuellement vingt-cinq (25) membres. Cet effectif est encore bien maigre au regard des compétences tentaculaires de la Cour des comptes. A cet égard et comparativement au millier de membres que comporte le *NAO* britannique, il faut bien se résoudre au constat du professeur *Yonaba* qui évoquait déjà l'état déplorable de juridictions financières africaines fonctionnant sur la base d'un effectif

[27] N. MÉDÉ, « L'UEMOA et le développement des cours des comptes en Afrique de l'Ouest », *Op.cit.*, p.277.

squelettique. Du reste, les autorités ivoiriennes pourraient utilement s'inspirer du décret d'application de la loi organique n°2012-23 sur la Cour des comptes du Sénégal qui fixe à cent (100) le nombre minimum de magistrats financiers à atteindre.

b. La garantie de l'indépendance des membres

L'indépendance des membres de la Cour se trouve garantie par le statut de magistrat que leur confère la loi organique 2015-494. Le législateur organique tire ici une conséquence de la consécration d'un organe juridictionnel de contrôle. Ce statut de magistrat apparaît aux dires d'Alexis de *Tocqueville* comme le statut le plus protecteur de l'indépendance. Le statut de magistrat de la Cour des comptes est emprunté à celui des magistrats ordinaires. Dans ce sens, l'article 31 dispose que « le statut des magistrats est applicable aux magistrats de la Cour des comptes pour tout ce qui n'est pas prévu par la présente loi ». Il en résulte que les magistrats de la Cour des comptes bénéficient des privilèges traditionnels attachés au corps de la magistrature, à savoir notamment l'inamovibilité et l'immunité. A cet effet, il faut souligner la justesse du législateur organique ivoirien qui ne procède pas, comme c'est le cas au Burkina Faso (art. 6 loi organique 014-2000), à une nomination des membres de la Cour des comptes à un mandat de cinq (5) ans renouvelable une fois. Cette option burkinabè présente l'effet pervers de précariser la fonction de juge financier.

Soumis au statut de la magistrature, les magistrats financiers sont nommés en Conseil des ministres sur proposition du Conseil supérieur de la magistrature. Mais, il est intéressant de noter que pour tenir compte de la spécificité de la juridiction financière, le Conseil supérieur de la magistrature reçoit des propositions du président de la Cour des comptes qui, en l'occurrence, est assisté d'une instance spéciale. Il s'agit de la Commission consultative de recrutement, présidée par le président de la Cour des comptes, et qui est chargée de faire des propositions pour le recrutement de l'ensemble des magistrats et du personnel de la Cour des comptes.

S'il est permis de saluer le rôle assigné à cette instance, on peut se demander pourquoi le législateur organique ivoirien n'est pas allé au bout de la logique en consacrant, comme au Sénégal, un Conseil supérieur de la Cour des comptes qui, à l'image du Conseil supérieur de la magistrature, aurait la responsabilité de traiter des questions intéressant la carrière des magistrats financiers. Il semble que le législateur organique n'ait pas voulu consacrer l'existence de deux corps de magistrats, à savoir celui des magistrats ordinaires et celui des magistrats financiers.

Il faut noter enfin que si la figure du président de la Cour est un déterminant essentiel de l'indépendance de l'organe, la loi organique reste assez évasive sur son statut. Son article 16 dispose seulement que « le président de la Cour des comptes est choisi parmi les magistrats hors hiérarchie du groupe A ». C'est donc dire, outre l'expérience dans le grade de magistrat, aucune autre condition supplémentaire n'est exigée. Aucune indication n'ayant été donnée sur la durée de son mandat, le président de la Cour paraît se trouver dans un siège éjectable d'où il pourrait être éconduit s'il ne mène pas la juridiction financière dans le sens voulu par les mandants. Il y a donc là une faille dans le dispositif. Pourtant, le projet initial de loi organique prévoyait en son article 30 que « le Premier Président est nommé pour cinq (5) ans renouvelables ».

En améliorant l'aspect organique de l'institution, le législateur organique a également procédé à une extension salutaire des attributions de la Cour des comptes.

B. Une extension salutaire des attributions

L'alinéa 2 de l'article 1 de la loi organique 2015-494 dispose que la Cour des comptes « a des attributions juridictionnelles, de contrôle et de consultation ». Cette formulation qui détermine la nature des attributions de la Cour des comptes est révélatrice de l'importance de ses missions. A l'analyse, il se dégage que les attributions traditionnelles ont été renforcées (1), alors que la juridiction financière se voit reconnaître de nouvelles attributions (2).

1. Le renforcement des attributions traditionnelles

Le renforcement des attributions concerne aussi bien les domaines juridictionnel, de contrôle et de consultation.

a. Les attributions juridictionnelles

Les attributions juridictionnelles de la Cour des comptes concernent le jugement des comptes des comptables publics, des gestions de fait et des fautes de gestion.

Concernant le jugement des comptes des comptables publics, l'article 61 reconduit la compétence de la Cour pour juger les comptes des comptables de l'ensemble des personnes publiques dès lors qu'ils gèrent des fonds publics. A ce propos, la loi organique n'innove pas. Il faudrait néanmoins faire remarquer que la loi définit largement le champ d'intervention de la Cour des comptes puisque l'article 61 ne retient plus la compétence de la Cour des comptes à l'égard des seuls « comptables principaux » mais à l'égard de « tous les comptables publics ». Le règlement intérieur de la Cour permettra de préciser s'il s'agit d'une omission ou d'une réelle volonté du législateur d'étendre la compétence de la Cour.

Le législateur organique était davantage attendu sur la mise en place d'un dispositif plus efficace pour rendre plus effectif le contrôle des comptabilités publiques. Sur ce point, on sait que le contrôle juridictionnel des comptes publics rencontre d'énormes difficultés qui font que ce pan de la compétence des juridictions financières africaines est pratiquement délaissé. A l'image de ses consœurs de l'UEMOA, la juridiction financière ivoirienne est confrontée au défaut de production des comptes par les comptables, soit que ces comptes n'ont pas été transmis, soit qu'ils n'ont pas été produits en état d'examen. A cela, il faut ajouter que pendant l'instruction des comptes, tous les comptables ne sont pas prompts à répondre aux injonctions de la juridiction financière. Tous ces obstacles ont du reste conduit à un énorme passif en matière d'apurement de compte qui attend encore d'être résorbé.

Pour faire face à ces difficultés qui constituent de véritables obstacles à l'apurement juridictionnel des comptes publics, le législateur organique a choisi de renforcer les pouvoirs de sanction de la Cour des comptes. C'est ainsi que l'article 99 de la loi organique dispose que « tout comptable qui ne présente pas son compte dans les délais prescrits [...] est condamné par la Cour des comptes à une amende de 200.000 francs par mois de retard ». Et l'article 100 ajoute que « tout comptable qui ne répond pas aux injonctions prononcées sur ses comptes dans le délai de deux mois est condamné par la Cour des comptes à une amende de 100.000 francs par injonction et par mois de retard à compter de la date de notification [...] ».

Les taux retenus peuvent être considérés comme très élevés et visent ainsi à dissuader les comptables défaillants. En tous les cas, on est bien loin des taux dérisoires prévus par le législateur organique burkinabè qui ne sont pas de nature à décourager les récalcitrants. En effet, la loi organique 014-2000 sur la Cour des comptes du Burkina Faso prévoit une amende entre 5.000 et 50.0000 francs par mois de retard accusé dans la production des comptes (art. 66) et une amende de 5.000 à 10.000 par injonction et par mois de retard.

Dans la dynamique de renforcer ces attributions juridictionnelles de contrôle des comptes, l'article 103 autorise la Cour des comptes à tenir le président de la République informé du non-paiement des débets mis à la charge du comptable six (6) mois après la notification de l'arrêt de débet. Dès lors, la figure prééminente du chef de l'État apparaît comme une garantie à l'exécution des arrêts de débet de la Cour des comptes.

Concernant les gestions de fait, son régime juridique ne change pas vraiment avec la loi organique 2015-494. On peut néanmoins relever deux éléments. Dans un premier temps, l'article 82 fait injonction à tout responsable d'un organisme public de déférer à la Cour toutes les gestions de fait qu'ils découvrent dans son service. Il s'agit ainsi de renforcer le dispositif de protection des deniers publics qui ne doivent être maniés que par les seules personnes habilitées.

Dans un second temps, il s'agit d'interroger le silence du législateur organique ivoirien sur la reconnaissance d'utilité publique des opérations financières résultant d'une gestion de fait. On sait qu'en France et dans certains pays africains comme le Niger (art.67 loi organique n°2012-08), le juge des comptes ne peut procéder à l'apurement des gestions de fait que lorsque l'autorité budgétaire se serait prononcée sur l'utilité publique des dépenses retracées dans le compte de fait.

La reconnaissance d'utilité publique est une procédure par laquelle l'autorité budgétaire de l'organisme en cause va statuer pour en quelque sorte accepter les dépenses retracées par le gestionnaire de fait. Il s'agit ainsi d'une procédure qui aboutit à une ouverture rétroactive des crédits illégalement maniés. Si cette procédure permet à l'autorité budgétaire de retrouver une compétence qui a, en quelque sorte, été usurpée, elle ne présente pas une utilité véritable sinon qu'elle contribue seulement à complexifier la procédure de gestion de fait. D'abord, elle rallonge une procédure qui, par essence, est longue. Ensuite, elle limite l'office du juge des comptes à une décision politique, ce qui ne paraît pas satisfaisant.

Il faudrait interpréter le silence du législateur ivoirien sur la reconnaissance d'utilité publique comme une volonté de ne pas la consacrer dans la procédure d'apurement des gestions de fait. Il faudrait même dire que ce silence fait écho à la jurisprudence financière ivoirienne. En effet, bien que la loi n°61-201 du 2 juin 1961 sur la Cour suprême avait prévu l'utilité publique dans ses articles 131 et 132, le juge des comptes l'avait très tôt ignorée. Ainsi avait-il décidé, dans un arrêt n°162, que : « si les dispositions de l'article 131 de la loi précitée subordonnent le jugement définitif du compte de la gestion de fait à la reconnaissance préalable de l'autorité budgétaire de l'utilité publique des dépenses portées dans le compte, la Chambre peut statuer lorsque le compte ne comporte pas d'opération de dépense faite au profit du service public »[28].

Suite à cet arrêt, le législateur ivoirien n'a pas repris l'exigence tenant à la reconnaissance d'utilité publique, rendant ainsi hommage à la position adoptée par la chambre des comptes. Dès lors, un auteur avisé du fonctionnement de la chambre des comptes de la Côte d'Ivoire pouvait faire constater que : « le juge des comptes ivoirien se considère- dans le cadre de sa jurisprudence- comme exclusivement habilité...à allouer définitivement les dépenses de gestion de fait (dès lors qu'elles lui paraissent matériellement justifiées et [...] juridiquement valables au regard des textes existants) sans solliciter l'intervention de l'autorité budgétaire compétente de l'organisme en cause »[29].

Concernant les fautes de gestion, il faut retenir que l'article 89 de la loi organique 2015-494 procède à une définition large de la faute de gestion qui se veut encore plus précise que la définition classique. La faute de gestion y est définie comme « toute atteinte aux lois et règlement régissant les finances publiques ou toute atteinte à toute loi et à un règlement particulier régissant les autres organismes sous contrôle de la Cour des comptes ». Le deuxième membre de ces définitions retient la possibilité d'une faute de gestion dans les organismes non publics bénéficiant d'un financement public quelconque. Par la suite, ce qui est un classique en la matière, l'article 89 procède à une définition énumérative des hypothèses de faute de gestion.

b. Les attributions de contrôle et de consultation

Les attributions de contrôle portent sur les contrôles de la gestion des organismes publics ou de tous autres organismes recevant un financement public. Il s'agit d'un contrôle administratif qui peut déboucher sur le déclenchement d'une procédure juridictionnelle mettant en cause une gestion de fait ou une faute de gestion.

La loi organique apporte deux précisions essentielles sur le contrôle de la gestion. D'abord, elle procède à un éventail des organismes pouvant être soumis au contrôle de la Cour. Au-delà des organismes de droit public pour lequel la compétence de la Cour va de soi, la loi organique retient comme élément décisif de la compétence de la Cour des comptes l'existence d'un financement public. Ainsi, le contrôle de la gestion porte à la fois sur les services de l'État et des collectivités territoriales, les entreprises publiques et les organismes à participation financière publique, les délégations de service public, les organismes de sécurité et de

---

[28] Arrêt n°162, cité par C. DJE-BI-DJE, *L'État et le développement économique en Côte d'Ivoire* (aspect juridique), Thèse, Université de Lille II, 1981, p.177.

[29] R. LUDWIG, « La Chambre des comptes ivoirienne », *La Revue du Trésor, n°2, février 1991*, p.99.

prévoyance sociale, les organismes bénéficiant d'un concours financier public et les organismes bénéficiant de la générosité publique.

Ensuite, la loi organique précise les modalités du contrôle de la gestion. Traditionnellement définie comme un contrôle du bon emploi des deniers publics, la loi organique (art.120-122) apporte des éléments supplémentaires sur la nature de ce contrôle. Elle est plutôt définie comme un contrôle de la qualité de la gestion qui doit conduire la Cour à apprécier la réalisation des objectifs assignés, les moyens utilisés, les coûts des biens et services produits, les prix pratiqués et les résultats financiers obtenus. On retrouve dans cette énumération les éléments de la méthodologie anglo-saxonne des « 3E (Efficacité, Efficience et Economie) ». Ainsi décliné, ce contrôle est au diapason de la logique de la gestion par performance engagée par l'UEMOA avec les directives dites de seconde génération adoptées en 2009.

Quant aux attributions de consultation, elles sont définies à l'article 13 de la loi organique. Elles consistent dans la possibilité pour le Gouvernement, le Parlement et le Conseil économique et social (CES) de consulter la Cour des comptes sur des questions économiques, financières ou de gestion des services de l'État et des collectivités publiques. L'innovation tient ici en la possibilité offerte au CES de consulter la Cour des comptes. On peut s'interroger sur le bienfondé de cette option, dès lors que le CES apparaît comme un organe de consultation à la décision publique. Peut-être s'agit-il d'une volonté du législateur organique d'établir une filiation entre ces deux institutions ! Dans tous les cas, il convient de ne pas perdre de vue les attributions nouvelles de la juridiction financière.

2. L'importance des attributions nouvelles

La réforme de la juridiction financière ivoirienne a donné lieu à un élargissement de ses attributions. Par leur importance, ces nouvelles attributions pourraient donner une certaine envergure à la Cour des comptes. Il s'agit notamment de la compétence reconnue de contrôler les comptes des pouvoirs publics constitutionnels (a) et de certifier les comptes de l'État (b).

a. La légitimation heureuse du contrôle des comptes des pouvoirs publics constitutionnels

Aux termes de l'article 9 de la loi organique 2015-494 « Les comptes d'emploi des crédits alloués aux pouvoirs publics constitutionnels [...] sont transmis après la clôture de chaque exercice au Premier Président de la Cour des Comptes en vue de leur vérification dans le respect de leur autonomie financière ». Cette disposition vient marquer la compétence de la Cour des comptes ivoirienne pour contrôler les comptes des pouvoirs publics constitutionnels. La nature des institutions visées par cette disposition montre bien qu'il s'agit d'une véritable révolution dans l'acception des attributions de la juridiction financière. En effet, même si l'étendue de la notion peut paraître imprécise[30], Vincent DUSSART a pu montrer dans sa thèse[31] que l'expression « pouvoirs publics constitutionnels » renvoie au moins à sept institutions en France : *Présidence de la République, Parlement, Conseil constitutionnel, Cour de justice de la République, Conseil économique et social, Conseil supérieur de la magistrature et Médiateur de la République.*

Il est permis de penser que le législateur organique ivoirien a également en ligne de mire ces mêmes institutions. En effet, dans la première mouture publiée du projet de loi organique, le dernier membre de phrase de l'article 9 (correspondant à l'article 13 de la loi 2015-494) précisait « dans le respect de l'autonomie financière de la Présidence de la République et de l'Assemblée nationale ». Dès lors, on peut déduire que la notion de « pouvoirs publics constitutionnels » énoncée à l'article 13 renvoie à toutes les institutions prévues par la Constitution ivoirienne et qui disposent, par surcroît, de l'autonomie financière. Ce qui englobe en particulier la Présidence de la République, l'Assemblée nationale et le Conseil constitutionnel.

Par cette consécration, le législateur organique ivoirien a brisé un tabou. Selon une vieille tradition de droit continental, les institutions, disposant de l'autonomie financière, ne pouvaient pas faire l'objet d'un contrôle par un organe extérieur. La Cour des comptes française, depuis sa création jusqu'à la première décennie du 21e siècle, n'avait pas de compétence pour contrôler les comptes des pouvoirs publics constitutionnels dont les Chambres du Parlement et la Présidence de la République.

L'incompétence pour connaître des comptes des assemblées parlementaires avait été justifiée par le principe de la souveraineté du Parlement, alors qu'elle se justifiait pour la Présidence de la République par le principe de l'immunité juridictionnelle et de l'irresponsabilité politique du chef de l'État. D'une manière générale, on estimait en France que « l'activité des pouvoirs constitutionnels ne peut être contrôlée par des autorités qui ne tiennent leur compétence que des lois »[32]. Or, une telle conception ne pouvait s'accommoder de la nécessité de la transparence et de l'utilisation rationnelle des crédits. C'est pourquoi en 2007, le président SARKOZY a autorisé la Cour des comptes à contrôler les comptes de l'Elysée. Par la suite, les deux assemblées parlementaires françaises ont, par conventions signées en 2013, autorisé la Cour des comptes à certifier leurs comptes.

Au regard de l'ensemble de ces considérations, le législateur organique ivoirien fait une option judicieuse d'autant plus qu'il n'y a pas de réel obstacle juridique à cette concrétisation. D'ailleurs, pour des spécialistes avisés, les Cours des comptes dans l'UEMOA, en raison de leur consécration par la Constitution, ont un statut de pouvoir public qui leur confère une légitimité pour contrôler les comptes de l'Assemblée nationale[33], et partant de l'ensemble des pouvoirs publics. C'est, du reste, ce qu'a confirmé le juge constitutionnel du Niger. Dans une décision rendue en 2012 (*Arrêt n°010/12/CCT/MC du 17 mai 2012*), celui-ci a décidé que, comme

[30] G. DRUESNE, « Réflexion sur la notion de pouvoirs publics en droit français », *RDP*, 1976, pp.1149-1215.

[31] V. DUSSART, *L'autonomie des pouvoirs publics constitutionnels*, Paris, CNRS Editions, 2000, pp.9-12.

[32] J. MAGNET/ L. VALLERNAUD, T. VUGHT, *La Cour des comptes, les institutions associées et les chambres régionales des comptes*, Paris, Berger-Levrault, 2007, 5ème édition, p.126.

[33] N. MÉDÉ, « L'autonomie financière des assemblées parlementaires en Afrique francophone », *RFFP*, n°106, avril, 2009, p.286.

tous les organes publics, les comptes de l'Assemblée nationale devaient être soumis au contrôle de la Cour des comptes.

Par ailleurs, l'option prise par le législateur organique ivoirien apparaît encore justifiée par le fait qu'il règne une gabegie financière dans la gestion des institutions bénéficiant de l'autonomie financière. Ainsi, il a été révélé que sous le président GBAGBO, l'effectif du personnel de la présidence avoisinait les deux mille (2000) salariés alors qu'à l'Elysée la moyenne était de mille (1000). A la prise de fonction du président OUATTARA « près de 900 salariés ont été licenciés, mis à la retraite ou à disposition de la Fonction publique, soit une économie d'environ 500 millions de F CFA (763 mille euros) par mois »[34].

On peut ajouter que cette compétence de la Cour des comptes sur les pouvoirs publics constitutionnels est encore légitimée sinon renforcée par le fait que la Constitution de 2016 (art.60) donne compétence à la Cour des comptes pour recevoir la déclaration de patrimoine du chef de l'État à son entrée et à sa sortie de fonction.

Certes, la compétence de contrôler les comptes des pouvoirs publics constitutionnels se pose comme une exigence de bonne gestion financière, mais elle reste délicate dans la mesure où elle atteint les plus hautes autorités politiques. L'exercice de cette compétence se présente comme un réel défi pour l'affirmation de la Cour des comptes. Il en est aussi de la mission de certification des comptes de l'État.

b. L'ambitieux défi de la certification des comptes de l'État

L'article 152 de la loi organique 2015-494 prescrit à la Cour des comptes, dans le cadre de l'assistance à l'Assemblée nationale, la production d'une déclaration générale de conformité ou de certification des comptes. Cet article fait écho aux articles 65 al. 3 et 84 al. 4 et 5 de la loi organique n°2014-336 de juin 2014 sur la loi de finances (LOLF). L'article 65 al. 3 de la LOLF précise, le cas échéant, que la juridiction financière établit un avis sur la qualité des procédures comptables et des comptes publics. Par ces dispositions, le législateur organique s'inscrit dans la dynamique tracée par la directive n°06/2009 qui prévoit la possibilité pour la juridiction financière de rendre un avis sur la qualité des procédures comptables et des comptes publics.

La certification des comptes ou l'avis sur la qualité des procédures comptables (qui apparait comme une ''petite certification'') vise à donner un plein effet à la nouvelle doctrine comptable de l'État qui s'inspire surtout de la méthode des entreprises privées.

La certification des comptes peut être définie comme une opération de vérification de la conformité des états financiers à un référentiel comptable prédéfini. Elle doit conduire le certificateur à s'assurer de la fidélité, de la sincérité

---

[34] Marwane Ben Yahmed, « Côte d'Ivoire : le système Ouattara », *Jeune Afrique* du 18/01/2012. www.jeuneafrique.com/Articleimp_ARTJA-6AC1338DF5309_cote-d-ivoire-le-systeme-ouattara.html

et de la régularité des comptes de l'État[35]. Le certificateur peut alors approuver les comptes sans ou avec réserves, les rejeter ou décider de l'impossibilité de les certifier. Quant à l'avis sur la qualité des procédures comptables, il semble moins rigoureux que la certification en ce qu'il n'offre pas la possibilité d'approuver ou non les comptes, bien qu'il puisse être assorti de recommandations.

A ce titre, il semble que le législateur organique ivoirien se montre beaucoup (trop ?) ambitieux[36] que le législateur communautaire puisqu'il marque sa préférence pour la certification ; l'avis sur la qualité des procédures comptables ne devant intervenir aux termes de l'article 65 al.3 de la LOLF que « *le cas échéant* », c'est-à-dire en cas d'impossibilité pour la Cour de remplir la mission de certification des comptes de l'État. Or, l'expérience récente de la Cour française des comptes montre que la certification est un exercice périlleux qui nécessite, pour sa réalisation, la mobilisation de ressources conséquentes, tant humaines que techniques[37].

Les missions de certification et d'avis sur les procédures comptables doivent, à terme, remplacer la déclaration générale de conformité et apporter une valeur ajoutée à l'assistance de la Cour des comptes au Parlement. En effet, la déclaration générale de conformité apparaît davantage comme un simple exercice d'arithmétique qui consiste simplement en « la vérification de la cohérence interne des documents établis par le seul ministre des Finances »[38].

Dans tous les cas, la certification des comptes et l'avis sur les procédures comptables constituent un défi majeur pour la nouvelle Cour des comptes. La difficulté de cette entreprise a même été perçue par le législateur organique ivoirien. Ce dernier envisage son opérationnalisation à moyen ou long terme. Dans ce sens, l'article 84 al. 4 dispose que « dans un délai à fixer par une loi, la juridiction financière procède à la certification des comptes en lieu et place de la déclaration générale de conformité ».

Si la loi organique sur la Cour des comptes apporte d'importantes innovations, il reste qu'en certains aspects, la réforme présente de nombreuses limites.

II. LES ASPECTS REGRETTABLES DE LA REFORME

Si la réforme implique un changement, il faut malheureusement noter que le législateur organique ivoirien n'a pas apporté des réponses adéquates ou a maintenu le *statu quo* sur certains points qui handicapent le fonctionnement des juridictions financières ouest-africaines, ce qui nuit à leur efficacité. Ainsi, on relève une prise en compte insuffisante des exigences modernes du procès équitable (A) et une limitation considérable des pouvoirs de la Cour des comptes (B).

---

[35] Pour une définition complète et jurisprudentielle, Voir Cour des comptes française, *Certification des comptes de l'État. Exercice 2006*, Paris, La documentation française, mai 2007, p.3.

[36] R. MUZELLEC, « Vers la certification des comptes de l'État en 2007 », *in Mélanges Loïc PHILIP*, Paris, Economica, 2005, p.476

[37] D. HURON, F. MARTY et J. SPINDLER, « De la certification des comptes de l'État : principes, enjeux et difficultés », *RFFP*, n°100, septembre 2007, p.139.

[38] N. BAVEREZ, « La Cour des comptes : juridiction introuvable », *Op.cit.*, p.178.

A. La prise en compte insuffisante des exigences du procès équitable

Sous la pression de la Cour européenne des droits de l'Homme (Cour EDH), les juridictions financières européennes, notamment françaises et belges, ont dû réadapter les procédures traditionnelles pour les conformer aux principes du procès équitable tels qu'énoncés notamment à l'article 6.1 de la Convention européenne des droits de l'Homme (Conv. EDH). Ces principes sont également garantis par les mécanismes africains de protection des droits fondamentaux, notamment par la Cour de justice de la CEDEAO (CJCEDEAO). Or, les textes, en général récents des États membres de l'UEMOA reprennent la vieille architecture procédurale. Ils ne sont donc pas à l'abri d'une condamnation de la Cour de justice de la CEDEAO qui vient de montrer récemment dans l'affaire Khalifa SALL la nécessité de respecter les droits fondamentaux de procédure[39]. Le contrôle opéré par le Conseil constitutionnel ivoirien sur la loi organique 2015-494 n'a pas permis de prendre suffisamment en compte les exigences du procès équitable. Ainsi, la loi organique 2015-494 ne garantit ni la qualité (1) ni l'impartialité de la procédure (2) devant la Cour des comptes.

1. Une absence de garantie de la qualité de la procédure

L'article 7 de la Charte africaine des droits de l'Homme de 1981 et l'article 10 de la Déclaration universelle des droits de l'Homme énoncent des éléments permettant de garantir la qualité des procédures juridictionnelles. Les éléments participant à la qualité de la procédure concernent notamment la publicité et le contradictoire, le délai raisonnable de jugement, la proportionnalité des sanctions et l'interdiction de cumul de sanctions sur une même cause. La procédure prévue par la loi organique 2015-494 ne prend pas suffisamment en compte ces exigences.

Résumant la spécificité de la procédure devant la Cour des comptes française, Jean RAYNAUD affirmait que « la juridiction de la Cour est obligatoire et la procédure inquisitoire ». Cette affirmation met en évidence la différence entre la procédure devant les juridictions financières et celle devant les juridictions classiques.

D'abord, la procédure reprise par la loi organique 2015-494 est largement marquée par le secret des audiences (art.52. al.3). La publicité des audiences n'est admise qu'à titre exceptionnel pour les instances relatives au prononcé d'amende, aux gestions de fait et aux fautes de gestion. Il s'ensuit que la procédure relative aux jugements des comptes des comptables publics est marquée par le secret. Si le secret peut préserver l'honneur des justiciables, il n'en demeure pas moins qu'il n'est pas

---

[39] Arrêt n°ECW/CCJ/JUD/17/18 du juin 2018. La CJCEDEAO condamne l'État du Sénégal en raison du fait que « *le droit à l'assistance d'un conseil, le droit à la présomption d'innocence et le droit à un procès équitable des requérants ont été violés* ». Voir. O. LIFFRAN , « Affaire Khalifa Sall : l'État du Sénégal subit un revers judiciaire devant la Cour de la Cedeao », 29 juin 2018, http://www.jeuneafrique.com/586039/politique/affaire-khalifa-sall-letat-du-senegal-subit-un-revers-judiciaire-devant-la-cour-de-la-cedeao/

à l'abri de l'arbitraire. Dans tous les cas, il serait peut-être indiqué de laisser le choix au justiciable.

Si la procédure est secrète, c'est parce qu'elle est largement commandée par l'écrit (art.6). A cet égard, la nature du contentieux financier qui est davantage porté sur la discussion des chiffres se prête mieux à l'écrit. Mais, il peut se révéler indispensable de consacrer une part d'oralité dans la conduite de l'affaire.

C'est donc au travers de l'échange d'écrits que le contradictoire s'opère. A ce niveau, une autre particularité de la procédure financière va entamer un principe fondamental de procédure, à savoir celui du délai raisonnable. En effet, la loi organique 2015-494 (art.73) reprend la règle dite ancestrale du double arrêt. Le double arrêt conduit le juge financier à rendre un minimum de deux arrêts pour clore une instance. Autrement dit, il lui faut rendre un premier arrêt dit arrêt provisoire par lequel il invite le comptable à répondre aux injonctions qui sont faites. C'est donc après avoir reçu la réponse du comptable sur les injonctions à lui notifiées dans l'arrêt provisoire que le juge financier rendra un arrêt définitif sur l'affaire. Toutefois, toute nouvelle injonction doit donner lieu à la procédure du double arrêt. Ce faisant, si le double arrêt permet de garantir les droits de la défense, il présente deux inconvénients majeurs. Il entame l'impartialité du juge (ce que l'on verra dans les détails dans le point suivant), d'une part contribue à rallonger la procédure 'autre part. Cette rallonge est d'autant plus flagrante dans les procédures relatives à l'apurement des gestions de fait dont l'aboutissement est conditionné au prononcé d'un minimum de sept (7 arrêts). Il y a là une atteinte manifeste à l'exigence du délai raisonnable de jugement qui est pourtant garanti par la Constitution ivoirienne de la IIIe République (adoptée en décembre 2016) en son article 60 « Toute personne a droit… à un jugement rendu dans un délai raisonnable déterminé par la loi ». La longueur excessive de la procédure relative à la gestion de fait a ainsi valu la condamnation de la France par la Cour EDH dans l'affaire Richard DUBARY[40].

Si le contradictoire est assuré par la règle du double arrêt, l'égalité des armes n'est pas prise en compte. Le principe de l'égalité des armes implique « l'obligation d'offrir à chaque partie une possibilité raisonnable de présenter sa cause, y compris ses preuves dans des conditions qui ne la placent pas dans une situation de net désavantage par rapport à son adversaire »[41]. Ce principe est mis à mal par le caractère secret de la procédure et le comptable n'a accès ni au rapport du rapporteur ni aux conclusions du ministère public. Il n'a donc pas la possibilité de répondre à leurs allégations.

Est également en cause le régime des sanctions prévues par le législateur organique ivoirien de 2015. Ici, il convient de distinguer le cas particulier des débets (sommes mises à la charge du comptable) qui sanctionnent la procédure du jugement des comptes des amendes qui peuvent être prononcées dans le cadre des gestions de fait et des fautes de gestion.

Le législateur organique ivoirien a repris le principe de la responsabilité objective du comptable public qui peut donner lieu à une condamnation de ce

[40] CEDH, 7 oct. 2003, *Richard DUBARRY*, Rec. C. comptes, p.189, Revue *du Trésor* 2004, p.307

[41] X. BIOY, *Droits fondamentaux et libertés publiques*, Paris, LGDJ, 3è éd., 2014, p.252.

dernier, alors même qu'aucun préjudice n'aurait résulté pour l'organisme public en cause. C'est le cas par exemple lorsque le comptable a irrégulièrement payé une dépense (art. 97 LOLF) qui était pourtant due par l'organisme public. Dans ce cas, le débet que le comptable est condamné à payer se révèle être une somme indue que percevra pourtant l'organisme public. De ce fait, il pourrait être reproché à l'organisme public de s'enrichir sans cause. Il y a là une atteinte au droit de propriété garanti par l'article 14 de la Charte africaine des droits de l'Homme et l'article 11 de la Constitution ivoirienne.

Concernant les amendes en cas de gestion de fait ou de fautes de gestion, elles posent la question du cumul de peines. En effet, les faits constitutifs de gestion de fait et de fautes de gestion peuvent donner lieu à des poursuites pénales telles que l'usurpation de fonction publique dans le cadre de la gestion de fait. Sur ce point, le législateur organique semble ne pas autoriser le cumul de sanction en cas de gestion de fait ayant fait l'objet d'une action pénale. L'article 85 pose « dans le cas où la gestion de fait n'a pas fait l'objet de poursuites pénales, le comptable de fait peut-être condamné par la Cour à une amende [...] ».

Pour les fautes de gestion, la loi organique empêche le cumul des procédures (art.94 al.2 : « en cas de poursuites pénales concomitantes, il est sursis aux poursuites devant la Cour des comptes jusqu'à la fin de l'action pénale » mais n'interdit pas le cumul des sanctions (art.102 : les auteurs de faits constitutifs de fautes de gestion [...] sont passibles personnellement d'une amende de 500 000 francs, sans préjudice des poursuites pénales éventuelles »). La possibilité d'être sanctionné doublement pour le même fait s'oppose ainsi au principe du non cumul de peines.

Si de façon générale la loi organique sur la Cour des comptes de Côte d'Ivoire ne permet pas une qualité de la procédure, elle ne garantit pas non plus le principe de l'impartialité de la juridiction.

2. Une procédure compromettant l'impartialité de la juridiction

Le principe de l'impartialité se présente comme une exigence forte du droit à un procès équitable. C'est du reste, le seul point sur lequel le Conseil constitutionnel ivoirien a émis quelques inquiétudes lors du contrôle de la loi organique 2015-494.

L'impartialité est entendue comme l'absence de parti pris dans le traitement et la résolution d'une affaire. Elle implique que l'opinion du juge ne doit pas être fondée sur des considérations extérieures au procès, et que par conséquent, cette opinion doit se former au moment de l'instance.

Les exigences de l'impartialité sont bien résumées par l'ancien Commissaire de droit près la Cour des comptes du Sénégal : « Qui saisit ne peut juger, qui instruit ne peut juger, qui a jugé ne peut rejuger, qui a donné un avis ne peut juger »[42]. De ce point de vue, on peut regretter que le contrôle (trop rapide) opéré par le Conseil constitutionnel ivoirien n'ait pas permis de révéler au législateur organique les nombreux points de la procédure qui remettent en cause le respect de l'exigence

[42] A. DIOUKHANE, « La réforme de la Cour des comptes », 22/01/2013, www.sudonline.sn.

d'impartialité. Le regret est d'autant plus grand que nombre d'arrêts de la Cour EDH ont stigmatisé le non-respect de l'exigence d'impartialité par la procédure traditionnelle des juridictions financières. Il convient dès lors de rappeler les points de cette procédure classique (désormais réformée en France) qui portent atteinte à l'exigence d'impartialité.

Le premier point de l'atteinte réside dans la faculté d'auto-saisine de la Cour des comptes. En effet, que ce soit pour le jugement des comptes publics (art.62), des gestions de fait (art.82 al.3) ou des fautes de gestion (art.92), la Cour des comptes ivoirienne, en raison de la reprise par le législateur organique d'une procédure ancienne, a la faculté de se saisir d'office des affaires. Elle cumule ainsi les fonctions de poursuite et de jugement, ce qui constitue une atteinte à l'impartialité.

Le deuxième point de l'atteinte résulte de l'application de la règle du double arrêt (art.73). Celle-ci se présente comme le moyen d'assurer le contradictoire de la procédure mais elle se révèle être un couteau à double tranchant. Elle a, en effet, l'inconvénient de permettre à une même formation de jugement de siéger deux fois successivement sur la même affaire. De ce point de vue, on a pu considérer que l'arrêt provisoire « s'apparente d'assez proche au jugement avant dire droit »[43] des juridictions judiciaires et peut dès lors apparaître comme un pré-jugement de la cause. De ce fait, avant de rendre l'arrêt définitif, la formation de jugement aura déjà eu l'occasion de se forger une opinion sur l'affaire.

Le troisième point est relatif au recours en cassation des décisions de la Cour. C'est précisément sur ce point que le Conseil constitutionnel ivoirien s'est prononcé un peu furtivement lors du contrôle de la loi organique 2015-494. Après avoir constaté que « l'article 2 de ladite loi donne compétence à la Cour des comptes [...] de connaître des pourvois dirigés contre ses propres arrêts, ce qui parait constituer une atteinte à l'indépendance et à l'impartialité des juridictions [...] », le Conseil constitutionnel valide la procédure en raison du fait « qu'il résulte de l'article 48 de la même loi que la Cour des comptes statue sur les recours en cassation en chambres réunies ; Que cette disposition offre par conséquent aux justiciables la garantie d'être jugés en cassation par des juridictions autrement composées, sauvegardant ainsi la conformité de l'article 2 susvisé à la Constitution ».

Le Conseil constitutionnel a, à juste titre, révélé les risques d'impartialité de l'article 2 du moment qu'il apparaît que « le système de cassation devant sa propre juridiction semble contestable dans son principe même, car insuffisamment protecteur du justiciable »[44]. Par contre, on peut douter de ce que l'article 48 couvre efficacement cette inconstitutionnalité. Si pour le Conseil constitutionnel, la cassation devant les chambres réunies donne lieu à une cassation devant une juridiction autrement composée, cela ne suffit pas à garantir l'impartialité.

En effet, l'article 48 al.1 dispose que « les chambres réunies comprennent le président, les présidents de chambre et deux conseillers-maîtres par chambre ». Il s'ensuit la possibilité pour les magistrats qui ont statué en premier, voire en second

---

[43] G. MILLER, « Vers un droit des procédures propres aux juridictions financières », *La Revue du Trésor*, n°2, février 1997, p.89.

[44] N. GROPER, *Responsabilité des gestionnaires publics devant le juge financier,* Paris, Dalloz, 2009, p.417.

ressort (lorsque les chambres régionales seront créées), de pouvoir prendre part à la formation des chambres réunies qui statuera en cassation sur une affaire qu'ils auront déjà eu à connaître. Le risque d'impartialité n'est donc pas écarté. C'est pourquoi, pour couvrir ce risque, il aurait été plus indiqué que le Conseil constitutionnel formule une réserve d'interprétation directrice par laquelle il obligerait la Cour des comptes à veiller à ce que les magistrats qui ont déjà eu à statuer sur une affaire ne puissent prendre part à la formation des chambres réunies qui statuera en cassation.

Le dernier point d'atteinte à l'impartialité résulte de la dualité fonctionnelle de la Cour des comptes. Inspirée sur le modèle français, la Cour des comptes ivoirienne dispose d'attributions juridictionnelles et administratives. De ce fait, la mise en œuvre des attributions juridictionnelles de la Cour des comptes peut être la conséquence de l'exercice de ses attributions administratives.

Le plus souvent, c'est à l'occasion du contrôle de la gestion des organismes publics, que la Cour découvre les faits constitutifs de gestions de fait ou de fautes de gestion. Dans ce cas, l'exigence d'impartialité voudrait que les juges qui ont siégé dans les formations administratives ne puissent pas se retrouver dans les formations contentieuses. C'est ainsi que dans l'arrêt *Procola c/Luxembourg*, la Cour EDH[45] a reconnu la partialité personnelle des quatre membres (sur cinq) du Conseil d'État luxembourgeois qui avaient successivement siégé en matière consultative et juridictionnelle sur la décision querellée. La Cour EDH en a alors déduit une impartialité structurelle du Conseil d'État.

Or, aux termes de l'article 47 de la loi organique 2015-494, le rapport public qui sanctionne l'exercice des compétences administratives est adopté par la Chambre de conseil qui est composée du président, des présidents de chambres et des conseillers-maîtres. Ce faisant, et par analogie à la jurisprudence Dubreuil[46], on risque fort de se retrouver dans une situation où chacun des principaux membres de la Cour, au moment de l'exercice d'une fonction contentieuse, soit frappé d'impartialité personnelle, dès lors que les faits en cause ont été préalablement évoqués dans le rapport public. On se trouverait même proche des faits de la jurisprudence Labor Métal, par laquelle le juge de cassation de la Cour des comptes, à savoir le Conseil d'Etat, avait disqualifié institutionnellement toute la Cour des comptes pour partialité structurelle dans la mesure où « celle-ci a précédemment évoqué cette affaire dans un rapport public en relevant l'irrégularité des faits »[47].

Il convient même de noter, dans cette dynamique, que la publication de faits relatifs à une gestion de fait ou une faute de gestion dans le rapport public, avant le déclenchement d'une instance contentieuse, peut porter atteinte à la présomption

[45] CEDH, *Procola c/Luxembourg*, 28 septembre 1995, D.1996, p.301.

[46] Conseil d'Etat, 4 juillet 2003, requête n° 234353, *Dubreuil* ; *RFDA*, 2003, n°4, juillet-août, dossier, § 3, p.713 : *une insertion au rapport public rend partiaux les membres qui ont siégé à l'adoption de ce rapport* ; V. Francis DONNAT et Didier CASAS, « Composition de la Cour de discipline budgétaire et financière au regard du principe d'impartialité », *AJDA*, 2003 p. 1596.

[47] M. LASCOMBE et X. VANDENDRIESSCHE, « Note sous CE, Ass., 23 février 2000, *Société Labor Métal* et autres, req. n° 195715 », Chronique de jurisprudence, *Revue du Trésor*, novembre 2000.

d'innocence. Ainsi que le montre Gilbert ORSONI,[48] il apparaît délicat de relater les faits de façon neutre sans que cette présentation ne laisse deviner une culpabilité.

Il s'ensuit, de ce tour d'horizon, que la procédure prévue devant la Cour des comptes est largement éloignée des exigences du procès équitable. Cette faiblesse de la procédure est malheureusement accompagnée d'une limitation considérable des pouvoirs de la Cour des comptes.

B. Une limitation considérable des pouvoirs de la Cour des comptes

Si l'article 152 de la Constitution ivoirienne de décembre 2016 dispose que « la Cour des comptes est l'Institution suprême du contrôle des finances publiques », il y a fort à craindre que le législateur organique, avec l'aval du Conseil constitutionnel, ne lui ait pas donné les moyens pour jouer un rôle décisif dans la bonne gestion des finances publiques. En effet, la loi organique comporte trois limites qui compromettent l'efficacité de la Cour. Il s'agit de la subordination du parquet à l'exécutif (1), de l'autorité introuvable de la chose jugée au financier (2) et de l'irresponsabilité financière des ministres et des présidents d'Institutions (3).

1. Une efficacité compromise par la subordination du parquet à l'exécutif

Dans sa décision de validation de la loi organique, le Conseil constitutionnel souligne que « le fait que l'article 2 de la loi soumise à l'examen du Conseil constitutionnel place le Procureur général près la Cour des comptes sous l'autorité du Ministre de la Justice n'est pas de nature à faire regarder cette disposition comme non conforme à la Constitution ». Pour le Conseil, cet article ne remet pas en cause le principe de l'indépendance du pouvoir judiciaire affirmée par la Constitution dans la mesure où, en réservant le privilège de l'inamovibilité aux seuls magistrats du siège, le Constituant a entendu soumettre le parquet à l'autorité du ministre de la justice.

Il est vrai que la position du parquet pose des difficultés en droit comparé. Mais, on peut s'étonner du raisonnement suivi par le Conseil constitutionnel ivoirien au regard des arguments traditionnellement avancés ailleurs pour justifier la subordination du parquet au ministère de la justice[49]. On pourrait encore se demander si cette solution dégagée par le Conseil ne contredit pas l'esprit de

[48] « *Si l'on traite d'une gestion de fait en invoquant les éléments qui en sont constitutifs point ne serait besoin de la qualification par la Cour, celle-ci s'imposerait d'elle-même, ou alors les termes du rapport seraient tellement édulcorés que sa lecture perdrait beaucoup de son intérêt* », G. ORSONI, « Note de jurisprudence CE, Ass., 23 février 2000, *Labor Métal et autres* », *RFFP*, n°70, 2000, p.212.

[49] Voir les commentaires sur la récente décision du Conseil constitutionnel français : décision n°2017-680 QPC du 08 décembre 2017, *Union syndicale des magistrats [Indépendance des magistrats du parquet* : A. TALEB-KARLSSON, « La constitutionnalité de la subordination du ministère public au pouvoir exécutif », *AJ Pénal*, 2018, p.83. ; B. DE LAMY, « Indépendance des magistrats du parquet : la méthode Coué au Conseil constitutionnel », *RSC*, 2018 p.163.

l'article 157 de la même loi organique 2015-494 qui reconnaît une autonomie financière au ministère public près la Cour des comptes.

Cependant, ce qui importe davantage ici c'est que le Conseil constitutionnel, dans sa démonstration, assimile implicitement le parquet près la Cour des comptes (ci-après parquet financier) au parquet près les juridictions judiciaires.

Cette assimilation des parquets judiciaire et financier, bien que défendue par une partie de la doctrine en France[50], a été contestée par les personnalités qui ont eu à exercer les fonctions de parquetiers près les juridictions financières françaises. Ces derniers témoignent qu'il n'a jamais existé un lien entre le parquet financier et l'exécutif[51]. De plus, si le rapprochement peut se justifier par le fait que les deux parquets sont chargés de défendre un intérêt général (la préservation de l'ordre public et des comptes publics), il y a une différence notable qui doit conduire à ne pas confondre leur statut. En effet, comme Jacques MAGNET le fait remarquer, la différence fondamentale entre ces deux parquets est que l'action du parquet financier est orientée sur l'Administration alors que le parquet judiciaire s'exerce sur les individus.

Il en résulte que l'action du Gouvernement entre dans le champ des compétences de la Cour des comptes et donc la subordination du parquet financier à ce dernier ne peut que nuire à son efficacité, et partant, à celle de la Cour. Comme l'a souligné un spécialiste du parquet financier en France, il convient de faire en sorte que « le parquet financier, qui est chargé du contrôle des comptes publics (des comptes des gestionnaires de fait et des jugements et sanction des fautes de gestion), ne soit pas soumis à ce principe (de la subordination à l'autorité du ministre de la justice), sans quoi, au vu de la matière et des intérêts, son impartialité serait fortement remise en cause »[52] .

A la décharge du Conseil constitutionnel ivoirien, il faut relever que la confusion des rôles des parquets judiciaires et financiers est provoquée par l'identité des dénominations. Et, l'on sait bien que les dénominations sont généralement contrôlées de sorte que « désigner les acteurs d'une procédure renvoie à la compréhension de leur rôle »[53]. C'est pourquoi un ancien membre d'un parquet financier en France proposait de « regarder le ministère public comme un **« commissaire à la loi »**, gardien du droit de la comptabilité et des finances publiques, et non comme le représentant d'un intérêt spécifique »[54]. Il faut alors

---

[50] Ainsi, G. MONTAGNIER estime qu' « il existe [...] auprès [...]de la Cour des comptes [...] un véritable Ministère public hiérarchisé par l'intermédiaire duquel le ministre des Finances pourrait faire valoir son point de vue », V. G. MONTAGNIER, « Le juge financier, juge des comptes et des comptables », *RFFP*, n°41, 1993, p.58. Point de vue partagé par le professeur GAUDEMET qui voit le « Le procureur général près la Cour des comptes [comme] représentant le gouvernement... », Voir Paul-Marie GAUDEMET, « Les Chambres régionales des comptes », *AJDA*, 20 février 1983, p.111.

[51] H. GISSEROT, « La fonction de Procureur général près la Cour des comptes », Op.cit., p.106 ; P. VAN HERZELE, « Sur l'égalité des armes et la position du ministère public », *RFFP*, n°106, 2009, p.162.

[52] A. LACHEZE, *Le ministère public près les juridictions financières : paradigmes juridictionnels, paradoxes institutionnels,* Thèse, Université de Paris 1, 2011, p.206.

[53] A. LACHEZE, *Le ministère public près les juridictions financières : paradigmes juridictionnels, paradoxes institutionnels,* Op.cit., p.204.

[54] P. VAN HERZELE, « Sur l'égalité des armes et la position du ministère public », *Op.cit.*, p.166.

regretter que le législateur organique ivoirien ait abandonné l'option initialement prise par le projet de loi organique. Celui-ci (art.20) avait confié l'exercice du ministère public près la Cour des comptes à un Commissaire du droit, assisté de Commissaires adjoints. En outre, les articles 38 à 42 garantissaient une indépendance du ministère public tant à l'égard de la Cour qu'à l'égard du Gouvernement.

En tout état de cause, il convient de rappeler que la Cour EDH a émis une réserve sur le statut du parquet judiciaire à la française. Elle juge que le parquet français ne peut être considéré comme une autorité judiciaire au sens de l'article 5§3 de la Conv. EDH en raison du fait qu'il lui manque une réelle indépendance à l'égard du pouvoir exécutif : « Du fait de leur statut [dépendance à l'autorité hiérarchique d'un membre du pouvoir exécutif, absence d'inamovibilité, obligations de prendre des réquisitions écrites conformes aux instructions données §56] les membres du ministère public ne remplissent pas l'exigence d'indépendance à l'égard de l'exécutif, qui...compte parmi les garanties inhérentes à la notion autonome de magistrat §57 »[55].

2. Une efficacité compromise par l'autorité introuvable de la chose jugée au financier

Aux termes de l'article 110 de la loi organique n°2015-494, « le comptable public mis en débet par arrêt définitif de la Cour des comptes peut former un recours administratif auprès du ministre chargé des Finances publiques relativement aux modalités d'exécution de cet arrêt ». Pour saisir toute la portée de cette disposition, il convient de la lire au prisme de la LOLF (art. 97) et du décret portant règlement général sur la comptabilité publique (DRGCP- art. 31-32). Dans ces derniers textes, le législateur ivoirien, suivant en cela une vieille tradition propre aux États africains de succession française, a reconduit, le principe selon lequel le ministre des Finances dispose d'un pouvoir de décharge et de remise gracieuse des sommes laissées à la charge du comptable par la Cour des comptes.

Ainsi, le pouvoir de décharge et de remise gracieuse du ministre des Finances fait de celui-ci un véritable juge de cassation des décisions rendues par la Cour des comptes. Comme il a été bien démontré par la doctrine financière en France[56] et plus récemment en Afrique[57], ce principe ne constitue ni plus ni moins qu'un vestige de la théorie du ministre juge. En raison du caractère objectif de la responsabilité personnelle et pécuniaire du comptable public, ce régime étonne d'autant plus qu'il place paradoxalement la Cour des comptes, autorité juridictionnelle, dans la

[55] CEDH, 23 novembre 2010, *Affaire Moulin c. FRANCE*, Requête n°37104/06.

[56] Le dossier sur la table ronde, « La rénovation du régime de responsabilité pécuniaire et personnelle des comptables publics », in *Finances publiques et responsabilités : l'autre réforme*, *RFFP*, 2005, n°92, pp.143-188 et le dossier intitulé « Vers la réforme de la responsabilité des gestionnaires publics », *AJDA* n°13, 2005, pp.696-722.

[57] N. MÉDÉ, « Réflexions sur l'autorité de la chose jugée au financier en droit positif africain francophone », *in* J-L. ALBERT, *Figures lyonnaises des finances publiques*, Paris, L'Harmattan, 2012, p.273 ; *Dakor DA*, « L'autorité de la chose jugée en matière financière », *RBSJA*, n°24, 2011, p.115.

position d'administrateur-technicien et le ministre, autorité administrative, dans la position du juge.

En effet, selon la jurisprudence Nicolle[58], la Cour des comptes ne peut engager la responsabilité du comptable public que sur la base des seuls éléments matériels du compte, sans pouvoir apprécier les conditions dans lesquelles les comptes ont été tenus. Seul le ministre, à l'occasion de la procédure de décharge de responsabilité, peut apprécier les éléments subjectifs en vue de décharger partiellement ou totalement le comptable public. On aboutit alors à une « division de compétence sur des questions connexes (qui) est absurde. (Car) c'est comme si, en matière pénale, il revenait aux tribunaux répressifs de dire si un inculpé est ou non coupable et au ministre de la Justice de dire ensuite s'il existe des excuses ou des circonstances atténuantes »[59].

Par ailleurs, le pouvoir de remise gracieuse se présente comme un acte de magnanimité à l'endroit des comptables publics qui ne rempliraient pas les conditions pour bénéficier d'une décharge de responsabilité. C'est donc dire que tout est mis en œuvre dans ce régime juridique pour anéantir les effets de la décision rendue par le juge des comptes. Ce faisant, en l'absence d'autorité de la chose jugée, les décisions de la Cour des comptes sont privées de toute efficacité.

Certes, le législateur organique ivoirien, suivant en cela la directive n°06/2009 (art.84), pour atténuer les pouvoirs du ministre des finances, oblige celui-ci à solliciter un avis conforme de la Cour des comptes. Mais, on doute de la pertinence d'un tel schéma puisque que cela revient, en quelque sorte, à permettre à la Cour des comptes d'autoriser la remise en cause de ses propres décisions. Ce qui est contraire au principe de l'autorité de la chose jugée dans la mesure où l'autorité de la chose jugée s'impose au juge lui-même, dès lors qu'elle a force de vérité légale. Autant dire que l'autorité de la chose jugée au financier est inexistante.

Dans tous les cas, ce schéma viendrait encore affaiblir l'indépendance de la Cour des comptes car on peut se poser la question de savoir comment se comporterait la Cour en cas de demande par le ministre des Finances d'un avis en vue de décharger ou de gracier un comptable dont la responsabilité pécuniaire est engagée. La Cour des comptes pourra-t-elle refuser l'avis au ministre des Finances ? Rien n'est moins sûr !

Le politique risque alors de tenir le civil en l'état. Cela est d'autant plus vrai que, comme on l'a révélé en France[60], un ministre peut bien agir en complicité avec un comptable pour obtenir des sorties irrégulières de fonds ; ensuite, il reviendra au ministre de présenter les faits d'une certaine manière à la Cour des comptes, de sorte à pouvoir obtenir l'avis favorable de cette dernière. A supposer même que la Cour rende un avis négatif, rien ne garantit que le ministre des Finances en tiendra

---

[58] CE, Ass. 12 juill. 1907, *Nicolle*, J.-F. FABRE, *Grands arrêts de la jurisprudence financière*, 5e éd., 2007, n°27.

[59] J. MAGNET, *Comptabilité publique*, *PUF*, coll. Thémis, 1ère éd.1978, p.345 ; P. AUGÉ, « Les remises gracieuses accordées par ministre des Finances », *RFFP*, n°106, 2006, p.231 et s.

[60] M. LASCOMBE et X. VANDENDRIESSCHE, Note sous Cour des comptes, 4 novembre 2004, *TPG Haute Garonne*, *Revue du Trésor*, 2005, p.565.

compte. Car, il n'est aucunement mentionné que les avis de la Cour des comptes et les décisions du ministre des Finances doivent être rendus publics.

Etant donné que les décisions de la Cour des comptes ne sont pas revêtues de l'autorité de la chose jugée, il faut bien se rendre à l'évidence que le régime de responsabilité des comptables publics est illusoire et la juridiction du juge des comptes qui les sanctionne est une formalité vide de substance[61]. A cet égard, il convient au législateur ivoirien, et de façon générale, aux législateurs des pays africains de succession française, de s'inspirer utilement des réformes opérées en France en vue de rendre plus efficace le régime de responsabilité personnelle et pécuniaire du comptable public.[62]

3. Une efficacité compromise par l'irresponsabilité financière des ordonnateurs politiques

L'article 90 de la loi organique 2015-494 énumère les catégories de personnes soumises à la Cour des comptes au titre de la faute de gestion. Cet article ne mentionne pas les ministres, les présidents d'Institutions et les élus locaux. Par conséquent, ceux-ci bénéficient d'une immunité financière. Or, une telle approche, quoique ayant l'aval d'une partie de la doctrine ivoirienne[63], est contestable puisqu'elle tend à réduire l'efficacité de la procédure de la faute de gestion.

D'abord, l'article 8.2 du Décret portant RGCP fait du ministre et des présidents d'Institutions des ordonnateurs principaux du budget des crédits qui leur sont alloués. De ce fait, on comprend alors difficilement qu'une procédure dont l'essence[64] est de sanctionner les infractions à la réglementation financière et comptable ne puisse s'appliquer aux principaux ordonnateurs. Il y a même ici une rupture d'égalité entre la catégorie des ordonnateurs qui a justifié la formulation d'une question prioritaire de constitutionnalité[65]. Dans sa décision, le Conseil constitutionnel français n'admet pas la rupture d'égalité en raison de ce que les membres du Gouvernement et les élus locaux encourent une responsabilité politique. La motivation du Conseil constitutionnel apparaît assez contestable et les premiers commentateurs de la décision y ont plutôt vu « un pas de moins vers la responsabilité financière des ministres et des élus locaux ordonnateurs »[66].

---

[61] J. MAGNET/ L. VALLERNAUD, T. VUGHT, *La Cour des comptes, les institutions associées et les Chambres régionales des comptes*, Paris, Berger-Levrault, 2007, 5ème édition, p.198.

[62] S. DAMAREY, « Responsabilité du comptable public en l'absence de préjudice financier », Note sous arrêt C. comptes, 29 janv. 2013, n°65861, *Conservatoire de l'espace littoral et des rivages lacustres*, *JCP A*, n°9, 25 février 2013, pp.18-23 ; C. MICHAUT, P. SITBON, « La réforme des conditions de mise en jeu de la responsabilité des comptables publics », *AJDA*, 2013, p.681.

[63] Il a été notamment défendu que la reconnaissance d'une responsabilité pour faute de gestion des ministres devant le juge financier « paraît peu réaliste car de par leur fonction même, la véritable responsabilité des ministres est avant tout politique ». C. DJE-BI-DJE, *L'État et le développement économique en Côte d'Ivoire* (aspect juridique), Thèse, Université de Lille II, 1980, p.181.

[64] G. VEDEL, « La responsabilité des administrateurs devant la Cour de discipline budgétaire », *RSLF*, 1949, p.117.

[65] Cons. const., 2 déc. 2016, n° 2016-599 QPC, *Mme Sandrine A.* : JurisData n°2016-026175.

[66] P. CASTERA, « Un pas de moins vers la responsabilité financière des ministres et des élus locaux ordonnateurs », *JCP*, n°51-52, 26 décembre 2017, 2329.

Il est vrai que l'article 91 al.1 de la LOLF dispose que « les membres du Gouvernement et les présidents d'Institution encourent les responsabilités que prévoit la Constitution ». Mais, ce renvoi manque de pertinence. D'une part, la Constitution ne prévoit qu'une responsabilité pénale qu'il faut donc distinguer de la responsabilité financière. D'autre part, cette dernière responsabilité est, à y regarder de près, illusoire. Car elle est engagée devant la Haute Cour de justice qui, depuis son existence en Côte d'Ivoire, n'a jamais pu être activée en vue d'enclencher une procédure. Ce qui n'est pas étonnant dans la mesure où la Haute Cour de justice apparaît comme une juridiction politique dont l'ossature est essentiellement constituée d'élus nationaux (députés et Sénateurs). Au regard de ces considérations, on comprend pourquoi un auteur ivoirien a pu affirmer que «les ministres bénéficient d'un régime d'irresponsabilité exorbitant de droit commun »[67].

Le caractère non pertinent du renvoi du régime de responsabilité financière des membres du Gouvernement et des présidents d'Institutions constitutionnelles a été mis en évidence par le juge constitutionnel du Niger dans une décision rendue en 2012. Saisi du projet de LOLF du Niger, le juge constitutionnel juge inacceptable le renvoi du régime de responsabilité : « [...] la Constitution n'a prévu que la responsabilité pénale, notamment en ses articles 4 et 41, à l'exclusion de toute autre responsabilité administrative que pourraient encourir les ordonnateurs (ministres et présidents d'institutions) prévus à l'article 76 alinéa 1er de la loi soumise au contrôle ; **Que dès lors, le renvoi à la Constitution pour sanctionner leur faute de gestion n'est pas opérant** »[68].

Ensuite, l'article 91 al.1 vient réduire considérablement le champ des justiciables soumis à la Cour des comptes, au titre de la faute de gestion, à partir du moment où il admet la substitution de responsabilité. En effet, cet article dispose que « les auteurs de fautes de gestion ne sont passibles d'aucune sanction s'ils peuvent exciper d'un ordre préalablement donné par leur supérieur hiérarchique ». Or, si le supérieur hiérarchique est un ministre où un président d'Institution constitutionnelle, la procédure s'estompe, dès lors que ces derniers ne sont pas justiciables de la Cour des comptes. Le parapluie du parrain vient ainsi considérablement réduire l'impact de la Cour des comptes. On remarquera que, pour parer à cet effet du parapluie du parrain, le législateur togolais, dans l'hypothèse d'une substitution de responsabilité, lorsque l'agent fautif aura agi en vertu d'un ordre écrit préalable du ministre, retient que la responsabilité de ce dernier se substitue à la sienne et oblige le ministre à répondre personnellement devant la Cour[69].

Enfin, il convient à la Cour des comptes ivoirienne de faire une interprétation utile des dispositions législatives qui fondent sa compétence. Toute interprétation qui tendrait à réduire le champ de ses justiciables ne pourrait que conduire à réduire

---

[67] A. A. COULIBALY, *Les finances publiques de la République de Côte d'Ivoire, Introduction au droit budgétaire et financier ivoirien*, Paris, L'Harmattan, 2000, p.276.

[68] République du Niger, Conseil constitutionnel de transition, Arrêt n°03/12/CCT/MC du 16 janvier 2012. C'est nous qui soulignons.

[69] Article 85 LO 98-014 Togo.

son influence. La doctrine française montre régulièrement que la Chambre de discipline budgétaire et financière, compétente pour connaître des fautes de gestion, est pratiquement confinée à l'inaction en raison de l'exclusion des ordonnateurs politiques (ministres et élus locaux) de sa juridiction. De ce fait, la CDBF est encore méconnue[70] et est à la recherche d'un second souffle[71].

Dans cette dynamique, la Cour des comptes ivoirienne pourrait s'inspirer utilement de la jurisprudence financière sénégalaise, laquelle soumet à sa juridiction les élus nationaux et locaux, les magistrats[72] ainsi que les militaires[73].

CONCLUSION

L'analyse de la loi organique n°2015-494 portant sur la nouvelle Cour des comptes de Côte d'Ivoire a permis de dégager des points de satisfaction, comme le raffermissement de l'Institution ainsi que le renforcement de ses moyens.

Toutefois, sur de nombreux points, le législateur organique ivoirien n'a pas été au rendez–vous de la réforme. Il a notamment reconduit la vieille architecture, pourtant critiquée sur ses terres d'origine, du fonctionnement des juridictions financières. C'est ainsi que la procédure prévue devant la Cour des comptes est largement éloignée des exigences modernes du procès équitable. De même, les pouvoirs de la Cour des comptes ont été fortement rationnalisés en raison, soit des pouvoirs importants de décharge et de remise gracieuse du ministre des Finances sur les débets prononcés par le juge des comptes, soit de la définition trop restrictive du champ des justiciables susceptibles d'être poursuivis au titre de la faute de gestion.

A vrai dire, le législateur organique ivoirien n'a pas fait mieux que les autres États membres de l'UEMOA. Cela est d'autant plus regrettable qu'il devait aussi bien s'inspirer des expériences vécues que des réformes opérées récemment pour donner de la couleur aux juridictions financières françaises. C'est donc dire qu'on ne peut faire du neuf avec du vieux. Immanquablement, une réforme de la réforme s'impose.

70 N. GROPER, « La Cour de discipline budgétaire et financière. Singularité et paradoxes d'une juridiction qui mérite mieux que d'être méconnue », *in Mélanges en l'honneur de Robert HERTZOG, Réformes des finances publiques et Modernisation de l'administration*, 2010, pp.235-251.

71 M. LASCOMBE et X. VANDENDRIESSCHE, « Un second souffle pour la CDBF ? », *AJDA* 2005, pp.1672-1677.

72 République du Sénégal, Cour des comptes, Arrêt n°02/2002 du 10 juillet 2002 relative à l'affaire n°03/1999/CDF, *Rapport public* 2002-2003, p.310.

73 République du Sénégal, Cour des comptes, Arrêt n°02/2003 du 14 mai 2003 relative à l'affaire n°07/2001/CDF, *Rapport public* 2002-2003, p.290.

Salif YONABA[1]

LES « FONDS COMMUNS » ET AVANTAGES ASSIMILÉS SERVIS À CERTAINS AGENTS PUBLICS AU SEIN DE L'ADMINISTRATION BURKINABÈ : FACTEUR DE SOLIDARITÉ OU POMME DE DISCORDE ?

Pour un sujet tabou et hautement sensible, la question des « fonds communs » et avantages assimilés servis au profit de certains agents publics au sein de l'Administration nationale en est une parfaite illustration et sa simple évocation est de nature à susciter de la polémique stérile, si elle ne contribue pas tout simplement à semer la zizanie ou à raviver les rancœurs au sein de la grande famille des serviteurs de l'Etat. Et l'intérêt du thème n'en a été que relancé récemment par les nombreuses actions grévistes à répétition, que l'on observe depuis un peu plus d'une année surtout au sein du « ministère de l'Economie, des finances et du développement » (MINEFID)[2]. Mais pourquoi ce département en particulier, davantage que tous les autres qui ont connu des mouvements d'une telle nature au regard tant de leur fréquence que de leur ampleur[3] ? C'est la question que soulève, tout en se gardant d'y répondre, le journal en ligne « Lefaso.net » dans son édition du mardi 5 juin 2018 lorsqu'il se demande « ce que cache la rigidité des positions

[1] Professeur à l'Université Ouaga II/Ouagadougou (Burkina Faso)

[2] La presse quotidienne nationale s'est régulièrement efforcée de rendre compte de ces événements ; sans prétendre être exhaustif sur un sujet qui agace plus qu'il n'intéresse au fond, l'on signalera :- Le Pays n° 6389 du 18 juillet 2017 : Grève des agents du Trésor : un mouvement illégal selon le Gouvernement ; n° 6390 du 19 juillet 2017, p. 8 : Grève des agents des Impôts et du Trésor : le SATB et le SNAID en tandem contre le Gouvernement ; n° 6392 du 21 juillet 2017, pp. 15-16 : Les fonds communs existent sous plusieurs formes dans la quasi-totalité des pays du monde entier ; n° 6615 du 21 juin 2018, pp. 2-3 ; - L'Observateur Paalga n° 9409 des 21-23 juillet 2017, p. 2 : Fonds commun : ça coince sur la clé de répartition ; - le Sidwaya n° 8450 du 20 juillet 2017, p. 28 : Fonds commun au Trésor et aux Impôts : les agents exigent la relecture des textes ; et p. 29 l'interview du Directeur général du Trésor qui voit dans le sit-in une action « sans valeur ajoutée » ; n° 8451 des 21-23 juillet 2017, p. 9 : *Sit-in* des agents du Trésor et des Impôts : le Gouvernement appelle les syndicats au dialogue ; - Aujourd'hui au Faso n° 845 des 21-23 juillet 2017, p. 7 : Grève SATB-SNAID : la répartition du fonds commun en est la cause et pp. 8-9 : « Mémoire en défense » du syndicat ».

En dehors de la presse quotidienne, le Journal « L'événement » s'y est intéressé récemment à au moins deux reprises dans ses numéros 371 du 10 avril 2018, pp. 8-9 et 373 du 10 mai 2018, pp. 2-3.

[3] Comme le ministère de l'Agriculture par exemple au sein duquel l'ampleur du mouvement conduit par le « Syndicat des travailleurs de l'Agriculture » (SYNATRAG) est restée, somme toute, bien moindre, ou le ministère de la Santé !

dans le bras de fer qui s'est engagé entre le Gouvernement et les syndicats de ce ministère au sujet de cette question des fonds communs »[4].

Il ne s'agira pas pour nous d'ajouter de la confusion à une situation qui n'en a nullement besoin, mais plus modestement de soulever un certain nombre d'autres questions, plus ou moins connexes, et qui seraient susceptibles de permettre de mieux cerner les contours de la problématique, à défaut de pouvoir proposer quelque recette miracle. Du reste, rien ne permet de dire que la « Conférence des forces vives », convoquée dans la capitale du 12 au 14 juin 2018, à l'effet de faire des propositions sur « la rationalisation des rémunérations dans la Fonction publique nationale », a pu apporter toutes les réponses idoines que l'on était en droit d'attendre. Nous commencerons donc par planter le décor, à travers le rappel de quelques considérations d'ordre général sur l'idée ou le principe même de la motivation des agents publics (I) avant de poser, sans détours, le problème (II) dans l'espoir de pouvoir esquisser, à l'arrivée, quelques pistes de solutions ou d'orientations (III).

I. DE QUELQUES CONSIDÉRATIONS GÉNÉRALES SUR L'IDÉE DE MOTIVATION FINANCIÈRE DANS L'ADMINISTRATION PUBLIQUE

Avant toute chose, commençons par relever un certain nombre de constats tout à fait simples. Si le sujet peut paraître délicat, c'est essentiellement en raison du fait que l'observateur ne pouvait avoir accès à l'ensemble des informations sur la question, du moins jusqu'à la tenue de cette fameuse « Conférence » déjà citée. Quels sont les textes en vigueur ? Quelles sont les masses financières en jeu ? Quelles catégories d'agents publics en bénéficient et quels sont les critères en la matière ? etc. Une véritable loi de l'omerta a toujours été de rigueur dans la gestion de cette question par les administrations concernées, ce qui accrédite le sentiment que celles-ci ont toujours eu pleinement conscience du caractère manifestement irrégulier, ou à tout le moins peu orthodoxe, de cette pratique qui concerne pourtant une question vitale pour l'Etat et les citoyens : les deniers publics qui en principe, et pour reprendre la belle formule de CORMENIN, « brûlent les doigts de ceux qui les touchent ! ». C'est à croire que l'on a déjà tout oublié de l'euphorie du mouvement « Plus rien ne sera plus comme avant !»[5], qui avait permis le vote, sous le régime de la Transition (courant 2015), d'une loi portant droit d'accès à l'information publique et aux documents administratifs[6] laquelle loi constitue

[4] L'édition du 6 mai 2018 revient encore plus longuement à la charge en constatant que les « négociations autour de la crise au MINEFID traînent plus que prévu » et en relayant les craintes du ministère pour le paiement des traitements au-delà du mois de Juin !

[5] Mouvement consécutif à « l'insurrection populaire » des 30 et 31 octobre 2014, poursuivie et approfondie par cet autre mouvement de « résistance contre le putsch des 16 et 17 octobre 2015 » dirigé contre les institutions de la Transition ; voir sur ces événements, entre autres, les deux numéros spéciaux du Journal « Hakili » du « Mouvement des intellectuels burkinabè », 18 de novembre 2015 et 19 de novembre 2016.

[6] Loi n° 051-2015/CNT du 30 août 2015 qui fait penser, comme un air de famille, à la loi française du 17 juillet 1978 portant création de la « Commission d'accès aux documents administratifs » (CADA) dont les observateurs avertis avaient relevé, en son temps, que celle-ci consacrait « le droit de savoir » !

pourtant une grande conquête de notre « Etat de droit », si ce n'est tout simplement de toute notre expérience démocratique.

A. De la délicate détermination de la nature juridique du « fonds commun »...

De toutes les formules de motivation qui reçoivent application, aussi bien dans le secteur privé que dans l'Administration moderne (la note, écrite ou verbale, de félicitation, la citation en exemple, la décoration, la promotion, fulgurante ou non, dans la carrière de l'agent, la récompense en nature ou argent, etc.), il apparaît que la motivation financière est celle qui recueille le mieux l'adhésion de la grande majorité des agents publics ; cela est vrai non pas seulement des agents publics nationaux, mais également de ceux de la plupart des pays voisins qui évoluent dans un contexte tout à fait comparable. La raison en est bien simple : le contexte de paupérisation généralisée dans lequel nous vivons valorise, que l'on veuille ou non, le billet craquant de banque ou toute autre pièce sonnante et trébuchante, pour la raison bien simple que l'on a affaire à un moyen concret permettant de résoudre les problèmes existentiels auxquels l'on se trouve confronté. Au surplus, tout a été dit sur les vertus de l'argent : quand bien même ce pourrait être un mauvais maître, il n'en reste pas moins le bon compagnon qui contribue, un tant soit peu, à assurer le bonheur, au moins matériel, sur cette terre. C'est le « nerf de la guerre », pour reprendre l'élégante formule de Jean BODIN. Mais c'est surtout probablement la nouvelle religion à laquelle adhère pratiquement tout le monde en raison de la place centrale qu'il occupe dans le quotidien des hommes.

1° - Un tel raisonnement, pour simpliste qu'il puisse paraître, n'est certainement pas étranger à la posture de bien d'agents publics qui voient d'un bon œil que l'Administration publique leur en donne « toujours (un peu) plus »[7], pour peu que l'on puisse trouver quelque justification ou fondement à de telles rétributions. Et précisément, cette idée de « fonds commun », (dite parfois aussi F. C. en raccourci[8]) et qui est empruntée au vocabulaire financier connu pour son ésotérisme légendaire, va mobiliser utilement l'attention de l'opinion publique qui est curieuse d'en savoir davantage sur les tenants et les aboutissants, quand elle ne réprouve tout simplement le principe même de l'institution. Ce qui est sûr, c'est que la dénomination de l'institution sollicite quelque peu l'imagination, tant elle ne laisse pas de paraître étrange, quand bien même l'on sait qu'elle recouvre une réalité d'une simplicité caricaturale, à savoir l'argent frais. Les bénéficiaires de ces gratifications ne manquent pas la moindre occasion de rappeler que dans certains pays voisins[9], les avantages en argent et/ou en nature proposés à leurs homologues (sous la forme de prise en charge de séjours de vacances à l'étranger pour la famille notamment) se situent à une échelle de grandeur nettement supérieure (autour du décuple au minimum) à ce qui est pratiqué sur le plan national.

---

[7] Comme pour reprendre le titre évocateur du livre de François de Closets.

[8] Et sans que cela se confonde avec le « fonds de commerce » si cher au droit des affaires.

[9] Et l'on cite bien souvent les exemples du Niger, du Mali et de la Côte d'Ivoire.

Et comment dès lors ne pas penser aux célèbres « fonds spéciaux », encore dénommés sous leur connotation la plus péjorative de « fonds secrets » ou de « caisses noires », dont l'opinion publique savait, depuis belle lurette, que ceux-ci sont gérés par les acteurs politiques de la manière la plus opaque, voire occulte ? Qu'il nous suffise de rappeler, à cet égard, la querelle qui s'est manifestée au grand jour, au sommet de l'Etat français, entre le Chef de l'Etat d'alors (M. Jacques CHIRAC) et son Premier ministre (M. Lionel JOSPIN) dans le courant de l'année 2001[10] au sujet du partage de ce précieux « pactole » ! Le premier, qui savait parfaitement bien de quoi il parlait, n'avait pas hésité en son temps à souligner avec force conviction que les services du Premier ministère recevaient une dotation importante à ce titre, sans commune mesure avec celle mise à la disposition de la Présidence de la République !

Mais comme pour l'instant nous portons notre regard sur les « fonds communs » locaux, l'on rappellera que c'est au cours de l'année 2017 surtout que ce concept a mobilisé l'opinion publique nationale à la faveur des nombreuses actions grévistes observées à répétition au sein du département des Finances. Et si au cours de cette année l'on a pu recenser le plus grand nombre de jours non travaillés pour cause de grèves multiformes (grèves classiques, mais aussi cette forme tout à fait inédite –et insolite- d'occupation des lieux dénommée par l'anglicisme « sit-in », etc.), c'est au sein de ce département que cette fronde sociale s'est exprimée le plus clair du temps et de la manière la plus spectaculaire, puisque pas moins de quelques quarante-cinq (45) jours y auraient été comptabilisés sous ce rapport. Et les choses ne semblent guère s'améliorer sur ce plan en ce début de l'année 2018 où le fossé semble plutôt se creuser davantage entre les protagonistes.

2° - La définition du « fonds commun » est aussi ambiguë que son origine reste des plus nébuleuses et confuses ; si de manière concrète, celui-ci s'analyse en une formule de motivation financière servie aux agents qui y sont éligibles (sous la forme d'une rémunération complémentaire), l'approche juridique du concept est bien loin d'être aussi simple qu'il pourrait y paraître de prime abord. S'agit-il d'une forme de « prime » (censée contribuer à la stimulation des agents bénéficiaires), « d'indemnité » (supposée compenser la pénibilité de la tâche confiée auxdits agents), ou encore de toute autre forme de rétribution prenant la forme d'un « treizième mois » par exemple (destinée à matérialiser l'intéressement au résultat d'une activité au succès de laquelle ces agents sont supposés avoir contribué par leur zèle ou leur ardeur au travail) ? L'hésitation est tout à fait permise en ce qui concerne la nature juridique de cette rémunération[11] et, dans le doute, l'on peut considérer, pour l'instant, que l'on a affaire à un complément de rémunération dont

---

[10] L'on pourra consulter utilement, sur ce point, le Rapport de la Cour des comptes à l'attention du Premier ministre ; voir aussi notre ouvrage *Les Finances de l'Etat*, Ouagadougou, Presses africaines, décembre 2006, pp. 183s.

[11] Dans l'esprit des textes régissant ces fameux « fonds communs », ceux-ci doivent être traités comme des « indemnités spéciales (non servies par le budget de l'Etat), des primes, des émoluments, des ristournes ou des treizièmes mois » qui reçoivent application ; cf. l'article 5 alinéa 1er de l'arrêté n° 2017-330/MINEFID/SG/DGTCP du 12 août 2017 reprenant l'article 5 de l'arrêté n° 2013-273/MEF/SG/DGTCP du 31 juillet 2013 abrogé ; comp. l'article 4, alinéa 2 de l'arrêté n° 2017-329/MINEFID/SG/DGI du même jour.

le *quantum* a évolué considérablement avec le temps ; du montant symbolique qu'il revêtait au départ, c'est devenu une source substantielle de revenu[12] à laquelle ces agents se trouvent pour ainsi dire abonnés, et sans qu'il soit question pour eux d'envisager d'y renoncer sous aucun prétexte !

Ce premier trait de curiosité du « fonds commun », au regard de sa nature juridique, se double d'un autre tenant à sa prolifération quelque peu incontrôlée dans l'Administration publique nationale.

B. ... À L'ÉTAT CONFUS DE LA RÉGLEMENTATION DE SA PRATIQUE AU SEIN DE L'ADMINISTRATION

1° - Ces divers « fonds » qui fonctionnent dans notre Administration publique, sous les dénominations les plus diverses et suivant des régimes tout à fait variables d'un département à un autre, seraient au nombre de vingt-un (21)[13] ; mais le dénominateur commun qui s'est vérifié tout au long de la longue période au cours de laquelle le grand public n'en avait qu'une vague idée, c'est la grande discrétion qui a caractérisé leur gestion, du fait que les bénéficiaires ont toujours su soigneusement éviter de porter le débat y relatif sur la place publique et en dehors de leurs cadres respectifs de travail. Le moins que l'on puisse dire, c'est que ces différents bénéficiaires ont su faire leur dicton selon lequel « l'argent n'aime pas le bruit ! ». Et un tel état de fait ne peut que conforter l'observateur dans l'idée que l'on a affaire, ni plus ni moins, à de véritables « fonds spéciaux » dont la gestion n'est pas soumise au respect de quelque principe élémentaire de transparence. Fort heureusement, le « Diagnostic du système de rémunération des agents publics de l'Etat » daté du 5 juin 2018, et tenant lieu de Rapport de base pour l'Atelier programmé sur le thème (du 12 au14 juin 2018), est venu lever un coin du voile, en révélant que ces diverses rétributions, à la légalité plutôt douteuse, profitent, outre les agents du MINEFID comme cela relevait désormais du secret de Polichinelle, à ceux des ministères du Commerce, de l'industrie et de l'artisanat (MCIA), des Mines, des carrières et de l'énergie (MMCE), de la Sécurité (MS), des Infrastructures (MI), de l'Agriculture et des aménagements hydro-agricoles (MAAH) et de la Santé (MSA).

Le même Rapport de base révèle également que certaines Institutions de la République et non des moindres, comme la Présidence du Faso, le Premier ministère, la Grande Chancellerie et le Secrétariat général du Gouvernement et du Conseil des ministres (SGGCM), bénéficient également de cette manne.

---

[12] Ainsi que le reconnaît sans détour un agent qui révèle que « le fonds commun a dépassé aujourd'hui le cadre de la motivation (et) est devenu un salaire maintenant ! » ; voir le journal *L'Evénement,* n° 373 du 10 mai 2018, p. 3.

[13] Aux dires du premier responsable du ministère en charge des Finances, en réponse devant la représentation nationale en mars 2018, à une question orale posée par un député.

Si la dénomination la plus usitée ou consacrée est celle de « fonds communs » qu'on retrouve à peu près partout dans ces administrations « privilégiées »[14], il faudrait y ajouter celles de :

- « primes sur les produits financiers », de « fonds de fonctionnement des postes de péage et de motivation des agents du péage », de « primes de rendement », de « fonds de lutte contre la fraude », ainsi que cela est pratiqué au profit des agents du MINEFID ;
- « fonds motivation », qui est en vigueur au sein du ministère des Mines, des carrières et de l'énergie par exemple ;
- « fonds d'équipement »[15], de « fonds d'intervention » (dans le département en charge de l'Environnement) ou des deux à la fois (comme à la Direction de la protection des végétaux) ;
- « primes de performance » (servies aux agents des Infrastructures).

Parfois aussi, ce sont les termes de « fonds de sujétion » ou « d'appui d'astreinte » qui sont consacrés dans d'autres administrations[16].

Comme on le voit, la variation terminologique utilisée en la matière n'a d'égale que l'ingéniosité de leurs concepteurs. Dans ces conditions, l'on ne doit pas s'étonner que le cadre juridique de l'institution constitue un véritable maquis dans lequel il paraît pour le moins ardu de pouvoir démêler avec précision l'écheveau de la réglementation en vigueur. Ce qui est sûr, c'est que l'inflation des textes en ce domaine est révélatrice d'une certaine instabilité de la réglementation, laquelle est restée sujette à de fréquentes modifications au gré de l'évolution de la conjoncture politique et sociale, si ce n'est tout simplement de l'état des rapports de force en présence. Tout un chacun peut tirer les enseignements que ne manquera pas de lui inspirer un tel état de fait qui fait penser à une gigantesque escroquerie qui a eu cours depuis des temps immémoriaux au cœur même de notre administration publique.

2° - Dans leur dernier état, ces divers « fonds » sont régis par de simples textes réglementaires pris par les premiers responsables des départements ministériels et/ou institutions concernés. Il s'agit, pour l'essentiel, d'arrêtés édictés par l'autorité compétente, mais il est parfois arrivé qu'il y soit pourvu par un décret ou une simple note de service, en principe dépourvue de tout caractère contraignant. Avec parfois beaucoup de curiosité, il a été constaté dans certains cas que cette pratique ne se fondait sur aucun texte connu.

En définitive, les textes qui peuvent être mentionnés sont :

a/ - pour ce qui concerne le MINEFID : les arrêtés n°:

---

[14] Comme le « Fonds commun des praticiens de la santé », le « Fonds commun du ministère de l'Environnement » par exemple.

[15] Ouverts au profit des Forestiers, des Agents de la Direction de la Police nationale ».

[16] Les agents de « l'Inspection générale des affaires économiques » (IGAE) du « ministère du Commerce, de l'industrie et de l'artisanat » (MCIA) bénéficient de « fonds de sujétion », tandis que ceux de la Présidence du Faso, de la Grande Chancellerie et du Secrétariat général du Gouvernement et du Conseil des ministres peuvent prétendre à un « appui d'astreinte ».

- 2013-0276/MEF/SG/DGD du 31 juillet 2013 portant conditions et modalités de répartition du fonds commun alloué aux agents de la « Direction générale des douanes » (DGD) ;
- 2017-074/MINEFID/CAB du 13 mars 2017 portant conditions d'éligibilité et modalités de répartition du « fonds commun » alloué aux agents des structures du ministère de l'Economie, des finances et du développement autres que les régies de recettes[17] ;
- 2017-277/MINEFID/SG/CAB du 14 juillet 2017 portant réglementation et fixation des taux des « fonds communs » alloués aux agents du ministère de l'Economie, des finances et du développement[18] ;
- 2017-329/MINEFID/SG/DGI du 12 août 2017 portant conditions et modalités de répartition du « fonds commun » alloué aux agents de la DGI[19] ;
- 2017-330/MINEFID/SG/DGTCP du 12 août 2017 portant conditions et modalités de répartition du « fonds commun » alloué aux agents de la DGTCP[20] ;

b/ - pour ce qui est du ministère des Mines, des carrières et de l'Energie (MMCE) : l'arrêté n° 2015-316 MEF/SG/DGTCP/DELF du 07 septembre 2012 portant création d'un sous compte N 368.121 intitulé « fonds de motivation » ;

c/ - pour le ministère du Commerce, de l'industrie et de l'artisanat (MCIA) : l'arrêté n° 96-017/MCIA/MEF du 19 avril 1996 portant fixation des modalités de répartition des reversements des plus-values sur stocks et commenté par diverses notes de service ;

d/ - pour le Premier ministère : l'arrêté n° 2009-183/MEF/SG/CNLF du 05 juin 2009 portant répartition du produit des amendes, pénalités et confiscations et précisé par la note de service n° 2010-031/MEF/SG/CNLF du 02 décembre 2010 ;

e/ - pour le ministère de la Santé : le raabo[21] n°AN VII-309/FP/MF/SAN-AS/SEFB/SG/DCP du 15/06/1990 fixant les modes de répartition et de paiement des actes médicaux et consultations complété, modifié et précisé ultérieurement par divers autres textes, dont en particulier le décret n° 2012-432/PRES/PM/MEF/MS du 24 mai 2012 portant autorisation de perception des recettes relatives à certaines prestations de la DGPML ;

---

[17] Ce texte est substitué à l'arrêté n° 2013-0279/MEF/CAB du 1er août 2013 abrogé.

[18] Cet arrêté hérite des matières qui étaient régies jusque-là par les deux arrêtés du 27 janvier 2012 portant respectivement réglementation des fonds communs alloués aux agents du ministère de l'Economie et des finances (n° 2012-039/MEF/CAB) et fixation des taux des fonds communs alloués aux agents dudit ministère (n° 2012-040/MEF/AB).

[19] Qui consacre, assez curieusement, l'abrogation de l'arrêté n° 2012-044/MEF/SG/DGI du 30 janvier 2012 portant le même objet, censé avoir été déjà abrogé par l'arrêté n° 2013-275/MEF/SG/DGI du 31 juillet 2013.

[20] Avant ce texte, c'est l'arrêté n° 2013-273/MEF/SG/DGTCP du 26 juillet 2013 qui réglait cette question en remplacement de l'arrêté n° 2007-459/MFB/SG/DGTCP du 27 juillet 2007 qu'il avait abrogé.

[21] Terme emprunté à l'une des trois langues nationales qui avait été introduit dans le vocabulaire juridique sous le règne du « Conseil national de la révolution » (CNR) entre 1983 à 1987, et qui a le sens « d'arrêté » ; l'on rappellera que d'autres termes, empruntés aux deux autres langues nationales, avaient été proposés pour la loi ou l'ordonnance (la zatu) et le décret (le kiti).

f/ - pour le ministère de l'Environnement, de l'économie verte et des changements climatiques : l'arrêté conjoint n° 2010-028/MECV/MEF portant tarification et modalités de répartition des recettes issues des prestations fournies par « l'Autorité nationale de radioprotection et de sûreté nucléaire » (ANRSN) pris en application du décret n° 2009-662/PRES/PM/MEF/MECV du 24 septembre 2009 portant autorisation de perception de recettes relatives à certaines prestations de l'Autorité de radioprotection et de sûreté nucléaire.

g/ - pour ce qui est du ministère de la Sécurité : le décret n°2006-063/PRES/PM/MITH/MFB/SECU/MECV du 27 février 2006 portant institution d'une redevance pour services rendus aux heures extra-légales sur les aéroports et aérodromes du territoire national (précisé sans arrêté d'application).

Comme on le voit, il n'est pas du tout aisé de se retrouver dans un arsenal juridico-administratif aussi touffu, d'autant plus que les textes cités ici ne font que matérialiser une évolution qui a parfois commencé depuis bien longtemps[22], et qui a été jalonnée de nombreux épisodes (en termes de précisions, de modifications ou d'abrogations). Nombreux sont en effet les textes dont le statut reste problématique du fait que les textes postérieurs ayant traité des mêmes questions se sont bien gardés de prendre parti sur le sort qui était fait à ces textes antérieurs. S'y ajoute le fait que ces textes soient parfois d'une complexité inouïe dans certaines de leurs dispositions, comme celles relatives à la détermination des personnes éligibles auxdits « fonds »[23], ou à la clef de répartition entre les acteurs[24]. La lecture de ces dispositions est tout à fait édifiante et donne une idée de l'investissement en temps de travail et en énergie que requiert leur mise en œuvre. C'est véritablement d'une Administration qu'on a besoin pour prendre en charge cette activité qui, au fond, ne devrait pas être traitée comme prioritaire parmi les missions de service public. Et il y aurait beaucoup à dire sur le cas de certaines institutions qui servent ces « fonds communs » sans pouvoir se prévaloir de quelque texte officiellement connu[25].

Au total, l'ensemble de ces éléments concourent à faire comprendre à l'observateur que l'existence –et le fonctionnement- desdits « fonds » pose plus de problèmes qu'elle n'en résout, ce qui explique la persistance –et le durcissement- des conflits sociaux auxquels l'on a assisté au cours de ces deux dernières années et qui ne sont près de connaître leur épilogue. Faut-il voir dans la dégradation en cours de la situation sociale le début de la « lutte des classes » tant redoutée ? Il faut sans doute le craindre pour l'aspiration à la paix sociale et à la cohésion sociale qui

[22] Ainsi constate-t-on que le tout premier texte édicté en la matière a concerné les services de la Douane avec l'arrêté n° 68-F-D du 9 février 1963 fixant le mode de répartition du produit des amendes et confiscations ; ce texte sera modifié ultérieurement par les arrêtés n° 19/MF-D du 21 janvier 1965 et n° 499/MF-D du 8 juillet 1976.

[23] cf. les articles 4 des deux arrêtés du 12 août 2017 régissant la question à la DGI (n° 2017-29/MINEFID/SG/DGI) et à la DGTCP (n° 2017-330/MINEFID/SG/DGTCP) ; voir en Annexes les Extraits reproduits.

[24] cf. les 7 à 10, d'une part, et 10 à 14, d'autre part des mêmes arrêtés en Annexe II.

[25] Tel est le cas pour ce qui concerne la rétribution dénommée « appui d'astreintes » servie au profit des agents de la Présidence du Faso, de la Grande Chancellerie et du Secrétariat général du Gouvernement et du Conseil des ministres.

revient comme une antienne dans les discours que les autorités politiques n'ont de cesse de servir à la population.

II. DE LA POSITION DU PROBLÈME

Ainsi que cela vient d'être relevé, les problèmes que soulève la gestion des « fonds communs » sont nombreux ; c'est toute la question du régime juridique même de cette institution qui reste à construire, afin d'apporter des réponses appropriées à l'ensemble des questions tout à fait naïves que l'observateur ne manque pas de se poser : depuis quand cette pratique a fait son apparition dans notre administration ? Quelle est la justification qui sous-tend son existence ? Quelles catégories d'agents y sont éligibles et à quelles conditions ? Dans quelles proportions ces fameux « fonds » obèrent-ils les finances publiques ? Ce sont là autant de questions, non exhaustives d'ailleurs, qui nous viennent à l'esprit dès lors que l'on évoque le sujet.

Et dans ce qui s'apparente à une véritable guerre d'usure qui met aux prises la puissance publique, représentée par l'Administration publique débitrice, d'un côté, et les agents publics créanciers ou bénéficiaires de cette rémunération de l'autre, les positions ou les préoccupations peuvent diverger à certains moments, comme ce qu'il nous est donné d'observer depuis un certain temps. En somme, les questions qui ont été évoquées ne revêtent pas une égale importance selon le point de vue auquel l'on se place. Si pour les agents, la question se pose surtout du bien-fondé ou de la justification de ces « fonds communs », se pose la préoccupation de l'Administration est essentiellement financière et porte sur la capacité réelle du Trésor public national à supporter l'incidence financière de cette rémunération qui n'échappe point à la célèbre loi, bien connue des financiers, de « l'accroissement continu ». En d'autres termes, c'est la question de la soutenabilité de cette dépense publique à long terme dans un contexte économique difficile qui se trouve posée dans toute son ampleur.

C'est donc à ce double point de vue qu'il convient de se placer pour tenter de prendre l'exacte mesure du problème et des enjeux qui en découlent.

A. Le point de vue administratif : le problème de la fonction véritable du « fonds commun »

Tel est, bien évidemment, celui des bénéficiaires pour qui le « fonds commun » trouve sa justification ou son bien-fondé dans la fonction de motivation et/ou de stimulation qu'ils s'estiment en droit d'attendre de la part de l'employeur, en reconnaissance ou en contrepartie des bons et loyaux services rendus à la Nation tout entière. On l'aura compris : il y a donc une espèce de légitimité qui se trouve à la base de l'institution d'une telle formule, ce qui, au demeurant, n'est nullement contesté par l'Administration elle-même. Les textes qui encadrent la gestion de cette rémunération ont bien souvent consacré cette fonction de stimulation ou de motivation traditionnellement assignée au « fonds commun », comme une sorte d'hommage à l'ardeur au travail des agents[26].

Maintenant, à supposer cette légitimité de l'institution acquise, doit-on, pour autant, considérer que celle-ci règle l'ensemble de tous les autres problèmes connexes susceptibles d'être soulevés ? L'on aurait bien pu penser qu'en lieu et place d'une formule de motivation financière destinée à améliorer l'ordinaire des agents, ces « fonds » soient orientés prioritairement, et peut-être même exclusivement, à l'amélioration de leurs conditions de travail, à travers le financent du « fonds d'équipement » des services. Telle était, du reste, l'idée de départ si l'on se réfère à certaines réglementations qui ont été expérimentées, et notamment celle édictée sous le régime du « Conseil national de la révolution » (CNR) à travers le *raaabo* n° An V-029/CNR/REFI/BUD du 20 août 1987 portant reversement des fonds de stimulation accordés aux agents des deux ministères (Budget et Ressources financières).

Mais il faut vite faire justice de cette idée, dans la mesure où les revendications qui ont été enregistrées au cours de ces deux dernières années ne poursuivent d'autres objectifs que l'amélioration de la situation matérielle (personnelle) des agents. Le ton en avait été du reste déjà donné à la chute du régime du « Conseil national de la révolution » (CNR) à travers l'édiction de cet autre *raabo* (n° An V-039/FP/MF/SEB/CAB du 2 mars 1988) rapportant le texte du 20 août 1987, suivi de l'arrêté n° 92-0190/MFP/MDB/SG du 20 août 1992 instituant une nouvelle clef de répartition des fonds affectés, à égalité entre le « fonds d'équipement » et « le fonds de stimulation ». Et cette logique n'allait plus jamais être remise en cause, au point même d'avoir pu embarrasser aussi bien les Pouvoirs publics que les agents, lorsqu'il s'était agi de rendre public le contenu d'un certain « protocole d'accord » conclu, au terme d'âpres négociations et marchandages entre le Gouvernement, d'un côté, et le syndicat des agents du Trésor (SATB)[27], de l'autre, en avril 2017. L'opinion publique devait plutôt retirer le sentiment désabusé d'une sorte de « pacte secret », voire d'un complot tout simplement, ourdi sur son dos par les protagonistes de la crise.

En tout état de cause, le débat doit être posé et mené de la manière la plus sereine, au regard des nombreux enjeux qu'il comporte. Il a été dit que ce sont des montants faramineux qui sont en cause, ce qui ne saurait laisser insensible le teneur des cordons de la bourse de l'Etat, ainsi qu'on aura l'occasion de le rappeler plus loin. Dans le contexte actuel, l'honnêteté la plus élémentaire commande de s'interroger sur le bien-fondé de ces « fonds communs » eu égard aux conditions d'obscure clarté qui caractérisent leur gestion.

---

[26] C'est ce que dit l'article 2 de l'arrêté n° 2017-277/MINEFID/CAB du 14 juillet 2017 portant réglementation et fixation des taux des fonds communs alloués aux agents du ministère de l'Economie, des finances du développement ainsi libellé : « Les fonds communs sont destinés à motiver de façon globale l'ensemble des agents du ministère de l'Economie, des finances et du développement au regard de la spécificité des missions dévolues à ce département. Ils sont guidés par les principes de la performance, de la solidarité et de l'équité ».

[27] Ce syndicat est bien souvent apparu en première ligne de la fronde sociale, aux côtés des deux autres syndicats de ce département que sont le « Syndicat national des agents des Impôts et domaines » (SNAID ou SYNAID) et le « Syndicat des agents des Finances » (SYNAFI).

1° - Est-il exact de soutenir que, par le biais de ce « fonds commun » servi aux agents, l'on protège l'Etat contre tout risque de divertissement des deniers publics par des agents publics indélicats, ou qu'on le préserve de toute manœuvre malveillante de nature à provoquer l'assèchement des caisses publiques (par l'effet du refus de recouvrement desdites recettes par les agents de l'Administration financière) ? L'on peut sérieusement en douter à la seule idée que le statut des agents publics consacre à leur profit des droits certes, mais il met également à leur charge un certain nombre de devoirs et obligations qui doivent, à peine de sanction, être rigoureusement observés. Dans ces conditions, ce n'est que logique si l'Administration attend de ses agents qu'ils exécutent le plus scrupuleusement du monde les obligations qui leur incombent. Par conséquent, l'invocation de cette formule de motivation comme contrepartie en quelque sorte de la loyauté attendue des agents publics ne saurait être de mise.

2° - Sur le terrain de la légalité, qui reste par ailleurs un argument déterminant pour la puissance publique, l'on éprouverait beaucoup de mal pour expliquer, et encore moins justifier, le principe même de l'existence des « fonds communs ». Comme de la légalité (juridique) à l'égalité (philosophico-sociologique), il n'y a qu'un pas, il est tout à fait aisé de relever que l'institution du « fonds commun » fait peu cas de cette idée d'égalité, qui n'est qu'un aspect du principe plus général d'équité dans le traitement de l'ensemble des agents publics. En effet, pour peu que l'on pense à ceux d'entre eux qui n'en bénéficient point, force est de reconnaître que la modification de la base de liquidation de cette dépense est bien loin d'être à l'abri de toute critique[28]. La consultation des différents textes, trop nombreux d'ailleurs, est tout à fait révélatrice de l'absence d'une doctrine claire en la matière. C'est tout simplement le dévoiement de l'objectif initial assigné à ces « fonds communs », à savoir le renforcement de l'esprit de solidarité entre les agents et la recherche de la performance[29], au profit d'une tendance de plus en plus orientée vers l'affairisme qui constitue un sujet de préoccupation. Tout se passe comme si l'Exécutif avait décidé, d'autorité ou peut-être contraint et forcé, d'affecter une partie de son budget au financement d'une rémunération complémentaire qui est servie à certains corps de fonctionnaires, pour la raison toute simple que ceux-ci ont réussi à lui arracher de tels avantages. Or, le Pouvoir exécutif ne semble pas avoir pris conscience de l'illégalité manifeste dans laquelle il s'est placé par l'effet de ce glissement imprudent qui le fait empiéter sur le domaine de compétence du Parlement qui reste le détenteur du pouvoir financier par excellence dans la République. C'est donc un pan important de la grande conquête des révolutionnaires de 1789, à savoir le Pouvoir financier du Parlement, qui se trouve rayé d'un trait de plume par l'effet d'une telle légèreté blâmable.

---

[28] L'on se rend compte, en consultant les différents textes qui se sont succédé, que l'Administration a progressivement abandonné l'indexation du montant des « fonds communs » sur les pénalités encaissées, au profit de la consécration d'un pourcentage prélevé sur le montant des recettes encaissées. La méprise est assurément lourde de conséquences.

[29] Ainsi que l'affirment certaines dispositions des textes en vigueur ; cf. par exemple l'article 2 de l'arrêté n° 2017-277/MINEFID/CAB du 14 juillet 2017 reprenant l'article 2 de l'arrêté n° 2011-214/MEF/CAB du 23 juin 2011 !

Et encore n'avons-nous pas mentionné l'incidence financière des montants en jeu qui constitue le véritable « talon d'Achille » de cette pratique, ainsi qu'on aura l'occasion de le voir plus loin, pour la raison bien simple qu'il s'agit d'un argument en béton pour l'Administration financière.

3° - L'on pourrait même s'interroger sur le bénéfice réel que les agents qui reçoivent les « fonds communs » tirent effectivement de cette manne. Sans doute, éprouvent-ils le sentiment tout à fait compréhensible, et à certains égards objectifs, d'une amélioration plus ou moins substantielle de leur pouvoir d'achat, au moins à court terme. Mais dans quelle mesure a-t-on la garantie qu'ils font un bon usage de ces sursalaires, qui pourraient profiter à la société par le biais de dépenses « socialement utiles ou structurantes », comme diraient les économistes ? Ne risque-t-on pas là d'encourager la course vers l'affairisme chez ces agents en leur offrant des opportunités qu'ils auraient pu difficilement se procurer si d'aventure ils devaient avoir recours aux institutions officielles de crédit ? Ce sont autant de questions que l'on peut se poser, sans trop d'insistance il est vrai, pour la raison bien simple que l'on touche à des considérations tout à fait personnelles et subjectives. Pour autant, l'on ne devrait pas rester insensible à l'idée que les agents avaient été autorisés à adosser les crédits contractés auprès des institutions financières sur ces sursalaires qui leur étaient servis.

En définitive, la question du bien-fondé des « fonds communs », dans le contexte national actuel, reste problématique parce qu'elle est de nature à semer davantage la division au sein de la grande famille des agents publics qui ne peuvent se satisfaire du régime en vigueur, qu'elle ne peut contribuer à les unir. Il va de soi que les agents qui n'en bénéficient pas ne continueront pas pendant encore longtemps de s'accommoder d'une situation qui fait d'eux des agents publics de seconde zone ou des « sous-agents », eu égard au traitement discriminatoire dont ils sont l'objet, tant il est vrai que le prétendu esprit de solidarité se trouve pris en défaut.

Et le constat n'en revêt que plus de relief si l'on se place sous l'angle financier qui est celui de l'autorité publique.

B. Le point de vue financier : la question de la soutenabilité de l'incidence financière

Incontestablement, nous sommes là en présence d'une véritable préoccupation de portée nationale : pour ceux des agents publics qui y ont droit, comme pour ceux qui n'en bénéficient point ; pour l'Administration (débitrice et gestionnaire), sans oublier bien évidemment les citoyens qui restent les véritables propriétaires de cet argent public qu'une partie des agents publics se partage tranquillement, et ce dans une apparente insouciance. Il serait difficile d'enlever de la tête de nombreux citoyens que certaines structures ne s'amusent pas avec l'argent public. Et dans cette optique, le ministère en charge des Finances est très vite indexé, du fait justement qu'il est le gardien de cet argent public. Le moment n'est-il pas venu de songer à trouver un gardien qui gardera ce gardien de l'argent public ? Il y a tout lieu de le croire, pour peu que l'on garde présente à l'esprit cette idée qui a été consacrée par les révolutionnaires français à l'article 15 de la grande « Déclaration des droits de l'Homme et du citoyen » du 26 août 1789 à laquelle notre pays a souscrit, et qui dispose que « la société a le droit de demander compte à tout agent de son administration ». C'est sans doute ce qu'a bien compris l'auteur de l'indignation à peine voilée quand il dit que « Dieu crée l'homme et l'homme crée l'esclave par l'injustice ! ». Poursuivant avec loyauté son raisonnement jusqu'au bout, il n'hésite pas un seul instant à suggérer que le peuple fasse rendre gorge à ces agents qui ont jusque-là bénéficié indûment de ces fameux « fonds communs »[30]. Le moins que l'on puisse dire est qu'il a bien saisi le sens et la portée du régime applicable aux deniers publics.

Et pour une fois, le ministère en charge des Finances ne serait plus perçu comme la véritable locomotive de tout l'appareil gouvernemental en raison du dynamisme et de la compétence qui caractérisent les acteurs qui l'animent, mais plutôt parce qu'il est devenu la « caverne d'Ali Baba » qui offre des avantages matériels inconsidérés à ses agents.

Par conséquent, l'on ne devrait donc point s'étonner de constater que l'Administration financière, toujours guidée par sa traditionnelle logique étroitement financière ou caissière, soit réticente à accéder aux revendications dans le sens d'une énième révision à la hausse du budget consacré à cette dépense publique. Le chiffre de cinquante-cinq milliards (55 000 000 000 F.) CFA affecté au financement de ces fonds au seul MINEFID, au titre de l'année 2017, est tout simplement vertigineux, surtout à un moment où de nombreuses autres priorités se manifestent ici ou là. Par exemple, il a été dit que la structure nationale de référence en matière d'administration des soins de santé, l'Hôpital Yalgado Ouédraogo, croule sous le poids d'importantes dettes (évaluées dans le courant du mois de Mai 2018, à quelques sept milliards, soit le huitième du montant des « fonds communs » du MEF), ou que le montant de ces fonds communs équivaut au double du budget du ministère de la Jeunesse[31] ! Le bon sens ne command-t-il pas qu'une action soit entreprise quand on sait que c'est le changement de l'assiette de cette rémunération (désormais indexée sur les recettes encaissées plutôt que sur les pénalités recouvrées) qui a provoqué l'explosion de cette dépense qui, du chiffre de quatre milliards qu'elle représentait il y a de cela une vingtaine d'années, crève en 2017 le plafond de la cinquantaine au sein du seul département du ministère des Finances ?

Dans ces conditions, la revendication par les agents du MINEFID en faveur d'un « statut sécurisant pour ces fonds communs », sans que l'on sache d'ailleurs ce que

---

[30] Voir SAWADOGO, dixit Yamnéan, *in Le Pays*, n° 6608 du 8 juin 2018, pp. 16-17.

[31] cf. L'Evénement n° 371 du 10 avril 2018, pp. 8-9 ; dans le même ordre d'idées, l'on rappellera que la « Commission de la réconciliation nationale et des réformes » (CRNR) mise en place par le Gouvernement de la Transition dans le courant de l'année 2015 avait relevé que le budget de fonctionnement de cet Hôpital national, qui est resté à un niveau constant sur deux années consécutives (2014 et 2015), soit inférieur à la somme de quatre milliards (4 000 000 000 F) en 2014 et en 2015, était censé couvrir les besoins de santé de l'ensemble de la population évaluée à plus de deux millions d'âmes (pour la seule capitale) et plus de seize millions pour l'ensemble du pays, du fait de son statut de structure de référence ! cf. le Rapport de la Sous-commission « Finances publiques et respect du bien public » de cette grande Commission, pp. 71s (pour le diagnostic) et pp. 134s. (pour les recommandations)

recouvre un concept aussi vaporeux[32], devient contreproductive et même impopulaire, non pas seulement aux yeux des autres agents publics, mais également pour le reste de la société ; et c'est dans ce sens qu'il faut comprendre les réactions de condamnation tous azimuts des opérateurs économiques, représentés par leurs divers cadres de regroupement, qu'il s'agisse de « l'Association des commerçants pour le progrès » (APC), de la « Coalition des structures syndicales et associatives de commerçants du Burkina Faso » (COSSAC-BF), de la « « Coalition nationale des acteurs de l'économie pour un commerce équitable », ou de « l'Union des associations des commerçants des marchés et *yaars*[33] de la région du centre (Kadiogo) », etc. qui voient dans cette fronde sociale à répétition des manœuvres de « prise en otage de l'économie nationale par des salariés véreux et égoïstes»[34], et contre lesquelles il faut exprimer sans ambages leur ras-le-bol[35]. Et l'on aurait même pu craindre que « la grève de l'impôt », dont la menace avait été brandie un moment à l'encontre de l'Etat par certains commerçants, ne se matérialisât au lendemain de la date butoir avancée (fin avril 2018). Même la société civile a entrepris de sillonner l'ensemble du territoire national à fin de sensibilisation de la population sur la nocivité des actions grévistes en cours.

C'est à croire que la bataille autour des « fonds communs » aura créé les conditions d'une sainte alliance de l'ensemble des classes et couches sociales du pays contre les « financiers ». Ne faut-il pas craindre pour une nouvelle « insurrection populaire » ? La question ne doit pas être écartée dans l'absolu même si certains acteurs (et notamment les organisations syndicales qui ont pris effectivement part à la Conférence) se gardent bien de prendre parti sur la question.

En définitive, la question de l'incidence financière doit être appréhendée à un double niveau : celui d'abord du préjudice subi par la collectivité publique, par référence au montant cumulé de l'ensemble de ces divers « fonds communs » effectivement payés ; mais également celui des conséquences engendrées par les mouvements grévistes qui ont un impact direct sur les rentrées de fonds dans les caisses publiques, ce qui constitue un important manque à gagner pour le Trésor public. Il va de soi qu'une telle situation n'est pas tenable, sur la durée, pour la fragile économie nationale, ce qui fait redouter à juste titre le risque pour l'Etat de ne pas pouvoir assurer le paiement des traitements au-delà du mois de juin 2018 !

---

[32] Doit-on croire vraiment qu'il s'agit tout simplement d'obtenir que le régime des « fonds communs » soit réglé par un texte législatif plutôt qu'un texte réglementaire comme le soutient le Secrétaire général du SATB dans le quotidien Le Pays n° 6615 du 21 juin 2018 ?

[33] Terme emprunté aux langues locales et qui a également le sens de « place du marché ».

[34] cf. Le Faso.net du jeudi 7 juin 2018 rendant compte de la conférence de presse donnée par « l'Association des commerçants pour le progrès » (APC) qui fait office de figure de proue dans cette croisade contre les organisations syndicales regroupées au sein de la « Coordination des syndicats du MINEFID » : SYNAFI, SATB, SNAID notamment ; voir également la presse quotidienne du même jour ; l'on rappellera que déjà dans le courant du mois d'avril, des commerçants du secteur informel n'avaient pas hésité à donner un ultimatum au Gouvernement pour qu'il tire un trait sur ces « fonds communs » avant la fin du mois de Mai sous peine de ne plus payer le moindre impôt au profit de la collectivité publique !

[35] cf. Lefaso.net du mardi 12 juin 2018 et la presse quotidienne de ce même jour : L'Observateur Paalga 9626 du 11 juin 2018, p. 2 ; Le Pays n° 6609 du 11 juin 2018, p. 7.

On l'aura donc compris : il y a urgence à faire quelque chose en essayant d'apporter les réponses les plus pertinentes possibles à la situation ainsi créée.

III. DE LA SOLUTION DU PROBLÈME

La solution à apporter à la situation sociale n'est pas du tout simple, ce qui ne saurait surprendre l'honnête citoyen, compte tenu de la complexité, plus qu'apparente, du problème lui-même. C'est ce qui est à la base de l'initiative prise par le Gouvernement de convoquer la « Conférence des forces vives » déjà mentionnée plus haut, pour se pencher sur la question, en l'abordant dans une perspective plus générale portant sur la rationalisation des rémunérations. Mais comme on le sait maintenant, ce format n'a pas été jugé suffisamment consensuel, ce qui devait amener certains des protagonistes à se démarquer d'une telle initiative. Force est donc de reconnaître que le rendez-vous fut manqué du fait de l'absence de ceux des acteurs[36], pourtant concernés au premier chef, à ladite rencontre. Tout se passe malheureusement comme dans un jeu de poker (menteur), dans lequel aucune des parties ne joue vraiment cartes sur table.

Maintenant, pour ce qui concerne tout spécialement les « fonds communs » qui retiennent notre attention dans le cadre de cette réflexion liminaire, il convient de se focaliser sur ce point, en veillant à bien cerner tous les contours de la question. Il faut aller au-delà des questions afférentes aux modalités pratiques de l'institution du « fonds commun » pour s'interroger sur son principe même, dans le contexte d'aujourd'hui et pour l'avenir. Bien évidemment, une telle réflexion ne devrait point faire l'économie de l'ensemble des autres questions intéressant la gouvernance financière plus généralement, même s'il est vrai que la question a été par moments évoquée au cours de ladite « conférence ». L'on pourrait mentionner, sous ce rapport, l'évocation rapide de la question de la réduction du train de vie de l'Etat au sujet de laquelle une certaine « Commission de la réconciliation nationale et des réformes » (CRNR) créée sous le régime de la Transition (2014-2015), avait fait des propositions particulièrement édifiantes, comme sur bien d'autres questions tout à fait connexes. Et l'on ne regrettera jamais assez le sort peu enviable que les autorités en place ont fait aux travaux de cette instance dans laquelle la population avait placé d'énormes espoirs.

A. DE LA NÉCESSITÉ DE RÉGLER LA QUESTION DE L'AVENIR DE CETTE DÉPENSE PUBLIQUE…

Dans une certaine mesure, l'on pourrait dire que la « Conférence » a manqué l'occasion de régler de manière définitive cette question des « fonds communs ». C'est vrai qu'il s'agit d'une question délicate au regard des crispations manifestes, mais le moment n'était-il pas opportun pour le Gouvernement de prendre des décisions fortes ou courageuses sur le sort qu'il convenait de réserver, à l'avenir, à

---

[36] En effet, sur les six centrales syndicales que l'on trouve dans le pays, cinq d'entre elles ont pris effectivement part à ladite Conférence, de concert avec quelques syndicats autonomes, tandis qu'une Centrale, accompagnée par un autre groupe de syndicats autonomes, a pris ses distances par rapport à cet événement.

cette rémunération publique en posant la question qui fâche, celle de son maintien, éventuellement en l'état ou en l'encadrant davantage dans le principe comme dans les modalités de mise en œuvre, ou celle de sa suppression pure et simple ? Toutes les options devraient être sur la table.

Sans doute, dans un souci bien compris de ne pas retourner le couteau dans la plaie, la Conférence s'est gardée de poser de manière frontale la question de la suppression des « fonds communs ». Si des voix se sont prononcées dans ce sens, il faut reconnaître qu'elles ont été quelque peu censurées ou, à tout le moins, étouffées par d'autres points de vue, jugés peut-être plus conciliants du fait qu'ils allaient dans le sens de leur maintien. De sorte que ce que l'on retient est que les « fonds communs » sont désormais plafonnés dans leur montant au quart des rémunérations normales qui sont servies à leurs bénéficiaires. Mais pour le reste, l'on sait très peu de choses, voire rien du tout, sur le raisonnement qui a conduit à une telle évolution. Pourquoi le quart des rémunérations et non pas le tiers ou le dixième ? Pourquoi l'année budgétaire 2019 a-t-elle été retenue comme période d'entrée en vigueur de cette nouvelle réglementation ? Ce sont autant de questions qui restent pour l'instant sans réponse. L'on attend donc beaucoup de la Commission technique annoncée qui sera constituée pour entreprendre le travail de mise en œuvre. Cela dit, l'on doit se réjouir que la décision de suppression pure et simple des « fonds communs » n'ait pas été retenue comme on aurait pu le craindre au regard du sentiment de frustration qui avait gagné certains agents publics. Au fond, l'on n'était pas loin du scénario de la période révolutionnaire dans lequel l'on voyait certains activistes, particulièrement mal intentionnés du fait qu'ils n'avaient rien à perdre, exiger *hic et nunc* la suppression de toutes sortes d'indemnités au profit des agents publics que l'on s'évertuait à l'époque, non sans mauvaise foi, à traiter de « bourgeois ». Mais, comme on le sait : autres temps, autres mœurs. Le contexte actuel est tout à fait différent quand bien même certains observateurs seraient portés à considérer les financiers comme des « enfants gâtés de la République »[37] au regard des avantages réguliers non négligeables dont ils bénéficient déjà !

1° - Maintenant, l'on pourrait partir du principe que l'intéressement des travailleurs au résultat de l'activité de l'institution au service de laquelle ils travaillent est salutaire dans le principe ; c'est tout le sens du combat qui a été entrepris dans le secteur privé et qui se trouve au cœur de l'analyse institutionnelle de l'entreprise privée, faisant de celle-ci depuis bien longtemps, « non plus la seule propriété de l'employeur, mais le patrimoine commun de tous ceux qui y travaillent ». Une telle conception des choses n'en prend *a fortiori* que plus de relief en ce qui concerne le secteur public. Dans ces conditions, quoi de plus normal que de faire en sorte que l'ensemble des agents publics se sentent concernés par la qualité des prestations qu'ils sont tenus de fournir aux usagers et citoyens que nous sommes.

2° - Dans cette optique, l'on peut raisonnablement penser que l'équité commande que le « fonds commun » profite à l'ensemble des agents publics et non

[37] Ce dont se défend le Secrétaire général de l'un de syndicats du département des Finances, le SATB ; cf. le quotidien d'informations Le Pays n° 6615 du 21 juin 2018, p. 2.

de manière exclusive, à ceux qui en bénéficient actuellement, comme s'il avait été établi de manière formelle que leur contribution à la marche du pays était de loin beaucoup plus décisive que celle des autres acteurs. C'est toute la question de l'égalité de traitement qui participe pleinement des principes fondateurs de l'administration républicaine et, à terme, de l'Etat de droit et de la démocratie, qui se trouve ainsi posée : dans quelle mesure peut-on dire que la contribution d'un agent de police, d'un « instituteur (ou) d'un infirmier de brousse » (IB), d'un « formateur des jeunes agriculteurs » (FJA) est moins importante que celle d'un agent officiant au sein de l'Administration financière ou de l'Energie ? Et quand bien même il serait établi que ces différents agents bénéficient, chacun dans son secteur, de cette formule de motivation financière, l'équité ne commande-t-elle pas que le montant qui leur est servi se tienne dans des proportions comparables ? C'est une question de bon sens également pour peu qu'on ait présent à l'esprit que tous ces agents, aux divers niveaux (hiérarchiques) et secteurs (d'activités) de l'Administration, entendent apporter leur loyale contribution au développement de la Nation. De même qu'il faut un peu de tout pour faire un monde, l'on doit comprendre qu'on ait besoin de toutes les compétences pour faire fonctionner efficacement l'Administration.

C'est, nous semble-t-il, ce que certains Etats ont compris en décidant de partager cette manne entre l'ensemble des agents publics sous la forme de qu'on a appelé « la prime d'incitation à la performance » (PIP) C'est du moins dans une telle voie que s'est engagé récemment un Etat comme le Gabon ou, avec beaucoup d'humour, les agents publics n'hésitent plus à réclamer légitimement leur « pipe » pour le plaisir de la fumer. Même si comparaison n'est pas raison comme on se plait souvent à le dire, il n'en reste pas moins qu'il pourrait s'agir d'une piste intéressante de réflexion qui pourrait nous inspirer.

Mais au-delà de cet aspect psychosociologique de la question, c'est en faveur de l'instauration d'une gouvernance véritablement vertueuse qu'il convient de plaider autant avec urgence que force.

B. ... À L'URGENCE D'INSTAURER UNE GOUVERNANCE FINANCIÈRE VÉRITABLEMENT VERTUEUSE

L'on ne le regrettera jamais assez : la difficulté de réunir certaines informations (les textes en vigueur disponibles sur la question[38], le montant des masses financières effectivement servies dans les différents services administratifs, etc.) constitue un sérieux obstacle à tout travail d'évaluation objective. Il est vrai que l'Atelier 3 de la « Conférence sur la rationalisation des rémunérations » s'y est penché, mais la non-dissémination de cette information dans le grand public prive malheureusement l'observateur d'une source précieuse d'informations que ne pourrait même pas combler la consultation du Rapport général sur l'Administration

[38] Du fait de leur rétention par certaines des administrations concernées, en dehors du fait qu'ils ne sont déjà pas tous publiés au Journal officiel, ce qui donne à la thématique l'allure d'une affaire d'Etat.

des finances (RGAF)[39]. Mais l'essentiel à retenir est que l'on touche là à un aspect essentiel de la gouvernance financière de l'Etat. Comment une telle pratique a-t-elle pu recevoir application pendant une aussi longue période, sans éveiller le moindre soupçon chez la grande majorité des agents publics qui ignorait jusqu'à son existence ? En fait, tout a été fait à dessein, et le secret a été bien gardé aussi longtemps que les principaux concernés ont su se montrer « raisonnables » en évitant soigneusement de porter l'information sur la place publique. Malheureusement ou heureusement, les divergences apparues dans certaines administrations, sur fond de conflits syndicaux, doublés parfois de conflits intergénérationnels ou politico-idéologiques, n'allaient pas épargner la gestion de ces « fonds communs » qui ont été parfois présentés comme une véritable pomme de discorde. L'esprit de règlement de comptes ou de démagogie faisant le reste, le grand déballage n'allait pas tarder à se manifester. C'est alors que l'opinion publique devait commencer à s'intéresser à cette affaire qui fait penser, comme un air de famille, à une opération mafieuse de la part de certains agents publics avec, le plus souvent, la complicité agissante sur fond de démagogie des premiers responsables des services concernés. Voilà qui confirme avec éclat cette loi de la science administrative qui enseigne depuis bien longtemps que « l'efficacité d'un ministre s'apprécie également à l'aune de sa capacité à arracher des avantages au profit des agents de son département ».

Et pourtant, il y avait matière à soulever un problème de « gestion de fait » ou de « gestion occulte », voire tout simplement de détournement de deniers publics, surtout de la part des institutions étatiques de contrôle qui ont été créées pour veiller à la bonne gestion des finances publiques ; Qu'il s'agisse de « l'Autorité supérieure de contrôle d'Etat et de lutte contre la corruption » (ASCE-LC) ou de la « Cour des comptes », leur silence sur cette question reste des plus assourdissants et pose le problème de leur capacité -ou de leur volonté réelle- à contribuer à l'assainissement de la gestion des finances étatiques. Tout comme pourrait paraître étrange le silence observé par les organisations de la société civile, et en particulier celles qui ont fait de la lutte contre la corruption leur crédo. Cet état de fait constitue le témoignage le plus frappant de la faiblesse congénitale des structures de contrôle de nos administrations publiques africaines.

L'on en vient dès lors à se demander si la solution préconisée par la Conférence est vraiment viable, tant il paraît de plus en plus évident que la motivation financière n'est pas la seule formule incitative qui puisse être proposée aux agents. Il existe beaucoup d'autres formules, de portée symbolique sans doute (comme les distinctions honorifiques du type « décorations », les lettres de félicitation, etc.), mais qui n'en conservent pas moins un sens qui survit aux contingences existentielles et conjoncturelles, ainsi que le montre l'Etude sur « l'Elaboration d'une stratégie globale de motivation des personnes du ministère de l'Economie et

---

[39] L'on remarquera que le RGAF sur la gestion 2016 fait apparaître un montant cumulé de quelques 28 014 174 651 F. CFA pour l'ensemble des « fonds communs » servis, ce qui ne correspond qu'à la moitié seulement des fonds servis au seul MINEFID au titre de l'année 2017.

des finances » sur laquelle travaillait depuis 2010, à la demande de ce département, le Cabinet de gestion des ressources humaines Yons Associates[40].

Mais au-delà de ces constats, c'est en faveur d'une gouvernance vertueuse qu'il convient de plaider avec force ; car enfin, il est grand temps que tout un chacun se départisse de l'idée qui veut que l'Etat continue d'être la « vache à lait » que l'on va traire à volonté pour la seule satisfaction personnelle ; La remarque vaut pour l'ensemble des agents publics, mais également et surtout pour les gouvernants qui sont bien souvent prompts à confondre les deniers publics mis à leur disposition avec leur propriété personnelle. Il est grand temps que les notions de « service public », « d'intérêt général », de « bonne gouvernance » cessent d'être des slogans creux que l'on ressasse à l'envi dans les discours politiques, à seule fin de se donner bonne conscience, pour devenir des concepts riches de sens, avec ce que cela impose comme exigences à l'égard de l'ensemble des acteurs, à quelque niveau qu'ils se trouvent.

Il devient dès lors urgent d'inviter l'ensemble des acteurs (les premiers responsables comme les agents publics) à œuvrer pour l'amélioration de la qualité de notre gouvernance. Parce que l'exemple doit venir d'en haut, il incombe aux premiers responsables de se préoccuper de « gouverner par l'exemple » en indiquant, par leur pratique quotidienne empreinte de respect des règles élémentaires d'éthique et de déontologie, la voie à suivre pour réaliser les objectifs que l'Etat s'est assignés dans l'intérêt bien compris des citoyens. Quant aux agents publics, l'on pourrait penser qu'ils seraient, pour leur part, mieux inspirés de bien articuler leurs revendications auprès des Pouvoirs publics en mettant l'accent sur celles qui contribuent à l'amélioration de leurs conditions de vie et de travail davantage que la revendication de l'amélioration de leurs rémunérations.

Il est bien évident que la mise en œuvre d'une politique économique et sociale cohérente qui prend en compte le coût réel de la vie (par une sage politique de détermination d'un niveau adéquat des rémunérations des agents publics) et le souci d'assurer aux citoyens des conditions décentes de vie (effectivité des services sociaux de base) et de travail (solution des problèmes de la mobilité des travailleurs et de l'équipement adéquat de leurs services) est de loin économiquement beaucoup plus efficace que toute démarche orientée exclusivement vers l'augmentation nominale des salaires qui n'améliore pas forcément leur pouvoir d'achat.

Pour peu que l'on essaie de creuser en profondeur cette question des « fonds communs » et des avantages assimilés de tous ordres pratiqués au sein de l'Administration publique, l'on se rend compte qu'en réalité l'on a affaire à des espèces de prébendes que certains agents publics s'estiment en droit de réclamer de l'Etat, comme la part du gâteau qui devrait leur revenir tout à fait naturellement. En effet, s'appuyant ainsi sur le constat que certains responsables ne se privent guère de puiser dans les caisses publiques pour leurs besoins personnels, au vu et au su de ces agents qui en sont généralement requis par la voie officielle, ils considèrent comme normal qu'une certaine contrepartie leur soit offerte, peu importe la

[40] cf. le Rapport du Cabinet qui fait une analyse critique de l'existant pour la motivation des ressources humaines du ministère, Avril 2010, dactyl., 53 p. et spécialement pp. 26s., ainsi que le Plan d'actions, 29 p.

dénomination qui sera retenue : prime, gratification, commission, etc. C'est la monnaie d'échange en quelque sorte qu'ils attendent en retour, sous la menace (du chantage odieux) de révéler ces détournements dont ils ont pu avoir connaissance, d'une manière ou d'une autre, dans le cadre de leurs fonctions.

Au fond, tout se passe comme si chacun s'estimait en droit de prélever sa part sur cette richesse nationale, faisant ainsi de l'Etat « ce baudet sur lequel chacun frappe à qui mieux mieux », selon la formule du Pr J. KI-ZERBO[41]. De telles pratiques ne contribuent qu'à reporter à très longue échéance les perspectives de développement de nos Etats et font peu de cas de cette pensée forte du président américain J. KENNEDY qui suggérait de « [...] ne pas (seulement) se demander ce que l'Etat peut faire pour soi, mais (également ou plutôt) ce que tout un chacun peut faire pour l'Etat. ». C'est également tout le sens de l'esprit de la « nouvelle gouvernance financière » dont le pays se prévaut depuis que, de concert avec les autres Etats de notre espace sous régional (l'UEMOA), il a adopté les nouvelles directives de finances publiques conçues sur le modèle du texte fondateur de la réforme de l'Etat qui a vu le jour en France le 1er août 2001.

En définitive, si l'on souscrit au principe du maintien « fonds commun », ce serait à la seule condition qu'il soit distribué de la manière la plus équitable entre l'ensemble des agents publics nationaux, sans exclusive. Ce faisant, l'on aurait respecté l'esprit d'équité et de solidarité entre l'ensemble des agents publics qui était précisément à la base de la création de cette formule bien comprise de motivation et/ou de stimulation.

Ouagadougou, le 31 juillet 2018.

[41] Voir la contribution de l'auteur à l'ouvrage *Liberté académique en Afrique*, Codesria Khartala, 1994, p. 32.

ANNEXE I

EXTRAITS DES DISPOSITIONS RELATIVES A LA DETERMINATION DES PERSONNES ELIGIBLES AU « FONDS COMMUN » AU SEIN DE LA DIRECTION GENERALE DU TRESOR ET DE LA COMPTABILITE PUBLIQUE[42]

Article 4 :

Sont éligibles au « Fonds commun » de la Direction générale du trésor et de la comptabilité publique pour la période ouvrant droit à la répartition :

1° - les agents en activité à la Direction générale du trésor et de la comptabilité publique (DGTCP) :

- Les agents fonctionnaires des emplois spécifiques de la DGTCP (FEST) ;
- Les agents fonctionnaires faisant partie des emplois spécifiques du ministère en charge de l'Economie et des finances (FES-MF) ;
- Les autres fonctionnaires de l'Etat mis à la disposition du ministère en charge de l'Economie et des finances et affectés au Trésor (AFE) ;
- Les agents des collectivités territoriales, contractuels ou fonctionnaires, en service à la DGTCP.

2° - les agents des emplois spécifiques de la Direction générale du trésor et de la comptabilité publique (DGTCP) exerçant dans d'autres administrations publiques :

- Les agents des emplois spécifiques de la DGTCP affectés dans toute autre direction du ministère chargé des Finances, sous réserve de n'avoir pas expressément renoncé au Fonds commun du Trésor (AA) ;
- Les agents des emplois spécifiques de la DGTCP mis à la disposition, d'une part, des départements ministériels ou institutions n'offrant pas à leur personnel des avantages comparables et, d'autre part, des départements ministériels ou institutions offrant à leur personnel des avantages comparables à condition d'avoir renoncé auxdits avantages (AMD) ;
- Les agents des emplois spécifiques de la DGTCP en détachement, occupant un emploi dans un organisme public à condition d'émarger au budget de l'Etat ou de l'organisme public et de ne pas bénéficier d'un fonds commun ni d'avantages comparables (ADOP) ;
- Les agents des emplois spécifiques de la DGTCP en détachement, occupant une fonction normalement réservée aux techniciens du ministère en charge des Finances dans une administration publique, à condition d'émarger au budget de l'Etat, ou d'un Etablissement public de l'Etat et de ne pas bénéficier d'un fonds commun ni d'avantages comparables (AD) ;

[42] Arrêté n° 2017-330/MINEFID/SG/DGTCP du 12 août 2017 portant conditions et modalités de répartition du Fonds commun alloué aux agents de la Direction générale du Trésor et de la comptabilité publique – chapitre II, article 4.

- Les agents des emplois spécifiques de la DGTCP en position de détachement, occupant une fonction spécifique du Trésor public dans une administration publique, et leurs collaborateurs relevant des emplois spécifiques de la DGTCP, à condition d'émarger au budget de l'Etat, ou d'un autre organisme public et de ne pas bénéficier d'un fonds commun ni d'avantages comparables (ADT).

3° - les agents des emplois spécifiques de la DGTCP régulièrement mis en position de stage par l'administration publique (AS).

4° - les agents éligibles au Fonds commun de la DGTCP admis à faire valoir leurs droits à la retraite (AR) ou les ayants droit des agents décédés (ADC) comme suit :

- Les agents des emplois spécifiques de la DGTCP ;
- Les autres agents lors de leur décès, d'une part, ou totalisant au moins cinq (05) années de service continu à la DGTCP lors de leur admission à faire valoir leurs droits à la retraite, d'autre part.

Nota bene – Cette disposition ne fait que reproduire le contenu de l'article 4 de l'arrêté n° 2013-273/MEF/SG/DGTCP du 31 juillet 2013 portant même objet (conditions et modalités de répartition du Fonds commun alloué aux agents de la DGTCP) que le présent arrêté (n° 330-2013/MINEFID/SG/DGTCP du 12 août 2017) abroge.

Le rapprochement de cet arrêté de celui concernant la Direction générale des Impôts (pris le même jour sous le n° 2017-329) en son chapitre IV est tout à fait édifiant.

ANNEXE II

EXTRAITS DES DISPOSITIONS RELATIVES A LA CLEF DE REPARTITION DU « FONDS COMMUN » AU SEIN DE LA DIRECTION GENERALE DU TRESOR ET DE LA COMPTABILITE PUBLIQUE (DGTCP)[43]

Article 10 – A l'échéance des paiements, le Fonds commun est affecté à concurrence de :

- Trois pour cent (03 %) sous forme de part de responsabilité aux personnes régulièrement nommées par décret pris en Conseil des ministres, par arrêté du ministre en charge des Finances ou les intérimaires si l'intérim a été de plus de trois (03) mois sans interruption ;
- Quatre-vingt et dix-sept pour cent (97 %) sous forme de part commune à tous les agents éligibles au Fonds commun de la DGTCP.

Article 11 – La part de trois pour cent (03 %), dite part de responsabilité, est répartie de la façon suivante :

- Directeur général du Trésor et de la comptabilité publique : ....indice 100 ;
- Directeur général adjoint : ....indice 80 ;
- Comptable principal de l'Etat, Inspecteur général du Trésor :..........indice 55 ;
- Directeur de service : ....indice 45 ;
- Trésorier régional, Trésorier des missions diplomatiques et consulaires, Fondé de pouvoirs de comptable principal de l'Etat : ....indice 30 ;
- Trésorier principal, percepteur spécialisé, trésorier au près des Ambassades et des missions permanentes, Fondé de pouvoirs de Trésorier régional, Fondé de pouvoirs du Trésorier des missions diplomatiques et consulaires, Agent judiciaire adjoint du Trésor, Comptable public d'Etablissement public de l'Etat rattaché à la DGTCP, Chargé d'études, Responsable de structures d'appui, Inspecteur technique : ....indice 25 ;
- Inspecteur vérificateur, Chargé de contrôle interne, Fondé de pouvoirs de Trésorier principal, Fondé de pouvoirs de Trésorier auprès des Ambassades et des missions permanentes..........................indice 20 ;
- Chef de service, Percepteur : ....indice 15 ;
- Caissier, Régisseur, Adjoint de percepteur : ....indice 10 ;
- Agent d'envoi et de retrait de fonds : ....indice 05 ;

Le cumul des parts de responsabilité par un même agent est interdit.

Article 12 – La part commune est répartie de la façon suivante :

- Une part égalitaire ;

[43] Arrêté n° 2017-330/MINEFID/SG/DGTCP DU 12 août 2017 portant conditions et modalités de répartition du Fonds commun alloué aux agents de la Direction générale du trésor et de la comptabilité publique - Chapitre III : Modalités et conditions de répartition, articles 10 à 14.

- Une part indiciaire, selon l'indice au moment de la répartition pour les fonctionnaires de l'Etat concernés et selon l'indice équivalent calculé pour les autres corps de l'Etat concernés ;
- Une part de présence ;
- Une part spécifique aux agents des emplois spécifiques de la DGTCP et aux agents des autres emplois spécifiques du ministère en charge de l'Economie et des Finances en service ou en fonction à la DGTCP.

Les taux alloués aux différentes parts et selon les statuts des bénéficiaires sont consignés dans le tableau ci-après :

PARTS RESPECTIVES	FEST	AFE	FES-MF	FC/CC	AA	AMD/ADOPT/AD	ADT/AS
Part égalitaire	30	30	30	30	30	30	30
Part de présence	20	20	20	20	10	-	20
Part indiciaire	30	30	30	-	30	30	30
Part spécifique	20	-	20	-	20	20	20
TOTAL	100	80	100	50	90	80	100

Aux fins d'application de la part spécifique, il est attribué les indices suivants :

- Inspecteur du Trésor et agent de catégorie A :...... indice neuf (09) ;
- Contrôleur du Trésor et agent de catégorie B :...... indice sept (07) ;
- Agent de recouvrement du Trésor et agent de catégorie C :....... indice cinq (05).

Article 13 – Les indices et catégories des bénéficiaires autres que les fonctionnaires de l'Etat sont déterminés au regard de ceux des fonctionnaires de l'Etat catégorie pour catégorie, indice pour indice, échelon pour échelon.

Article 14 – Les absences motivées par la jouissance d'un congé légal, d'une mission ou d'une autorisation d'absence régulière ne sont pas déductibles du temps de présence effective.

Nota bene – A peu de choses près, ces dispositions ne font que reproduire celles contenues dans l'arrêté n° 2013-273/MEF/SG/DGTCP du 31 juillet 2013 portant objet identique, en son chapitre III (articles 8 à 13) que le présent arrêté abroge.

Il serait intéressant de les rapprocher par ailleurs des dispositions des arrêtés n° :

- 2017-329/MINEFID/SG/DGI du même jour portant conditions et modalités de répartition du Fonds commun alloué aux agents de la Direction générale des Impôts (DGI) en son chapitre III (articles 7 à 11) qui a été substitué à l'arrêté n° 2013-275/MEF/SG/DGI du 31 juillet 2013 traitant du même objet ;
- 93-028/MFP/MCB/SG/DGD du 3 mai 1993 fixant le mode de répartition des amendes et confiscations au sein des services de la Douane, en ses articles 12 à 21.

Adamou ISSOUFOU[1]

LA TRANSPARENCE DES FINANCES PUBLIQUES : UN NOUVEAU PRINCIPE BUDGÉTAIRE DANS L'UNION ÉCONOMIQUE ET MONÉTAIRE OUEST-AFRICAINE (UEMOA) ?

INTRODUCTION

L'une des recommandations formulées par l'équipe[2] du Professeur Michel BOUVIER à l'issue de l'étude relative aux modalités de gestion des dépenses publiques dans les pays d'Afrique francophone subsaharienne[3] a porté sur l'introduction des nouveaux « principes de base d'un système de gestion ordonné et contrôlé » parmi lesquels figure en bonne place « le principe (...) de transparence »[4]. Il s'agissait, pour cette équipe, de proposer l'allongement de la liste des principes budgétaires[5] apparus en France après la fin du second Empire [6] et repris, plus tard, par le droit budgétaire des Etats membres de l'UEMOA[7]. En France, ces principes ont été imposés dans le but de « rompre avec les pratiques antérieures et discuter au grand jour des besoins et des ressources de l'Etat, (…), fournir des comptes, (…) gérer les finances en bon père de famille responsable »[8].

La double mission qui leur est assignée « consistait à tendre, d'une part, vers l'exercice d'un contrôle efficace de l'exécutif par le Parlement et, d'autre part, vers

---

[1] Docteur en droit public, Faculté des Sciences juridiques et politiques, Université Cheikh Anta DIOP de Dakar (Sénégal).

[2] Dirigée par le Professeur Michel BOUVIER, l'équipe en charge de l'étude est composée de Marie-Christine ESCLASSAN, Professeur à l'Université de Picardie, de Gilbert ORSONI, Professeur à l'Université d'Aix-Marseille III, de Irène BOUHADANA ATER à l'Université de Paris XIII et de William GILLES ATER à l'Université de Paris XI.

[3] M.BOUVIER et al., « La gestion de la dépense publique dans les pays de l'Afrique francophone subsaharienne ». Paris, Ministère des affaires étrangères, Ministère de l'Economie, de Finances et de l'Industrie 2004, p. 32 disponible https:// www.diplomatie.gouv.fr /IMG/pdf/Mise_en_ligne_rapport_pages_interieures.pdf consulté le 13 juin 2018.

[4] *Ibid.*, p. 37

[5] Les principes auxquels il est fait référence sont l'annualité budgétaire, la spécialité des crédits, l'unité budgétaire, l'universalité budgétaire et l'équilibre budgétaire.

[6] Loin de verser dans des considérations historiques caractérisées, notamment par l'apport de *Le baron Louis* (1755-1837), l'on constate que les réflexions disponibles sur la question s'accordent pour soutenir que les principes budgétaires sont nés à l'époque de la Restauration de la monarchie, c'est-à-dire, à un moment où le régime parlementaire se mettait en place. Leur but étant justement de garantir le pouvoir budgétaire du Parlement.

[7] J. G. SANON, « L'objectif de performance dans la politique d'harmonisation des finances publiques dans l'Union économique et monétaire ouest africaine », *RFFP,* n°98, juin 2007, p. 67.

[8] L. PHILIP, « Principes budgétaires » *in* L. PHILIP (dir.), *Finances publiques, Dictionnaire encyclopédique*, Economica Presses universitaires d'Aix Marseille, 2e édition, 2017, p. 704.

l'organisation d'une gestion comptable claire des deniers publics. Ce qui permettait de satisfaire à la fois l'objectif politique de contrôle et l'objectif technique ou financier de gestion »[9]. Mais, à l'épreuve de mutations des missions de l'Etat et de ses moyens d'intervention, ces principes vont connaître des dérogations et des atténuations qui réduisent fortement leur efficacité. Ainsi, l'impression qu'ils ne présentent plus les garanties initiales parce qu'ils ne parviennent plus à protéger les prérogatives parlementaires et qu'ils ne permettent plus d'assurer un débat éclairé[10] a poussé à la recherche des nouveaux principes[11] censés les compléter et les redynamiser. La proposition d'érection de la transparence au rang de principe budgétaire s'inscrit dans cette dynamique. Manifestement, cette proposition a reçu un écho juridique favorable puisque « la transparence apparaît au fronton de la directive introductive du cadre harmonisé des finances publiques »[12].

La finalité de la directive faitière[13] « est de faire instituer au sein des Etats membres, des règles de transparence de portée supérieure à l'ensemble des autres textes normatifs du cadre de gestion des finances publiques, des règles devant encadrer les dispositions desdits textes »[14]. Conformément aux engagements qu'ils ont souscrits, les Etats membres de l'UEMOA ont, avec une diligence et selon des démarches variables, transposé ces directives, notamment celle n°01/2009/CM/UEMOA portant Code de Transparence dans la gestion des Finances publiques au sein de l'UEMOA[15]. Les codes nationaux issus de sa transposition posent à leur tour les exigences de la transparence tant dans les rapports entre les pouvoirs publics qu'entre ceux-ci et les citoyens-contribuables. Elles sont reprises et précisées par les lois relatives aux lois de finances que ces Etats ont adoptées dans le cadre de l'internalisation du cadre harmonisé[16] des

---

[9] D. M. KOUYATE, *Le budget de l'Etat ivoirien : financer le développement*, L'Harmattan- Côte d'Ivoire, 2014, p. 136.

[10] *Ibid.*, p. 54.

[11] L'on parle de plus en plus des principes de cohérence, de clarté, de simplicité, de régulation, de modération, de légalité, de démocratie et de transparence en sus de la sincérité qui est largement consacrée par le droit positif des Etats sous étude.

[12] N. MEDE, *Finances publiques, Espace UEMOA/UMOA*, L'Harmattan Sénégal, 2016, p. 160.

[13] Elle est appelée directive faitière puisque c'est elle qui a aspiré et guidé la rédaction des autres directives du cadre harmonisé des finances publiques. Voir, dans ce sens, T. GUEYE, *L'incidence de l'Union Economique et Monétaire-Ouest Africaine (UEMOA) sur les finances publiques de ses Etats membres*, Thèse de doctorat de droit public, Université Panthéon-Assas, avril 2011, pp. 124-132.

[14] Décision DCC 18-031 du 8 février 2018 rendue à propos de la conformité du décret n° 2015-035 du 29 janvier 2015 portant Code de transparence dans la gestion des finances publiques en République du Bénin à la Constitution.

[15] C'est ainsi que le Bénin s'est doté du Décret n°2015-035 du 29 janvier 2015 portant Code de Transparence dans la gestion des finances publiques en République du Bénin, le Burkina Faso de la Loi n°008-2013/AN du 23 avril 2013 portant Code de Transparence dans la gestion des finances publiques au Burkina Faso, la Côte d'Ivoire de la Loi organique n°2014-337 du 5 juin 2014 portant Code de Transparence dans la gestion des finances publiques, le Mali de la Loi n°2013-031 du 23 juillet 2013 portant approbation du Code de Transparence dans la gestion des Finances publiques, le Niger de la Loi n°2014-07 du 16 avril 2014 portant adoption du Code de Transparence dans la gestion des finances publiques au sein de l'UEMOA, le Sénégal de la Loi n°2012-22 du 27 décembre 2012 portant Code de Transparence dans la gestion des finances publiques et le Togo de la Loi n°2014-009 du 11 juin 2014 portant Code de Transparence dans la gestion des finances publiques.

[16] Le cadre harmonisé de finances publiques est composé d'un paquet de directives adopté en 2009 pour remplacer les directives de la première génération adoptées en 1997. Il s'agit des directives n°

finances publiques[17]. C'est sur ces différents textes que s'appuie la réflexion portant sur l'existence d'un nouveau principe de transparence budgétaire dans l'UEMOA et dont il convient de clarifier les termes clés.

Fil d'Ariane de la présente contribution, la transparence procède de la contestation, durant le siècle des Lumières, du pouvoir absolu caractérisé par le secret d'Etat[18]. Formée du préfixe trans qui signifie « au-delà » et du substantif apparence, c'est à dire, « la manière avec laquelle paraît une réalité », la transparence est la qualité de ce qui laisse apparaître la réalité toute entière ou de ce qui exprime la vérité sans l'altérer. Elle exprime « l'état de révélation volontaire des éléments qui façonnent, structurent ou contribuent aux attitudes, comportements, actes ou discours afin d'en assurer une totale intelligibilité »[19]. Considérée comme une « valeur en hausse »[20] ou un « droit de savoir »[21], la transparence est une valeur relationnelle qui s'applique dans toutes les sphères de l'activité humaine[22] et « transcende toutes les autres normes de gestion classiques »[23].

En matière budgétaire[24] et financière, elle suppose que l'organisation et la procédure de gestion des deniers publics soient claires et simples tout en apportant les garanties de sécurité les plus absolues. De ce point de vue, elle exige que les citoyens, à la fois contribuables et usagers des services publics de même que leurs représentants soient clairement, régulièrement et complètement informés de tout ce qui concerne la gouvernance et la gestion des fonds publics[25]. Ils ont aussi droit à une information exhaustive et simplifiée sur la structure et les fonctions des administrations publiques, les visées de la politique des finances publiques, les comptes du secteur public et les projections budgétaires. Selon le Fonds Monétaire

---

01/2009/CM/UEMOA portant Code de transparence, n° 06/2009/CM/UEMOA portant loi de finances, n° 07/2009/CM/UEMOA portant règlement général sur la comptabilité publique, n° 08/2009/CM/UEMOA portant nomenclature budgétaire de l'Etat, n°09/2009/CM/UEMOA portant plan comptable de l'Etat, n° 10/2009/CM/UEMOA portant tableau des opérations financières de l'Etat. A ces directives adoptées en 2009 s'ajoute la directive n°01/2011/CM/UEMOA portant régime financier des collectivités territoriales et la directive n°03/2012/CM/UEMOA portant comptabilité des matières.

[17] Pour une compréhension globale de ce cadre, voir, N. MEDE, « Réflexion sur le cadre harmonisé des finances publiques dans l'espace UEMOA » disponible sur http://afrilex.u-bordeaux4.fr/sites/afrilex/IMG/pdf/ARTICLE_REFLEXION_SUR_LE_CADRE_HARMONISE_DES_FINANCES_PUBLIQUES_UEMOA_BORDEAUX.pdf consulté le 2 juin 2018.

[18] Sur les dimensions historique, philosophique, intellectuelle et culturelle de la transparence, voir, J. MARCHAND, « Réflexions sur le principe de transparence », *RDP*, 01 mai 2014, n° 3, p. 677.

[19] P. BERNIER, « Transparence », dans L. Côté et J.-F. Savard (dir.) 2012, *Le Dictionnaire encyclopédique de l'administration publique*, www.dictionnaire.enap.ca, consulté le 23 juin 2018.

[20] J. CHEVALLIER, « Le mythe de la transparence administrative », *in* CURAPP, *Information et transparence administrative*, PUF, Paris, octobre 1988, p. 240.

[21] B. NABLI, « Fondements *de la* « moralisation-juridicisation » de la vie politique », *Pouvoirs*, 2015/3, n°154, p. 158.

[22] P. BERNIER, op *cit*.

[23] D. DA, « La recherche de la transparence budgétaire dans les reformes en finances au Burkina Faso », disponible sur http://www.afrilex.u-bordeaux4.fr consulté le 15 mars 2018, p. 1.

[24] Sur l'ancrage historique et doctrinal de l'exigence de transparence budgétaire, voir, A. SY, *La transparence dans le droit budgétaire de l'Etat en France*, Paris, LGDJ, 2017, pp. 14-26.

[25] Voir, Préambule de la directive n°01/2009/CM/UEMOA portant Code de transparence dans la gestion des finances publiques au sein de l'UEMOA.

International[26], la notion traduit « le souci de faire connaître ouvertement au public les activités budgétaires passées, présentes et futures de l'Etat ainsi que la structure et les fonctions des organes gouvernementaux qui déterminent la politique et les résultats budgétaires »[27]. L'Organisation de Coopération et de Développement économiques (OCDE) la présente comme « le fait de faire pleinement connaître, en temps opportun et de façon systématique, l'ensemble des informations budgétaires »[28]. En droit des finances locales, elle « vise une information loyale qui respecte les référentiels comptables en vigueur, la présentation de l'information sans intention de dissimuler la réalité des opérations »[29]. Dans le domaine spécifique des marchés publics, la transparence renvoie à « l'application équitable et rigoureuse de procédures connues et qui constituent exclusivement la base des décisions d'attribution des marchés »[30]. De façon synthétique, la transparence budgétaire est entendue comme « la mise en œuvre satisfaisante de l'ensemble des mécanismes destinés à assurer la production, la fiabilité, l'accessibilité et l'intelligibilité de l'information budgétaire des personnes publiques - sous réserve des secrets légitimement protégés -, à temps et pour la durée utile »[31].

Le mot « principe », quant à lui, ne doit pas être confondu avec le mot « règle »[32].

Le premier est considéré comme une proposition admise pour guider la conduite ou une idée à laquelle l'on tient. La règle, quant à elle, définit ce qui est obligatoire, c'est-à-dire ce qui s'impose à une personne dans une situation donnée. Elle définit également ce qui lui est interdit dans une autre situation. C'est pourquoi, la règle est nécessairement assortie d'une sanction ou d'un dédommagement en cas de transgression.

Si au regard de ces éléments de distinction, l'on peut admettre qu'« *un principe n'est pas une règle* »[33], les choses se compliquent dès lors que le principe est porté par une norme juridique. Dans cette hypothèse, il est considéré comme une « règle juridique établie par un texte en termes assez généraux destinée à inspirer diverses applications et s'imposant avec une autorité supérieure »[34]. En rapport avec la notion de budget, le principe devient un code de conduite que les autorités compétentes doivent suivre lors de l'élaboration, de l'adoption et de l'exécution du

---

[26] Sur le rôle de cette institution financière dans l'émergence de la transparence, Voir à ce propos B. CHEVAUCHEZ, « Transparence budgétaire : où en est-on ? », *RFFP* n°80 2002, p. 145.

[27] http://www.imf.org/external/np/exr/facts/fre/fiscalf.htm consulté le 15 août 2018. A propos des critères sur lesquels repose la transparence budgétaire selon le FMI, voir A. SY, *op. cit.* p. 5.

[28] OCDE, Transparence budgétaire : les meilleures pratiques de l'OCDE, Paris, 2002, p. 7.

[29] Voir, l'article 25 de la directive n°01/2011/CM/UEMOA portant régime financier des collectivités territoriales qui vise expressément « le principe de transparence ou de clarté » dans la tenue des comptes de ces entités infra étatiques.

[30] Voir, le décret sénégalais n°2005-576 du 22 juin 2005 portant Charte de Transparence et d'éthique en matière des marchés publics.

[31] A. SY, *op. cit.*, p. 6.

[32] Sur la distinction règle et principe, voir V. SICHEM, « Règles et principes », *Actualités en analyse transactionnelle*, 2008/3 (n°127), pp.77-79. https://www.cairn.info/revue-actualites-en-analyse-transactionnelle-2008-3-page-77.htm consulté le 26 juin 2018.

[33] V. SICHEM, *op. cit. Ibid.*

[34] G. CORNU, *Vocabulaire juridique*, PUF 2011, p. 797.

budget. Le Professeur Loïc PHILIP n'hésite pas à le qualifier de règle fixant l'élaboration, le contenu et l'exécution d'un budget au sens juridique du terme[35]. Il en est de même du Professeur MEDE, pour qui le principe budgétaire est une « exigence juridique opposable aux acteurs de la gestion financière et comptable publique »[36].

Telle qu'elle a été posée, la transparence s'applique au budget de toutes les personnes publiques. Mais dans le cadre de cette réflexion, nous nous limiterons à son application aux lois de finances des Etats membres de l'UEMOA[37].

Ainsi, la convocation des directives et des textes juridiques nationaux ci-dessus permet-elle de conclure à l'avènement, en droit UEMOA des finances publiques, d'un nouveau principe de transparence budgétaire et qu'il convient d'ajouter à la liste des principes budgétaires[38] ? Qu'est ce qui fait la particularité de la transparence par rapport aux autres principes budgétaires ? Tout le long de cette réflexion, il sera procédé à l'identification, à la présentation et à l'analyse des éléments de caractérisation et de systématisation de ce « principe budgétaire en gestation ». L'on s'appuie, à cet effet, sur le droit en vigueur, la jurisprudence, les rapports des juridictions financières et les publications doctrinales portant sur la réforme du droit des finances publiques. Dans un monde en mutation caractérisé par la recherche de l'absolue transparence et où plus personne ne s'oppose à ce qu'elle s'impose dans la conduite des activités publiques, une telle recherche ne peut manquer d'intérêts.

Dans une perspective théorique, elle permet de participer au débat ayant trait à la juridicité de la transparence, d'une part, et à son statut de principe budgétaire, d'autre part. En effet, certains juristes soutiennent que la transparence « n'est pas un terme juridique »[39] ou, à tout le moins, son entrée dans « le vocabulaire juridique est récente »[40]. Pour d'autres, elle est juste « un objectif qui consiste à préparer des budgets accessibles et compréhensibles par chaque élu (voire chaque citoyen) sans que celui-ci soit spécialisé en finances publiques »[41]. En conséquence, sa violation est considérée comme « une violation de la morale »[42]. Aussi, d'autres juristes lui refusent-ils le statut de principe budgétaire autonome. C'est le cas du Doyen ORSONI qui analyse la transparence comme une exigence intrinsèque aux principes d'unité, d'universalité et de spécialité[43], de PAGNOU qui l'étudie sous

---

[35] Sur cette idée, voir, L. PHILIP, *op. cit*, p. 704.

[36] N. MEDE, *op. cit*, p. 159.

[37] Nous n'avons pas pu accéder aux informations concernant la Guinée Bissau. Nous nous limiterons aux autres Etats qui sont le Bénin, le Burkina Faso, la Côte d'Ivoire, le Mali, le Niger, le Togo et le Sénégal.

[38] Les principes budgétaires consacrés et systématisés par le droit positif des Etats sous étude sont l'annualité, l'équilibre, la spécialité des crédits, l'universalité, l'unité et la sincérité.

[39] B. MONTAY, « La morale saisie par le droit : principe de sincérité et dol budgétaire », *Droits,* 2013/2, n°58 p. 2.

[40] P. MALAURIE, « Transparence financière et réforme institutionnelle », *Les petites affiches,* 22/08/2008, n°169, p. 1.

[41] E. PECHILLON, *op. cit*, p. 54.

[42] M. GUIBAL, « Transparence et délégations de service public », *Les petites affiches,* 13/09/1995, n°110, p.1.

[43] G. ORSONI, *Science et législation financière* cité par S. PAGNOU, *La gestion des finances publiques au Togo : un système à rénover*. Editions universitaires européennes 2011, p. 145.

« les angles des principes de sincérité et de clarté »[44], du Professeur BLAIRON pour qui, la transparence a trouvé sa consécration dans le principe de sincérité[45] ou encore du Professeur THEOUA qui la présente, dans le budget de l'UEMOA, comme un des éléments d'affirmation du nouveau principe de bonne gouvernance financière[46]. Plus catégorique, Aboubakry SY attire l'attention sur la nécessité d'éviter la tentation d'ériger la transparence en principe budgétaire[47]. Pour cet auteur, la transparence est plus qu'un simple principe budgétaire ; elle doit, plutôt, être érigée en objectif constitutionnel[48].

Ces positions doctrinales sont discutables lorsque l'on s'intéresse au droit en vigueur dans les Etats sous étude. En s'y intéressant de près, l'on remarque que celui-ci s'emploie à dégager des éléments permettant de définir le contenu et la portée de la transparence dans la gestion des finances publiques. S'appuyant sur ce droit, le Professeur ZAKI n'hésite plus à rappeler les cinq principes classiques « auxquels se joignent les principes de sincérité et de transparence [...] introduits par la nouvelle directive de l'UEMOA »[49]. Il en est de même du Professeur MEDE qui consacre des développements substantiels au « principe de transparence budgétaire »[50]. En droit de la Communauté économique et monétaire de l'Afrique centrale (CEMAC), l'on scrute, également, autour du « principe de transparence dans les finances publiques »[51].

Sur le plan pratique, l'étude de cette notion qui oblige le politique « à déclarer non seulement ses actes mais aussi ses intentions »[52], permet de saisir les raisons pour lesquelles elle cristallise toutes les attentions. En effet, si elle est constamment évoquée par les autorités politiques et administratives et exigée par les partenaires techniques et financiers des Etats, c'est parce que la légitimité et la crédibilité des décisions financières sont fonction du degré de transparence dans laquelle elles sont conçues, présentées, adoptées et exécutées. Sous ce rapport, la transparence renforce la confiance entre acteurs, destinataires et bénéficiaires des décisions financières et s'impose « désormais comme un véritable régulateur de la vie politique »[53]. Quoi qu'il en soit, la prolifération des réseaux sociaux qui entraîne la diversification des sources d'information et de moyens de dénonciation ou de

---

[44] S. PAGNOU, *La gestion des finances publiques au Togo : un système à rénover*. Editions universitaires européennes, 2011, p.146.

[45] K. BLAIRON, « Pouvoirs et contre-pouvoirs en matière budgétaire et financière », p. 15 disponible sur http://www.droitconstitutionnel.org/congresParis/comC6/BlaironTXT.pdf consulté le 16 juin 2018.

[46] K. A. P. THEOUA, *Les finances publiques de l'Union économique et monétaire ouest-africaine (UEMOA) et la logique de performance*, Thèse de doctorat, Université de Cocody d'Abidjan, 2010, pp. 131-132.

[47] A. SY, *op. cit.*, p. 255.

[48] *Ibid.*, p. 259.

[49] M. ZAKI, « *Le contrôle de constitutionnalité des lois de finances : Serpent de mer ou miroir des ombres* ? », *in* O. NAREY (dir.), Actes du Colloque international de l'ANDC, *La justice constitutionnelle*, Paris, L'harmattan 2016 p. 268.

[50] N. MEDE, *op. cit*, p. 160.

[51] B. BAGAGNA, « Le principe de transparence dans les finances publiques des Etats membres de la CEMAC », *Revue africaine de finances publiques* n°2, 2017, pp.186-217.

[52] S. PAGNOU, « Les nouvelles directives de l'UEMOA sur les finances publiques et la gestion publique financière dans les Etats membres de l'Union », *RFFP*, 1er novembre 2015, n°132, p. 325.

[53] B. NABLI, *op. cit*, p. 152.

contrôle citoyen incite à plus de rigueur dans la prise en compte de la transparence dans la gestion des affaires publiques.

Telles qu'elles sont énoncées dans les différents textes juridiques, les exigences de transparence budgétaire sont particulièrement ambitieuses (**I**). Cependant, cette ambition ne doit pas occulter la justiciabilité de la transparence qui se révèle, à bien des égards, subliminale (**II**).

I. UNE ENONCIATION AMBITIEUSE

Dans l'UEMOA, la transparence n'est pas restée au stade de simple déclaration d'intention politique. Aussi, les textes juridiques qui la portent ne se contentent-ils pas de l'évoquer. Il est vrai que, contrairement aux autres principes budgétaires, la transparence n'est pas encore suffisamment systématisée. Mais la lecture combinée des différents textes permet de relever des éléments de précision sur son contenu, ses implications et les obligations qu'elle met à la charge des autorités chargées de conduire le processus budgétaire. En tentant, ainsi, de changer profondément les rapports entre acteurs et destinataires des décisions financières, la transparence budgétaire affiche l'ambition de révolutionner tout le processus budgétaire.

Ce changement de paradigme passe par une certaine revalorisation des pouvoirs du parlement (**A**) et une meilleure information du citoyen-contribuable (**B**).

A. Une revalorisation des pouvoirs du Parlement

Classiquement, la procédure budgétaire est marquée par l'application de la règle des « *quatre temps alternés* »[54]. Reprise par les Etats membres de l'UEMOA, la règle définit l'alternance des interventions de l'exécutif et du Parlement dans le processus décisionnel budgétaire : l'exécutif prépare le projet du budget ; le Parlement débat, amende et adopte ; l'exécutif met en œuvre le budget adopté et le Parlement exerce un contrôle *a posteriori*. Il s'en suit que les rapports entre ces deux institutions sont rythmés par deux rendez-vous annuels obligatoires[55] : le vote de la loi de finances initiale et le vote de la loi de règlement. La mise en œuvre de la transparence budgétaire atténue fortement la portée de la règle. En effet, en exigeant la démultiplication des rendez-vous institutionnels et l'amélioration de leur qualité, l'on tend vers l'intégration du Parlement dans tout le processus budgétaire (**1**) et le renforcement de ses mécanismes de contrôle et d'évaluation (**2**).

1. L'intégration du Parlement dans tout le processus budgétaire

La prétendue technicité de la matière budgétaire et l'absence supposée d'expertise des parlementaires sont régulièrement avancées pour expliquer et/ou justifier le monopole de l'exécutif et la marginalisation du Parlement dans tout le

[54] Sur l'historique de la règle, voir, G. DESMOULIN, « La loi organique relative aux lois de finances ou le renouveau de la règle des quatre temps alternés », *Revue du Trésor ?* n°8-9 ? août-septembre 2004, p. 503.

[55] M. B. AKAKPO, *Démocratie financière en Afrique Occidentale Francophone*, Friedrich Ebert Stiftung, 2015, p. 28.

processus budgétaire. Le nouveau principe tente d'instaurer un nouvel équilibre dans les rapports entre ces deux institutions au nom duquel le Parlement est désormais impliqué dans la préparation du budget et dans son exécution en sus de sa mission traditionnelle d'adoption du projet.

Initialement dévolue au seul exécutif, la préparation d'une loi de finances se traduit par le choix discrétionnaire de dépenses et de recettes qu'opère le gouvernement, selon ses besoins et sa politique[56]. Les parlementaires ne découvrent ces choix qu'après le dépôt du projet. Désormais, en disposant que « le choix des dépenses et des recettes par les pouvoirs publics est clair et intervient au terme d'un débat large et ouvert », le préambule de la directive n°01/2009 entend remettre en cause le monopole de l'exécutif en cette matière. Elle exige, à son point 2.4, qu'il soit établi et rendu public, « un calendrier budgétaire annuel de préparation du budget. Ce calendrier notamment prévoit dans un délai raisonnable précédent le dépôt des projets de loi de finances, la publication par le gouvernement de ses hypothèses économiques, de ses grandes orientations budgétaires pour l'année à venir et des principales mesures du prochain projet de budget : ce rapport fait l'objet d'un débat au parlement ».

Les termes visiblement prescriptifs ainsi employés ont été reproduits à l'identique par les codes de transparence de certains Etats[57] et avec quelques efforts de reformulation par ceux des autres Etats[58]. L'obligation pour le gouvernement d'organiser un débat parlementaire autour de ses grandes orientations budgétaires a été reprise par la directive n°06/2009 qui institue à son article 57, le fameux débat d'orientation budgétaire.

Ce débat dont la non tenue entache d'irrégularité la procédure de préparation du budget[59] constitue le premier acte de remise en cause de la solidité de la règle des quatre temps alternés[60] et d'implémentation des exigences de transparence. Longtemps observé comme « une pratique parlementaire qui participe à la transparence budgétaire »[61], il permet de replacer les choix de dépenses et de recettes au cœur du débat parlementaire. Il s'agit, alors, d'« un exercice participatif qui doit permettre de ne plus faire des choix fondamentaux, en matière financière, la chose exclusive de la technostructure des administrations financières, mais de faire contribuer la représentation nationale [...] »[62]. C'est aussi « un exercice de transparence budgétaire qui permet au gouvernement de faire le point sur la situation et les perspectives économiques et de préciser la stratégie des finances

[56] C'est au nom du principe selon lequel le budget n'est que l'instrument de mise en œuvre des choix politiques qu'il est accordé au gouvernement la prérogative de le préparer et de le faire adopter. Il s'agit pour le gouvernement de se donner les moyens financiers nécessaires à la mise en œuvre de ses options politiques, sociales et économiques.

[57] Les Etats qui ont reproduit la directive n°01/2009 sont le Mali, le Niger et le Sénégal.

[58] Le Bénin, le Burkina Faso, la Côte d'ivoire et le Togo ont fourni l'effort de systématisation et de reformulation du contenu de cette directive lors de sa réception en la présentant sous forme d'articles.

[59] En indiquant les documents sur lesquels le débat porte et la période à laquelle il doit se tenir, l'article 57 de la directive ne laisse aucune marge de manœuvre aux Etats.

[60] Il a été institué par les lois nationales relatives aux lois de finances.

[61] M. BOUVIER, et autres, *op. cit.*, p. 51.

[62] N. MEDE, *Finances publiques*, *op. cit*, p. 161.

publiques sur un horizon temporel d'au minimum trois ans »[63]. Aussi, son institution permet-elle aux parlementaires de saisir les axes des politiques publiques qui sous-tendent les différentes inscriptions budgétaires en cours et de poser des questions sur les politiques financières et budgétaires du gouvernement. C'est pourquoi, les articles 52 et 53 de la directive n°06/2009 et les dispositions pertinentes des lois nationales relatives aux lois de finances se sont employés à indiquer et à préciser que ce débat doit porter sur le document de programmation budgétaire et économique pluriannuelle (DPBEP)[64] et les documents de programmation pluriannuelle des dépenses (DPPD)[65]. Importants pour la compréhension de la situation économique et financière globale du pays, ces documents ne contiennent aucune décision ou projet de décision. Toutefois, ils « préfigurent et expliquent les choix qui seront faits dans le projet de loi de finances »[66]. En conséquence, le débat qui y est organisé n'est suivi d'aucun vote. Mais, loin d'être une simple exigence « de protocole »[67], ce débat est aussi une occasion, pour les parlementaires, de « tenter d'influencer le contenu de la prochaine loi de finances puisque le projet est encore, à cette époque, en cours de préparation »[68]. C'est pour cela qu'il a été prévu de l'organiser au plus tard à la fin du 2e trimestre de l'année[69].

A travers cette association précoce, les parlementaires recevront des explications et pourront opiner sur les choix politiques et les orientations générales du budget en préparation. Le Professeur ZAKI y voit « l'amorce d'un dialogue constructif dont l'effet immédiat réside dans la facilitation de la procédure de vote de la loi de finances »[70] qui en découlera. En effet, à partir du moment où les objectifs des programmes sont essentiellement politiques, une recherche de consensus dès le

---

[63] Voir, M. DIAKHATE, « La relativité du principe de sincérité dans les Etats de l'UEMOA », *Annales Africaines* Vol. 2, 2016, n°5, p. 184.

[64] A travers ce document qui couvre une période minimale de trois (3), le gouvernement présente l'évaluation du niveau global des recettes attendues de l'Etat, décomposées par grande catégorie d'impôts et de taxes et les dépenses budgétaires décomposées par grande catégorie de dépenses. Il s'y ajoute l'évaluation de l'évolution de l'ensemble des ressources, des charges et de la dette du secteur public en détaillant en particulier les catégories d'organismes publics. Le document prévoit également la situation financière des entreprises publiques sur la période considérée et, éventuellement, les concours que l'Etat peut leur accorder. Il fixe, enfin, les objectifs d'équilibre budgétaire et financier sur le moyen terme en application des dispositions du Pacte de convergence, de stabilité, de croissance et de solidarité.

[65] Ils sont conçus par ministères, budgets annexes et comptes spéciaux et en cohérence avec le DPBEP. Ils prévoient, à titre indicatif, l'évolution des crédits et des résultats attendus sur chaque programme en fonction des objectifs poursuivis.

[66] N. MEDE, *op. cit.* p. 161.

[67] E. S. AHOUANKA, « La transparence budgétaire dans les Etats membres de l'Union économique et monétaire ouest-africaine : réflexion sur le nouveau rôle du parlement et de l'opinion publique », *in* MEDE (N), (dir.), *La LOLF dans tous ses états* (Actes du colloque national des 13 et 14 février 2015, Université d'Abomey Calavi), Bénin, Centre des publications universitaires, 2015, p. 545.

[68] P. JUEN, « L'autorisation parlementaire dans la loi organique relative aux lois de finances : réforme ou continuité ? » *LPA,* n° 41, 26 novembre 2002, p. 1.

[69] La précision apportée à l'article 57 de la directive n°06/2009 au sujet de la période à laquelle doit se tenir ce débat d'orientation ne laisse aucune marge de manœuvre aux Etats membres. C'est pourquoi, les Etats ont prévu de synchroniser le débat d'orientation en l'organisant à la même date fixée par la directive.

[70] M. ZAKI, « La LOLF, instrument de rénovation de la gouvernance de l'Etat », *in* N. MEDE (dir.), *La LOLF dans tous ses états* (Actes du colloque national des 13 et 14 février 2015, Université d'Abomey Calavi), Bénin, Centre des publications universitaires, 2015, p. 369.

stade de ce débat permettrait aux parlementaires de participer à leur construction et cela réduirait le risque de conflit au moment de leur vote.

Deuxième phase du processus budgétaire, le vote d'un projet de loi de finances intervient à la suite d'un « marathon budgétaire » et des discussions suffisamment encadrées par la Constitution, la loi relative aux lois de finances et le règlement intérieur de chaque parlement. Par un vote favorable, les parlementaires autorisent l'exécution des ressources et des charges qui sont y inscrites. Seulement, pendant longtemps, ils ne disposaient pas d'outils nécessaires à la bonne compréhension des prévisions sur lesquelles ils sont appelés à se prononcer. L'on assistait, en conséquence, à un consentement à la limite vicié ou exprimé au terme d'un processus « pauvre en débats parlementaires »[71]. Il faudrait, dès lors, restaurer l'importance de cet exercice et mettre fin à la pratique liturgique donnant lieu à un déferlement de litanies, suscitant davantage léthargie que l'intérêt[72]. L'atteinte de cet objectif[73] passe par le renforcement du droit à l'information des parlementaires à travers deux techniques. D'une part, l'existence des programmes budgétaires qui impose au gouvernement une présentation et une justification, au premier franc, de l'ensemble des demandes de crédits inscrits au budget général[74]. D'autre part, l'amélioration de la quantité et de la qualité des documents devant, désormais, être annexés au projet de loi de finances initiale[75]. Au nombre de sept (7), ces annexes revêtent une importance particulière au regard du principe de transparence qui exige à ce que l'information portée à la connaissance des parlementaires soit claire, intelligible et exhaustive. En effet, à y regarder de près, l'on se rend compte qu'elles contiennent toutes les précisions nécessaires à la compréhension des recettes et des dépenses inscrites, de leur montant, du mode de leur répartition, du projet annuel de performance de chaque programme, de la situation de la dette publique[76]. Ces éléments d'information permettent, dans une certaine mesure, aux parlementaires de replacer le budget dans son cadre macroéconomique et de confronter les choix budgétaires opérés par le gouvernement aux perspectives économiques et sociales.

Une fois le projet de loi de finances adopté, le gouvernement retrouve une certaine liberté dans la mise en œuvre de l'autorisation obtenue. Il peut, par exemple, engager ou ne pas engager une dépense, modifier sa consistance à travers les transferts, virements, reports, annulation ou fongibilité de crédits. Ces actes administratifs d'exécution du budget ne sont connus des parlementaires qu'à

---

[71] M. BOUVIER et autres, *op. cit,* p. 51.

[72] Voir, à ce propos, l'étude menée sur la réforme de l'Ordonnance organique n°59-2 du 2 janvier portant loi organique relative aux lois de finances disponible sur https://www.senat.fr/rap/r00-037/r00-03758.html consultée le 14 juillet 2018.

[73] Le souci majeur est de s'orienter vers la recherche de la qualité de l'autorisation parlementaire qui ne serait acquise que lorsque les représentants adoptent une disposition en toute connaissance de cause et avec le moyen de l'influencer.

[74] A propos des développements sur ce point, voir E. S. AHOUANKA, *op. cit* ; pp.550 et suivantes.

[75] L'on fait allusion au rapport définissant l'équilibre économique et financier, des résultats connus et les perspectives, du plan de trésorerie prévisionnel et mensualisé de l'exécution du budget de l'Etat, du document de programmation budgétaire et économique pluriannuelle, des documents de programmation pluriannuelle des dépenses et les annexes explicatives.

[76] Article 46 de la directive n°06/2009.

l'occasion des questions écrites ou orales, du vote d'une loi de finances rectificative[77] ou à l'occasion de ce que le Professeur MEDE appelle les « hypothétiques commissions d'enquêtes parlementaires »[78]. Le caractère aléatoire de ces occasions ne permet pas aux parlementaires de s'informer régulièrement des conditions d'exécution de la loi de finances et de la mise en œuvre de l'autorisation qu'ils ont donnée au gouvernement. Mais, désormais et au nom de la transparence budgétaire, « le Gouvernement transmet trimestriellement au Parlement, à titre d'information, des rapports sur l'exécution du budget et l'application du texte de la loi de finances »[79]. Il est attendu du gouvernement, la présentation d'un compte rendu régulier sur l'état d'exécution de la loi de finances et la communication obligatoire d'informations relatives à toute modification de l'autorisation parlementaire. De leur propre initiative, les parlementaires peuvent entreprendre toutes investigations et aucune information demandée, à cet effet, ne saurait leur être refusée. Aussi, étant investie de la mission de veiller « à la bonne exécution des lois de finances »[80], les élus peuvent-ils « procéder à l'audition des ministres »[81], accéder à toute information et recevoir communication « sans réserve sur tous les aspects relatifs à la gestion des deniers publics »[82].

En plus des moyens d'incursion dans la préparation et l'exécution de la loi de finances qu'il offre aux parlementaires et de l'amélioration de la qualité de l'information à eux destinée, le nouveau principe entend renforcer le cadre juridique du contrôle et d'évaluation.

2. Le renforcement des mécanismes de contrôle et d'évaluation

« A la classique dualité de la législation et du contrôle qui structurait les fonctions parlementaires »[83], les Constitutions africaines y ajoutent de plus en plus la mission d'évaluation des politiques publiques[84]. La mise en œuvre de ces deux techniques de suivi et de surveillance de l'action gouvernementale concourt à l'effectivité de la transparence dans la gestion des finances publiques.

Le contrôle des finances publiques est l'une des prérogatives parlementaires les mieux établies. Il évoque l'idée de vérification de la légalité ou de la régularité des opérations budgétaires et peut déboucher sur une sanction. Il procède, aussi, de l'idée que « l'agent public affecté à la gestion des deniers publics se trouve dans une

---

[77] Sur la fonction d'information qu'assument ces lois, voir M. FALL, « Les lois de finances rectificatives », *Revue électronique Afrilex* n°4, p. 295, http://www.afrilex.u-bordeaux4.fr consulté le 5 avril 2018.

[78] N. MEDE, *op. cit*, p. 161.

[79] Article 74 alinéa 2 de la directive n°06/2009. L'on retrouve le contenu de cet article à l'identique dans les différentes lois nationales relatives aux lois de finances.

[80] Article 74 de la directive n°06/2009.

[81] *Ibid.*

[82] Préambule de la directive n°01/2009.

[83] J. F. AMEDRO, « L'évaluation des politiques publiques : structure et portée constitutionnelle d'une nouvelle fonction parlementaire », *RDP,* 2013, n° 5, p. 1137.

[84] Sur l'exercice de cette fonction en France, Voir, J. P. DUPRAT, « Le parlement évaluateur », *RIDC,* 2, 1998, pp.551-76 disponible sur https://www.persee.fr/doc/ridc_0035-3337_1998_num_50_2_1177, consulté le 16 mai 2018. Pour l'Afrique, voir, par exemple, l'article 59 de la Constitution du Sénégal modifiée par la loi constitutionnelle n°2016-10 du 05 avril 2016.

situation objective de préposé au service de la communauté publique. Il se doit de rendre compte à celle-ci de sa gestion, en guise de respect d'un certain idéal démocratique »[85]. Ayant toujours occupé une place stratégique dans la gestion des finances publiques, le contrôle a vu ses modalités et son contenu profondément modifiés en raison de l'émergence du principe de transparence budgétaire.

Au sujet de ses modalités, l'on remarque qu'aux mécanismes généraux de contrôle de l'action gouvernementale[86], il est ajouté, et c'est un rappel, que les parlementaires « veillent au cours de la gestion annuelle, à la bonne exécution des lois de finances »[87]. A cette fin, il leur est transmis, à titre d'information et tous les trois (3) mois, un rapport sur l'exécution du budget et l'application de la loi de finances[88]. Ils peuvent demander toutes informations complémentaires qui ne sauraient leur être refusées, entreprendre des investigations sur place et, au besoin, procéder à l'audition des ministres[89]. En outre, les actes portant virement, transfert, report et annulation des crédits, ceux portant répartition par programme des crédits globaux pour dépenses accidentelles et imprévisibles et les actes portant ouverture des crédits supplémentaires en cas d'urgence et de nécessité impérieuse d'intérêt national sont transmis, dès leur signature, au Parlement[90].

La mise en œuvre du principe va, également, entrainer le renouveau de la loi de règlement. Cette loi a pour objet de rendre compte de l'exécution du budget et de l'utilisation des crédits. Elle ne saurait être pertinente que si le moment de son dépôt, la définition de son contenu et les formalités de sa présentation au parlement ne soit plus laissés à l'appréciation discrétionnaire du gouvernement. C'est pourquoi, il est prévu que « le projet de loi de règlement est déposé sur le bureau du Parlement et distribué au plus tard le jour de l'ouverture de la session budgétaire de l'année suivant celle de l'exécution du budget auquel il se rapporte »[91]. Ce « chainage entre loi de règlement et loi de finances initiale »[92] vise à remédier à la léthargie qui a longtemps caractérisé le dépôt et l'examen de cet important instrument de contrôle a posteriori[93]. L'on cherche, également, à permettre aux parlementaires « d'avoir connaissance des conditions d'exécution de l'année budgétaire achevée avant d'examiner le projet de loi de finances de l'année à venir »[94].

---

[85] N. MEDE, *Finances publiques*, *op. cit*, p. 323.

[86] Il s'agit des questions écrites ou orales, des interpellations, des commissions d'enquête parlementaire.

[87] Article 74 de la directive n°06/2009.

[88] Article 74 de la directive n°06/2009.

[89] Article 74 de la directive n°06/2009.

[90] Articles 21 à 26 de la directive n°06/2009.

[91] Article 63 alinéa 1 de la directive n°06/2009.

[92] M. ZAKI, « La LOLF, instrument de rénovation de la gouvernance de l'Etat », *op. cit.* p. 369.

[93] Voir I. M. FALL, « La loi de règlement dans le droit des finances publiques des Etats membres de l'UEMOA : l'exemple du Sénégal », *Droits sénégalais*, n°4, 2005, pp. 56 et suivantes.

[94] A. DIOUKHANE, *Les Finances publiques dans l'UEMOA : Le budget du Sénégal*, L'Harmattan 2015 p. 251.

Son contenu est défini à l'article 49 de la directive n°06/2009 et repris par les lois nationales relatives aux lois de finances. Certains éléments qui s'y trouvent sont obligatoires, d'autres restent facultatifs[95].

Au titre des obligations[96], le projet de loi de règlement contient la constatation du montant définitif des encaissements de recettes et des ordonnancements de dépenses, le compte rendu de la gestion de la trésorerie de l'Etat et de l'application du tableau de financement de l'Etat et de celui de la gestion et des résultats des programmes. Il arrête les comptes et les états financiers de l'Etat et affecte les résultats de l'année. Ces différents éléments constituent autant d'indicateurs de la fiabilité des instruments de prévisions. Ils donnent des informations sur le niveau réel d'exécution des autorisations budgétaires[97]. Le projet de loi de règlement peut contenir aussi des actes et autres informations permettant aux parlementaires de ratifier ou de régulariser les opérations non autorisées lors du vote de la loi de finances initiale ou rectificative. Ces informations portent sur les ouvertures supplémentaires de crédits décidées par décrets d'avances, les dépassements de crédits constatés résultant de circonstances de force majeure ou des reports de crédits et la situation des crédits non consommés aux fins d'annulation. Aussi, pour une meilleure compréhension de ce projet de loi, est-il exigé qu'il lui soit annexé les comptes et les états financiers de l'Etat issus de la comptabilité budgétaire et de la comptabilité générale de l'Etat, les annexes explicatives développant par programme, dotation, budget annexe et comptes spéciaux du Trésor, le montant définitif des crédits ouverts, des dépenses et, le cas échéant, des recettes constatées et des rapports annuels de performance par programme rendant compte de leur gestion et de leurs résultats[98].

L'évaluation des politiques publiques, quant à elle, est une prérogative parlementaire qui vise à légitimer « l'action publique par ses résultats »[99]. Elle porte sur « des actions mises en œuvre par des autorités publiques pour traiter les problèmes qui touchent des publics spécifiques, s'attache à identifier les effets de ces actions et le processus qui les produisent »[100]. Son exercice ne se limite pas à une simple vérification de la régularité d'une procédure. Elle s'intéresse davantage aux relations entre les objectifs, les moyens et les résultats de la mise en œuvre de la politique publique. Sous ce rapport, l'évaluation cherche à vérifier si les objectifs poursuivis sont atteints et à apprécier la rationalité de l'allocation des moyens et des dépenses effectuées. Elle cherche, aussi, à éclairer le processus de l'action publique, à permettre la mise à jour de ses facteurs d'échec ou de succès et à conduire à juger

---

[95] Sur la distinction entre contenu obligatoire et contenu facultatif d'une loi de règlement, voir, F. CHOUVEL « Loi de règlement », *Finances publiques : Dictionnaire Encyclopédique*, *op. cit*, p. 585.

[96] Articles 51 et 63 de la directive n°06/2009.

[97] D. DA, « *La recherche de la transparence budgétaire dans les reformes en Finances publiques au Burkina Faso* », *op. cit.* p. 6.

[98] En sus de ces documents préparés par le gouvernement, l'article 51 de la directive n°06/2009 ajoute deux autres qui sont conçus par la juridiction financière. Il s'agit du rapport sur l'exécution de la loi de finances et de la déclaration générale de conformité entre les comptes des ordonnateurs et ceux des comptables publics.

[99] D. LAMARQUE, « L'évaluation des politiques publiques », *Finances publiques, Dictionnaire Encyclopédique*, *op. cit.*, p. 429.

[100] D. LAMARQUE, *op. cit.*

de sa valeur pour la société[101]. En somme, cette nouvelle attribution du Parlement entre dans le cadre de la recherche d'une plus grande transparence dans la gestion publique surtout que celle-ci est caractérisée par l'introduction des programmes budgétaires dont chacun « regroupe les crédits destinés à mettre œuvre une action ou un ensemble d'actions représentatif d'une politique publique [...] »[102]. Il est assigné à chaque programme des objectifs précis qui sont arrêtés en fonction des finalités d'intérêt général et des résultats attendus. Ces résultats doivent faire l'objet d'évaluations régulières par les ministères et institutions constitutionnelles concernées dont le Parlement.

Au regard de sa signification et de son champ d'application, l'évaluation est un exercice censé permettre aux parlementaires de s'informer sur les conditions de mise en œuvre de toute politique publique surtout que celle-ci nécessite l'utilisation des crédits budgétaires importants. Sous ce rapport, la transparence s'applique aussi bien à ces derniers qu'aux objectifs assignés à chaque politique publique et aux résultats obtenus. En conséquence, l'occasion est donnée aux parlementaires de vérifier si, au regard des résultats obtenus, la politique objet d'évaluation est efficace[103], efficiente[104], cohérente[105] et pertinente[106]. C'est pourquoi, contrairement au contrôle[107], l'évaluation ne débouche pas sur une sanction spécifique.

Le succès de cette mission dépend nécessairement du niveau d'expertise des élus, de la quantité, de la qualité et de la fiabilité des informations dont ils disposeraient au sujet de la politique publique à évaluer. En conséquence, il est important, pour ces derniers, de ne pas dépendre exclusivement des informations fournies par les gouvernements mais de développer leur propre expertise et/ou s'appuyer sur des expertises externes[108].

---

[101] *Ibid.*

[102] Article 12 de la directive n°06/2009.

[103] Sous l'angle de l'efficacité, l'évaluation mesure les résultats obtenus au regard des objectifs et met en évidence les rapports de causalité entre les objectifs implicites et explicites et les effets réels des actions publiques.

[104] En s'intéressant à l'efficience d'une politique publique, elle évalue le rapport entre les moyens mis en œuvre et les résultats de l'action publique.

[105] Une politique publique doit être cohérente tant dans sa conception que dans sa mise en œuvre. Sa cohérence interne est appréciée à travers l'adéquation entre les objectifs qui lui sont assignés et les moyens alloués à cet effet. La cohérence externe s'intéresse à l'adéquation entre l'action évaluée et d'autres politiques.

[106] Une politique publique est pertinente lorsque l'évaluation permet d'établir l'adéquation entre les objectifs explicites qui lui sont assignés et les besoins ou les problèmes qu'elle est supposée résoudre.

[107] Le contrôle est toujours adossé à un référentiel de normes objectives et traduit l'idée de vérification de la légalité ou de la régularité et peut déboucher sur une sanction. L'évaluation des politiques publiques procède quant à elle de l'idée de bonne gestion. Elle permet de vérifier si les objectifs initiaux sont atteints afin de modifier le dispositif pour l'avenir. En conséquence, une politique publique peut être mise en œuvre de façon légale et régulière sans pour autant atteindre ses objectifs tandis que ces derniers peuvent avoir été atteints de façon irrégulière. Pour plus de détails sur cette distinction, voir, G. DESMOULIN, *op. cit*, pp. 505 et suivants.

[108] L'on pense à la Cour des comptes chargée aussi de cette évaluation des politiques publiques et autres cabinets privés spécialisés dans l'évaluation des politiques publiques.

Au-delà des pouvoirs et droits des parlementaires qu'il cherche à revaloriser, le principe de transparence entend garantir l'information des citoyens à tout le processus de prise de décision budgétaire et financière.

A. Une meilleure information du citoyen-contribuable

« Le budget est l'arme des peuples contre les abus »[109]. La bonne utilisation de cette arme nécessite une communication pertinente sur tous les aspects de la décision budgétaire.

Le préambule de la directive n°01/2009 précise, au nom de la transparence, que « les citoyens, à la fois contribuables et usagers des services publics, sont clairement, régulièrement et complètement informés de tout ce qui concerne la gouvernance et la gestion des fonds publics : ils sont mis en capacité d'exercer, dans le débat public, leur droit de regard sur les finances de toutes les administrations publiques ». Cette formule a été systématisée par les autres directives, les codes nationaux de transparence et les lois relatives aux lois de finances pour aménager des mécanismes d'information au profit du citoyen-contribuable. Il convient de vérifier leur pertinence **(1)** au regard de la volonté de renforcer la légitimité de la décision budgétaire et financière **(2)**.

1. La diversification des mécanismes d'information du citoyen

En sa qualité de contribuable et d'usager de service public, le citoyen est à la fois victime et bénéficiaire des décisions financières et budgétaires. Mais, il a toujours été relégué au second plan au profit de ses représentants élus malgré toutes les critiques formulées à l'égard de la démocratie représentative[110]. Pour mettre fin à cette pratique de « périphérisation du citoyen »[111], le principe de transparence tente d'aménager des mécanismes permettant de l'informer et à chaque étape du processus budgétaire.

Au stade de préparation du projet de loi de finances, l'article 57 de la directive n°06/2009 exige que le gouvernement publie les documents qu'il a soumis au débat d'orientation budgétaire. L'obligation lui est, en conséquence, faite de communiquer ses priorités budgétaires à un large public. Malheureusement, le support et les modalités de ladite publication n'ont été précisés ni par les directives ni par les lois nationales relatives aux lois de finances. Une telle précision aurait permis aux citoyens d'avoir « un accès direct à l'information financière, économique et sur les choix de politique publique qui engagent la nation entière sur plusieurs années »[112]. Cette lacune risque de réduire l'intérêt de cette innovation introduite dans le but d'intéresser directement le peuple souverain au-delà de ses

---

[109] B. CONSTANT, *in Discours de Benjamin CONSTANT à la Chambre des députés*, volume 2, cité par E. S. AHOUANKA, *op. cit*, p.535.

[110] *Cf. infra* pp. 20-21.

[111] F. WASERMAN, « Le citoyen et la prise de décision financière publique », *RFFP*, n°135, 2016, p.2.

[112] N. MEDE , *Finances publiques, op. cit*, p. 162.

représentants élus. C'est pourquoi, il urge de prendre les dispositions nécessaires pour préciser les modalités de publication de ces différents documents.

Ce mécanisme d'information du citoyen ne dissipe pas toutes les difficultés liées à la bonne compréhension du budget, un document réputé complexe et ésotérique. En effet, les termes techniques dans lesquels son contenu est exprimé ne sont pas accessibles à tous. Conscient de cette difficulté, le point 6.5 de la directive n°01/2009 préconise la rédaction d'« un guide synthétique budgétaire clair et simple » qui sera diffusé « à destination du grand public, à l'occasion du budget annuel pour décomposer les grandes masses des recettes et des dépenses ainsi que leur évolution d'une année à l'autre ». La mise en œuvre de cette disposition a amené les Etats sous étude à préparer et à publier ce que l'on appelle « le budget-citoyen »[113]. C'est « une version simplifiée, imagée qui permet à un citoyen, même sans savoir lire, de comprendre ce qu'est le budget »[114]. Il est publié durant le processus d'examen et d'adoption du projet de loi de finances pour promouvoir un accès large à l'information budgétaire pertinente et à temps. L'information obtenue facilite, à son tour, l'appropriation du budget par le citoyen et son implication pertinente dans le suivi et le contrôle des politiques publiques. Comme la loi de finances qu'il explique « en français facile », le budget-citoyen est structuré de sorte qu'il fasse apparaître de façon claire et synthétique, les différentes étapes du processus budgétaire, les nouvelles dispositions fiscales, le contexte et les hypothèses d'élaboration du budget en mettant en exergue les priorités retenues au titre de l'année concernée, les recettes, les dépenses, les mesures d'accompagnement pour une bonne exécution du budget et les annexes[115]. A travers un tel contenu, l'on présume que le citoyen est mis dans les dispositions de comprendre la façon dont les dépenses sont reparties pour financer les services publics ainsi que les recettes provenant des différentes sources. A terme et avec une communication adaptée, cet exercice pourrait réduire les cas de mauvaise interprétation des prélèvements obligatoires qui sont, dans une certaine mesure, à l'origine de l'incivisme fiscal ou encore de la fraude fiscale[116].

Les exigences du principe de transparence s'étendent aussi à la préparation et à l'exécution des dépenses sectorielles. C'est le cas des marchés publics qui absorbent une partie importante des crédits budgétaires et qui font l'objet de toutes les suspicions. L'article 27 de la directive n°04/2005[117] dispose, à cet effet, que « Les Etats membres veillent à ce que les autorités contractantes élaborent des plans

---

[113] Pour bien saisir cet instrument, voir, http://www.budgetcitoyen.com/, consulté le 19 juin 2018.

[114] A. R. SOULAMA, « Rendre accessible le budget au citoyen lambda » sur http://www.lexpressdufaso bf.com/index.php?l_ nr=index.php&l_nr_c= aeb764a6a854 dd20beb97ec048c4ac14&l_idpa=7482, consulté le 27 juin 2018.

[115] Voir, le budget citoyen du Burkina de 2018 sur http://www.finances.gov.bf/index .php?option=com_edocman&view=document&id=491 consulté le 26 juin 2018.

[116] S. T. BATOUM-BA-NGOUE, « Démocratisation et processus budgétaire dans les Etats de la Communauté économique et monétaire de l'Afrique Centrale (CEMAC) : Le cas du Cameroun », *Revue électronique, Afrilex* n°4, p.15, disponible sur http://www.afrilex.u-bordeaux4.fr consulté le 15 mai 2018.

[117] Directive n°04/2005/CM/UEMOA du 9 décembre 2005 portant procédures de passation, d'exécution et de règlement des marchés publics et des délégations de service public dans l'Union Economique et Monétaire Ouest- Africaine.

prévisionnels annuels de passation des marchés publics [...] Ils doivent être communiqués aux entités administratives [...] chargées du contrôle des marchés publics qui en assurent la publicité. Les marchés passés par les autorités contractantes doivent avoir été préalablement inscrits dans ces plans prévisionnels ou révisés, à peine de nullité, [...]. Tout morcellement de commandes, en violation du plan annuel de passation des marchés publics, caractérise un fractionnement, constitutif d'une pratique frauduleuse ». En application de cette disposition, les codes nationaux des marchés publics ont prévu l'obligation, pour toutes les autorités contractantes, d'établir et de publier des plans annuels de passation des marchés. Le non-respect de celle-ci entraîne l'annulation du marché sans préjudice des poursuites de l'autorité concernée sur le fondement de la faute de gestion[118]. Considérée comme l'une des innovations majeures de la réforme du droit des marchés publics, le plan s'inscrit dans le cadre général de planification et de transparence de l'action administrative. Il est institué dans le but d'éviter le pilotage à vue, responsable de l'inefficacité des interventions publiques et de la mauvaise utilisation des crédits budgétaires. En outre, il cadre avec les principes fondamentaux de transparence, de libre concurrence et d'égalité de traitement des candidats. En effet, à travers sa publication, les citoyens en général et les opérateurs économiques en particulier sont informés sur les opportunités d'affaires. Ils pourront, dès lors, se préparer en conséquence. En tant que tableau de bord de chaque autorité contractante, le plan facilite le contrôle des marchés publics passés au titre d'un exercice budgétaire[119]. Lorsque la passation du marché nécessite une mise en concurrence, le principe de transparence exige l'organisation d'une publicité permettant à tout candidat de connaître les caractéristiques de l'objet du marché, les conditions de participation à la procédure, les pièces constitutives du dossier de soumission, le délai imparti pour la soumission, les critères d'évaluation des offres. Ces éléments portés à la connaissance de tous doivent être les seuls à être appliqués par la commission des marchés. C'est ce qui explique l'aménagement des recours au profit des soumissionnaires qui s'estimeraient avoir été évincés à tort.

A ces différentes mesures de publicité, l'article 74 de la directive n°06/2009 ajoute que les rapports trimestriels sur l'exécution du budget et l'application de la loi de finances que le gouvernement transmet au Parlement « sont mis à la disposition du public ». Aussi, est-il prévu que dans les trois (3) mois qui suivent chaque alternance politique, la situation globale des finances publiques et en particulier celle du budget de l'Etat et de son endettement, doivent faire l'objet d'un rapport préparé par le Gouvernement et audité par un organe public indépendant et publié[120]. Enfin, il est exigé du gouvernement l'établissement et la publication, au moins une fois tous les cinq (5) ans, d'un rapport sur les perspectives d'évolution des finances publiques à long terme permettant notamment d'apprécier leur

[118] A. ISSOUFOU, *Le nouveau droit des marchés publics et la rationalisation de la dépense publique au Niger et au Sénégal*, L'Harmattan, 2017, Tome II, pp. 120 et suivantes.

[119] Il se présente comme un tableau synoptique comportant plusieurs colonnes. Celles-ci indiquent les références des marchés à passer, les réalisations envisagées, la source de financement, le type de marché, le mode de leur passation et les différentes étapes du processus de passation et d'exécution d'un marché et enfin son montant prévisionnel.

[120] Titre 2 de l'Annexe à la directive n°01/2009 portant Code de transparence.

soutenabilité. Ces dispositions fort ambitieuses prévues en faveur d'une bonne information du citoyen ne doivent pas rester au stade de simple évocation. Elles doivent, en effet, être entourées de toutes les précisions, notamment à propos du support et des modalités de publicité et d'accès à ces documents tout comme l'autorité qui en est responsable. C'est en cela que le décret malien n°2014-0607/PRM du 13 août 2014 portant modalités d'accès aux informations et documents administratifs relatifs à la gestion des finances publiques et de leur publication revêt tout son intérêt. Pris en application de la loi n° 2013-031 du 23 juillet 2013 portant approbation du Code de Transparence dans la gestion des finances publiques, ce décret définit ce qu'il faut entendre par information et documents relatifs aux finances publiques[121]. Il précise les conditions d'accès à ces documents et informations[122], les exceptions à ce droit d'accès[123], les modalités et supports de publication de ces documents[124], la personne qui en est responsable[125]. Ces précisions tendent à légitimer davantage les institutions et décisions budgétaires et financières.

2. La recherche d'une plus grande légitimité des décisions financières

« Il n'y a pas de démocratie sans finances publiques claires, sans transparence [...] »[126] car la démocratie « repose sur la confiance, donc sur la transparence »[127]. Ces propos traduisent éloquemment l'idée selon laquelle le premier bénéficiaire de la transparence, c'est- à-dire, le citoyen est en réalité le fondement sacral de la légitimité démocratique. Dans tous les Etats démocratiques, en effet, les autorités administratives et politiques prétendent agir et décider en son nom et pour son compte. Toutefois, du point de vue subjectif ou individuel, le citoyen à s'affirmer car quasiment rejeté en périphérie par la logique représentative pour paraphraser le Professeur WASERMAN[128]. Pourtant, cette forme de démocratie qui justifiait un tel rejet présente des limites incontestables. L'on peut citer, entre autres, le refus de consultation populaire préalable à l'adoption de certaines décisions financières majeures, le rejet du mandat impératif censé permettre aux électeurs de peser sur les positions politiques et juridiques de leurs représentants, le fait majoritaire qui entraine l'inefficacité de contrepoids parlementaire. A partir de ces considérations, l'on peut soutenir avec le Professeur SOMA que « le pouvoir n'arrête pas le pouvoir [...] »[129]. Aussi, les positions éminemment partisanes des parlementaires ne traduisent-elles pas nécessairement les préoccupations du citoyen qu'ils sont censés

---

[121] Article premier du décret n°2014-0607/PRM du 13 août 2014.

[122] Articles 3 à 9 du décret n°2014-0607/PRM du 13 août 2014.

[123] Articles 10 à 14 du décret n°2014-0607/PRM du 13 août 2014.

[124] Articles 15 à 18 du décret n°2014-0607/PRM du 13 août 2014.

[125] Articles 19 à 21 du décret n°2014-0607/PRM du 13 août 2014.

[126] P. JOXE, « Finances publiques : scenarios pour demain » « Introduction », *RFFP*, n°87, 2004, p. 11.

[127] F. HOLLANDE, *Discours pour les 55 ans de la Constitution de la Ve République*, cité par B. NABLI, *op. cit*, p. 157.

[128] F. WASERMAN, *op. cit*, p. 2.

[129] A. SOMA, « Le peuple comme contrepouvoir en Afrique », *RDP*, 2014, n°4, p. 1019.

défendre d'où la pertinence de l'idée de « refonder le contrat socio-financier démocratique »[130].

La mise à l'écart du citoyen au profit de ses représentants élus explique et justifie les cas d'incompréhension, voire, du refus d'adhérer à certaines politiques et décisions budgétaires et financières. L'on peut évoquer, à juste titre, la récente vague de contestation contre la loi de finances 2018 au Niger. Ayant obtenu un vote favorable de 133 députés sur les 171 que compte l'Assemblée nationale de ce pays, la loi a été largement rejetée par les citoyens qui estiment avoir été surpris par les nouvelles mesures fiscales dont l'introduction par l'élite au pouvoir n'a tenue compte ni des réalités socioéconomiques du moment, ni de la capacité contributive du citoyen nigérien. Mieux, aucun débat d'orientation budgétaire n'a été organisé et aucune mesure de publicité à l'égard des citoyens n'a été observée, alors qu'il s'agissait de la première loi de finances préparée en mode « LOLF »[131].

Dans ce contexte de prise de conscience et du rejet de l'opacité, la transparence apparaît comme « un idéal dans la vie publique »[132] ou « un remède idoine pour renouer la confiance et renforcer la légitimé des institutions démocratiques »[133]. Il importe d'envisager son renforcement à travers une information claire, suffisante, permanente et pertinente du citoyen-contribuable. Seule la transparence pourrait entrainer le relèvement du niveau de confiance des citoyens dans les institutions et décisions budgétaires et financières.

Au total, la transparence budgétaire est un critère de légitimité du pouvoir. Elle invite à repenser la démocratie car elle « semble mensongère si elle n'a pas un rapport clair et transparent avec l'argent des citoyens-contribuables »[134]. En effet, si pendant longtemps, le citoyen ne semble la percevoir qu'à travers les rendez-vous électoraux, ce principe indique qu'« il est temps de la recentrer sur la gestion des ressources publiques qui en est le socle »[135]. Ce nouveau rapport à l'information budgétaire et financière doit nécessairement pousser les autorités à plus de précisions dans la définition des supports et des modalités de publication des documents pertinents. Toutefois, au regard de la sensibilité et de la complexité de la matière, le citoyen et ses représentants élus sont-ils en mesure de comprendre et de s'approprier les différents documents et influencer les débats et procédures budgétaires ? Que faire en cas de refus de publier et ou de communiquer les documents pourtant nécessaires à leur information ? Ces questions sont légitimes. En effet, au regard des nouvelles contraintes qu'il pose et de l'imprécision qui caractérise la formulation des textes juridiques qui le consacrent, le principe de transparence budgétaire posera certainement des difficultés dans sa mise en œuvre. C'est pourquoi, au-delà de la nécessaire intervention des organisations de la société

[130] M. LEROY, « Les Finances publiques vues par un sociologue », *RFFP,* février 2016, n°133, p. 311.

[131] « LOLF » est l'acronyme de la Loi organique relative aux lois de finances ayant internalisé la directive n°06/2009.

[132] J. MARCHAND, *op. cit*, p. 2.

[133] B. NABLI, *op. cit.* p. 158.

[134] A. ETCHEGOYEN, *La démocratie malade du mensonge*, cité par M. SAOUDI, *L'essentiel des finances publiques en fiches*, 2è édition, Ellipses, 2017, p.33.

[135] M. B. AKAKPO, *op. cit*, p. 20.

civile spécialisées sur les questions budgétaires[136], il est important de déplacer le débat devant les juridictions pour les amener à sanctionner le non-respect de ce principe, à combler les lacunes constatées dans les textes et à donner un contenu concret à ce que le Doyen CARBONNIER appelle la « nouvelle passion du droit »[137].

La transparence budgétaire a un ancrage juridique incontestable. Son ambition est de mettre fin à « l'éloignement des citoyens voire des élus du peuple des décisions budgétaires »[138]. Il reste à s'assurer de sa protection effective par les juges habilités à le faire. Toute vérification faite, il s'avère que la justiciabilité de ce principe est, pour le moment, subliminale en raison des insuffisances qu'elle présente.

II. UNE JUSTICIABILITE SUBLIMINALE

Peut-on invoquer, devant un juge, l'inobservation d'une exigence de transparence dans la préparation ou l'adoption d'une loi de finances et obtenir son annulation ? La même question peut être posée à propos des actes administratifs d'exécution de cette loi et qui seraient contraires à la transparence budgétaire ? La réponse à ces questions renvoie à la capacité d'un droit ou d'un principe à être sanctionné par un juge. Elle n'est pas évidente, en l'espèce, tant en raison de l'imprécision qui entoure la formulation du principe que des dérogations dont il est assorti[139]. Ces deux éléments combinés indiquent, si besoin est, que la justiciabilité de la transparence budgétaire est subliminale[140], c'est-à-dire, largement au-dessous du seuil de celle d'un principe porté par une règle de droit.

Pour autant, cette effectivité incertaine n'est pas totalement différente de celle des autres principes budgétaires[141]. Elle ne doit pas non plus occulter l'existence de deux catégories de juge qui sont particulièrement interpellés et attendus sur le terrain de la précision de son contenu, de sa portée et de sa sanction. Il s'agit du juge financier (**A**) et des juges non financiers (**B**).

A. L'INCONFORT DU JUGE FINANCIER

L'harmonisation du droit des finances publiques engagée par l'UEMOA impose une discipline à travers, notamment, le respect des nouveaux principes budgétaires. Mais, puisque toute norme est contrainte, elle lèse, elle irrite, pour paraphraser

---

136 Nous pensons aux organisations comme le Réseau des Organisations pour la Transparence et l'Analyse budgétaire (ROTAB), la coalition « Publiez ce que vous payez ». Elles pourront à juste titre déplacer les discussions budgétaires sur la place publique à travers des exposés, des conférences, des débats radio télévisés.

137 J. CARBONNIER, *Droit et passion du droit sous la Ve République*, Flammarion, 1996, p. 276.

138 T. BATOUM-BA NGOUE, *op. cit.* p. 12.

139 Sur les exceptions à ce principe de transparence, voir, N. MEDE, Finances *publiques*, *op. cit*, p. 164.

140 Malgré toute la fascination et l'engouement qu'elle suscite, la transparence n'atteint pas, pour le moment, un niveau ou un degré justiciabilité suffisant pour entrainer une sanction juridictionnelle digne d'un principe ou d'une règle juridique. Elle est aléatoire, voire, hypothétique.

141 Sur la sanction du principe de sincérité, voir, par exemple, M. DIAKHATE, *op. cit,* pp. 175 et suivantes.

Philippe ARDANT[142]. La tentation de ne pas s'y soumettre est assez grande, d'où la nécessité de prévoir un cadre approprié de contrôle et de sanction. A cela s'ajoute le souci de garantir la fiabilité des données budgétaires nécessaires à l'organisation de la surveillance multilatérale des politiques budgétaires.

La prise en compte de ces deux préoccupations a poussé les concepteurs du Traité constitutif de l'Union[143] à demander aux Etats membres d'instituer une Cour des comptes nationale présentant des garanties de transparence et d'indépendance requise. L'obligation a été réitérée par le point 5.6 de la Directive portant Code de Transparence[144]. Pour la mettre en œuvre, certains Etats membres ont pu se doter d'une nouvelle Cour des comptes[145] et d'autres ont tenté de renforcer la Chambre ou la Section des Comptes de leurs Cours suprêmes[146].

Globalement, ces juridictions dites financières ont des attributions contentieuses et des attributions non contentieuses. L'exercice effectif de celles-ci permet de constater, de révéler et de sanctionner la violation du principe de transparence budgétaire. C'est pourquoi, il est soutenu que par son action permanente de vérification, d'information et de conseil, la juridiction financière contribue à la transparence de la gestion des finances publiques[147].

Cependant, si les cas de non transparence sont récurrents, notamment, dans ses rapports publics (**1**), l'on remarque que ce juge peine à trouver les occasions de leur appliquer les sanctions appropriées (**2**) ; d'où sa position inconfortable.

1. La récurrence des cas de non transparence dans les rapports publics

Les attributions non contentieuses sont celles par lesquelles le juge financier assiste le pouvoir exécutif et le pouvoir législatif dans l'exécution de la loi de finances, donne des avis sur le système de contrôle interne et le dispositif de contrôle de gestion ou sur la qualité des procédures comptables. Il établit, également, des rapports généraux de conformité entre les comptes des ordonnateurs et ceux des comptables publics et des rapports publics à la fin de chaque gestion budgétaire. L'accent est mis sur ce dernier document, à travers lequel le juge dévoile les conditions dans lesquelles les prévisions des recettes et des dépenses ont été exécutées. Il y reprend « les principales observations faites dans l'année et les mesures préconisées pour remédier aux manquements, anomalies et dysfonctionnements relevés »[148].

L'écriture d'un rapport public est « assurément un acte de haute valeur pédagogique dans un contexte où le citoyen devient plus exigeant et veille au bon

---

142 P. ARDANT, *Institutions politiques et droit constitutionnel*, Paris, 19e édition, LGDJ, 2007, p. 92.

143 Article 68 du Traité de 10 janvier 1994.

144 Sur la nécessité de passer des Chambres de comptes aux Cours de comptes, voir, N. MEDE, « L'Afrique francophone saisie par la fièvre de la performance financière », *RFFP,* 2016, n°135, p. 3.

145 Voir note n°171.

146 Voir note n°172.

147 FALL (M) et TOURE (I), *Finances publiques : Approche théorique et pratique*, L'Harmattan Sénégal, 2018, p. 283.

148 M. FALL et I. TOURE, *op. cit.* p. 283.

emploi des deniers publics »[149]. Sa publication permet à la juridiction de « prendre à témoin l'opinion publique pour conforter l'impact et l'efficacité des observations par elle faites mais aussi informer le citoyen, sentinelle du patrimoine commun »[150].

En consultant les rapports publics disponibles, l'on a pu constater plusieurs cas de non- respect des exigences de transparence dans l'exécution des budgets publics. Au Bénin, par exemple, le juge a relevé et révélé, dans un rapport annuel, « la persistance de la pratique d'exécution de dépenses en l'absence d'autorisation budgétaire »[151] ou des recettes extrabudgétaires. Sur ce point, il a constaté « des recettes recouvrées par certaines structures administratives prestataires de services non dotées de personnalité morale et d'autonomie financière et affectées directement par elles à l'exécution de leurs dépenses en dépit des prescriptions de la loi. »[152]. Il s'agit d'une violation de la dimension « exhaustivité » de la transparence qui exige que le budget et le compte public couvrent l'ensemble des opérations budgétaires et extrabudgétaires de l'Administration. Au Burkina Faso, c'est le cas de la gestion du budget de la Société Nationale d'Electricité du Burkina (SONABEL)[153] qui est assez illustratif. Au titre des exercices 2012-2013 de cette société, il a été relevé l'absence de plan de passation des marchés publics, le non-respect des seuils de passation des marchés et l'utilisation fréquente de bons de commande en lieu et place de demande de prix et d'appel d'offres pour des opérations dont la valeur excède les seuils de cinq millions de CFA et vingt millions. Il s'y ajoute l'utilisation de la procédure d'entente directe sans obtention des autorisations nécessaires, le paiement en espèce des factures au-delà du seuil autorisé par les textes[154]. Au Mali, en plus de la mauvaise tradition en matière de jugement et d'apurement des comptes publics[155], c'est le non-respect des règles relatives à la concurrence lors des achats et des prestations de services qui rend compte de l'opacité dans la gestion des finances publiques[156]. Au Niger, le rapport consulté[157] révèle des modifications irrégulières des autorisations budgétaires pour lesquelles aucun document relatif aux dites modifications n'a été produit. Il révèle aussi des dépassements importants des crédits budgétaires[158]. En plus de cette violation des procédures de transfert et de virement de crédits, la Cour a remarqué la non intégration des résultats des lois de règlements dans la comptabilité générale de l'Etat, l'absence d'informations sur l'exécution du budget de l'Assemblée

[149] Rapport public 2016 de la Cour des comptes du Burkina Faso, p. 9.

[150] *Ibid.*, p. 9.

[151] Rapport définitif sur l'exécution de la loi de finances pour l'année 2013 de la Chambre des comptes de la Cour suprême du Bénin, p. 72.

[152] *Ibid.*, p. 78.

[153] Burkina Faso, Rapport public 2016, *op. cit.,* pp. 35 et suivantes.

[154] Ces irrégularités vont au-delà de la transparence et touchent tous les autres principes budgétaires.

[155] Rapport annuel 2014 de la Section des comptes de la Cour suprême du Mali. Il est écrit dans ce rapport (pages 9 et 10) que c'est avec l'adoption de la loi n°2013-001 du 15 janvier 2013 que les comptes des comptables publics de 1960 à 1991 ont été validés par voie législative. Par la suite, un apurement accéléré de 4752 comptes de 1992 à 2008 a été organisé. Depuis 2008, le jugement de comptes s'effectue normalement.

[156] *Ibid.*, pp. 71 et suivantes.

[157] Rapport général public 2015-2016 de la Cour des comptes du Niger.

[158] *Ibid.*, p. 36.

nationale. Sur ce dernier point, le juge a fait constater que « la copie du rapport de la commission de contrôle et de vérification des comptes de l'Assemblée nationale n'a pas été transmise au ministre en charge du budget pour information et intégration au projet de loi de règlement »[159]. La Cour est également revenue sur la problématique des évacuations sanitaires. Cette nébuleuse qui gangrène les budgets publics a coûté, au titre de l'année 2013, la somme de 2, 27 milliards de FCFA[160]. En s'intéressant aux conditions de gestion de ce montant, la Cour a établi une mauvaise évaluation des dossiers d'évacuation sanitaire, des évacuations faites en procédure d'urgence pour des maladies ne nécessitant pas d'évacuations, le mauvais archivage des dossiers administratifs et financiers des malades évacués, des cas de prise en charge abusive des accompagnants des malades, l'absence, dans certains cas, de reversement au Trésor public des reliquats des sommes destinées à l'hospitalisation et au traitement des malades évacués, des pratiques anticoncurrentielles en matière d'achat des titres de transport des malades, l'absence de système d'audit interne des évacuations tout au long du circuit[161], *etc.* Au Sénégal, l'on retrouve à peu près les mêmes cas de violation de la transparence qui vont du défaut de publication des décisions de répartition de la subvention à la presse[162] au non-respect des exigences de planification et de publicité en matière de passation des marchés publics[163]. Au Togo, le rapport public[164] est largement revenu sur la non production du compte général de l'Administration des finances et la non traçabilité de l'exécution des opérations inscrites aux comptes spéciaux du Trésor, l'absence d'adoption formelle du calendrier budgétaire et son non-respect[165], le caractère non exhaustif et non fiable des informations budgétaires[166]. En outre, le juge a relevé la non application systématique des dispositions de la loi organique relative aux lois de finances sur le remaniement des crédits[167], l'absence de traces de l'état d'exécution des dotations aux comptes d'affectation spéciale dans le compte de gestion et la non publication des grandes lignes du budget dans les journaux pour l'information du public[168].

Ces différents cas ainsi répertoriés renvoient, incontestablement, aux hypothèses du non-respect des exigences de transparence budgétaire.

Outre ces rapports publics annuels, il est prévu que dans les trois (3) mois suivant chaque alternance, les juridictions financières procèdent à un audit de la situation globale des finances publiques[169] dont le résultat est publié et rendu accessible au public.

---

[159] Ibid., p. 37.

[160] *Ibid.*, pp.44 et suivantes.

[161] Rapport général public de la Cour des comptes du Niger, *op. cit.*, p. 46.

[162] Rapport public général annuel 2014 de la Cour des comptes du Sénégal, gestion 2013, pp. 66-67.

[163] Rapport public général annuel 2015 de la Cour des comptes du Sénégal, gestion 2014 pp. 134 et suivantes.

[164] Rapport public pour la période 2009-2015 de la Cour des comptes du Togo.

[165] *Ibid.*, p.33.

[166] *Ibid.*, p.35.

[167] *Ibid.*, p. 38.

[168] *Ibid.*, p. 72.

[169] Point 2.7 du Préambule de la directive n°01/2009.

En fournissant des éléments objectifs permettant aux citoyens et aux parlementaires de s'informer et d'interpeller, au besoin, les gouvernants sur la manière dont ils gèrent les deniers publics[170], la juridiction financière contribue à la promotion du principe de transparence budgétaire et au combat contre l'opacité et l'impunité.

Si dans les rapports annuels qu'il publie, le juge financier parvient à révéler des cas de non transparence budgétaire, force est de remarquer que leur sanction juridictionnelle n'est pas encore totalement acquise.

2. L'introuvable sanction de la non transparence budgétaire

Au-delà des constats et révélations contenus dans ses rapports publics annuels, la juridiction financière exerce ses attributions juridictionnelles pour prononcer des sanctions à l'encontre des auteurs des manquements aux principes et règles pertinents. Les acteurs visés sont essentiellement les ordonnateurs, les administrateurs des crédits, les administrateurs en recettes et les comptables publics.

Que l'on soit dans la phase administrative ou dans la phase comptable de l'exécution du budget, ces acteurs sont tenus de respecter les différents principes budgétaires dont celui de la transparence. Au sujet de ce dernier, l'on constate que c'est en matière de contrôle de gestion que les cas de sa violation sont souvent relevés par le juge financier. C'est ce qui justifie leur qualification de « faute de gestion »[171].

Prévue à l'article 80 de la directive n°06/2009, la faute de gestion renvoie à tout acte effectué en méconnaissance des règles de la comptabilité publique, notamment la violation des règles d'exécution de recettes et de dépenses, de la passation de marchés publics, de la tenue de la comptabilité de matières, aux activités frauduleuses, de négligence et de gaspillage des ressources publiques. Ils ont été repris et développés par les lois organiques relatives à la Cour des comptes pour certains Etats [172] et dans les lois organiques relatives aux lois de finances, voire, dans les lois régissant les chambres ou sections des comptes de la Cour suprême pour d'autres[173]. Ces différentes lois visent pratiquement les mêmes atteintes au

---

[170] Rapport public 2016 de la Cour des comptes du Burkina Faso, p. 9

[171] Il s'agit de la violation « *des règles fondamentales dont la finalité n'est pas l'observation de formes extérieures, mais l'organisation des compétences et la détermination des modalités garantissant l'utilisation, dans l'intérêt général, des deniers publics* ». Voir CDBF, 14 mai 1973, Sieur Marchal cité par P. SAUNIER, *in*, « La faute de gestion dans la jurisprudence de la Cour de discipline budgétaire et financière », *RFDA* n°8 1992, p.1059.

[172] La Côte d'Ivoire à travers la Loi organique n°2015-494 du 7 juillet 2015 déterminant les attributions, la composition, l'organisation et le fonctionnement de la Cour des comptes ; le Niger avec la Loi organique n°2012-08 du 26 mars 2012 déterminant les attributions, la composition, l'organisation et le fonctionnement de la Cour des Comptes et la Loi organique n° 2012-09 du 26 mars 2012, portant loi organique relative aux lois de finances qui contient une liste impressionnante des cas de fautes de gestion ; le Sénégal à travers la Loi organique n° 2012-23 abrogeant et remplaçant la Loi organique n°99-70 du 17 février 1999 sur la Cour des comptes.

[173] C'est le cas du Bénin avec la Loi n° 2004-07 du 23 Octobre 2007, portant composition, organisation, fonctionnement et attributions de la Cour suprême, de la loi n° 2004-20 DU 17 aout 2007, portant règles de procédures applicables devant les formations juridictionnelles de la Cour suprême et de la Loi organique n° 2013-14 DU 27 Septembre 2013 relative aux lois de finances ; du Burkina Faso à travers la Loi organique n°

principe de transparence qui sont pour l'essentiel, le fait de n'avoir pas soumis à l'examen préalable des autorités habilitées à cet effet, un acte ayant pour effet d'engager une dépense ; le fait d'avoir produit à l'appui ou à l'occasion de ses liquidations de fausses certifications ; le fait de n'avoir pas assuré une publicité suffisante aux opérations dans les conditions prévues par les textes en vigueur ; le fait de n'avoir pas fait appel à la concurrence ; le fait d'être intervenu à un stade quelconque dans l'attribution d'un marché à une entreprise dans laquelle l'agent concerné a pris ou conservé un intérêt ; le fait d'avoir fractionné des dépenses en vue de se soustraire au mode de passation normalement applicable ou d'avoir appliqué une procédure de passation de marché sans l'accord requis ; le fait d'avoir manqué à l'obligation de planification et de publicité annuelle des marchés publics ; le fait d'avoir autorisé et ordonné des paiements après délivrance d'un titre de paiement ne correspondant pas aux prestations effectivement fournies ou des prestations incomplètes ou non conformes. L'on peut, également, ajouter la non transmission au parlement pour information, des actes portant modification de recettes ou des dépenses contenues dans la loi de finances.

Lorsqu'à l'occasion du contrôle de gestion au titre d'un exercice budgétaire ou d'un contrôle particulier, le juge constate l'un de ces manquements à la transparence, il le transmet au Procureur près la juridiction financière à charge pour celui-ci de saisir la chambre habilitée à juger et à sanctionner les fautes de gestion. Il peut, aussi, de sa propre initiative, demander « l'ouverture d'une instruction pour des faits dont il a connaissance, d'une manière quelconque, y compris par la dénonciation »[174]. La chambre peut, également, être saisie par certaines autorités notamment le Président de la République, le Président de l'Assemblée nationale, le Premier ministre, le ministre chargé de finances, le Premier président de la Cour ou section des comptes.

Sont susceptibles de commettre une telle faute et être déférés devant ce juge, tout fonctionnaire civil, tout militaire, tout magistrat, tout agent de l'Etat, tout membre du cabinet du Président de la République, du Président de l'assemblée nationale, du Premier ministre ou d'un ministre, tout représentant, administrateur ou agent des organismes qui sont soumis au contrôle de la Cour des comptes. L'on ajoute tous ceux qui exercent, de fait, les fonctions des personnes désignées ci-dessus. De cette énumération, l'on constate que seuls certains agents publics sont susceptibles de poser des actes de violation du principe de transparence budgétaire et d'être jugés par le juge financier sur le fondement de la faute de gestion. Ce sont,

014-2000/AN du 16 mai 2000 portant composition, attributions, organisation, fonctionnement de la Cour des comptes et procédure applicable devant elle et la loi organique n° 073-2015/CNT du 06 novembre 2015 relative aux lois de finances et du Togo à travers la loi organique n°98/14 du 10 juillet 1998 portant organisation et fonctionnement de la Cour des comptes et la Loi organique n° 2014-013 du 27 juin 2014 relative aux lois de finances. Le cas du Mali est assez particulier. En effet, au lieu d'adopter une loi portant création d'une Cour des comptes comme l'ont fait le Niger, le Sénégal ou la Cote d'Ivoire, ce pays a plutôt choisi d'adopter la Loi n°2016-046 du 23 septembre 2016 portant loi organique fixant l'organisation, les règles de fonctionnement de la Cour suprême et la procédure suivie devant elle pour abroger et remplacer la loi n°96- 071. Cette nouvelle loi sur la Cour suprême qui comprend, entre autres, une section des comptes, est intervenue après la Loi n°2013-028 du 11 juillet 2013, modifiée, relative aux lois de finances.

[174] Conseil d'Etat français, 16 mai 1980, Melki, cité par A. DIOUKHANE, *Les juridictions financières dans l'UEMOA : La Cour des comptes du Sénégal*, L'Harmattan 2016, p.241.

au fond, des agents qui encourent la responsabilité disciplinaire de droit commun devant l'autorité de nomination ou l'autorité hiérarchique. Les autorités dont le régime de responsabilité est fixé dans la Constitution, c'est-à-dire, les membres du gouvernement sont exclus. En conséquence, un membre du gouvernement ne peut, quelle que soit la qualité de sa gestion, être traduit devant le juge financier pour répondre du non-respect du principe de transparence budgétaire.

En raison de ces restrictions apportées dans l'énumération des justiciables et dans la distribution de la qualité à agir, toute tentative de trouver une décision sanctionnant une faute de gestion en rapport avec la transparence budgétaire a été vaine. Faudrait-il, dans ces conditions, se contenter de la publicité des rapports publics dans lesquels les juridictions financières révèlent ces manquements ? La mauvaise publicité faite à ces autorités peut-elle pallier l'absence de sanction juridictionnelle ? Quoi qu'il en soit, la publication des rapports annuels mettant en exergue les cas d'opacité dans la conception et l'exécution des décisions budgétaires entrainera une prise de conscience généralisée. A terme, elle poussera les citoyens, les parlementaires et les partenaires techniques et financiers à exercer des pressions sur les autorités nationales afin qu'elles se résolvent à « lâcher » les délinquants financiers et budgétaires et à les traduire devant le juge habilité à sanctionner ces cas d'indiscipline budgétaire et financière.

Si, comme nous venons de le montrer, le juge financier est dans l'inconfort parce qu'il ne parvient pas à sanctionner la non transparence budgétaire, il faudrait multiplier les possibilités en sollicitant le concours des juges non financiers.

B. La contribution attendue des juges non financiers

Par « juges non financiers », nous faisons allusion aux juges qui n'ont pas des attributions exclusives en matière de contentieux financier et budgétaire. Mais, dans l'exercice de leurs attributions juridictionnelles, ils peuvent être amenés à exercer un contrôle sur les lois de finances ou sur les actes administratifs d'exécution du budget. Les normes de référence du contrôle exercé par ces juges étant porteuses des exigences de transparence budgétaire, il n'est pas excessif de fonder l'espoir sur une intervention active du juge constitutionnel (**1**) car, sur ce point, le juge administratif s'est déjà assez bien illustré (**2**).

1. Une nécessaire intervention active du juge constitutionnel

Peut-on compter sur une participation déterminante du juge constitutionnel[175] des Etats membres de l'UEMOA à la précision du contenu et à la sanction de la transparence budgétaire? La position optimiste adoptée dans cette réflexion pousse à répondre par l'affirmative. En effet, en dépit de la particularité liée à sa nature et

---

[175] Il s'agit, comme l'a précisé le Professeur FAVOREU, de « *tout juge, qui spécialement et exclusivement du contentieux constitutionnel dont non seulement l'existence et les attributions sont prévues par la Constitution mais aussi dont les décisions ne peuvent être remises en cause que par le pouvoir constituant* ». L. FAVOREU, « Le droit constitutionnel, droit de la Constitution et constitution du droit », *RFDC*, 1990, p. 83.

à son objet[176], la loi de finances est une loi susceptible d'être déférée à la censure du juge constitutionnel par la voie d'action ou par la voie d'exception. Quelle que soit la voie empruntée, la préoccupation est la même : faire vérifier sa conformité aussi bien à la Constitution qu'à la loi organique relative aux lois de finances (LOLF).

Cette dernière reprend et systématise, on le sait, les dispositions du Code de transparence dans la gestion de finances publiques. C'est en application de ces deux textes (Constitution et LOLF) que le gouvernement prépare le projet de loi de finances et le transmet au Parlement. Il en est de même du vote et de la publicité du projet et des documents ayant servi à sa préparation. Ils forment, en conséquence, le fondement et les normes de référence en matière de contrôle de constitutionnalité des lois de finances.

La vérification de la conformité des lois de finances à la Constitution ne pose aucune difficulté particulière. En effet, en dépit de sa particularité, la loi de finances est soumise, au même titre que les autres lois, au corpus et au préambule de la Constitution[177]. Ce dernier est particulièrement important dans certains Etats où il y est expressément fait référence à l' « attachement à la transparence dans la conduite et la gestion des affaires publiques [...] »[178]. C'est au sujet de la conformité de la loi de finances à la LOLF qu'il subsiste quelques incertitudes dans les Etats sous examen. Rappelons, à ce propos, qu'avant d'être « une norme particulière »[179], la LOLF est, d'abord, une loi organique, c'est-à-dire, cette catégorie de lois « adoptée dans des conditions particulières différentes de celles des lois constitutionnelles et de celles des lois ordinaires qui a pour objet [...] de régir certaines matières que la constitution considère fondamentales »[180]. La loi organique est aussi prévue pour fixer « les modalités procédurales que la Constitution définit à grands traits »[181].

De façon générale, elle est considérée comme le prolongement matériel de la constitution ou ses « mesures d'application »[182]. On peut également la présenter comme le trait d'union entre la Constitution et les lois ordinaires. Elle ne peut, de ce fait, être adoptée que sur invitation expresse du constituant. Malgré leur proximité avec la Constitution, les lois organiques peinent à intégrer le bloc de constitutionnalité dans les Etats sous examen.

---

[176] Contrairement aux autres lois qui restent, en principe, en vigueur jusqu'à leur abrogation, la loi de finances a une durée de vie limitée à un an au nom de l'annualité budgétaire. Il s'y ajoute que son objet est, essentiellement, financier et toute autre disposition contraire à celui-ci est qualifiée de cavalier budgétaire.

[177] Sur l'importance de ce berceau des éloquentes affirmations ou de la rhétorique constituante dans l'office du juge constitutionnel, voir B. BA, « Le préambule de la Constitution et le juge constitutionnel en Afrique », *Revue électronique Afrilex* 2016.

[178] Voir, Préambule de la Constitution du Sénégal instituée par la loi n°2001-03 du 22 janvier 2001 modifiée. Journal officiel n°5963 du 22 janvier 2001, pp.27-47.

[179] I. M. FALL, « La loi organique dans les ordonnancements juridiques des Etats d'Afrique francophone. Réflexion sur une norme particulière », *Revue Béninoise des Sciences juridiques et Administratives (R.B.S.J.A)*, n°32, 2014.

[180] *Ibid.*, p. 186.

[181] *Ibid.*, p. 187.

[182] P. PACTET, *Institutions politiques et droit constitutionnel*, Paris, Armand Colin, 2003, p. 621.

Certes, au Bénin et au Mali, par exemple, elles en font parties[183]. Mais, dans d'autres Etats comme la Côte d'Ivoire, le Sénégal et le Togo, le juge constitutionnel continue à afficher son refus de sanctionner « indirectement une violation de la constitution sur le fondement d'une loi organique »[184]. La LOLF n'échappe pas à ce refus, bien qu'elle ait été adoptée sur renvoi exprès de la Constitution pour déterminer les « conditions et réserves sous lesquelles le parlement vote les projets de lois de finances établissant ainsi une complémentarité à la fois formelle et matérielle entre les deux textes »[185]. Pourtant et logiquement, la validité d'une loi de finances dépend de sa conformité à la Constitution et surtout à la LOLF qui la prolonge. C'est pourquoi, invitant à une large inclusion de la LOLF dans les normes de référence des juridictions constitutionnelles, le Professeur MEDE soutient que sa violation constitue « un contournement de la constitution »[186].

En France, le Conseil constitutionnel a considéré depuis 1960 que l'Ordonnance n°59-2 du 2 janvier 1959 portant loi organique relative aux lois de finances est le seul texte organique qui s'impose à la loi ordinaire[187]. Dans sa décision du 11 août 1960 dite taxe radiophonique, il a tenu à préciser, en effet, que « conformément au principe posé par l'article 4 de ladite ordonnance organique [...], la perception de cette taxe parafiscale doit faire l'objet d'une seule autorisation annuelle du Parlement [...] » avant de conclure que « les dispositions de l'article 17 de la loi de finances rectificative pour 1960 [...], ne peuvent être regardées comme conformes aux prescriptions de l'ordonnance du 2 janvier 1959 portant loi organique relative aux lois de finances et par suite à celles de l'article 34 de la Constitution qui renvoie expressément à ladite loi organique »[188]. Par la suite, il a étendu aux lois organiques le respect des obligations découlant de cette ordonnance organique en censurant dans une décision du 10 janvier 1995 une disposition figurant dans une loi organique relative au statut de la magistrature. Dans cette affaire, le juge a estimé « qu'aux termes du cinquième alinéa de l'article premier de l'ordonnance susvisée du 2 janvier 1959 portant loi organique relative aux lois de finances à laquelle renvoie l'article 34 de la Constitution, "les créations et transformations d'emplois ne peuvent résulter que de dispositions prévues par une loi de finances" ; que dès lors le législateur ne pouvait prescrire que le recrutement de magistrats ne serait pas assorti de l'ouverture d'emplois par la loi de finances ; que par suite cette prescription doit être regardée comme contraire à la Constitution »[189].

---

183 I. M. FALL, « La loi organique dans les ordonnancements juridiques des Etats d'Afrique francophone. Réflexion sur une norme particulière *», op. cit. pp. 200 et suivantes.*

184 *Ibid.*, p. 197.

185 E. OLIVA, cité par M. ZAKI, *op. cit.* p. 268.

186 N. MEDE, *Finances publiques*, *op. cit.*, p. 257.

187 J-P. CAMBY, « Le Conseil constitutionnel et les principes du droit budgétaire », *RFF, P* n°51, 1995, p.52.

188 Décision n°60-8 DC du 11 août 1960 disponible sur http://www.conseil-constitutionnel.fr/conseil-constitutionnel/francais/les-decisions/acces-par-date/decisions-depuis-1959/1960/60-8-dc/decision-n-60-8-dc-du-11-aout-1960.6316.html consulté le 20 juillet 2018.

189 Décision n°94-355 DC du 10 janvier 1995 disponible sur http://www.conseil-constitutionnel.fr/conseil-constitutionnel/francais/les-decisions/acces-par-date/decisions-depuis-1959/1995/94-355-dc/decision-n-94-355-dc-du-10-janvier-1995.10606.html consulté le 25 juillet 2018.

L'intégration effective de la LOLF dans le bloc de constitutionnalité des Etats membres de l'UEMOA revêt au moins deux intérêts.

D'un côté, elle pourrait entraîner l'amélioration du niveau de saisines du juge constitutionnel tant déploré par le Professeur ZAKI[190] surtout dans les Etats comme le Bénin, où la saisine directe de ce juge est ouverte à tous les saisissants, y compris aux citoyens[191]. En continuant à limiter les moyens de recours et la base juridique de la décision à la seule Constitution stricto sensu, il serait quasiment impossible de garantir l'effectivité des principes budgétaires en général et celle de la transparence en particulier. En effet, les exigences découlant de chacun de ces principes sont prévues, systématisées et précisées non pas dans la Constitution mais dans les lois organiques relatives aux lois de finances. C'est pour cette raison qu'elle est communément appelée « Constitution financière ». Avec son intégration dans le bloc de constitutionnalité, il suffirait pour le parlementaire ou le citoyen de constater que son implication et son droit à l'information tel qu'il a été aménagé par la LOLF n'ont pas été garantis pour être fondés à déclencher une saisine du juge constitutionnel.

De l'autre côté, l'admission de la LOLF comme norme de référence contribuera sans doute à atténuer la circonspection du juge[192] au sujet du contrôle de constitutionnalité des lois de finances. En effet, en s'appuyant sur les dispositions de cette loi, sa mission n'est pas de verser dans le contrôle de la qualité ou de la quantité des ressources et des charges contenues dans la loi de finances déférée. En conséquence, le risque redouté de glisser « vers une appréciation des choix politiques et économiques de l'exécutif »[193] est écarté. Il est simplement attendu de lui la vérification du respect des prérogatives et droits des parlementaires et des citoyens à l'information financière tels qu'ils sont déclinés par la LOLF. En s'autosaisissant ou en se saisissant d'office dans certains Etats[194] et après saisine dans la plupart des Etats, ce juge pourra s'employer à vérifier si les différentes mesures de publicité ont été observées ou si les différents documents nécessaires à l'éclairage des prévisions contenues dans le projet de loi de finances ont été produits par le gouvernement. Il pourrait, ensuite, qualifier leur impact sur la qualité de l'information budgétaire. Ce n'est qu'après ces vérifications qu'il conclura à la constitutionnalité ou non de la loi de finances soumise à son contrôle.

Il ressort de ces développements que l'effectivité de la transparence budgétaire dépend de l'inclusion de la LOLF dans les normes de référence de contrôle de constitutionnalité des lois de finances. L'augmentation des saisines qu'elle engendrerait donnera, sans doute au juge, l'occasion de statuer, par exemple, sur le sort d'un projet de loi de finances dont la préparation n'a pas donné lieu à un débat d'orientation budgétaire, surtout si celui-ci n'a pas porté sur l'intégralité des

---

190 M. ZAKI, « Le contrôle de constitutionnalité des lois de finances : serpent de mer ou miroir des ombres », *op. cit*, p. 281.

191 F. J. AIVO, « La Cour constitutionnelle du Bénin », *Annuaire Béninois de justice constitutionnelle* », Presses Universitaires du Bénin, I, 2013, p. 49.

192 M. ZAKI, « Le contrôle de constitutionnalité des lois de finances… », *op. cit*, p. *269.*

193 Ibid.

194 F. J. AIVO, *op. cit*, p. 50.

documents prévus aux articles 52 et 53 de la directive n°06/2009[195] ou si ces documents n'ont pas fait l'objet de la publicité légalement prévue. L'on peut fonder le même espoir à propos du sort d'un projet de loi de finances déposé sur le bureau du Parlement mais non accompagné des différents documents nécessaires à sa bonne compréhension[196].

Il est attendu du juge constitutionnel d'user de son pouvoir normatif pour parachever l'œuvre du législateur en fixant avec toute la précision qui sied le contenu et la portée de ce principe, de même que le niveau de transparence exigé pour valider une loi de finances.

Qu'en est-il du juge administratif ?

2. Une sollicitation appréciable du juge administratif

Le juge administratif[197] est « le juge naturel des activités administratives »[198]. Les activités intéressant la présente réflexion sont celles en rapport avec l'exécution de la loi de finances. Elles consistent en la prise de nombreux actes juridiques par les autorités compétentes et dont ce juge « pourra apprécier le bien-fondé dès lors que leur est reconnu le caractère d'actes administratifs »[199]. Cependant, il faut, tout de suite, relever qu'il est assez difficile d'obtenir la censure des actes administratifs d'exécution de la loi de finances devant un juge administratif. Qu'il s'agisse d'un décret d'avances, d'un arrêté de transfert, virement ou annulation des crédits, il faut remarquer qu'il est toujours possible de les faire ratifier par une loi de finances rectificative avant l'éventuelle décision du juge. Dans ce cas de figure, il n'y aurait plus matière à statuer[200]. Il s'y ajoute la question de la recevabilité d'un tel recours pour des raisons liées à l'intérêt à agir.

L'intervention de ce juge n'est en réalité effective que dans certains domaines spécifiques comme celui des marchés publics qui ont été passés au cours de l'exécution de la loi de finances. Le règlement de la facture du cocontractant passe par le versement d'un prix en contrepartie des travaux, des fournitures et des services. C'est pour cette raison qu'ils sont étudiés sous l'angle de la dépense publique sectorielle à laquelle il est appliqué le droit commun de la dépense publique[201] et le droit spécial contenu dans les différents codes des marchés publics[202].

---

[195] *cf. supra* pp. 9 et 10.

[196] *Cf. supra* pp. 11.

[197] L'on fait allusion aux juges de l'excès de pouvoir. D'un Etat à un autre, l'on constate que cette attribution est exercée tantôt par le Conseil d'Etat, tantôt par la Chambre administrative de la Cour suprême.

[198] X. VANDENDRIESSCHE, Préface de l'ouvrage de S. DAMAREY, *Le juge administratif, juge financier*, Paris, *DALLOZ*, 2001, p. VII.

[199] S. DAMAREY, *Le juge administratif, juge financier*, Paris, DALLOZ 2001, p. 289.

[200] Sur ces précisions, voir, C. PIERUCCI, « *Les parlementaires face aux décrets d'avance devant le juge administratif* », *RFFP*, nov. 2017, n°140, pp. 2-5.

[201] Par droit commun de la dépense publique, nous entendons le contenu du décret portant règlement général sur la comptabilité publique. Il pose les règles générales applicables à l'exécution de toutes les catégories de dépenses publiques. En fonction de la nature d'une dépense ou de ses spécificités, il est souvent prévu une règlementation spécifique tantôt pour déroger au droit commun, tantôt pour le renforcer.

[202] A. ISSOUFOU, *op. cit.*, Tome I, p. 41.

Placés au confluent de la recherche de l'efficacité administrative et de la performance économique, les marchés publics constituent un des leviers majeurs de l'action publique[203]. Ils sont porteurs d'enjeux et suscitent beaucoup de passions qui se justifient par l'importance des crédits budgétaires qui y sont affectés, les opportunités d'affaires qu'ils constituent, la nécessité de protéger les deniers publics, mais aussi par les exigences contemporaines d'instauration d'une concurrence loyale entre les candidats potentiels. Il devient, dès lors, nécessaire de créer une ambiance de transparence indispensable à la détection des fraudes et autres formes de corruption. Pour tenir compte de tous ces enjeux, le droit des marchés publics est articulé autour des principes fondamentaux posés à l'article 2 de la Directive n°04/2005 et repris par les codes des marchés publics des Etats sous examen. Il s'agit de la liberté d'accès aux marchés publics, de l'égalité de traitement des candidats et de la transparence des procédures, pour ne citer que ceux-ci. La mise en œuvre de ces principes cadre parfaitement avec les exigences de la transparence budgétaire. Elle nécessite, par conséquent, l'organisation d'une publicité suffisante de toutes les informations devant faciliter la compréhension de l'objet et du contexte du marché[204]. Il s'y ajoute l'application rigoureuse des critères préalablement définis et portés à la connaissance de tous. Le tout est placé sous le contrôle et la sanction du juge administratif étant entendue que « la procédure de passation des marchés publics intègre plusieurs opérations matérielles qui sont susceptibles d'être querellées devant le juge de l'annulation »[205]. Au fond, le contentieux dont ce juge est appelé à connaître lui offre l'occasion de redresser, d'appeler à la correction des irrégularités constatées dans la publication des éléments du marché, tout comme celles commises lors de l'examen des candidatures et de l'évaluation des offres[206]. C'est ainsi que pour justifier l'annulation d'une décision d'attribution d'un marché pourtant validée par le Comité de règlement des différends de l'Autorité de Régulation des marchés publics (ARMP), la Chambre administrative de la Cour suprême du Sénégal a considéré que « les critères comme du reste les sous critères doivent être justifiés par l'objet du marché, avoir la précision nécessaire de manière à ne laisser aucun pouvoir discrétionnaire à la commission des marchés, être portés à la connaissance des candidats et respecter les principes fondamentaux de transparence, d'égalité des

[203] S. BRACONNIER, *Précis de droit des marchés publics*, Paris, 4è édition, Le Moniteur, 2012, p. 10.

[204] Pour garantir la transparence des procédures de passation des marchés publics, il est fait obligation aux autorités contractantes de publier en début de chaque année budgétaire un plan de passation des marchés publics contenant l'ensemble des marchés à passer au titre d'un exercice budgétaire, un avis général de passation des marchés à propos des marchés dont les montants sont supérieurs ou égaux aux seuils exigés pour leur passation après mise en concurrence ouverte et un avis d'appel d'offres ou de candidatures dans lequel elles doivent préciser l'objet du marché et les critères d'évaluation des offres.

[205] B. BA, « Le contentieux de l'excès de pouvoir des marchés publics devant la Cour suprême du Sénégal (à partir des arrêts rendus entre 2008 et 2013), *Annales Africaines*, avril 2015, p. 172.

[206] Voir M. Y. DIALLO, « Le juge de l'administration et la régulation des marchés publics au Sénégal », *Annales Africaines*, Avril 2015, p. 79.

candidats et de non-discrimination »[207]. Dans une autre affaire[208], le même juge a épousé les constats de l'ARMP pour confirmer que « l'autorité contractante a introduit des sous critères [...] » au cours de l'évaluation des offres avant de conclure à la « violation du principe de la transparence » parce que « ces sous critères ne figurant pas dans le dossier d'appel d'offres et n'ayant pas été portés au préalable à la connaissance des candidats ».

Il est constant, en jurisprudence administrative sénégalaise par exemple, que le défaut d'indication « des critères de sélection dans l'avis à manifestation » tout comme l'absence de précision de « leur mode d'application » sont contraires au principe de transparence et sanctionnés par « la nullité absolue de la procédure »[209]. « En se proposant d'expurger ainsi toutes les niches potentielles d'expression d'un pouvoir discrétionnaire de l'Administration, la Cour suprême démontre par là même qu'elle ne se satisfait pas seulement d'un minimum de conditions remplies par les candidats soumissionnaires mais exerce un contrôle assez strict sur les critères et sous critères dûment spécifiés dans les cahiers de charges »[210]. Il ne peut en être autrement, puisque le respect du principe de transparence suppose que les moyens de publicité utilisés puissent permettre aux candidats d'être informés sur tous les éléments du marché, les différents critères d'examen des candidatures et ceux d'évaluation des offres. A partir de ces quelques illustrations jurisprudentielles, l'on peut conclure que « l'efficacité de la publicité constitue une composante essentielle de la régularité du marché »[211].

CONCLUSION

Que « l'on se place du point de vue de la démocratie comme de celui de la bonne gouvernance, la transparence financière est évidemment indispensable »[212]. Elle est « l'une des idées maitresses du discours budgétaire actuel »[213] et constitue « un facteur essentiel d'une gestion à la fois régulière et efficace des finances publiques »[214]. Son application, en cette matière, permet de passer de l'idée selon laquelle « tous les documents budgétaires sont confidentiels, sauf indications

---

[207] Cour suprême du Sénégal, Arrêt n°55 du 24 octobre 2013, La Société Angélique International Limited C/ L'Autorité de régulation des marchés publics et l'Agence sénégalaise d'Electrification rurale.

[208] Cour suprême du Sénégal, Arrêt n° 12 du 7 avril 2011, Bureau Veritas SA C/ Autorité de Régulation des marchés publics.

[209] Sur ces précisions, voir Cour suprême du Sénégal, Arrêt n°18 du 22 mars 2012, Port Autonome de Dakar C/Comité de règlement de différends de l'ARMP.

[210] B. BA, « Le contentieux de l'excès de pouvoir des marchés publics ... », *op. cit.*, pp. 172-173.

[211] M. Y. DIALLO, *op. cit*, p. 82.

[212] Entretien accordé par le Professeur BOUVIER à la revue « Les Petites affiches » et portant sur « *La loi organique du 1er août 2001 relative aux lois de finances* ». Il a été réalisé et reproduit par E. BONNET, *LPA*, 26 nov. 2001, n°235 p. 3.

[213] X. CABANNES, *Finances publiques*, Sup' Foucher, coll. LMD, 3è édition, 2011, p. 66.

[214] A. SY, *op. cit.*, p. 191.

contraires »[215] à celle qui soutient que « tous les documents budgétaires sont déclarés publics, sauf indication contraire »[216]. C'est pourquoi, le but de cette réflexion était de voir si l'on peut parvenir à conclure à l'avènement, en droit UEMOA des finances publiques, d'un nouveau principe de transparence budgétaire et dans l'affirmative de préciser son contenu, ses implications, ses intérêts et le degré de sa sanction. Parvenir à une telle conclusion nécessite la démonstration que la transparence est dotée d'une force juridique contraignante suffisante lui permettant de produire des effets de droit.

A l'arrivée, l'on peut soutenir que la transparence est un principe budgétaire assez particulier quoique sa systématisation ne soit pas encore achevée. En effet, tout le long de la réflexion, l'on a pu montrer que la juridicité de la transparence budgétaire ne souffre d'aucune contestation même si, par ailleurs, il subsiste quelques insuffisances dans la définition de ses mécanismes de mise en œuvre pratique. Mieux, elle renforce les principes budgétaires classiques et a pour ambition de fonder un nouveau rapport à l'information budgétaire et financière. L'insuffisante justiciabilité de la transparence n'est pas réductrice et est semblable à celle des autres principes budgétaires. L'amélioration de son niveau est tributaire de la volonté des décideurs politico-administratifs et de la qualité des moyens juridiques, humains et matériels mis à la disposition des Parlements et des différentes juridictions interpellées.

Aussi, à partir du moment où la transparence budgétaire ne profite-t-elle pas forcement aux gouvernants, il appartient aux partenaires techniques et financiers, aux contribuables, à la presse, aux organisations spécialisées de la société civile, aux lanceurs d'alerte de contribuer au changement du rapport à l'information budgétaire et financière. La contribution de ces acteurs est particulièrement attendue dans un contexte caractérisé par la prolifération des réseaux sociaux qui garantissent un certain degré d'anonymat dans la divulgation des informations budgétaires et financières. C'est à ce prix que la démocratie financière sortirait consolidée et renforcée.

Toutefois, si pendant longtemps, la régularité des procédures est l'enjeu principal du contrôle des finances publiques, force est de constater un déplacement des curseurs vers la recherche de l'efficacité et de la performance dans l'utilisation des ressources publiques. Dans ce contexte, que faire si ces nouveaux critères de réussite d'une gestion publique sont incompatibles avec le principe de transparence ? La réflexion doit, à notre sens, se tourner vers la recherche d'une bonne articulation entre l'exigence de performance et ce nouveau principe budgétaire.

---

[215] M. LOTFI, « Budgets publics, communication financière et information des citoyens », cité par E. S. AHOUANKA, *op. cit*, p. 539.

[216] *Ibid.*

Gérard Martin PEKASSA NDAM[1]

LA DIALECTIQUE DU RESPONSABLE DE PROGRAMME EN FINANCES PUBLIQUES CAMEROUNAISES : RECHERCHE SUR LES NOUVEAUX ACTEURS BUDGÉTAIRES

INTRODUCTION

A la faveur des Mélanges consacrés au Professeur Michel BOUVIER, la thématique générique sur **« Les nouveaux chantiers des Finances publiques en Afrique »** nous commande une réflexion spécifique à partir du Cameroun. Cette réflexion porte sur la dialectique du responsable de programme en Finances publiques de cet Etat biculturel d'Afrique Centrale bien connu du fondateur de la Revue Française des Finances Publiques.

Au plan notionnel, la dialectique du responsable de programme donne lieu à une définition dans laquelle le volet analytique précède celui synthétique.

Le volet analytique de la définition comprend deux axes, renvoyant respectivement à l'objet (programme) et au sujet (responsable). Au titre de l'objet, le programme recouvre deux acceptions. La première dérive du sens commun qui entend le programme comme l'ensemble des actions qu'on se propose d'accomplir dans un but déterminé. La seconde acception est juridique. A ce titre, au sens du régime financier de l'Etat et des autres entités publiques au Cameroun, « un programme regroupe les crédits destinés à mettre en œuvre une action ou un ensemble cohérent d'actions relevant d'un même ministère et auquel sont associés des objectifs précis, définis en fonction de finalités d'intérêt général, ainsi que de résultats attendus »[2]. Cette acception s'apparente à celle formulée par le dédicataire des présentes lignes d'écriture qui constate que « les crédits destinés à réaliser une action, ou un ensemble cohérent d'actions relevant d'un même ministère, sont regroupés sous la forme d'un programme »[3]. Au titre du sujet, le responsable s'entend doublement. En premier lieu, le responsable se définit généralement comme une personne qui doit rendre compte et répondre de ses actes ou de ceux des personnes dont il a la garde ou la charge. En second lieu, juridiquement, le

[1] Agrégé des Facultés de Droit, Professeur titulaire (Université de Yaoundé II, Cameroun), Co-fondateur et Directeur de la *Revue Africaine des Finances Publiques*.

[2] Article 30 alinéa 2 de la loi n°2018/012 du 11 juillet 2018 portant régime financier de l'Etat et des autres entités publiques. Ce texte abroge la loi n°2007/006 du 26 décembre 2007 portant régime financier de l'Etat.

[3] M. BOUVIER, M.-C. ESCLASSAN, J.-P. LASSALE, *Finances publiques*, Paris, LGDJ, 15ème édition, 2016, p. 340.

responsable est une personne physique ou morale à qui il incombe l'obligation légale de rendre compte de ses actes dans le cadre de l'exercice d'une fonction.

Le volet synthétique de la définition de la dialectique du responsable de programme est le suivant : le contraste caractérisant la personne physique à qui incombe l'obligation légale de faire bon usage des crédits publics qui lui sont affectés, dans le cadre de l'accomplissement d'une mission de service public.

Historiquement, la dialectique du responsable de programme entretient un lien étroit avec la programmation budgétaire au Cameroun[4] comme dans beaucoup d'autres Etats en Afrique et dans le monde[5]. Cette programmation possède une trajectoire christique comprenant trois séquences : naissance, mort, et résurrection.

La naissance, d'abord. La « déclaration de naissance » de la programmation budgétaire remonte à la période coloniale. En effet, cette programmation a été mise en œuvre au Cameroun tant oriental[6] qu'occidental[7]. Une fois l'indépendance acquise, cette programmation a pris la forme des plans quinquennaux[8] sous l'empire tant de l'Etat fédéral (1960-1971) que l'Etat unitaire (1971-1986). Au demeurant, même si par induction, la programmation en débat était mise en œuvre par des personnes, le vocable responsable de programme n'existait pas dans l'ordonnancement juridique en vigueur.

La mort, ensuite. La programmation budgétaire n'a pas été victime d'une mort subite ; le « certificat de décès » mentionnerait plutôt une mort lente. En effet, le délaissement de la programmation budgétaire résulte de la mise aux calendes grecques de la planification à partir de la fin de la décennie 1980, les pays africains étant frappés par une profonde crise économique. Un auteur camerounais a bien relevé qu'« on a abandonné les préoccupations de moyen et long termes pour se consacrer aux préoccupations de court terme »[9].

A l'instar du récit biblique, le temps de la résurrection est enfin venu. Cette résurrection de la programmation budgétaire est justifiée par l'exigence d'élaborer les Cadres de Dépenses à Moyen Terme (CDMT) « qui s'inscrivent dans le processus intégré de planification promu par la Banque Mondiale et l'Organisation pour la Coopération et le Développement Economiques (OCDE) pour sortir des contraintes de la prévision budgétaire annuelle »[10]. Dès lors, à la faveur de la loi n°2007/006 du 26 décembre 2007 portant régime financier de l'Etat, la notion de programme a été formellement consacrée. L'air du temps étant à la célébration du

---

[4] P. MANGA, *Les Finances publiques au Cameroun*, Thèse Doctorat droit, Université Paris I, 1980, p. 73.

[5] Voir par exemple en France la Loi organique n°2012-1403 du 17 décembre 2012 relative à la programmation et à la gouvernance des finances publiques.

[6] Ce territoire sous domination française a bénéficié d'une planification grâce au Fonds d'Investissement pour le Développement Economique et Social, organisme français créé par une loi du 30 avril 1946 et chargé d'encourager le développement économique et social des territoires d'outre-mer de l'Union française.

[7] Partie du Cameroun sous la domination de la Grande-Bretagne. Cette partie anglophone a tiré profit des actions du *Colonial Development Welfare Fund Acts*, initiées par l'Angleterre dès 1940.

[8] H. JACQUOT, « La planification économique au Cameroun », *RCD*, n°5, janvier-juin 1974, p.16.

[9] TOUNA MAMA, *L'économie camerounaise : pour un nouveau départ*, Yaoundé, éd. Afrédit, 2008, p. 278.

[10] N. MEDE, « La nouvelle gestion budgétaire : l'expérience des budgets de programme au Bénin », *Afrilex*, n°4, 2004, p. 67.

passage du budget de moyens à celui de résultat. Allant plus en profondeur, le législateur de 2018 a consacré, pour la première fois, le vocable responsable de programme[11], invitant à la réflexion dans le sillage des vastes chantiers des Finances publiques ouverts, explicitement ou implicitement, depuis plus d'une décennie en Afrique[12].

Eu égard à cet ancrage normatif, l'étude du responsable de programme sous le prisme dialectique revêt un double intérêt. En premier lieu, l'intérêt théorique est binaire. L'étude possède un attrait en rapport avec la théorie des institutions formulée par le Doyen Maurice HAURIOU. En effet, le responsable de programme est une sorte d'institution-organe investie d'une mission de service public, chère au Maître toulousain[13]. Par ailleurs, l'étude est stimulante en raison de l'émergence de nouveaux acteurs budgétaires qu'elle permet de ressortir. En ce sens, elle s'inscrit dans la mouvance de l'attention que le Professeur BOUVIER porte depuis des années aux transformations des cadres juridiques des finances publiques en Afrique[14]. En second lieu, l'intérêt pratique n'est pas en reste. Il s'agit, dans la nouvelle gouvernance financière publique, de contribuer à la connaissance de l'étendue des prérogatives des gestionnaires de deniers publics. Ces gestionnaires disposent de pouvoirs légaux en la matière, sans pour autant que l'étendue de ces pouvoirs les autorise à en abuser. Ainsi, il sied d'édifier la conscience collective sur la dialectique du responsable de programme en Finances publiques en général, et au Cameroun en particulier.

Fort d'un tel intérêt, la question centrale de notre contribution se décline comme suit : à l'analyse des Finances publiques camerounaises, en quoi le responsable de programme est-il porteur d'une dialectique ?

En réponse à cette problématique et dans une démarche dogmatique, on peut avancer l'hypothèse selon laquelle la dialectique du responsable de programme découle de son ambivalence statutaire. En réalité, ce responsable ne peut pas faire l'objet d'une lecture univoque ; il est comme une sorte de « Janus budgétaire », mais à deux visages opposés. S'il se présente sous la parure d'un maître **(I)**, cet acteur budgétaire a la particularité de revêtir par ailleurs un costume sans dorure, celui de serviteur **(II)**.

---

[11] Article 69 alinéa 2. A titre de comparaison, c'est le cas en France depuis la LOLF de 2001. Sur la question, lire P. RAULIN, « La fonction de responsable de programme et sa place dans la nouvelle architecture budgétaire », *Revue Française de Finances Publiques*, n°91, 2005, pp. 65-75.

[12] A titre d'exemple, *Afrique contemporaine*, 2007/3-4 (n°223-224), dossier « Réformes des finances publiques africaines ».

[13] E. MILLARD, « HAURIOU et la théorie de l'institution », *Droit et Société*, n°30-31, 1995, pp. 381-412.

[14] On peut citer, à titre illustratif, l'un de ses rapports rendus sur l'Afrique francophone : M. BOUVIER (Etude sous la dir.), *La gestion de la dépense publique dans les pays de l'Afrique francophone subsaharienne*, Paris, Ministère des Affaires étrangères, Ministère de l'Economie, des Finances et de l'Industrie, avril 2004, 398 pages.

De plus, en tant que Directeur de la *Revue Française de Finances Publiques*, il a probablement milité pour que de nombreux numéros de ladite revue portent sur les problématiques intéressant les pays en développement. Voir *RFFP*, spécial Hors-série, 2010, intitulé *Finances publiques au Maroc et en France : enjeux et réponses face à la crise (Colloques des 12 et 13 septembre 2009)* ; *RFFP*, n°102, 2008, sur « La réforme des finances publiques au Maroc – Dossier spécial : La révision générale des politiques publiques » ; *RFFP*, n°98, 2007, intitulée « *Logique de performance et pays en développement* ».

I. LE RESPONSABLE DE PROGRAMME, UN MAITRE

Maître, le responsable de programme l'est en raison du pouvoir de gestion dont il dispose. Ce pouvoir de gestion peut être considéré comme une condition essentielle de la gouvernance des programmes[15].

Concrètement, l'office de maître du responsable de programme se manifeste d'une part, dans la déclinaison des compétences substantielles (**A**) et, d'autre part, dans l'assimilation de ce dernier à un ordonnateur (**B**).

A. UN MAÎTRE DE PAR SES COMPÉTENCES SUBSTANTIELLES

En attribuant au responsable de programmes des compétences précises, le législateur a certainement évité une conception trop limitée de son rôle. Il résulte de l'article 69, alinéa 2 de la loi du 11 juillet 2018 que « le responsable de programme détermine les objectifs spécifiques, affecte les moyens et contrôle les résultats des services chargés, sous sa responsabilité, de la mise en œuvre du programme. Il s'assure du respect des dispositifs de contrôle interne et de contrôle de gestion ».

Techniquement et globalement, les missions du responsable de programme consistent en diverses activités aussi importantes les unes que les autres, qu'il exerce de façon assez discrétionnaire dans le but d'atteindre les résultats assignés à son programme[16]. Le responsable de programme dispose donc de compétences tant en matière de programmation des activités budgétaires (**1**) que de suivi de ces activités (**2**).

1. La compétence de programmation des activités budgétaires

La programmation des activités budgétaires par le responsable de programmes donne à voir l'exercice d'une compétence binaire, à savoir : la programmation solitaire, et la programmation solidaire.

La programmation solitaire des activités budgétaires ne met en scène que le responsable de programme. En effet, dès le mois de janvier, l'établissement d'un protocole de gestion permet d'assurer un réel pilotage de la performance. Ledit protocole est un document qui précise les objectifs spécifiques visés et organise, à l'intérieur du programme, le processus de planification opérationnelle, les actions, les activités, les moyens humains et matériels de leur réalisation. En plus de déterminer les rôles respectifs et les responsabilités des différents acteurs, le protocole précise les modalités de contrôle et de suivi trimestriel de la mise en œuvre du programme. Il sert aussi de support au dialogue de gestion.

S'agissant de la programmation solidaire des activités budgétaires, elle met communément en scène le responsable de programme et d'autres acteurs. A ce sujet,

---

[15] Dans ce sens, lire A. BARILARI, « Réflexions sur la gouvernance des programmes LOLF », *Revue Française d'Administration Publique*, vol. 157, n°1, 2016, pp. 215-222.

[16] Ces activités sont présentées aussi bien dans les circulaires annuelles portant sur l'exécution du budget et le contrôle de ladite exécution que dans le *Manuel sur le pilotage et l'exécution du budget programme* de janvier 2013.

la mise en place d'un dispositif de pilotage stratégique et opérationnel fait intervenir plusieurs autres acteurs généralement choisis au sein de l'unité administrative. A chacun d'eux il est confié la coordination d'une action ou de plusieurs activités au sein du programme. Ainsi retrouvera-t-on, au sein de chaque programme, des responsables d'actions désignés pour la coordination de chacune des actions du programme. Ceux-ci sont assistés de responsables d'action chargés de piloter les services et opérateurs (établissements publics administratifs) tenus d'exécuter les activités liées à la mise en œuvre de l'action. La mise en œuvre d'un programme peut impliquer aussi des responsables d'unités administratives qui sont en réalité des agents de l'Etat à la tête de services déconcentrés ou extérieurs[17].

Bien plus, l'office de maître du responsable de programme est conforté par sa compétence dans le suivi des activités budgétaires.

2. La compétence de suivi des activités budgétaires

Sous le prisme de la dualité, le suivi des activités budgétaires permet au responsable de programme d'exercer sa compétence, tant par le dialogue de gestion que par le contrôle de gestion.

En premier lieu, le dialogue de gestion accompagne le dispositif de pilotage. Ce dialogue de gestion est un dispositif de concertation permanente mis en place dans le cadre d'un programme afin de s'assurer que les activités mises en œuvre par les différents intervenants du programme concourent à la réalisation des résultats escomptés.

En second lieu, le contrôle de gestion vise à maîtriser les activités pour que les résultats attendus soient réalisés. Désigné par le responsable de programme, le contrôleur de gestion est la pièce maîtresse de ce dispositif. Il assiste le responsable du programme dans le suivi des différentes opérations sanctionné par des rapports trimestriels. Le contrôle de gestion permet de prévoir, suivre et analyser les réalisations de chaque programme et surtout de veiller à la minimisation des risques de non performance.

Au-delà des développements précédents, force est de constater que la maitrise du responsable de programme s'étend à son statut d'ordonnateur.

B. UN MAÎTRE DE PAR SON STATUT D'ORDONNATEUR

Deux considérations permettent de comprendre l'idée d'assimilation du responsable de programme à un ordonnateur. Pour s'en convaincre, il convient de présenter successivement son assimilation à un ordonnateur, tant de manière directe (**1**) qu'indirecte (**2**).

[17] Il s'agit des délégations régionales des départements ministériels, des missions diplomatiques et consulaires.

1. L'assimilation directe à un ordonnateur

La qualité d'ordonnateur du responsable de programme est perceptible dans la loi de 2018. Au demeurant, son assimilation directe à un ordonnateur emporte l'adhésion par le fait d'une démonstration binaire.

D'une part, la genèse de l'assimilation directe à un ordonnateur est consécutive au fait que le principe d'une telle assimilation avait été posé depuis pratiquement sept années. En effet, l'article 17 alinéa 4 de la directive communautaire du 19 décembre 2011 prescrivait déjà les modalités de gestion des programmes auxquels devaient se conformer les législations nationales à l'issue du délai de vingt-quatre mois suivant son adoption. La loi du 26 décembre 2007 n'ayant pas été aussitôt modifiée pour transposer cette directive, la recherche de la performance dans la gestion publique imposait l'institution du responsable de programmes. Cela s'est fait par voie réglementaire depuis 2016[18], notamment au moyen des circulaires émises chaque année, par le ministre des finances, en vue de s'assurer de la bonne exécution du budget et du contrôle effectif de cette exécution[19].

D'autre part, l'exégèse de l'assimilation directe à un ordonnateur se rapporte à l'évolution observée avec la loi du 11 juillet 2018, par rapport à celle du 26 décembre 2007. D'une certaine façon, la nouvelle loi substitue le responsable de programme à l'ordonnateur en lui attribuant expressément la bonne exécution des programmes. Dans la loi de 2007, on pouvait lire, à l'article 51 alinéa 1er, que « l'ordonnateur a la responsabilité de la bonne exécution des programmes »[20]. Désormais, ceux-ci sont pratiquement exclusivement « placés sous la responsabilité d'un responsable de programme désigné en application de l'article 69 [...] » de la loi du 11 juillet précitée.

En plus du volet direct précédemment décrit, le volet indirect de l'assimilation du responsable de programme à un ordonnateur s'impose à l'observation.

2. L'assimilation indirecte à un ordonnateur

De manière indirecte, l'assimilation du responsable de programmes à un ordonnateur s'articule sous un double abord.

Sous le premier abord, l'explication de l'assimilation indirecte à un ordonnateur réside dans le fait que le responsable de programme bénéficie d'une délégation de compétence de l'ordonnateur en vertu de l'article 69 alinéa 1er de la nouvelle loi. Est considérée comme ordonnateur, « toute personne ayant qualité au nom de l'Etat de prescrire l'exécution des recettes et des dépenses inscrites au budget de l'Etat »[21].

---

[18] Circulaire n°001/C/MINFI du 31 décembre 2015 portant instructions relatives à l'exécution des lois de finances, au suivi et au contrôle de l'exécution du budget de l'État, des entreprises et établissements publics, des collectivités territoriales décentralisées et des autres organismes subventionnés, pour l'exercice 2016.

[19] Voir Circulaire n°001/C/MINFI du 02 janvier 2018 portant instructions relatives à l'exécution des lois de finances, au suivi et au contrôle de l'exécution du budget de l'État, des entreprises et établissements publics, des collectivités territoriales décentralisées et des autres organismes subventionnés, pour l'exercice 2018.

[20] Article 51 alinéa 1er, loi n°2007/006.

[21] Article 65, loi n°2018/012.

En matière de dépenses, il en existe trois catégories : les ordonnateurs principaux, les ordonnateurs secondaires, ainsi que les ordonnateurs délégués. Ceux-ci sont, selon les termes employés par le législateur, « les responsables désignés par les ordonnateurs principaux ou secondaires pour des matières expressément définies ».

Sous le second abord, l'implication de l'assimilation indirecte à un ordonnateur est inférée du fait que la délégation de leurs compétences aux responsables de programmes par les ministres, ordonnateurs principaux, fait desdits responsables des ordonnateurs délégués du budget de leur programme. Leur statut d'ordonnateur délégué est d'autant plus avéré que, comme tout ordonnateur, ils peuvent modifier la répartition des crédits au sein de leur programme[22], en vertu de l'article 32 de la loi du 11 juillet 2018[23].

En somme, de la lecture de la loi susmentionnée, il ressort que le responsable de programme est un maître. Toutefois, de manière dialectique, force est de constater qu'il revêt également les atours d'un serviteur.

II. LE RESPONSABLE DE PROGRAMME, UN SERVITEUR

Serviteur, le responsable de programme l'est, dans la mesure où chaque programme requiert que les actions publiques soient pilotées clairement. Présentant un caractère ministériel, le responsable qui en assure la mise en œuvre n'agit pas en toute liberté. Il est, en effet, le subordonné d'un ministre (**A**) et, dans une certaine mesure, sa responsabilité peut être engagée (**B**).

A. UN SERVITEUR EN RAISON DE SA SUBORDINATION À UN MINISTRE

Il existe un lien de subordination entre le responsable de programme et le ministre, ordonnateur principal. Ce lien résulte de sa nomination par le ministre (**1**) et se traduit aussi par les instructions qu'il reçoit de ce dernier (**2**).

1. La subordination découlant de la nomination

Du fait de sa nomination par le chef d'un département ministériel, le responsable de programme se trouve en posture d'allégeance. Aussi convient-il respectivement d'aborder ce pouvoir de nomination, tant dans son essence que dans son incidence.

S'agissant de l'essence du pouvoir de nomination, il résulte de ce que chaque responsable de programme est désigné par le ministre sectoriel dont il relève[24]. D'après la loi, tout programme regroupe les crédits destinés à mettre en œuvre une action ou un ensemble cohérent d'actions relevant d'un même ministère et auquel

[22] Article 69 alinéa 3, loi n°2018/012.

[23] Cet article consacre, en son second alinéa, la fongibilité des crédits budgétaires : « *A l'intérieur de chaque programme ou dotation, les crédits sont fongibles et leur présentation par titre n'est qu'indicative et ne s'impose ni aux ordonnateurs, ni aux comptables dans les opérations d'exécution du budget* ».

[24] Article 69 alinéa 1er, loi n°2018/012.

sont associés des objectifs précis, définis en fonction de finalités d'intérêt général, ainsi que des résultats attendus. Ainsi, le programme présente un caractère ministériel qui fait que le responsable appelé à le mettre en œuvre est désigné par le seul ministre dont le département ministériel assure la gestion dudit programme.

L'incidence du pouvoir de nomination, pour sa part, découle de ce qu'il n'existe pas de programme interministériel tel que plusieurs ministres se trouvent en concurrence pour la désignation du responsable du programme considéré. En outre, les chefs d'organes constitutionnels ne sont plus appelés à désigner de responsables de programmes, étant donné que les crédits budgétaires alloués à ces organes sont désormais regroupés non pas par programmes, mais par dotations. Il s'agit de crédits globalisés destinés à couvrir des dépenses spécifiques, qui ne peuvent pas être, en raison de leur nature, directement associés à des objectifs de politiques publiques ou à des critères de performance[25]. Par ailleurs, la désignation du responsable de programme obéit à un certain nombre d'exigences formelles. Elle doit être contenue dans un « acte administratif » qui est ensuite transmis pour information au ministre chargé des finances. Matériellement, cet acte précise aussi les conditions dans lesquelles les compétences d'ordonnateur sont déléguées au responsable de programme, ainsi que les modalités de gestion du programme[26]. C'est dire que quand bien même il serait chargé de déterminer les différents dispositifs qu'il juge appropriés pour la mise en œuvre du programme, le responsable de programme est tenu de se conformer au mandat reçu de son ministre.

La servitude du responsable de programme est complétée par les instructions qui lui sont adressées par sa hiérarchie.

2. La subordination découlant des instructions

Les instructions que le responsable de programme reçoit de son ministre commandent respectivement d'en présenter les fondements et les modalités.

Premièrement, les fondements des instructions reposent sur les circulaires annuelles. Dans ces circulaires, le ministre des finances prescrit régulièrement à chaque ministre l'élaboration, au plus tard le 31 janvier, de la charte ministérielle de gestion de son département. Cette charte établie sous la responsabilité du Secrétaire général concerne tous les programmes du ministère. Elle porte en l'occurrence sur les modalités et le calendrier d'élaboration et de gestion des programmes, sur le pilotage de la performance, censés orienter la gestion du responsable de programme[27].

Deuxièmement, les modalités des instructions des instructions impliquent le fait que le responsable de programme ne peut modifier la répartition des crédits au sein de son programme, sans la sollicitation préalable de l'avis du contrôleur financier par son ministre sectoriel. Le ministre chargé des finances doit en être tenu informé par ce dernier. Enfin, c'est aussi sous l'autorité des chefs de départements

[25] Article 31 alinéa 2, loi n°2018/012.

[26] Articles 66 alinéa 4 et 69 alinéa 1er, loi n°2018/012.

[27] Par exemple, circulaire n°001/C/MINFI du 02 janvier 2018, n°72 et s.

ministériels que les responsables des programmes produisent les projets de performance annuels annexés à la loi de finances initiale, ainsi que les rapports annuels de performance joints au projet de loi de règlement[28].

Sous un tout autre angle, la servitude du responsable de programme est confortée par l'engagement de sa responsabilité.

B. UN SERVITEUR EN RAISON DE SA RESPONSABILITÉ

Le responsable de programme n'est pas absout de toute reddition des comptes ; cela paraît inimaginable par ces temps de nouvelle gouvernance financière publique sur le continent africain[29]. Comme le révèle l'adjectif dont il est qualifié, le fait de répondre de ses actes autorise de croire à l'engagement de sa responsabilité.

Toutefois, il faut relever que si la loi du 11 juillet 2018 exclut sa responsabilité politique (**1**), elle inclut une forme de responsabilité spécifique (**2**).

1. L'exclusion de la responsabilité politique

L'exclusion de la responsabilité politique du responsable de programme est perceptible, aussi bien par son postulat que dans corrélat.

Au titre du postulat de l'exclusion de la responsabilité politique, il sied d'observer que, comme sa devancière du 26 décembre 2007, la loi du 11 juillet 2018 a la particularité de rénover le rôle des acteurs classiques de la dépense publique et de faire émerger de nouveaux acteurs responsables des résultats de leur gestion autant qu'ils disposent de marges de manœuvre dans l'exécution des budgets alloués à leur programme[30]. Si la réforme lie la recherche de la performance et la responsabilité du responsable de programme, de quel type de responsabilité s'agit-il ? A l'évidence, la responsabilité politique du responsable de programme est à exclure.

Au titre du corrélat de l'exclusion de la responsabilité politique, celle du responsable de programme n'est guère envisageable puisque sa désignation par le ministre n'exonère pas ce dernier de sa responsabilité devant le président de la République ou devant le Parlement. Sur ce plan, on peut considérer que le ministre, en sa qualité d'ordonnateur principal, est politiquement seul responsable de l'atteinte des objectifs des programmes relevant de sa compétence. Cette responsabilité n'est nullement partagée avec le responsable de programme dont il est censé veiller à ce qu'il mobilise des moyens et dispositifs de gestion adaptés pour chaque programme.

Cependant, l'inclusion d'une responsabilité spécifique est applicable au responsable de programme.

---

[28] Articles 16 et 22, loi n°2018/011.

[29] Lire utilement S. BATONON, *Les systèmes financiers publics des Etats de l'UEMOA à l'épreuve de la nouvelle gouvernance financière publique*, thèse de doctorat en droit, Université Paris I Panthéon-Sorbonne, 2016, 515 pages.

[30] Lire dans ce sens : *Manuel sur le pilotage et l'exécution du budget programme*, janvier 2013, p. 2 et s.

2. L'inclusion de la responsabilité spécifique

En matière de gestion financière, l'une pouvant être mise en œuvre sans préjudice de l'autre, il est classique de distinguer la responsabilité pénale de la responsabilité financière.

La responsabilité pénale du responsable de programme est établie sur le fondement de la loi fédérale n°62/10 du 9 novembre 1962 portant répression des infractions relatives à la fortune publique et de l'article 184 de la loi n°2016/007 du 12 juillet 2016 portant Code pénal. Au demeurant, cet article perçoit extensivement le détournement de deniers publics au point d'assimiler les fautes de gestion et les abus de biens sociaux à cette infraction financière.

La responsabilité financière du responsable de programme peut être engagée pour l'un des faits énumérés à l'article 88 de la loi du 11 juillet 2018. Il en serait ainsi, à titre d'exemple, en cas de violation des règles relatives à l'exécution des recettes et des dépenses de l'Etat ou encore de la mise en œuvre de moyens manifestement disproportionnés ou inadaptés aux objectifs poursuivis par le service. Ces faits constitutifs de faute de gestion sont sanctionnés lorsqu'ils sont reprochés, selon les termes de l'article 87, alinéa 3 de la loi précitée, à « tout agent d'une entité publique ». Cette loi attribue désormais à la juridiction des comptes la compétence de jugement des gestions de fait, enlevant ainsi au Conseil de discipline budgétaire et financière son rôle d'investigation et de sanction de ces irrégularités.

En conclusion, l'émergence de nouveaux acteurs budgétaires, loin d'être un leurre, est une réalité au Cameroun. Seulement, dans ce pays, la réflexion montre que le responsable de programme est une figure importante mais paradoxale : il peut être vu sous l'angle autant du maître que du serviteur.

Au demeurant, la présente étude sur le responsable de programme contribue à mettre en exergue les clés de succès de la nouvelle gouvernance financière publique. Elle témoigne modestement du vaste mouvement international de modernisation des finances publiques observé avec pertinence par le Professeur Michel BOUVIER[31]. A l'image du Maître de la Science des Finances publiques que l'on célèbre aujourd'hui, le responsable de programme pourrait devenir exclusivement Maître de la gestion budgétaire ou le Maître exclusif de ladite gestion. C'est une question de gouvernance. L'espoir est permis. L'Afrique est une terre fertile pour les nouveaux chantiers des Finances publiques et a besoin d'« ouvriers ». La disponibilité du dédicataire des présents *Mélanges* n'a jamais fait défaut. Il s'est engagé à conduire des chantiers sur notre continent et m'a fait l'amitié de participer à celui de la *Revue Africaine de Finances Publiques* ouvert en 2015.

Yaoundé, le 31 juillet 2018.

[31] Il suffit de se référer à son Avant-propos à la *RFFP*, n°102, 2008, p. 9.

Patrick E. ABANE ENGOLO[1]

POUR UN ORDRE JURIDICTIONNEL FINANCIER

INTRODUCTION

« Refaire un budget de l'Etat qui soit à la fois simple pour l'analyste précis pour le vote du politique et clair pour le jugement de l'économiste »[2]. Par ces propos, Michel DEBRE fait ressortir la possible complexité des questions budgétaires. Une évidence en ressort : ces questions ne sont pas naturellement à la portée de tous, elles seraient hermétiques. C'est la complexité des phénomènes financiers en général qui est avérée à travers la grande variété de structures et d'acteurs. De même, la technicité et la délicatesse interviennent aussi dans les finances publiques.

L'exhortation dernière qu'il formule est la clarté pour le jugement de l'économiste. Une présentation complexe ou un juge non économiste seraient des facteurs rendant difficiles l'office de jugement. Certaines affirmations de M. BOUVIER retrouvent à cet effet tout leur sens : « A la sévérité présumée de la matière correspond d'ailleurs bien souvent celle tout autant présumée des personnels et fonctionnaires des administrations financières »[3]. .

A l'évidence, les questions financières apparaissent rébarbatives pour les juristes qui préfèrent surtout s'orienter vers le droit administratif, le droit constitutionnel, le droit international. En effet, dans le droit de la comptabilité publique, des chiffres peuvent apparaître, mais aussi, le droit budgétaire fort technique, est fait de principes juridiques aux allures inaccessibles. Ces règles techniques destinées à faciliter le contrôle sont devenues plus difficiles dans leur respect, surtout lorsque la nature des dépenses publiques a évolué et que les finances publiques se sont diversifiées. Par voie de conséquence, les juristes spécialistes des questions financières sont peu nombreux et la raison qui justifie cet état des lieux est la spécificité et la diversité de la matière.

Pour l'étude à effectuer, il est préalable de déterminer le contenu de la notion **« d'ordre juridictionnel financier »**. Pour son appréhension, la juridiction est l'incarnation organique, du pouvoir judiciaire. Dans la théorie de la séparation des

[1] Agrégé des facultés de Droit, Directeur du Centre d'Etudes et de Recherches, Constitutionnelles, Administratives et Financières (CERCAF), Université de Yaoundé II (Cameroun)

[2] M. DEBRE, *Ces princes qui nous gouvernent*, Paris, 1957.

[3] M. BOUVIER, M.-C. ESCLASSAN, J.-P. LASSALE, Finances *Publiques*, 10ème éd., LGDJ, Paris, 2010, p.7.

pouvoirs, il faut distinguer les pouvoirs judicaire, exécutif et législatif. Le pouvoir judiciaire se distingue des deux autres en ce sens que c'est à lui qu'il revient de garantir l'exécution de la loi et donc d'être en quelque sorte un surveillant de l'administration (le juge administratif) et le protecteur de l'ordre juridique dans les litiges qui opposent les particuliers.

Dans un sens fonctionnel, la juridiction est chargée de dire le droit. Dans un sens organique, ce terme désigne les organes qui sont dotés de ce pouvoir[4]. Du point de vue de l'organisation juridictionnelle, il apparaît des ordres de juridiction qui sont en réalité un ensemble de tribunaux ou juridictions placés sous le contrôle de cassation d'une juridiction supérieure et suprême. La configuration de l'ordre juridictionnel admet deux facteurs, d'abord celui organique d'après lequel des juridictions ensembles et superposées sont sous le contrôle d'une même instance juridictionnelle supérieure, et ensuite que le champ de compétences de toutes ces juridictions soit matériellement le même[5]. Il existe une spécificité matérielle qui fait que ces juridictions ont toutes un lien avec les autres. L'exemple est celui de l'ordre judiciaire où l'on trouve des manières connexes pour des rapports de droit privé, faisant le pont entre le juge civil et le juge répressif.

Les questions d'ordre de juridiction se retrouvent surtout dans le système de droit Romano-Germanique. Le système de la Common Law ayant opté pour l'unité juridictionnelle ne connaît pas de difficulté de construction des ordres de juridiction.

Au constat, et pour le système romano-germanique, il y a prévalence du dualisme juridictionnel à l'examen de la doctrine. En effet, les enseignants de droit pour la plupart, peu enclins à la maîtrise des finances publiques, systématisent deux (02) ordres de juridiction[6] que sont : l'ordre judiciaire et l'ordre administratif. En Hexagone par exemple, et au sens de l'article 34 de la Constitution de 1958, c'est au législateur qu'il revient de créer de nouveaux ordres de juridiction. Il s'avère qu'en 1958, seul l'ordre judiciaire a été constitutionnalisé. Il faut peut-être remonter à la loi des 16-24 août 1790 et la loi du 16 Fructidor an III, pour admettre que soit « institué et légalisé » un ordre administratif[7]. En fait, la constitutionnalisation de l'ordre administratif y est le fait du juge constitutionnel[8].

Ce qui demeure regrettable est la visible inexistence d'un ordre juridictionnel financier. La physionomie générale est que les juridictions financières sont des juridictions administratives spécialisées[9]. Dans ce cadre, le cas de la Cour de Discipline Budgétaire et Financière française interpelle en ce sens qu'elle est

---

[4] S. GUINCHARD et T. S.D. DEBARD, *Lexique des termes juridiques*, Dalloz, 19e édition, Paris, 2012, page 501.

[5] *Ibid.*, p.607

[6] V. notamment M. FABRE-MAGNAN, *Introduction générale au droit-droit des personnes, méthodologie juridique*, PUF, 2ème édition, Paris, 2011, p.221.

[7] La loi du 24 mai 1872 portant organisation judiciaire et l'arrêt CE, 13 décembre 1889 Cadot vont renforcer l'autorité de la juridiction administrative.

[8] CC, 22 juillet 1980, validation d'actes administratifs, CC, 23 janvier 1987 conseil de la concurrence

[9] M. FABRE-MAGNAN, *op.cit.*, p.243.

considérée, malgré l'unité de l'instance qui la représente, comme un ordre de juridiction[10].

S'agissant du vocable « Financier », il renvoie aux différents aspects des finances publiques. Ce sont les procédures budgétaires et comptables des autorités intervenant dans la dépense publique et aussi les litiges, dont ceux relatifs à l'imposition. En Allemagne, bien qu'il existe une Cour Fédérale des Finances[11], sa compétence se limite exclusivement au contrôle des comptes publics et au contentieux fiscal. Elle ne s'assure donc pas du contrôle de tous les domaines financiers, contrairement à l'impression que donne la connotation de son appellation.

En outre, les Etats africains se meuvent entre unité et dualisme juridictionnel. Le Benin[12]et le Togo[13] sont de ces nombreux Etats qui ont opté pour un ordre judiciaire à côté d'un ordre administratif, tout en ayant, dans sa majorité, le contentieux financier enfoui dans le contentieux administratif. D'autres pays comme le Gabon ont, par contre, opté pour plusieurs ordres[14]. Cependant, la Cour des Comptes gabonaise qui est chargée uniquement du contrôle des comptes est aussi un juge partiel des finances publiques. Le Sénégal également est un exemple du même type[15].

En fait, il est constaté l'inexistence de solutions partagées quant à l'effectivité d'un ordre juridictionnel financier. En Allemagne comme au Gabon et au Sénégal, cet ordre de juridiction n'a qu'une intervention partielle en matière financière : le contrôle des comptes. Ailleurs, tel en France, au Cameroun comme au Bénin par exemple, nous avons des juridictions financières inféodées au juge administratif.

L'éclatement des options étatiques quant à cette préoccupation, et la minimisation du rôle de ces instances laissent perplexe au regard des exigences de l'Etat moderne. Dans cet Etat, il y a effectivement prévalence de l'obligation de rendre compte qui est incompatible avec le peu d'égards, voire le refus de constituer un contentieux relatif aux finances publiques au sein d'un seul et même ordre (Il y a incompatibilité entre l'obligation pour tout organisme public de rendre des comptes et le fait de maintenir les juridictions financières au sein de celle administrative.). Il n'est pourtant pas très abstrait ou impertinent de s'intéresser, au regard des enjeux, sur la nécessaire mise sur pied d'un ordre juridictionnel financier.

Une préoccupation ressort dès lors de ces différentes constatations : faut-il un ordre juridictionnel financier ? La question est posée parce que dans l'architecture générale de la juridiction, autant les Etats excipent le besoin de mieux contrôler les finances publiques, autant ils ne donnent d'existence autonome et uniforme qu'aux juridictions des ordres judiciaire et administratif. La réflexion menée ne s'étend que

[10] CC, 3 mars 2005, Voir R. MUZELLEC, *Finances publiques*, Dalloz SIREY, 15e édition, Paris, 2009, p.463.

[11] Art. 95 de la loi fondamentale du 23 mai 1949.

[12] Art. 125 et 131 de la Constitution béninoise du 11 décembre 1990.

[13] Art. 123 de la loi constitutionnelle togolaise.

[14] Cf. Art. 67 de la loi constitutionnelle de 1991 modifiée. Il est recensé en combinaison avec l'article 83, quatre (04) ordres dont la Cour constitutionnelle, Cour juridictionnelle, Cour administrative et la Cour des Comptes.

[15] V. la loi Organique n° 99-70 du 17 février 1999 sur la Cour des Comptes.

dans les ordres juridiques des Etats ayant reçu le système de droit romano-germanique. Il s'en dégage qu'effectivement, les questions de finances publiques n'ont pas leur juge mais plutôt leurs juges. Concrètement, en dehors du juge des comptes qui est un juge administratif d'un type particulier, d'autres instances juridictionnelles interviennent dans les contentieux de finances publiques, et plus encore, le contentieux fiscal se trouve très souvent tiraillé entre deux ordres de juridiction. Et pourtant, tous les champs des finances publiques sont assemblables au sein d'un même ordre.

En portant le regard sur les ordres juridiques des Etats Africains d'expression française, et sur les ordres juridiques français et belge, il est requis d'explorer dans le contentieux des finances publiques, l'édification d'un système dans lequel un bloc organisé de juridictions en charge des questions financières serait sous le contrôle unique d'une Juridiction Suprême intervenant comme instance de cassation uniquement dans les mêmes matières. En vérité, la réflexion conduit à admettre une telle éventualité du fait des justifications qui tiennent aux errements des solutions en vigueur, et à la particularité du contentieux financier. Il revient dès lors de présenter la justification par le peu de lisibilité des systèmes actuels (I) et d'établir la justification par la spécificité du contentieux financier (II).

I. LA JUSTIFICATION PAR LE PEU DE LISIBILITE DES SYSTEMES ACTUELS

Les systèmes juridictionnels actuels font de la juridiction financière le parent pauvre des instances juridictionnelles. Cette pauvreté se révèle en fonction de ce qui est attendu d'une juridiction financière. A ce propos, l'opinion publique perçoit mal l'inefficacité des juridictions financières qui n'auraient pas de pouvoir coercitif sur les personnes, ou qui seraient peu efficaces à satisfaire les attentes des contribuables et des citoyens[16]. Cela provient ensuite de la difficulté qu'il y a à désigner le juge des finances publiques. Les divergences de compétences et de statuts étant établies. En fait, le peu de lisibilité des systèmes actuels tient à plusieurs facteurs. Les plus importants qui d'ailleurs sont porteurs des autres facteurs, sont d'une part le constat d'une juridictionnalisation parcellaire (A), et d'autre part la reconnaissance de la fluctuation du caractère juridictionnel (B) des instances chargées de connaître des litiges relatifs aux finances publiques.

A. UNE JURIDICTIONNALISATION PARCELLAIRE

A l'observation, seuls existent des juges incidemment ou principalement compétents pour connaître de fragments des questions de finances publiques. Ces distorsions conduisent à une juridictionnalisation parcellaire. Les causes en sont la dissémination des compétences juridictionnelles (1) et la rétention de la justiciabilité des ordonnateurs (2).

---

16 B. PAUVER, « L'opinion publique et la Justice : éléments juridiques pour un réaménagement institutionnel », *in* J.-J. SUEUR (dir) *Justice et opinion publique*, Champs libres, n° 2, L'Harmattan, 2002, pp. 27 à 50.

1. La dissémination des compétences juridictionnelles

Les finances publiques comportent plusieurs facettes et interpellent divers acteurs. Elles sont fortement influencées par le droit budgétaire. A ce stade, il s'agit de l'élaboration du budget et des principes de sa mise en œuvre. Quoique les autorités politiques soient interpellées[17], les responsables considérés comme justiciables sont les autorités administratives gestionnaires des crédits. Par ailleurs, le droit de la comptabilité publique doit y être associé. Ainsi, l'exécution du budget qui fait intervenir les comptables et les ordonnateurs peut conduire au niveau du contentieux, à la mise en jeu de la responsabilité de ces différentes autorités.

Un autre domaine est celui du contentieux fiscal. Il concerne les litiges nés à l'occasion de l'imposition. A ce sujet, il est constaté une division des compétences entre juge judiciaire et juge administratif. Un fait qui ne facilite pas du tout le contentieux de l'impôt.

De manière spécifique et pour le contentieux des comptes, la position défendue par Jacques MAGNET est claire. Pour lui, la Cour des Comptes ne serait pas une juridiction administrative mais plutôt une juridiction autonome[18]. En effet, le champ d'intervention du juge financier ne coïncide pas, en principe, avec celui du juge administratif.

L'évidence est donc une dissémination des compétences juridictionnelles en matière financière. En France, parfois en trompe l'œil, il est abusivement disposé sur l'existence de ces juridictions financières en ne visant en réalité que la Cour des Comptes, les Chambres Régionales et Territoriales des Comptes, et la Cour de Discipline Budgétaire et Financière (art. L311-1). A regret, cette systématisation minimise le rôle de la Cour de Discipline Budgétaire et Financière. En fait, seule la Cour des Comptes serait donc la véritable juridiction financière. La doctrine renforce d'ailleurs cette conviction lorsque traitant des juridictions financières, elle ne s'attarde que sur la Cour des Comptes[19]. Cependant, force est de constater que le rôle de jugement en matière d'exécution du budget est réparti séparément entre les deux instances de contrôle juridictionnel des finances. En réalité, le juge des comptes est le juge de la comptabilité publique, alors que la Cour de Discipline Budgétaire et Financière intervient dans le contrôle des ordonnateurs. Bien que ce dernier contrôle semble occuper la première place reléguant ainsi le contrôle des comptes au second rang, il reste très limité parce qu'il est entravé par de multiples difficultés[20].

Le cas allemand est encore plus intriguant. Tel qu'indiqué plus haut, il y existe une juridiction financière qui est la Cour fédérale des Finances[21]. Elle fait partie des

---

[17] Le contentieux devant le juge ne les concerne pas parce que leurs actes sont dits de Gouvernement.

[18] J. MAGNET, « La Cour des Comptes est-elle une juridiction administrative ? », *RDP*, 1978, p. 1537.

[19] Cf. Code des juridictions financières.

[20] Par exemple, les Ministres ordonnateurs principaux échappent à la compétence de la Cour de Discipline Budgétaire et Financière.

[21] M. LASCOMBE, X. VANDENDRIESSCHE, « *Prolégomènes : la nouvelle procédure applicable devant les juridictions financières* », RFDA 2009, p.813.

cinq (05) ordres de juridiction allemands[22]. En l'occurrence sa dénomination regorge un paradoxe. Elle est dite juridiction financière, mais en réalité sa compétence ne s'étend qu'au contentieux fiscal. Les tribunaux de cet ordre de juridiction jugent des litiges de droit public portant sur les prélèvements fiscaux effectués par l'administration fiscale de la fédération ou des *Länder*[23]. Au Gabon, il est créé une Cour des Comptes chargée du contrôle des finances publiques[24]. Seulement, en guise de finances publiques, cette juridiction ne s'intéresse qu'aux comptes des comptables publics.

Au Maroc, il est prétendument créé des juridictions financières[25] qui ne sont en réalité que des Cours des Comptes.

Le regard croisé sur les juridictions financières amène ainsi à constater que ces dernières ne jouissent que de compétences parcellaires sur les questions financières. Aussi, les matières financières sont éparpillées et les juges dispersés. Plus encore, il y a une rétention de la justiciabilité des ordonnateurs.

2. La rétention de la justiciabilité des ordonnateurs

Les législateurs préfèrent de manière ostentatoire établir la justiciabilité des comptables. C'est que le comptable parmi les acteurs financiers, est le maillon faible de la procédure d'exécution du budget. C'est effectivement à lui qu'il revient de conserver, de manier les fonds publics et de matérialiser les mouvements financiers. Mais il ne faut pas perdre de vue que le comptable est plus un exécutant qu'un donneur d'ordre. Il détient les fonds mais ne peut en décider. Il est en effet un agent public soumis à des ordres de supérieurs hiérarchiques. Les ordonnancements et engagements de crédits sont comme des ordres. Il se contente d'en contrôler la régularité. Etant donné que c'est à lui qu'appartient l'exclusivité du maniement des fonds publics, la responsabilité des comptables est donc entrainée d'office dès lors qu'un jugement des comptes révèle une irrégularité. L'interrogation est alors portée sur le peu de responsabilité des ordonnateurs.

La situation générale est quasiment la même pour le Cameroun. Il faut rappeler que sous le régime du président AHIDJO, la qualité d'ordonnateur était peu répandue. La centralisation étant forte, seuls les agents publics privilégiés avaient cette qualité[26].

Au travers de la reconnaissance de la responsabilité de l'ordonnateur, il apparaît que ce sont les ordonnateurs de seconde main qui sont responsables devant l'instance disciplinaire. En effet, les directeurs généraux des établissements et

---

[22] Art. 95 de la loi fondamentale allemande

[23] R. SCHELP (R, *« L'organisation judiciaire allemande »,* Doc électro.

[24] Art. 76 de la Constitution gabonaise

[25] *DAHIR* n°1-02-224 du 1er RABBI II 1423 portant promulgation de la loi n°62-99 formant code des juridictions financières (B.O du 15 août 2002).

[26] Le système était alors de protéger les alliés du Président. Pourtant une loi relative au contrôle des ordonnateurs existait déjà : loi n°74/18 du 5 décembre 1974 relative au contrôle des ordonnateurs, gestionnaires, et gérants des crédits publics et des entreprises d'Etat telle que modifiée par la loi n°76/4 du 8 juillet 1976.

entreprises publiques, les chefs d'exécutifs des collectivités territoriales décentralisées, les ordonnateurs spéciaux et ceux délégués sont justiciables devant « la juridiction » en charge du contrôle « des ordonnancements ». Dans d'autres Etats comme la France, certaines personnalités échappent très clairement à la Cour de Discipline Budgétaire et Financière. Le texte français indique explicitement que sont justiciables devant cette Cour tout ordonnateur en dehors des :

- membres du gouvernement
- membres du conseil régional
- membres du conseil municipal
- membres des conseils de collectivités territoriales décentralisées de nature particulière.[27]

La question n'est pas différemment traitée dans de nombreux autres ordres juridiques, où la tendance est de protéger les ordonnateurs principaux, sinon ceux qui sont à la tête des départements ministériels. Etant donné que l'ordonnateur est une autorité administrative qui exerce des attributions financières en matière de recouvrement des recettes et d'exécution des dépenses, sa compétence couvre donc l'exécution du budget de l'Etat. Son rôle est très fondamental, dans le processus d'exécution des recettes et des dépenses. Ce fait tout le moins justifierait que la responsabilité des ordonnateurs principaux soit mise en œuvre devant la juridiction financière proprement dite. Au regard de l'objectif recherché par cette juridiction, la fusion des deux instances de contrôles des finances publiques paraît nécessaire. Au cas contraire, la suite logique en est une politisation de la responsabilité de ces hauts responsables, faisant du contentieux de droit public un contentieux à deux (02) paliers, avec au bas de l'échelle la justiciabilité des comptables et en haut de l'échelle la justiciabilité partielle des ordonnateurs. Ce dernier trait est l'un des fondements de la fluctuation du caractère juridictionnel des instances en charge de connaître des litiges liés aux finances publiques.

B. Une fluctuation du caractère juridictionnel

S'il est nécessaire de regrouper les contentieux des comptes et de l'ordonnancement, il faut encore que cela se fasse à l'intérieur d'un seul et même ordre juridictionnel dit financier. Pour ce faire, il est requis que le litige soit tranché par une juridiction unique. Présentement, il n'en est pas toujours ainsi. Il est recensé à l'heure actuelle des instances de jugement et de contrôle des finances publiques au caractère juridictionnel tronqué. Le juge de l'impôt est pleinement un juge. Au contraire, les instances appelées à contrôler les comptes et l'ordonnancement ont les unes un caractère juridictionnel faussement attribué, et les autres un caractère juridictionnel expressément refusé.

[27] Art. L312-1 et L312-2 du code des juridictions financières.

1. Le caractère juridictionnel faussement attribué

Les cours des comptes et les cours de discipline budgétaire et financière sont-elles toujours des juridictions ? Le préalable est d'indiquer les critères de la juridiction. Du point de vue organique, la juridiction relève du pouvoir judiciaire. Pour sa fonction, elle dit le droit, tranche les litiges. Sa composition est quant à elle marquée par la présence de magistrats par principe. C'est à partir de ces critères qu'il est possible de déterminer la nature juridictionnelle des instances de jugement. Plus encore, parler de juridiction financière équivaut à affirmer que leurs champs spéciaux d'intervention sont les finances publiques, et que leur présentation étagée en fait des ordres de juridiction.

S'agissant de la juridiction des comptes, la France comme la majorité des pays d'Afrique noire d'expression française qui l'ont consacrée ont fort opportunément instauré des paliers dans la juridiction des comptes. La logique d'ensemble est alors d'avoir une Cour des Comptes au niveau national qui est juge des comptes des administrations d'État et des comptes des entreprises publiques et parapubliques. Elle statue en appel et en cassation sur les jugements et arrêts rendus par les juridictions inférieures des comptes. Il est alors créé des chambres ou tribunaux locaux des comptes. Leurs compétences concernent les comptes des collectivités territoriales décentralisées et ceux des établissements desdites collectivités[28]. Le problème c'est que les juridictions des comptes, présentées comme des juridictions financières, ne le sont pas toujours.

La première raison des plus ordinaires tiendrait à ce que « ces juridictions » jugent les comptes et non les comptables. Ce principe diminue l'ampleur de leur rôle[29]. En fait, cette conception est remise en cause, car le juge des comptes ne peut fonder sa décision à l'exclusion de toute appréciation du comportement personnel du comptable. Les comptes sont alors rattachés directement aux comptables qui les ont établis. Ainsi, la formule selon laquelle « la Cour des comptes juge les comptes et non les comptables »[30] est simple mais trompeuse, car il est bien difficile de dissocier le comptable et son compte.

Si la fonction de toute juridiction est de dire le droit et d'assurer son respect, cette fonction est renforcée par la possibilité de prendre une sanction. Ladite sanction contre la violation des règles comptables ne peut s'appliquer que sur les responsables et ne peut s'imposer qu'à ceux qui sont censés appliquer le droit de la comptabilité. Le principe du « juge des comptes » étant devenu obsolète, il serait préférable de parler du « juge des comptes et des comptables ».

La deuxième raison se rapporte à l'attaquabilité des arrêts de ces juridictions des comptes pourtant dites suprêmes. Au Cameroun, les arrêts de la Chambre des Comptes sont susceptibles de recours en annulation devant l'Assemblée Plénière de

---

[28] Cf. loi camerounaise n°2006/015 du 29 décembre 2006 portant organisation judiciaire (article 39), loi n°2006/017 du 29 décembre 2006 fixant l'organisation, les attributions, et le fonctionnement des tribunaux régionaux des comptes (art. 9), V. Aussi la loi française portant code des juridictions financières.

[29] Néanmoins, la sanction de mise en débet apparaît comme une mesure sur les personnes même s'il y a un impact sur les comptes.

[30] R. MUZELLEC, *Finances publiques,* op.cit., p. 455.

la Cour Suprême[31]. Cependant, il ne s'agit que d'une **Chambre** des Comptes au Cameroun. Toutefois, là où ce juge est présenté comme une cour, ce qui en principe traduit la plus haute instance du jugement d'un ordre, ses décisions demeurent sous les ordres d'une autre juridiction. Il en est ainsi en France où le pourvoi en cassation est admis devant le Conseil d'Etat contre les arrêts de la Cour des Comptes[32]. En fait, le juge des comptes est un juge administratif spécialisé.

Pour le Cameroun par exemple, une lueur d'espoir est visible à travers la directive CEMAC qui impose à tous ses Etats membres, la création d'une Cour des Comptes apparemment suprême, car pour cette Cour des Comptes, ses décisions ne sont susceptibles d'aucun appel[33]. C'est le cas du Tchad, qui pour se conformer à la directive CEMAC, a créé récemment une Cour des Comptes dont les arrêts « ne sont susceptibles d'aucun recours, si ce n'est par la voie de la rétractation et de la révision »[34].

En dernier lieu, il existe une situation originale au Cameroun, où l'examen des comptes de certains organes constitutionnels ne donne pas lieu à un arrêt mais plutôt à un rapport confidentiel adressé au Président de la République[35]. Ceci conduit à la politisation d'une intervention supposée juridictionnelle.

La Cour de Discipline Budgétaire et Financière française n'est pas également exempte de reproche. Il est dit qu'elle serait un ordre juridictionnel à elle seule[36]. Pourtant, la conception est souvent de voir en un ordre juridictionnel des juridictions superposées dont les arrêts peuvent subir cassation par l'instance suprême de cet ordre. Il n'est donc pas possible qu'un ordre de juridiction soit composé par une seule instance juridictionnelle. Toutefois, il n'est pas superflu de dire que des recours sont possibles contre les décisions de la Cour de Discipline Budgétaire et Financière devant le Conseil d'Etat français[37].

De nombreux Etats ont suivi cette solution[38]. Ce qui amène à constater que la juridiction financière n'est pas un ordre de juridiction ou tout au moins qu'il n'existe pas de juridiction financière, mais seulement des appendices de la juridiction administrative chargées des finances publiques. A la différence de ce faux-semblant, la fluctuation tient également au caractère juridictionnel expressément refusé.

---

[31] Art. 72 de la loi camerounaise n°2003/005 du 21 avril 2003 fixant les attributions, l'organisation de la chambre des comptes de la Cour Suprême.

[32] CE 8 juillet 1904, BOTTA, REC, 557, Concl. ROMIEU.

[33] Lire la Section VI de la directive n°06/11-UEAC-190-CM-22 relative au Code de transparence et de bonne gouvernance dans la gestion des finances publiques.

[34] Art. 45 de la Loi Organique n°17/PR/2014 portant organisation, attributions, fonctionnement et règles de procédure de la Cour des Comptes au Tchad.

[35] Art. 38 de la loi camerounaise n°2003/005, *op.cit.*

[36] V. en France, CC 3 mars 2005, R. MUZELLEC, *Finances Publiques*, *op.cit.*, p.463.

[37] CE 10 novembre 2000 Despassailles.

[38] V. notamment loi centrafricaine n°97/003 portant modification de la loi n°97 /001 du 3 janvier 1996 relative à l'organisation et au fonctionnement de la Cour des Comptes, art. 39.

1. Le caractère juridictionnel expressément refusé

Pendant que certains Etats ont consacré dans leur ordre juridique des juridictions financières, même si elles n'ont que des compétences confinées à des domaines réduits des finances publiques, d'autres ont procédé autrement.

L'obnubilation pour l'unité juridictionnelle a amené l'Etat béninois, par exemple, à refuser complètement la création d'un ordre juridictionnel financier et même à ne pas consacrer l'existence d'une quelconque juridiction financière. Dans cet Etat, tout le pouvoir judiciaire est tissé autour de la Cour Suprême[39]. Il y existe des cours et des tribunaux dont les décisions sont susceptibles d'annulation par la Cour Suprême. L'ordre juridictionnel administratif[40] est dès lors méconnu en ce sens que le contentieux administratif est accessoirement exercé par un juge judiciaire[41] en premier ressort, même s'il existe une chambre administrative installée au sein de la Cour Suprême. En ce qui concerne la juridiction financière, le regard est jeté sur le juge des comptes. Le même schéma que pour celui administratif est respecté. En dernier ressort, c'est une chambre des comptes qui statue. C'est elle qui connaît des appels contre les décisions rendues en matière de comptes par la Cour d'Appel[42]. Ce système donne à percevoir une superposition non intégrale de la juridiction des comptes et une jonction forte de celle-ci dans la juridiction judicaire.

Il faut être plus interloqué par le refus initial de juridictionnaliser la responsabilité des ordonnateurs. Nombreux sont les Etats qui préfèrent faire connaître les actes des ordonnateurs par des instances disciplinaires. Mais alors au lieu d'en faire une juridiction, ils préfèrent que ce soit une structure administrative. Cette situation est celle qui est actuellement en vigueur au Cameroun. Il n'y existe pas une Cour, mais plutôt un Conseil qui intervient spécialement pour sanctionner les ordonnateurs et tout agent public agissant occasionnellement ou subsidiairement comme gestionnaire des crédits publics. Il lui revient de débusquer les fautes de gestion et si en sanctionnant, il constate une comptabilité de fait, le dossier est transmis à la Chambre des Comptes pour ce dernier grief[43]. Dans son statut, ce Conseil est une structure du Ministère Délégué à la Présidence de la République Chargé du Contrôle Supérieur de l'Etat. Il statue par décision et n'est composé[44] que de personnalités relevant de l'administration active. Même si la procédure est contradictoire comme c'est le cas devant un juge, l'ensemble des autres critères

---

[39] Art. 125 de la Constitution du Bénin.

[40] Art. 66 de la loi n°2001-37 portant organisation judiciaire de la république du Bénin : « *En matière administrative, la cour d'appel est compétente pour connaître en dernier ressort du contentieux de tous les actes émanant des autorités administratives de son ressort* ».

[41] *Ibid.*, art. 68 à 74.

[42] Décret n°2008/028 du 17 janvier 2008 portant organisation et fonctionnement du Conseil de Discipline Budgétaire et Financière.

[43] CS/CC, 3 Sect., arrêt n°22 du 24 octobre 20012, comptes de gestion de l'agence de régulation des marchés publics (exercices 2006-2007), comptable de fait : Monsieur NDOUNDOUMOU Jean Jacques

[44] Hormis le ministre garde des sceaux ou son représentant qui peuvent être des magistrats

conduisent à en faire une instance disciplinaire (administrative) et non une juridiction.

A dire vrai, l'instance disciplinaire n'est pas la mieux adaptée pour sanctionner les ordonnateurs à l'heure actuelle de l'implantation d'un système de gouvernance et de transparence des finances publiques. Les Etats sont désormais lancés dans la recherche d'une performance dans la gestion des finances publiques. L'instance disciplinaire se trouve ainsi disqualifiée par ses nombreuses lacunes et s'avère inadaptée pour sanctionner les fautes graves de gestion. Aussi, du fait qu'elle relève majoritairement de l'administration, cette instance n'est donc pas bien placée pour se sanctionner elle-même. Il convient de faire sanctionner la faute de gestion par un juge spécialisé. Bien plus, la notion même de gestionnaire public, a connu une évolution provenant de celle de gestion publique. « Le gestionnaire public est tant l'ordonnateur, le comptable, le contrôleur financier, le dirigeant d'une entreprise publique, d'une association recevant des fonds publics ou collectés auprès du public »[45]. La gestion publique en effet désigne tout comportement ayant des répercussions financières.

Il est donc des ordres juridiques qui traitent timidement des affaires pouvant engager la responsabilité des ordonnateurs comme au Bénin, ou bien diminuent ou refusent expressément le caractère juridictionnel des instances intervenant dans le contentieux de finances publiques, comme c'est le cas au Cameroun pour le Conseil de Discipline Budgétaire et Financière. Pourtant, à partir de la spécificité du contentieux financier, il est plus que justifié de requérir un ordre juridictionnel financier (II).

II. LA JUSTIFICATION PAR LA SPECIFICITE DU CONTENTIEUX FINANCIER

La spécificité est le critère d'une chose, d'un système, marqué par la particularité. Sa présence permet d'isoler une chose d'un ensemble ; un élément d'un tout. Il est donc admissible que la spécificité tient lieu de fondement à une identification.

En effet, elle attribue une identité, une différence à ce qui est présenté comme étant spécifique.

La classification des sujets, objets, principes et organes du droit provient de leurs spécificités les uns par rapport aux autres. C'est ainsi que les êtres humains parce qu'étant animés auront une spécificité les détachant des choses qui sont inanimées. Le résultat de la prise en compte des spécificités est la production des catégories juridiques et la distinction des organes. Par exemple, la nature collégiale de l'organe législatif, mais surtout sa fonction de légiférer et de contrôler sont des spécificités qui le distingue de l'exécutif. Dans la même veine, la juridiction financière

[45] S. FLIZOT, *« Le contrôle des gestionnaires publics par les Cours des comptes »* in *Politiques et management public*, vol. 25 n° 4, 2007. Public : nouvelles figures ? Nouvelles frontières ? Actes du seizième Colloque international de Florence, 15 et 16 mars 2007organisé en collaboration avec l'Université Paris X (Laboratoires CEROS et CRDP) - Tome 2. p. 142.

n'effectue pas la même intervention que les autres juridictions. Elle a des spécificités visiblement essentielles qui devraient conduire à la constituer en ordre de juridiction. Pour s'en tenir à cette spécificité, elle provient d'abord de la spécialité des matières financières (A), et ensuite elle est liée à la technicité des questions financières (B).

A. La spécialité des matières financières

Sans qu'il ne soit établi une spécificité fortement articulée sur le contenu même des finances publiques, il est à reconnaître qu'il s'agit d'un domaine à part dans le droit public. Le contenu de la spécialité le confirme, ce qui permet d'en tirer les conséquences quant à la compétence de la juridiction concernée.

1. Le contenu de la spécialité

Malgré quelques zones de rencontre, il faut constater que chacune des branches du droit, à savoir le droit privé et le droit public se rapportent à l'existence et aux activités des sujets de droit distincts. Le droit privé encadre les activités des personnes privées et des personnes publiques qui se retrouvent en train de passer des actes de droit privé. Le droit public encadre les activités des personnes publiques et leurs rapports de droit public avec les personnes de droit privé. Les deux domaines sont les facteurs de spécificité entraînant l'existence de juges de droit privé et de juges de droit public en application du principe « la compétence suit le fond »[46]. En droit public, il n'y a pas qu'un seul juge pour contrôler la soumission des autorités publiques au droit. C'est ainsi que des obligations tirées de la Constitution sont sous la surveillance, à titre principal, d'un juge constitutionnel. Tout à côté, existe un juge administratif qui veille au respect de la légalité par l'administration.

Dans la grande branche du droit public, les finances publiques occupent une place à part. Leur objet est de systématiser l'ensemble des règles encadrant la constitution et l'utilisation des ressources pécuniaires de l'Etat, de certaines collectivités publiques infra-étatiques, voire même des structures communautaires. Mais il ne s'agit pas que de la constitution de ces ressources publiques, parce que leur gestion et plus encore leurs dépenses intègrent les chapitres des finances publiques. Cela devrait être suffisant pour déterminer la spécialité excipée.

Le déploiement du cadre matériel des matières financières est plutôt vaste. La commande publique, le droit budgétaire, la comptabilité publique, la fiscalité publique sont des branches qui se retrouvent dans la matière financière. Il y a donc une conjonction de matières ou domaines autour des ressources pécuniaires publiques distinguant les finances publiques aux autres disciplines de droit public. Par ailleurs, alors que les justiciables du juge administratif sont l'administration et les administrés, les justiciables de la juridiction financière sont d'une part les

---

[46] V. Les adages et expressions latines du droit.

autorités financières, gestionnaires de crédits ; et d'autre part les comptables et les contribuables.

La juridiction financière est donc appelée à régler les litiges portant sur le domaine financier public et provenant des relations entre différents acteurs et sujets de droit. Le premier groupe fait état d'une relation dans laquelle une prestation d'intérêt général est attendue et des prérogatives exorbitantes sont perceptibles. Le second grand groupe révèle une relation dont le fondement est essentiellement les fonds publics. En effet, « le juge financier et le juge administratif ne doivent pas appliquer le même droit »[47]. Le premier en principe est juge de droit public financier, et plus particulièrement des règles de droit budgétaire et du droit de la comptabilité publique[48]. La spécialité des matières financières est donc réelle et la conséquence de son établissement est la formalisation d'un ordre juridictionnel propre, en espèce l'ordre juridictionnel financier.

2. La conséquence de la spécialité

Le Doyen HAURIOU indique que la spécialité du droit administratif justifie la spécificité du contentieux administratif comme devant relever d'un juge distinct de celui privé. Concernant ces deux juridictions, la séparation en France est fort ancienne. Mais c'est précisément une loi de 1790 qui tient lieu de mythe fondateur de ce droit détaché du droit privé[49]. En fait les administrations n'ont pas de consistance physique à l'exemple des personnes privées. Leurs missions et les pouvoirs dont elles sont investies en font un sujet de droit particulier. Ces considérations ont instauré pour les administrations publiques un privilège de juridiction[50]. L'issue de la spécificité du droit et donc du contentieux administratif a été la dualité de juridiction.

Le raisonnement ne devrait pas être différent quant aux juridictions financières. Le choix français n'a pas été de faire du juge administratif un juge judiciaire spécial. La spécificité des finances publiques ne devrait non plus laisser le juge financier dans le statut de juge administratif spécialisé[51]. Aussi faut-il le préciser, le juge financier est juge d'un droit qui constitue une branche particulière du droit public. Maintenir le juge financier comme juge administratif spécial semble complexifier la spécialité des missions. GAUDEMET précise que « l'étude de certains aspects des interventions administratives est parfois détachée du droit administratif général »[52]. Ainsi l'application de ce raisonnement au droit financier devrait conduire logiquement à un ordre de juridiction détaché de l'ordre administratif. Il est à préciser que les ordres juridiques du système de la Common Law ont préféré

---

[47] A. KUREK, *le juge financier, juge administratif*, thèse de doctorat en Droit public, Université de Lille 2, 2010, p.3

[48] *Ibid.*

[49] Loi des 16-24 août 1790, art. 13.

[50] T.C, 6 décembre 1855, ROTHSCHILD, TC 8 février 1873, BLANCO.

[51] *Supra.*

[52] Y. GAUDEMET, *Traité de droit administratif – Droit administratif général*, 16ème édition, LGDJ, 2001, p. 12.

intérioriser, dans la juridiction ordinaire le contentieux administratif. Le juriste anglais DICEY exprime une défiance vis-à-vis du Conseil d'Etat français qui serait un partenaire de l'administration. Mais aussi, c'est une critique contre le système de la dualité qui prévaut en hexa-forme. En effet, le système anglais, en mettant sur pied dans la juridiction, des structures chargées de connaître des actes administratifs, reconnaît la spécificité des activités administratives, mais simultanément, il y a refus de créer un ordre juridictionnel administratif autonome. Cela se justifie assurément parce que le système d'application de la loi est juridictionnel et non administratif, et également parce que la spécificité du droit administratif fortement reconnue en France l'est faiblement en Grande-Bretagne.

Les critères sont donc perturbés, il ne s'agit pas de simplement dire la spécificité, mais plutôt de la faire apparaître. Au demeurant, quel est le seuil de spécificité à atteindre pour qu'une matière induise la création de juridictions ou d'un ordre juridictionnel particulier ?

Sans denier que la subjectivité peut jouer à ce niveau, il existe des critères objectifs. D'abord, la transversalité des matières ne devrait pas empêcher de voir qu'il y a toujours un droit principalement applicable à côté de l'autre qui est accessoire.

Une illustration est la distinction gestion publique - gestion privée avec certains services publics qui sont largement soumis au droit privé[53]. Ce n'est donc pas l'exclusivité d'un droit applicable qui est le facteur proéminent de la spécificité.

Il est plus qu'évident que les finances publiques ont des sources constitutionnelles, que les gestionnaires de crédits sont des autorités administratives, ou encore que la fiscalité met en jeu les droits individuels que les juges judiciaire depuis toujours et administratif aujourd'hui, ont la charge de protéger. Mais il saute aussi aux yeux que toutes ces questions ont un point commun : les finances publiques. Il faut éviter de diviser les questions relevant d'une même matière et il est nécessaire de tenir compte de l'importance des ressources financières publiques. Le centre d'intérêt : la constitution et l'utilisation des fonds publics, devraient être le facteur suffisant pour établir la spécificité des questions financières, et *a fortiori* la spécialité du juge financier. Aussi, comme pour la juridiction judiciaire subdivisée en sections[54], la juridiction financière pourrait bien être envisagée avec dans son enceinte une section des comptes, une section fiscale, et une section consacrée aux actes des ordonnateurs. D'autres constructions sont toujours possibles[55], mais il demeure qu'il est difficile de ne pas admettre la spécialité de la matière et donc la nécessité d'un ordre juridictionnel y relatif. D'ailleurs, la technicité des questions financières qui contribuent à la spécificité du contentieux financier (B) renforce cette position.

[53] TC 22 janvier 1921, société commerciale de l'Afrique de l'ouest

[54] Section civile, section commerciale, section pénale…

[55] V. Par exemple IASCOMBE (M), VANDENDRIESSCHE (X.), *« Prolégomènes : la nouvelle procédure applicable devant les juridictions financières »*, *op.cit.*, p.14.

B. LA TECHNICITÉ DES QUESTIONS FINANCIÈRES

La technicité des questions financières renforce la spécialité du contentieux financier. S'il est vrai que toute matière juridique conserve son côté hermétique. Ceci est encore plus accentué quand le contentieux est financier. En fait, c'est l'un des rares domaines du droit qui se voit traverser par des données des sciences mathématique, économique et de gestion. Ceux-ci participent à la préhension des facteurs de la technicité avec la mise sur pied d'un ordre juridictionnel financier comme une réponse à partir du profil du juge financier.

1. Les facteurs de la technicité

Traiter de la technicité, c'est relever ce qui est propre à un art[56]. Il est donc de mise que parler de technicité renvoie à une compétence qui est tout sauf vulgaire. Il est admis qu'un art ne peut être maîtrisé, et ses résultats appréciés, que par ceux qui en ont reçu la formation. L'initiation est donc liée à la technicité. Il est bien difficile que toute personne qui n'a pas reçu la formation adéquate s'ingère dans une science qui demande la maîtrise de certains rudiments à l'exemple de la science des finances publiques. Si « l'essence des finances publiques est l'ordre »[57], la matière en elle-même requiert un ordre tout aussi particulier engageant ainsi une formation scrupuleuse des juges financiers.

Le regard porté à l'intérieur des finances publiques fait ressortir des facteurs de technicité. Le fait est que cette discipline déborde le seul champ du droit. Dans le cadre juridique, il est vrai que de nombreuses règles de droit essaiment les opérations des acteurs des finances publiques. Cependant, il ne s'agit pas de connaître des dispositions les plus ordinaires parce que leur caractère technique est avéré. L'illustration de base est la seule règle de la compensation, qui fait que le parlementaire qui souhaite réduire les crédits d'un projet de budget soit à mesure d'intervenir également dans les charges pour les réduire à due concurrence[58]. Assurément, la représentation nationale n'a pas toujours les hommes outillés pour effectuer de tels réaménagements pour défaut de technicité. Celle-ci peut contribuer à renforcer de fausses incertitudes au point de percevoir a priori les finances publiques comme difficile et dont on ne peut retenir qu'un enchevêtrement de règles abstraites.

Les rudiments des finances publiques ne sont pas à la portée de tout le monde. Il est encore plus ardu de pénétrer le contenu de certaines notions. Dire la différence entre une mission et un programme n'est par exemple pas toujours loisible[59]. En outre, les principes budgétaires dont le respect est contrôlé par le juge financier est une accumulation de règles et exceptions. Toujours dans l'illustration, l'annualité,

---

56 V. Dictionnaire Larousse.

57 M. BOUVIER, M.-C. ESCLASSAN, J.-P. LASSALE, *Finances Publiques*, *op.cit.*, p.27.

58 Art. 18 (3) de la loi constitutionnelle de 1996.

59 Une mission est un ensemble de programmes concourant à une politique publique définie et identifiée par un ou plusieurs objectifs. Le programme est, quant à lui une unité budgétaire (qui a remplacé le chapitre en France) Cf. E. DOUAT, X. BADIN, *Finances publiques*, 3ème édition, PUF, 2006, pp.193-195.

la pluri-annualité, l'infra-annualité, et le douzième provisoire sont également des notions et principes complexes. D'autres règles et exceptions concourent à complexifier l'appréhension des questions financières. « [...] l'approche des sociétés complexes qui s'est forgée ces dernières années paraît précisément parfaitement adaptée à la complexité inhérente aux finances publiques »[60].

La règle de non contraction et de non affectation des crédits et la fongibilité des crédits en sont des marques qui peuvent demander tout une formation spéciale pour les maîtriser, mais à ce stade, la juridicité des questions demeure, et le juge non professionnel des questions financières peut encore s'exprimer selon son talent. La complication intervient quand le côté juridique s'effondre. En effet au-delà des règles de droit, la technicité est avérée quand surgissent les données économiques et mathématiques. En effet, les finances publiques sont aussi une question de chiffres et le droit de la comptabilité publique laisse voire les statistiques fleurir. D'ailleurs, la seule tenue d'une comptabilité analytique, puis la lecture et la compréhension des chiffres qui y figurent sont rébarbatives et fermées au grand public. C'est dans ce sens que M. BOUVIER affirme que « les finances publiques [...] paraissent souffrir d'un excès de technicité »[61]. Le juge ordinaire peut donc difficilement avoir le profil pour la bonne résolution des litiges financiers impliqués.

2. La réponse par le profil du juge

Il n'y a qu'à regarder la prolifération des cabinets d'experts pour s'en convaincre : plusieurs aspects des questions financières demandent une initiation particulière. A cet effet, l'expertise fiscale s'est développée. Il est plus que probable que le contentieux soit des plus prolifiques dans les finances publiques. Il touche aux contribuables qui sont enclins à voir des irrégularités partout. Ces contribuables se font parfois assistés par des experts, contre l'administration fiscale devant le juge ou encore, le juge recourt à un expert fiscal dans son office. Ces éléments sont des signes révélateurs de ce que les méandres de la fiscalité sont entourées de brumes pour le justiciable comme pour le juge de l'impôt (qu'il soit judiciaire ou administratif).

Avec cet exemple, il faut donc être d'avis que le juge de l'ordre judiciaire et son collègue de l'ordre administratif ont bien du mal à gérer des questions de finances publiques. Pour pallier cet état des choses, des solutions malheureuses sont souvent retenues.

L'une d'elle consiste à traditionnellement recourir à des experts de l'art. La souveraineté du juge est alors clamée parce que l'avis de l'expert ne lie pas le juge. Mais bien dangereuse serait la réticence du malvoyant qui refuserait de suivre le chemin indiqué par le voyant. Le juge non professionnel des finances publiques est donc littéralement ligoté par l'expert.

Une autre solution est celle qu'expérimente le Cameroun en formant des auditeurs de justice pour qu'ils assistent le juge des comptes. En effet, il a été

---

60 M. BOUVIER, M.-C. ESCLASSAN, J.-P. LASSALE, *Finances Publiques*, *op.cit.*, p.14.

61 *Ibid.*, p.11.

récemment ouvert à l'Ecole Nationale d'Administration et Magistrature une section des comptes devant accueillir et former les jeunes titulaires de diplômes spécialisés[62] sur la base de leur formation. Elle serait apte à contribuer, sans plus avoir à recourir aux experts, à la conviction du juge des comptes. Ces derniers ne participent pas à la formation de jugement, ce qui a pour conséquence non pas de spécialiser le juge mais plutôt de mettre à sa portée des experts qui ne sont ni extérieurs à la juridiction, ni intérieurs à la collégialité.

La dernière solution est celle en vigueur dans des Etats comme la France, la Centrafrique ou encore le Sénégal[63]. Elle consiste à consacrer pour les comptes publics une juridiction des comptes qui a toutes les apparences d'un ordre juridictionnel. Seulement quand les juridictions des comptes ne sont pas organiquement liées à l'ordre administratif ou incrustées dans l'ordre juridictionnel unique, les décisions de la plus haute instance de jugement des comptes sont susceptibles de recours, soit devant la formation des chambres réunies, soit devant le juge administratif (souvent la chambre administrative ou le Conseil d'Etat). L'implication qui en résulte est que, même si le juge des comptes se trouve composée de personnalités maîtrisant les questions financières, les juridictions d'appel ou de cassation ne répondent pourtant pas à cette exigence. En jouissant du pouvoir d'évocation, elles peuvent statuer au fond, conduisant malheureusement à voir à nouveau des non-initiés traiter de questions parfois fort techniques. Bien que le projet de réforme des juridictions financières fut envisagé en France pour réformer ces dernières, il prévoit la suppression de la Cour de Discipline Budgétaire et Financière, mais il n'apporterait pas de précisions et d'innovations quant à la spécificité des questions financières, ni à celle des juges financiers. Elle se résumait uniquement aux innovations tenant à la procédure devant le juge financier.

CONCLUSION

Le Président Michel DEBRE était bien proche de notre conclusion, quand il disait la nécessité de précision et de clarté des finances publiques. Il introduit même que l'analyse comptable intègre ce domaine et que le jugement est celui de l'économiste[64]. Il est à reconnaître que plusieurs aspects du contentieux des finances regorgent d'une complexité technique. Celle-ci, jointe à la spécialité de la matière, spécifie les questions financières. Le degré de spécificité devrait entraîner un intérêt sur la question de la constitution d'un ordre juridictionnel financier. Alors que certains auteurs semblent se résoudre à proposer l'existence de chambres régionales des comptes sous la Cour des Comptes, l'ensemble étant sous le contrôle en appel de la Cour de Discipline Budgétaire et Financière[65], il vaut peut-être mieux refaire l'organisation, sans en modifier la logique, peut-être en regroupant tous les

[62] Maîtrise et master en mathématiques, physique, science économique, science de gestion et informatique.

[63] Pour la Centrafrique et le Sénégal, voir respectivement art. 39 de la loi n°97.003, *op.cit.* et art. 82 de la loi constitutionnelle sénégalaise. S'agissant de la France, Voir art L315-2 du code des juridictions financières.

[64] M. DEBRE, *Ces princes qui nous gouvernent*, *op.cit.*

[65] M. LASCOMBE, X. VANDENDRIESSCHE, *« Prolégomènes : la nouvelle procédure applicable devant les juridictions financières »*, *op.cit.*, p.14

contentieux en rapport direct avec les finances publiques. Ceux-ci sont le contentieux fiscal, le contentieux des comptes, et le contentieux de l'ordonnancement. Il y aurait alors un ordre juridictionnel avec, à chaque pallier, trois chambres dont l'une serait chargée de la fiscalité, l'autre serait une chambre des comptes et la dernière une chambre de discipline budgétaire et financière.

De même, il n'est pas exagéré de rappeler que la ***bonne administration de la justice s'accommode mal d'un juge qui n'a pas la qualification adéquate pour statuer sur le litige qui lui est soumis***. Plus encore, c'est la spécialité, qui est pour la doctrine la base même du dualisme juridictionnel. Au nom de cette spécialité un trialisme juridictionnel, avec un ordre juridictionnel des comptes, est bien admissible.

Moussa Moise SANGARE[1]

LA CONTRIBUTION DU VÉRIFICATEUR GÉNÉRAL AU CONTRÔLE INTERNE DES FINANCES PUBLIQUES DU MALI

INTRODUCTION

La question du contrôle est au centre de tout débat sur l'Etat et les institutions. Exprimée à travers le concept de « contrôle d'Etat », elle comporte diverses variantes selon qu'il s'agit du contrôle politique, administratif ou financier. Dans l'Etat démocratique, le contrôle représente, mieux que tout autre repère, une base objective sur laquelle repose le climat de confiance indispensable à une bonne administration des choses dans les rapports entre gouvernants et gouvernés.[2]

Le contrôle de l'argent public est un élément essentiel du phénomène démocratique : les contribuables autorisant, par l'intermédiaire de leurs représentants, les recettes et les dépenses de l'Etat, il est normal qu'ils en contrôlent l'utilisation.[3] Le contrôle des finances publiques a été amélioré par la Déclaration française des droits de l'Homme et du citoyen de 1789 ainsi que l'exécution de la loi de finances. L'article 14 de cette déclaration dispose que «Tous les citoyens ont le droit de constater, par eux-mêmes ou par leurs représentants, la nécessité de la contribution publique, de la consentir librement, d'en suivre l'emploi »[4] et l'article 15 de poursuivre : « La société a le droit de demander compte à tout agent public de son administration »[5]. Le préambule de la loi n°2013-031 du 23 juillet 2013 du Mali portant code de transparence dans la gestion des finances publiques va dans le même sens. Selon lui, les citoyens, à la fois contribuables et usagers des services publics, doivent être clairement, régulièrement et complètement informés de tout ce qui concerne la gouvernance et la gestion des fonds publics.[6] Aussi, le contrôle des finances publiques ne doit pas être confondu avec l'autorisation budgétaire. Celle-

---

[1] Docteur en droit public, Enseignant-Chercheur à l'Université des Sciences Juridiques et Politiques de Bamako (Mali)

[2] M. ZAKI, *Le contrôle des finances publiques dans les Etats d'Afrique Noire Francophone : l'exemple du Niger et du Sénégal*, thèse de Doctorat en Droit public, présentée et soutenue publiquement le 28 janvier 1999, l'Université des Sciences Sociales de Toulouse, p.13.

[3] V. DUSSART, *Finances publiques*, manuel, 2009-2010, Edition Paradigme, Saint-Laurent, p.111.

[4]Voir, *https://www.legifrance.gouv.fr/Droit-francais/Constitution/Declaration-des-Droits-de-l-Homme-et-du-Citoyen-de-1789,* consulté le 8 juillet 2017.

[5]*Idem*

[6]Voir, Préambule de la loi n° 2013-031 du 23 juillet 2013 portant code de transparence dans la gestion des finances publiques au Mali (*JORM du 30 août 2013*, p. 1364-1368).

ci est normalement préalable à toute exécution des dépenses et des recettes, alors que le contrôle n'intervient qu'une fois l'exécution entamée. Il porte à la fois sur les recettes et sur les dépenses.[7] Son objet est d'assurer le respect de l'autorisation budgétaire en veillant à la régularité de l'exécution des recettes et des dépenses publiques et au « bon emploi des crédits, fonds et valeurs ».[8] Mais, le contrôle porte surtout sur les dépenses publiques car, s'agissant des recettes, on peut compter sur la vigilance des débiteurs des personnes publiques (notamment sur les contribuables) pour veiller au respect de la régularité de l'exécution.[9] A partir des années 1960, s'est diffusée dans le monde une nouvelle approche budgétaire : la recherche de la performance à travers l'efficacité budgétaire. Les premières ébauches ont commencé avec la technique du *Planning-Programming-Budgeting System* (PPBS) aux Etats-Unis. C'est un système de budgétisation axé sur la planification qui « part d'un effort de prospective concernant des objectifs et, au moyen de l'analyse, traduit les programmes en propositions budgétaires »[10]. Mais, depuis 1990, on assiste à un regain de cette quête de performance financière. Celle-ci induit de nouvelles réformes fortement innovantes.

Selon le Professeur Eloi DIARRA, l'exécution des finances publiques au Mali donne lieu à de nombreux contrôles. Ces contrôles sont internes aux administrations elles-mêmes, d'autres leur sont externes ; certains contrôles relèvent de structures administratives, d'autres de juridictions ou des organes politiques. Cependant, les contrôles peuvent être *a priori*, ils peuvent l'être *a posteriori*.[11]

L'ensemble des règles essentielles de la comptabilité publique procède de deux considérations fondamentales, l'une politique, l'autre financière :

- politiquement, l'évolution historique a assis le principe selon lequel l'essentiel des dépenses et des recettes de l'Etat étant soumis à la décision du Parlement, leur exécution par le gouvernement doit être aménagée de manière à permettre de s'assurer que l'autorisation parlementaire a été respectée ;
- financièrement, il est nécessaire que les procédures d'exécution permettent de prévenir dans la mesure du possible les erreurs et les malversations, plus à redouter d'ailleurs en matière de dépenses que de recettes, car l'intérêt du débiteur le conduit à exercer un contrôle perspicace avant tout acquittement de sa dette. L'exécution de la dépense fait donc l'objet d'une réglementation beaucoup plus complexe et minutieuse que celle des recettes.[12]

---

[7] P.M. GAUDEMET, J. MOLINIER, *Finances publiques*, Paris Montchestien, 1992, p. 12.

[8] L. PHILIP, GAUDEMET J. P., GAUDEMET P. M., HERTZOG R., LLAU P., MOLINIER J., MONTAGNIER G., SPINDLER J., SAIDJ L., Dictionnaire *Encyclopédique de Finances Publiques*, Economica, Paris, 1991, p. 475.

[9] *Idem.*

[10] K. A. P. THEOUA, *Les finances publiques en Union Economique et Monétaire Ouest Africaine (UEMOA) et la logique de performance*, thèse de Doctorat en Droit public, présentée et soutenue publiquement le 26/05/2010 à l'Université de Cocody (Abidjan), p. 2.

[11] Voir aussi S. SISSOKO, *Les finances publiques*, M'Boula, Bamako-Mali, mars 2015, p. 25.

[12] L. PHILIP, J.P. GAUDEMET, P. M. GAUDEMET, R. HERTZOG, P. LLAU, J. MOLINIER., G. MONTAGNIER, J. SPINDLER, L. SAIDJ, *Dictionnaire Encyclopédique de Finances Publiques*, Economica, Paris, 1991, p. 360.

Pour assurer l'effectivité des règles d'exécution des dépenses, la tradition française s'est orientée dans une voie destinée :

- à prévenir les erreurs et les irrégularités, par la division de la procédure de leur exécution entre deux catégories d'agents, dont l'une contrôlerait les actes de l'autre ;
- à engager la responsabilité pécuniaire des agents s'ils venaient à commettre une opération irrégulière lésant le Trésor Public.[13]

Au Mali, le contrôle de l'exécution des finances publiques est effectué par des acteurs divers : l'Assemblée Nationale (le contrôle parlementaire), des structures administratives internes et externes tels que le contrôle financier, les Inspections des départements ministériels, le Contrôle Général des Services Publics, le Bureau du Vérificateur Général BVG, contrôle administratif) et la Section des Comptes de la Cour Suprême (contrôle juridictionnel). Le contrôle juridictionnel de la Section des Comptes s'exerce, pour sa part, sur l'ensemble des comptes des organismes publics et de toute personne morale qui bénéficient du concours financier de l'Etat selon des règles de compétence et de procédure qui lui sont propres.

Le Bureau du Vérificateur Général (BVG) qui fait l'objet de cette réflexion a une tâche qui chevauche, en partie, celle de la Section des Comptes.[14]

Il existe au Mali deux types de contrôle principaux : le contrôle interne et le contrôle externe. Le contrôle interne, au sein de l'administration, est celui exercé par les agents supérieurs sur leurs subordonnés grâce au pouvoir hiérarchique. Ainsi, le ministre contrôle les ordonnateurs secondaires au moyen des rapports qu'il reçoit des ordonnateurs principaux.[15] Car, selon l'article 65 de la loi n° 2013-028/ du 11 juillet 2013 relative aux lois des finances au Mali modifiée par la loi n° 2014-043 du 03 septembre 2014, le Ministre chargé des finances est l'ordonnateur principal unique des recettes du budget général, des comptes spéciaux du Trésor et de l'ensemble des opérations de trésorerie.[16] De même, les comptables supérieurs assurent le contrôle des comptes des comptables secondaires. Tous les comptables relèvent hiérarchiquement du Ministre des Finances (à l'exception des comptables de la défense qui relève généralement du Ministre de la Défense). Le pouvoir du supérieur hiérarchique se traduit chaque année par des arrêtés de caisse, c'est-à-dire des arrêtés de comptes (dans ce cas, les comptes d'un comptable sont pris et contrôlés à un certain moment).[17] Selon Vincent DUSSART, il ne peut s'agir que d'un contrôle de la régularité des opérations des comptables. Cependant, en matière de contrôle interne, exercé au sein de l'administration elle-même, existe le contrôle

[13] *Ibid.*

[14] Y. SIDIBE, *Le contrôle de l'exécution des finances publiques au Mali*, Mémoire de Master II Recherche en droit public, présenté et soutenu le 25/05/2014 à l'Université Catholique de l'Afrique de l'Ouest (UCAO), Unité de Bamako, p. 4.

[15] S. SISSOKO, *Les finances publiques*, Editions M'Boula, mars 2015, p. 26.

[16] Voir l'article 65 de la loi n°2013-028/ AN-M du 11 juillet 2013 relative aux lois des finances (JORM du 9 août 2013, p. 1242-1255), modifiée par la loi n°2014-043 du 03 septembre 2014 de la République du Mali.

[17] V. DUSSART, *Finances publiques*, manuel, 2009-2010, Edition Paradigme, Saint-Laurent, p.112.

des corps d'inspection sur les comptables, le contrôle des contrôleurs financiers sur les ordonnateurs et le contrôle des comptables sur les ordonnateurs.[18]

Le contrôle externe est celui qui est effectué par un organe qui ne fait pas partie de l'institution contrôlée, c'est-à-dire un organe extérieur à celle-ci. Il existe deux types de contrôles externes : le contrôle juridictionnel et le contrôle politique ou contrôle du Parlement.[19]

Au-delà de toutes ces données, notre analyse portera sur le contrôle interne effectué par le Bureau du Vérificateur Général (BVG) mais *a posteriori*. Il s'agit de l'ensemble des fonctions dont l'exercice est confié à une autorité administrative indépendante, extérieure à l'entité contrôlée. Ce contrôle veut donner une information et une opinion sur les comptes et états financiers, la légalité et la régularité des opérations et sur la qualité de la gestion financière ; il se traduit par des rapports. Réalisé *a posteriori*, à la différence des autres contrôles internes qui interviennent *a priori*, il offre des sécurités, contribue à la maîtrise des activités de l'entité considérée et, partant, à sa pérennité, pousse au respect du budget et de la réglementation financière, aide à la sauvegarde des actifs et facilite la prise de décision par la mise à disposition de l'information financière appropriée.[20]

Le BVG a été institué par la loi n° 03-030 du 25 août 2003, abrogée par la loi n° 2012-009 du 8 février 2012. Il apporte une nouvelle pièce à l'architecture du contrôle au Mali et confirme la forte volonté des autorités publiques dans la lutte contre la corruption.

Selon l'article 2 de la loi, le BVG « a pour missions :

- d'évaluer les politiques publiques à travers un contrôle de performance et de qualité des services et organismes publics et en particulier des programmes et projets de développement ;
- de contrôler la régularité et la sincérité des opérations de recettes et de dépenses effectuées par les institutions de la République, les administrations d'État, les collectivités territoriales, les établissements publics ou tout autre organisme bénéficiant du concours financier de l'État ;
- de proposer aux autorités publiques les mesures et actions propres à assurer une meilleure adéquation du coût et du rendement des services publics, à rendre plus pertinent l'emploi des ressources publiques et d'une façon générale, à garantir le fonctionnement régulier des organismes et structures publics. »

Aux termes de l'article 11 de la loi instituant le Vérificateur Général, « toute personne physique ou morale qui souhaite qu'une structure publique et toutes autres structures bénéficiant du concours financier de l'Etat fassent l'objet d'une vérification, en saisit le Vérificateur Général par écrit, en lui donnant les

[18] *Idem.*

[19] Voir S. SISSOKO, *Les finances publiques*, M'Boula, Bamako-Mali, mars 2015, p.15

[20] L. PHILIP, GAUDEMET J. P., GAUDEMET P. M., HERTZOG R., LLAU P., MOLINIER J., MONTAGNIER G., SPINDLER J., SAIDJ L., *Dictionnaire Encyclopédique de Finances Publiques*, *op. cit.* p. 490.

informations nécessaires lui permettant d'effectuer son enquête ». Le même article, en son alinéa 2, précise qu' « il appartient au Vérificateur Général d'apprécier le caractère sérieux de l'information et de décider de la suite à réserver ».[21] Ainsi, sur la période 2004 à 2010, le BVG a effectué 102 vérifications financières dans 79 entités. Ces vérifications ont mis en lumière près de 382,93 milliards de FCFA de manque à gagner pour le Trésor Public et les entités vérifiées dont 252,81 milliards de FCFA proposés au recouvrement. Pour le Bureau, « un manque à gagner » est tout montant qui aurait dû être dans les caisses de l'Etat si tout avait été fait dans le strict respect de la loi et des principes de la comptabilité publique. Notons que les manques à gagner ne sont pas tous dus à la fraude et ne sont pas tous recouvrables.[22]

Institution malienne, différente de la Section des Comptes, le BVG joue pourtant un rôle, en partie, équivalent au sien et doit respecter le principe du contradictoire. A cet effet, le Vérificateur Général, conformément à la loi s'est toujours fait un devoir de permettre à chaque structure vérifiée d'exposer et de défendre son point de vue sur les constats effectués par les missions. Au-delà de cette obligation légale, le respect strict du principe du contradictoire est devenu, au fil du temps, une des valeurs cardinales du Bureau du Vérificateur Général et un pilier incontournable de la qualité de ses travaux.

Nous constatons que le BVG contrôle généralement les structures et non les comptables publics ou d'autres personnes physiques et n'a aucun pouvoir de sanction à leur égard, conformément à l'article 74 de la loi n° 2013-028 du 11 juillet 2013.[23] Ce qui le différencie de la Section des Comptes. Celle-ci n'est pas une instance d'appel contre les éventuelles décisions que pourrait prendre le BVG. En revanche, le VG assiste, comme la Section des comptes, le Parlement et le Gouvernement dans le contrôle de l'application des lois de finances et de la sécurité sociale et dans la lutte contre le fléau de la corruption.[24]

La présente réflexion voudrait discerner la contribution du BVG à la bonne gouvernance des finances publiques. Jusqu'ici, aucune étude n'a été initiée dans ce but. Aussi, la question est-elle de savoir quel est l'impact du contrôle du BVG sur l'exécution des finances publiques au Mali. Ou quelle est la contribution du Bureau du Vérificateur Général dans le contrôle des finances publiques ? A l'observer, le moins que l'on puisse dire, c'est que le BVG ne fait pas preuve de mollesse dans

---

[21] Voir l'article 11 de la loi n°03-030 du 25 août 2003, modifiée par la loi n°2012-009 du 8 février 2012 abrogeant et remplaçant la Loi n°03-030d du 25 août 2003 *instituant le Vérificateur Général au Mali*.

[22]Voir http://www.bvg-mali.org/files/RA/rapport_annuel_2013.pdf, *Rapport annuel du Bureau du Vérificateur Général du Mali, 2007*, p.10.

[23] L'article 74 de la loi n°2013-028/ du 11 juillet 2013 *relative aux lois des finances au Mali* modifiée par la loi n°2014-043 du 03 septembre 2014 dispose que *« La juridictions des comptes juge les comptes des comptables publics. Sans préjudice de ses attributions propres en matière de contrôle juridictionnel et non juridictionnel telles que définies par la législation en vigueur, la juridiction des comptes assiste le parlement dans le contrôle de l'exécution des lois de finances. La juridiction des comptes exerce un contrôle sur la gestion des administrations en charge de l'exécution des programmes et dotations. Elle émet un avis sur les rapports annuels de performance. »*

[24] M. M. SANGARE, *L'Etat de droit au Mali : évolution et réalité*, thèse de Doctorat, présentée et soutenue publiquement le 18/11/2013 à l'Université Gaston Berger (UGB) de Saint-Louis (Sénégal), p.191.

l'accomplissement de sa tâche ; hélas, on doit regretter que ses initiatives soient suivies d'un impact dont le bilan est largement mitigé.

Au regard de ces constats, on examinera tout d'abord le caractère combatif du contrôle effectué par le Bureau **(I.)**, et on présentera ensuite le peu d'impact de son contrôle sur la gouvernance financière nationale **(II.)**. Notre objectif est de contribuer ainsi à l'amélioration de l'efficacité de la dépense publique ainsi que l'instauration d'une véritable transparence dans la gestion publique, en rendant notamment plus contraignants les rapports annuels du BVG.

I. LE CONTROLE PAR LE BVG, UN CONTROLE PUGNACE

Le contrôle par le BVG est un combat qui intervient postérieurement à l'exécution des finances publiques. Ce caractère combatif tient au fait que les missions du Vérificateur général n'étaient pas comprises par les services publics et organismes bénéficiant des fonds publics et qu'il lui fallait donc vaincre des réticences. Pour vaincre ces réticences, le BVG a été aidé par le législateur qui lui a dessiné des compétences larges dans les modalités de son contrôle **(A)**, et l'a assuré d'une large publicité quant aux résultats de ses investigations **(B)**.

A. Les modalités du contrôle par le BVG

L'institution du Vérificateur Général s'inscrit dans le cadre de la recherche d'une meilleure efficacité du contrôle en vue de renforcer la transparence et la bonne gouvernance au Mali. Pour ce faire, un contrôle rigoureux des finances publiques est indispensable, afin de contrer la corruption, ce fléau mortel obstacle pour le développement durable.[25]

Et il faut reconnaître que le Mali a une longue expérience en matière de contrôle des ressources et dépenses des structures publiques tels que les contrôles parlementaire, juridictionnel et administratif mis en œuvre en vue de moraliser la vie publique. A ceux-là, il faut ajouter le rôle remarquable joué par la société civile qui s'organise progressivement afin d'apporter sa contribution dans la lutte contre la corruption et la délinquance financière. Et diverses associations ont vu le jour, tels *Transparency Mali*, l'Observatoire national de lutte contre la corruption (ONLC), le Réseau des journalistes maliens contre la corruption (RJMC), etc. Malgré tous les efforts déployés par les pouvoirs publics et la société civile, de l'analyse des Rapports du BVG de 2004-2005 jusqu'à 2014, il ressort que les résultats ne sont pas à la hauteur des attentes des citoyens et des exigences en matière de bonne gouvernance.

Le Bureau du Vérificateur Général a deux missions fondamentales. Il assure, d'une part, le contrôle de performance et de qualité des services et organismes publics, des programmes et projets de développement, et d'autre part, le contrôle de la régularité et la sincérité des recettes et des dépenses effectuées par les organismes

[25] *Idem*,

publics maliens. Il sera traité du contrôle de performance en premier lieu **(1)** et du contrôle de régularité ensuite **(2)**.

1. Le contrôle de performance des services publics.

Le contrôle de performance se définit comme un examen systématique, organisé et objectif des activités d'une organisation. Selon Amadou Ousmane TOURE, l'actuel Vérificateur Général, « c'est un examen des systèmes et pratiques de gestion et des résultats d'une entité, d'un programme, d'une activité ou d'une fonction orienté vers l'identification des opportunités permettant de s'assurer qu'ils sont gérés avec un souci d'économie, d'efficience et d'efficacité ».[26] Déjà, les gouvernements s'attèlent, dans ce contexte, à changer leur approche de gestion budgétaire pour l'orienter vers les résultats et la recherche de l'efficacité. Ces réformes budgétaires sont l'expression de la volonté des Etats d'« entrer dans une ère nouvelle placée sous le sceau de la performance ». La mesure de la performance est donc devenue le credo de la gestion publique en général et de la gestion financière en particulier. Car l'action publique ne doit plus tirer sa légitimité uniquement du suffrage universel, mais beaucoup plus encore de son efficacité et de son efficience.[27]

La vérification de performance a pour objectifs de fournir aux destinataires des rapports, des informations sur l'emploi des fonds et la gestion des services, entreprises et programmes publics et d'améliorer la qualité de l'administration publique en encourageant la promotion des meilleures pratiques. Elle a également pour objectif d'aider les dirigeants à améliorer le processus de prise de décision. La vérification de performance dans l'administration publique consiste également à vérifier si l'entité a géré ses moyens en accord avec des principes de bonne gestion publique.[28]

Sans doute, le contrôle de performances est-il l'occasion pour le responsable d'un service public ou d'un programme de rendre compte de sa gestion auprès du Parlement, du BVG (Mali) et de l'ensemble des citoyens « en mettant en évidence les écarts avec les prévisions des lois de finances de l'année considérée, ainsi qu'avec les réalisations constatées dans la dernière loi de règlement ».[29] Au Mali, conformément à la loi n° 2013-031 du 23 juillet 2013 portant code de transparence dans la gestion des finances publiques, chaque chef de service public ou organisme bénéficiant d'un fonds public doit rendre compte de sa gestion au Vérificateur Général, à la Section de comptes de la Cour Suprême et au Parlement.[30] Il est

---

[26]http://www.bvg-mali.org/files/RA/rapport_annuel_2013.pdf, *Rapport annuel du Bureau du Vérificateur Général du Mali, 2013*, Avant-propos, p. 3.

[27] K. A. P. THEOUA, *Les finances publiques en Union Economique et Monétaire Ouest-Africain (UEMOA) et la Logique de Performance*, op.cit. p. 3.

[28]*Ibid.*

[29]Voir la circulaire du Secrétaire d'Etat français chargé du budget, préparation des rapports annuels de performances de l'exercice 2015, publié à Paris, le 22 janvier 2016, p. 2

[30]Voir la loi n° 2013-031 du 23 juillet 2013 portant code de transparence dans la gestion des finances publiques au Mali, *JORM du 30 août 2013, p. 1364-1368.*

indispensable qu'il soit aussi conforme à la directive n° 06/2009/CM/UEMOA portant lois de finances au sein de l'UEMOA.[31]

Les Etats membres de l'UEMOA sont soumis à une discipline budgétaire rigoureuse en particulier dans le contexte financier qui est le leur. En effet, aux termes de l'article 65.2 du traité de l'UEMOA : « tout déficit excessif devra être éliminé et les politiques budgétaires devront respecter une discipline commune, consistant à soutenir les efforts pluriannuels d'assainissement budgétaire et d'amélioration de la structure des recettes et des dépenses publiques ».[32] C'est pourquoi la directive n° 2009-06/CM/UEMOA du 26 juin 2009 portant loi des finances au sein de l'espace UEMOA a exigé que chaque Etat membre dépose un rapport annuel de performance auprès de son Assemblée Nationale. Mais il a été constaté de 2009 à 2017[33] que cette directive tardait à être appliquée au Mali. Un rapport de performance a cependant été joint, pour la première fois, au projet de loi des finances pour l'année 2017. Même, si la qualité du document peut se poser, nous pouvons dire que le gouvernement du Mali commence à instaurer la transparence dans l'exécution des finances publiques.

Nous ne saurions évoquer le contrôle effectué par le BVG sur la performance des services publics sans au préalable mentionner brièvement les moyens qu'il a lui-même adoptés pour se perfectionner en vue d'accomplir efficacement ses missions. De sa création à nos jours, cette jeune institution s'était donné pour ambition première de devenir une structure de contrôle reconnue pour son professionnalisme. Il s'est alors doté de professionnels compétents, honnêtes et intègres, travaillant avec objectivité et pourvus de conditions matérielles et financières leur garantissant l'indépendance utile à leurs fonctions. Depuis sa création, le BVG n'a cessé de poursuivre la consolidation de son dispositif institutionnel et organisationnel, outillage indissociable de la réussite des tâches qui lui sont confiées. En plus des formations, le personnel de vérification nouvellement recruté a été initié aux guides et manuels de vérification, en vue de lui permettre d'être opérationnel et de faire face à ses obligations professionnelles.[34] Toutes ces démarches ont été entreprises pour assurer le perfectionnement du personnel du Bureau.

Au Mali, la corruption frappe une part considérable des ressources nationales. Cette situation hypothèque gravement le développement du pays, en même temps qu'elle constitue une menace pour la paix sociale. Selon Sidi SOSSO, premier Vérificateur Général du Mali, la lutte contre la corruption et la mauvaise gestion est un levier important de la démocratie et de la bonne gouvernance. Elle permet non seulement de moraliser la gestion des affaires publiques mais elle contribue

---

[31]La Directive n° 06/2009/CM/UEMOA portant lois de finances au sein de l'UEMOA, *in* http://www.droit-afrique.com/upload/doc/uemoa/UEMOA-Directive-2009-06-lois-de-finances.pdf, consulté le 10 août 2017.

[32]M. BOUVIER, M. C. ESCLASSAN, G. ORSONI, rapport d'étude sur *la gestion de la dépense publique dans les pays de l'Afrique francophone subsaharienne*, Paris, 2005, p. 84.

[33] La directive donne la date du 1er janvier 2018 comme date impérative de sa mise en œuvre par chaque Etat membre.

[34] Voir http://www.bvg-mali.org/files/RA/rapport_annuel_2014.pdf, *Rapport annuel du Vérificateur Général 2014*, p.11.

également à asseoir la légitimité et la crédibilité des acteurs publics vis-à-vis des citoyens.[35]

Si cette lutte, pense M. SOSSO, peut aboutir à des sanctions pénales ou disciplinaires à l'égard des contrevenants aux dispositions législatives et règlementaires, ce n'est pas l'objectif premier du Bureau.[36] Selon lui, il s'agit d'obtenir l'amélioration de la performance, de la qualité des prestations, du rendement et de l'utilisation des ressources par les services et organismes publics.

La performance des services publics est pour le Bureau du Vérificateur Général une priorité depuis sa création. D'ailleurs, ses premières missions de vérification de 2005 et 2006 auprès du Projet Promotion des Energies Renouvelables pour l'Avancement des Femmes (PENRAF), du Ministère des Mines, de l'Energie et de l'Eau, du Programme d'Investissement Sectoriel pour l'Education (PISE), du Ministère de l'Education Nationale, les Hôpitaux du Point-G et de Kati lui ont permis de constater les forces et faiblesses de chacune des structures contrôlées ; il a, en conséquence, formulé des recommandations précises visant à améliorer leur efficacité et leur efficience.[37]

Au cours de ces missions, d'importantes insuffisances ont été constatées dans ces structures.

En premier lieu, l'insuffisance d'indicateurs. Ainsi, il était impossible de mesurer l'efficacité et l'efficience de leur action. Autre faiblesse, l'inadéquation entre les missions et les moyens matériels et humains. Enfin, dernière lacune, la faiblesse des mécanismes de contrôle de gestion et de suivi-évaluation des activités instituės en leur sein. Le BVG a relevé une tendance au gaspillage des ressources financières du projet.[38]

Entre 2006 et 2010, le Bureau a réalisé 45 missions de vérification de performance, dont 4 en 2006, 13 en 2007, 13 en 2008, 10 en 2009 et 5 en 2010.[39] Au terme de chacune de ces missions de vérification, les défaillances dans la gestion des ressources de l'État ont été identifiées et des recommandations ont été faites à cet effet. Des irrégularités ont été également constatées dans la gestion de l'EDM-SA telles la minoration des retenues sur certains fournisseurs[40], la discordance importante entre le fichier SIGTAS de la DGI et le fichier des déclarations en douane, l'absence d'une interface directe entre les systèmes comptable et commercial. Pour remédier à ces dysfonctionnements, le BVG a proposé à l'EDM-SA l'établissement d'une interface logique et directe entre les systèmes commercial et comptable de la Société, afin d'assurer une plus grande transparence des enregistrements du chiffre d'affaires.

---

[35] Voir http://www.bvg-mali.org/files/RA/rapport_annuel_2004.pdf, *Rapport annuel du Bureau du Vérificateur Général du Mali, Message du Vérificateur Général, 2004*, p. 2.

[36] *Idem*, voir le message du Vérificateur Général dans le rapport 2004, p.2.

[37] Voir http://www.bvg-mali.org/files/RA/rapport_annuel_2006.pdf, *Rapport annuel du Vérificateur Général 2006*, p.11.

[38] *Idem.*

[39] Voir, Rapport Bilan du Bureau Vérificateur Général, avril 2004- mars 2011, p. 15.

[40] En violation du circulaire n° 17/MFC du 27 novembre 1995, les retenues TVA sur les fournisseurs d'EDM SA ont été minorées de 1 232 345 675 FCFA, sur un échantillon de 97 prestataires nationaux et étrangers.

En vertu des dispositions de l'article 2 de la loi n° 2012-009 du 8 février 2012 abrogeant et remplaçant la loi n°03-030 du 25 août 2003 l'instituant, le Vérificateur Général a initié la vérification de performance de l'activité de contrôle de la Direction Nationale du Contrôle Financier (DNCF) et de certaines de ses délégations dans le District de Bamako.[41] Autre vérification, celle de 2014 auprès de la Direction des Finances et du Matériel (DFM) du Ministère de la Culture. Notons que la DFM de chaque Ministère assume une fonction importante auprès du Ministre qui a qualité d'ordonnateur secondaire pour les crédits alloués à son département et le Directeur de la DFM assure auprès de lui le rôle d'ordonnateur secondaire délégué. La DFM exécute ainsi les dotations budgétaires du Département. Au demeurant, le Ministère de la Culture a bénéficié de plus de 7 milliards de FCFA pendant la période sous revue. Mais, selon les constatations, à la vérification, la DFM a présenté de graves lacunes, parmi lesquelles la non tenue d'un registre pour l'enregistrement des offres reçues. De ce fait, aucun des 15 marchés passés sur la période sous revue n'a été enregistré.[42] Dans ces conditions, il devient impossible de reconstituer l'ensemble des soumissions faites dans le cadre des appels d'offres.

Dans sa mission de contrôle de la performance des services publics, le BVG peut proposer des formations en matière de gestion des finances des administrations publiques. Celles-ci pourraient s'adresser à toutes les DFM et DAF, car elles connaissent, toutes, des faiblesses préjudiciables aux biens et deniers publics. Elles sont par ailleurs caractérisées par une gestion profondément laxiste, les différents acteurs faisant peu cas de l'intérêt général. Leurs agissements, outre qu'ils érodent la confiance publique, affectent négativement la performance publique. Ordonnateurs, comptables publics et autres gestionnaires financiers devraient tous recevoir ces formations de perfectionnement, sous forme de formation continue. Le Mali pourrait alors s'inspirer de l'exemple coréen dont le Centre de formation, d'administration et d'inspection met en place des programmes de formation visant à maximiser la productivité des services et administrations publiques.[43]

Outre le contrôle de performance, le BVG assure également un contrôle de régularité.

2. Le contrôle de la régularité et la sincérité

Le contrôle de régularité et de sincérité des opérations de recettes et de dépenses concerne toutes celles effectuées par les institutions de la République, les administrations civiles et militaires de l'Etat, les collectivités territoriales, les établissements publics.

Il s'agit, ici, pour le BVG d'apprécier la régularité et la sincérité des transactions financières effectuées par l'entité à vérifier, la collecte des recettes ainsi que le

[41] Rapport annuel du BVG 2013, *op. cit.* p. 30.

[42] *Rapport annuel du BVG 2014*, *op. cit.* p. 24.

[43] Revue internationale de la vérification des comptes publics, juillet 2001-Vol. 28, no 3, p.15.

respect des normes, textes législatifs et réglementaires.[44] Mais on ne peut évoquer le rôle joué par le BVG dans le contrôle de la régularité et la sincérité sans penser aux structures sur lesquelles ce contrôle est exercé. Selon la loi, il s'agit des Institutions de la République du Mali, des services publics et privés, des administrations militaires et des collectivités territoriales. Leurs ordonnateurs et leurs comptables publics rendent des comptes au BVG sur sa saisine.

Les comptables sont les plus concernés. Selon l'art. 5 du décret de 1997, le Comptable Public est tenu d'exercer le contrôle de « l'autorisation de percevoir la recette » et « de la mise en recouvrement des créances de l'organisme public et de la régularité des réductions et des annulations des ordres de recettes ». Par ailleurs, le comptable est le véritable responsable du paiement des dépenses, de la garde et de la conservation des fonds et valeurs appartenant ou confiés à l'État, aux collectivités et aux établissements publics nationaux ou locaux, du maniement des fonds et des mouvements de comptes de disponibilités. Il doit garder les pièces justificatives des opérations et documents de comptabilité de l'ensemble du poste comptable qu'il dirige.[45] Seul à détenir et à manipuler l'argent public, il est normal que le Comptable Public soit personnellement et pécuniairement responsable des opérations et des contrôles qu'il est tenu d'assurer en matière de recettes, de dépenses et de patrimoine.[46]

Sur la base de l'article 2 alinéa 2 de la loi n° 2012-009 du 08 février 2012 (abrogeant et remplaçant la loi n°03-30 du 25 août 2003 instituant le Vérificateur Général), le BVG procède au contrôle des opérations des ordonnateurs et des comptables des structures publiques quant à leur régularité et leur sincérité. Il faut ajouter les entreprises dans lesquelles l'Etat ou une autre personne publique détient une participation financière ou apporte son concours financier. Si l'on se réfère au rapport du BVG de 2014, on peut constater qu'il y a eu 16 vérifications. Et sur ses 16 vérifications, le montant total des irrégularités[47] financières s'élevait à 72,97 milliards de FCFA dont 33,95 milliards de FCFA au titre de la fraude[48] (soit 46,53% du montant total) et 39,02 milliards de FCFA au titre de la mauvaise gestion. Sur le montant total des irrégularités dues à la mauvaise gestion, 5,27 milliards de FCFA ont été déclarés recouvrables.[49] L'ont-ils été ? Après quelques échanges avec un certain nombre de personnels du BVG, nous avons constaté qu'il n'existait aucun

[44] *Rapport annuel du BVG 2013, Avant-propos, op. cit.* p. 4.

[45] Voir, Loi du 04 novembre 1996 portant principes fondamentaux de la comptabilité publique du Mali, art. 12.

[46] La responsabilité pécuniaire se trouve engagée dès lors qu'un déficit ou un manquant en deniers ou en valeurs a été constaté, qu'une recette n'a pas été recouvrée, qu'une dépense est irrégulièrement payée ou que, par la faute du comptable public, l'organisme public a dû procéder à l'indemnisation d'un autre organisme public ou d'un tiers. Il faut noter que la responsabilité pécuniaire du comptable public s'étend à toutes les opérations du poste comptable qu'il dirige depuis la date de son installation jusqu'à celle de la cessation de ses fonctions.

[47] Les irrégularités désignent notamment les transactions de fraude, de mauvaise gestion, les erreurs comptables, les déficiences sur le plan du contrôle interne, les cas de non-respect des textes juridiques et des exigences comptables ainsi que les erreurs et incuries dans l'exercice des missions assignées.

[48] La fraude représente un montant dû mais non perçu en raison notamment de vol, d'usage de faux, de détournement, de minoration de recettes, de non-reversement de sommes collectées, de dépense sans pièces justificatives, de double paiement d'une prestation, de favoritisme dans l'attribution de marchés ou autres.

[49] *Rapport BVG 2014, op. cit.*, p. 14.

mécanisme contraignant dans ce domaine particulier et pour la mise en œuvre des recommandations du Bureau, en général.

Selon le BVG, les services centraux et déconcentrés vérifiés en 2014 affichaient une tendance à se soustraire aux exigences des textes législatifs et règlementaires. Par exemple, la Direction des Finances et du Matériel du Ministère chargé de la Culture. La vérification de ses opérations budgétaires a fait ressortir des manquements dans les procédures de gestion des marchés publics ainsi que des dépenses effectuées à travers des contrats simplifiés et sur les régies : le paiement sur la régie d'avances de 68 factures non datées, de 181 sans numéro d'identification fiscale et de 443 sans numéro de registre du commerce. Quant aux irrégularités financières se chiffrant à 368,75 millions de FCFA dont 325,46 millions de FCFA au titre de la fraude, elles ont été essentiellement causées par l'utilisation indue des produits issus de la vente des Dossiers d'Appels d'Offres, la non-application des pénalités de retard et le paiement de sommes indues à des titulaires de marchés.[50] Toutes erreurs inexplicables lorsque l'on sait que, selon l'art. 6-B du décret de 1997, le comptable doit vérifier la validité de la créance et en particulier l'existence des visas du contrôleur financier sur les engagements et mandats émis par les ordonnateurs, la justification du service fait, l'exactitude de la liquidation, l'application des règles de la déchéance quadriennale. À l'examen des faits, on ne peut que constater la violation et la mise à l'écart des procédures de contrôle *a priori* par le comptable.

En 2012, le BVG avait aussi constaté que la DFM du Ministère de la Fonction Publique, de la Gouvernance et des Réformes Administratives et Politiques (MFPGRAP) n'avait respecté aucune règle de passation et d'exécution des marchés publics.[51] Cette vérification avait pour objet l'examen des opérations de passation et d'exécution des marchés n°1203/DGMP/2008, 0598/DGMP/2008 et 0846/DGMP/2009. Le BVG a constaté que la DFM n'avait pas enregistré les offres dans un registre, alors que l'article 28 al.1 du décret 95-401/P-RM du 10 novembre 1995 le prescrit : « A leur réception, les plis sont enregistrés par leur ordre d'arrivée sur un registre spécial et doivent rester cachetés jusqu'au moment de leur ouverture».[52] Ajouter qu'elle n'a pas opéré la retenue de garantie sur les paiements effectués à un fournisseur, manquement à l'article 50 du même décret qui exige de l'autorité contractante de procéder à la retenue d'une garantie sur chaque paiement. L'examen des dossiers du marché n°0598/DGMP/2009 a révélé que la DFM n'a pas retenu, au moment du paiement, de montant au titre de la garantie. Autre irrégularité : la DFM a accepté une caution bancaire ne couvrant pas la totalité de l'avance versée alors que l'article 21 du marché 1203/DGMP/ 2008 disposait qu'une avance de démarrage d'un montant représentant 20% du montant du marché est à verser à l'entrepreneur sur sa demande ; l'article précise que cette avance devrait être garantie à 100% par une caution solidaire émanant d'un établissement

---

[50] *Ibid.*

[51] http://www.bvg-mali.org/files/RA/rapport_annuel_2012.pdf, *Rapport du Bureau du Vérificateur Général 2012*, p. 74.

[52] *Ibid.*

bancaire. Dans le cas présent, l'avance de démarrage n'avait été garantie qu'à hauteur de 19%.[53]

Telles sont donc les missions dévolues au Bureau du Vérificateur général. Au terme des vérifications, le BVG relève souvent des défaillances dans la gestion financière de l'Etat et de ses services. La loi prévoit trois possibilités pour corriger ces comportements : la remise du résultat de ses investigations aux autorités gouvernementales compétentes, à charge pour elles de prendre les sanctions qui s'imposent, la saisine du Procureur de la République, qui après examen, décide d'entreprendre ou non des poursuites pénales lorsque les infractions relevées entrent dans cette catégorie et enfin, prendre l'opinion publique à témoin des agissements de certains responsables publics, puisque le Rapport annuel établi par le BVG est publié, officiellement.

Mais dans la suite logique de sa mission, le Vérificateur s'est imposé une fonction, celle d'assurer le suivi de ses recommandations. En effet, que seraient une vérification et des recommandations dont on ne s'occuperait pas des suites ? Elles seraient totalement inutiles. Le suivi des recommandations du BVG est donc l'aulne à laquelle il peut mesurer lui-même l'influence de son action sur le comportement des administrations.

B. Le suivi des recommandations du BVG

Le Vérificateur général a bien conscience que son action ne peut se limiter à des vérifications dont il ne se préoccuperait pas des suites. C'est pourquoi il a organisé un mécanisme de suivi de ses recommandations **(1)** pour pouvoir comprendre l'état de leur application par les administrations et les personnes vérifiées sur le terrain, et donc de leur impact **(2)**.

1. L'organisation du suivi des recommandations

Le suivi des recommandations consiste, pour le Vérificateur général, à vérifier si les préconisations qu'il a formulées ont été mises en œuvre. Ce suivi permet d'apprécier les efforts entrepris par les structures vérifiées pour les appliquer, palier les dysfonctionnements et réparer pour l'avenir les irrégularités constatées[54] lors d'une vérification financière, de performance, de conformité ou d'une évaluation des politiques publiques. Il s'agit d'une vérification à part entière et à ce titre comporte des phases de planification, d'examen et de rapport. Après la vérification initiale, une période minimale de trois ans est accordée à l'entité vérifiée avant que ne soit lancée la vérification de suivi des recommandations.[55]Ainsi, on peut dire que le suivi des recommandations est aussi important que la vérification première elle-même.

Cependant, le suivi consiste, dans un premier temps, en un examen pour voir si les questions et les dysfonctionnements relevés lors des vérifications initiales sont

---

[53] *Rapport du BVG 2012*, *op. cit.*, p. 56 et 74.

[54] *Rapport annuel du BVG 2014*, Avant-propos. *op. cit.*

[55] *Rapport annuel du BVG 2013*, Avant-propos. *op. cit.*

toujours d'actualité ; en un second temps, il met en œuvre des procédés de vérification pour obtenir de nouveaux éléments probants ; enfin, en un troisième temps, le Vérificateur établit un rapport. Celui-ci porte sur le taux de mise en œuvre des recommandations et les progrès accomplis par l'entité dans la mise en œuvre de l'ensemble des recommandations. A cet égard, il se différencie d'un recueil des déclarations des entités sur l'état d'avancement des mesures prises à la suite des recommandations.[56]

Le suivi des recommandations porte autant sur les vérifications financières que sur les vérifications de performance.

On notera, pour le regretter, que, spontanément, très souvent, aucune suite n'est donnée par les services publics vérifiés sur l'application des recommandations. Ainsi, les administrations et entreprises qui ont fait l'objet de vérification n'adressent jamais au Bureau du Vérificateur Général un état des dispositions qu'elles auraient prises pour améliorer leur fonctionnement ou leur gestion financière. A ce jour, aucun mécanisme n'est établi par le législateur pour contraindre les structures vérifiées à agir sans attendre une nouvelle visite du BVG.

Depuis 2011, néanmoins, le BVG a adopté une politique de suivi de recommandations fondée sur une approche participative. Ainsi, suite aux rapports 2005 et 2006, le Vérificateur Général a écrit à chacune des entités vérifiées dans le but de s'informer sur l'état d'exécution des recommandations issues de ses missions. Cette démarche, en son temps, n'avait pas donné les résultats escomptés.[57] A la fin des travaux et ce, avant la rédaction du rapport définitif, le Bureau a demandé aux entités de lui faire savoir par écrit si elles ont approuvé les recommandations et à lui indiquer les mesures correctives qu'elles comptent mettre en œuvre. Ensuite, environ trois ans après la vérification initiale, le BVG a fait un suivi de la mise en œuvre des recommandations. Il a alors procédé à la détermination du taux de mise en œuvre et à l'évaluation des progrès réalisés par les entités depuis la vérification initiale.[58]

Par Pouvoirs n° 19/2013/BVG du 24 juillet 2013 et en vertu des dispositions de l'article 2 de la loi n° 2012-009 du 8 février 2012 (abrogeant et remplaçant la Loi n°03-030 du 25 août 2003), le Vérificateur Général a initié le suivi de la mise en œuvre des recommandations de la vérification financière portant sur la gestion des manuels scolaires et matériels didactiques par la Direction administrative et financière du Ministère de l'Éducation de Base, de l'Alphabétisation et des Langues Nationales.[59] Car, en 2009, elle a fait l'objet d'une vérification financière concernant la gestion des manuels scolaires et matériels didactiques au cours des exercices 2006, 2007 et 2008.[60] Au cours de celles-ci, des dysfonctionnements et irrégularités avaient été constatés par le Bureau. Des recommandations lui avaient été adressées à l'effet de corriger les lacunes.

---

[56] *Rapport Bilan du Bureau du Vérificateur Général du Mali, de 2005 à 2011*, p.30.

[57] *Idem.*

[58] *Idem.*

[59] *Rapport annuel du BVG 2013*, *op. cit.* p. 36.

[60] *Idem.*

Bien avant, en 2009, le BVG a procédé au suivi des recommandations formulées en 2006 afin de s'assurer que celles-ci ont été mises en œuvre et que les entités vérifiées ont remédié aux faiblesses qui avaient été soulevées.[61] L'année 2007, l'hôpital de Kayes avait fait partie des structures vérifiées, tant sur le plan de la performance que celui de la gestion financière. La vérification financière avait relevé des lacunes en matière de procédures comptables, d'exécution des dépenses et du reversement des cotisations dues à l'INPS. Elle avait aussi mis au jour des cas de fraude et de mauvaise gestion. S'agissant de la performance, elle avait relevé l'absence de fichiers-fournisseurs, d'appel à la concurrence, la non-informatisation du bureau des entrées et du point de vente de la pharmacie hospitalière.[62] De plus, les organes consultatifs, tels que la Commission médicale, la Commission des soins obstétricaux et le Comité d'hygiène et de sécurité ne se réunissaient pas régulièrement comme prévu par la loi hospitalière. En outre, des difficultés liées notamment au passage de l'hôpital à une gestion autonome persistaient. Des recommandations avaient été formulées pour corriger ces lacunes. Ainsi, la vérification entreprise en 2009 voulait-elle constater si les recommandations formulées en 2007 avaient été mises en œuvre par l'hôpital de Kayes. Le Bureau a relevé que ce dernier a mis en œuvre 25 des 62 recommandations issues des vérifications financière et de performance initiales, soit un taux de mise en œuvre de 40%.

Suite aux vérifications à l'hôpital de Sikasso, plusieurs lacunes avaient été relevées dans les domaines des ressources humaines, du système d'information hospitalier et des nouvelles technologies de l'information et de la communication. Des recommandations avaient été formulées. Le bureau a confirmé dans son rapport annuel de 2009 que seul 4 des 11 recommandations formulées lors des vérifications initiales ont été mise en œuvre, soit un taux de mise en œuvre de 36%.[63]

En plus, par Pouvoirs n° 023/2013/BVG du 16 octobre 2013 modifiés par les Pouvoirs n° 028/2013/BVG du 29 novembre 2013 et en vertu des dispositions de l'article 2 de la loi n° 2012-009 du 8 février 2012, le Vérificateur Général a initié le suivi des recommandations de la vérification de performance de l'Agence Nationale de Gestion des Stations d'Épuration du Mali (ANGESEM) effectuée en 2010.[64] La vérification de performances avait relevé des lacunes constituées, entre autres, par le manque de ressources humaines qualifiées, l'insuffisance de matériels et de réactifs ainsi que l'absence d'une politique de gestion des risques sanitaires. Des recommandations avaient été formulées pour les corriger. Le suivi avait pour objectif de s'assurer que l'ANGESEM a pris les mesures nécessaires. Au final, le BVG a constaté que sur les 14 recommandations formulées à l'issue de la vérification de performance initiale, deux sont devenues sans objet, trois ont été entièrement mises en œuvre, une recommandation a été partiellement mise en

---

[61]Cet examen permet d'informer les parties prenantes des rapports quant aux actions qui ont été entreprises pour pallier les lacunes soulevées.

[62]*http://www.bvg-mali.org/files/RA/rapport_annuel_2009.pdf, Rapport annuel du BVG 2009*, p.24.

[63]*Ibid.*, p.26.

[64] *Rapport annuel du BVG 2013, op. cit. p.102.*

œuvre et huit n'ont pas été mises en œuvre.[65] Et le Vérificateur Général a finalement conclu que le niveau de mise en œuvre des recommandations n'était pas satisfaisant.

A l'analyse des vérifications de suivi des recommandations, nous pouvons dire que les résultats sont médiocres car les pourcentages de mise en œuvre n'ont jamais atteints les 50% depuis la création de l'Institution jusqu'à nos jours. Et nous proposons au BVG de mentionner dans son rapport les réponses données par les structures vérifiées, comme le fait le Vérificateur Général du Canada. Par exemple dans son rapport de 2015, ce Bureau avait constaté que l'Agence des services frontaliers du Canada avait mis en attente un certain nombre de colis et que cela avait nui au montant total des exportations ; le Bureau lui avait adressé des recommandations mentionnant en particulier que l'Agence devrait effectuer une évaluation fréquente de la durée de la mise en attente des envois destinés à l'exportation, et utiliser les résultats obtenus pour déterminer s'il est nécessaire d'instaurer une norme de service ou un processus d'avis pour les exportateurs afin de faciliter la libre circulation des marchandises. Par réponse, l'Agence a accepté la recommandation et s'est engagée à effectuer avant juillet 2016, une évaluation de la fréquence et de la durée de la mise en attente des expéditions avant que celles-ci fassent l'objet d'un contrôle.[66]

Quel impact peut-il y avoir sur la bonne gouvernance des finances publiques si les recommandations ne sont mises en œuvre de manière effective.

2. L'impact du contrôle du BVG sur la gouvernance des finances publiques

Quel est l'impact du contrôle du BVG du Mali sur la bonne gouvernance des finances publiques ? L'objectif à lui assigné est très clair : le législateur dispose, à son égard, qu'il a pour mission « de proposer aux autorités publiques les mesures et actions propres à assurer une meilleure adéquation du coût et du rendement des services publics, à rendre plus pertinent l'emploi des ressources publiques et d'une façon générale, à garantir le fonctionnement régulier des organismes et structures publics »[67].

Les dispositions de la loi n° 2013-031 du 23 juillet 2013 portant code de transparence dans la gestion des finances publiques au Mali et du Code de transparence dans la gestion des finances publiques au sein de l'UEMOA, sans concerner directement le Vérificateur général, vont dans le même sens : « [...] Les impacts des finances publiques sur l'économie, à court terme comme à long terme, sont mis en évidence pour que chacun puisse prendre conscience des enjeux qu'ils représentent... Les citoyens, à la fois contribuables et usagers des services publics, sont clairement, régulièrement et complètement informés de tout ce qui concerne la gouvernance et la gestion des fonds publics : ils sont mis en capacité d'exercer, dans

---

[65] *Ibid.*

[66] *Rapport annuel du Bureau du Vérificateur Général du Canada, 2015*, p.17.

[67] Voir, Loi n° 2012-009 du 08 février 2012, *op. cit.* article 2

le débat public, leur droit de regard sur les finances de toutes les administrations publiques […] Les sanctions prévues sont effectivement mises en œuvre […] »[68].

L'institution du Vérificateur Général s'inscrit donc dans le cadre de la recherche d'une meilleure efficacité du contrôle, d'une part et dans l'objectif de renforcer la transparence et la bonne gouvernance, d'autre part. Dans un pays où le déficit budgétaire est devenu un phénomène structurel, où l'aide internationale représente 15 à 20 % du PIB depuis au moins deux décennies, et où près de 64 % de la population vivent en dessous du seuil de pauvreté, il est heureux que la transparence et la bonne gouvernance soient devenues des préoccupations majeures pour les Autorités.[69] Car il a été constaté que dans l'ensemble de l'Afrique francophone, la qualité de l'information sur l'exécution des finances publiques est souvent lacunaire, peu fiable et sujette à caution. Cette carence est nuisible au débat démocratique.[70] De plus, les documents budgétaires et financiers ne sont pas toujours accessibles que ce soit en version papier ou en version électronique.[71] Par exemple au Mali comme au Bénin, l'accès des citoyens à l'information financière passée, présente et future est limité.

A cela, il faut ajouter que, sur la performance des services publics, il n'existe pas d'indicateur de performance dans de nombreuses administrations. De la sorte, le contrôle du BVG peut difficilement être efficace et quand bien même il faut des recommandations, elles sont difficiles à mettre en œuvre.

Pour l'heure, le BVG dresse des finances publiques du Mali une situation guère reluisante, du fait de la gabegie, du gaspillage et de la mal-gouvernance financière. Que l'on en juge.

A l'analyse des rapports du BVG, nous constatons que les manques à gagner[72] par l'Etat malien ne cessaient de croître entre 2005 et 2010 (2005 :15 milliards FCFA, 2006: 103 milliards, 2007 : 20 milliards FCFA, 2008 : 98,27 milliards FCFA, 2009 : 112,37 milliards FCFA, 2010 : 34,81 milliards FCFA). Par exemple, en 2006, parmi les structures contrôlées, les vérifications ont mis en évidence un manque à gagner pour l'Etat de 15 587 896 837 F CFA (dont 12 959 404 363 F CFA au titre de la TVA et des protocoles non valides signés avec le fisc, et 2 628 492 474 F CFA de droits de douane).[73] Et comparativement aux vérifications de 2006, l'ampleur du manque à gagner - près de 103 milliards F CFA- pour la seule année de vérification donne une idée des défis que le Mali doit relever en matière de gestion des ressources publiques. Selon M. SOSSO, il s'agit d'une saignée financière grave

---

[68]Voir http://www.uemoa.int/sites/default/files/bibliotheque/directive_01_2009_cm_uemoa.pdf, *Préambule de la Directive n° 01/2009/CM/UEMOA portant code de transparence dans la gestion des finances publiques au sein de l'UEMOA.*, consulté le 12.8.2017, p. 3.

[69] Voir M. M. SANGARE, *L'Etat de droit au Mali : évolution et réalité*, *op.cit.* p. 248.

[70]M. BOUVIER, M. C. ESCLASSAN, G. ORSONI, *Rapport d'étude sur la gestion de la dépense publique dans les pays de l'Afrique francophone su0bsaharienne*, Paris, avril 2004, p.139.

[71] *Idem.*

[72]Il est important de préciser ici que, pour le Bureau, est manque à gagner tout montant qui aurait dû être dans les caisses de l'Etat si tout avait été fait dans le strict respect de la loi et des principes de la comptabilité publique. Il faut noter que les manques à gagner ne sont pas tous dus à la fraude et ne sont pas tous recouvrables.

[73]*Rapport annuel du BVG 2005, op. cit.* p.52.

dans un pays à très forte demande sociale.[74] Aussi, une grande différence existe entre le manque à gagner de 2009 et celui de 2008. Le niveau de déperdition des ressources pour l'Etat et les structures vérifiées a augmenté par rapport à l'année précédente. En effet, le manque à gagner identifié en 2009 a atteint 112,37 milliards de FCFA pour 22 structures, contre 98,27 milliards de FCFA en 2008 pour 24 entités vérifiées.[75] Cette situation est imputable essentiellement à la mauvaise gestion, à la fraude, aux faiblesses du contrôle interne ou à l'inobservation des règles et procédures mises en place, et à la non-maîtrise des outils de pilotage en matière de contrôle de performance des projets et programmes. Au total, sur la période *2004 à 2010*, le BVG a effectué 102 vérifications financières dans 79 entités. Ces vérifications ont mis en lumière près de 382,93 milliards de FCFA de manque à gagner pour le Trésor Public et les entités vérifiées dont 252,81 milliards de FCFA proposés au recouvrement.

Au regard des rapports 2011 jusqu'à 2014, nous constatons que les contrôles effectués par le BVG ont produit des impacts positifs sur la gestion des finances publiques surtout en ce qui concerne la fraude. Par exemple, en 2012 un manque à gagner de 49,39 milliards FCFA a été décelé par le BVG dont 7,57 milliards de francs CFA au titre de la fraude et 41,82 milliards de francs CFA du fait de la mauvaise gestion. En 2013 il y a eu 80,21 milliards FCFA de manque à gagner dont 33,95 milliards de FCFA au titre de la fraude (soit 46,53% du montant total) et 39,02 milliards de FCFA au titre de la mauvaise gestion (soit 53,47%).[76] et enfin en 2014 il y a eu 72,97 milliards FCFA.

L'impact de la mauvaise gestion tel que décrit dans le rapport annuel 2012 prouve à suffisance que cette dernière est bien pire et plus coûteuse à l'Etat que la corruption.[77] A cet effet, on ne peut que souhaiter une multiplication des interventions du BVG. Car des résultats positifs commencent à se faire sentir. Déjà, un rapport de performance a été joint au projet de loi de finances 2017, ce qui constitue une avancée remarquable. Aussi, la gestion des finances publiques serait plus transparente si la publication des rapports de performance annuelle devenait plus régulière, conformément à la loi n°2013-031 du 23 juillet 2013 portant code de transparence dans la gestion des finances publiques.

Le premier Vérificateur Général, suite aux rapports 2005 et 2006, avait écrit à chacune de des entités vérifiées, dans le but de s'informer de l'état d'exécution des recommandations issues de ses missions, mais cette démarche, en son temps, n'avait pas donné les résultats escomptés. Une amélioration devrait se faire sentir au niveau du recouvrement des recettes publiques et de l'exécution des dépenses.

L'identification de la mauvaise gouvernance des finances publiques par le BVG est une pression sur le gouvernement et sur les comptables publics pour les inciter à appliquer de façon effective les textes juridiques nationaux et communautaires (l'UEMOA) dans l'exécution des opérations financières publiques. Aussi, ils

---

[74] *Rapport annuel du BVG 2006, op. cit.* p.82.

[75] *Rapport annuel du BVG 2009, op. cit.* p.152.

[76] *Rapport annuel du BVG 2013, op. cit.* p.152.

[77] *Rapport annuel du BVG 2014, op. cit.* p.137.

respecteront les procédures de gestion et éviteront la mauvaise tenue des documents administratifs et comptables. De façon très optimiste, le Contrôle général des services publics (CGSP) avait conclu, dans l'un de ses rapports, en 2008 que « l'analyse des rapports révèle que la majorité des recommandations relatives à ces constats sont mises en œuvre ou en cours ». Aujourd'hui, on doit reconnaître que cette amélioration est encore au stade de l'entame.

A cet effet, nous pouvons dire que certains manques à gagner ont été recouvrés ou justifiés. En 2007, suite aux recommandations du BVG à la Direction Générale de la Douane sur la déperdition de droits et taxes sur les chargements d'hydrocarbures destinés au Mali, sur 15,053 milliards de F. CFA de manque à gagner, 8,264 milliards de F. CFA ont été recouvrés. La même année, au niveau de la DAF de la Santé, les 316,061 millions de F. CFA d'irrégularités dans la passation des marchés publics ont pu donner lieu à leur recouvrement[78]. De même, en témoignent les recouvrements effectués par le Pôle Economique et Financier de Bamako, suite aux dénonciations du BVG au cours des exercices 2011, 2012, 2013 et 2014, qui se chiffrent à 2,85 milliards FCFA. L'action combinée des missions de vérification du BVG et des Pôles Economiques et Financiers a permis, de 2011 à nos jours, de recouvrer 3,16 milliards de FCFA, en particulier par la DFM du Ministère de l'Education nationale et par l'Agence comptable centrale du Trésor. Le montant total des sommes recouvrées s'élève ainsi à 6,03 milliards de FCFA.

Au regard de ces données, on est tenté de dire que le contrôle du BVG a un impact positif sur la bonne gouvernance des finances publiques et sur la performance des services publics. D'ailleurs, l'actuel Vérificateur Général, M. TOURE Amadou Ousmane a indiqué que les rapports de vérification jouent un rôle important dans la gestion publique. Cependant, ces résultats sont largement perfectibles. Ils le seront si le contrôle du BVG lui-même devient plus performant et qu'il est complété par des actions d'autres structures, tels la Section des comptes de la Cour suprême ou l'engagement de procédures pénales par le Procureur de la République.

II. LE CARACTERE PERFECTIBLE DU TRAVAIL DU BUREAU DU VERIFICATEUR GENERAL (BVG)

« La perfection n'est pas de ce monde », dit l'adage. Mais la perfectibilité recherchée ici a une double dimension.

Déjà, par son intervention, le BVG contribue à améliorer les comportements dans les administrations et les entreprises. Il a permis à l'Etat de récupérer sur des agents indélicats et sur des contribuables des sommes non négligeables. Mais ces résultats seraient encore meilleurs si les autres partenaires naturels du Vérificateur Général jouaient leur rôle. Il s'agit du Président de la République, premier destinataire du Rapport annuel, du Parlement et du Gouvernement (à travers le Premier Ministre), puisque toutes institutions de l'Etat reçoivent ce document. Mais de façon plus immédiate, il s'agit du Procureur de la République que la loi autorise

---

[78] *Rapport annuel du Vérificateur Générale du Mali*, 2007, *op. cit.* p.12.

le Vérificateur général à saisir lorsqu'il estime que certaines de ses constatations relèvent du juge pénal, quitte à ce dernier d'y donner les suites qu'il estime nécessaires, c'est aussi la Section des comptes de la Cour suprême qui devrait logiquement tirer les conséquences des manques à gagner relevés lors des vérifications. De ce point de vue, le travail du BVG est perfectible **(A)**.

Mais le travail du Bureau est également perfectible sous un second angle. Les conditions dans lesquelles le BVG travaille sont-elles satisfaisantes ? Il semble qu'elles puissent être améliorées **(B)**.

A. La poursuite des fautes relevées

Le Vérificateur Général pourrait être victime du découragement, tant il constate de façon constante que les fautes qu'il relève demeurent en grande partie dans l'impunité. Dans de nombreux cas, il a l'impression d'avoir à faire à de véritables actes de « gangstérisme » à l'égard des deniers publics, comme si des « rapaces » s'abattaient sur eux et pendant ce temps, « la justice malienne regarde ailleurs »[79].

Or, la justice est un acteur incontournable dans l'amélioration de la gestion publique ; c'est pourquoi le BVG l'a approchée en 2012. Il a souhaité une collaboration plus étroite avec elle, car il revient aux Autorités judiciaires d'apprécier les dénonciations faites par le Bureau. Ainsi, a-t-il initié des échanges et une formation à l'intention des différents Procureurs de la République, des juges d'instruction, et des présidents des chambres d'accusation, des Procureurs généraux et des officiers de police judiciaire.[80] Le Vérificateur Général s'était engagé dans ses missions futures à partager avec ces autorités les éléments fondamentaux de ses rapports de vérification aux fins de leur exploitation plus conséquente par leurs services.

C'est pourquoi, nous analyserons les suites judiciaires tant en ce qui concerne les détournements de deniers publics et le combat à mener dans ce sens **(1)** qu'en ce qui concerne la prise de sanction contre les agents publics lorsqu'elle s'impose **(2)**.

1. Les suites judiciaires à l'égard de la corruption et des détournements

La corruption n'est pas aisée à définir. En tout cas, elle ne se résume pas en une violation de la législation financière. Elle ajoute un élément intentionnel clair, celui de détourner au profit d'autrui les ressources publiques ou, à l'occasion de l'exécution des opérations de recettes et de dépenses, d'utiliser sa position pour en tirer profit. Car la corruption en droit pénal, selon Maxime B. AKAKPO, est « un comportement pénalement incriminé par lequel sont sollicités, agréés ou reçus des offres, promesses, dons ou présents, à des fins d'accomplissement ou d'abstention

[79] Emprunt à la célèbre phrase du président français, Jacques CHIRAC, au sommet de Johannesburg sur le climat : « la maison commune brûle, et nous regardons ailleurs ».

[80] *Rapport annuel du Bureau du Vérificateur Général, 2012, op. cit.* p. 7.

d'un acte, d'obtention de faveurs ou d'avantages particuliers ».[81] Dans tous les cas, il s'agit d'avantages obtenus par la mise en œuvre d'une pratique non conforme à la morale ou à la réglementation.[82] Aussi, faut-il ne pas confondre la corruption avec le détournement de deniers publics. Celui-ci est l'utilisation à des fins personnelles de ressources publiques ou comme le terme le dit bien, une orientation autre que celle qui était prévue de deniers publics et cette orientation va en direction d'une personne privée et non de la personne publique. Malheureusement, le sens commun confond souvent les deux termes. Toute corruption n'est pas détournement de deniers publics, comme tout détournement de deniers publics n'est pas corruption, même si la première peut parfois englober le second. Dans tous les cas, il s'agit d'actes « frauduleux » à la loi. Dans ce sens générique, tout acte de corruption ou de détournement d'argent ou valeurs publics constituent une fraude.

Cependant, en matière financière, le terme de fraude comporte deux acceptions très différentes. D'un côté, on distingue la fraude fiscale, de l'autre, la fraude comptable ou financière qui consiste à maquiller des écritures pour leur donner l'apparence de la vérité. Dans nos développements ci-dessous, le terme fraude va englober ces deux significations, en plus du sens générique déjà relevé.

La corruption et le détournement d'argent public font l'actualité, tous les jours, à l'égard de tous les pays et, plus particulièrement, en Afrique et au Mali. De l'indépendance à nos jours, à combien peut-on chiffrer le volume des ressources publiques égarées dans les circuits de la corruption et des détournements d'argent public en Afrique ? Le montant est certainement astronomique, même si personne ne s'est jamais risqué à un quelconque chiffrage[83]. Au Mali, les rapports annuels du BVG en sont le témoignage vivant et permanent. Par exemple en 2012, les irrégularités financières découvertes, lors des 17 vérifications totalisent un montant estimé à 49,39 milliards de francs CFA dont 7,57 milliards de francs CFA au titre de la fraude[84] (15,32 %) et 41,82 milliards de francs CFA du fait de la mauvaise gestion (84,69 %)[85]. Sur ces montants 6,05 milliards de francs CFA sont réellement recouvrables au titre de la mauvaise gestion.[86] Ainsi, des pratiques corruptives ont-elles été décelées au Centre des impôts de la Commune I du District de Bamako où des spéculations sur les ADIT ont pu être décelées. La vérification a mis en exergue des irrégularités dans l'encaissement et le reversement des recettes fiscales qui ont occasionné des pertes d'argent aux dépens du Trésor public pour un montant total de 678,96 millions de francs CFA dont 278,72 millions de francs CFA au titre de la fraude.[87]

---

[81]M. B. AKAKPO, *Démocratie financière en Afrique Occidentale Francophone*, Friedrich Ebert Stiftung, Cotonou-Bénin, août 2015, p.92.

[82]*Ibid.* Voir aussi M. BOUVIER, A. BALIRALI, *La nouvelle gouvernance financière de l'Etat*, Paris, LGDJ, 2004, p. 56.

[83] Il est certain qu'on atteindrait certainement le chiffre de 200 000 milliards de F. CFA. Il s'agit là d'une estimation plus qu'approximative, à partir des dénonciations annuelles d'organisations telle que *Transparency International.* Pour sa part, le Mali y représenterait pas moins de 2 500 milliards !

[84] Fraude fiscale, fraude sur la conclusion et l'exécution des marchés publics

[85] Manière atténuée pour évoquer les détournements d'argent public, entre autres.

[86] *Rapport annuel du Bureau du Vérificateur Général, 2012,* op. ci. p.11.

[87]*Idem.*

Il faut ajouter de nombreux dysfonctionnements et irrégularités financières qui ont été constatés dans les DFM des départements ministériels.[88] Ils sont consécutifs à la violation de certaines dispositions régissant les finances et la comptabilité publiques, occasionnant ainsi fraudes et détournements des deniers publics. En matière de marchés publics, les dispositions relatives aux procédures d'expression des besoins, de sélection des cocontractants des personnes publiques ne sont pas respectées ; en matière d'exécution de la dépense publique, les procès d'engagement et de mandatement sont constamment violés. Et les régies d'avances sont le lieu privilégié de la captation des ressources publiques par des agents véreux[89]. On pourrait ajouter à ces comportements, les paiements sans bon de commande ou sans livraison des biens achetés. Telles sont quelques-unes des infractions financières relevées cette année-là !

Un cas a provoqué un haut le cœur de l'ensemble de la population malienne, c'est le détournement de 107 millions de francs CFA, au détriment du Fonds mondial de lutte contre le VIH/SIDA. Dans son rapport de 2012, le BVG, dans un langage pudique, se contente de dénoncer « un détournement du vaccin ». Pourtant, la somme détournée l'était au détriment d'une cause nationale et de personnes très vulnérables ; elle ne représentait pas moins de 1,5% de l'ensemble des fonds mis à disposition du Mali dans la période 2005-2011.[90]

Ces actes corruptifs identifiés par le BVG sont restés fréquemment impunis. Les dossiers sont transmis au Procureur général près de la Cour d'Appel qui les transmet à son tour au Pôle économique rattaché au Tribunal de la Première instance de la Commune III pour enquête. Les Pôles s'occupent seulement de l'instruction et de l'enquête ; mais ce sont les tribunaux correctionnels qui s'occupent de la poursuite et du jugement. Certes, le dernier mot revient au juge. A la suite de nos recherches auprès du Pôle économique près du tribunal de la première instance de la Commune III, de la Cour d'Appel, nous avons constaté qu'il n'y a qu'une seule jurisprudence en à la matière.[91] Parmi les nombreux dossiers transmis au Procureur général de la République par le BVG, un seul dossier concernant l'utilisation des ressources allouées au Mali par le Fonds Mondial dans le cadre de la lutte contre le VIH/SIDA a été jugé publiquement. Les auteurs reconnus coupables sont en prison aujourd'hui. On peut admirer « cet acte de vaillance » du juge, car c'est la première fois qu'il osait donner suite aux dénonciations du BVG. Il est vrai que l'affaire avait fait grand bruit. Sans le soutien de l'opinion publique qu'en serait-elle advenue ? Peut-être un dossier classé sans suite, comme tant d'autres.

Certes, les faits dénoncés par le BVG dans ses rapports ne sont que des présomptions ; aussi leurs auteurs bénéficient-ils de la présomption d'innocence.

---

[88] *Ibid.*

[89] *Idem.*

[90] *Rapport annuel du Bureau du Vérificateur Général du Mali, 2012, op. cit.* p.14.

[91] Au Mali, il y a trois pôles économiques, un à Kayes rattaché à la Cour d'Appel, un pôle à Mopti rattaché à la Cour d'Appel de Mopti et le troisième rattaché à la Cour d'Appel de Bamako. Les pôles comprennent des magistrats, des brigades économiques et les assistants spécialisés. Par aux magistrats, il y a le Parquet composé du Procureur Général de la République de la Commune III et les Substituts, et enfin les juges d'instructions. Il y a six cabinets d'instruction pour la Commune III sinon il y a 9 cabinets en tout. (Entretien avec le Président du Pôle Economique et Financier du Mali, jeudi, 18/12/2016).

Car le contrôle a des limites, il y a des aspects qu'il ne peut approfondir et seul le juge peut le faire comme des affaires privées qui échappent aux compétences du bureau.[92] Mais la présomption d'innocence n'a de sens que si le présumé, par une investigation judiciaire est reconnue innocente, soit dans le cadre d'un non-lieu, soit au terme d'un procès au cours duquel le prévenu a pu faire la preuve de sa non-culpabilité. Or, souvent, au Mali, au nom de la présomption d'innocence, l'instruction n'est même pas engagée. On est donc bien obligé de reconnaître une sorte de déni de justice au préjudice de la collectivité. Le législateur devrait établir une sorte d'obligation pour le juge de procéder à une instruction, d'autant plus que le dossier établi par le BVG n'est pas fantaisiste et sans fondement. En effet, le dossier de dénonciation transmis par le Vérificateur Général au Procureur de la République, après la publication ou la remise des rapports aux différents destinataires, comprend notamment l'acte de dénonciation, le rapport individuel de vérification, les réponses données par la structure vérifiée (au nom du principe du contradictoire) et les pièces de corroboration.

2. Les suites auprès de la Section des comptes de la Cour suprême

La deuxième institution de nature juridictionnelle appelée à « parfaire » le travail du BVG est la Section des comptes de la Cour suprême. Celle-ci tient lieu d'instance de jugement des comptes des comptables publics au Mali, en attendant la création d'une véritable Cour des comptes autonome administrativement.

Cette intervention de la Section des comptes est expressément prévue par le législateur. Ainsi, l'article 17 de la loi de 2012 dispose qu' « A l'occasion d'une mission de contrôle de régularité et de sincérité des recettes et des dépenses telle que prévue à l'article 2 ci-dessus, si le Vérificateur Général a connaissance de faits constitutifs d'infraction à la législation budgétaire et financière, il en saisit la juridiction supérieure de contrôle des finances publiques.[93].

Et l'article 77 de la loi n° 2013-028/ du 11 juillet 2013 relative aux lois des finances au Mali identifie les personnes soumises au contrôle de la juridiction des Comptes. De qui s'agit-il ? Les investigations du Vérificateur Général peuvent relever des faits qui incriminent des autorités administratives, ayant la qualité soit d'ordonnateurs, soit d'administrateurs de crédits[94]. Dans ce cas, c'est la chambre de discipline budgétaire et financière de la Section des comptes qui est compétente. Selon la règlementation, la Section des comptes peut alors infliger des amendes aux ordonnateurs, fonctionnaires et agents de l'Etat pour des infractions financières

---

[92] Entretien avec Dr DICKO, juge d'instruction au Pôle économique et financier du Mali, Bamako, le 27/11/2016.

[93]Voir, *Loi n°2012-009 du 08 février 2012*, modifiant la loi d'août 2003 sur le Vérificateur général, *op. cit.*, article 17.

[94] A l'exclusion du Premier Ministre, des Ministres et des Secrétaires d'Etat. On voit ici toute la limite du système financier malien qui a trop recopié le droit français. En effet, tout comme dans l'Hexagone, les Ministres et les Secrétaires d'Etat maliens ne sont pas justiciables de la Section des comptes de la Cour suprême. Aussi, leurs subordonnés ont-ils tôt fait de s'abriter derrière « *les ordres reçus d'en-haut* » pour s'exonérer de toute responsabilité. Toute délinquance financière devient ainsi tout de suite une affaire politique. Il est alors difficile que « la justice passe », ce, d'autant plus que le parquet est, au Mali, encore fermement tenu par le Ministre de la justice.

diverses : engagement de dépenses en irrespect des règles en matière de contrôle financier sur l'engagement des dépenses ; engagement de dépenses sans en avoir le pouvoir ou sans avoir reçu délégation de signature[95] ; imputation irrégulière d'une dépense pour dissimuler un dépassement de crédit ; violation des règles d'exécution des recettes et des dépenses de l'Etat ou des collectivités territoriales, établissements ou organismes soumis au contrôle de la chambre.[96]

Les investigations peuvent aussi incriminer des comptables publics : dans ce cas, c'est sa chambre du contentieux des comptes qui est compétente. Celle-ci pourra alors, au terme de l'instruction, prononcer un non-lieu, une décharge ou, si les faits sont avérés et montrent un préjudice au détriment de la structure administrative vérifiée, mettre le comptable public en débet. Celui-ci devra alors payer sur ses deniers personnels les manquants constatés. Mais, ajoute la Section des comptes dans son rapport de 2012, ajoute qu'une amende peut également être prononcée à l'encontre du comptable, amende de 20 000 à 120 000FCFA.[97] Il faut noter que cette amende est si insignifiante qu'elle ne peut pas intimider un comptable dans sa mauvaise gestion des fonds publics.

Telle est la théorie, tels sont les principes. Sauf que la Section des comptes, jusqu'en 2015, n'avait jamais prononcé de jugement des comptes d'un comptable public. Sa chambre de discipline budgétaire et financière n'avait jamais sanctionné ni un membre de cabinet ministériel, ni aucun administrateur de crédits, ni aucune personne prévue à l'article 79 de la loi du 11 juillet 2013 pour faute de gestion.[98] Notre niveau d'information ne nous permet pas de dire si des décisions sont enfin intervenues en 2016. En tout état de cause, lorsque la Section des comptes aura une activité suffisante, cela ne pourra que contribuer au renforcement de l'efficacité du travail du BVG.

Ajoutons qu'à la Section des comptes devrait succéder une véritable Cour des comptes, ayant toute l'autonomie nécessaire, tant en moyens humains que financiers. Depuis 1997, l'Union Economique et Monétaire Ouest-Africaine (UEMOA) a demandé à tous ses Etats membres de se doter d'une Cour des comptes. Pour des raisons liées à sa constitution, le Mali n'a pas encore pu satisfaire cette demande communautaire. Pourtant, l'instauration de cette juridiction apporterait au Vérificateur Général un supplément d'âme. Son triple contrôle de légalité, financier et du bon emploi des deniers publics viendra renforcer utilement l'activité du Vérificateur Général[99].

Notons au passage que le même article 17 de la loi de 2012 poursuit en disposant « Lorsque l'instruction ou la délibération sur l'affaire laisse apparaître des faits

---

[95] *Rapport annuel de la Section des Comptes de la Cour Suprême du Mali, 2012*, p.27.

[96] *Idem.*

[97] *Rapport annuel de la Section des Comptes de la Cour Suprême du Mali, avril 2015*, p.22. Voir aussi l'article 97 de la loi n°96-071 du 16 décembre 1996 modifiée par la loi n°10-023 du 17 juin 2010 portant principes fondamentaux de la comptabilité publique.

[98] Voir, *Loi n°2013-028 du 11 juillet 2013 relative aux lois des finances, op. cit*, article 77.

[99] Elément souligné lors du Séminaire régional pour les parlements francophones d'Afrique, *in Rapport sur le parlement et le processus budgétaire, notamment dans une perspective d'équité entre homme et femme*, 2001, p. 23.

susceptibles de constituer un crime ou un délit, le président de la juridiction supérieure de contrôle des finances publiques transmet le dossier au ministre de la Justice. Les poursuites devant la juridiction supérieure de contrôle des finances publiques ne font pas obstacle à l'exercice de l'action pénale ou disciplinaire de droit commun»[100]. Ainsi, lorsque le juge des comptes identifie des actes qui peuvent être qualifiés de crimes ou de délits, il doit en saisir le Ministre de la justice, à charge pour celui-ci de transmettre ces dossiers au Procureur Général. En d'autres termes, le financier ne tient pas « le juge pénal en l'état » : poursuites pénales peuvent être menées de façon concomitante avec l'action de jugement des comptes de la Section des comptes. Mais là aussi, on est plus dans l'incantatoire que dans le réel, puisque le Procureur Général, après enquête et instruction du dossier, doit saisir le Ministre de la Justice, qui à son tour, transmet le dossier au Ministre intéressé : on le voit, l'enjeu politique peut influencer l'impartialité et la transparence des procédures de sanction judiciaire.

Et il a été constaté que de 1960 jusqu'en 2017 la Section des Comptes n'a jugé aucun compte d'un comptable public. Il ne procède qu'à des épurements qui sont un processus administratif de certification d'un compte (toujours jugé bon). On peut interpréter cela comme une complicité entre les juges des comptes, qui sont toujours des inspecteurs des finances, et les services publics. La question est de savoir si ceux-ci peuvent juger les bavures qu'ils ont commises dans le passé. Sans doute, les modes de nomination des juges des comptes constituent une paralysie du contrôle des finances publiques. Le mieux serait de nommer comme juge des comptes une personne extérieure de l'administration comme les Professeurs d'Université ou les magistrats.

On peut dire que l'action du BVG ne sera « parfaite » que lorsque sa collaboration avec le Pôle économique et financier, le Procureur Général (et par-delà sa personne, le juge pénal) et la Section des comptes sera devenue une réalité. A défaut de cette collaboration, les rapports du BVG continueront à être produits mais demeureront sans effectivité ni efficacité.

a. Les suites disciplinaires

Tout système de responsabilité implique des sanctions, selon Moussa ZAKI. Qu'elles soient ordres professionnel, civil, pénal ou même moral, les sanctions sont le miroir du sujet face à ses actes. Comme on vient de le voir, les sanctions pénales et civiles ne sont pas mises en œuvre, devant les infractions relevées par le VG. Qu'en est-il des sanctions disciplinaires ?

Le constat, au Mali comme dans d'autres pays africains, est que ces sanctions disciplinaires sont faiblement mises en application. Ces sanctions devraient être prises par les supérieures hiérarchiques, et en premier lieu par les Directeurs des administrations ou entreprises vérifiées, les Ministres, le Premier Ministre et le Président de la République. Mais elles ne le sont jamais. Cette faiblesse est le résultat de la forte politisation de la vie administrative.[101] Surtout, lorsque les

[100] Voir, *Loi n°2012-009 du 08 février 2012*, op. *cit.* article 17.

[101] M. ZAKI, *Le contrôle des finances publiques dans les Etats d'Afrique Noire, op. cit.* p. 289.

nominations aux postes de responsabilité dans l'administration obéissent à des critères de clientélisme politique ou à l'appartenance ethnique ou familiale au détriment du mérite et des capacités objectives à conduire les tâches. Il n'est guère étonnant que les sanctions applicables aux coupables d'irrégularités ou de détournements ne soient pas, dans une large proportion, mises en application. Ainsi, les responsables de fautes de gestion, de détournements de deniers et biens publics ne sont inquiétés que dans la mesure où ils constituent une menace grave à la stabilité du régime, ou lorsqu'ils ne constituent plus, au plan politique, une rente sûre.[102] Il faut ajouter à cela le caractère très étendu des liens familiaux. Cet état de fait, selon Moussa ZAKI, contribue à la persistance et au développement de la corruption parmi ceux qui comprennent les rouages du système et peuvent s'en servir à des fins personnelles, ainsi que les agents administratifs soucieux « d'arrondir leurs fins de mois ».[103]

Les sanctions disciplinaires sont censées atteindre le fonctionnaire dans sa carrière : un avertissement, une suspension, avec ou sans solde, et au besoin, la révocation. Au Mali, il est arrivé que des agents publics soient sanctionnés ou révoqués, mais ce l'est très rarement pour fait de mauvaise gestion ou d'atteinte aux biens ou deniers publics.

En fait, il est regrettable que les investigations du BVG soient menées sous l'angle des fautes de service. Il faudrait y mettre fin et ne pas se contenter de constater des manques à gagner. Il faut aller plus loin et rechercher les fautes personnelles de gestion, qu'il s'agisse des ordonnateurs, de leurs délégués ou de leurs suppléants, qu'il s'agisse des comptables publics, qu'ils soient principaux ou secondaires. De la même manière que des réparations parfois douloureuses sont imposées aux usagers du service pour des faits de fraude, des sanctions appropriées devraient être infligées aux agents convaincus de participation à ces actes répréhensibles ».[104]

b. Le manque de vigilance du Parlement

L'Assemblée Nationale devrait jouer également un rôle, en complément du travail du BVG. En effet, selon la constitution, elle est chargée du contrôle de l'action gouvernementale, et par suite, de l'administration placée sous la férule du Gouvernement. Pour contrôler cette action, elle dispose de commissions permanentes, au nombre de 12 et a la possibilité de mettre sur pied des commissions ad hoc.

Le Président de l'Assemblée nationale est destinataire du Rapport annuel du Vérificateur général. La remise est faite solennellement, en présence des présidents des groupes politiques et des commissions, celui de la Commission des finances étant au premier rang. Cette commission devrait se saisir des informations données par le VG et devrait diligenter des enquêtes, surtout sur les cas les plus graves afin,

102 *Ibid.*

103 *Idem.*

104 Voir M. ZAKI, *Le contrôle des finances publiques dans les Etats d'Afrique Noire Francophone, op. cit.* p. 291.

éventuellement, de formuler des propositions de lois ou d'en faire la suggestion au gouvernement. Hélas, on doit constater que le Parlement malien s'intéresse peu aux conclusions des rapports du BVG. Tout comme il s'intéresse peu aux questions budgétaires et financières en général, hormis leurs indemnités. Pour le reste, il estime que c'est au Gouvernement de surveiller ses agents.

Sous ce premier angle, le travail du VG pourrait être plus efficace si toutes les parties prenantes dans les opérations de surveillance des finances publiques coordonnaient effectivement et efficacement leur action avec celle du Bureau du Vérificateur Général. Mais son action connaîtrait un plus grand succès encore si les moyens du Vérificateur général étaient renforcés. Pas les moyens auxquels on pense spontanément.

B. Le renforcement des moyens du BVG

Dès que l'on évoque les moyens, on pense automatiquement aux moyens financiers, humains et matériels. Or, de ce point de vue, le Bureau est plutôt très bien pourvu. Il dispose de locaux tout neufs, spacieux et climatisés et où il fait bon travailler. Un centre de documentation permet aux vérificateurs d'avoir à portée de main des outils numériques et physiques, ouvrages techniques et textes législatifs.

Sur le site du BVG, on peut lire ces lignes que nous reprenons à notre compte : « Les ressources humaines du BVG forment une équipe professionnelle qualifiée et expérimentée. Les vérificateurs et les autres personnels de vérification en constituent la cheville ouvrière. Le VG s'appuie sur la compétence, la conscience élevée, le professionnalisme et l'engagement de son personnel pour l'accomplissement de sa mission et la mise en œuvre de sa vision pour une gestion efficace des finances publiques en République du Mali.

Les ressources humaines du BVG se caractérisent tant par la diversité des domaines de spécialisation du personnel que par le niveau élevé de formation de celui-ci. En effet, de nombreuses spécialités sont représentées au niveau du Bureau, notamment des auditeurs, des statisticiens, des économistes, etc. Au niveau des cadres, qui représentent 60 % de l'effectif du personnel, le niveau de formation va de la maîtrise au doctorat.

A ce jour, le BVG compte un effectif de 114 collaborateurs, dont 22 femmes »[105]. Pour ce qui concerne la vérification (de performance et financière), le personnel est réparti en trois catégories, les vérificateurs-assistants, les chefs de mission et les vérificateurs, ce qui signifie l'existence d'une structuration permettant une promotion interne des agents chargés de la vérification.

Sur le plan financier, les agents bénéficient d'une grille de rémunération spécifique.[106] Aussi, sont-ils à l'abri de certaines tentations : on a voulu leur assurer la sécurité matérielle pour les rendre « incorruptibles ».

---

[105] Voir, *http://www.bvg-mali.org/article/view/id/17.html*, consulté le 18 août 2017, page Accueil, le BVG..

[106] Des vérificateurs touchent ainsi 1million de F. CFA (1500 euros) par mois, ce qui est énorme pour le Mali.

Le renforcement des moyens dont il est question se situe sur un tout autre plan : il s'agit du renforcement de la force donnée aux résultats des investigations du vérificateur **(1).** Il s'agit ensuite de la libération du Vérificateur général du contrôle exercé sur lui par le Gouvernement **(2)**.

1. La force des conclusions du BVG

Comme il a été indiqué plus haut, les rapports du Vérificateur Général donnent lieu à transmission à plusieurs personnes : le Président de la République, le Premier Ministre, le Président de l'Assemblée Nationale et le Président de la Section des comptes de la Cour suprême. Dans les quatre premiers cas, il s'agit de porter à la connaissance d'autorités habilitées à cet effet, des informations face auxquelles elles doivent prendre leurs « responsabilités », en prenant les sanctions nécessaires. Ainsi, à leur égard, les investigations du Vérificateur font « naturellement foi ». Elles ont la force d'un travail accompli avec rigueur et ayant donné lieu à l'application du principe du contradictoire.

Pourquoi donc, le même document transmis au Procureur Général de la République, au motif que des actes constituant des fautes pénales ont été relevés, doit-il à nouveau donner lieu à une double contre-enquête : celle du Pôle économique et financier en premier lieu ? Mais alors, pourquoi celui-ci n'est-il pas habilité à accomplir directement le travail du Vérificateur Général ? Soit on accorde foi à ses investigations et conclusions, et les rapports transmis aux autorités politiques et à la Section des comptes ont une portée certaine, soit on la lui dénie et les documents remis aux autorités politiques n'ont aucune valeur. Manifestement, il y a là une forme de contradiction.

Une fois son travail accompli, le Pôle économique et financier transfère ses conclusions et celles du Vérificateur au Procureur général. Il y a ici des chevauchements dont on ne voit pas l'utilité, sinon celle de noyer le rapport du BVG dans des sables mouvants, où le dilatoire et la politique ont tout loisir d'enliser les infractions constatées par le Bureau.

C'est pourquoi, afin de donner toute sa crédibilité aux vérifications, il est préconisé que le Vérificateur Général établisse la liste des faits qu'il considère comme des délits ou crimes financiers et en saisisse directement le Procureur Général. De même, à la Section des comptes, il devrait pouvoir adresser une liste de faits et constatations concernant les manques à gagner et indiquer clairement à quelles gestions comptables il se rattache. Cela simplifierait le travail de cette juridiction. La vérification cesserait alors d'être un contrôle pour détecter des fautes de service pour désigner les personnes qui les supportent en vérité.

Un autre point sur lequel il faudrait donner plus de vigueur aux vérifications porte sur la mise en œuvre des recommandations qui en découlent. En effet, les deux tiers de ces recommandations ne sont pas appliqués par les administrations concernées. Quoi imaginer alors ? Que le supérieur hiérarchique prenne des sanctions en cas de mépris des recommandations ? Cela est difficile, car le subordonné invoquera très vite « les ordres reçus ». Conférer un pouvoir de sanction directement au BVG ? Cela risque de nuire à sa relation avec les administrations. Il ne resterait plus que la solution d'une mise en demeure de la Section des comptes, sous peine de mesures coercitives. Mais lesquelles ? Les solutions efficaces ne sont pas légion.

Dans la perspective du renforcement de son action, le Bureau devrait ajouter à ses missions la formation des élus locaux, Présidents des conseils régionaux, Présidents des conseils de cercles et Maires et celle des membres de la Commission des finances de l'Assemblée nationale. Une bonne initiation à la technique d'élaboration des budgets publics et à leur exécution ne peut qu'être bénéfique pour le Vérificateur, ses interlocuteurs comprenant mieux ce qui peut leur être reproché. En effet, les personnes chargées des fonctions d'ordonnateur n'en comprennent que partiellement la portée et pensent qu'elles peuvent manipuler les deniers et, de ce fait, sollicitent souvent des remises de numéraire. La porte est alors ouverte aux détournements ou au gaspillage.

Le renforcement de l'action du BVG passe aussi par le changement de l'autorité qui assure son contrôle ou plus exactement sa tutelle.

2. Un contrôle externe du Bureau confié à l'Assemblée Nationale

Selon l'article 20 de la loi n° 2012-009 du 08 février 2012, le Bureau du Vérificateur Général est soumis à un contrôle externe. Un audit de ses comptes est effectué tous les trois (03) ans par un cabinet indépendant recruté par le Premier Ministre sur la base d'un appel à concurrence. Cet audit porte sur les comptes et la gestion du Bureau du Vérificateur Général. Le rapport en est transmis par le Premier Ministre au Président de la République, au Parlement, à la Section des comptes de la Cour suprême et au Vérificateur Général lui-même. Il est rendu public et publié au Journal officiel. En ce qui concerne le seul budget du BVG, son exécution est soumise au contrôle de la juridiction supérieure de contrôle des finances publiques.[107] La chambre de la Section des comptes compétente est celle qui est chargée de la vérification des comptes des entreprises et sociétés d'Etat et des autorités indépendantes en général. Ici, aucun problème particulier n'est à relever. En revanche, en ce qui concerne l'audit, pourquoi avoir confié la responsabilité de son organisation au Premier Ministre ? N'est-ce pas lui confier un certain pouvoir de pression sur le BVG ? Et en quoi cet audit se distingue-t-il véritablement du travail de la Section des comptes ? En tout cas, si l'on veut véritablement garantir au BVG son caractère « d'autorité autonome », il vaut mieux l'éloigner autant que possible de toute emprise du Gouvernement.

Alors, pourquoi ne pas confier l'organisation de ce contrôle au Parlement ? En effet, n'est-ce pas l'Assemblée Nationale qui adopte les prévisions de la loi de finances initiale et vote la loi de règlement et qui constate les résultats financiers ? Par ailleurs, elle dispose de plusieurs moyens de contrôle tels que les interpellations, les questions écrites ou les questions orales adressées par les députés à qui de droit. Elle peut constituer et envoyer des commissions d'enquête[108]. Elle peut missionner

---

[107] Voir, *La loi n° 2012-009 du 08 février 2012*, *op. cit.*, article 21.

[108] Voir, Séminaire régional pour les parlements francophones d'Afrique, *Rapport sur le parlement et le processus budgétaire, notamment dans une perspective d'équité entre homme et femme*, 2001, p. 33.

tout organisme de contrôle des finances publiques, y compris la Section des comptes en lui demandant une étude particulière.

Un tel rapprochement ferait que la situation du Vérificateur général du Mali ne serait pas trop éloignée de celles d'organes dont elle s'inspire, tel le Vérificateur général du Canada ou le *General Accounting Office* américain ou le *National Accounting Office* britannique. En effet, c'est devant le législateur que toutes ces structures rendent des comptes ; ce sont elles qui en assurent aussi le contrôle et l'efficacité.

Au total, le rapprochement du Vérificateur Général du Mali du Parlement ne pourrait que renforcer son indépendance par rapport à l'administration qu'il est chargé de contrôler et qui est « à la disposition du Gouvernement » et par rapport au Gouvernement lui-même.

Que conclure de tous ces développements sur la contribution du Vérificateur général au contrôle de l'exécution des finances publiques au Mali ?

CONCLUSION

En définitive, le BVG n'est pas un service de contrôle de trop de l'exécution des finances publiques ; il le serait encore moins si ses recommandations étaient prises en compte par les pouvoirs exécutif et législatif, les services et entreprises publics. Même si cela demeure peu perceptible pour l'opinion publique, ses différentes vérifications ont imposé une certaine transparence dans la gestion des finances publiques, comme en témoignent des affaires récentes.[109] Même si la mise en œuvre des recommandations formulées en vue du perfectionnement des services publics n'est souvent pas effective, il reste que le BVG est certainement l'institution la plus crédible aux yeux de l'opinion publique. Cependant, son impact serait encore plus grand si une véritable synchronisation était établie entre les différents protagonistes chargés de la défense de l'intérêt financier général, à savoir le BVG en lien avec la Présidence de la République, le Gouvernement, le Parlement, les Autorités administratives supérieures et les juridictions, le juge pénal et le juge des comptes. Alors que l'argent public est au cœur de l'Etat de droit et de la démocratie, les institutions de l'Etat, gardiennes du bien commun, ont chacune leurs missions et responsabilités dans sa préservation et son usage pour le bien de tous. Et les citoyens, à la fois contribuables et usagers des services publics, doivent être clairement, régulièrement et complètement informés de tout ce qui concerne la gouvernance et la gestion des fonds publics : ils sont mis en capacité d'exercer, dans le débat public, leur droit de regard sur les finances de toutes les administrations publiques.

[109] Affaires de l'achat d'un aéronef pour le Président de la République et de matériel militaire où les malversations et autres surfacturations ont été dénoncées par le Vérificateur Général, à la grande satisfaction de tous les Maliens qui attendaient des éclaircissements incontestables.

Benjamin MBA NGUEMA[1]

LA COUR DES COMPTES DU GABON ET LA LUTTE CONTRE LA CORRUPTION : ENJEUX ET PERSPECTIVES

INTRODUCTION

Les discussions avec les populations des pays africains révèlent que la corruption a très peu d'adeptes dans cette partie du monde. Cependant, plusieurs d'entre elles n'hésitent pas à en user au point où ce fléau apparaît aujourd'hui comme l'un des principaux freins au développement économique et à la lutte contre la pauvreté[2].

Généralement définie comme « l'usage d'une position statutaire publique à des fins d'enrichissement personnel[3] », renvoyant à des critères juridiques et sociologiques, le droit gabonais, qui réprime la corruption, n'en fait pas cependant une infraction spécifique. En effet, si la juridiction pénale privilégie l'agent public comme principal acteur des faits de corruption[4], la juridiction financière met en exergue les irrégularités relatives à la gestion des deniers publics[5]. L'analyse de ce qui précède permet donc de distinguer deux sortes de corruption au Gabon :

1°) celle des agents subalternes, par laquelle ces derniers profitent de leur poste pour s'enrichir ;

2°) celle des gestionnaires des deniers publics, qui concerne le sommet de la hiérarchie de l'Etat et dont la lutte peut se ramener à un problème de contrôle du contrôleur[6].

Cette deuxième modalité de corruption est la plus répandue au Gabon et semble être à l'origine des conséquences néfastes suivantes sur l'économie :

---

[1] Conseiller Référendaire à la Cour des comptes du Gabon

[2] L. PHILIP, « Panorama du contrôle des finances publiques dans le monde », RFFP, n° 101, 2008, p.15.

[3] P. BARDAN, « Corruption and Development: A review of issues », *Journal of ecnomic littérature*, vol. 35,1997, p.1320-1346.

[4] Selon l'article 144 du Code pénal gabonais, la corruption est le fait pour *« tout agent public qui, pour lui-même ou pour un tiers, sollicite, agrée ou reçoit des offres, promesses, dons ou présents pour faire, s'abstenir de faire ou ajourner un acte de sa fonction »*.

[5] Même si le terme corruption n'est pas mentionné dans la loi organique n°11/94 du 17 septembre 1994, fixant l'organisation, les compétences, le fonctionnement et les règles de procédure de la Cour des comptes, les irrégularités relevées en matière de jugement des comptes et fautes de gestion sont en grande partie des faits de corruption.

[6] Cf. ONDO OSSA, « Etat et corruption », *la revue du L.E.A*, volume 9, n° 1-2, Janvier-Décembre 2009, p.3-28.

- La remise en cause des principes de bonne gouvernance ;
- le gaspillage des ressources publiques en même temps que le découragement de la performance ;
- La récurrence des « éléphants blancs[7] » ;
- la perte de confiance des populations envers le gouvernement et le découragement tant des investisseurs nationaux et étrangers que des fournisseurs d'aide et des partenaires au développement ;
- la remise en cause du développement par le détournement à leurs fins des fonds destinés à l'amélioration des infrastructures économiques, sociales ou culturelles, provoquant ainsi l'instabilité économique ;
- l'atteinte à l'équité dans le bénéfice des fruits de la croissance et l'accentuation de la pauvreté et la misère des populations ;
- la menace de la stabilité, voire la légitimité politique et sociologique et la compromission du premier principe républicain selon MONTESQUIEU : la vertu.

Face à ces méfaits, combattre ce fléau devient une préoccupation incontournable : seule une lutte effective et performante de la corruption restaurera la crédibilité de l'Etat vis-à-vis des opérateurs économiques et contribuera à l'amorce du développement économique, social et culturel. Mais comment lutter contre la corruption ?

La montée en puissance de cette problématique trouve son illustration dans l'intérêt de plus en plus manifeste que les organisations internationales portent à ladite thématique[8]. Cette question représente aussi un enjeu pour un pays comme le Gabon dont les autorités souhaitent atteindre l'émergence en 2025[9]. De plus, les résultats décevants enregistrés après dix ans de mise en œuvre des stratégies de lutte, il y a lieu de savoir quel dispositif mettre en place pour que les résultats dudit combat soient encourageants ? Devrait-on améliorer le cadre juridique et institutionnel actuel fondé sur deux organes principaux pour conduire le combat contre la corruption[10] ? Ou ne serait-il pas mieux de s'appuyer sur un modèle répressif, instituant des juridictions spéciales de lutte contre la délinquance financière[11] ?

---

[7] Il s'agit des projets qui ont connu un début d'exécution, mais dont les travaux ne sont pas allés à leur terme suite à la mauvaise gestion des dotations allouées.

[8] La Convention des Nations-Unies contre la corruption de 2007, la Charte africaine de lutte contre la corruption et les exigences du FMI, de la Banque mondiale et de la Banque Africaine de développement (BAD), sont une parfaite illustration dudit intérêt.

[9] La vision des autorités gabonaises, depuis 2009, est de faire de cet Etat un pays émergent d'ici 2025.

[10] Le rapport d'état des lieux de la corruption et le diagnostic de la lutte contre la corruption réalisé par R. ONANA et B. MBA NGUEMA en vue de l'élaboration de la stratégie nationale de lutte contre la corruption et le blanchiment des capitaux au Gabon en décembre 2012, a permis aux deux consultants d'affirmer jusqu'à preuve du contraire que le Gouvernement gabonais a donné mandat à deux principaux acteurs, que sont la Commission Nationale de lutte contre l'Enrichissement illicite (CNLCEI) et la Direction Générale de Lutte contre la corruption (CGLCC), pour conduire le combat contre la corruption au Gabon.

[11] Cette option a semblé retenir l'attention du gouvernement par la création du Tribunal spécial de lutte contre la délinquance financière par ordonnance n° 015/PR/2015 du 11 août 2015, malheureusement annulée par la Cour constitutionnelle du Gabon en sa décision n° 045/CC du 03 Décembre 2015.

La présente réflexion qui s'appuie sur l'analyse de la lutte contre la corruption au Gabon depuis près d'une décennie, écarte les choix du cadre institutionnel actuel et de l'exclusivité d'une option totalement répressive. Ce rejet se fonde sur l'incapacité du leadership des deux organes de lutte à réduire significativement les manifestations de la corruption d'une part et par la complexité de la corruption dont la lutte nécessiterait la conjugaison de plusieurs actions, à savoir la sensibilisation, l'éducation, l'incitation, les conditions et la sanction. Nous optons plutôt pour une organisation de la lutte autour de la Cour des comptes.

Malgré des résultats mitigés en matière de contrôle des Finances publiques[12], les missions étendues de la plus haute juridiction en matière financière du Gabon militent pour son choix de leadership dans la lutte contre la corruption. Cependant, certaines conditions doivent être réunies. Aussi, allons-nous dans un premier temps évoquer les raisons de l'inefficacité de la lutte contre la corruption au Gabon (I), avant de présenter la Cour des comptes comme instrument moteur pour une lutte efficace dudit fléau (II).

I. DES RAISONS DE L'INEFFICACITE DE LA LUTTE CONTRE LA CORRUPTION AU GABON

La lutte contre la corruption au Gabon apparaît inefficace. Cette inefficacité peut s'expliquer entre autres par la récurrence des actes de détournement de fonds ou des « éléphants blancs » (B), résultant de la complexité excessive du cadre juridique et institutionnel (A).

A. De la complexité excessive du cadre juridique et institutionnel de lutte contre la corruption

L'organisation de la lutte contre la corruption au Gabon repose sur un cadre juridique et institutionnel complexe dans lequel deux organes jouant le rôle de leadership ne disposent cependant pas des moyens de répression.

En effet, le système gabonais de lutte contre la corruption s'appuie sur la Commission nationale de lutte contre l'enrichissement illicite (CNLCEI)[13] et la Direction Générale de la lutte contre la corruption (DGLCC)[14]. Ce sont des acteurs spécifiques dont les objectifs et moyens sont encadrés par un dispositif réglementaire basé sur un régime spécifique de lutte. Si la CNLCEI, spécialisée dans la prévention et la constatation des faits d'enrichissement illicite, doit saisir la Cour criminelle spéciale, la DGLCC est appelée à transmettre ses résultats au ministre dont elle dépend. Ces procédures lourdes handicapent le combat contre ce fléau.

---

[12] Une étude réalisée par l'Organisation Non Gouvernementale « Brain Forest » sur le suivi budgétaire par la société civile en 2011 déduit que les résultats de la Cour des comptes en matière de bonne gouvernance au Gabon restent mitigés.

[13] Cf. La loi 003/2003 du 07 mai 2003 portant création, organisation et fonctionnement de la CNLCEI.

[1414] Cf. Décret n° 000501/PR/MCEILPLC du 1er août 2002.

Outre ces deux organismes spécifiques de lutte, on relève une multitude d'autres d'acteurs. Il s'agit des acteurs traditionnels, constitués des organes de contrôle interne et externe des finances publiques. Leurs missions sont orientées vers la détection des insuffisances de la gestion publique, des éventuelles irrégularités des opérations financières et, dans le cadre d'une évolution récente et encore inachevée, à l'appréciation de la sincérité des comptes publics. Si le caractère multidisciplinaire et multisectoriel est recommandé dans le combat contre la corruption, la multiplicité des acteurs dans le système gabonais tend plutôt à remettre en cause cette idée. Cette remise en cause tend à être justifiée par le caractère irréaliste des attributions de certaines de ces structures et le conflit de compétences entre divers organes dont les missions et fonctions se télescopent.

A titre d'illustration, par rapport au caractère irréaliste de certaines attributions, « l'éradication de la corruption » comme mission de la DGLCC constitue une parfaite illustration. En effet, si la lutte contre la corruption peut conduire à la réduction dudit phénomène, on ne pourrait évoquer son éradication. Quelles que soient les ressources mobilisées à cet effet, l'éradication constitue un objectif utopique qui serait à la portée humaine. Dans le même ordre d'idées, on pourrait soulever la situation de l'Agence Nationale des Investigations financières qui, au lieu de se concentrer sur les investigations financières, a focalisé son action sur la lutte contre le blanchiment d'argent qui semble être un aspect de l'enrichissement illicite.

B. La perception accrue de la corruption

Les études permettant d'apprécier le niveau de corruption au Gabon sont rares. Cependant, les enquêtes de *Transparency International* et l'analyse de certains faits permettent de déduire que la corruption reste perceptible au Gabon.

En effet, depuis 1997, *Transparency International* publie un indice de perception de la corruption sur la base d'enquêtes conduites annuellement dans près de 200 pays. Le Gabon a été inclus dans l'échantillon des pays évalués depuis 2004 et son indice de perception n'a pas évolué positivement tel qu'il apparaît dans le tableau ci-après.

Tableau n° 1 : Perception du phénomène de la corruption selon *Transparency International* de 2006 à 2015

Année	Nbre de Pays	Indice Gabon	RANG OCCUPE	
			Monde	Afrique
2006	186	3.0/10	84e	11e
2007	203	3.3/10	96e	15e
2008	180	3.1/10	106e	19e
2009	180	2.9/10	110e	23e
2010	178	2.8/10	100e	16e
2011	182	3.0/10	102e	19e
2012	176	35/100	106e	23e
2013	175	34/100	94e	16e
2015	175	37/100	96e	22e

Source : Site de *Transparency International*

Ce tableau révèle que le Gabon demeure dans une situation de corruption endémique, car l'indice de perception n'arrive pas à décoller au-dessus de la note de 3 sur 10. Cette irrégularité dans l'évolution positive de cet indice pourrait trouver des justifications dans l'inefficacité de la lutte ; ceci traduirait l'inconstance, et même la dégradation du rang du Gabon, tant au niveau mondial qu'africain.

D'autre part, la création récente des Agences telles que l'Agence Nationale des Grands Travaux, ou encore l'Agence Nationale des Bourses du Gabon qui ont été placées sous le contrôle direct de la Présidence de la République, avec pour mission d'agir en tant que Maîtres d'Ouvrages-Délégués des ministères responsables des secteurs au sein desquels elles opèrent, témoigne de la prise de conscience des dysfonctionnements ayant longtemps prévalu dans ces secteurs.

D'une manière générale, on est tenté de déduire que la création des différentes structures de lutte contre la corruption n'a pas donné des résultats probants. Le classement de *Transparency international* et les différentes enquêtes menées sur la corruption plaçant le Gabon parmi les pays dont le taux de corruption est endémique suscite la recherche d'une autre voix pour lutter efficacement contre la corruption. Cette voix serait celle de faire du juge financier, le juge anti-corruption.

II. LA COUR DES COMPTES DU GABON : UN INSTRUMENT MOTEUR DANS LA LUTTE CONTRE LA CORRUPTION

L'examen des prérogatives des différentes entités impliquées directement ou indirectement dans la lutte contre la corruption fait ressortir que les missions étendues dont dispose la juridiction financière en matière de lutte contre ce fléau militent pour une organisation de la lutte autour d'elle (A). Cependant, certaines conditions doivent être réunies (B).

A. DES MISSIONS LARGES EN MATIÈRE DE LUTTE CONTRE LA CORRUPTION

Plus haute juridiction de l'Etat en matière de contrôle des finances publiques[15], la Cour des comptes est impliquée dans la lutte contre la corruption. Cette implication réside dans ses compétences juridictionnelles, qui font d'elle juge des comptes des comptables publics, juge des gestions de fait et juge des fautes de gestion.

« Mission classique des juridictions financières»[16], la Cour des comptes juge les comptes des comptables publics de l'Etat, des collectivités territoriales et des établissements publics. A l'occasion du jugement des comptes, le juge financier pourra mettre en jeu la responsabilité personnelle et pécuniaire du comptable

[15] Cf. article 76 de la Constitution gabonaise.

[16] M. De VILLIERS (sous la direction de), « Droit public général », Jurisclasseur – Manuels, 2e édition, Paris, Litec, 2003, n° 1824.

public[17], dès lors qu'un déficit est constaté ou qu'une dépense n'a pas été régulièrement engagée[18] : il prononce alors un débet à l'encontre du comptable public. La responsabilité de ce dernier pourra également être mise en jeu dans le cas où une recette n'aurait pas été recouvrée et que le comptable public ne puisse apporter la preuve des diligences qu'il aurait exercées pour assurer ce recouvrement[19]. Ces actes sont constitutifs des faits de corruption.

Outre le jugement des comptes, la Cour des comptes du Gabon, à travers le contrôle ou les audits des administrations, met en jeu la responsabilité des gestionnaires publics. Selon certaines études, cette compétence de la Cour des comptes gabonaise est fondée sur la méfiance. Ainsi, « l'ordonnateur, du haut de son statut exceptionnel, doit nécessairement répondre d'une responsabilité qui ne peut être confondue ni avec la responsabilité pécuniaire, ni avec la responsabilité pénale[20] ». Les faits générateurs de la mise en jeu de la responsabilité des ordonnateurs sont en principe des fautes de gestion, des gestions de fait ou des entraves à l'action de la Cour commises à l'égard de l'Etat, des collectivités territoriales ou tout autre organisme soumis au contrôle. Ainsi, les justiciables de la Cour peuvent principalement, être incriminés pour des infractions « aux règles relatives à l'exécution des recettes et des dépenses », pour avoir procuré ou tenté de procurer à « autrui un avantage injustifié, pécuniaire ou en nature, causant un préjudice au Trésor public, à la collectivité ou à l'organisme intéressé ». S'agissant des personnes chargées de responsabilités dans une entreprise publique, le fait d'avoir causé un préjudice grave à cet organisme, par des agissements manifestement incompatibles avec les intérêts de celui-ci, par des carences graves dans les contrôles qui lui incomberaient, ou par des omissions ou négligences répétées dans son rôle de direction. Qu'il s'agisse des irrégularités commises par le comptable ou celles émanant de l'ordonnateur, elles sont dans la plupart des cas, des faits constitutifs d'actes de corruption.

B. De la nécessité d'organiser la lutte contre la corruption autour de la Cour des comptes

La jurisprudence financière gabonaise est illustrée de multiples hypothèses dans lesquelles le juge financier se fait juge anti-corruption. Cependant, organiser la lutte autour de la Cour des comptes va nécessiter la réforme du cadre juridique. Sans

[17] La spécificité de cette responsabilité réside dans le fait qu'elle a pour but « de garantir la parfaite exécution des opérations de gestion financière et patrimoniale de l'Etat et des personnes morales de droit public » J. MEYRONNEINC, « La responsabilité spécifique des comptables publics », *Rev. Adm*, 1968, p. 25). Sur le régime de la responsabilité des comptables publics, voir F. J. FABRE, « Réflexions sur le régime particulier de responsabilité des comptables publics », *Rev. Adm*, 1970, p. 32 ; F. J. FABRE, « Réflexions sur le régime particulier de responsabilité des comptables publics », *Rev. Adm*, 1970, p. 181 ; RFFP, numéro spécial, « Finances publiques et responsabilité : l'autre réforme », 2005, n° 92, pp. 143 à 191 ; J. MAGNET, « La responsabilité des comptables », *RFFP*, 1989, n° 7, p. 69).

[18] Cf. Loi organique relative à la Cour des comptes du Gabon.

[19] Sur la nécessité pour le comptable public d'accomplir les diligences adéquates, Conseil d'Etat, Ass., 27 octobre 2000, Desvigne, DA, 2001, n° 66, p. 23, note CRUCIS (H.M.).

[20] G. NGOULAKIA, Premier Président de la Cour des comptes du Gabon « Les fautes de gestion », décembre 1990.

évoquer l'impérieuse réforme du système de gestion des finances publiques, l'amélioration de la coordination et de la coopération entre la Cour des comptes et les autres parties prenantes doit s'accompagner de l'indépendance plus accrue de la juridiction financière.

La lutte contre la corruption nécessite l'implication de toutes les parties prenantes. Elle doit concerner les organisations de la société civile, la presse, les organismes publics dédiés, les partenaires techniques et financiers.

Outre l'amélioration de la synergie entre les différents organes, le renforcement de l'indépendance de l'ISC est souhaité.

Ainsi pour permettre à la juridiction financière de lutter efficacement contre la corruption, il est impératif de garantir son indépendance. Celle-ci doit être envisagée sous au moins cinq aspects :

- L'indépendance au niveau des rapports, qui permettra à la Cour des comptes de publier ses rapports en temps opportun ;
- L'autonomie financière : Pour que cette autonomie soit acquise, il importe que la procédure d'élaboration et d'approbation des budgets des institutions de contrôle soit affranchie de toute ingérence pour permettre aux ISC de disposer de ressources financières nécessaires pour conduire le travail qu'elles estiment essentiel.
- L'indépendance administrative et de gestion interne : Cette indépendance suppose que les ISC soient libres dans la gestion du personnel (recrutement, licenciement, promotion et rémunération) et la passation des contrats pour le fonctionnement des services. Malheureusement tel n'est pas le cas dans la plupart des pays où le traitement de ces deux questions est le fait de structures extérieures. Pour une prévention et une lutte plus efficace contre la corruption, l'indépendance administrative et de gestion interne doit être une réalité.
- L'indépendance fonctionnelle ou opérationnelle : En vertu de son mandat, la juridiction financière ne devrait pas connaître de restrictions en ce qui concerne l'accès à l'information dans les domaines soumis à leur contrôle. Le rattachement de certaines entités à la présidence de la république et certaines institutions constitutionnelles dont la gestion est susceptible de comporter des risques de fraude ne devraient pas échapper au contrôle. Aussi, à travers la matrice SWOT, pouvons-nous présenter les forces, faiblesses, menaces et opportunités d'organiser la lutte contre la corruption autour de la Cour des comptes.

CONCLUSION

La présente réflexion nous a permis de voir que le dispositif mis en place pour lutter contre la corruption semble inefficace. Le classement du petit Etat pétrolier dans la zone de corruption endémique depuis plus d'une décennie et la récurrence des détournements dans les administrations gabonaises ont fini de convaincre les populations que la réduction de ce fléau paraît insurmontable. Les antagonismes du dispositif de lutte et les résultats mitigés des organes de contrôle de finances publiques sur la bonne gouvernance conduisent l'opinion publique à se nourrir d'une très forte présomption d'une impunité dont bénéficieraient les gestionnaires des fonds publics, acteurs principaux des actes de corruption. Cependant, pour une lutte efficace, plusieurs raisons militeraient en faveur d'une stratégie basée sur le leadership de la Cour des comptes.

Tout d'abord, l'Institution supérieure de contrôle du Gabon dispose des missions larges en matière de contrôle des finances publiques[21]. Ses prérogatives de juge des comptes et de contrôleur des administrations publiques la conduisent à engager la responsabilité des deux catégories d'agents impliquées dans la gestion des finances publiques et dont le rôle est prédominant dans les manifestations de la corruption. Aussi, disposant d'un personnel formé en audit et contrôle, est-elle mieux placée à détecter les infractions relatives à la corruption, telles que[22] : « l'abus de biens sociaux, l'appel d'offre truqué, le blanchiment d'argent, la cavalerie, la corruption, les détournements de fonds et des biens immobiliers, la faillite frauduleuse, le trafic d'influence, l'escroquerie, l'abus de position dominante, le délit d'initié, la gestion de fait, la faute de gestion, la prise illégale d'intérêts, les atteintes à la liberté d'accès et à l'égalité des candidats dans le cadre de l'attribution des marchés publics, la corruption active et passive, le trafic d'influence commis par des particuliers et l'inexécution des marchés publics ».

Ensuite, la mise en œuvre effective de la réforme budgétaire, consacrant le passage d'une gestion de moyens à une budgétisation par objectif de programme étendant le champ de compétence de la juridiction financière, va renforcer son rôle en matière de bonne gouvernance.

Enfin, la couverture du territoire national par la Juridiction financière constitue un atout indéniable. Cependant, des réformes au niveau du cadre juridique et institutionnel seraient louables. De plus, elles devraient non seulement améliorer la coordination et la coopération entre les différentes parties prenantes à la lutte contre la corruption, mais également accroître l'indépendance de l'ISC. La nécessaire implication de tous les acteurs et la volonté de l'exécutif de mettre en place un système de gestion financière fondé sur l'obligation de rendre compte constitueraient des atouts indéniables. Il y a lieu également de réfléchir sur la délimitation des compétences entre le juge financier qui deviendrait juge anti-corruption et le juge pénal.

La corruption ne peut prospérer que si elle rencontre un terrain qui lui est favorable. De plus, les premières mesures de prévention élaborées pour lutter contre ce fléau vont par conséquent être orientées vers le renforcement des systèmes de gestion financière fondée sur l'obligation pour le gouvernement de rendre compte.

[21] Cf. Loi organique

[22] Si plusieurs de ces infractions font déjà partie du champ d'application de la juridiction financière, d'autres sont du domaine du juge répressif.

ANNEXE

Matrice SWOT de la Cour des comptes

Forces	Faiblesses
✓Etendue de ses compétences : - compétences juridictionnelles (juge des comptes des comptables publics, juge des comptes des comptables de fait, sanctionne les fautes de gestion commises à l'égard de l'Etat, des collectivités locales et des autres organismes sous contrôle) ; - Compétences administratives (assure la vérification des comptes et la gestion des entreprises publiques et organisme public, vérifie la régularité des recettes et des dépenses publiques, s'assure du bon emploi des crédits, fonds et valeurs gérés par les services de l'Etat ou par les autres personnes morales de droit public ; ✓Considérée par la Constitution comme la plus haute juridiction en matière de contrôle des finances publiques ; ✓Implantation des Chambres provinciales des comptes dans cinq chefs-lieux de province et bientôt dans deux autres ; ✓Autonomie de gestion des crédits budgétaires ; ✓Constituer d'auditeurs formés pour la détection des infractions relatives aux finances publiques.	✓Difficultés à juger régulièrement les comptes des comptables publics ; ✓Antériorité trop importante des exercices sous contrôle ; ✓Faiblesse des moyens matériels et humains par rapport aux objectifs à atteindre ; ✓Absence d'indépendance dans la gestion du personnel affecté à la Cour des comptes ; ✓Non publication des arrêts définitifs (amendes, fautes de gestion ou entraves à l'action de la cour) et des rapports de contrôle des entités ; ✓Faible coordination et de coopération d'avec les autres organes impliqués dans la lutte contre la corruption ; ✓Absence d'indicateurs fiables pour mesurer l'ampleur de la corruption et du blanchiment des capitaux ; ✓Déficit réel en matière de ressources humaines susceptibles de renforcer les effectifs des chambres provinciales des comptes ; ✓Insuffisance manifeste dans la formation spécialisée pour les acteurs chargés au sein de ces structures de mener des actions de prévention ou d'investigation.
Opportunités	**Menaces**
✓ Existence d'un cadre juridique et institutionnel approprié ✓ Réforme budgétaire promouvant une budgétisation axée sur les résultats ; ✓ Exigence de transparence et de gouvernance des citoyens gabonais et de la Communauté internationale ✓ Stabilité politique et économique du pays ✓ Appui des Partenaires Techniques et Financiers.	✓Prédominance d'un sentiment d'impunité généralisé vis-à-vis des gestionnaires des deniers publics au sein de l'opinion publique ; ✓Absence de transparence dans la préparation, l'exécution et le suivi du Budget d'Investissement Public ; ✓Insuffisances dans la reddition des comptes par les gestionnaires des deniers publics ; ✓Problèmes d'indépendance des auditeurs (indépendance d'apparence et indépendance psychologique) ; ✓Dépendance totale de l'Institution vis-à-vis du budget de l'Etat ; ✓Absence de mécanismes relais.

Gira ONDZAGHA[1]

PLAIDOYER POUR UN JUGE FINANCIER, JUGE UNIQUE DU CONTRÔLE COERCITIF DES FINANCES PUBLIQUES AU GABON

« La société a le droit de demander compte à tout agent public de son administration ». Cette disposition de l'article 15 de la DDHC[2], composante du bloc de constitutionnalité gabonais[3], fait du contrôle de l'exécution des deniers publics une exigence démocratique permettant au peuple, généralement par l'entremise de ses représentants, de lutter contre les gaspillages et de rechercher une dépense plus efficace afin d'assurer le développement économique et social de leurs Etats. Les deniers publics et leur bonne utilisation constituent ainsi un enjeu dans le vote du programme de société des candidats aux élections politiques[4]. Ce lien entre deniers publics et élections politiques est d'ailleurs manifeste en République d'Haïti. En effet, la Constitution haïtienne de 1987, aux articles 91, alinéa 6, et 96, alinéa 6, prescrit que pour être élu Député ou Sénateur, il faut : « avoir obtenu décharge, le cas échéant, comme gestionnaire de fonds publics ». Elle ajoute, par ailleurs, à l'article 135 alinéa f, que pour être élu Président de la République d'Haïti, il faut : « avoir reçu décharge de sa gestion si on a été comptable des deniers publics », c'est-à-dire un agent public, un haut fonctionnaire, un cadre de l'administration ou un particulier en dehors de l'administration qui se trouve en situation de gestion et/ou de manipulation de fonds ou de biens publics.

Le droit public financier au Gabon, inspiré de la LOLF et hérité de l'ordonnance organique française de 1959[5] , confie au Parlement et à la Cour des comptes la mission de contrôle de l'utilisation des deniers publics. Le contrôle effectué par ces deux organes est soit informatif, c'est-à-dire destiné à collecter des informations sur

---

[1] Magistrat, Juge à la Cour des comptes du Gabon

[2] Déclaration des Droits de l'Homme et du Citoyen du 26 août 1789

[3] *Considérant que la conformité d'un texte de loi à la constitution doit s'apprécier non seulement par rapport aux dispositions de celle-ci, mais aussi par rapport au contenu des textes et normes de valeur constitutionnelle énumérés dans le préambule de la Constitution, auxquels le peuple gabonais a solennellement affirmé son attachement et qui constituent, avec la Constitution, ce qu'il est convenu d'appeler bloc de constitutionnalité.* Décision n°1/CC du 28 février 1992 relative à la loi organique portant organisation et fonctionnement du Conseil National de la Communication in Hebdo informations n°250-28 mars 1992.

[4] Par le vote du Président de la République, les citoyens choisissent aussi la façon dont les ressources de leur pays seront utilisées.

[5] Ordonnance du 2 janvier 1958 relative aux lois de finances

l'utilisation des deniers publics, soit coercitif, c'est-à-dire sanctionner les auteurs de mauvaise gestion.

La sanction de la mauvaise utilisation des deniers publics, sur la base des éléments issus des contrôles informatifs effectués, se fait par le juge financier à travers des condamnations aux amendes et restitutions des sommes irrégulièrement extraites de la caisse du trésor public. A l'opposé, les parlementaires disposent de plusieurs moyens de sanction allant de la motion de censure contre le Gouvernement à la mise en jeu de la responsabilité individuelle des ministres-ordonnateurs[6] devant la Cour de justice de la République[7]. A ces organes de sanction en matière de finances publiques, le législateur a institué, en 1970, une juridiction spéciale[8] pour sanctionner pénalement les détournements de deniers publics.

A l'examen de l'utilisation faite des moyens de sanction de chaque organe, le juge financier, à travers la Cour des comptes, apparaît comme la seule instance où les auteurs de mauvaise gestion sont régulièrement sanctionnés par des mises en débet et des amendes à caractère répressif. En revanche, la coercition par le Parlement et accessoirement par le juge pénal, peine à être effective. Les difficultés observées par ces deux organes de sanction s'expliquent notamment par le manque d'expertise du juge pénal et des parlementaires en matière de finances publiques[9].

Ainsi, dans un contexte africain marqué par la mauvaise gouvernance et la volonté du peuple à réclamer à la fois des sanctions de restitution des sommes d'argent indues et, le cas échéant, la sanction pénale par des peines privatives de liberté des auteurs de ces détournements[10], le système de contrôle coercitif des finances publiques se trouve amputé d'un pan de sa sanction. Se pose alors le problème de l'opportunité de continuer à reconnaître au juge judiciaire et au Parlement la compétence du contentieux pénal des deniers publics, alors que dans le même temps la Cour des comptes est érigée comme la plus haute juridiction en matière de contrôle des finances publiques aux termes des dispositions de l'article 76 de la constitution.

Sous l'Ancien régime[11] en France, le juge des comptes ou juge financier avait la plénitude du contentieux des deniers publics. Il était, en effet, chargé du jugement des comptes des comptables publics et avait aussi la possibilité de juger au criminel

[6] Des expériences en la matière sont à rechercher ailleurs. Au Benin par exemple, cette procédure a été récemment utilisée pour mettre en cause la responsabilité de certains ministres en matière financière. En effet, en 2013, par soixante-seize (76) voix pour, trois (3) contre et deux (2) abstentions, les députés béninois avaient autorisé la poursuite judiciaire de deux anciens ministres devant la Haute Cour de justice suite à des faits présumés de détournement de deniers publics. Il s'agissait du ministre de l'environnement, de l'Habitat et de l'Urbanisme, et du ministre de l'économie. www.afrik.com/Benin, dépêche du 23 février 2013.

[7] Article 81 de la Constitution du 12 janvier 2018.

[8] Loi n°17/70 du 17 septembre 1970.

[9] Par principe, l'on ne peut valablement appréhender et sanctionner des infractions financières, souvent très complexes, que si l'on est soit même suffisamment outillé en matière financière.

[10] Sur le fondement de l'article 41 du code pénal relatif au sursis à exécution de la peine d'emprisonnement, le mis en cause peut ne pas aller en prison s'il a remboursé les sommes en cause avant la comparution à l'audience. Seule l'amende reste appliquée.

[11] L'Ancien régime est une période historique de la France qui débute au XVIe siècle et prend fin en 1789 quand la République française est créée.

d'éventuels actes de concussion ou de malversation financière[12]. Les révolutionnaires de 1789, mus par la volonté de rompre avec les institutions de la monarchie, décidèrent d'abandonner cette approche en créant une dualité de juridiction en la matière.

C'est cette dualité qui sera reprise par les Etats africains en général et le Gabon en particulier lors des indépendances sans que cela ne soit forcement aujourd'hui gage d'une bonne administration de la justice en matière financière et surtout de bonne gouvernance. Dès lors, il apparait nécessaire d'envisager la refonte de ce modèle de dualité de juridiction, plutôt de trialité (juge financier- juge judiciaire-Parlement), en matière de contrôle coercitif des finances publiques dans les Etats africains. Il s'agit d'une réforme du droit de la responsabilité des gestionnaires publics combinée à une juridictionnalisation des juridictions financières dans un contexte de recherche d'efficacité de la justice telle que souhaitée par l'objectif 16[13] des Objectifs de Développement Durable de l'Agenda 2030 des Nations Unies. A cet effet, quels sont les arguments qui peuvent fonder un tel plaidoyer ?

En dépit du contrat social qui érige le juge judiciaire en seul gardien des libertés individuelles et des réformes législatives qu'un tel plaidoyer implique, la démarche visant un transfert de l'entier contentieux des deniers publics au juge financier se fonde sur plusieurs éléments. Il y a d'une part, l'existence d'un ordre financier propre à l'office du juge des comptes qui lui donne un statut hybride (I) et, d'autre part, le caractère répressif des sanctions prononcées combiné à la nature financière de l'infraction de détournement des deniers publics (II).

I. L'EXISTENCE D'UN ORDRE FINANCIER ET LE STATUT HYBRIDE DU JUGE FINANCIER

La loi du 16 septembre 1994 portant organisation de la justice consacre trois ordres de juridiction à savoir : l'ordre judiciaire, l'ordre administratif et l'ordre financier. L'affirmation d'un ordre financier distinct des autres ordres (A) donne ainsi un statut hybride au juge financier dans l'exercice de son office (B).

A. L'existence d'un ordre financier chargé du contentieux des deniers publics

À la différence du système français, l'organisation judiciaire au Gabon crée un ordre financier distinct des ordres administratif et judiciaire.

L'ordre financier, avec la Cour des comptes comme plus haute juridiction de l'Etat en matière de contrôle des finances publiques, regroupe l'ensemble des juridictions chargées du contrôle des finances publiques et du contentieux qui peut en découler. Les finances publiques apparaissent ainsi comme la compétence d'attribution des juridictions financières et du juge financier.

---

[12] Les grands arrêts de la jurisprudence financière, 6ème édition, Dalloz, 2014, p.87

[13] « Paix, justice et institutions efficaces ».

Un examen de l'esprit du législateur de 1994, montre une volonté de distinguer clairement le contentieux financier du contentieux administratif et judiciaire traditionnel. Cette séparation des ordres devait placer le juge financier en compétence liée face aux deniers publics. Autrement dit, les deniers publics devaient fonder la compétence du juge financier. Mais cette volonté de distinguer trois types de contentieux ne s'est pas accompagnée de toutes les réformes nécessaires. A l'arrivée, la sanction pénale est restée dans la compétence du juge judiciaire.

Or, en sa qualité de plus haut juge de l'Etat en matière de contrôle des finances publiques des termes de l'article 76 de la Constitution, le juge financier aurait dû être le juge de la restitution des sommes indues mais aussi de la condamnation aux peines privatives de libertés, le cas échéant.

Le contrôle des finances publiques est à la fois la quête de l'information financière pour apprécier la gestion des gestionnaires publics mais aussi la sanction (attendue sous toutes ses formes) des auteurs de mauvaise gestion. C'est cette logique qui prévalait sous l'Ancien régime où le juge des comptes sanctionnait à la fois aux peines de remboursements des sommes indues et amendes mais aussi, le cas échéant, aux peines privatives de libertés. L'article d'Olivier MATTEONI, « Vérifier, corriger, juger. Les Chambres des comptes et le contrôle des officiers en France à la fin du Moyen âge »[14] est assez évocateur des attributions historiques du juge financier. A condition d'opérer les modifications constitutionnelles et législatives utiles, ce modèle en vigueur au Moyen-Âge reste parfaitement transposable dans les Etats africains.

B. Le statut hybride du juge financier pour assumer la plénitude du contentieux financier public

A la question de savoir, quel est le statut du juge financier gabonais, la réponse n'est pas aisée.

En effet, si en France cette interrogation trouve sa réponse dans le statut de juge administratif spécialisée, au Gabon, le juge financier n'est pas exactement un juge administratif en raison de la distinction formelle de trois ordres de juridiction plaçant la Cour des comptes et le Conseil d'Etat au même niveau institutionnel contrairement à la position de cassation occupée en France par le juge administratif.

Le juge financier apparait plutôt comme un juge hybride qui exerce les fonctions de juge administratif et de juge judiciaire. Il exerce les fonctions de juge administratif lorsqu'il effectue notamment le contrôle de la gestion. Ce contrôle est défini à l'article 211-8 du Code des juridictions financières en France comme portant « sur la régularité des actes de gestion, sur l'économie des moyens mis en œuvre et sur l'évaluation des résultats atteints par rapport aux objectifs fixés par l'assemblée délibérante ou par l'organe délibérant ». Il assure à cette occasion un contrôle de légalité administrative et recours au droit administratif pour démontrer

---

[14] O. MATTEONI, « Vérifier, corriger, juger. Les Chambres des comptes et le contrôle des officiers en France à la fin du Moyen âge », *Revue historique,* 2007/1, n°61, p.31-69, publié sur CAIRN.INFO

le lien qui existe effectivement entre une illégalité et une gestion critiquable des deniers publics. Il veille à cet effet sur l'application de la législation et de la réglementation par les ordonnateurs placés à la tête des administrations.

Le juge financier aussi exerce les fonctions de juge judiciaire à l'instruction des infractions constatées et au moment de la sanction à l'audience. A l'instruction, en cas de faute de gestion notamment, les auditions sont faites devant un greffier à l'instar du juge pénal. A l'audience, le déroulement des débats est semblable aux audiences du juge judiciaire comme le rappelle d'ailleurs les dispositions de l'article 57 de la loi organique du 17 septembre 1994 sur la Cour des comptes. Selon celles-ci, les témoins à l'audience sont entendus sous la foi du serment dans les formes et conditions prévues par le code de procédure pénale.

II. LE JUGE FINANCIER, JUGE REPRESSIF ET JUGE DES PERSONNES AUTEURS DE DETOURNEMENT DE DENIERS PUBLICS

Contrairement à la doctrine admise, le juge financier juge les personnes (A) et les amendes qu'elle prononce ont un caractère répressif (B) au même titre que les amendes infligées au pénal par le juge judiciaire lorsqu'il statue notamment sur la matière financière qu'est le détournement de deniers publics.

A. Le juge financier, juge des personnes

A la question de savoir ce que juge véritablement le juge financier (juge des comptes), la doctrine s'accorde globalement à considérer qu'il juge les comptes et non la personne du comptable public.

Cette conception, certes soutenable et amplifiée par le caractère de juge administratif reconnu au juge des comptes en France, doit être remise en cause lorsqu'on interroge l'histoire du jugement des comptes avant 1807[15] et le destinataire des sanctions prononcées.

S'agissant de l'histoire, le jugement des comptes est d'inspiration monarchique et Chrétienne. En effet, sous les Chambres des comptes au Moyen-Âge, le jugement des comptes s'effectuait sous le regard de l'autorité divine symbolisée par le Roi, représentant Dieu sur Terre et symbolisant la forme idéale de la justice. D'ailleurs, son image ou celle de la Crucifixion se tenait devant le juge des comptes qui, selon Jacques d'ABLEIGES, devait juger « en ayant Dieu devant ses yeux et en mémoire »[16]. Les officiers comptables, comptables publics de nos jours, devaient régulièrement présenter leurs comptes devant la Chambre des comptes. Le contrôle des comptes était « un moyen privilégié de rappeler aux comptables leur statut de subordonné devant le Roi par l'intermédiaire de ses maîtres des comptes [16] » (juge des comptes).

---

[15] Année de création de l'actuelle Cour des comptes française.

[16] Cité par O. MATTEONI dans « Vérifier, corriger, juger. Les Chambres des comptes et le contrôle des officiers en France à la fin du Moyen âge », *op.cit*, p.45 [16], *Ibid.*

Le jugement des comptes s'inspirait fortement du jugement dernier. D'ailleurs, une image, sous forme allégorique, associait au Moyen-Âge « jugement des comptes et jugement dernier ». A la Chambre des comptes de Lille cette allégorie était encore plus explicite à travers l'inscription sur la façade de la Chambre : « Là, les fidèles sont assimilés aux officiers comptables (les comptables publics), au jour du Jugement dernier, ils seront tenus de compter et faire ostension de leur recette et validation[17] ». Les comptables, seuls faces à leurs juges, devaient alors justifier de leur gestion des deniers publics[18] dans le cadre d'une stricte procédure revêtant un caractère annuel et symbolisée par le dépôt du compte de leurs actes devant le juge.

Ainsi, la sanction ou plutôt « sentence divine » était rendue au regard des actes posés par le comptable durant sa gestion à l'image du jugement dernier de Dieu pour les actes que nous aurons posé sur terre. Ce jugement n'excluait pas nécessairement l'appréciation du comportement du comptable. D'ailleurs, sur cette question, le droit positif intègre de nos jours ces aspects à travers la prise en compte des circonstances de la commission des infractions. L'article 29 de la directive CEMAC du 11 décembre 2011 portant règlement général sur la comptabilité publique fait désormais exigence au juge des comptes, après avoir entendu le comptable à l'audience[19], de tenir compte du montant du préjudice et des circonstances de l'infraction.

Dans tous les cas, ce rappel historique de la mission de jugement des comptes et l'évolution du droit positif doivent contribuer à plaider définitivement pour un abandon des conclusions du commissaire de gouvernement *Romieu* sur l'*arrêt Nicolle*[20] qui rappelait que « la Cour des comptes juge le compte, elle ne juge pas le comptable [20]». Car, en réalité, le comptable public est bien destinataire de la sanction prononcée pour ses actes fautifs.

S'agissant justement de la sanction, le destinataire des arrêts et jugements prononcés par les juridictions financières sont des personnes physiques ou morales. En effet, qu'il s'agisse des mesures conservatoires comme le blocage des comptes ou de l'interdiction temporaire de sortir du territoire national prévues par l'article 38 de la loi organique sur la Cour des comptes ou des sanctions définitives (débet et/ou amende), la personne est soit momentanément privée de sa liberté d'aller et venir, soit contrainte de payer et rembourser les sommes indues par son patrimoine personnel. Or, le patrimoine, ensemble des biens (meubles et immeubles), créances et dettes, et la liberté d'aller et venir sont intimement, intrinsèquement, liés à toute personne.

---

[17] O. Mattéoni, « Vérifier, corrigé, juger. Les Chambres des comptes et le contrôle des officiers en France à la fin du Moyen âge », *op.cit*, p.46,

[18] La procédure était processuelle. Le comptable était interrogé à l'audience sur tout ce qui, dans sa gestion posait problème. A chaque point contesté, sur lequel planait la faute, il devait apporter des éléments de réponse et justification.

[19] Sous l'inspiration de la nombreuse jurisprudence de la Cour européenne des Droits de l'Homme, notamment l'arrêt Martinie c/ France du 12 avril 2006, l'on assiste à un retour vers le passé avec l'exigence de la présence du comptable à l'audience notamment [20] CE, 12 juillet 1907.

[20] Évoqué par G. ORSONI, « Le juge des comptes. Que juge-t-il ? Doit-il même encore juger ? », Colloque au Palais du Luxembourg les 29 et 30 septembre 2006, p.3 et suivant,
https://www.senat.fr/colloques/office_du_juge/office_du_juge25.html

Les amendes prononcées contre ces personnes ont le même caractère que celles du juge pénal lorsqu'il sanctionne l'infraction financière de détournement des deniers publics.

B. Le caractère répressif des amendes prononcées par le juge financier et le caractère éminemment financier des détournements des deniers publics

Au Gabon, comme dans beaucoup de pays africains, la Cour des comptes cumule la compétence de jugement des comptes dévolue à la Cour des comptes française et la compétence de sanction des fautes de gestion dévolue à la Cour de discipline budgétaire. Il s'agit donc d'une juridiction qui juge à la fois les comptables publics et les ordonnateurs ainsi que toute personne qui s'immisce irrégulièrement dans les opérations de maniement des deniers publics.

Pour sanctionner l'immixtion irrégulière dans les opérations de maniement des deniers publics, la Cour des comptes, après déroulement de la procédure de gestion de fait, sanctionne le mis en cause d'un débet auquel s'ajoute une amende pour gestion de fait. Elle sanctionne aussi aux amendes les comptables publics pour retard dans la production des comptes. Le Conseil d'Etat français considère que ces amendes ont un caractère répressif au même titre que l'amende prononcée en matière d'accusation pénale au sens de l'article 6-1 de la Convention européenne des droits de l'Homme (CE 16 novembre 1998, *SARL Deltana et Perrin*). Cette jurisprudence a d'ailleurs conduit le législateur français a en tirer toutes les conséquences dans les procédures devant les juridictions financières en la matière. Ainsi, depuis la loi du 21 décembre 2001 et le décret du 27 décembre 2002, le juge des comptes doit désormais statuer en audience publique et en présence du mis en cause. En 2003, la Cour européenne des droits de l'Homme, dans la décision Mme Richard Dubary c/France, a étendu les exigences du droit à un procès équitable visées par l'article 6-1 précité à toute la procédure de gestion de fait[21].

On est ainsi en face d'un juge qui se comporte bien comme un juge pénal traditionnel et qui pourrait assumer la sanction pénale de l'infraction de détournement des deniers publics qui du reste, est une infraction relevant plus d'un droit pénal public que d'un droit pénal privé[22].

Le détournement est une infraction pénale qui vise, aux termes des dispositions de l'article 141 du code pénal gabonais, « tout fonctionnaire ou agent de l'Etat ou des collectivités publiques qui aura détourné ou soustrait des deniers publics ou privés, ou effets actifs en tenant lieu, ou des espèces, titres, effets ou objets mobiliers dont il était dépositaire à l'occasion de ses fonctions [...] ». Cette infraction concerne des personnes dépositaires de l'autorité publique et des personnes chargées d'une mission de service public à l'instar des comptables publics ou des dirigeants

---

[21] M. BOUVIER, M.-C. ESCLASSAN, J.-P. LASSALE, *Finances publiques*, 10ème édition, LGDJ, 2010, p.560.

[22] Le droit pénal lui-même est une discipline à la fois de droit privé et de droit public. Une juridiction de droit public est donc fondée à connaitre d'un contentieux de droit pénal relevant du domaine du droit public à l'instar des détournements de deniers publics, de l'usurpation de fonction ou même de la fraude fiscale....

d'entités financées par les fonds publics. Par ailleurs, l'élément matériel de cette infraction porte sur les deniers publics ou privés réglementés, les titres et objets mobiliers des entités publiques. L'analyse de tous ces éléments révèle que cette infraction porte non seulement sur des personnes déjà justiciables du juge financier mais aussi les deniers publics, compétence d'attribution du juge financier. La seule raison fondamentale qui justifie que le juge financier ne puisse connaître cette infraction au pénal réside dans la dualité des juridictions héritée des institutions de 1789 en France et qui fait du seul juge judiciaire le garant des libertés individuelles[23].

Or, en matière de détournement de deniers publics, personne n'est mieux qualifié que le juge financier pour établir les malversations, les détournements de deniers publics et sanctionner leurs auteurs. L'instruction et la sanction doivent donc être efficaces et justes, et ce ne serait que justice tel qu'attendu par le peuple souverain.

[23] La question de la protection des libertés individuelles dépasse aujourd'hui le cadre d'un seul juge. Elle doit être considérée comme une exigence du pouvoir judiciaire dans sa globalité à travers le juge judiciaire, le juge administratif et le juge financier.

COMPTABILITE PUBLIQUE

M. Abdelkrim GUIRI[1]

PLAIDOYER POUR UNE RÉÉCRITURE DE L'HISTOIRE DE LA COMPTABILITÉ DE L'ETAT AU MAROC

INTRODUCTION

Aussi riche et profonde qu'elle soit, l'historiographie nationale a toujours inhibé et maintenu à l'écart le savoir-faire comptable développé à travers les âges et qui renseigne, plus que tout autre paradigme, sur le degré de fortune ou d'infortune des règnes et des dynasties qui se sont succédé au Maroc.

Cette aveuglante absence de lumière sur la dimension historique de la comptabilité de l'Etat peut s'expliquer par la complexité de la science des chiffres, la technicité de l'objet comptable, l'austérité du langage et du discours comptable et la confidentialité qui a toujours entouré les comptes de l'Etat.

Mais, est-ce à dire pour autant, que la comptabilité en général et la comptabilité de l'Etat en particulier n'ont vraiment pas d'histoire au Maroc et que le phénomène comptable et celui de la représentation chiffrée de l'information financière sont nés d'un passé, sommes toutes, assez récent ?

Pour ma part et en dépit de mes connaissances assez modestes de l'histoire, je demeure convaincu que tant de civilisations et de dynasties n'auraient pu s'étendre et prospérer au Maroc, sans un modèle ou, tout au moins, des règles et des conventions comptables à même de permettre le chiffrage, la transcription et la gestion de l'information financière et partant, des outils pour connaître ce qu'est ou ne l'est pas, la fortune publique sous le rapport pécuniaire.

Pour confirmer ou infirmer une telle hypothèse, je me limiterai à essayer de répondre à deux questionnements majeurs qui constituent, de mon point de vue, des éléments d'appréciation de l'absence ou de l'existence de tout système comptable.

[1] Directeur de la Recherche, de la Règlementation et de la Coopération Internationale, Trésorerie générale du Royaume du Maroc

Le premier questionnement consiste à savoir si les dynasties et les règnes au Maroc disposaient de par l'histoire, de corps de comptables publics, fonctions sans lesquelles on ne peut véritablement parler de système comptable de l'Etat

Sur ce premier aspect au moins, je ne pense pas trop m'efforcer pour valider mon hypothèse de départ, car l'histoire de l'ensemble des dynasties qui se sont succédé au Maroc regorge d'informations et de documents attestant de l'existence d'une profession comptable savamment organisée, que l'histoire nous a restitués sous un flot impétueux de dénominations.

Ainsi et indépendamment des apports des empires romain, phénicien et byzantin en cette matière, les germes des premiers corps de comptables publics, tels qu'ils allaient continuer à exister tout au long de l'histoire médiévale et précoloniale du Maroc, commencèrent à poindre sous la dynastie *idrisside* (788-974), avec l'établissement des impôts religieux et du Trésor public des musulmans (*Bait al mal al mouslimine*).

Le corps des comptables publics allait par la suite, selon les époques et en fonction des besoins de chaque dynastie, être étoffé, réorganisé, professionnalisé successivement sous le règne des almoravides (974-1147), des almohades (1147-1248), des mérinides (1248-1465), des *wattassides* (1465-1555), des *saadiens* (1555-1659), et des alaouites (depuis 1666).

Je préciserai tout de même, que dans un pays aussi tentaculaire que l'était le Maroc notamment du temps des empires, le corps des comptables publics s'étendait ou se rétrécissait selon le degré de maîtrise du territoire par le pouvoir politique en place.

Sans trop m'étaler là-dessus, j'ajouterai à cela, qu'à côté des comptables deniers, la plupart des comptables publics étaient des comptables-matières pour des raisons liées notamment, à l'omniprésence des biens dans la consistance de la fortune publique et à la prépondérance du paiement en nature des impôts et taxes.

Je compléterai mon propos en soulignant que sous certaines dynasties, il existait un tel foisonnement de catégories de comptables publics répartis par milieu rural ou urbain, par types d'impôts religieux ou temporels, par type de magasins ou de dépôts de biens publics et par catégories de dépenses, qu'il est parfois difficile d'en comprendre aisément le fonctionnement.

A ce corps multiforme au fonctionnement complexe de comptables publics se greffaient systématiquement les comptables de l'armée, qui avaient la charge de compter la solde des militaires réguliers et des soldats irréguliers mobilisés au titre des expéditions militaires, de faire la revue des troupes, de relever les soldats présents sous les drapeaux et de composer les états de paie propres à faire apprécier l'effectif militaire mobilisé et pourvoir à ses besoins.

Tout aussi étonnant est de voir surgir de ces différentes époques l'équivalent de comptables publics pour l'étranger, à qui l'on confiait lors de missions diplomatiques généralement temporaires ou pour les besoins d'expéditions militaires hors du territoire ou encore à raison du cortège annuel des pèlerins à la

Mecque, la gestion des fonds nécessaires à ces missions, moyennant justifications au retour.

C'est dire si besoin est et sans aller plus dans le détail, que le premier pilier d'un système comptable en l'occurrence, un corps suffisamment organisé de comptables publics, a toujours existé sous les différents règnes que le Maroc a connus durant son histoire. Comment alors dénier à notre histoire l'existence de comptables publics, lorsqu'on sait que les livres d'histoire et les registres comptables anciens arrivés jusqu'à nous en rapportent une multitude de noms, toutes dynasties confondues, ayant exercé ces fonctions ?

A titre d'illustration, je citerai quelques personnalités éminentes issues du monde des comptables publics tels que l'historien et diplomate notoire du 18ème siècle Abou Al Kacem *Zayani* (1734-1833) auteur de la grande Turjumana « al turjumana al kubra fi akhbar al maâmur barran wa bahran « la grande description du monde en terre et en mer ».

C'est le cas également du grand historien Ahmed Ibn Khalid Naciri (1835-1897) auteur du « Kitab al Istiqsa fi akhbar doual al maghrib al aksa ». Il en est de même de l'éminent diplomate El Haj Ahmed *Aherdane* ayant exercé les fonctions de Trésorier de l'empire chérifien sous le sultan alaouite Mohamed Ben *Abdellah* (1757-1790). Celui a représenté l'Etat chérifien à Marseille et qui était en même temps chargé d'affaires pour Londres, Naples et Gibraltar. C'était, en outre le cas, du grand savant et érudit, le juge Abou Abdellah chargé de superviser les caisses du Trésor public sous le Khalifa Youssef Ibn Abdelmoumen l'almohade durant les années 1163-1184. L'on peut en plus citer par ailleurs, le savant Abou Bakr Ibn malloul Ibn Brahim Ibn *Yahia Assanhaji*, ayant exercé les fonctions de grand trésorier des fonds et des biens de l'empire almohade sous le règne d'Al Mansour l'almohade (1184-1199).

Pour les Trésors locaux, j'en citerai le cas d'Al Mamlouk *Nasseh* ayant supervisé le Trésor de la ville de Sebta sous le Khalifa Annacer l'*Almohade* (1199-1213).

Comment pouvoir garder encore un regard dubitatif sur l'existence historique de comptables publics lorsqu'on sait, que pour établir l'impôt du kharaj ou impôt foncier, le sultan almohade Abdelmoumen Ibn *Ali* (1145-1163) avait ordonné d'arpenter le territoire de l'empire depuis Barka en Lybie, jusqu'à Oued Noune dans le Sous du Maroc, pour soumettre toutes les terres conquises à cet impôt ?

Une entreprise qui n'aurait certainement pas abouti ni même être entamée, en l'absence de comptables publics dédiés et d'une comptabilité appropriée pour les besoins de l'époque.

Comment malgré tout, continuer à refuser à l'histoire nationale une présence séculaire de comptables publics lorsqu'on a la certitude, qu'un impôt comme la taxe urbaine appelée jadis taxe sur les maisons existait au Maroc au niveau des grandes villes, plus de 600 ans avant l'acte d'Algésiras qui n'a fait en réalité que la rétablir, sachant qu'une telle taxe ne pouvait être ni assise ni collectée en l'absence d'un corps approprié de comptables publics ?

Le deuxième questionnement nous amène forcément à nous interroger s'il se dégage des différentes époques historiques du Maroc médiéval et précolonial des relents de confirmation ou d'infirmation d'un système comptable couvrant les dimensions de tenue de la comptabilité, de responsabilité comptable, de centralisation, de contrôle et de reddition des comptes.

Pour ce qui est de la tenue de la comptabilité de l'Etat, je me contenterai de souligner tout d'abord, que les règles de tenue de la comptabilité étaient foncièrement tributaires de la manière de gérer et de gouverner de l'époque considérée et permettaient, à tout le moins, de retracer les entrées et les sorties des fonds et des biens publics.

En outre, et eu égard à la technicité de la matière et au statut social de la fonction, les postes de comptables publics étaient tellement prisés qu'ils ne pouvaient être exercés que par des érudits, des commerçants ou des dignitaires choisis généralement parmi l'élite urbaine. De même, les règles et usages comptables de l'époque imposaient aux comptables publics, l'obligation de compter, de tenir registre de leurs opérations, d'appuyer leurs comptes de pièces probantes et de rendre compte de leurs opérations au pouvoir central.

Les comptables publics étaient en plus généralement astreints, de ne payer les dépenses que sur mandatement ou ordre solennel du souverain ou de son Trésorier central, acte devant servir à justifier les opérations de l'espèce.

Dans le même sillage, les documents comptables transmis au pouvoir central laissent généralement apparaître à travers le caractère esthétique de leur écriture, qu'ils étaient écrits et réécrits par les comptables publics ou leurs scribes, renvoyant ainsi à l'existence d'une pratique de brouillons, de journaux de premières écritures (les *youmia*) ou de documents préparatoires aux états comptables définitifs.

Les registres et autres documents comptables comportaient des éléments chiffrés, des données narratives des préambules et des mentions marginales insignifiantes certes du point de vue comptable, mais qui explicitent le lieu, le contexte, la ou les monnaies de compte et le cadre économique et social de réalisation des opérations.

Cette manière de transcrire les opérations renvoie à l'existence d'un espace de liberté des comptables publics et des scribes rédacteurs des documents comptables pour aller au-delà de ce qu'un document comptable doit contenir et d'une normalisation assez relative des documents comptables.

Par ailleurs et vue l'importance des documents comptables en termes de responsabilité qui en découle, les comptables publics étaient astreints, durant certaines périodes de l'histoire nationale, à recourir à la règle de double signature des documents, à la preuve testimoniale ou par témoins et même à l'utilisation de seaux d'authentification dont ils étaient dotés.

C'est dire si besoin est, que durant les différentes époques de l'histoire nationale, le pouvoir central était en mesure, grâce à la transcription par les comptables publics des rentrées et des sorties de fonds de leurs caisses, de connaître régulièrement les réserves financières et la situation des finances de l'Etat dont il pouvait disposer pour gérer les affaires publiques.

J'en veux pour preuve tangible, ce que disait dans ses prolégomènes Ibn *Khaldoune* grand historien du monde musulman, à propos de la dynastie almohade « Sous les almohades, le chef du *diwan* (*sahib al achghal*) dirigeait avec une autorité absolue la perception de l'impôt. Il réunissait avec une autorité absolue la perception de l'impôt. Il réunissait toutes les recettes dans une caisse centrale et les faisaient inscrire dans un registre. Il revoyait les états de ses chefs de services et des percepteurs et les rendaient exécutoires à des époques déterminées et pour des sommes dont le montant était spécifié ».

Il ajoutait concernant la dynastie mérinide dont il était contemporain et exerçait à leur service « Sous la dynastie des mérinides, la comptabilité de l'impôt foncier et de la solde militaire se trouvent réunies entre les mains d'un seul administrateur. Tous les comptes publics passent par ses bureaux pour être soumis à son examen et recevoir son approbation. Mais ses décisions doivent être contrôlées par le sultan ou par le vizir. Sa signature est nécessaire pour la validité des comptes fournis par les payeurs militaires et par les percepteurs de l'impôt foncier ».

Il n'en demeure pas moins qu'en dépit de l'existence d'usages comptables subtiles et si avancés pour les époques considérées, les règles de tenue de la comptabilité n'avaient pas toujours ni longtemps été systématiquement observées, dès lors qu'il suffisait que les dispositifs de contrôle se délitent et s'estompent, pour que les fonds collectés ne soient que partiellement versés et que les comptes publics soient tardivement rendus ou ne soient pas du tout rendus.

En ce qui concerne la centralisation comptable et la reddition des comptes considérée jusqu'à aujourd'hui-même comme étant le socle de tout système comptable, il est évident que ni l'état des routes de l'époque, ni les considérations liées à l'insécurité du territoire et à la difficulté de transport des fonds et de transmission des registres et documents comptables ne pouvaient favoriser une centralisation comptable au sens moderne du terme.

Il n'en demeure pas moins, toutefois, que l'histoire financière nationale fait surgir de certaines époques, des règles d'organisation et de fonctionnement du Trésor public motivées par le souci du pouvoir central de connaître régulièrement l'état et la situation de la fortune publique et la fidélité ou l'infidélité des gestionnaires des biens et des fonds publics.

La première manifestation d'une telle volonté est liée à l'organisation même du Trésor public qui, au gré des époques et de l'étendue du territoire, était souvent articulée autour d'un Trésor public central et uniforme implanté dans la ville capitale du règne (*Baït al mal al mouslimine*), relayé par des antennes du Trésor dénommées *Al Kaous* au niveau des autres villes capitales (Fès, Marrakech, Meknès et Tanger).

Une telle organisation du Trésor public permettait aux différents comptables publics d'effectuer auprès de leurs caisses respectives, les recettes et les dépenses de l'Etat et d'en verser régulièrement les excédents (*Ouafr*) au Trésor public central qu'on pourrait qualifier de Trésor de l'épargne, permettant ainsi au sultan d'obtenir régulièrement une situation des finances de l'Etat correspondant au solde disponible dans les caisses publiques.

L'on peut avancer à ce titre, avec une forte dose de certitude, qu'à défaut d'une véritable centralisation comptable et tout incomplet qu'il était, le dispositif en vigueur permettait au moins une centralisation des soldes existants auprès des différentes caisses des comptables publics de l'époque ainsi qu'une vue d'ensemble sur les comptabilités matières tenues par les différents responsables grenetiers, gestionnaires de dépôts, de magasins et de fermes pour le compte de l'Etat.

S'agissant de la responsabilité qui incombait aux comptables publics de l'époque et les modes de sa mise en jeu, j'évoquerai tout d'abord l'existence sous certaines dynasties ayant régné au Maroc, de corps plus ou moins organisés d'inspecteurs appelés *oumana Al Ikhtibar*, chargés de parcourir le territoire sous contrôle de l'Etat pour y rechercher les abus d'ordre financier et les malversations de toutes sortes, et la volonté de mettre de l'ordre dans la tenue de la comptabilité de l'Etat et d'en sanctionner les manquements.

Les préposés à l'inspection assuraient, selon les besoins et les époques considérées, des chevauchées et des visites sur place à l'effet de s'enquérir de près, de la conduite des affaires financières et comptables, de veiller au respect des règles, de vérifier les caisses et autres registres comptables, de consigner les constatations relevées et d'en rendre compte au pouvoir central.

Ils étaient même investis de la fonction de contrôle des ouvrages, constructions et aménagements publics et du droit de sanctionner parfois sur le champ les gestionnaires de biens ou de deniers publics. Les préposés au contrôle disposaient même souvent, du droit de contrainte par corps à l'égard des détenteurs de biens ou de fonds publics convaincus de malversations ou d'abus financiers et comptables.

Sous certaines dynasties, les sanctions pour malversations ou abus financiers pouvaient aller jusqu'au bannissement, à l'incarcération et même à la peine de mort, dont l'histoire almohade notamment, regorge d'exemples.

Mais la sanction la plus courante et la plus usitée durant l'histoire financière nationale demeure, sans conteste, la confiscation des fonds et des biens des personnes convaincues de malversations ou d'abus financiers et leur versement au Trésor public, à telle enseigne que les confiscations ont constitué durant certaines époques, l'une des principales ressources financières de l'Etat.

Mais d'aucuns pourraient dire toutefois, que l'on ne peut reconnaître à l'histoire financière nationale les piliers fondamentaux d'un système comptable, en l'absence d'un corpus réglementaire devant régir juridiquement les différents aspects de tenue de la comptabilité, de centralisation, de contrôle et de reddition des comptes.

N'est-ce pas là aussi une volonté de renier au nom du prisme et du déterminisme actuel au génie de l'époque ses rouages et ses manières de faire et d'agir en conformité avec le niveau d'évolution des civilisations, des besoins et des contraintes de la période considérée et des moyens dont disposaient les différents règnes pour gouverner le pays et faire face aux aléas et contingences qui limitaient leur action ?

Certes, les premiers textes d'organisation financière et comptable n'ont commencé à voir le jour qu'à partir du 19ème siècle, dont je citerai, à titre d'illustration, le dahir du 31 mars 1862 sur l'organisation douanière et le règlement douanier ainsi que le *Dahir* de 1881 sur le *Tertib*.

Il n'en demeure pas moins, cependant, que l'organisation comptable de l'époque procédait d'abord, de règles inspirées du droit religieux constitué du livre saint, de la sounna et de la jurisprudence et autres fatwas des savants et érudits développés tout au long de l'histoire de la civilisation musulmane.

Ces règles étaient enrichies, selon les époques, par une accumulation de pratiques et d'usages endémiques des maisons de commerce dont la majorité des comptables publics et leurs scribes (*kouttab*) étaient généralement issus.

Lesdites règles étaient en plus valorisées, au fil des périodes historiques, par les apports et emprunts générés par le contact avec d'autres civilisations auxquelles le Maroc a toujours été ouvert ainsi que par le rôle prépondérant de certains souverains réformateurs, à raison de la confusion qui régnait à l'époque, comme partout dans le monde, entre le Trésor du Roi et le Trésor public et qui a largement bénéficié à l'évolution de l'organisation comptable de l'Etat.

L'évolution du cortège des règles d'organisation comptable de l'Etat était également le fait de l'ingéniosité des comptables publics eux-mêmes et de leurs scribes (*kouttabs)* rédacteurs des documents comptables, à raison de leur forte capacité d'adaptation à l'évolution régulière des systèmes fiscaux, des modèles de gestion de la dépense et des changements affectant les monnaies de compte.

Les comptables publics de l'époque avaient, en effet, pu asseoir une chaîne vertueuse de transmission de maîtres à disciples du savoir et du savoir-faire comptable qu'ils ont pu transmettre pour relier sans discontinuer, les anciennes aux nouvelles générations de comptables publics.

A cela, il faut ajouter que les lettres et les ordres royaux (lettres sultaniennes) et l'échange permanent d'une correspondance assez fournie entre les souverains et les comptables publics constituaient la source juridique officielle et le faire-valoir formel de la réglementation comptable à travers l'histoire nationale.

Les lettres royales échangées avec les comptables publics et autres gestionnaires de biens et de fonds publics ayant valeur de référentiel comptable véhiculaient les règles, l'éthique et les valeurs de l'ordre public financier voulu par le pouvoir politique en place durant chacune des périodes historiques considérées.

Elles édictaient les règles d'usage à observer, les interdits à éviter et les instructions que tous les comptables publics étaient théoriquement, tenus de respecter.

Mis en place par les almohades et suivi et développé par les dynasties postérieures, le dispositif d'organisation du système financier public, par le biais des lettres royales, constituait l'un des principaux moyens d'exécution des politiques financières de l'Etat sur l'ensemble du territoire d'une dynastie déterminée.

Les lettres et ordres royaux émis à ce titre brassaient tous les aspects de la gestion financière et comptable, allant de la détermination de l'époque de paiement des impôts aux modes de leur acquittement, jusqu'à la fixation des taux des frais, de la rémunération à prélever, en passant par les modalités de leur transcription comptable et de leur versement au Trésor public.

Les règles et pratiques d'organisation financière et comptable issues des différentes époques historiques ont d'ailleurs permis de développer une sorte de discours comptable assez bien structuré.

Ce langage comptable est articulé autour d'une réserve terminologique consistante qui évoque les mots de l'époque pour dire le droit financier et comptable, transcrire les recettes, enregistrer les dépenses, dégager un solde et donner une valeur aux biens de l'Etat contribuant, de la sorte, à une meilleure connaissance du cadre de vie économique et social de la période concernée.

Il demeure entendu, toutefois, qu'à l'image des dynasties elles-mêmes, les règles d'organisation comptable se sont développées lorsque celles-ci s'illustraient et rayonnaient. Elles ont rompu et cédé en temps de décadence, sous le poids des conflits des inter-règnes, des guerres continuelles de succession dynastiques et des crises financières cycliques ayant marqué l'histoire du Maroc.

Le système comptable s'effilochait ou s'étendait selon les périodes de prospérité ou de décadence et de perte de repères des sociétés de l'époque, dont il reflète d'ailleurs la manière de gérer et de gouverner du pouvoir politique en place durant la phase historique concernée.

Il est à regretter également, que l'histoire nationale de la comptabilité se soit construite par à-coups et secousses successifs avec des entractes et des interruptions assez longues parfois, préjudiciables à une construction d'ensemble qui aurait pu nous révéler un système comptable beaucoup plus abouti et plus cohérent dans toute sa membrure.

Pour conclure, j'espère, à travers cette contribution, être convaincant au moins sur un point : celui de la nécessité de travaux de recherche beaucoup plus approfondis, pour exhumer la mémoire de notre histoire comptable et la sortir de l'amnésie collective et d'un oubli coupable dans lequel on l'a, mal à propos, reléguée. En effet et toutes incomplètes qu'elles puissent se révéler, les règles de la comptabilité de l'Etat durant toutes les phases de l'histoire nationale, avaient tout de même contribué, ne serait-ce que durant les périodes de règnes prospères, à garantir l'intangibilité des caisses publiques et à sauvegarder l'ordre public financier tel que tracé par le pouvoir politique en place, une portée qu'on ne saurait méconnaître au génie de l'époque et à l'art modeste mais vrai de la comptabilité.

Ainsi pour paraphraser un historien de la comptabilité publique, « la comptabilité dans son application aux finances de l'Etat exerce une grande influence sur la prospérité publique. Les plus belles théories des finances se résoudraient à rien, sans un système de comptabilité sagement coordonné ».

C'est dire que tout n'est pas à répudier dans notre passé lointain et qu'en agissant avec trop de dédain à l'égard de notre histoire, l'on ne peut que desservir réellement le devenir de nos finances publiques.

Il nous appartient, par conséquent de faire revivre notre mémoire comptable pour construire le présent de nos finances publiques et en tracer l'avenir sans rupture et sans discontinuité aucune.

Lotfi MISSOUM[1]

LA RÉFORME DE LA COMPTABILITÉ PUBLIQUE : FINALITÉS ET DIFFICULTÉS DE MISE EN PLACE - CONVERGENCES DES NORMES COMPTABLES NATIONALES VERS LES STANDARDS INTERNATIONAUX

INTRODUCTION

Le Maroc, à l'instar d'autres Etats, a décidé de réformer sa comptabilité publique. C'est une œuvre de longue haleine qui nécessite la mobilisation de tous les acteurs. Cette réforme devrait se mettre en place progressivement en prenant en considération nos engagements au niveau international. Elle doit faire face aux contraintes domestiques d'abord par rapport à la compréhension du sujet et ensuite par rapport aux défis qu'elle soulève.

Cette présentation s'articulera autour des trois axes majeurs ci-après :

- le contexte international et national ayant présidé à la réforme de la comptabilité de l'Etat ;
- les composantes majeures de la réforme de la comptabilité de l'Etat ;
- les difficultés soulevées par la comptabilité d'exercice.

I. LE CONTEXTE INTERNATIONAL ET NATIONAL AYANT PRESIDE A LA REFORME DE LA COMPTABILITE DE L'ETAT

Le premier axe a trait aux contextes international et national qui ont présidé à cette réforme comptable d'envergure de l'Etat. Les assises actuelles qui sous-tendent les règles de la comptabilité publique et les logiques purement budgétaires et de caisse sur lesquelles ces règles reposent ont été profondément secouées par :

- la crise financière internationale et l'endettement excessif ayant atteint 100%, voire 200% par rapport au PIB dans certains pays[2];

---

[1] Docteur ès sciences économiques, Directeur des Finances publiques, Trésorerie Générale du Royaume du Maroc

[2] M. BOUVIER, « Crise des finances publiques et refondation de l'Etat », *Revue française des finances publiques*, N° spécial-hors-série, Finances publiques au Maroc et en France : enjeux et réponses face à la crise, colloque des 12 et 13 septembre 2009 à Rabat p.45.

- les exigences croissantes des agences de *rating* internationales dont les notations sont déterminantes pour l'accès des pays aux financements internationaux à des taux raisonnables ;
- la nécessité d'établir des comparaisons des agrégats publics sur des bases homogènes et unifiées.

En effet, selon Kenneth *Dye*[3], premier Président du *public sector committee* (PSC) de *l'International Federation of accountants* (IFAC), devenu plus tard l'IPSASB (*International public sector accounting standards board*) en 2004, l'idée de créer le *public sector committee* était liée :

- « d'une part, au fait que peu d'informations financières existaient pour des Etats représentant des milliards de dollars et se finançant le plus souvent par endettement ;
- Et d'autre part, aux besoins croissants en matière de comptabilité et d'audit de gouvernements dont la complexité et le champ d'action ne cessaient de s'étendre ».

Ainsi ont été instituées des normes comptables internationales du secteur public, désignées par leur acronyme anglais IPSAS et qui constituent, comme les définit Marie Pierre *Cordier*[4] un référentiel comptable public pour le secteur public non marchand, administrations publiques nationales (Etat, collectivités territoriales, établissements publics...) et internationales (organisations intergouvernementales).

L'objectif est d'harmoniser les normes du secteur public existantes en s'appuyant sur les normes de la comptabilité privée et d'envisager, lorsqu'elles conviennent, leur application au secteur public. Les théories du nouveau management public (*new public management*) en vogue à l'époque ne sont pas étrangères à cette vision d'adoption d'un nouveau modèle de gestion des finances publiques inspiré des bonnes pratiques en vigueur au niveau de l'entreprise privée.

Il fallait également prévenir les fraudes inhérentes à la manipulation de l'information financière. Tout le monde a en mémoire le scandale financier d'Enron et la déroute de cette compagnie américaine qui s'en est suivie entrainant dans sa chute une multitude de petits actionnaires avec une perte de confiance significative dans le système de régulation boursière.

Le souvenir encore également fugace de la manipulation des informations financières des comptes publics grecs est resté ancré dans tous les esprits.

Les Etats-Unis d'Amérique ont été les premiers à réagir en instituant la loi Sarbanes-Oxley Act qui oblige notamment dans sa section 404 les entreprises cotées en bourse à mettre en place un audit indépendant sous-tendu par un dispositif efficace de contrôle interne. Cette loi a d'ailleurs connu par la suite plusieurs adaptations dans de nombreux pays de l'OCDE et a été à l'origine de plusieurs lois,

---

[3] Site de l'IFAC, rubrique histoire de l'IFAC, www.ifac.org

[4] M. P. CORDIER, « Les normes comptables internationales », *Revue française des finances publiques*, 9 et 10 septembre 2011, Colloque ministère de l'économie et des finances-FONDAFIP organisé à Rabat, page 147.

notamment en France, visant à imposer la certification par les Cours des comptes, des comptes publics.

Petit à petit, les normes IPSAS inspirées des normes IFRS du secteur privé, vont acquérir une notoriété croissante pour plusieurs raisons :

- d'abord du fait de leur adoption par de grandes organisations internationales (l'ONU et ses agences spécialisées, l'OCDE, l'OTAN etc...) ;
- ensuite du fait de leur adoption récente comme référentiel comptable pour la tenue de leurs comptes publics (Nouvelle Zélande, Australie, Royaume-Uni et Belgique) ;
- d'autres pays, à l'instar de la France et du Maroc, s'en sont inspirés dans l'élaboration de leurs règles comptables. En effet, en France, le recueil des normes comptables de l'Etat cite les normes IPSAS comme une des trois sources de référence, aux côtés des normes IAS/IFRS et du plan comptable général.

II. LES COMPOSANTES MAJEURES DE LA REFORME DE LA COMPTABILITE DE L'ETAT AU MAROC

Le contexte politique national marocain, a de son côté, considérablement évolué[5]. La constitution de juillet 2011 a amené les forces vives de la nation dans un élan démocratique sans précédent dans notre pays, à concevoir un nouveau modèle de développement fondé sur un pacte de confiance reposant sur les cinq paradigmes ci-après :

- une nouvelle conception du partage des pouvoirs entre l'exécutif, le législatif et le juridictionnel ;
- la consécration de la prééminence de la chambre des représentants dont les membres sont élus au suffrage universel direct ;
- la responsabilité et l'imputabilité des décisions qui obligent les gestionnaires de la chose publique à rendre des comptes ;
- le contrôle par le Parlement de l'action du gouvernement et son nouveau rôle d'évaluation des politiques publiques ;
- le droit du citoyen à l'information financière.

Cette constitution a d'ailleurs consacré son titre XII à la bonne gouvernance. Elle pose explicitement dans son article 154 que « les services publics sont soumis aux normes de qualité, de transparence, de reddition des comptes et de responsabilité ». Elle ajoute dans son article 155 que « les services publics rendent

---

[5] Intervention de N. BENSOUDA, devant l'Association des membres de l'Inspection générale des finances sur le thème « La réforme de la loi organique des finances : vers un nouveau modèle de gestion des finances publiques », 2 Mai 2012, p. 13 à 16.

compte de la gestion des deniers publics conformément à la législation en vigueur et sont soumis, à cet égard, aux obligations de contrôle et d'évaluation ».

Aussi et pour donner un contenu concret à cette nouvelle culture de gestion des finances publiques, la réforme de la comptabilité de l'Etat joue un rôle déterminant. Pourquoi ? Parce qu'en changeant de paradigme comptable et en faisant glisser la comptabilité de l'Etat d'une comptabilité de caisse vers la comptabilité d'exercice, la lecture des comptes de l'Etat n'est plus la même.

En effet et jusqu'à un passé récent, le système comptable appliqué par l'Etat est fondé sur la comptabilité de caisse. Celle-ci se focalise uniquement sur les flux monétaires et prévoit l'enregistrement des opérations au moment de leur encaissement ou de leur décaissement.

Ce qui préoccupait avant la comptabilité publique était alors d'évaluer les gestionnaires sur la base de la conformité budgétaire. L'objectif principal des contrôles consistait à savoir si les ressources allouées étaient utilisées conformément aux dispositions budgétaires découlant des autorisations parlementaires.

Alors en quoi la comptabilité d'exercice se différencie-t-elle de la comptabilité de caisse ? La comptabilité d'exercice est la convention comptable qui prévoit la comptabilisation d'opérations et d'autres évènements au moment où ils se produisent, et non lors de leur entrée ou de leur sortie de trésorerie. Cette comptabilité répond essentiellement à trois objectifs :

- une reconnaissance à l'engagement des évènements ;
- un rattachement des charges et des produits à l'exercice ;
- une distinction entre les actifs et les passifs.

L'adoption de cette nouvelle approche comptable vise à :

- mettre en balance les moyens engagés et non plus seulement ceux décaissés avec les résultats, ce qui permet de mesurer à moyen terme l'efficacité et l'efficience de la gestion du service public ;
- rendre aisé la compréhension de la structure financière de l'Etat en mettant en exergue l'ensemble de ses obligations et ressources ;
- pouvoir suivre et mesurer les coûts des biens et services par la mise en place d'une comptabilité analytique performante et satisfaisante ne pouvant se concevoir sans un rattachement des charges et produits à l'exercice et la comptabilisation des charges calculées telles que l'amortissement.

Au Maroc, cette réforme de la comptabilité de l'Etat a été d'abord portée par le ministère de l'économie et des finances avant d'avoir été portée par les hommes politiques. Cette démarche a eu le mérite de ménager une certaine transition pour permettre la conduite de ce projet avec une grande souplesse débarrassée des contraintes juridiques avant de pouvoir consacrer cette réforme comptable dans le sceau de la loi organique des finances.

La réforme de la comptabilité de l'Etat au Maroc s'est articulée autour de cinq composantes majeures :

- le référentiel comptable ;
- le bilan d'ouverture ;
- le système d'information ;
- la qualité comptable ;
- la conduite du changement.

A. Le référentiel comptable

Le référentiel comptable constitue le socle normatif de la nouvelle comptabilité de l'Etat articulée autour des documents ci-après :

- le recueil des normes comptables de l'Etat essentiellement constitué du cadre conceptuel de la comptabilité de l'Etat et des treize normes comptables ci-après :

  Norme1 : états financiers ;

  Norme 2 : immobilisations incorporelles ;

  Norme 3 : immobilisations corporelles ;

  Norme 4 : immobilisations financières ;

  Norme 5 : stocks ;

  Norme 6 : créances de l'actif circulant ;

  Norme 7 : composantes de la trésorerie de l'Etat ;

  Norme 8 : dettes financières et coûts d'emprunts ;

  Norme 9 : provisions pour risques et charges, dettes non financières et autres passifs ;

  Norme 10 : produits régaliens ;

  Norme 11 : produits autres que régaliens ;

  Norme 12 : charges ;

  Norme 13 : engagements hors bilan.

- le plan de comptes de l'Etat qui est articulé comme suit :

  Cinq classes de comptes de bilan décrivant les éléments du patrimoine de l'Etat :

  Classe 1 : situation nette et comptes de financement permanent ;

  Classe 2 : compte d'actif immobilisé ;

  Classe 3 : comptes d'actif circulant (hors trésorerie) ;

  Classe 4 : comptes de passif circulant (hors trésorerie) ;

  Classe 5 : comptes de trésorerie ;

Deux classes retraçant les comptes de charges et de produits :

Classe 6 : comptes de charges ;

Classe 7 : comptes de produits ;

Classe 8 : engagements hors bilan ;

Une classe pour la présentation budgétaire des opérations relatives à l'exécution des lois de finances :

Classe 9 : comptabilité analytique budgétaire, lois de règlement et comptes d'ordre.

- les modalités de fonctionnement des comptes ;
- les instructions comptables, qui constituent la déclinaison opérationnelle de la nouvelle comptabilité de l'Etat.

Le référentiel comptable a été adopté par le Conseil national de la comptabilité en date du 16 décembre 2008, adoption consacrée par la résolution de la XIIème assemblée plénière de ce conseil, en date du 25 décembre 2008.

B. Le bilan d'ouverture[6]

Les travaux de préparation du bilan d'ouverture de la nouvelle comptabilité de l'Etat ont été engagés en partenariat avec les départements ministériels, tant en ce qui concerne les opérations de recensement du patrimoine de l'Etat, que pour ce qui est de la valorisation des différents éléments de son actif et de son passif.

C'est ainsi que le parc immobilier de l'Etat a été recensé et valorisé au prix du marché sur la base des données dont dispose la direction des domaines de l'Etat, englobant à la fois le parc immobilier affecté aux administrations et les immeubles gérés directement par ladite direction.

Il en a été de même pour les immobilisations financières constituées notamment, des participations de l'Etat, des dotations en capital, des prêts, des avances et des droits d'adhésion aux organismes internationaux qui ont été recensés, fiabilisés et valorisés, sur la base des données provenant des différentes directions du ministère des finances.

Les infrastructures hydrauliques, portuaires et aéroportuaires, les stocks et les immobilisations immatérielles ont fait l'objet d'opérations de recensement et de valorisation. A ces travaux se sont ajoutés ceux relatifs à l'exploitation des soldes de la balance générale des comptes, ce qui a permis au Maroc de se doter de son premier bilan d'ouverture de l'Etat au titre de l'exercice 2010 qui marque la transition vers le système de comptabilité d'exercice.

---

[6] A. GUIRI, « La réforme de la comptabilité de l'Etat au Maroc : de nouvelles perspectives pour le renforcement de la gouvernance des finances publiques », *Revue française des finances publiques*, 2011, p. 159.

C. Le système d'information comptable

Le système d'information comptable constitue l'instrument idéal à même d'opérationnaliser la réforme comptable de l'Etat en rendant les comptes de l'Etat plus lisibles et transparents.

a. Les objectifs assignés au système

Ce système s'assigne pour objectifs[7] de :

- fédérer toutes les fonctions comptables de l'Etat dans une seule application comptable commune à tous les gestionnaires et à tous les comptables publics ;
- simplifier et moderniser les circuits comptables de l'Etat, notamment les processus de centralisation comptable et d'améliorer les délais de traitement des opérations comptables de l'Etat ;
- produire les états de synthèse budgétaire (lois de règlement), comptables (bilan, compte de résultat…) et des situations de gestion (tableaux de bord comptables) ;
- renforcer le contrôle et la sécurisation des opérations comptables de manière à contribuer à la consolidation de la qualité des comptes et de la piste d'audit, à faciliter les travaux des auditeurs internes pour réussir la transition vers une première certification des comptes de l'Etat ;
- mettre en exergue les résultats obtenus et la performance des futurs responsables des programmes, en relation avec la nouvelle approche budgétaire axée sur les résultats.

b. Le périmètre fonctionnel du système d'information comptable

Le système d'information comptable couvre les trois dimensions de la nouvelle comptabilité de l'Etat, en l'occurrence la comptabilité budgétaire, la comptabilité générale et la comptabilité analytique. Il intègre également la comptabilité auxiliaire qui permet le développement de certaines opérations comptables particulières à l'instar de celles relatives aux clients, aux fournisseurs et aux stocks. La dimension relative à la gestion de la trésorerie de l'Etat n'a pas été occultée puisque le système permet la confection de situations se rapportant à la gestion prévisionnelle de la trésorerie. Il comporte enfin des modules permettant le *reporting* réglementaire et de gestion relatifs au système comptable de l'Etat, le *reporting* nécessaire à la consolidation des comptes publics et l'analyse financière y afférente.

La solution progicielle intégrée de la comptabilité retenue au terme d'un long processus d'appel d'offres a été celle d'Oracle qui présentait la meilleure offre sur les plans fonctionnel, technique et financier.

---

[7] Intervention de M. El A. SEGHROUCHNI au XVe colloque international des services du trésor francophones-Ouagadougou 3-5 février 2014 sur « Le système d'information comptable : un levier incontournable pour la réforme de la comptabilité de l'Etat », p. 2.

Le projet de mise en œuvre du système d'information comptable a démarré le 25 mai 2009 et s'est déroulé en quatre phases sur 15 mois, à savoir la définition, l'étude détaillée et l'analyse de la conception du système ; ensuite, celle du paramétrage, du développement des fonctionnalités spécifiques à la comptabilité de l'Etat et la définition des itérations de tests. La troisième phase a concerné les parties relatives à la réalisation et à l'intégration de la solution et une dernière phase a englobé la migration des licences ainsi que la transition et la mise en production.

D. La qualité comptable

La quatrième composante de cette réforme a trait à la recherche permanente de la qualité comptable[8], gage de la fiabilité, de la pertinence de l'information comptable et l'atteinte de l'objectif ultime d'une comptabilité renvoyant une image fidèle des comptes de l'Etat.

Cette réforme a d'ailleurs constitué une réelle opportunité pour assainir les comptes publics et partir sur de bonnes bases dans le cadre de la nouvelle comptabilité de l'Etat.

La mise en place d'un processus de contrôle interne et d'audit intégrant notamment le contrôle de la qualité comptable permet d'envisager avec sérénité le processus de certification des comptes que le projet de loi organique des finances a arrêté pour 2019.

E. La conduite du changement

Il va sans dire que pour engager sur le droit chemin la réforme de la comptabilité de l'Etat, qui comme nous venons d'évoquer, requiert des adaptations fonctionnelles, techniques et organisationnelles, un vaste programme de conduite de changement a été conçu dans le but :

- d'obtenir l'adhésion de tous les responsables et acteurs concernés en procédant notamment à une communication continue sur les objectifs et l'état d'avancement du projet ;
- d'impliquer et de former des utilisateurs clefs dès le début du projet ;
- de rendre disponible la documentation comptable (supports de formation…) pour les utilisateurs et les différents partenaires et de leur fournir un encadrement rapproché pour leur faciliter l'appropriation du nouvel environnement comptable.

III. LES DIFFICULTES SOULEVEES PAR LA COMPTABILITE D'EXERCICE

Malgré tous les développements qui ont précédé et les efforts fournis par les normalisateurs comptables pour faire converger les normes de la comptabilité

---

[8] R. AMGHAR, « La qualité comptable : plus qu'une composante, une finalité et un objectif majeur de la réforme » *Revue de la TGR Al Khazina*, n°8, Aout 2011, p. 23.

publique vers la comptabilité privée, il n'en demeure pas moins que l'application de la comptabilité d'exercice à la sphère publique soulève de nombreuses questions techniques et conceptuelles, à l'instar de la définition, de la mesure et de la comptabilisation :

- des actifs matériels et immatériels parmi lesquels les droits d'un Etat, comme le droit de lever l'impôt, de disposer du domaine public à sa guise, de ses ressources naturelles ;
- des passifs à l'instar des obligations d'un Etat en tant qu'assureur en dernier ressort des collectivités territoriales et des établissements publics ou en matière d'accès à la scolarité pour tous, de sécurité ou encore de continuité de service public.

Se pose la question de leur mode de comptabilisation. Faut-il les imputer comptablement aux actifs ou aux passifs et les considérer comme des charges ou des produits ? Quel est le fait générateur de leur comptabilisation ?

Ensuite, l'adaptation de la comptabilité privée à l'Etat s'avère être une tâche complexe du fait même que la spécificité du secteur public non marchand l'emporte de beaucoup sur les points les plus fondateurs de l'entreprise privée[9]:

- il n'y a pas de rattachement des produits aux charges ;
- la notion de profit au niveau de l'Etat est absente ; ce qui importe le plus, c'est l'utilité collective ;
- la souveraineté s'exerce au lieu du contrat, sauf exceptions ;
- une grande proportion de services publics consiste en des prestations sans contrepartie (l'enseignement, la défense, la sécurité, la santé, la formation professionnelle etc.…) et en transferts (allocations et subventions diverses) ;
- le domaine public est en principe inaliénable (domaine maritime).

Cette problématique d'absence de comptabilisation d'un certain nombre de paramètres importants est encore beaucoup plus ardue chez les pays en voie de développement où la sécurité et la stabilité d'un pays sont des déterminants majeurs dans l'attraction des investissements directs et où des pans entiers de l'économie (économie souterraine, contrebande, trafics transfrontaliers, poids de l'économie informelle dans le PIB) échappent à la comptabilité publique et où les transactions en espèce continuent de peser lourdement dans leurs économies.

Comme l'a rappelé Michel BOUVIER, « l'un des risques majeurs serait de s'imaginer qu'il suffirait de disposer d'un modèle technique sophistiqué ayant éventuellement fait ses preuves ailleurs pour que la réussite soit assurée. Il n'en est rien car une réforme n'a aucune chance de réussir si elle ne prend pas en compte le fait que tout contexte national est particulier »[10].

---

[9] M. BOUVIER, M.-C. ESCLASSAN et J.-P. LASSALE, *Finances publiques*, 12ème édition, Lextenso éditions, p. 198 à 200.

[10] M. Bouvier, « Quel pilotage des réformes en finances publiques au Maroc et en France », *Revue française des finances publiques*, 13 et 14 septembre 2013, Lextenso éditions, p. 15.

Comment appréhender dans la comptabilité publique et faire le distinguo entre une stratégie dynamique de planification de grands projets[11] engagés par un pays et un autre pays replié sur lui-même, sans stratégie et navigant à vue ?

La question de la volatilité des bilans financiers des Etats africains risque également de se poser, notamment du côté de l'actif du bilan où certains pays mono exportateurs (dépendants de leurs revenus d'un ou de deux produits) risqueraient de voir leurs patrimoines financiers fluctuer au gré des cours fixés au niveau mondial, ce qui impliquerait en cas de baisse prolongée des cours de leurs produits dominants une minoration de l'actif par rapport au passif soulevant ainsi la problématique de soutenabilité à terme du financement de leurs économies.

De surcroît, le capital immatériel[12] des économies en voie de développement est souvent sous-estimé et faiblement appréhendé dans cette nouvelle comptabilité publique patrimoniale.

En effet, la culture africaine avec ses couleurs et la richesse de ses folklores, les terroirs africains, la plus ou moins grande solidité des institutions africaines, la gouvernance et l'état de droit, l'ancrage plus ou moins élevé du pays dans son environnement économique, pays ouvert ou autarcique, l'importance déterminante du capital humain dans l'économie, le degré de protection des actifs intangibles, à l'instar des marques, le degré de monétisation de l'économie mesuré par l'importance de l'utilisation des cartes bancaires et la qualité de la protection des données personnelles par les institutions d'un pays constituent autant de paramètres propres au capital immatériel d'un pays et difficilement comptabilisables dans un bilan d'une nation donnée.

Au-delà des difficultés qui viennent d'être évoquées, la mise en œuvre de la comptabilité publique au Maroc dans sa version patrimoniale a suscité plusieurs écueils qu'il a fallu surmonter :

Le premier concerne le critère d'inscription des immobilisations corporelles et incorporelles à l'actif du bilan[13]. Contrairement aux normes IPSAS qui ont retenu le critère du contrôle, le Maroc a opté pour le critère de propriété juridique comme principe car il a été constaté qu'un certain nombre d'acteurs publics tiennent encore leur comptabilité publique selon le référentiel comptable national qui privilégie l'approche juridique sur l'approche économique.

Les règles d'évaluation adoptées pour les immobilisations corporelles lors de leur entrée dans le patrimoine de l'Etat ont consisté en l'adoption :

---

[11] Le Maroc a accéléré au cours de ces quinze dernières années le rythme de réalisation des grands chantiers d'infrastructures à l'instar du port Tanger Med, des infrastructures autoroutières, des tramways de Rabat et de Casablanca, le lancement des trains à grande vitesse et l'adoption en parallèle de stratégies ambitieuses embrassant des secteurs inscrits dans le cadre de plans pluriannuels tels que le plan Azur, Rawaj, le plan Maroc vert, la vision 2020 pour le secteur touristique.

[12] Discours du Trône de Sa Majesté le Roi du 30 juillet 2014 où le Souverain a donné ses hautes directives afin que la Banque centrale et le Conseil économique et social réalisent une étude au sujet du capital immatériel au Maroc.

[13] M. KABELMA « Le bilan d'ouverture : prélude d'une évolution majeure dans le dispositif comptable de l'Etat » *Revue Al Khazina, Revue de la Trésorerie Générale du Royaume du Maroc (TGR),* n°8, Août 2011, p. 11 à 14.

- du coût d'acquisition pour celles acquises à titre onéreux ;
- du coût de production concernant par les services de l'Etat ;
- de la valeur du marché pour celles acquises à titre gratuit ;
- du coût de remplacement à neuf pour les infrastructures routières, tenant compte de la dépréciation liée à leur état.

Le second écueil porte sur le principe de rattachement à l'exercice des produits régaliens. Ainsi, les acomptes au titre de l'impôt sur les sociétés sont rattachés à l'exercice d'encaissement et le solde de régularisation est imputé au titre de l'exercice suivant correspondant à l'année de déclaration dudit impôt. Il en est de même de l'impôt sur le revenu déclaré qui est rattaché à l'exercice de la déclaration bien qu'il concerne les revenus de l'exercice antérieur.

Le troisième écueil est relatif au recensement des stocks de tous les départements ministériels : les matières et fournitures consommables, les pièces de rechange, les stocks stratégiques pour faire face aux catastrophes naturelles, les supports didactiques et matériels pédagogiques *etc*. Là aussi, pour des raisons de commodité, le bilan d'ouverture s'est contenté de retracer les données communiquées par les départements ministériels dont le stock est important avant d'envisager de les intégrer tous dans une seconde étape pour se conformer aux normes internationales IPSAS.

La quatrième difficulté a porté sur l'évaluation des engagements de l'Etat qui correspondent à des passifs éventuels et qui ont été regroupés au niveau du recueil des normes en trois catégories. Il s'agit :

- des engagements résultant d'accords bien définis ;
- des engagements résultant de la responsabilité de la mise en jeu de l'Etat ou d'une obligation reconnue par l'Etat ;
- aux engagements de retraites et notamment ceux résultant des régimes non cotisants ou des régimes spéciaux de retraite.

Ces engagements qui doivent figurer hors bilan n'ont pas tous été recensés ni bien appréhendés par les acteurs concernés.

Le cinquième écueil porte sur la réévaluation à la clôture de l'exercice où trois particularités méritent d'être soulignées :

- la première est relative aux emprunts contractés en devises pour lesquels la provision pour risque de change est déterminée en tenant compte du montant des remboursements prévus au titre du seul exercice qui suit ;
- la deuxième particularité renvoie aux participations de l'Etat pour lesquelles la valeur retenue est celle retracée aux bilans sociaux des établissements et entreprises publics et non celle résultant de l'évaluation au prix du marché ;
- la troisième spécificité est liée aux immobilisations corporelles et incorporelles dont il a été décidé que les gains latents ne soient pas comptabilisés contrairement aux normes IPSAS.

La sixième difficulté a trait au système d'information de type progiciel qui nécessite l'alignement des utilisateurs sur des standards. A l'œuvre, il offre une marge faible de personnalisation par rapport aux systèmes développés en mode spécifique.

En outre, les systèmes remettants qui doivent fournir l'ensemble des éléments nécessaires à la génération des comptes rendus d'évènements en vue de l'alimentation du système comptable méritent d'être mis à niveau.

CONCLUSION

Au-delà des difficultés qui viennent d'être évoquées, cette réforme d'envergure de la comptabilité de l'Etat bouleverse les habitudes acquises et les relations prévalant jusqu'à présent entre les ordonnateurs et les comptables. Elle force les comptables publics à tisser des relations très étroites avec les ordonnateurs puisque désormais la comptabilité naît chez l'ordonnateur et ce dernier devient partie prenante.

Elle doit s'accompagner d'un contrôle interne sur toutes les procédures et chaînes d'opérations relatives aux actifs et passifs. Ce contrôle interne s'articule d'ailleurs avec la certification des comptes. Tout l'enjeu est de savoir si les ordonnateurs voudront bien endosser cette responsabilité comptable et permettre aux comptables de les contrôler en amont et en aval pour une plus grande fiabilité des comptes publics.

DROIT FISCAL

Nicaise MEDE[1]

LE JUGE FISCAL EN AFRIQUE DE L'OUEST FRANCOPHONE REGARD SUR UN MOUCHARABIEH JURIDICTIONNEL

INTRODUCTION

« L'organisation du contentieux fiscal est-elle toujours actuelle », répond-elle toujours aux enjeux du moment, correspond-elle d'ailleurs aux besoins d'une bonne administration de la justice ? Les questions continuent d'être posées parce qu'elles présentent un triple intérêt historique, logique et heuristique dans nos ordonnancements juridiques marqués par la compétence concurrente de deux ordres juridictionnels sur la matière fiscale.

D'un point de vue historique, l'héritage juridictionnel des Etats ouest-africains francophones est celui de la dualité du contentieux fiscal, contentieux partagé entre le juge judiciaire et le juge administratif. Cette dualité évolue vers une sorte de trilatérale de compétences avec les recours introduits devant la juridiction constitutionnelle, recours rendus possibles par la saisine directe reconnue aux citoyens, notamment au Bénin. Il est ainsi né un contentieux fiscal-constitutionnel centré non seulement sur l'appréciation de la constitutionnalité des lois fiscales mais également porté sur la garantie des droits subjectifs des citoyens à consentir ou à acquitter l'impôt.

La dualité de juridiction en matière fiscale est une manifestation en droit positif du schisme juridictionnel provoqué par la loi française des 16-24 août 1790. Sur ce socle binaire, va se construire, au fil des ans, une répartition des compétences entre la juridiction judiciaire et la juridiction administrative en matière fiscale. La loi française des 7-11 septembre 1790 et celle du 28 pluviôse an VIII donnent un contenu à la nouvelle fracture institutionnelle en conférant, pour la première, le contentieux fiscal des contributions indirectes au juge judiciaire, et pour la seconde, la connaissance du contentieux des contributions directes par les conseils de préfecture, embryon de la juridiction administrative contemporaine. Ce schéma originel de distribution de compétences se retrouve aujourd'hui dans le libellé de l'article L 199 du Livre des procédures fiscales français (LPF).

---

[1] Professeur à l'Université d'Abomey-Calavi (Bénin), Directeur du Centre d'Etudes et de Recherches sur l'Administration et les Finances (CERAF)

Le débat serait clos s'il n'existait pas des catégories d'impôts dont le rattachement à la famille des impôts directs ou au groupe des impôts indirects ne paraît pas net, ni évident. Sur ce terrain des incertitudes et à défaut d'une clause législative attributive de compétence au juge judiciaire, la jurisprudence "Bourgogne-Bois" décide que le contentieux d'un tel impôt est « compris parmi le contentieux général des actes et des opérations de puissance publique et relève, à ce titre, de la juridiction administrative ». Le Conseil constitutionnel français conforte cette démarche lorsqu'il considère qu' « à l'exception des matières réservées par nature à l'autorité judiciaire, relève en dernier ressort de la compétence de la juridiction administrative l'annulation ou la réformation des décisions prises, dans l'exercice des prérogatives de puissance publique, par les autorités exerçant le pouvoir exécutif, leurs agents, les collectivités territoriales de la République ou les organismes publics placés sous leur autorité ou leur contrôle ». Le juge administratif est juge des actes de la puissance publique. Cette « conception française de la séparation des pouvoirs » selon les mots du Conseil constitutionnel français, imprègnera le droit positif des pays ouest-africains francophones.

Les indépendances africaines des années 1960 ont donné naissance à des Etats francophones, héritiers de la tradition juridique et juridictionnelle française. Les textes en vigueur reprennent en chœur les clauses attributives de compétence à la juridiction administrative et à celle judiciaire, selon qu'on est en présence d'impôts directs ou d'impôts indirects. Ainsi, pour le Code général des impôts du Bénin, le juge administratif connaît du contentieux lié aux réclamations « des contribuables figurant à un rôle nominatif », c'est-à-dire les contribuables assujettis à un impôt direct. *A contrario*, les autres contribuables, ceux concernés par des impôts indirects, sont justiciables des tribunaux judiciaires.

L'histoire du contentieux fiscal se cristallise ainsi dans sa *summa divisio* qui distingue les impôts directs et les impôts indirects.

D'un point de vue logique, se pose un certain nombre de questions relativement à la rationalité de la science du droit, à l'intelligibilité du contentieux fiscal. En effet, qu'est-ce qu'un impôt direct et, à l'inverse, comment caractériser un impôt indirect. La réponse du Code général des impôts français et des codes ouest-africains francophones réside dans le mode de recouvrement desdits impôts. Les impôts indirects sont ceux perçus par les comptables de la Direction générale des impôts, soit spontanément, soit après l'émission d'un avis de mise en recouvrement. Quant aux impôts directs, ils font l'objet de rôle nominatif et leur recouvrement est confié aux comptables du Trésor. En définitive, c'est l'organe chargé de la perception qui qualifie l'impôt et non l'inverse.

Une certaine doctrine préfère introduire les notions de redevable et de contribuable. Un impôt est réputé direct lorsque le redevable et le contribuable sont confondus en une seule et même personne physique ou morale. Inversement, l'impôt est indirect lorsque le redevable et le contribuable sont distincts, c'est-à-dire celui qui exécute l'opération matérielle de paiement d'une part, et d'autre part celui qui supporte l'impôt sur ses deniers, sur son patrimoine. Cette présentation rejoint par endroits le classement administratif opéré par la loi fiscale à travers le Code général des impôts. Elle laisse cependant entière la question de la logique juridique qui fait de l'organe de recouvrement, la clé de répartition des impôts en impôt direct et en impôt indirect. Ce qui présente l'inconvénient de laisser ce critère de différenciation à la merci de toute réforme institutionnelle tendant à accroître l'efficacité de la fonction recouvrement. Ainsi, la recette des services des impôts est tenue par un comptable direct du Trésor, tandis que la France fusionnait en 2008, la Direction générale des impôts et la Direction générale de la comptabilité publique en une Direction générale des finances publiques. Ce qui, par anticipation, donne raison au commissaire du gouvernement *Lobry* lorsqu'il pose l'inadéquation du critère administratif pour préconiser le recours à un critère fondé sur l'essence même de chaque impôt, la catégorisation par « la nature juridique intrinsèque du prélèvement." La jurisprudence *Texier* la consacre définitivement en posant le principe que la juridiction compétente pour connaître d'un prélèvement doit être déterminée » d'après la nature du versement prévu par les textes et non d'après son mode de recouvrement." L'état du droit en matière de contentieux fiscal est ainsi fixé. Aux juridictions judiciaires les impôts indirects et aux juridictions administratives les impôts directs. « Est impôt direct, celui qui frappe directement un revenu ou un bien du seul fait qu'une personne dispose de ce revenu ou de ce bien ; sera au contraire qualifié d'impôt indirect, l'impôt qui ne frappe le contribuable que lorsqu'il dépense son revenu ». La question de logique juridique trouve son épilogue mais le débat heuristique n'est pas pour autant clos. Et pour cause.

D'un point de vue heuristique, la thématique du contentieux fiscal reste fertile, dans sa dimension répartition des compétences entre les ordres juridictionnels administratif et judiciaire. En effet, la distinction des impôts directs des impôts indirects, distinction sur laquelle se greffe la répartition de compétences entre l'ordre administratif et l'ordre judiciaire, n'épuise pas le débat sur les domaines respectifs du juge administratif et du juge judiciaire en matière fiscale. Des dispositions législatives particulières affinent le schéma général d'affectation de compétence ci-dessus décrit. Au-delà de la distinction primaire entre impôt direct et impôt indirect, la précision doit être apportée sur le juge compétent en matière d'assiette et en matière de recouvrement. Ainsi, par habilitation de la loi, le juge judiciaire pour tous impôts (directs et indirects) connaît du contentieux du recouvrement de la contestation des décisions relatives à l'octroi ou non d'un sursis à paiement, du contentieux des actes de poursuite, de la contestation contentieuse des décisions relatives aux garanties offertes au contribuable.

La dimension kaléidoscopique du contentieux fiscal apparaît ainsi au grand jour. On évoque, pour le déplorer, son côté labyrinthique, au point qu'il « n'est pas sûr qu'Ariane et le Minotaure eux-mêmes ne se perdent pas ». Notre temps, le temps qui court est celui de l'émergence de nouveaux droits humains, plus intellectuels et plus capacitants. La clarté et l'intelligibilité des lois, l'accès au juge, le procès équitable sont de ceux-là. Le contentieux fiscal mérite d'être évalué à l'aune de ces droits humains, notamment au regard de l'exigence de sécurité juridique des citoyens (I). Au demeurant, si la doctrine présente un intérêt, c'est selon Adhémar *Esmein,* celui « d'éclairer la jurisprudence acquise grâce à la méthode historique et de mieux préparer l'avenir grâce à la synthèse que l'on en fait ». Il est ainsi intéressant de construire un autre schéma institutionnel du contentieux fiscal en Afrique de l'ouest francophone (II).

I. LA SECURITE, L'AUTRE NOM DE LA JUSTICE

Justice et sécurité forment un binôme dialectique. La première se fonde sur une idée d'équilibre de la raison. Qu'elle sanctionne ou qu'elle rétablisse chacun dans ses droits, l'idée sous-jacente est toujours une idée d'égalité, de juste milieu, l'expression même d'un objectif d'équilibre. Le second exprime la tranquillité, la quiétude de celui qui, en toutes circonstances peut se dire à l'abri de bouleversements intempestifs. La relation dialectique de la sécurité et de la justice vient de ce qu'il ne saurait y avoir de justice sans sécurité (B) et non plus, pas de sécurité sans justice (A).

A. La sécurité sans la justice est un piège

Comment asseoir la sécurité sur une base durable ? Le débat interpelle la philosophie du droit mais aussi la philosophie politique. Il inspire la science juridique mais aussi l'organisation politique de la société. On prête au Français *Talleyrand*, ministre de Napoléon 1er, ce conseil à l'empereur en guise d'avertissement : « On peut tout faire avec une baïonnette sauf s'asseoir dessus ».

De fait, la sécurité renvoie à un état de quiétude, une absence de crainte. Elle préfigure et rend possible ce qu'une certaine religion appelle le nirvana. On est là, on est bien, tout se passe bien. On est en paix avec soi, on est en paix avec les voisins. La sécurité du citoyen est celle de celui qui a accompli ses obligations civiles et civiques. Il n'a pas transgressé la loi. Il ne se reproche d'avoir contrevenu à aucune prescription impérative. Il n'a pas failli à une obligation de faire ou de ne pas faire. Il est quitte avec l'administration et les services publics.

La sécurité de l'individu, homme situé, homme-parmi-les-hommes, est celle du voisin, du camarade de classe, ou du collègue de service qui a bâti ses relations humaines sur le respect de soi et le respect des autres. Il « n'a pas de problème » et peut dire qu'il ne craint rien. Il est en sécurité dans la micro-société où se déroule sa vie quotidienne.

La sécurité du fidèle croyant s'apparente à la démarche des Israélites face au Dieu d'Abraham, d'Isaac et de Jacob : la soumission. Une soumission qui donne droit, en retour, à la grâce de Dieu. La sécurité du fidèle est la quiétude de l'Homme qui espère avoir vaincu la malédiction sur terre et ainsi acheté son Ciel par ses bonnes œuvres sur terre.

La sécurité du justiciable est autrement conçu. Il ne s'agit pas ici de rapport avec Dieu, ni de relation avec les voisins, mais de tranquillité, de sérénité tirées des caractères de la décision de justice, de l'autorité de la chose jugée : ce qui a été jugé ne peut l'être de nouveau, ce qui a été jugé ne peut être contredit, ce qui a été jugé doit être exécuté (Georges *Delvolvé*).

Mais la sécurité du justiciable indique simplement qu'une décision a été rendue. Elle ne dit pas si la décision est le vrai reflet de l'équilibre et donc de la justice. Une sécurité sans la justice est semblable à un ciel serein avant l'orage. Il a de la précarité dans l'air.

B. La justice sans la sécurité est vaine

La force d'une décision de justice réside dans les attributs que la loi lui confère. Elle ne peut être contredite, elle doit être exécutée et aucune autre procédure ne peut à nouveau être engagée sur le même objet et les mêmes parties. Elle marque la fin d'un procès.

Mais la justice, c'est aussi et surtout la procédure qui conduit à la décision. La procédure inclut deux éléments : d'abord la juridiction compétente et ensuite les actes de procédures à observer devant le tribunal. Et c'est ici que les choses se compliquent, lorsqu'il s'agit d'un contentieux fiscal. Pour savoir si le juge est compétent pour recevoir son recours ou sa plainte, le justiciable doit faire un petit exercice de sélection : la cause a-t-elle fait l'objet d'une attribution de compétence par la loi ? Si oui, les choses peuvent s'arrêter là et la procédure peut s'enclencher ensuite et suivre son cours. Si par contre, aucune attribution de compétence n'a été faite, la démarche suivante est celle du tri entre contribution directe et contribution indirecte. Selon que ce sera l'une ou l'autre, le juge compétent sera le juge judiciaire ou le juge administratif. C'est le temps de l'angoisse, de l'incertitude et du doute.

Or, nous avons présenté la sécurité comme un état de sérénité, une situation de tranquillité, de quiétude, l'absence de crainte. L'Etat de droit, c'est le droit au droit et le droit au juge. Que peut signifier le droit au droit si la législation elle-même est en clair-obscur ? La jurisprudence constitutionnelle oblige le législateur à édicter des textes clairs et précis. L'exigence d'intelligibilité de la loi implique que celle-ci soit « claire et précise » (*Mazeau*, 2001). Certaines décisions du Conseil constitutionnel français le rappellent à souhait. A propos des référendums locaux, par exemple, le Conseil juge qu'une question posée doit satisfaire à la « double exigence de loyauté et de clarté » (Décision 226 DC du 2 juin 1987, 428 DC du 4 mai 2000). De même, le Conseil constitutionnel français a censuré des dispositions apportant à la liberté d'entreprendre des limitations qui ne sont pas énoncées de façon claire et précise (Décision 435 DC du 7 décembre 2OOO). Enfin, le même Conseil a censuré une loi établissant une contribution nouvelle, en fixant le taux, mais ne définissant ni son assiette, ni ses modalités de recouvrement. Parce que l'article 34 de la Constitution française dispose « que la loi fixe les règles concernant l'assiette, le taux et les modalités de recouvrement des impôts de toutes natures » Ainsi, la loi doit être complète et ne rien laisser dans l'ombre de ce qui relève de la compétence exclusive du Parlement (Décision 283 DC du 8 janvier 1991).

D'une manière générale, l'idée est qu'il faut prémunir le citoyen contre les risques juridiques et les risques juridictionnels en lui simplifiant autant que possible la règle de droit et les régimes du contentieux devant les tribunaux. Notre temps est celui de l'inflation législative, de la prolifération débridée des textes de loi, ce qui laisse le citoyen face à une jungle à discerner. Le citoyen africain francophone s'y perd encore plus, en raison de son niveau de culture juridique. Pour que la justice rime avec la sécurité, il convient de refonder tout le dispositif de jugement des affaires fiscales, au regard des exigences de clarté, de simplicité et de célérité.

II. REBATIR LE CONTENTIEUX DE L'IMPOT AUJOURD'HUI

Les choses étant ce qu'elles sont, il convient de passer à un exercice de reconstruction. La reconstruction doit prendre en compte un état des lieux sociologique qui est celui des peuples africains francophones (A), ensuite adapter un droit processuel qui soit en congruence avec cette situation objective (B).

A. L'ÉTAT DES LIEUX SOCIOLOGIQUE

87% des citoyens du Gabon vivent en milieu urbain. Ceci est une exception notoire dans une Afrique dominée par la ruralité et le secteur agricole. On estime en effet qu'une moyenne de 60% d'Africains vit en milieu rural, dans la culture de la terre, la pêche et l'élevage. Cette population est rongée par l'analphabétisme et a une connaissance très approximative des rouages administratifs. Les institutions de l'Etat sont pour ces Africains des transplantations étrangères. Elles sont les legs de l'Homme blanc et du système colonial qui était le sien.

Les institutions judiciaires, plus que l'administration générale, suscitent la crainte des populations parce qu'elles ne sont pas très au courant de leur fonctionnement, alors qu'elles peuvent sanctionner les individus. Il s'établit alors entre les citoyens et le système judiciaire un rapport schizophrénique fait de méfiance et de répulsion. La complexité des procédures ajoute son grain de paroxysme. Et les particularismes du procès fiscal compliquent davantage les rapports entre le citoyen pauvre, analphabète et rural. La justice, pour ce dernier, devient un monde illisible et inaudible, un univers à fuir.

Pour les élites urbaines, la classe des lettrés, les choses ne se présentent pas différemment sur le sentiment de répulsion que suscite le contentieux de l'impôt. En effet, l'impôt est une atteinte au droit de propriété, un prélèvement obligatoire sur le patrimoine des individus et des entreprises. Si amputation il y a et si contestation de l'amputation il doit y avoir, il importe que tout le processus soit à la fois lisible et rapide.

Lisible parce que c'est la condition pour anticiper les risques financiers, faire les provisions au bilan et amortir le choc prévisionnel d'une décision de justice qui ne serait pas favorable au contribuable.

Rapide, parce qu'ici aussi, pour l'homme d'affaires, le contribuable, personne morale commerciale, le temps c'est de l'argent. On gagne en temps lorsque les procédures sont simples et claires. La complication et l'incertitude sont des facteurs qui peuvent délayer les délais de solution à un conflit fiscal.

Dans un cas comme dans l'autre, qu'il s'agisse du citoyen perdu dans les méandres de l'administration judiciaire ou du brave lettré, pressé et soucieux de clarté et de prévisibilité, l'impératif est le même : il faut faire simple et plus clair.

B. Le schéma prospectif du contentieux fiscal

L'éclatement de l'appareil juridictionnel dans les Etats africains francophones met en présence des juridictions administrative, judiciaire et des comptes. Chacune est organisée en ordre juridictionnel avec des juges du fond et des juges d'appel et de cassation. Cette architecture juridictionnelle est celle qui génère la question de l'imbroglio du contentieux fiscal. Il y a plusieurs juges donc il faut choisir. Et le choix de deux juges compétents est un élément de complication du contentieux fiscal. Pour faire simple, il faut procéder à une attribution de compétence à une juridiction. Attribution exclusive !

Certains contentieux sont organisés de cette manière. Sur le plan des principes juridiques, le sujet ne pose pas de problèmes au regard de la loi ou de la constitution. On peut citer, pour illustrer l'attribution législative de compétence, le contentieux de l'asile des personnes présentant un handicap mental.

Le point à examiner ensuite est celui de la juridiction qui va bénéficier de l'attribution de compétence.

Le juge judiciaire est compétent pour les affaires civiles, commerciales et sociales. Sa connaissance des questions de légalité des actes administratifs est mince. Il ne peut valablement s'occuper, à titre exclusif, du contentieux fiscal sans donner des signes de faiblesse dans sa connaissance des ressorts de la matière.

Le juge administratif s'occupe rationnellement de la légalité des actes administratifs. Il est le juge de l'administration, qu'il s'agisse d'annuler un acte administratif (recours pour excès de pouvoir) ou de réparer les dommages causés par un acte ou un fait imputable à l'administration publique. Mais l'acte administratif relatif à l'impôt est d'un genre particulier qu'il convient de réserver au juge qui est formé aux questions financières.

Le juge financier est le juge des comptes publics et le juge des fautes de gestion. Il s'est déjà familiarisé avec la notion d'acte administratif (constitutif de faute de gestion par exemple) et peut valablement connaître de la légalité des décisions entourant la procédure d'imposition. Au surplus, il s'agit d'un acte administratif d'un genre particulier, d'une recette publique, en l'occurrence l'impôt. Tout le contentieux des actes financiers (budgétaire et fiscal) serait concentré en une seule juridiction pour les besoins de clarté, de simplicité et d'efficacité.

CONCLUSION

Le contentieux fiscal a connu et connaît des errements quant à la juridiction compétente pour en connaître. L'éclatement de ce contentieux est préjudiciable aux affaires et à la sécurité juridique du citoyen. Il convient, *de lege ferenda*, de confier ce contentieux au seul juge qui est compétent aussi bien pour les actes administratifs que pour les actes administratifs à caractère financier.

El Hassane KATIR[1]

LA DOCTRINE ADMINISTRATIVE FISCALE FACE AUX PRINCIPES DE DROIT

INTRODUCTION

Les règles du droit fiscal, par rapport à celles des autres branches du droit, se caractérisent par le fait que leur application est largement tributaire de l'interprétation que leur donne l'administration fiscale. En effet, nul ne peut se hasarder à appliquer directement une norme fiscale sans connaître au préalable l'interprétation qui lui a été réservée par l'administration. Aussi, l'interprétation administrative de la norme fiscale a pris une telle ampleur qu'elle est devenue un véritable phénomène caractérisant le paysage fiscal dont le trait saillant en est la prolifération des notes interprétatives et des prises de positions administratives.

Cette prolifération de la doctrine administrative fiscale est sans doute la conséquence de l'imperfection du texte fiscal, mais aussi de la complexité des situations réelles et pratiques qui incitent souvent les contribuables à solliciter l'avis de l'administration fiscale en vue d'obtenir de celle-ci un mode d'application sécurisant du texte fiscal.

De plus, l'évolution du monde des affaires conjuguée avec le caractère général et impersonnel de la règle fiscale, fait que les contribuables sont parfois confrontés à des situations nouvelles non prévues par le texte de loi leur imposant ainsi la recherche d'une sécurité juridique en vue de minimiser le risque fiscal en cas de contrôle. Il y a d'ailleurs, à cet égard, une forte dialectique entre le contrôle fiscal et la demande de sécurité[2].

Se pose alors la question non seulement de la conformité de cette production normative de l'administration par rapport à la norme fiscale votée par le législateur, mais aussi de son respect des principes généraux mêmes du droit.

Elaborée dans ces conditions, la doctrine administrative fiscale, qui échappe au contrôle du pouvoir législatif du fait qu'elle n'obéit pas aux règles de la consultation et de l'amendement comme c'est le cas pour la norme juridique, est forcément confrontée au risque d'écartement de la norme fiscale. De plus, dans le processus de conception de la doctrine administrative, c'est généralement la

---

[1] Docteur en droit fiscal (Maroc)

[2] M.-C. ESCLASSAN : La sécurité juridique dans le cadre des contrôles fiscaux en France ; colloque FONDAFIP sur la sécurité fiscale, Rabat, 12 mars 2016.

logique de technicité, privilégiant le rendement de l'impôt et le renforcement du pouvoir de l'administration, qui prime au détriment de la logique juridique. Une logique à laquelle les concepteurs de la doctrine administrative accordent une importance capitale au nom de la défense des intérêts du Trésor.

Ce renversement de logiques, conduit inéluctablement à des situations de dérogation de la doctrine administrative par rapport à la norme fiscale adoptée par le législateur et, parfois même, allant à l'encontre de l'esprit de celui-ci. De la sorte, se crée ainsi une discordance entre le texte voté et le texte appliqué interpellant, en définitive, la question de la frontière qui sépare la loi fiscale de la doctrine administrative fiscale.

Sur un autre plan, le pouvoir d'interprétation de l'administration a eu pour conséquence la production d'une doctrine administrative foisonnante qui vient rapidement prendre le dessus et se substituer aux sources législatives et réglementaires, mettant ainsi le contribuable directement face à l'administration, ce qui n'est pas sans porter atteinte à certains principes du droit.

En effet, et dans ce contexte, la doctrine administrative, de par sa nature, ses enjeux, les défis qu'elle affronte et les circonstances de son élaboration, favorise l'incertitude et se trouve facilement à même de porter atteinte aux principes fondamentaux du droit, notamment les principes de la sécurité juridique, de légalité juridique, de l'égalité devant l'impôt et de la séparation des pouvoirs.

I. DOCTRINE ADMINISTRATIVE FISCALE ET PRINCIPE DE SECURITE JURIDIQUE

La doctrine administrative soulève un enjeu de taille, celui de la sécurité juridique ou encore « le risque d'arbitraire [3]» pouvant résulter notamment de l'absence d'une garantie contre le changement de doctrine administrative.

A ce sujet, il y a lieu de noter que le fondement de la garantie contre les changements de la doctrine administrative fiscale se trouve dans la règle de certitude de l'établissement et du prélèvement de l'impôt par l'Etat telle que soulignée par Adam SMITH.

En effet, « ce principe posé par le grand économiste libéral a justifié, pour une large part la mise en place, [...], de garanties du contribuable quant à la stabilité dans l'interprétation des textes de lois par l'administration, c'est-à-dire contre les changements de doctrine de cette dernière[4]».

Cette garantie contre les changements de la doctrine administrative fiscale peut être définie comme « le droit pour les contribuables d'opposer à l'administration l'interprétation d'un texte qu'elle a formellement admise à une date déterminée en

[3] M. BOUVIER : *La doctrine administrative en droit fiscal : entre droit et politique, in RFFP*, n° 75, LGDJ, Septembre 2001, p.86.

[4] J. LUC PIERRE, Les *garanties du contribuable contre les changements de la doctrine administrative, in RDF*, 1995, n°5, p.220. 4. J. LAMMARQUE : *Code de la procédure fiscale commenté, Editions Dalloz, Paris, 2012*, p.688.

vue de faire obstacle au rehaussement d'une imposition ou à l'établissement d'une imposition primitive[4] ».

Or, le principe de la sécurité juridique, longtemps ignoré en tant que tel, a fini d'être reconnu par la jurisprudence comme ayant « le caractère d'un principe général de droit[5]». Ainsi, comme le relève le Conseil d'Etat en France, « le principe de sécurité juridique ne figure ni dans notre droit administratif, ni dans notre corpus constitutionnel. Certains auteurs vont même jusqu'à qualifier le concept de « clandestin[6] ». Et pourtant, ce principe comporte de nombreuses applications essentielles dans notre droit : prévisibilité de la loi, clarté et accessibilité de la norme, stabilité des situations juridiques, exigences encore tout récemment rappelées par des décisions du Conseil constitutionnel comme du Conseil d'État[6]».

La sécurité juridique en matière fiscale implique l'existence d'un droit fiscal constitué par un corps de principes et de règles aisément identifiables, qui permettent de déterminer avec certitude le montant des impositions mises à la charge du contribuable.

Or, face à la complexité de la règle de droit fiscal, ce principe est compromis du fait de la prolifération de la doctrine administrative qui, non seulement domine le paysage fiscal, mais se trouve davantage aggravé par le changement fréquent de la règle du droit fiscal elle-même.

En effet, dans le monde des circulaires et des notes interprétatives fiscales, le contribuable est constamment en quête d'une garantie de cohérence et de stabilité juridique à l'égard de la manière dont l'administration interprète le texte fiscal et aspire, de ce fait, à se protéger contre les interprétations abusives de celle-ci.

Ironie du sort, s'il est admis que la fonction essentielle du Droit est de procurer de la sécurité aux citoyens, cette dernière, en matière fiscale est recherchée non pas au niveau du texte voté par le législateur mais au niveau de la doctrine élaborée par l'administration.

L'importance de la doctrine administrative fiscale vient du fait que le contribuable peut s'en prévaloir en lui permettant, par exemple, de changer son statut fiscal pour bénéficier d'une exonération et se soustraire de l'impôt. Mais aussi, à l'opposé, la doctrine administrative peut donner un autre sens à la loi fiscale susceptible, cette fois, de causer préjudice au contribuable qui s'en prévaut.

De plus, un changement rétroactif de la doctrine administrative peut mettre le contribuable dans une situation d'insécurité juridique en ce sens qu'il va se retrouver dans l'incapacité de prévoir, pour l'avenir, le comportement que va adopter l'administration fiscale à son égard.

---

[5] S. AUSTRY : *Le principe de sécurité juridique et le juge d'impôt : de nouvelle perspectives pour les contribuables ? in RDF* n° 13 mars 2012, p.10. 6. B. MATHIEU : « *La sécurité juridique, un principe constitutionnel clandestin mais efficient* », *Mélanges Patrice Gérard*, Editions Montchrestien, 2000, p. 301, cité dans le Rapport du Conseil d'Etat, Collection Etudes et Documentation du Conseil d'Etat, Documentation française, Paris, 2006, p.229.

[6] Rapport du Conseil d'Etat, Collection Etudes et Documentation du Conseil d'Etat, Documentation française, Paris 2006, p.229.

Tout cela montre la relativité de ce principe et nous amène à dire qu'il n'existe pas de sécurité absolue en matière fiscale sachant que, face à des textes de loi « imparfaits » et « instables », les interprétations ne peuvent que se multiplier faisant ainsi croître le champ de l'incertitude et de l'insécurité.

Au Maroc, la protection du contribuable contre les risques du changement de la doctrine met en exergue le caractère ambivalent de cette dernière et l'absence de dispositions légales expresses à même de protéger le contribuable en lui assurant une sécurité juridique en la matière. Cet état de fait nous amène alors à souligner l'importance de la protection du contribuable contre le changement de la doctrine administrative fiscale[7] et ses effets sur l'amélioration des relations entre l'administration fiscale et les contribuables.

Le respect du principe de la sécurité juridique se manifeste non seulement par la stabilité de la législation fiscale qui donne une certaine visibilité au contribuable, mais aussi par l'insertion, au niveau de cette législation, de dispositions législatives assurant la protection du contribuable contre le changement de doctrine administrative.

En effet, l'administration fiscale, dans un souci d'équité et de légalité, est tenue de ne pas nuire aux intérêts du contribuable, de lui garantir l'exercice de son activité dans un climat juridique stable en évitant un changement brutal de sa doctrine administrative. En France par exemple, cette garantie a fait l'objet d'un long processus législatif ayant pour principale préoccupation la sécurité du contribuable et l'équité fiscale.

L'objectif étant de protéger le contribuable du « fait de prince » et d'entretenir une certaine « moralité fiscale » dans les relations entre l'administration fiscale et les contribuables.

Ainsi, cette garantie, qui ne concernait initialement que les seuls contribuables vérifiés[8], a été généralisée à l'ensemble des contribuables en l'insérant dans l'article 1649 quinquies du Code Général des Impôts (CGI)[9] avant d'être reprise ultérieurement au niveau de l'article L80A du Livre des Procédures Fiscale (LPF).

Cet article L80A du LPF, a bouleversé « la hiérarchie des compétences et des règles de droit telle qu'elle résulte de la Constitution, puisqu'une circulaire, une réponse ministérielle, une simple décision administrative peuvent contrecarrer une disposition de la loi et même se substituer à elle dans un cas particulier. Le ministre et certains hauts fonctionnaires de la Direction Générale des Impôts se voient ainsi reconnaître indirectement une sorte de pouvoir réglementaire déguisé [...][10]».

Cette situation a amené certains auteurs à qualifier cet article L80A de « norme de conflit[11]». En effet, les dispositions de cet article opposent des normes fiscales

---

[7] Voir notre thèse de doctorat : *Contribution à l'analyse de la doctrine administrative fiscale au Maroc*, Université Panthéon-Sorbonne Paris 1, novembre 2016.

[8] Instruction générale du 31 janvier 1928.

[9] Article 10 de la loi n° 59-1472 du 28 décembre 1959.

[10] J. LAMMARQUE, *Code de la procédure fiscale commenté*, *op.cit.* p.690.

[11] J.-L. PIERRE, « Les garanties du contribuable contre les changements de la doctrine administrative », *in Revue DF, n°5, 1995*, p.227.

administratives aux normes fiscales législatives et « l'enjeu est de déterminer si une norme de conflit de rang législatif peut conduire à faire prévaloir des normes fiscales administratives sur les normes fiscales supérieures[12]».

D'autres auteurs[13] considèrent que bien que cette garantie contre le changement de doctrine administrative soit une exception à la hiérarchie des normes du droit fiscal, le juge administratif est tenu quand même de respecter la volonté du législateur sachant que la doctrine administrative que le contribuable peut opposer à l'administration reste du non-droit.

En tout cas, la question mérite d'être soulevée, surtout lorsqu'on est conscient de l'intérêt que revêt l'instauration d'un climat de confiance avec les contribuables, en leur assurant une doctrine administrative constante et un évitement de changement brutal des positions doctrinales de l'administration. De la sorte, l'administration fait garantir au contribuable une certaine stabilité dans l'application des textes et donc une certaine sécurité juridique.

Cependant, la garantie contre les changements de doctrine peut encourager l'administration à violer les règles fiscales fixées par le législateur et peut donc nuire au principe de la légalité de l'impôt. En effet, la doctrine administrative fiscale, qui est dépourvue de tout soubassement juridique, peut être totalement en déphasage par rapport au texte fiscal.

Dans ce cas, la doctrine administrative fiscale, même erronée et contraire au texte fiscal, conserve une certaine valeur juridique en ce sens qu'elle reste opposable à l'administration et le contribuable peut s'en prévaloir auprès du juge pour obtenir gain de cause. C'est la raison pour laquelle, en France par exemple, la sécurité juridique a toujours reposé sur deux principes fondamentaux, à savoir l'intangibilité des effets individuels des actes créateurs de droits, et la non rétroactivité de actes administratifs[14].

Ce dernier principe a fait depuis longtemps, de la part de la Cour de Justice Communautaire Européenne (CJCE), l'objet d'une exigence fondamentale, voire un principe général de droit[15].

La situation est différente dans le cas du Maroc car il n'existe pas de règles fermes comme celles qu'on trouve au niveau de la législation fiscale française et qui attribuent à la doctrine administrative fiscale une assise juridique. Malgré les réformes fiscales réalisées au Maroc suite aux recommandations des premières assises nationales sur la fiscalité en 1999, cette question de sécurité juridique n'a pas eu tout l'intérêt qu'elle mérite.

L'insertion dans le CGI d'une disposition protégeant le contribuable contre les changements de la doctrine administrative fiscale sera une grande avancée dans la

---

[12] J.-L. PIERRE, *op.cit.*, p.230.

[13] Conclusion Arrighi De CASANOVA sur CE du 30 mars 1992, requête n° 114926, cité par J. LAMMARQUE, *Code de la procédure fiscale commenté*, *op.cit.* p.960.

[14] M. HEERS, « La sécurité juridique en droit administratif français : vers une consécration du principe de confiance légitime », *in RFDA*, n°5, septembre-octobre 1995, p. 963.

[15] B. PACTEAU, « La sécurité juridique, un principe qui nous manque », *in AJDA*, juin 1995, p.152, cité par O. GADHOUM : *La doctrine fiscale en Tunisie*, *op.cit.* p.266.

consolidation de l'Etat de droit, étant donné qu'elle favorisera inéluctablement la stabilité des situations fiscales, la crédibilité de l'administration fiscale, le renforcement du climat de confiance avec les contribuables et l'équité fiscale.

L'absence de dispositions législatives expresses en la matière au niveau du CGI fait que l'administration fiscale n'est pas liée par sa propre doctrine pour le futur, ce qui lui donne la possibilité de changer cette doctrine en fonction des circonstances, chose qui n'est pas sans affecter la sécurité juridique du contribuable, le privant ainsi d'une protection contre l'abus de pouvoir de l'administration.

D'ailleurs, ce point a fait l'objet d'une recommandation indirecte lors des travaux de la deuxième édition des Assises nationales sur la fiscalité en 2013 par la mise en relief de la nécessité pour les entreprises « de mettre en place un pacte de stabilité fiscale[16]» permettant d'avoir une visibilité sur l'évolution du système fiscal marocain. Cette recommandation reste tout de même très limitée étant donné qu'elle n'est pas allée jusqu'à l'idée d'instituer une disposition législative d'ordre général garantissant l'ensemble des contribuables contre les changements de la doctrine administrative.

II. DOCTRINE ADMINISTRATIVE FISCALE ET PRINCIPE DE LEGALITE

La compétence du pouvoir législatif en matière fiscale constitue l'une des normes constitutionnelles les plus anciennes que l'on retrouve dans toutes les Constitutions du monde. En effet, « l'habilitation constitutionnelle du législateur en matière fiscale est classiquement présentée comme constitutive du principe de légalité de l'impôt[17]».

Au Maroc, la Constitution prévoit de manière expresse que, sont du domaine de la loi « le régime fiscal et l'assiette, le taux et les modalités de recouvrement des impôts[18]».

Aussi, dans un Etat de droit, l'action de l'administration n'est-elle pas libre malgré le fait qu'elle soit détentrice de la puissance publique en ce sens que la légitimité de l'action de l'administration est subordonnée au respect du principe de légalité juridique qui tire son fondement de plusieurs sources que l'administration est tenue de respecter.

Autrement dit, la norme juridique doit être soumise au principe de la hiérarchie des normes[19] qui veut que le système juridique d'un pays soit organisé de manière

---

[16] Recueil des Travaux des Assises nationales sur la fiscalité, Ministère de l'économie et des finances, Rabat 2013, p.60.

[17] M. PELLETIER, Les *normes du droit fiscal*, Editions Dalloz, Collection nouvelle bibliothèque de thèses, Paris 2008, p.129.

[18] Article 71 de *la Constitution de 2011*, Secrétariat général du Gouvernement, Direction de l'Imprimerie Officielle, Rabat 2011, p.30.

[19] Développée par H. KELSEN.

hiérarchique de telle sorte que chaque norme tire sa validité juridique d'une règle supérieure.

A. Norme fiscale et légalité

Dans tous les pays du monde, le principe de la légalité de l'impôt figure parmi les principes constitutionnels garantis par le texte même de la Constitution, « même si toutes les Constitutions ne donnent pas la même teneur à la légalité de l'impôt[20]».

Ainsi, par exemple en France, le principe de la légalité fiscale constitue un principe constitutionnel intangible. Plus récemment, et depuis l'entrée en vigueur de la question prioritaire de constitutionnalité (QPC) le 1er mars 2010[21], une nouvelle voie s'est ouverte devant les contribuables pour contester le caractère non-constitutionnel de certaines dispositions fiscales contenues dans certaines lois. Cette contestation se fait devant les juridictions administratives et judiciaires.

En matière fiscale, c'est la Déclaration des Droits de l'Homme et du Citoyen qui constitue la principale source de droits et libertés invoqués, qui sont : « le principe d'égalité devant la loi et devant l'impôt, la garantie des droits, le droit à un recours juridictionnel effectif, les principes de légalité, de nécessité, de proportionnalité et d'individualisation des peines et enfin le droit de propriété[22]».

Cette avancée dans la protection des droits constitutionnels des contribuables n'a pas encore pu être concrétisée dans le cas du Maroc[25], bien que la Constitution de 2011[23] affirme dans son préambule l'attachement du Maroc « aux droits de l'Homme tels qu'ils sont universellement reconnus ». Partant de là, on peut dire que le principe de légalité en matière fiscale peut être déduit de la lecture combinée des trois articles suivants :

- l'article 71 de la constitution de 2011 [24]qui dispose que sont du domaine de la loi « le régime fiscal et l'assiette, le taux et les modalités de recouvrement des impôts » ;
- l'article 75 de cette Constitution qui attribue au Parlement une compétence générale en matière fiscale par le biais du vote de la loi des finances ;
- et l'article 14 de la Déclaration des droits de l'Homme et du citoyen de 1789 [25] qui prévoit que : « tous les citoyens ont le droit de constater par eux-

---

[20] N. BACCOUCHE, *Constitution et droit fiscal*, Cours de l'Académie Internationale de droit Constitutionnel, Juillet 1999, p.67. 22. M. BOUVIER : *Introduction au droit fiscal général et à la théorie de l'impôt*, *op.cit.* p.48.

[21] V. RESTINO : *Les aspects procéduraux de la QPC, in RDF,* n° 13, 28 mars 2015, p.82.

[22] *Ibid.* p.83. 25. Dans le cas de la France, c'est la loi n° 2009-1523, 10 décembre 2009 relative à l'application de l'article 611 de la Constitution qui a inséré dans la loi organique sur le Conseil Constitutionnel un chapitre II bis intitulé « De la question prioritaire de constitutionnalité ».

[23] Promulguée par le Dahir n°1-11-91 du 29 juillet 2011.

[24] L'article 17 de la Constitution de 1996 consacre également ce principe en annonçant que « tous supportent, en proportion de leurs facultés contributives, les charges publiques que seule la loi peut, dans les formes prévues par la présente Constitution, créer et répartir ».

[25] L'engagement au respect de ce principe est souligné par la Constitution de 2011 qui stipule dans son préambule que : « Mesurant l'impératif de renforcer le rôle qui lui revient sur la scène mondiale, le Royaume du Maroc, membre actif au sein des organisations internationales, s'engage à souscrire aux principes, droits

mêmes ou par leurs représentants la nécessité de la contribution publique, de la consentir librement, d'en suivre l'emploi et d'en déterminer la quotité, l'assiette, le recouvrement et la durée ».

De même, chaque année, l'article premier de la loi de finances précise que « toutes contributions, directes ou indirectes, autres que celles autorisées par les dispositions législatives et réglementaires en vigueur [....], à quelque titre et sous quelque dénomination qu'elles se perçoivent, sont formellement interdites, à peine, contre les autorités qui les ordonneraient, contre les employés qui confectionneraient les rôles et fixeraient les tarifs et contre ceux qui en feraient le recouvrement, d'être poursuivis comme concussionnaires [...][26]».

Il découle de ce principe que seul le Parlement est compétent pour établir ou lever de nouveaux impôts. Cette compétence exclusive du législateur s'entend non seulement de la création d'impôts, mais aussi des règles qui fixent leurs modalités et reste valable quel que soit le bénéficiaire de l'impôt. Cependant, face à la norme juridique, l'administration interprète et applique souvent le texte fiscal d'une manière qui porte atteinte à la légalité juridique.

B. Administration fiscale et légalité

L'administration, en tant que personne publique, est régie par le principe de légalité qui veut que tous les actes administratifs soient pris sur la base du respect de la norme juridique et en conformité avec elle. Il en découle que, lorsque l'administration est appelée à prendre un acte, elle doit le faire sur la base d'une règle de droit tout en tenant compte de sa place dans la hiérarchie des normes.

Ainsi, le principe de légalité de l'impôt « revêt deux dimensions : d'une part, ce principe peut signifier que l'administration doit respecter la loi fiscale, que son action est soumise aux règles législatives [...], d'autre part, il peut évoquer la compétence du législateur pour instituer des impositions et préciser leur régime[27]».

Or, force est de constater que « seule la seconde définition est généralement retenue par les fiscalistes, alors même qu'en droit administratif, c'est la première définition qui est utilisée pour le principe de légalité[31] ».

Toujours est-il que ce principe signifie en fin de parcours que « la loi, expression de la souveraineté du peuple, doit s'imposer à tous, y compris à l'administration[32] ». C'est en quelque sorte l'application stricte de la conception de la légalité prônée par Charles EISENMMANN qui part de l'idée que « le principe du consentement à l'impôt suppose que l'activité de l'administration fiscale soit toute entière

et obligations énoncés dans leurs chartes et conventions respectives, il réaffirme son attachement aux droits de l'Homme tels qu'ils sont universellement reconnus, ainsi que sa volonté de continuer à œuvrer pour préserver la paix et la sécurité dans le monde ».

[26] Dispositions qui trouvent leur soubassement dans le code pénal.

[27] J. GUEZ, *L'interprétation en droit fiscal*, Editions LGDJ, Paris, 2007, p.32. [31] *Ibid.* p.32. [32] Ibid. p.43.

soumise à la volonté législative du souverain, en pratique à celle du Parlement[28] ». Or, le droit fiscal se caractérise surtout par la place qu'il donne à l'interprétation des normes fiscales. Aussi, se pose la question du degré de conformité de cette interprétation par rapport aux principes fondamentaux largement admis en la matière.

Selon Loïc PHILIP[29], le droit fiscal repose sur quatre grands principes fondamentaux que sont : le principe de la légalité fiscale, le principe de l'égalité devant l'impôt; le principe de l'assimilation des sanctions fiscales aux sanctions pénales et le principe de l'annualité de l'impôt.

La notion de la légalité de l'impôt comporte deux aspects fondamentaux. Le premier, c'est que la norme fiscale doit, pour l'essentiel, procéder de la loi et accessoirement du règlement. C'est ce qu'on appelle généralement le caractère législatif de la norme fiscale.

Le second aspect de la légalité souligne que « l'acte de l'impôt doit être conforme aux dispositions législatives en vigueur ainsi qu'aux dispositions réglementaires, elles-mêmes légalement prises, pour l'application de la loi [30]».

Cependant ce principe a connu un certain déclin qui a eu pour conséquence un « glissement » de l'impôt du domaine de la loi vers celui du règlement. Selon le Doyen Louis TROTABAS et Jean-Marie COTTERET, ce glissement « s'est manifesté de deux manières : d'une part par le développement du pouvoir réglementaire en matière fiscale, d'autre part, par l'apparition d'un secteur nouveau en marge des « impositions de toute nature » : la parafiscalité[31]».

En effet, comme la norme fiscale a souvent besoin de décrets et arrêtés d'application, le pouvoir réglementaire se trouve du coup chargé de fixer les modalités d'application de la norme fiscale, ce qui n'est pas sans limiter la portée du principe de la légalité de l'impôt telle que stipulée dans la Constitution, d'autant plus que les textes réglementaires ne sont pas susceptibles de recours pour excès de pouvoir.

Quant à la parafiscalité, la tendance est de chercher à couvrir une partie des charges publiques, non pas par le budget général, mais par un « financement direct [...] en dehors du budget[32]», soit par des taxes dont les recettes sont affectées à des établissements publics ou à fonds spéciaux placés sous la tutelle de départements ministériels[33].

---

[28] J. GUEZ, L'interprétation *en droit fiscal, op.cit.* p.44. Voir également C. EISENMANN, Le *droit administratif et le principe de légalité*, Editions EDCE, 1957.

[29] L. PHILIP, *Les fondements constitutionnels des finances publiques*, Editions Economica, Paris, 1995, p.54.

[30] L. MEHL et Pierre BELTRAME, Le *système fiscal français*, Editions PUF, collection Que sais-je ? Paris, 1980, p.109.

[31] L. TROTABAS et J-M. COTTERET, Droit *fiscal*, Précis Dalloz, 8 Edition Paris, 1996, p.72.

[32] L. TROTABAS et J-M. COTTERET, Droit *fiscal, op.cit.* p.76.

[33] A ce titre, on peut citer la circulaire n° 12-2013 du Chef du Gouvernement portant lettre de cadrage du projet de loi de finances pour l'année budgétaire 2014 qui a insisté sur la mise en œuvre du principe de l'unicité et de l'harmonie du système fiscal à travers l'abstention d'instituer des taxes para-fiscales qui ont pour conséquence l'effritement et la complexité de la base imposable, l'atteinte à l'unicité et au rendement du système fiscal et le préjudice causé aux ressources de l'Etat.

Cependant, à notre avis[34], il y a une troisième manière qui porte atteinte au principe de légalité de l'impôt à savoir l'utilisation des notes circulaires par l'administration pour instituer des règles impératives.

En effet, la portée du principe de la légalité peut également être sérieusement réduite par la prolifération des notes circulaires et des interprétations de la norme fiscale par l'administration qui ne sont pas forcément conformes à la loi fiscale et à l'esprit du législateur ce qui laisse une grande marge de manœuvre à l'administration fiscale d'étendre son pouvoir sur les attributions du législatif et de légiférer par le biais de la doctrine administrative fiscale.

Aussi, la doctrine administrative ne doit pas ajouter à la loi en interprétant à sa manière la norme fiscale adoptée par le pouvoir législatif, seule autorité habilitée non seulement pour la levée de l'impôt mais également pour tout ce qui est des règles qui fixent les modalités d'imposition des contribuables, de recouvrement des impôts et taxes de même que les procédures de contrôle et de contentieux administratif en la matière.

Or, dans certaines situations, l'administration se permet de se substituer au législateur par le biais de l'interprétation qu'elle fait de la loi. Cette substitution se traduit par des débordements de la doctrine administrative par rapport au texte et parfois à l'esprit même du législateur ce qui constitue une atteinte au principe de la légalité juridique.

Ainsi, le fait que l'administration fiscale procède parfois à des interprétations de la norme fiscale et qui dépassent le cadre de ce qui est permis par la norme elle-même en ajoutant, par exemple, au texte de loi des conditions non prévues par le législateur, implique que cette doctrine se permet de s'attribuer la qualité de norme juridique. Cette manière de procéder amène l'administration fiscale à légiférer à travers les notes interprétatives empiétant largement de la sorte sur le domaine de la loi réservé au seul législateur.

Il s'ensuit donc que, la doctrine administrative se trouve, dans certaines situations, en contradiction avec les principes de légalité et conduit l'administration à dépasser ses missions et à empiéter sur les prérogatives du pouvoir législatif.

La conséquence pratique de l'existence d'une doctrine administrative dans cette forme est « de délaisser le Parlement et de violer la légalité[35]». En effet, par son recours croissant à sa propre interprétation de la loi fiscale, l'administration « évite de solliciter le Parlement pour procéder à des modifications législatives dans la loi fiscale[36]», alors que le même résultat peut être obtenu en empruntant la voie législative.

Si au sein de l'administration en général, la conformité avec les lois est requise dans un « Etat de droit », sur le plan fiscal, la conformité de l'acte d'imposition à la loi fiscale est particulièrement impérative. En effet, l'administration fiscale, en

---

[34] El H. KATIR : *Contribution à l'analyse de la doctrine administrative fiscale au Maroc*, thèse de doctorat en droit fiscal, Université Panthéon-Sorbonne Paris 1, novembre 2016.

[35] J. GUEZ, *L'interprétation en droit fiscal*, *op.cit.* p.133.

[36] Ibid. p.133.

tant qu'organe d'exécution de la politique du gouvernement, n'a, en principe, aucune latitude dans l'élaboration de la loi fiscale. De ce fait, « la norme qui s'impose à l'administration pourrait donc s'énoncer ainsi : rien que la loi fiscale, mais toute la loi fiscale[37]».

Or, la doctrine administrative porte préjudice non seulement au principe de la légalité, mais également à un autre principe qui constitue l'un des piliers du droit fiscal, à savoir celui de l'égalité devant l'impôt.

III. DOCTRINE ADMINISTRATIVE FISCALE ET PRINCIPE D'EGALITE DEVANT L'IMPOT

Ce principe est d'ordre constitutionnel puisqu'il est énoncé par l'article 6 de la Constitution qui prévoit que « la loi est l'expression suprême de la volonté de la nation. Tous, personnes physiques ou morales, y compris les pouvoirs publics, sont égaux devant elle et tenus de s'y soumettre[43] ».

Cependant face à la prédominance de la doctrine administrative sur la loi fiscale elle-même, ce n'est plus la loi qui s'applique mais c'est plutôt l'interprétation qu'en fait l'administration fiscale.

Cette situation a amené le Professeur Julien GUEZ à dire qu'il faut compléter l'adage célèbre « nul n'est censé ignorer la loi» en disant « nul n'est censé ignorer la loi et son interprétation administrative[38]».

En effet, le contribuable qui a appliqué à la lettre la doctrine administrative fiscale ne va pas être inquiété par l'administration et peut voir son affaire traitée favorablement qu'un autre contribuable de même situation qui s'est référé uniquement au texte de loi sans consulter la position de l'administration.

Surgit alors une certaine inégalité devant l'impôt entre ceux qui connaissent la doctrine administrative et qui ont pu accéder aux notes circulaires, instructions fiscales et réponses aux questions de principe de l'administration et ceux qui ignorent tout ce corpus de documentation fiscale.

Du coup, face à une doctrine administrative illégale mais opposable à l'administration, « le contribuable qui a été assez habile pour échapper à l'impôt en appliquant une instruction administrative serait à l'abri de toute remise en cause, alors que celui qui a bâti son montage sur la loi y serait exposé[45] ».

Ainsi, par son interprétation de la loi, la doctrine administrative, en posant des règles nouvelles et en ajoutant à la loi fiscale, instaure une certaine inégalité entre des contribuables se trouvant dans des situations identiques au regard de la loi fiscale. Il y a là une « inégalité devant l'impôt par le fait de l'administration », pour reprendre l'expression de Michel COZIAN[39].

---

[37] L. MEHL et P. BELTRAME, Le *système fiscal français*, *op.cit.*
p.110. Constitution de 2011.

[38] J. GUEZ, L'interprétation *en droit fiscal*,
op.cit. p.131.

[39] M. COZIAN, L'inégalité *devant l'impôt par le fait de l'administration*, 1975, Chron. XVIII, cité par J. GUEZ, L'interprétation *en droit fiscal*, *op.cit.* p.132.

En assurant la fonction d'interprétation de la loi fiscale, l'administration se permet de dépasser largement le cadre de l'application stricte de la loi s'attribuant parfois les prérogatives du pouvoir législatif, ce qui a notamment pour conséquence de porter une sérieuse atteinte au principe de la séparation des pouvoirs.

IV. DOCTRINE ADMINISTRATIVE FISCALE ET PRINCIPE DE LA SEPARATION DES POUVOIRS

Le principe de la séparation des pouvoirs occupe une place de premier choix dans toutes les Constitutions qui se sont succédé au Maroc. La Constitution de 2011 n'échappe pas à cette règle. En effet, cette Constitution précise dans son article 70 que « le Parlement exerce le pouvoir législatif », alors que son article 84 stipule que « le gouvernement exerce le pouvoir réglementaire ». De plus, l'article 71 de cette Constitution précise de manière claire que « sont du domaine de la loi [...] le régime fiscal et l'assiette, le taux et les modalités de recouvrement des impôts ».

Nonobstant ces dispositions, l'administration, dans certaines situations, empiète sur le domaine de la loi qui n'est pas le sien à travers ses prises de positions engendrant ainsi une dérogation à la norme fiscale adoptée par le législateur et, parfois, à l'esprit même du législateur.

Sur un autre plan, toutes les législations fiscales essaient d'instaurer un certain équilibre entre les droits des contribuables et ceux de l'administration en limitant, d'une part, le pouvoir d'appréciation de l'agent de l'administration et en élargissant, d'autre part, les garanties octroyées aux contribuables. La recherche de cet équilibre se traduit *in fine* par un rétrécissement du pouvoir de l'administration au profit de l'épanouissement des droits du contribuable.

En dépit de la délimitation du domaine de la loi et de l'épanouissement des garanties du contribuable, l'administration a pu renforcer son pouvoir en usant des prérogatives qui lui sont dévolues en matière d'interprétation des textes fiscaux. Cette situation fait qu'on assiste à un changement de la nature du pouvoir au sein de l'administration fiscale qui passe d'un pouvoir exercé directement par l'agent du fisc à un pouvoir exercé par la doctrine administrative, transformant ainsi ce dernier en un simple agent d'exécution des notes interprétatives de l'administration et de ses prises de position doctrinales.

Autrement dit, on assiste à une mutation dans les formes d'exercice du pouvoir de l'administration fiscale qui passe d'un pouvoir d'appréciation lié à la personne de l'agent de l'administration fiscale à un pouvoir institutionnel fondé sur la base des interprétations doctrinales de l'administration.

Vue sous cet angle, l'interprétation de la loi par l'administration fiscale et la publication des notes circulaires par cette dernière comportant des règles ou des procédures non édictées par le législateur, constituent une atteinte aux principes énoncés par la Constitution en matière de séparation de pouvoirs.

En effet, à travers ces circulaires, l'administration fiscale soumet à son appréciation des normes fiscales édictées par le pouvoir législatif et en impose sa propre lecture du texte de loi non seulement à ses fonctionnaires mais également aux contribuables et aux professionnels de la fiscalité, ces derniers qui « conseillent parfois à leurs clients de suivre les prescriptions de la doctrine administrative même lorsque celle-ci apparaît illégale[40]».

Cette situation, qui peut paraître à première vue normale, n'est cependant pas sans poser un certain nombre de problèmes de fond. En effet, les notes circulaires de l'administration fiscale ne se contentent pas d'expliquer au public les nouvelles dispositions fiscales votées par le Parlement et donc de jouer un rôle purement informationnel. Mais, ce qui se passe dans certains cas, c'est que ces notes administratives ajoutent à la loi fiscale et tranchent sur des situations qui n'ont pas été portées à la connaissance du législateur.

De la sorte, l'administration fiscale à travers sa doctrine, exerce un pouvoir réglementaire indiscutable, « mais il s'agit d'un pouvoir réglementaire illégal[41] » car il n'a aucun fondement dans la hiérarchie des normes juridiques et, plus précisément, dans la Constitution, qui est la source suprême. De plus, le juge ne peut soulever la contrariété de la doctrine administrative avec la loi pour refuser son application.

Aussi, ce sont ces effets normatifs de la doctrine administrative fiscale opposable qui ont amené certains auteurs à plaider « l'inconstitutionnalité de l'article L80 du LPF[42]» en France[43].

Il en découle donc que la doctrine administrative porte « une atteinte formelle à la hiérarchie des normes et à la séparation des pouvoirs[51] ». Ceci d'autant plus que les notes circulaires de l'administration fiscale ne constituent pas une norme au sens juridique du terme et que l'administration elle-même n'est pas dotée d'un pouvoir constitutionnel.

En effet, « l'administration » n'est pas définie de manière directe par la Constitution mais, cette dernière prévoit dans son article 89 que c'est « le gouvernement » qui, pour exercer ses attributions constitutionnelles, « dispose de l'administration ».

Aussi, au regard de l'ensemble des considérations qui ont été abordées, l'exercice illégal d'un quasi-pouvoir réglementaire par l'administration fiscale a eu pour conséquence un certain débordement de la doctrine administrative fiscale, engendrant par là un empiètement de l'administration fiscale sur les prérogatives du pouvoir législatif.

---

[40] J. GUEZ, *L'interprétation en droit fiscal*, *op.cit.* p.126.

[41] *Ibid.* p.127.

[42] *Ibid.* p.127.

[43] Selon le Professeur J.-J. BIENVENU, l'article L80-A du LPF a « pour effet de troubler le fonctionnement normal de l'activité juridictionnelle [...] les dispositions de l'article L80-A privent le juge d'une partie de son rôle au bénéfice de l'administration fiscale. Elles n'empêchent évidemment pas le juge de dire le droit, mais elles l'obligent aussitôt après avoir dit le droit, à faire bénéficier le contribuable de l'interprétation administrative qu'il évoque, alors même que cette interprétation n'est pas conforme au droit ». J.J. BIENVENU et T. LAMBERT : *Droit fiscal*, Editions PUF, Collection Droit fondamental, Paris, 2010, p.88. [51] J. GUEZ, *L'interprétation en droit fiscal*, *op.cit.* p.129.

CONCLUSION

Si la plupart des auteurs admettent que la doctrine administrative est du « non-droit », et donc n'a pas de place dans la hiérarchie des normes, cela n'a pas empêché celle-ci de produire des effets juridiques à l'égard aussi bien de l'administration que du contribuable.

Au Maroc, la doctrine administrative fiscale est opposable, dans les faits, à l'administration, bien que cette opposabilité se trouve dépourvue de toute assise légale vu qu'elle n'est prévue par aucune disposition législative.

On se trouve alors devant un phénomène où la doctrine administrative joue le rôle de norme fiscale. Il s'agit là d'un phénomène ayant pour origine la prédominance de la doctrine administrative par rapport à la norme fiscale engendrant en conséquence une certaine mutation des règles de droit en matière fiscale.

La limitation de ce phénomène ne peut se faire que par une intervention du pouvoir judicaire pour veiller, non seulement à la bonne application du texte fiscal, mais également pour que la doctrine administrative fiscale en général et les projets de notes interprétatives en particulier soient soumis au contrôle constitutionnel avant leur entrée en application.

En effet, cet enjeu est tellement important dans le processus de l'édification de l'Etat de droit, qu'il est nécessaire, pour éviter le risque d'arbitraire de l'administration, d'interpeller le pouvoir judiciaire afin d'exercer ses prérogatives en matière de protection des droits des contribuables et de sécurité juridique des transactions.

C'est pourquoi la question se pose en ces termes : quel rôle doit-on faire jouer au pouvoir judiciaire, dans le cadre de l'exercice de ses prérogatives, pour veiller à la stricte application de la loi, à l'interprétation du texte fiscal en cas d'ambigüité et surtout à sa contribution au processus de la consolidation de l'Etat de droit ?

Autrement dit, le juge fiscal est-il capable d'assurer au contribuable la sécurité juridique requise en limitant le pouvoir de l'administration fiscale en matière d'interprétation des textes fiscaux afin de faire prévaloir la suprématie de la loi ?

Pour parvenir à cela, la loi doit permettre au contribuable qui s'est vu appliquer par l'administration fiscale une position doctrinale non conforme au texte fiscal et à l'esprit du législateur, de faire un recours pour excès de pouvoir et demander au juge fiscal l'annulation de la doctrine administrative fiscale incriminée.

Ainsi, le recours pour excès de pouvoir doit être considéré comme étant la procédure normale à engager par les contribuables qui se voient appliquer une interprétation abusive de la loi fiscale par l'administration. Bien plus, ce recours doit être permis à toute personne qui se voit menacée par l'application d'une doctrine administrative non conforme à la loi.

Autrement dit, il est nécessaire que le pouvoir judiciaire limite l'intervention de l'administration dans le domaine de la loi, en procédant de manière préventive à l'annulation de la doctrine administrative jugée non conforme au texte fiscal et en donnant la possibilité à toute personne intéressée, d'exercer un recours pour excès de pouvoir contre la doctrine administrative non conforme ou abusive.

Toujours est-il que, malgré son importance dans le processus d'édification et de consolidation de l'Etat de droit, le contrôle judiciaire de la doctrine administrative à lui-seul reste insuffisant. Plus que cela, il est également nécessaire que l'administration maîtrise parfaitement les contours de la doctrine notamment au moment de sa conception. Sur ce plan, inutile de dire que la conception d'une doctrine administrative cohérente et conforme avec la norme légale est largement tributaire de la formation de ses concepteurs.

Enfin, et pour ne pas laisser l'administration seule face au texte fiscal et se prononcer ainsi, de manière unilatérale, sur des questions qui présentent parfois des enjeux de taille, il est sans doute utile de repenser les modes de conception de la doctrine administrative, afin d'aboutir à la mise en place d'une approche collective de conception de celle-ci. Cette conception collective doit être faite dans un cadre institutionnel afin de parvenir à une meilleure maîtrise du phénomène de prolifération de la doctrine administrative fiscale.

Hilaire AKEREKORO[1]

LE RECOUVREMENT ET LA GESTION DE LA TAXE DE DÉVELOPPEMENT LOCAL AU BÉNIN ENJEUX ET AVENIR FINANCIERS

INTRODUCTION

En Afrique francophone en général, et au Bénin en particulier, la création des Collectivités Territoriales Décentralisées (CTD) s'est accompagnée de la reconnaissance à leur profit d'une autonomie financière[2]. Celle-ci constitue une des caractéristiques de toute décentralisation financière sérieuse[3]. Pour le Professeur Robert HERTZOG, il faut se demander si l'autonomie en droit a « trop peu de sens [ou] trop peu de signification »[4]. La doctrine financière africaine corrobore cette idée d'autonomie financière des CTD, mais l'aborde selon les variables financières propres à chaque Etat ou dans une approche comparative[5].

En réalité, l'autonomie financière des CTD est une autonomie relative, limitée. Ce constat ne vaut pas seulement pour le Bénin, mais pour la plupart des Etats de l'Afrique francophone subsaharienne[6]. Dans la pratique, elle induit pour les CTD de se doter du budget local. Pour alimenter ce budget, il faut des ressources de diverses natures. Il en découle l'idée du financement du développement local[7] dont

---

[1] Agrégé de droit public (CAMES), Université d'Abomey-Calavi (Bénin).

[2] Loi n° 98-007 du 15 janvier 1999 portant régime financier des communes en République du Bénin.

[3] M. BOUVIER, « L'autonomie financière locale à travers les crises », *in Revue Française de Finances Publiques (RFFP)*, n° 119, Trente ans de décentralisation financière : bilan et perspectives, septembre 2012, pp. 3-11.

[4] R. HERTZOG, L'autonomie en droit : trop peu de sens, trop peu de signification ? », *in Mélanges Paul AMSELEK*, Bruxelles, Emile Bruylant, 2005, p. 445.

[5] A. ESSONO OVONO, « L'autonomie financière des collectivités locales en Afrique noire francophone. Le cas du Cameroun, de la Côte-d'Ivoire, du Gabon et du Sénégal », sur **http://afrilex.u-bordeaux4.fr/**, *Revue Electronique Afrilex*, juin 2012, 24 p. - ZAKI (M.), « Les entraves à l'autonomie financière des collectivités locales au Sénégal », sur **http://afrilex.u-bordeaux4.fr/**, *Revue Electronique Afrilex*, 2014, 32 p.

[6] Livre premier de la Loi n° 2013-10 du 28 décembre 2013 portant code général des collectivités locales au Sénégal. - Art. 314 à 329 de la Loi n° 2007-011 du 13 mars 2007 portant décentralisation et liberté locale au Togo. - Livre premier de la Loi n° 2003-489 du 26 décembre 2003 portant régime financier, fiscal et domanial des collectivités territoriales en Côte d'Ivoire. - Loi n° 2009/011 du 10 juillet 2009 portant régime financier des collectivités territoriales décentralisées au Cameroun.

[7] Pour le Professeur Michel BOUVIER, il existe différentes formes de financement. Il en distingue quatre : « *le financement par contribuable : l'impôt ; le financement par concours de l'Etat : les subventions ; le*

les autorités locales ont la charge et dont elles doivent travailler à la réalisation, le vœu le plus ardent des populations locales étant de voir ce développement se réaliser.

Les ressources devant meubler le budget local étant de diverses natures, le législateur béninois a conçu une source de financement de ce budget et partant du développement local : la Taxe de Développement Local (TDL)[8]. En effet, à l'article 10 de la Loi n° 98-007 du 15 janvier 1999 portant régime financier des communes en République du Bénin, le législateur dispose : « Les recettes fiscales de la section de fonctionnement comprennent : a- le produit des impôts directs suivants : - la taxe de développement local basée sur les principales ressources de la commune [...] ». De cette disposition, il ressort que de par sa nature, la TDL est un impôt direct lequel, par définition, suppose l'établissement d'un rôle et la liste des contribuables assujettis à son paiement. D'emblée et pour éviter la confusion des genres, il faut souligner qu'il est des taxes qui constituent des impôts, alors que tous les impôts ne sont pas des taxes.

Cependant, de la fiscalité directe, la TDL est passée dans la fiscalité indirecte locale, non par modification de la loi de 1999 l'ayant instituée, mais par l'entremise de la Loi de finances pour la gestion 2010 au Bénin codifiée au Code Général des Impôts (CGI)[9]. Autrement dit, instituée par la loi de 1999 portant régime financier des communes en République du Bénin, la TDL a été mise en application par la Loi n° 2007-33 du 02 janvier 2008 portant loi de finances pour la gestion 2008. Face aux difficultés d'application[10], des modifications sont intervenues et portent sur le reclassement de la TDL ainsi que sur les règles d'assiette et de recouvrement, lesquelles modification ont été prises en compte dans l'Ordonnance n° 2010-01 du 1er janvier 2010 portant loi de finances pour la gestion 2010[11]. Par ce basculement, la TDL n'est plus assise sur les revenus et les bénéfices perçus au profit des CTD[12]. Elle repose plutôt sur une logique financière intéressant les tiers et est analysée dans la deuxième partie de l'étude.

---

financement par institutions bancaires : l'emprunt ; le financement par la gestion du patrimoine et des services ».

[8] Sur cette taxe, se référer au dossier spécial réalisé dans *Echos des communes, Bulletin d'information, d'éducation et de promotion de l'Association Nationale des Communes du Bénin (ANCB)*, n° 024, 2012, 27 p.

[9] Code Général des Impôts (CGI) du Bénin, édition 2016 : Deuxième partie : Impositions perçues au profit des communes et de divers organismes. Titre premier : Impôts directs et taxes assimilées. Chapitre premier : La Taxe de Développement Local (TDL) (supprimée). Titre II : *Taxes indirectes à la disposition des communes. Chapitre X : La Taxe de Développement Local (TDL).* Art. 1084 *Quinter*-1 : « *Il est créé une taxe de développement local applicable aux produits agricoles, forestiers, animaux, halieutiques, miniers et aux recettes de l'exploitation des sites touristiques* ».

[10] A la mise en œuvre de la TDL, les communes ont été confrontées à des difficultés sérieuses. Les principales ressources ne sont pas définies et les communes ont eu du mal à cerner la matière imposable.

[11] Coopération bénino-allemande, *Guide pour le recouvrement de la Taxe de Développement Local (TDL)*, Cotonou, juin 2010.

[12] L'impôt sur le revenu (né en Grande-Bretagne (*Income Tax*) puis importé (*Einkommensteuer* en Allemagne)) frappe les revenus des personnes publiques comme les bénéfices des personnes morales. WASERMAN (F.), *Les finances publiques*, Paris, La Documentation française, 8ème éd., 2016, p. 114. - GUIGUE (A.) et GERMAIN (J.), « Des expériences étrangères d'imposition du revenu : Income tax et Einkommensteuer », *in RFFP*, n° 140, 2017, p. 173.

Au regard de ces observations, que cette taxe soit créée constitue, à côté du Fonds d'Appui au Développement des Communes (FADeC) au Bénin, une des spécificités des finances locales béninoises. Toutefois, cette création et cette spécificité ne règlent pas définitivement le problème du financement du développement local, il faut encore le recouvrement de la TDL, voire sa gestion au mieux des intérêts des populations locales. Pour ce faire, il faut au préalable élucider quelques termes juridiques.

En théorie financière en général, et en théorie de l'impôt en particulier, le recouvrement de l'impôt est la quatrième et dernière phase de la technique fiscale, après la constatation, la liquidation et l'émission de l'ordre de recette. Cette procédure est celle dite « en droits constatés »[13], laquelle est l'opposé de la procédure au comptant qui fait agir le comptable public sans l'intervention de l'ordonnateur. Le recouvrement de l'impôt commande qu'il soit accompli un certain nombre d'actes pour que son paiement devienne une réalité. Autrement dit, il s'agit de « l'ensemble des actes juridiques et des opérations matérielles visant à obtenir le paiement de l'imposition, une fois celle-ci établie, c'est-à-dire assise et liquidée »[14]. Pour Pierre BELTRAME, le recouvrement de l'impôt désigne « l'ensemble des procédures par lesquelles l'impôt passe du patrimoine du contribuable dans les caisses du Trésor public »[15].

Appliquées à la TDL, ces définitions permettent de déduire que le recouvrement de la TDL concerne tous les actes juridiques, les opérations matérielles et les procédures grâce auxquels la TDL est payée par le contribuable, personne privée, qu'elle soit physique ou morale. Une telle définition présente l'avantage de mettre l'accent sur les actes et les opérations à accomplir ainsi que les procédures à suivre et les personnes concernées par le paiement de la TDL. Le but de cette dernière est de favoriser la mobilisation de ressources propres dans les communes béninoises qui ont peu de recettes fiscales de manière générale, mais ont de la matière imposable en termes de « productions agricole, animale, halieutique, minière et d'exploitation de sites touristiques »[16]. De cette idée, il faut retenir que la matière imposable de la TDL est la production locale. Dès lors, toutes les communes et les municipalités du Bénin ne sont pas concernées. Seules sont prises en compte les municipalités et les communes qui ont des potentialités à faire valoir en termes de productions *sus* indiquées. A y voir de près, les communes concernées ne sont pas nominativement éligibles par la loi. Il appartient au conseil municipal ou au conseil communal de la municipalité ou de la commune disposant de telles potentialités de délibérer sur le point du recouvrement de la TDL ainsi que des matières et produits concernés. Cependant, les aspects abordés ci-dessus n'ont trait qu'au recouvrement de la TDL. L'étude s'intéresse également à sa gestion pour que la taxe ainsi recouvrée ne finisse dans un programme privé ou ne soit détournée à d'autres fins.

---

[13] F. WASERMAN, *Les finances publiques*, *o. cit.*, pp. 62.

[14] J.-L. ALBERT J.-L. PIERRE et D. RICHER (dir.), *Dictionnaire de droit fiscal et douanier*, Paris, Ellipses, 2007, p. 457.

[15] P. BELTRAME cité par J.-L. ALBERT J.-L. PIERRE et D. RICHER (dir.), Dictionnaire *de droit fiscal et douanier*, *op. cit.*, p. 457.

[16] Art. 1084 *Quinter*-1 du Code Général des Impôts (CGI) du Bénin, édition 2016 précité.

Comme le recouvrement, la gestion est du domaine de l'administration et des finances[17]. Une terminologie contemporaine aurait permis d'employer le terme « Management ». Dans le sens considéré ici, il faut plutôt saisir l'ensemble des actes matériels de gestion financière orientée vers la satisfaction d'un but d'intérêt local, but de toute action communale. Ainsi considérés, le recouvrement et la gestion de la TDL présentent de nombreux enjeux en termes de gains substantiels et ouvrent des perspectives financières. L'intérêt scientifique est alors d'étudier sous un regard nouveau le financement du développement local à l'interne avec des mécanismes innovants et endogènes capables de permettre d'avoir une vision plus ou moins élargie du budget local. Dans la pratique, les agents des CTD et les acteurs qui interviennent dans la chaîne financière locale peuvent faire l'objet d'une étude approfondie, tandis qu'au niveau social et citoyen, les populations locales peuvent mieux saisir les finalités profondes de leurs contributions au financement interne du développement local[18].

Si le recouvrement et la gestion de la TDL se déroulaient suivant les normes prescrites, sans difficultés majeures, aucun problème ne se poserait. Mais, c'est parce que leur développement pose problème, que le recouvrement génère des conflits et que la gestion connaît des contraintes qu'il urge de s'interroger : peut-on considérer que dans le cadre de la décentralisation financière au Bénin le recouvrement et la gestion de la Taxe de Développement Local (TDL) ouvrent un nouvel et un bel avenir financier pour les collectivités territoriales ? Face à cette question, les réponses à fournir ne peuvent être banales. Aussi bien le recouvrement que la gestion de la TDL constituent des actes juridiques qui suscitent des réflexions en termes d'enjeux et de vues prospectives. Ils commandent par conséquent une analyse qui peut être orientée, pour des raisons heuristiques, dans deux sens : d'un côté, il s'agit d'actes juridiques aux enjeux pluriels (**I**) ; de l'autre, il est question d'actes juridiques à avenir financier catégoriel (**II**).

I. DES ACTES JURIDIQUES AUX ENJEUX PLURIELS

Le recouvrement de la TDL comme sa gestion constituent, en eux-mêmes, des enjeux que poursuivent les communes béninoises où cet impôt indirect est prélevé. Certes, l'enjeu ultime est l'utilisation des fonds pour le développement local. Toutefois, les idées avancées ici tendent à analyser ces actes juridiques comme des actes à enjeux. Ceux-ci diffèrent selon la taille des communes, les activités ou les productions à taxer et surtout le contenu du Plan de Développement Communal (PDC) ou Municipal (PDM)[19]. Dans la mesure où ce qui est taxé comme TDL dans

[17] 17 Le terme de « *gestion* » apparaît dans les cent mots de la finance, mais sous la rubrique « *gestion actif/passif* ». B JACQUILLAT, *Les 100 mots de la finance*, Paris, Puf, 6ème édition mise à jour, 2013, p. 87.

[18] Sur la question en droit comparé en Afrique, cf. E. TURPIN, « Le financement du développement local », *in Leeuru, Revue sénégalaise du développement local, de la décentralisation & de la bonne gouvernance*, n° 1 - La relance du développement local au Sénégal, août 2011, p. 342.

[19] Le PDC ou le PDM se définit comme un instrument qui, en fonction des potentialités et contraintes du milieu, des choix effectués par le Conseil communal ou municipal, la société civile et les partenaires au développement, établit un programme pluriannuel en réponse aux préoccupations de la Commune. C'est le résultat d'un processus d'analyse de priorisation, d'arbitrage et de choix tenant compte des réalités sociales,

une commune peut ne pas l'être dans une autre commune, les enjeux sont à apprécier à l'aune des politiques locales et du degré d'implications des populations locales[20]. Aussi, convient-il de distinguer l'enjeu crucial de la mobilisation de la TDL (A) de celui primordial de sa gestion (B).

A. L'ENJEU CRUCIAL DE LA MOBILISATION DE LA TDL

La mobilisation de la TDL ne peut être faite pour le bon plaisir du prince local ou pour plaire aux élus locaux. Elle constitue un véritable enjeu pour le financement du développement local, car la TDL constitue une véritable innovation des finances locales béninoises et tranche avec les questions fiscales qui ont précédé son avènement[21]. Puisque la TDL a une origine législative en raison même du principe de la légalité de l'impôt, sa mobilisation ou son recouvrement constitue un enjeu crucial pour les communes. Il ne peut en être autrement dans la mesure où de sa réalisation et de son aboutissement effectif dépend une partie des ressources propres à même de financer le développement local.

Certes, ces ressources propres notamment celles fiscales, s'étendent aux contributions foncières des propriétés bâties et non bâties, à la patente et la licence, à la taxe sur les armes à feu et aux taxes directes assimilées[22]. Mais, il est nécessaire de recouvrer la TDL, car le financement extérieur du développement local n'est pas toujours au rendez-vous. Dans ce cadre, les agents percepteurs de diverses communes du Bénin sont formés et outillés à cette fin[23]. La mobilisation de la TDL repose sur la loi. Toutefois, elle nécessite la participation des citoyens, dans la mesure où, sans cette participation, la décentralisation administrative comme financière ne saurait être une réalité vivante et vécue. Si l'impôt est exigé par voie d'autorité et sans contrepartie, son recouvrement dans le cadre du financement du développement local s'appuie sur une constante : la participation citoyenne. Celle-ci est observable dans de nombreuses communes béninoises. Sous ce rapport, la participation du citoyen à la vie locale ne concerne pas seulement le choix des élus locaux. Elle concerne aussi, au plan administratif la mise en œuvre des droits de participation citoyenne[24] et au niveau financier, la participation financière, c'est-à-dire, la contribution financière du citoyen local.

---

des aspirations des populations et des ambitions des dirigeants. Voir Mission de la Décentralisation, *Guide du conseiller communal*, Cotonou, mai 2000.

[20] Voir par exemple, Programme des Nations Unies pour les Etablissements Humains (ONU-Habitat), *Mobilisation des ressources financières locales. Documentation des registres fonciers urbains des communes du Bénin*, Rapport 3/2012, 123 p.

[21] Sur l'évolution des finances locales béninoises avant la décentralisation de 1999, cf. BAKO ARIFARI (N.) et *alii*, « Politique locale et stratégies de mobilisation de ressources financières à l'échelle communale au Bénin », *in Bulletins de l'Institut Royal des Tropiques*, n° 357- Financer la décentralisation rurale. Taxes et impôts à l'échelle locale au Bénin, Burkina-Faso et Mali, 2004, pp. 16-44.

[22] Art. 10. a- de la Loi portant régime financier des communes en République du Bénin précitée.

[23] Coopération bénino-allemande, *Guide pour le recouvrement de la Taxe de Développement Local (TDL)*, précité.

[24] Ces droits sont : le droit d'accès et de consulter les documents administratifs, le droit à l'information, le droit de pétition, le droit d'ester en justice, etc. H. AKEREKORO, *Droit des collectivités territoriales. Les citoyens, les élus locaux et le développement local*, Cotonou, ODOPAT Editions, 2015, pp. 70-72.

Au nombre des communes béninoises où la TDL est actuellement perçue, il peut être cité la Commune de Banikoara (Département de l'Alibori) au Nord ; la Commune de Matéri[25] (Département de l'Atacora) au Nord-Ouest ; les Communes de Dassa-Zoumè et de Savalou (Département des collines) ; la commune de Djidja (Département du Zou) au Centre du Bénin, pour ne citer que ces communes.

Dans la commune de Banikoara, la TDL est essentiellement perçue sur la production cotonnière, cette commune étant la première du Bénin dans cette production. Il en est de même dans les Communes de Dassa-Zoumè et de Savalou où la TDL porte de façon non exclusive sur le coton[26]. Dans la commune de Djidja, la TDL est recouvrée sur divers produits dont les produits vivriers (maïs, arachide, niébé, piment, igname, patate et manioc), forestiers (bois de feu, billes, charbon, acajou, pépinière), agricoles (coton), miniers (granites, sables, latérite et argile) et les productions animales (bœufs transhumants, bœufs de pacage, petits ruminants (ovins, porcins, caprins) et volaille). Dans les deux communes, les montants de la TDL pratiqués sur les divers produits ne sont pas les mêmes ; ce qui rejaillit sur la rentabilité financière en termes de prévisions relatives à la TDL et de TDL effectivement recouvrée.

Par exemple, dans la commune de Djidja, au cours de l'année 2014, les prévisions étaient de 100 millions de F CFA, mais seulement 19.695.700 F CFA sont recouvrées, soit 19, 70%. Ce faible taux de collecte de la TDL peut connaître une augmentation comme il peut décroître en raison de problèmes qui seront abordés dans la deuxième partie de l'analyse, même si dans l'ensemble, il est reconnu que « la TDL a apporté un grand plus aux budgets des communes »[27].

Quoi qu'il en soit, une chose est de recouvrer la TDL, une autre est de la gérer ; ce qui n'en constitue pas moins un enjeu.

B. L'ENJEU PRIMORDIAL DE LA GESTION DE LA TDL

Une fois recouvrée, la TDL doit pouvoir faire l'objet d'une gestion optimale aux fins de l'atteinte des objectifs de développement local. La bonne gestion de la TDL constitue un enjeu parce que, d'une part, elle traduit la capacité des autorités locales à la gestion des finances locales en général, des ressources financières locales mobilisées en particulier, d'autre part, elle induit des actions en faveur du développement local, par exemple, par la réalisation d'infrastructures socio-communautaires de qualité, le déploiement des énergies locales vers le bonheur des populations locales. Si tel n'est pas le cas, la voie est ouverte aux dérapages budgétaires et aux abus financiers préjudiciables aux actions de développement local. Cette gestion peut être analysée à un double point de vue touchant, l'un à la gestion financière locale, l'autre aux réalisations locales.

---

[25] H. M. YOTTO, « Taxe de développement local à Matéri : des commerçants protestent contre la hausse exagérée des prix », sur http:// **www.actubenin.com**, consulté le 27 décembre 2017.

[26] F. AGOHOUNGO, « Prélèvement de taxe de développement local à la mairie de Dassa : guéguerre entre le maire et les cotonculteurs », *in Fraternité, quotidien béninois*, édition du 10 avril 2014.

[27] *Echos des communes, Bulletin d'information, d'éducation et de promotion de l'Association Nationale des Communes du Bénin (ANCB)*, n° 024, *ibid.*, p. 5.

S'agissant de la gestion financière locale, elle obéit à des principes précis. Il en est ainsi par exemple, du principe de la séparation des ordonnateurs et des comptables, du principe émergent de transparence financière, celui de l'obligation de compte rendu et donc de reddition de comptes, Ce dernier principe suppose au préalable l'obligation de résultats. Ces principes de bonne gestion financière locale ne sont pas toujours assimilés ou maîtrisés dans toutes les communes du Bénin où il existe des recettes de TDL. Or, si en droit comparé, il est retenu que « les collectivités locales ont droit, dans le cadre de la politique économique nationale, à des ressources propres dont elles peuvent disposer librement dans l'exercice de leurs compétences, […] une part au moins des ressources financières des collectivités locales doit provenir des redevances et d'impôts dont elles ont le pouvoir de fixer le taux, dans les limites de la loi »[28], il est tout aussi vrai que la liberté de disposition de ces ressources propres ne doit pas seulement concerner leur mobilisation, mais aussi leur gestion.

D'une manière générale, la rationalité dans la gestion financière du budget local n'est pas toujours au rendez-vous. De nombreuses manœuvres frauduleuses caractérisent les actes de gestion des autorités locales béninoises. Cependant, il est à souligner que c'est de la bonne gestion des ressources financières locales que dépendent les bonnes actions ou plutôt les bonnes réalisations effectuées dans le cadre du développement local. Les populations locales qui, de par leurs contributions financières, participent au financement du développement local, ne peuvent souffrir de voir lesdites contributions mal gérées et/ou détournées à des finalités autres que la poursuite légitime de l'intérêt local.

En dressant un tel tableau du financement du développement local au Bénin, rien qu'en se basant sur la TDL, l'étude donne une image des finances locales qui ne reflète pas toujours la sincérité et la fidélité qui doivent les caractériser. Il va sans dire que des problèmes demeurent. Ces problèmes sont mis en relief à travers l'étude des actes juridiques aux perspectives financières catégorielles.

II. DES ACTES JURIDIQUES A AVENIR FINANCIER CATEGORIEL

Dans les communes béninoises où elle est mise en place et pratiquée, la TDL connaît des problèmes dans son recouvrement et dans sa gestion. Au titre du recouvrement, il faut signaler l'insuffisance du personnel et d'agents qualifiés, la faible motivation des agents collecteurs, le défaut d'information et de sensibilisation des populations locales. Du côté de la gestion de la TDL, il est à relever des difficultés dans l'exercice des compétences, l'absence de satisfaction des demandes des populations locales, l'insuffisance du contrôle de la gestion. Ces problèmes sont récurrents et commandent des vues prospectives qui peuvent être développées sous deux angles : les perspectives de renforcement du budget local (A) et celles de bonne gestion financière locale (B).

---

[28] Art. 9 de la Charte de l'autonomie locale du Conseil de l'Europe adoptée à Strasbourg (France) le 15 octobre 1985.

A. Les perspectives de renforcement du budget local

Instrument de prévision et d'action des CTD, le budget local doit faire l'objet d'un renforcement quantitatif et qualitatif.

Au plan quantitatif, l'atteinte des objectifs du développement local nécessite que les sources de financement de ce développement soient variées. Théoriquement et de façon schématisée, il est possible de penser à un macro-financement du développement local, étant entendu que le micro-financement est celui interne à chaque commune sur la base de ses ressources propres. Ce macro-financement doit faire la part belle au financement extérieur : celui des Partenaires Techniques et Financiers (PTF), de l'Etat en l'occurrence les transferts de ressources financières aux communes. Toutefois, il faut déplorer que ces transferts ne soient pas en quantités suffisantes. A titre illustratif, sur un budget national, exercice 2017 au Bénin, qui s'élève à 2.010 milliards 586 millions de F CFA (contre 1423 milliards 487 millions de F CFA en 2016), les ressources prévues pour être transférées par l'Etat sont de 1,7% de ce budget, contre 3,5% (soit 37 milliards) en 2016 (et 47, 315 milliards en 2015).

Au niveau qualitatif, le budget local a aussi besoin d'être renforcé. Les actions à mener dans ce sens visent à revoir la typologie des recettes sans qu'une hiérarchisation soit nécessaire entre elles. Il est salutaire que la TDL soit devenue un impôt indirect[29] qui, selon le double critère de l'incidence de l'impôt et de l'établissement d'un rôle, est celui qui fait reposer la charge de l'impôt sur les tiers et non supporté par celui qui y est assujetti, comme c'est le cas pour l'impôt direct. Ce basculement du législateur béninois de l'impôt direct à l'impôt indirect entraîne une conséquence juridique : l'absence de rôle, c'est-à-dire, de liste sur laquelle figurent les bases d'imposition ainsi que les montants dus par chaque contribuable. La particularité de l'impôt indirect est qu'il est recouvré sans rôle puisqu'il est lié aux actes de production ou de consommation irréguliers dans le temps.

En outre, les modes de financement du budget local peuvent être revus. Les modes de financement public comme les emprunts obligataires, les émissions de bons du Trésor, les avances de la banque centrale du Trésor et les impôts, étant devenus classiques, il peut être recouru, sans excès, aux modes de financement privés comme l'auto-financement et le recours aux crédits bancaires (emprunts et obtention de prêts de crédits). Les CTD peuvent aussi financer directement certains projets et programmes contenus dans les PDC et les PDM, alors que d'autres peuvent faire l'objet d'un financement indirect comme l'auto-financement.

Les perspectives de la TDL touchent aussi à la bonne gestion financière locale.

---

[29] Art. 1084 *Quinter*-2 du Code Général des Impôts (CGI) du Bénin, édition 2016 précité : « *Sont assujettis à la TDL les producteurs [...] les acheteurs grossistes [...] les exploitants forestiers [...] les vendeurs ou courtiers de bétail [...]* ». - Art. 1084 *Quinter*-3 du Code Général des Impôts (CGI) du Bénin, édition 2016 précité : « *Tous ces assujettis sont tenus d'incorporer la TDL à leurs prix et de la collecter sur leurs clients* ».

B. Les perspectives de bonne gestion financière locale

Les autorités locales doivent faire preuve de bonne gestion financière locale. Cette bonne gestion passe par une meilleure appropriation des principes de la gouvernance locale, notamment sur le plan financier.

Ces autorités doivent savoir, par exemple, qu'il existe des exonérations en matière de TDL. Ainsi, conformément à l'article 1084 *Quinter*-4 du CGI du Bénin, « les exploitants de produits miniers agréés par le Ministère chargé des mines sont exonérés de la TDL ». L'on peut arguer que le principe d'égalité n'est pas respecté. Cependant, ces exonérations visent certainement à favoriser lesdits exploitants et à leur permettre d'exercer au mieux leurs activités minières.

En outre, les autorités locales doivent aussi connaître les fourchettes des taux de TDL applicables et fixées par le CGI en son article 1084 *Quinter*-6, modifiées par les lois de finances de 2011 et de 2012 et ne pas dépasser ces taux. Dans le ressort de la commune de laquelle une matière est taxée, la TDL est perçue une seule fois, même si un assujetti peut être taxé dans une autre commune, les pénalités d'assiette et de recouvrement étant réparties conformément aux prescriptions du CGI.

Les perspectives de bonne gestion financière de la TDL concernent aussi les opérations de contrôle et le contentieux fiscal. Pour la bonne gestion financière, le contrôle de l'impôt est d'abord un droit qui appartient à l'administration fiscale. Ensuite, le contentieux de l'impôt est plus prononcé pour les impôts directs que pour ceux indirects. Enfin, la bonne gestion financière des recettes de la TDL peut constituer un indicateur de bonne gouvernance et une prime à la bonne gouvernance locale. Le respect des manuels de procédures de gestion financière peut se révéler efficace et permettre d'éviter les fautes de gestion sanctionnables par la juridiction financière.

CONCLUSION

D'un impôt direct, la TDL est devenue au Bénin un impôt indirect de par la volonté du législateur. Recouvrée au profit des CTD qui disposent de potentialités à faire valoir, sa gestion ne répond pas entièrement aux canons de la bonne gestion financière. La capacité financière des CTD étant faible, il faut éduquer et encourager au maintien de la TDL. Il est à souhaiter que des initiatives soient prises pour éduquer les agents des CTD pour une gestion saine des finances locales en général, dans la mesure où le développement local en dépend.

Steve Thiery BILOUNGA[1]

LA LUTTE CONTRE LE DÉSORDRE URBAIN PAR LES IMPÔTS LOCAUX AU CAMEROUN

INTRODUCTION

Le développement sans cesse croissant du phénomène de la ville connu dans la presque totalité des Etats du monde de nos jours[2], semble avoir pour corollaire l'expansion du *cancer* du désordre urbain dont l'anatomie, la morphologie et la posologie de traitement constituent des préoccupations permanentes pour les pouvoirs publics[3].

Symptomatique de la crise de la ville[4], le désordre urbain est communément appréhendé soit comme un défaut d'ordre initial, soit comme une perturbation de l'ordre existant dû à un dysfonctionnement dans nos agglomérations[5]. Le désordre urbain évoque ainsi la surpopulation, l'insécurité, la pollution, la désorganisation du pouvoir dont souffrent de nombreuses cités. Complexe, hétérogène et foisonnant, à l'image du phénomène de la ville qui l'héberge, le désordre urbain tend à constituer une expression commode pour désigner un ensemble de phénomènes parfois relativement nouveaux, mais difficilement conceptualisables qui minent nos cités[6].

Les Etats africains en général[7], et le Cameroun en particulier, n'en sont pas épargnés. En effet, suite à la montée en puissance de l'exode rurale, de l'habitat spontané, de la criminalité, de l'importation des engins d'occasion et boissons alcoolisées diverses et surtout de l'incivisme sous toutes ses formes, pour ne citer

---

[1] Maître de Conférences, Vice-Doyen chargé de la Programmation et du Suivi des Activités Académiques à la Faculté des Sciences Juridiques et Politiques de l'Université de Ngaoundéré- Cameroun

[2] A. HEYMANN, *L'extension des villes*, Paris, PUF, 1971, pp.7 et suivantes.

[3] P. Le GALES, « Du gouvernement des villes à la gouvernance urbaine », *RFSP*, n°1, 1995, pp. 57 et suivantes.

[4] Un bilan global de la crise urbaine a été dressé à Istanbul en juin 1996 à l'occasion du sommet de la ville. Voir J. BINDET, « Sommet de la ville : les leçons d'Istanbul », *Futuribles*, Juillet-août 1996, pp. 77 et suivantes.

[5] J. C. ZARKA, « La notion juridique d'agglomération », *Annales de l'Université des sciences sociales de Toulouse*, Tome XL, 1992, pp. 245 et suivantes.

[6] M. M. WEBBER, *L'urbain sans lieu ni bornes*, Paris, Edition de l'Aube, 1996, pp.6 et suivantes.

[7] B. CHANDON-MOËT, « Le risque de la ville en Afrique », *in Violence urbaine au sud du Sahara*, *Cahier de l'UCAC*, 1998, pp. 7-19.

que ces quelques causes, la salubrité, la sécurité, la tranquillité, l'esthétique, l'hygiène et la paix de nos agglomérations sont en permanence menacées[8].

Dans l'optique, si ce n'est de venir complètement à bout de telles menaces, ou de les amoindrir à la limite du possible, les pouvoirs publics du Cameroun mobilisent une gamme très variée de moyens d'ordre juridique et institutionnel. Les plus en vue, pour cette cause, consistent essentiellement aux lois et règlements de police, ainsi qu'aux personnels diversifiés de maintien de l'ordre public dont la mission fondamentale est soit de prévenir, soit de sanctionner, après mise en demeure, les cas de désordre pressentis ou constatés dans nos municipalités[9]. En s'affranchissant judicieusement de cette sagesse populaire qui impose une option entre la prévention et la répression[10], les pouvoirs publics camerounais semblent plutôt faire le pari, en matière de lutte contre le désordre urbain, de prévenir et de guérir concomitamment.

Bien que cela puisse, à première vue, paraître peu ou prou curieux, l'impôt occupe une place importante parmi les moyens déployés par les autorités étatiques dans la lutte contre le désordre urbain au Cameroun. En effet, même s'il a pour principale mission la couverture financière des charges d'intérêt général des personnes morales de droit public[11], l'impôt est aussi utilisé par la puissance publique pour atteindre d'autres objectifs[12], en l'occurrence la prévention et la répression de toute forme de désordre dans les agglomérations camerounaises. La fonction principielle essentiellement budgétaire de l'impôt, s'accompagne donc dorénavant aussi d'une fonction d'interventionnisme où *la prestation pécuniaire requise des contribuables d'après leurs facultés contributives et qui opère, par voie d'autorité, un transfert patrimonial définitif et sans contrepartie déterminée, en vue de la réalisation des objectifs fixés par la puissance publique*[13], vise des objectifs autres que ceux de nature financière.

Comment les *impôts locaux*, c'est-à-dire les impôts, taxes et redevances prélevés par les services fiscaux de l'Etat, ou compétents des collectivités territoriales, au profit de ces dernières[14], concourent-t-ils à la lutte contre le désordre urbain au Cameroun ? En d'autres termes, par quelles modalités ces prélèvements publiques obligatoires, jadis apanage de l'Etat mais dorénavant transférés aux communes,

---

[8] A. NOUBOUWO, *Développement urbain et stratégies d'acteurs dans les quartiers précaires de Douala au Cameroun*, Thèse de doctorat du programme conjoint INRS et UQAM, 1994, 327p.

[9] P. JANIN, « L'espace saisi par le droit dans la loi d'orientation pour la ville », *in* M. GAILLARD (dir.), *Institutions et territoire*, Presses universitaires de Lyon 1993, pp. 61 et suivantes. Voir aussi J. CAILLOSSE, « La ville, le droit, et la redistribution des territoires administratifs », *PMP*, n°3, 1995, pp.83 et suivantes.

[10] Il est communément dit dans la sagesse populaire que *« prévenir vaux mieux que guérir »*.

[11] C'est ce qui ressort de ces propos de G. JEZE : *« Tout problème financier se ramène à ceci : les consommations des services publics entrainent des consommations des services personnels et de choses ; il faut répartir entre les individus la charge qui résulte de ces consommations ; il faut déterminer qui doit supporter cette charge et dans quelle mesure »*, A. CASTEL et C. ARCHIREL, « Recours à la fiscalité et transparence des gestions locales », *RFFP*, n°131, 1er septembre 2015, p.43.

[12] P. BELTRAME, *La fiscalité en France*, Paris, Hachette supérieure, 9ème édition, p. 14.

[13] P. BELTRAME, *La fiscalité en France*, *op. cit.*, p.12.

[14] Article 1er alinéa 2 de la loi n° 2009/019 du 15 décembre 2009 portant fiscalité locale.

communautés urbaines, régions, participent-ils à l'éradication du phénomène du désordre urbain au Cameroun ?

L'analyse attentive de l'esprit, de la lettre et de la mise en œuvre effective de la loi portant fiscalité locale au Cameroun, semble apporter quelques éléments de réponse à cette interrogation, même si, à première vue, le problème du désordre urbain ne constitue pas la préoccupation fondamentale de cet instrument juridique et de gouvernance à vocation essentiellement financière[15]. En effet, plusieurs *impôts locaux* transférés directement ou indirectement aux communes, aux communautés urbaines, et aux régions, semblent être constitutifs d'instruments non négligeables de prévention ou de répression de plusieurs actes de désordre qui minent les cités camerounaises. Divers, tant du point de vue de leur essence que de leur apparence, ces impôts ne satisfont pas tous à la critériologie technique de définition de l'impôt. Car, certains d'entre eux consistent plutôt en des taxes et redevances[16] et autres droits pécuniaires[17]. Aussi, leurs modalités d'établissement et de perception varient-elles en fonction non seulement du type de contribution publique obligatoire concernée, mais également de la nature du désordre urbain qu'ils ambitionnent de prévenir ou de sanctionner. Par ailleurs, les modalités de lutte contre le désordre urbain par les impôts locaux ne portent pas exclusivement sur le principal de ces impôts. Elles mobilisent aussi les pénalités éventuelles liées à chaque impôt concerné.

Les impôts locaux de prévention du désordre urbain ont pour objectif primordial d'empêcher la survenance matérielle d'actes constitutifs de désordre dans la cité. Ils s'assimilent à une épée de Damoclès en permanence accrochée sur la tête du résident de la cité ou de tout passant par la ville et menaçant de tomber dès la réalisation de tout acte anormal ou même normal pouvant avoir des effets négatifs lorsqu'il serait incontrôlé. Ces impôts ont une portée pédagogique certaine, car visant à inculquer aux contribuables locaux une certaine conscience ou une certaine éthique municipale, avant même la réalisation de l'acte susceptible d'entamer la sécurité, l'esthétique, la salubrité, l'hygiène, la tranquillité de la ville.

Les impôts locaux de répression quant à eux, sont appréhendés comme des sanctions suite à la commission d'actes portant atteinte à l'ordre public dans la cité par un résident ou toute personne passant par la ville pour une autre destination. A l'instar de toute sanction juridique, ces impôts ont à la fois une portée curative et dissuasive avérée. Car, ils ont vocation à réparer toute forme de trouble à l'ordre dans la cité d'une part, et à empêcher la commission matérielle de tels actes pour l'avenir, eu égard à la gravité relativement prononcée de la sanction y afférente, d'autre part.

---

[15] Il ressort clairement de l'exposé des motifs de la loi portant fiscalité locale que l'objectif de cette loi est de *« renforcer l'autonomie financière des collectivités territoriales décentralisées, par l'organisation du transfert progressif des compétences en matière de gestion des impôts et l'accès direct aux recettes qui leur sont dévolues ».*

[16] P. ALAKA ALAKA « La distinction entre redevance et taxe », *Annales de la Faculté des sciences juridiques et politiques*, n°2, juin-décembre 2002, pp. 105- 110.

[17] M. BONABE DEHICBE, *La notion d'impôt en droit fiscal camerounais*, Mémoire de Master en droit public de l'économie, Université de Ngaoundéré, 2013/2014.

La mobilisation des impôts locaux dans la prévention et la répression du désordre urbain n'est pas une option fortuite au Cameroun. En effet, dans un contexte social de promotion de l'éthique, du civisme, de la citoyenneté, ou plus généralement, de la bonne gouvernance comme le nôtre, il n'est jamais inutile de faire recours au *nerf de la guerre*[18] pour discipliner les esprits corrompus. L'impôt, appréhendé alors comme une sanction financière prise en toute souveraineté, trouve ainsi toute sa portée coercitive justifiée. Pourtant, malgré la pertinence d'une telle option des pouvoirs publics, la lutte contre le désordre urbain par les impôts locaux aurait assurément pu être beaucoup plus efficiente, n'eût été la survenance de certaines difficultés d'ordre juridico institutionnel et même culturel. En effet, insuffisamment outillé aux règles et mécanismes de la fiscalité locale, les municipalités peinent à endiguer le désordre urbain, en même temps que les autorités centrales semblent oublieuses du transfert des compétences fiscales librement consenti aux collectivités locales, par une présence peu ou prou poussée de leur administration même dans ces entités[19]. L'insuffisante culture de la décentralisation et de la fiscalité des municipalités semble avoir pour corollaire leur atonie, dans l'indifférence des autorités centrales[20].

L'intérêt d'une étude sur la lutte contre le désordre urbain par les impôts locaux au Cameroun semble à cet effet perceptible sur un double plan théorique et pratique. Du point de vue théorique, cette étude révèle toute son originalité, d'abord du fait de son inscription au centre de la théorie interventionniste[21]. En effet, par ce travail scientifique, il est possible de comprendre qu'au-delà de sa vocation financière, l'impôt est un instrument utilisé par les pouvoirs publics pour atteindre d'autres objectifs, en l'occurrence la lutte contre le désordre urbain : c'est l'interventionnisme fiscal de prévention et de répression. Ensuite, cette étude met en exergue une acception particulièrement camerounaise de l'impôt, dès lors qu'il se rapporte aux collectivités territoriales décentralisées, à travers la notion d'*impôts locaux*[22]. Paradoxalement, en finances publiques locales camerounaises, la notion d'impôt voit son contenu théorique transcender le prisme définitionnel initialement limité par Gaston JEZE, puis amélioré par Lucien MEHL et Pierre BELTRAME[23], pour intégrer aussi les taxes, redevances et autres droits. L'impôt semble dès lors devenir ce *fourre-tout* contenant à la fois l'impôt lui-même dans sa définition classique, mais également les notions qui lui sont voisines[24]. Sur le plan pratique, ce travail est l'occasion idoine d'identification des stratégies, organes, techniques et procédures de prévention et de répression fiscale du désordre urbain, dans l'optique

[18] C'est l'image populaire de l'argent ou des finances.

[19] C. MONEMBOU, « Les paradoxes de la décentralisation camerounaise : de la décentralisation à la recentralisation », *Revue africaine de droit et de science politique*, Vol 1, n°1, janvier-juin 2013, pp 161-180.

[20] S. S. MVAEBEME, *Les rapports entre l'Etat et les communes au Cameroun depuis les lois du 22 juillet 2004*, Mémoire de DEA, Université de Yaoundé II, 2008, pp 4 et suivantes.

[21] P. BELTRAME, *Fiscalité en France*, *op. cit.*, pp. 183-184.

[22] M. BONABE DEHICBE, *La notion d'impôt en droit fiscal camerounais*, op.cit.

[23] P. BELTRAME, *Fiscalité en France*, *op. cit.*, p. 12.

[24] P. ALAKA ALAKA, « La distinction entre redevance et taxe », *Annales de la Faculté des sciences juridiques et politiques*, n°2, juin-décembre 2002, pp. 105- 110. Lire aussi : M. BOUVIER, *Introduction au droit fiscal général et à la théorie de l'impôt*, Paris, LGDJ, 4ème édition, 2001, pp.20 et suivantes.

d'un développement durable et d'une démocratie au Cameroun à partir de nos municipalités[25].

L'ambition de parvenir aux vérités scientifiques que recèle cette étude, impose la mobilisation d'une méthode particulière. Nous ferons, à cet effet, recours aux méthodes analytique et sociologique. Traditionnelle pour le juriste, la méthode analytique ou *dogmatique*, pour faire corps avec la théorie positiviste du droit, consiste à l'exégèse des textes de droit et à la casuistique de la jurisprudence. Cette méthode n'exclut pas la technique documentaire qui permettra aussi d'exploiter les textes de doctrine et de faire, en toute opportunité, des comparaisons utiles avec des expériences étrangères. Basée sur des entretiens conduits avec les contribuables, les membres de la société civile et les agents de l'administration fiscale, la méthode sociologique, quant à elle, permettra de confronter le droit à la réalité quotidienne, afin de mieux jauger l'efficacité[26] du dispositif juridique et institutionnel de lutte contre le désordre urbain par les impôts locaux au Cameroun. Le recours à cette approche méthodologique est assurément gage d'une bonne identification des modalités de lutte déployées (I), en dépit des multiples faits rédhibitoires dont l'appréciation mettra en exergue la portée d'un tel combat (II).

I. LES MODALITÉS DE LA LUTTE CONTRE LE DÉSORDRE URBAIN PAR LES IMPÔTS LOCAUX

Du fait de l'insalubrité, de l'insécurité et des multiples tensions qui le caractérisent, le désordre urbain constitue un véritable obstacle au développement de nos pays en général et de nos municipalités en particulier. Dans l'optique de remédier à cette situation, les pouvoirs publics camerounais, mobilisent, en sus des autres moyens, les impôts locaux, dont les éléments caractéristiques sont non seulement leur diversité, mais surtout leur *obligatoriété*[27]. Cette diversité fait suite à la nature composite des contributions pécuniaires publiques consubstantielles aux impôts locaux. En effet, en dehors de l'impôt au sens classique du terme, cette dernière catégorie juridique originale intègre les taxes administratives, les redevances et tous les autres droits à caractère financier profitables aux collectivités territoriales décentralisées[28] en matière de lutte contre le désordre urbain. Quant à

[25] Ramené au Cameroun, c'est ce qui semble se dégager de ces propos de M. BOUVIER : *« La fiscalité locale présente en effet au moins trois qualités : elle est, à la fois, un moyen efficace de financer le développement, une voie d'accès privilégiée à une responsabilisation de la gestion publique, et un élément clef de la démocratie de proximité ».* M. BOUVIER, « Le pouvoir fiscal local : d'un pouvoir en trompe-l'œil à un ordre des autonomies », *RFFP*, n°131, 01 septembre 2015, p.2.

[26] En faisant la nuance entre l'effectivité et l'efficacité, LAITHIER affirme : *« Est effectif ce qui produit un effet ; est efficace ce qui produit l'effet attendu ».* Voir *Etude comparative des sanctions de l'inexécution du contrat*, Paris, LGDJ, Collection Bibliothèque de droit privé, t. 419, 2004, p. 19. Lire aussi. M. A. FRISSON-ROCHE, « L'efficacité des décisions en matière de concurrence : notions, critères, typologie », *LPA, 28 décembre 2000*, n°259, pp. 4 et suivantes.

[27] B. OPPETIT, *Philosophie du droit*, Dalloz, Paris, 1999, pp. 23 et suivantes. En reconnaissant la difficulté du choix du critère de la juridicité d'un acte, l'éminent juriste théoricien du droit tend à faire de l'*obligatoriété* le véritable critère de la juridicité. Pour lui, la juridicité tient à un élément extérieur : la force qui assortit son application. Car la règle de droit s'inscrit dans un ordre de contrainte et se caractérise par sa sanction.

[28] M. BONABE DEHICBE, *La notion d'impôt en droit fiscal camerounais, op.cit.*

leur *obligatoriété*, les impôts locaux, à l'instar de tous les prélèvements pécuniaires publics requis des membres de la collectivité, par voie d'autorité, à titre définitif et sans contrepartie directe, s'illustrent par leur caractère obligatoire, leur essence coercitive issue de la souveraineté de leur initiateur[29]. Par conséquent, tout contrevenant s'expose à des sanctions définies en toute légalité. La lutte contre le désordre urbain par cette diversité de prélèvements obligatoires adopte deux principales modalités : la prévention (A) et la répression (B).

A. LA PRÉVENTION DU DÉSORDRE URBAIN PAR LES IMPÔTS LOCAUX

Parce que prévenir vaut mieux que guérir en toute démarche encline de performance, il est plus judicieux d'empêcher que le mal s'installe, afin d'éviter tout effort de lutte, qui aurait assurément perdu toute raison d'être si l'arsenal de prévention avait été efficace. Les pouvoirs publics camerounais ont mis à profit cette démarche empreinte de sagesse dans la mobilisation des impôts locaux pour lutter contre le désordre urbain. En effet, plusieurs instruments juridiques de la fiscalité locale[30] prévoient une gamme variée de prélèvements pécuniaires publics obligatoires dont la vocation est de prévenir le désordre urbain. Il s'agit des impôts au sens propre du terme[31], des taxes administratives[32] et autres droits.

1. Les impôts de prévention du désordre urbain

A la lecture de la loi du 15 décembre 2009 portant fiscalité locale, trois principaux impôts directement affectés aux communes, sont susceptibles d'être considérés comme des instruments fiscaux de prévention du désordre urbain dans les municipalités où ils sont établis et collectés. Il s'agit notamment de la patente, de la licence et l'impôt libératoire.

---

[29] Von JEHRING, *L'évolution en droit*, traduction de *Zweck in Recht*, 3ème Edition, Paris, 1901, pp. 206 et suivantes. L'éminent auteur identifie en effet la sanction à la contrainte et en fait le critère distinct de chaque règle de droit. Il affirme à juste titre : *« une règle de droit dépourvue de contrainte juridique est un non-sens : c'est un feu qui ne brule pas, un flambeau qui n'éclaire pas »*.

[30] Il s'agit principalement ici de la loi du 15 décembre 2009 portant fiscalité locale et du Code général des impôts, dont la troisième partie reprend l'intégralité de la première loi.

[31] Ils se définissent, en combinant les acceptions de G. JEZE, L. MEHL et P. BELTRAME, comme des prélèvements pécuniaires requis des membres de la collectivité par voie d'autorité, à titre définitif, sans contrepartie directe et en fonction des capacités contributives, en vue de la couverture des charges d'intérêt général ou à des fins d'interventionnisme de la puissance publique.

[32] Elles peuvent être comprises comme des contreparties financières d'un service rendu à un usager par l'administration, à condition que la somme payée par l'usager ne soit pas équivalente au service rendu par la personne publique. Ce critère dit de l'équivalence est l'élément fondamental de distinction de la taxe administrative d'avec la redevance qui, elle, a un prix qui doit être équivalent au service rendu. Lire : M. BOUVIER, *Introduction au droit fiscal général et à la théorie de l'impôt*, *op. cit.*, p.23. A ce propos, l'éminent auteur affirme : *« d'une part, la taxe peut être exigée non seulement des usagers effectifs mais également des usagers potentiels [...], d'autre part, l'équivalence entre service rendu et prix à payer n'a pas été nécessairement absolue »*.

a. La patente

Conformément aux dispositions de l'article 8 de la loi portant fiscalité locale, toute personne physique ou morale de nationalité camerounaise ou étrangère qui exerce dans une commune une activité économique, commerciale ou industrielle, ou toute autre profession non comprise dans les exemptions déterminées par la même loi, est assujettie à la contribution de patente. Ayant pour fait générateur l'exercice effectif et habituel de la profession ou le but lucratif de celle-ci, la patente est déterminée en fonction du chiffre d'affaire annuel déclaré par le redevable auquel on applique un taux dégressif fixé par le conseil municipal[33].

Personnelle, annuelle et uniquement profitable à celui qui la paie, la patente donne lieu à la délivrance d'un titre dont l'affichage, ou du moins la présentation, est impérative en cas de besoin. La patente est un instrument de prévention du désordre urbain dans la mesure où elle a vocation à empêcher l'exercice du commerce illégal ou anarchique. En effet, dans un contexte camerounais où le commerce de petite ou de grande ampleur a tendance à se pratiquer presque partout, même dans des endroits insoupçonnés, tels que les bureaux des services publics, les salles de classe et amphithéâtres, les églises et mosquées, causant ainsi un désordre considérable, la contribution de patente concourt, ne serait-ce qu'à identifier les vrais commerçants au sens de la loi, et à les distinguer ainsi des individus se livrant à ce commerce illicitement. Dès lors, la seule pensée d'une demande de titre de patente par les autorités fiscales, est susceptible de dissuader le commerçant illicite à exercer son activité anarchique, en laissant ainsi le commerce aux commerçants réguliers qui le pratiquent dans des endroits orthodoxes.

b. La licence

Contrairement à la patente qui est prélevée lors de l'exercice de toute activité économique, commerciale ou industrielle, la licence cible un type particulier d'activité de cet ordre : la vente, la fabrication ou l'importation des boissons alcoolisées ou non alcoolisées.

Au sens des dispositions des articles 33 à 36 de la loi du 15 décembre 2009, dès lors qu'une personne physique ou morale est autorisée à se livrer à la vente en gros ou en détail, à la fabrication ou même à l'importation des boissons alcoolisées ou non alcoolisées, elle remplit les conditions d'assujettissement à la licence.

Annuelle, personnelle et d'affichage impératif[34], la licence est liquidée en fonction du chiffre d'affaire réalisé par le contribuable. Et son tarif est fixé en multipliant le montant de la patente correspondante par le nombre de fois fixé par le législateur, selon le type de boisson.

---

[33] Article 13 de la loi du 15 décembre 2009 portant fiscalité locale.

[34] Selon l'article 43 de la loi portant fiscalité locale, toutes les dispositions relatives à la contribution de patente ou à l'impôt libératoire et touchant les principes, la notion d'établissement, les déclarations à souscrire, leur vérification et l'établissement des impositions sont applicables à la contribution des licences. A ce titre, l'article 31, alinéa de la même loi, à propos de l'affichage, dispose : « *Le défaut d'affichage de la patente est sanctionné par une amende fiscale de 10 000 F CFA par infraction. Cette amende fait l'objet d'un bulletin de versement payable immédiatement.*

La patente se présente comme un impôt de prévention du désordre urbain parce qu'elle est susceptible d'empêcher la fabrication, l'importation ou la vente illicite et anarchique des boissons alcoolisées ou non alcoolisées. En effet, la contribution de patente concourt à encadrer sur le plan pécuniaire, social et sanitaire toute activité économique déployée sur ces boissons dont l'excès ou la manipulation irrégulière est susceptible d'avoir un réel impact sur la santé des populations, la sécurité, la salubrité et la tranquillité publiques. A ce titre, le redevable à la patente se présente non seulement comme un sujet, mais également comme un agent de l'ordre public dans une agglomération. D'une part, il doit exercer son activité sur des boissons homologuées et normalisées, afin d'éviter d'exposer les consommateurs à des boissons toxiques. D'autre part, il ne peut le faire qu'à des heures et selon des quantités précises et en rapport avec une catégorie de personnes prédéterminées, dans l'optique d'endiguer l'ivrognerie, la débauche, la délinquance, et même la criminalité.

c. L'impôt libératoire

Considéré comme l'impôt de la basse catégorie des opérateurs économiques, l'impôt libératoire est le troisième prélèvement pécuniaire public directement profitable aux communes. Au sens des dispositions de l'article 45 de la loi portant fiscalité locale, sont soumis à l'impôt libératoire exclusif du paiement de la patente, de l'impôt sur le revenu des personnes physiques et de la taxe sur la valeur ajoutée, les contribuables qui exercent une activité commerciale, industrielle, artisanale ou agropastorale ne relevant pas du régime du bénéfice réel, du régime simplifié d'imposition ou du régime de base.

C'est un impôt qui frappe en fait les petites activités commerciales, artisanales, industrielles ou agropastorales. Les contribuables assujettis à l'impôt libératoire sont classés dans quatre catégories d'activités. Et à chaque catégorie correspond une fourchette légalement prédéterminée[35].

En règle générale, l'impôt libératoire se paie par établissement et par activité, à la commune où se déploient ces activités. Toutefois, si le marchand ambulant justifie le paiement de cet impôt dans la commune de son domicile fiscal, il n'est plus imposable dans les autres communes pour les mêmes activités. L'impôt libératoire se paie trimestriellement dans les quinze jours qui suivent la fin de chaque échéance à la caisse de la recette municipale.

L'impôt libératoire aurait pu être un instrument efficace de prévention du désordre urbain au Cameroun, dans la mesure où ce prélèvement pécuniaire est utile à l'identification, au suivi et à l'encadrement d'une catégorie essentiellement foisonnante d'opérateurs économiques fait de petits commerçants, artisans, agriculteurs, éleveurs, pousseurs, coiffeurs, vendeurs ambulants, graveurs, gargotiers, photocopieurs, tâcherons, guides touristiques, forgerons, kiosque à journaux *etc*. Leur particularité est leur dynamisme extrême propice à la fuite devant l'impôt. L'assujettissement à l'impôt libératoire aurait alors pu être un outil adéquat de maîtrise physique, géographique, statistique et juridique de cette catégorie

---

[35] Article 46 de la loi portant fiscalité locale.

composite de contribuable. Malheureusement, tel ne semble manifestement pas être le cas à l'observation de l'exercice des petites activités entrant dans son champ d'application. En réalité, l'impôt libératoire semble davantage être un facteur de désordre urbain, du fait d'un encadrement inadéquat des petites activités commerciales, industrielles, artisanales et agropastorales. Le petit commerce se fait ainsi dans les salles de classes et amphithéâtres, l'artisanat et les coiffures à la chaussée, les pousse-pousse en plein milieu de la route devant les camions, les forgerons tout près des salles de lecture, l'agriculture et l'élevage privés dans les espaces verts des universités et écoles…

2. Les taxes et droits de prévention du désordre urbain

En sus des impôts proprement dits, le dispositif de la loi portant fiscalité locale prévoit plusieurs autres contributions pécuniaires publiques susceptibles de jouer un rôle décisif dans la prévention du désordre urbain au Cameroun : les taxes et les droits.

a. Les taxes

Dans l'analyse des impôts locaux de prévention du désordre urbain au Cameroun, six taxes méritent une attention particulière. Il s'agit de la taxe d'abattage du bétail, de la taxe d'hygiène et salubrité, de la taxe sur les armes à feu, de la taxe sur la publicité, de la taxe de stationnement et de la taxe d'occupation de parc de stationnement.

Tout boucher qui utilise les abattoirs aménagés ou gérés par la commune paie la taxe d'abattage pout tout bétail tué. Liquidée par les services fiscaux d'assiette de la commune et recouvrée par le receveur municipal, cette taxe est payée par le boucher avant tout abattage[36]. En canalisant les bouchers vers des abattoirs aménagés et scrupuleusement suivis par les autorités locales du point de vue sanitaire, cette taxe constitue une arme efficace de prévention des abattoirs de fortune, qui ont tendance à se multiplier dans les régions septentrionales du Cameroun de réputation agropastorale.

Pour le contrôle des denrées alimentaires et des immeubles à usage commercial et industriel, une taxe trimestrielle d'hygiène et salubrité est payée à la commune qui assure ce service. Arrêtée par délibération du conseil municipal, cette taxe varie dans son montant selon que les denrées sont vendues à l'air libre ou dans un local aménagé[37]. En imposant le nettoyage et l'assainissement systématique des lieux d'exercice du commerce et de l'industrie chez les contribuables, la taxe d'hygiène et salubrité prévient l'insalubrité dans nos agglomérations.

A l'exception des armes appartenant à l'Etat, des révolvers et pistolets détenus par les militaires et officiers de réserve et des armes à feu non vendus encore en magasin et entrepôts agréés, tout détenteur d'une arme à feu est astreint, sur déclaration dudit propriétaire, au plus tard le 15 mars de chaque année, au paiement

[36] Articles 63 à 65 de la loi portant fiscalité locale.

[37] Article 77 de la loi portant fiscalité locale.

d'une taxe annuelle auprès de la commune de localisation de l'arme. Payée après établissement par le Sous-préfet et le magistrat municipal, de la liste des détenteurs des armes[38], la taxe sur les armes à feu prévient le désordre urbain en encadrant l'obtention, la détention et partant l'usage des armes à feu dont la dangerosité n'est plus à démontrer, surtout en ville où la criminalité est sans cesse grandissante.

La taxe sur la publicité a pour base d'imposition les revenus de la publicité locale réalisée à travers les panneaux-réclames, les calicots et enseignes lumineuses, les véhicules avec ou sans diffuseurs, les sonorisations des magasins, les affichages et oriflammes. Elle est payable, en fonction du type de publicité, par an ou par jour. Cette taxe est un instrument de prévention du désordre urbain, dans la mesure où elle lutte contre la publicité anarchique qui généralement donne souvent une image insalubre à la ville. Cette taxe peut toutefois aussi être appréhendée comme un instrument de répression du désordre urbain, en sanctionnant les nuisances sonores ou visuelles liées aux techniques de publicité.

La taxe de stationnement est exigée au propriétaire des véhicules utilisés pour le transport urbain des personnes exclusivement dans les villes où des stationnements ont été aménagés. Payée sous forme de *vignette automobile*, cette taxe se recouvre trimestriellement à hauteur de 3000 FCFA pour les mototaxis, 10000 FCFA pour les taxis, 15000 FCFA pour les autobus. Quant à la taxe d'occupation des parcs de stationnement, elle est exigée à tout exploitant des cars, camions, camionnettes et autobus pour le transport des marchandises ou des personnes. Elle se paie contre délivrance d'un ticket de 1000 FCFA par jour pour les cars et de 2000 FCFA par jour pour les camions et autobus. Ces deux taxes sont des instruments de prévention du désordre urbain d'une part, parce qu'elles encadrent le transport public dont l'exploitation clandestine est une menace sérieuse à la sécurité publique, et d'autre part, parce qu'elles régissent l'occupation des stationnements réputés par essence désordonnés, eu égard au caractère cosmopolite des usagers.

b. Les droits

Plusieurs autres droits profitables aux collectivités territoriales décentralisées sont prévus par la loi portant fiscalité locale. Ceux-ci pourraient avoir un impact déterminant dans la prévention du désordre urbain au Cameroun. Il s'agit notamment du droit de timbre sur les automobiles, du droit de place sur les marchés et du droit sur les permis de bâtir.

Les droits de timbre sur les automobiles font partie intégrante des impôts locaux dont bénéficient les communes et les communautés urbaines[39] et, pour cela, font l'objet des modalités de répartition propres aux recettes fiscales dites

[38] Article 73 à 74 de la loi du 15 décembre 2009 portant fiscalité locale.

[39] Article 114 de la loi portant fiscalité locale

d'intercommunalité[40] et de péréquation[41]. Conformément à l'article 594 du Code général des impôts, il est constitué un droit de timbre sur les véhicules automobiles et sur les engins à moteur à deux roues en circulation sur le territoire camerounais. Annuel et liquidé en fonction de la puissance du moteur de l'engin considéré[42], le droit de timbre automobile donne lieu, lors de son paiement, à la délivrance d'une vignette au montant correspondant. Dans un contexte de forte importation des véhicules automobiles d'occasion et engins à moteur à deux ou trois roues, le droit de timbre automobile est susceptible de constituer un sérieux instrument de prévention du désordre potentiellement causé par l'inondation de nos routes, parkings et stationnements, par des engins de tout type et de tout état. Elle permettra alors de distinguer les automobiles ayant le droit de circuler, parce qu'affichant leur vignette, de ceux n'ayant pas le droit de circuler, car n'étant pas en règle avec le fisc.

Les commerçants réguliers et les vendeurs occasionnels qui occupent à titre permanent ou passager une place dans tout marché du ressort territorial d'une commune, sont astreints au paiement des droits de place. Le montant desdits droits varie selon que le commerçant ou le vendeur occupe une boutique aménagée à cet effet, ou qu'il ne dispose pas de place permanente. Son montant, qui varie en fonction de la superficie occupée, va de 5.000 FCFA à 70.000 FCFA par mois[43]. Les droits de place sont des impôts locaux de prévention du désordre urbain dans la mesure où ils fixent chaque commerçant ou vendeur à un lieu précis du marché pour exercer son activité économique. Par conséquent, l'occupation abusive et d'ailleurs répréhensible des voies et institutions publiques par les étalages des commerçants, trouve un mécanisme de prévention à travers cet impôt.

Toute construction élevée au chef-lieu d'une commune ou d'une agglomération ayant fait l'objet d'un plan d'urbanisation, est assujettie au droit sur le permis de bâtir ou d'implanter. Le montant de cet impôt est calculé à raison de 1% de la valeur de la construction à élever. La fuite devant cet impôt entraîne de sérieuses sanctions. En effet, toute exécution de travaux sans paiement préalable de droits de permis de construire, expose le constructeur à une amende de 30% des droits dus[44]. Les droits sur le permis de construire préviennent pécuniairement le désordre urbain, en

[40] On entend par recettes fiscales d'intercommunalité, au sens des dispositions pertinentes de l'article 116 de la loi portant fiscalité locale, les recettes fiscales dont une quote-part du produit est prélevée et affectée au Fonds spécial d'équipement et d'interventions intercommunales ou tout autre organisme chargé de la centralisation et de la péréquation pour le financement des projets des communes, communautés urbaines et syndicats de communes.

[41] Prévu au Cameroun comme ailleurs par la plupart des instruments juridiques de la fiscalité locale, la péréquation est un mécanisme visant à assurer l'égalité juridique entre les collectivités territoriales décentralisées, malgré leur inégalité naturelle. Pour davantage approfondir ce concept, lire : H. DAIMALLAH, *« La péréquation entre les collectivités territoriales dans la jurisprudence du Conseil constitutionnel »*, *RFFP*, n°131, 1er septembre 2015, pp. 303 et suivantes.

[42] Suivant l'article 597 du Code général des impôts, les taux du droit de timbre sur les véhicules automobiles sont fixés ainsi qu'il suit : motocyclettes=2000 FCFA ; véhicules de 02 à moins de 08 chevaux=15000 FCFA ; véhicules de 09 à 13 chevaux=25000 FCFA ; véhicules de 14 à 20 chevaux= 50000 FCFA ; véhicules de plus de 20 chevaux=100 000 FCFA.

[43] Articles 80 à 86 de la loi portant fiscalité locale.

[44] Article 87 à 89 de la loi portant fiscalité locale.

encadrant l'implantation des constructions en zone urbaine. C'est une sérieuse arme contre l'habitat spontané et les constructions anarchiques et clandestines.

Qu'il s'agisse des impôts proprement dits, des taxes administratives ou des droits, tous ces impôts locaux ont pour effet, d'éviter la commission matérielle d'actes constitutifs de désordre urbain. Le droit fiscal local camerounais prévoit aussi des prélèvements pécuniaires publics dont la portée n'est pas préventive, mais plutôt répressive, en rapport avec des actes de désordre dans nos agglomérations.

B. La répression du désordre urbain par les impôts locaux

Les limites de la méthode préventive justifient le recours par les pouvoirs publics à l'approche répressive en matière de lutte contre le désordre urbain au Cameroun. La mobilisation des impôts de répression du désordre urbain fait donc suite aux lacunes enregistrées dans le déploiement des impôts locaux de prévention. Jugée généralement douce, la méthode préventive tend souvent à *caresser les sujets dans le sens du poil*, et par conséquent, s'avère peu ou prou inefficace. Force est de constater, à cet effet, que le dépositaire du monopole de la contrainte légitime, en toute opportunité et légalité, durcit le ton pour ramener les choses l'ordre. Les impôts locaux de répression du désordre urbain, à l'instar de ceux de prévention, sont de plusieurs ordres dans la classification des instruments de droit fiscal local camerounais. Il s'agit notamment des droits, des taxes et des redevances.

1. Les droits de répression du désordre urbain

Deux principaux droits peuvent faire figure de proue dans la répression du désordre urbain au Cameroun. Il s'agit des droits d'occupation temporaire de la voie publique et des droits de fourrière.

a. Les droits d'occupation temporaire de la voie publique

Les dépôts temporaires des matériaux, à l'instar du sable, des pierres, du bois du gravier, des meubles pour exposition, des marchandises ou de tout autre objet sur la voie publique, sont taxables au titre des droits d'occupation temporaire de la voie publique dans l'ordre de 2000 F CFA par mètre carré occupé et par jour. Une telle occupation temporaire est d'ailleurs subordonnée à l'autorisation préalable du chef de l'exécutif municipal compétent qui en fixe la durée[45]. Seuls sont exemptées de cette taxe les occupations temporaires perpétrées par les stations-services, les véhicules et les supports publicitaires[46].

Dans la perspective de faciliter la libre circulation des personnes et des biens, la voie publique doit être ouverte, c'est-à-dire débarrassée de toute entrave susceptible de nuire à une circulation fluide. Tout fait rédhibitoire à cet état de choses, s'il n'est pas autorisé par la loi, est donc répréhensible, car aucune entité n'a le droit ni de bloquer la voie publique, encore moins de l'utiliser à des fins privées. Ainsi se

[45] Article 91 alinéa 1 et 2 de la loi portant fiscalité locale.

[46] Article 91 alinéa 3 de la loi portant fiscalité locale.

trouve justifiée la sanction pécuniaire consubstantielle aux droits d'occupation temporaire de la voie publique, infligée à toute personne physique ou morale qui trouble l'ordre public propre à la circulation, par des dépôts, même momentanés, du bois, du sable, des pierres, des meubles ou objets d'exposition, sur la voie publique. Les droits d'occupation temporaire de la voie publique sont donc une précieuse arme de répression du désordre urbain.

b. Les droits de fourrière

Afin de sanctionner le désordre potentiellement causé dans nos agglomérations par la divagation des animaux, et les stationnements abusifs des véhicules automobiles et autres engins, les articles 78 et 79 de la loi portant fiscalité locale, instituent des droits de fourrière au profit des communes qui saisissent ces biens et en assurent la garde, la conservation et parfois même la nutrition, lorsqu'il s'agit des animaux. A ce titre, la tarification, ou mieux, la sanction financière y afférente est établie ainsi qu'il suit, pour ne citer que ces cas :

- gros bétail : 5000 à 10000 F CFA par tête et par jour ;
- petit bétail : 2000 à 5000 F CFA par tête et par jour ;
- camion et engin lourd : 10000 à 50000FCFA par véhicule et par jour ;
- motocyclette : de 1000 à 5000 F CFA par motocyclette et par jour.

2. Les taxes de répression du désordre urbain

Au rang des taxes de répression du désordre urbain, il convient de présenter la taxe communale sur le bétail, la taxe communale de transit et de transhumance et la taxe sur les spectacles.

a. La taxe communale sur le bétail

La possession ou même la simple détention de bovidés, rend le propriétaire ou le possesseur redevable de la taxe communale sur le bétail. C'est une taxe annuelle payée en raison du nombre d'animaux dont on dispose. Il faut néanmoins relever que certains animaux appartenant à la catégorie des bovidés ne donnent pas lieu au paiement de la taxe sur le bétail. Il s'agit des animaux de labour, ceux appartenant à l'Etat, les reproducteurs importés de l'étranger, les animaux élevés dans un but social. Cette taxe est acquittée spontanément au plus tard le 15 mars et payée dans la commune de localisation du troupeau en rapport avec les services de l'élevage à raison de 200 à 500 F CFA par tête de bétail[47]. Le non-paiement de cette taxe entraîne la mise en fourrière automatique des animaux, et en cas de dissimulation des troupeaux, en dehors de la mise en fourrière, l'éleveur s'expose à l'application des pénalités de 100%[48].

Dans des régions où l'élevage est presqu'une activité culturelle pratiquement exercée dans toutes les familles, à l'instar de la partie septentrionale du Cameroun,

[47] Articles 66 à 69 de la loi portant fiscalité locale.

[48] Article 67 de la loi du 15 décembre 2009.

les divagations d'animaux, et surtout des litiges nés des destructions des biens d'autrui par des bêtes sont récurrents. La taxe sur le bétail est à cet effet susceptible de sanctionner le désordre urbain généré par ces dégâts de l'élevage des bêtes sur l'environnement naturel ou artificiel ou même sur les installations humaines.

b. La taxe communale de transit ou de transhumance

Les bétails en provenance d'un Etat limitrophe sont assujettis, au profit de la commune d'accueil, au titre de la taxe communale de transit et de transhumance. Dès lors, tout séjour desdits bétails dans la commune pendant plus de 15 jours, occasionne le paiement au receveur municipal, avec le concours des autorités traditionnelles, de 200 à 500 FCFA par tête, s'il s'agit des bovins et équins, et de 100 à 300 F CFA s'il s'agit des ovins et caprins. Des remises sont alors accordées, par tête de bétail, aux autorités traditionnelles pour les contrôles effectués sur ces bétails[49]. Parce qu'un séjour prolongé de tels bétails dans une ville peut générer d'énormes dégâts sur l'esthétique, l'hygiène, la salubrité, la sécurité, la tranquillité, la fluidité de la circulation des personnes et des biens, et même la paix, la taxe communale de transit ou de transhumance est constitutive d'une judicieuse sanction d'un tel désordre urbain potentiel.

c. La taxe sur les spectacles

Tout spectacle organisé habituellement ou occasionnellement dans un but lucratif dans des sales aménagés à cet effet, ou à l'air libre est passible d'une taxe sur le spectacle. Ces spectacles peuvent être organisés dans des salles de cinéma, de bal ou de théâtre, dans des cabarets, les boîtes de nuit, discothèques, cafés, bar dancings ou vidéoclubs. Ainsi, pour les spectacles occasionnels, la taxe sur le spectacle est payée à la commune, par jour de représentation, à hauteur de 5000 à 50000 F CFA. Et pour les spectacles habituels, cette taxe s'élève, en fonction de la représentation à un montant compris entre 10000 et 100000 FCFA par trimestre[50]. Généralement source de nuisance sonore très élevée, surtout lorsqu'ils sont produits à l'air libre, les spectacles devraient être encadrés sur tous les plans. La taxe sur les spectacles concourt à cet encadrement en sanctionnant les conséquences négatives des débordements potentiels.

2. La redevance de répression du désordre urbain : la redevance pour dégradation de la chaussée

Techniquement appréhendée comme la contrepartie financière d'un service rendu par l'administration à un usager, à condition qu'il y ait équivalence entre la somme payée et le service rendu, la redevance[51] fait partie des différents prélèvements pécuniaires profitables aux collectivités territoriales décentralisées. Il en existe alors plusieurs, et parmi celles-ci, la redevance pour dégradation de la chaussée s'illustre comme étant l'instrument fiscal caractéristique de répression du

---

[49] Article 107 de la loi portant fiscalité locale.

[50] Articles 100 à 101 de la loi portant fiscalité locale.

[51] P. ALAKA ALAKA, « La distinction entre redevance et taxe », *op. cit.*, pp. 105-110.

désordre urbain. En effet, les engins utilisés lors de la réalisation des travaux publics par les entrepreneurs et concessionnaires, et surtout ceux non munis de pneumatiques, détériorent considérablement la chaussée. Il est alors institué une taxe pour dégradation de la chaussée pour réparer ces dommages[52]. Fixés de manière forfaitaire et en fonction des travaux, les taux sont les suivants :

a- Terrassement, canalisation et autres dégradations :

- Route en enrobée grave bitume : 90000 à 200000 F CFA par mètre carré ;
- Route revêtue de bitume : 45000 à 100000 F CFA par mètre carré ;
- Route en terre : 15000 à 50000 F CFA par mètre carré ;

b- Dégradation par les engins à chenille :

- Route revêtue de bitume : 50000 à 100000 F CFA par mètre carré ;
- Route en terre : 20000 à 50000 F CFA par mètre carré.

Qu'il s'agisse de la prévention ou de la répression, la lutte contre le désordre urbain par les impôts locaux au Cameroun semble avoir mobilisé une diversité de prélèvements pécuniaires publics dont la classification a permis de mettre en exergue les impôts proprement dits et les notions voisines à savoir, les taxes, les droits et les redevances. Cette diversité d'approches et d'instruments fiscaux est-elle gage d'efficacité d'une telle lutte dans cet Etat où la décentralisation financière en général, et fiscale en particulier, semble encore en cours d'apprentissage dans les municipalités ?

II. LA PORTEE DE LA LUTTE CONTRE LE DESORDRE URBAIN PAR LES IMPOTS LOCAUX

Le processus de lutte contre le désordre urbain par les impôts locaux semble être une expérience mitigée, eu égard à la pluralité des grilles de lectures dont elle est susceptible de faire l'objet par l'analyste enclin à son appréciation. D'une part, le recours aux prélèvements pécuniaires par les pouvoirs publics dans la perspective de prévenir ou sanctionner le désordre urbain, pourrait paraître hardi et ingénieux ou, pour le moins, original. Il devra alors être justifié car paraissant *a priori* éloigné des techniques éducatives usuelles[53] et par conséquent, symptomatique d'une crise des relations entre les autorités et la population de la municipalité[54]. D'autre part, la mobilisation des impôts locaux dans ce combat salutaire est parsemée de multiples obstacles de divers ordres, dont le démantèlement constitue la condition *sine qua non* de la performance du processus engagé. Après avoir justifié l'option pour la

[52] Article 105 à 106 de la loi portant fiscalité locale.

[53] Les plus mobilisées consistent en des campagnes et séminaires de sensibilisation organisées par les autorités municipales, gouvernementales ou même politiques, à l'instar des membres du Parlement.

[54] Cette affirmation peut être illustrée par ce qui avait été appelée les *« émeutes de la faim »* en 2008 aux lendemains de la révision constitutionnelle qui avait revu le nombre de mandats possibles d'un Président de la République : passage d'un mandat à un nombre illimité. L'expression de colère d'une partie très marginale de la population se traduisait alors par des actes de désordre urbain dont certains étaient sanctionnés par les autorités municipales sous forme de taxes, redevance et autres droits.

lutte contre le désordre urbain par les impôts locaux (A), force sera de relever les difficultés actuelles de cette entreprise (B).

A. LA JUSTIFICATION DE LA LUTTE CONTRE LE DÉSORDRE URBAIN PAR LES IMPÔTS LOCAUX

Le recours aux impôts locaux alors considérés comme une forme de sanction financière, pour lutter contre le désordre urbain, n'est pas une option fortuite, encore moins un effet de mode. En effet, une telle démarche des pouvoirs publics trouve sa justification à travers une série de considérations constitutives de deux thèses. D'une part, les impôts locaux se présentent comme un instrument de dissuasion du désordre urbain. D'autre part, il s'agit du moyen le plus idoine de réparation ou de compensation du préjudice subi par la personne publique suite au dommage causé par l'acte de désordre urbain.

1. Les impôts locaux : un instrument de dissuasion des actes de désordre urbain

Appréhendé comme un véritable *cancer* public dont l'éradication se veut urgente et impérative, eu égard aux atteintes qu'il porte à la sécurité, à la tranquillité, à l'hygiène, à la salubrité, à l'esthétique et à la paix dans nos municipalités, le désordre urbain n'est à l'abri d'aucun arsenal de combat de la part des pouvoirs publics. Plusieurs outils de prévention susceptibles d'être rangés dans les mécanismes classiques d'éducation à la citoyenneté, à l'éthique et au civisme, telles que les campagnes de sensibilisation à l'ordre public, ont souvent été mobilisés sans grand succès, comme en témoigne l'ampleur sans cesse croissante de ce phénomène rébarbatif. Le recours à la sanction financière inhérente aux impôts locaux, s'illustre dès lors comme un passage à la vitesse supérieure dans le combat contre le désordre urbain, suite au constat de l'inefficacité des moyens déployés jusqu'alors. Les impôts locaux se présentent à ce titre comme des instruments de dissuasion du désordre urbain. Ils visent à empêcher la commission par le citadin d'actes nocifs à l'ordre public dans la ville, par crainte d'un assujettissement au prélèvement fiscal y relatif. Il est, en effet, imaginé que la seule évocation chez le citadin d'une ponction sur ses revenus d'ailleurs difficilement acquis, puisse avoir pour conséquence de l'assagir dans ses relations publiques, en l'éloignant instinctivement de tout acte répréhensible constitutif de désordre urbain. Les impôts locaux sont alors un instrument de l'interventionnisme fiscal de dissuasion, dont la manifestation la plus visible se traduit par la gravité des règles de liquidation et de recouvrement. En règle générale, les impôts utilisés dans un but dissuasif connaissent des tarifs très élevés, tant dans le principal de l'impôt qu'en matière de pénalités, et font recours dans leur perception aux délais très brefs[55]. L'objectif final

[55] Il est par exemple arrêté, en matière de Licence, de patente et d'impôt libératoire que le simple défaut d'affichage de ces impôts est sanctionné par une amende fiscale de 10.000 FCFA par infraction. Cette amende fait l'objet d'un bulletin de versement payable spontanément, donc immédiatement. Cf. articles 31, 43 de la loi portant fiscalité locale.

est alors d'éloigner autant que possible le contribuable potentiel de l'assujettissement à de tels impôts et partant de tous actes de désordre urbain qui prendraient pour prétexte la sanction financière. Une illustration, parmi plusieurs autres, de l'interventionnisme fiscal de dissuasion en matière de lutte contre le désordre urbain se dégage des modalités de tarification de la licence. En effet, dans l'optique de décourager la commercialisation, l'importation ou la production des boissons alcoolisées dont la dangerosité potentielle en ville n'est plus à démontrer, le contribuable à la patente de même niveau, qui commercialise, importe ou produit des denrées réputées moins nocives à l'ordre public que les boissons alcoolisées, paie le quart du prélèvement de licence correspondante[56]. Aussi, Toute personne vendant des boissons soumises à une licence préalable sans autorisation ou exerçant un commerce passible d'une contribution plus élevée que celle qui est initialement imposée, est taxée d'office pour l'année entière sur la différence entre le montant réellement dû et celui déjà acquitté[57].

2. Les impôts locaux : un instrument de réparation ou de compensation des actes de désordre urbain

Les impôts locaux sont aussi utilisés par les pouvoirs publics, soit comme un outil de réparation des préjudices subis par la personne publique suite aux dégâts causés par les actes de perturbation de l'ordre public dans les municipalités, soit comme un instrument de compensation de l'effort supplémentaire fourni par la personne publique suite à une tâche imprévue générée par un acte de désordre urbain.

Dans la grande majorité des cas, les actes portant atteinte à la sécurité, à l'hygiène, à la salubrité, à la tranquillité, à l'esthétique dans les municipalités, portent généralement préjudice à la personne publique. Il peut s'agir concrètement soit des actes de destruction des biens publics, comme c'est le cas lorsqu'un engin sans pneumatiques, ou à chenille, endommage la voie publique par son passage[58] ; soit alors des actes susceptibles de dégrader l'image de la personne publique, comme cela pourrait être le cas avec les droits d'exploitation des établissements classés dangereux, insalubres et incommodes[59], qui laissent planer une image frisant l'*irresponsabilité* sur la personne publique, du fait de sa *complicité* à permettre l'activité présupposée interdite desdits établissements, en dépit de leur dangerosité, leur insalubrité et leur incommodité.

De tels actes imposent une réparation, ne serait-ce que dans l'optique de remettre les choses en l'état, sans oublier l'effort supplémentaire imposé à la personne publique par une seconde réalisation d'un ouvrage déjà aménagé et livré auparavant[60]. La réparation peut aussi prendre la forme d'une réhabilitation ou d'un

---

[56] Cf. Grille tarifaire de l'article 44 de la loi portant fiscalité locale.

[57] Article 43 de loi du 15 décembre 2009 portant fiscalité locale.

[58] C'est l'évocation des conditions d'assujettissement à la redevance pour dégradation de la chaussée des articles 105 à 106 de la loi portant fiscalité locale.

[59] Article 118 de loi portant fiscalité locale, sur les impôts affectés en totalité ou en partie aux régions.

[60] C'est l'esprit de la redevance pour dégradation de la chaussée.

rétablissement de la personne publique dans son honneur et sa dignité perdus suite à l'autorisation de l'exercice d'une activité en principe répréhensible[61]. Le paiement des impôts locaux y afférents par le citadin désordonné, constitue, à cet effet, un procédé de réparation financière du préjudice subi par la personne publique. Et la liquidation financière de la réparation du préjudice subi épouse les formes de calcul de l'impôt correspondant, en principal comme en pénalités.

Dans d'autres cas, qui ne sont d'ailleurs pas marginaux, des actes de désordre urbain suscitent à la personne publique un effort supplémentaire imposé par une activité non désirée ou imprévue, mais que la personne publique se trouve obligée de faire, afin d'éviter des dommages collatéraux. C'est par exemple le cas lorsque les agents de la municipalité sont contraints de conserver, entretenir ou nourrir des objets ou des bétails trouvés sans gardien et mis en fourrière, pendant la période précédant l'échéance du délai de mise en vente aux enchères publiques[62]. Des activités supplémentaires de cette nature ne leur incombent en principe pas, tant il est vrai qu'un agent de police municipale n'est ni un comptable matières, ni un administrateur des biens, encore moins un berger. Pourtant, afin d'éviter la détérioration ou la mort des biens privés ou animaux mis en fourrière, il est contraint de se comporter comme tels. L'autre illustration vient de l'agent de police qui doit dorénavant intégrer un dépôt de sable, de pierres ou d'objets en exposition sur la voie publique, lorsqu'il régule la circulation à ces endroits, provoquant ainsi un effort supplémentaire dans cet exercice qui aurait pu être routinier, n'eut été ces dépôts.

Une compensation financière s'impose dans ces situations, afin d'amoindrir ou même d'annihiler la charge de la personne publique lors de la commission de la tâche supplémentaire. Le paiement des impôts locaux y afférent, à savoir ici les droits de fourrière pour le premier cas, et les droits d'occupation temporaire de la voie publique pour le second cas, est constitutif de cette compensation financière.

Ainsi justifiée par le souci de décourager la commission d'actes de désordre urbain, l'urgence de les réparer et l'impératif de compenser l'effort supplémentaire qu'ils provoquent à la personne publique, la lutte contre le désordre urbain par les impôts locaux aurait pu être plus performante, n'eût été la survenance de certains faits rédhibitoires.

B. Les complications de la lutte contre le désordre urbain par les impôts locaux

La mobilisation par les pouvoirs publics des impôts locaux pour prévenir et sanctionner les actes de désordre posés par les citadins aurait assurément produit des résultats honorables au Cameroun si certaines complications ne s'étaient présentées. De nature institutionnelle et même culturelle, ces difficultés sont propres à l'Etat et aux collectivités territoriales décentralisées nouvellement bénéficiaires

[61] C'est la logique des droits d'exploitation des établissements classés dangereux, insalubres ou incommodes.

[62] Selon à l'article 79 alinéa 3, la commune peut procéder à la vente aux enchères conformément à la réglementation en vigueur des animaux, véhicules ou objets non réclamés, après une mise en demeure au terme de trente (30) jours de fourrière.

d'un transfert des compétences fiscales. En effet, bien que posée par des instruments de droit positif, la décentralisation fiscale semble encore d'effectivité approximative, eu égard à la faiblesse d'une administration fiscale locale[63] et à l'inculture des autorités locales au sujet des techniques propres aux finances et à la fiscalité locales. Et Cela déteint sur les mécanismes d'établissement, et de contrôle des impôts locaux de lutte contre le désordre urbain. Aussi, le désordre urbain étant un phénomène divers et ondoyant, les impôts locaux mobilisés pour son combat devraient s'adapter à sa dynamique, afin de produire les résultats escomptés.

1. Une fiscalité locale fortement maîtrisée par l'Etat

Aux termes de l'article premier alinéa 2 de la loi du 15 décembre 2009 portant fiscalité locale au Cameroun, la fiscalité locale s'entend de tous prélèvements opérés par les services fiscaux de l'Etat ou compétents des collectivités territoriales décentralisées, au profit de ces dernières. Cette disposition semble receler tous les *paradoxes*[64] de la décentralisation financière camerounaise en général, et celle fiscale en particulier. En effet, en même temps que l'Etat procède au transfert des compétences fiscales aux collectivités territoriales décentralisées, il retient aussi le pouvoir déterminant d'établissement des impôts locaux qu'il compte partager avec les collectivités territoriales décentralisées dépourvues malheureusement d'une administration fiscale autonome[65]. Pourtant, l'objectif de la loi portant fiscalité locale est de renforcer l'autonomie financière des collectivités territoriales décentralisées, par l'organisation du transfert progressif des compétences en matière de gestion des impôts locaux et l'accès direct aux recettes qui leur sont dévolues[66]. La bonne définition de la fiscalité locale aurait alors consisté en l'ensemble des prélèvements opérés par les services fiscaux compétents des collectivités territoriales décentralisées, au profit de ces dernières. L'autonomie financière, comprise par le Professeur ESSONO OVONO comme « la situation d'une collectivité locale disposant d'un pouvoir propre de décision et de gestion de ses recettes et des dépenses regroupées en un budget nécessaire pour l'exercice de ses compétences »[67], semble donc être la condition indispensable de la décentralisation[68].

---

[63] C. MONENBOU, « Les paradoxes de la décentralisation camerounaise : de la décentralisation à la recentralisation », *op. cit.*

[64] C. MONENBOU, « Les paradoxes de la décentralisation camerounaise : de la décentralisation à la recentralisation », *op. cit.*

[65] Ce constat n'est pas l'apanage du Cameroun. Tel semble aussi être le Cas en France. Lire : M. BOUVIER, « Le pouvoir fiscal local : d'un pouvoir en trompe-l'œil à un « ordre des autonomies » », *op. cit.* L'auteur affirme sans ambages à ce propos que *« [...] C'est dans ce contexte qu'a été constitutionnalisé le principe de l'autonomie financière des collectivités territoriales [...] Un principe enraciné dans un pouvoir fiscal local qui a pu faire penser que l'on assistait à un renouveau de l'autonomie fiscale locale. Mais ce ne fut qu'une illusion [...] ».*

[66] Exposé des motifs de la loi portant fiscalité locale.

[67] A. ESSONO OVONO, « L'autonomie financière des collectivités locales en Afrique noire francophone. Le cas du Cameroun, de la Côte d'Ivoire du Gabon et du Sénégal », *Revue Afrilex*, n° Spécial Finances publiques, 2ème édition, p.2.

[68] C'est du moins ce que pensent aussi les professeurs T. HOLO et L. PHILIP lorsqu'ils affirment respectivement : *« Sans autonomie financière, la décentralisation n'est qu'un mirage »*, Cf. La décentralisation

Cette autonomie financière semble être sérieusement édulcorée en matière fiscale[69], à l'aune des mécanismes d'établissement des impôts locaux de lutte contre le désordre urbain. En effet, une bonne partie de ces impôts voient leur assiette déterminée par les services fiscaux de l'Etat, tout comme leurs mécanismes de recouvrement et de contrôle. C'eût été pourtant plus judicieux de confier ces opérations du processus fiscal aux autorités municipales qui sont plus proches du terrain, afin de garantir l'efficacité de ces opérations, le consentement à l'impôt par le contribuable local et la maîtrise tant de la pression fiscale que de la fuite devant l'impôt.

La trop grande présence des autorités fiscales étatiques dans la fiscalité locale de lutte contre le désordre urbain semble dès lors avoir pour conséquence la faiblesse de l'assiette et des tarifs des impôts locaux y afférents, et l'inefficacité de leurs mécanismes de suivi.

Divers, changeants et mouvants aux rythmes de la dynamique municipale, les actes de désordre urbain devraient susciter la création de plusieurs impôts locaux aux tarifs conséquents ayant vocation à empêcher ou à sanctionner leur commission. De nouvelles taxes ou redevances symptomatiques de la défaillance des droits sur le permis de bâtir et d'implanter, pourraient ainsi être créées pour sanctionner par exemple l'habitat spontané qui semble être la norme actuellement au Cameroun, au mépris des règles et documents d'urbanisation. Une autre taxe pourrait sanctionner l'encombrement de nos routes par des véhicules d'occasion nouvellement acquises, mais qui montrent visiblement des signes poussés de sénilité à l'aune de leur ronflement pétaradant et de l'épaisseur de la fumée qui dégouline de leurs tuyaux d'échappement.

Quant au suivi, il serait judicieux de confier les contrôles sur pièces ou sur place, ainsi que les opérations de redressement aux agents fiscaux de la municipalité, et non à ceux de l'Etat, parce que les premiers sont plus intégrés dans la ville ou dans la commune de leur ressort que les seconds. Connaissant parfois tous les concitoyens par leurs noms, dans leurs activités et lieux d'habitation, les agents locaux de contrôle fiscal semblent mieux outillés pour lutter contre la fraude et l'évasion fiscales dans leurs municipalités.

2. Une fiscalité locale difficilement apprivoisée par les collectivités locales

Une analyse hâtive du droit de la décentralisation et de sa mise en œuvre pourrait faire croire que les obstacles à la pleine effectivité de la décentralisation fiscale au Cameroun sont dus au très grand écart qui existe entre les instruments juridiques porteurs de la décentralisation et les réalités sur le terrain de la concrétisation desdits

au Benin : mythe ou réalité ? », *Revue béninoise de sciences juridiques et administratives*, n°7, décembre 1987, p.1 ; *« il ne peut avoir exercice d'attributions effectives sans un minimum d'autonomie financière [...] qui s'avère indissociable de la libre administration »*, Cf. « L'autonomie financière des collectivités territoriales », *Les cahiers du Conseil constitutionnel*, n° 12, 2000, p.96.

[69] E. BESSON *L'encadrement constitutionnel de l'autonomie financière des collectivités infra-étatiques. Recherches en droit comparé*, Thèse pour le doctorat en droit, Université Paul Cézanne AIX, Décembre 2009.

instruments. Chose qui attribuerait la grande part de responsabilité à l'Etat en mettant en exergue une sorte d'embarras des gouvernants à propos d'un phénomène ô combien salutaire dont dépendent en grande partie le développement et la démocratie de notre Etat unitaire décentralisé. Pourtant, à y voir de plus près, une bonne partie de la responsabilité revient aussi aux collectivités territoriales décentralisées bénéficiaires du transfert de compétences fiscales. Par leur inculture à propos de l'essence et des mécanismes de la décentralisation administrative, financière et fiscale d'une part, et leur atonie se traduisant par l'absence d'initiatives propres d'autre part, les collectivités territoriales décentralisées pratiquement réduites actuellement aux communes et communautés urbaines, semblent être complices de la recentralisation[70] de leur fiscalité.

En matière de lutte contre le désordre urbain par les impôts locaux, une bonne partie des prélèvements fiscaux transférés aux Communes par l'Etat reste sous-exploitée dans certaines régions du pays, soit du fait de la non-maîtrise de la législation fiscale en la matière, soit par simple décision des autorités fiscales locales de mettre l'application de certaines dispositions légales en veilleuse. L'illustration parfaite découle des mécanismes d'établissement et de contrôle de la taxe d'abatage du bétail et même de la taxe communale sur le bétail dans les régions septentrionales du Cameroun. Une discrimination semble sciemment être faite entre les types d'animaux à abattre, d'une part, et en fonction du nombre d'animaux possédés, d'autre part. Alors que la loi portant fiscalité locale élargit l'assujettissement à la taxe d'abattage du bétail jusqu'aux ovins et caprins, la pratique sur le terrain semble réduire cette taxe aux seuls bovidés. Pourtant il existe un élevage traditionnel de grande ampleur des ovins et caprins, et partant une très forte consommation de la viande du poulet et de chèvre dont l'abattage échappe aux autorités municipales. Quant à la taxe communale sur le bétail, seuls les propriétaires des ranchs abritant plusieurs centaines de têtes de bétails semblent être sous le collimateur des autorités municipales, exonérant ainsi implicitement les propriétaires d'un nombre moindre de têtes de bétails qu'ils élèvent parfois à domicile. Pourtant le droit fiscal en vigueur n'a pas fixé de telles exonérations.

Une autre cause de la non-appropriation de la fiscalité locale par les communes et communautés urbaines dérive de l'atonie de ces collectivités qui manquent généralement de sens d'initiative en matière de proposition de création et de fixation des tarifs des impôts dont la vocation est de prévenir ou de réprimer les actes de désordre urbain. Phénomène de société établi autour de nous et visible même sans le vouloir, le désordre urbain dans sa lutte, pourrait être un moyen efficace de financement des budgets locaux. Il suffirait alors que les autorités municipales s'attèlent à diagnostiquer l'anatomie, la morphologie et la typologie de ce phénomène dysfonctionnel, dans la perspective de lui prescrire une *posologie fiscale* adéquate. Des impôts locaux pourraient alors porter sur plusieurs actes d'insécurité, d'insalubrité, de pollution, de trouble à la paix et à la tranquillité publiques…non encore prévus par la règlementation actuellement en vigueur.

---

[70] C. MONEMBOU, « Les paradoxes de la décentralisation camerounaise : de la décentralisation à la recentralisation », *op. cit.*

CONCLUSION

En définitive, la lutte contre le phénomène multiple, divers et ondoyant du désordre urbain s'effectue au Cameroun en faisant aussi recours à une gamme variée de prélèvements obligatoires rangés par le législateur du 15 décembre 2009 dans la notion d'*impôts locaux*. Il s'agit, contrairement à la définition classique de l'impôt, des autres notions voisines telles que les taxes, les redevances et autres droits pécuniaires profitables aux collectivités territoriales décentralisées. Ces impôts ont vocation concomitamment à prévenir et à réprimer les actes de désordre urbain, par la force dissuasive, réparatrice et compensatrice que véhicule leur *obligatoriété* à l'égard du citadin contribuable potentiel. Cette noble et salutaire ambition de l'ordre dans nos agglomérations[71] par la contrainte financière, tend malheureusement à être une véritable gageure, eu égard aux obstacles difficilement surmontables qui édulcorent la performance du dispositif fiscal mobilisé. D'une part, le pouvoir central tarde à partager réellement son pouvoir fiscal avec les collectivités locales[72], quoiqu'il en apporte la preuve contraire. D'autre part, les collectivités locales peinent à apprivoiser la portion d'autorité à elles brandie par le droit en matière fiscale, à cause de leur inculture et de l'ondoyance du phénomène du désordre urbain[73]. Puisse alors Michel BOUVIER leur souffler la solution à ce problème de lutte contre le désordre urbain par les impôts locaux ! Lui qui connaît tant les finances et la fiscalité locales, le Cameroun et son pouvoir central, la ville dans son ordre et son désordre.

---

[71] P. ZEMOR, « Communication : attention à la cacophonie », *Le Monde*, 9-10 mars 1993.

[72] P. DEYON, *L'Etat face au pouvoir local*, Edition Locale de France, 1996.

[73] M. M. WEBBER, *L'urbain sans lieu ni bornes*, *op. cit.*

Abdoulaye HAMADOU[1]

LE RECOUVREMENT DE L'IMPÔT ET LA PROTECTION DU CONTRIBUABLE AU NIGER

INTRODUCTION

Les problématiques liées aux procédures fiscales sont très peu abordées par la doctrine au Niger. Pourtant, ce n'est pas la matière qui manque. La question du recouvrement de l'impôt[2], par exemple, a toujours présenté un intérêt certain, étant donné l'enjeu qu'il représente aussi bien pour les pouvoirs publics (l'Etat a besoin de recettes fiscales pour satisfaire les nombreux besoins d'intérêt général) que pour les contribuables (le paiement de l'impôt doit être conjugué au respect de leurs droits fondamentaux). Alors que l'impôt est de plus en plus contesté dans le pays[3], aussi bien par les couches populaires que les classes aisées, peut-on convaincre que celui-ci puisse avoir un objectif de rendement et un souci de les protéger ? En toute évidence, la question peut surprendre, étonner et, pour le meilleur des cas, susciter des réflexions. Pourtant, cette problématique ne date pas d'aujourd'hui et beaucoup de travaux scientifiques lui ont, en effet, été consacrés en droit comparé[4]. Mais, son intérêt scientifique se renouvelle sans cesse en raison de l'évolution de l'impôt et de notre société.

Traditionnellement, lorsqu'on parle de l'impôt, le premier sentiment qui domine est subjectif[5]. Pour certains, c'est le symbole de la sujétion de l'administré par

---

[1] Docteur en droit public, Enseignant-chercheur à la Faculté de Droit de l'Université de Tahoua (Niger)

[2] Recouvrer l'impôt, c'est faire parvenir son montant dans les caisses du Trésor soit spontanément (dans ce cas le contribuable adresse lui-même et sans recevoir de demande de l'administration, l'impôt dont il est redevable) ; soit après appel du montant par l'administration concernée ; soit enfin par retenu à la source qui consiste pour l'administration à effectuer elle-même un prélèvement d'office sur le revenu : S. YAHYA (dir.), *Glossaire fiscal*, Rabat Net Maroc, 2007, p.121.

[3] Depuis l'entrée en vigueur de la loi de finances 2018 et son cortège de nouvelles mesures fiscales, d'importants mouvements de contestation sont régulièrement organisés par les organisations de la société civile nigérienne sur toute l'étendue du territoire national. Certains de ces mouvements ont été particulièrement violents avec des blessés et des dégâts matériels importants.

[4] Cf. Rapport de la Commission AICARDI, *L'amélioration des rapports entre les citoyens et les administrations fiscale et douanière*, Collection des rapports officiels, Paris, La documentation française,1986 ; RICHER (D.), *Les droits du contribuable dans le contentieux fiscal*, Paris, LGDJ, 1997 ; K. SID AHMED, *Droits fondamentaux du contribuable et procédures fiscales, Tome 1 et Tome,* Paris, L'Harmattan, 2007 ; P. PHILIP, *Procédures fiscales et garanties du contribuable*, Paris, Economica, 2014 ; A. PERIN-DUREAU, *L'obligation fiscale à l'épreuve des droits et libertés fondamentaux*, Paris, Dalloz, 2014 ; A. BOYER et S. SCHMITT (dir.), *La sécurité juridique et le contribuable*, Marseille, PUAM, 2016 ; O. FOUQUET, « la sécurité fiscale en question », *Revue française de finances publiques*, n°133, Février 2016 ; etc.

[5] Laissons à Camille ROSIER le soin de dire la force de ce sentiment : « il est partout et de tout temps décrié. Les populations s'attristent, voire se soulèvent quand il est revu à la hausse et elles jubilent quand il est réduit, car le Fisc est l'entité abhorrée, injuste, odieuse, amorale, égoïste, fantaisiste, cruelle, impitoyable [...] qui

rapport à l'administration. Pour d'autres, c'est une forme d'ingérence dans la liberté individuelle et patrimoniale de l'individu. C'est le professeur Thierry LAMBERT qui résume le mieux cet état d'esprit : « Les citoyens n'ont pas par l'impôt le sentiment de « contribuer » qui contient en soi un sentiment de spontanéité, et même une certaine fierté. L'idée généralement admise est : « On me prend quelque chose »[6]. Force est cependant d'admettre que le recours à l'impôt est indispensable, c'est une nécessité liée à l'organisation de la vie sociale et au fonctionnement de l'Etat. Tous les citoyens doivent y consentir et s'y soumettre[7]. Classiquement défini comme une prestation pécuniaire, requise des particuliers par voie d'autorité, à titre définitif et sans contrepartie, en vue de la couverture des charges publiques[8], l'impôt constitue une importante ressource pour les Etats contemporains[9].

Pour certains Etats, c'est la composante essentielle des ressources publiques. C'est le cas du Niger qui, en dépit des importantes ressources naturelles exploitées un peu partout sur son territoire, fait principalement recours à l'impôt pour financer ses immenses besoins. En effet, l'évolution des ressources budgétaires du pays montre que les recettes fiscales constituent la principale ressource du budget de l'Etat ces dernières années.

Cette tendance, en constante progression, s'est poursuivie en 2018 avec l'adoption des nouvelles mesures fiscales ayant sensiblement élargi l'assiette fiscale au Niger.[10] L'impôt est ainsi considéré comme la ressource prioritaire, loin devant l'aide extérieure et les autres recettes non fiscales[11].

---

détraque les rapports économiques, qui supprime les initiatives, qui s'oppose à l'épargne, qui entrave la production, qui empêche l'abaissement du coût de la vie, qui diminue l'exportation, etc. » : C. ROSIER, *La fiscalité française devant l'opinion publique*, Paris, L.G.D.J, 1940, p.2.

[6] T. LAMBERT, *« Le contribuable face à l'administration fiscale, psychologie et science administrative »* (Ouvrage collectif), PUF, collection CURAPP, 1985, p. 102.

[7] L. PHILIP, *Procédures fiscales et garanties du contribuable,* Paris, Economica, 2014, p. 109.

[8] P-M. GAUDEMET et J. MOLINIER, *Finances publiques*, Paris, Précis Domat/ Montchrestien, Tome II, 1988, n° 499.

[9] L'histoire économique nous enseigne que l'émergence des Etats était intimement liée à leur capacité de lever l'impôt. Dans la 42e leçon de son ouvrage intitulé *Eléments d'économie politique pure*, consacré à sa théorie d'économie sociale, Léon WALRAS soulignait qu'il existe deux manières de pourvoir aux besoins de l'Etat ou aux dépenses publiques : la première est de faire intervenir l'Etat en même temps que l'individu dans la répartition de la richesse sociale par la propriété ; la seconde est d'opérer à son profit un prélèvement sur les revenus des individus par l'impôt », L. WALRAS, *Eléments d'économie politique pure ou théorie de la richesse sociale*, LGDJ, Paris, 1952, p.449.

[10] C'est à travers la Loi 2017-82 du 28 novembre 2017 portant loi de finances pour l'année budgétaire 2018 que le Gouvernement a fait le choix d'imposer davantage les Nigériens. Ainsi, pour recouvrer le maximum de recettes fiscales, plusieurs nouvelles impositions (impôts et taxes) ont été instituées : l'impôt sur les plus-values de cession immobilière constituant un minimum de perception (art. 114 bis CGI, création) ; l'impôt sur les revenus des baux d'habitation (art. 146 CGI, nouveau) ; l'impôt sur les revenus des baux professionnels (art. 149 CGI, nouveau) ; la taxe d'habitation (art. 169, création) ; la taxe sur les abonnements audiovisuels (art. 321 sexies, création), etc. Ces nouvelles impositions ont malheureusement la particularité d'aggraver les charges des ménages déjà en souffrance. Selon un rapport de l'Institut National de la Statistique, l'augmentation des impôts a une incidence plus marquée sur les dépenses de consommation des ménages que l'augmentation de leur revenu, or le pouvoir d'achat des ménages nigériens ne varie pas de manière substantielle du fait d'une stagnation du revenu : INS-Niger, *Analyse de la politique fiscale au Niger et ses impacts sur la pauvreté* (Rapport final), Niamey, INS, juin 2008, p.15.

[11] Au titre la loi de finances 2018, les recettes fiscales représentent 982. 693. 463. 077 FCFA, soit 51,70% des ressources totales de l'Etat : Loi n° 2017-82 du 28 novembre 2017 portant loi de finances 2018, p.46.

En réalité, depuis la conférence nationale tenue du 29 juillet au 03 novembre 1991, tous les gouvernements ont fait de la mobilisation des ressources internes une de leurs préoccupations majeures et l'aide extérieure est souvent conditionnée par la capacité des Etats à mobiliser les ressources internes[12]. D'un point de vue purement juridique, la constitution nigérienne prévoit que : « tout citoyen a le devoir de travailler avec dévouement pour le bien commun et de s'acquitter de ses contributions fiscales »[13]. « Les prélèvements fiscaux tirent donc leur légitimité de la nécessité pour chaque citoyen de participer à l'œuvre de construction nationale. C'est pourquoi, l'impôt devrait être compris et accepté par les citoyens, car il est l'un des instruments qui permettent de concilier la puissance de l'Etat et la liberté de l'individu »[14].

Pour amener le contribuable à s'acquitter de son obligation fiscale, le fisc dispose des prérogatives importantes : droit de contrôle et de vérification ; droit de communication ; taxation d'office, amendes et majoration, etc. Il faut tout faire pour recouvrer l'impôt car les besoins sont en effet immenses. Pour un pays comme le Niger, les défis sont multiples. Dans son ouvrage consacré aux finances publiques des pays membres de l'UEMOA, le professeur Nicaise MEDE rappelle la force de ces défis : il faut construire des écoles, des collèges, des universités (populations jeunes), installer des centres de santé (forte fécondité), réaliser les commodités en milieu urbain et rural (électricité, eau, assainissement), construire des infrastructures : routes, ponts, centrales électriques, etc.[15] À ces besoins viennent s'ajouter aujourd'hui les dépenses sécuritaires qui absorbent une part de plus en plus importante des ressources budgétaires[16]. On peut donc aisément comprendre toute l'importance accordée par l'Etat aux déclarations des contribuables, et donc à l'impérieuse nécessité de recouvrer les créances fiscales.

Cette dimension de l'impôt ne doit pourtant pas l'emporter sur une autre dimension : celle de la préservation des droits et libertés qu'un système démocratique doit garantir. En effet, le contribuable est avant tout un citoyen, un être humain qui a des droits sacrés et imprescriptibles et doit être traité comme tel. Comme le souligne Monsieur André BARILARI, un des acquis de la démocratie est de savoir gérer l'impôt dans la marge étroite qui existe entre contrainte et liberté, tout en restant sur le fil du rasoir entre consentement et résistance[17]. En d'autres termes, dans une société démocratique, on doit pouvoir parvenir à ce que l'impôt

---

[12] N. YACOUBA, L'exercice *des poursuites en matière de recouvrement des impôts et taxes au Niger*, Mémoire de fin de cycle niveau III, Ecole Nationale d'Administration et de Magistrature (ENAM), 2013-14, Niamey.

[13] Art. 40 de la Constitution du 25 novembre 2010. Ce qu'il faut comprendre de cette disposition est que payer son impôt constitue un acte citoyen en ce sens que l'obligation de contribuer aux charges communes légitime en retour le droit d'exiger une redevabilité dans la gestion des ressources publiques.

[14] L. MEHL et P. BELTRAME, *Science et technique fiscaleS*, Paris, PUF, 1984, p.28.

[15] N. MEDE, *Finances publiques, Espace UEMOA*, Dakar, L'Harmattan-CREDILA, 2016, p. 69.

[16] Officiellement, le budget relatif aux questions sécuritaires représente 17% des dépenses totales de l'Etat : chiffres donnés par le Président de la République, Issoufou MAHAMADOU, lors d'un entretien avec la chaîne internationale « Africanews », le 05 décembre 2017.

[17] A. BARILARI, *Le consentement à l'impôt*, Paris, Presses de sciences politiques, 2000, pp. 13-14.

rapporte plus[18] sans compromettre la jouissance des droits et libertés de ceux qui ont consenti à le payer. Ce compromis tant recherché semble malheureusement être difficilement réalisable, car de l'avis de certains auteurs[19], les reformes visant à améliorer les capacités de l'administration fiscale à taxer et à recouvrer plus d'impôt sont plus nombreuses que celles visant à renforcer les droits des contribuables.

Dans un pays où l'imaginaire populaire sur l'impôt et plus globalement sur le système fiscal est relativement négatif[20], l'intérêt de cette réflexion est de démontrer que le recouvrement de l'impôt ne poursuit pas une finalité contraire aux intérêts des citoyens. Par contre, il doit s'opérer tout en respectant les droits et garanties reconnus au contribuable par la Loi[21]. Notre conviction est que nous ne pouvons construire une fiscalité moderne, une fiscalité de développement sans intégrer et respecter les possibilités pour le contribuable de se défendre. De ce point de vue, il faut dire que le législateur nigérien a prévu des garanties juridiques de nature procédurale et non procédurale à même de protéger le contribuable. Mais, dans les faits et de l'avis des nombreux contribuables[22], la procédure du recouvrement des créances fiscales est effectuée en méconnaissance de certaines garanties à dominance procédurale telles que le respect des délais, la confidentialité de la dette fiscale, le droit de contester certaines décisions, etc. Finalement, notre analyse nous permet de vérifier aussi l'effectivité de la protection du contribuable durant cette phase et éventuellement de déceler les limites de cette protection. Pour ce faire et compte tenu d'une jurisprudence quasi inexistante en droit nigérien, un recours à la jurisprudence en droit comparé[23] est indispensable afin d'apprécier cette protection.

[18] Selon une étude récente de l'OCDE, les recettes fiscales en hausse sont essentielles au développement économique des pays africains. Cf. A. FOLY et G.-V. HOUNGBONON, « Collecte-t-on trop ou trop peu d'impôts en Afrique ? » : *http://theconversation.com/collecte-t-on-trop-ou-trop-peu-dimpots-en-afrique-92131*, consulté le 28 février 2018.

[19] O. FOUQUET, « Sécurité fiscale et fraude fiscale », *RFFP, n°127*, aout 2014, pp.152 et suivants

[20] Au Niger, l'impôt éveille encore chez de nombreux citoyens le triste souvenir de la période coloniale où le recouvrement des taxes locales (essentiellement la taxe municipale et l'impôt de capitation) donnait lieu à un cortège d'exactions et de maltraitance sous toutes leurs formes à l'encontre des populations locales. Aujourd'hui, l'impôt est souvent perçu comme une forme de spoliation au profit d'une entité abstraite, elle-même au service d'une infime fraction de la population voire tout simplement du premier responsable politique du pays. Cf. S. YONABA, « Le recouvrement des recettes publiques dans les états africains : un état des lieux préoccupant », *Revue française d'administration publique*, 2012/4 (n°144), p. 1044.

[21] Ici, la Loi doit être entendue au sens large du terme. Elle inclut tous les instruments juridiques pouvant servir de fondement aux garanties dont les contribuables nigériens peuvent se prévaloir. On y trouve les traités internationaux, la constitution, les normes législatives et règlementaires pertinentes, les chartes du contribuable, la doctrine administrative, etc. S'y ajoutent certains principes généraux du droit applicables en matière fiscale : le principe d'égalité, le principe du contradictoire, le principe du respect des droits de la défense, la non rétroactivité de la loi, et plus globalement le principe de sécurité juridique

[22] Dans la phase exploratoire (recherche d'informations), précédant le choix de ce thème, nous avons mené une enquête de terrain dans trois principales villes du Niger (Niamey, Maradi et Tahoua) pour avoir une idée de ce que pensent les contribuables du fisc. L'objectif de cette enquête était double : pallier la quasi-absence de décisions de justice en la matière et nous orienter sur les aspects à analyser dans notre étude. On y retient que c'est dans la phase du recouvrement qui cristallise les tensions entre le fisc et les contribuables. En effet, il arrive que l'administration fiscale, en méconnaissance des garanties minimales, procède au recouvrement des créances fiscales ayant été préalablement liquidées. La raison avancée est d'éviter que le redevable de l'impôt n'utilise le contentieux du recouvrement à des fins purement dilatoires pour échapper à l'impôt.

[23] Nous allons essentiellement recourir à la jurisprudence en droit français pour illustrer nos propos. En effet, pour des raisons historiques (conséquence de la colonisation, l'infrastructure juridico-institutionnelle de l'Etat nigérien n'est qu'un prototype du système français), juridiques (le système fiscal nigérien s'inspire

Dès lors, il est possible de s'interroger : quels sont les droits et garanties dont jouissent les contribuables durant les opérations de recouvrement des créances fiscales en droit nigérien ? Les garanties juridiques prévues par les instruments juridiques nigériens suffisent-elles à assurer aux contribuables une protection efficace face à l'administration fiscale ? Pour répondre à ces questions, il convient de développer dans un premier temps le recouvrement de l'impôt et les garanties générales du contribuable (I) et, dans un second temps, le recouvrement de l'impôt et les garanties spécifiques du contribuable (II).

I. LE RECOUVREMENT DE L'IMPOT ET LES GARANTIES GENERALES DU CONTRIBUABLE

La créance fiscale présente des caractéristiques particulières qui la distinguent des créances régies par le droit privé. L'une de ces caractéristiques se trouve dans les modalités de son recouvrement : sa perception est obligatoire et elle ne peut faire l'objet d'une compensation[24]. Le recouvrement de l'impôt, pour lequel la loi donne d'importantes prérogatives au fisc[25], doit se dérouler conformément au cadre tracé par la règlementation en vigueur. Il doit notamment s'opérer sans impartialité, sans aucune discrimination entre les contribuables, et donc contribuer au respect du principe d'égalité devant l'impôt.

En pratique, l'administration utilise deux modes de recouvrement : le recouvrement à l'amiable qui constitue la règle et le recouvrement forcé qui constitue l'exception[26]. Dans les deux cas, l'administration utilise des techniques de recouvrement qui doivent respecter les droits des contribuables. Au titre des garanties générales dont le respect s'impose à l'administration, il faut distinguer les garanties préalables du contribuable avant le paiement de l'impôt (A) de celles reconnues pendant la phase du paiement (B).

---

essentiellement des règles et des institutions du système français) et pratiques (la jurisprudence française est plus accessible et applique des nombreuses règles qu'on retrouve en droit nigérien), le recours à la jurisprudence des juridictions françaises nous paraît raisonnablement adapté.

[24] Certaines règles particulières existent en matière de compensation. C'est le cas lorsqu'un contribuable a subi une taxation excessive et a bénéficié sur un autre point d'une taxation insuffisante Excès et insuffisance d'imposition peuvent donner lieu à une compensation, à l'initiative du contribuable ou de l'administration : A. LEFEUVRE, *Le paiement en droit fiscal*, Paris, L'Harmattan, Collections Finances publiques, 2002, p.27.

[25] La plus importante de ces prérogatives réside dans le fait que le trésor public est autorisé par la loi à se délivrer à lui-même son propre « titre exécutoire » sans vérification judiciaire préalable : M. DOUAY, *Le recouvrement de l'impôt*, Paris, LGDJ, 2005, p.19.

[26] L'une des caractéristiques du système fiscal déclaratif réside dans le fait que le contribuable se libère volontairement de son obligation fiscale. C'est seulement lorsque celui-ci ne s'exécute pas que l'administration peut recourir aux actes de poursuite pour le contraindre à payer. En moyenne, les recettes recouvrées par voie de poursuites ne dépassent pas 2% des recettes fiscales totales réalisées par la Direction Générale des Impôts du Niger.

A. Les garanties préalables du contribuable avant le paiement de l'impôt

L'impôt, une fois assis et liquidé, doit être recouvré. C'est une logique qui s'explique à la fois par le principe de la nécessité de l'impôt que par l'objectif d'optimisation des rentrées fiscales poursuivi par l'administration fiscale. Mais, la régularité de la procédure est conditionnée à l'observation par l'administration de certaines obligations qui constituent autant des garanties pour le contribuable : le droit d'être informé de l'obligation de payer (1) et ce, conformément aux délais prescrits par la loi (2).

1. Le droit du contribuable d'être informé de la mise en recouvrement de l'impôt

Pour être recouvrée, la créance fiscale doit être portée à la connaissance du redevable, car celui-ci n'est pas présumé connaître sa dette fiscale dans les détails. A ce titre, chaque redevable doit recevoir un avertissement[27] mentionnant la somme dont il est redevable, les délais dans lesquels il doit s'acquitter de la dette et le lieu où le versement doit être effectué. Quelles que soient les techniques de recouvrement utilisées, le comptable public[28] chargé du recouvrement est tenu de porter à la connaissance du redevable de l'impôt le titre constatant la créance.

Dans la phase du recouvrement de droit commun, le principal titre exécutoire[29] utilisé dans le réseau de la Direction générale des impôts du Niger est l'avis de mise en recouvrement[30]. Aux termes de l'article 1044 du CGI, celui-ci est adressé au contribuable par le receveur des impôts, sur un imprimé spécial et qui l'informe

---

[27] L'avertissement qui constitue ici le « titre de perception de l'impôt » n'est pas exigé pour tous les impôts aux termes de l'article 1037 du CGI. En effet, les impôts indirects, par exemple, sont principalement déclaratifs et autoliquidés. Le paiement spontané au comptant est la règle. C'est seulement en cas de défaillance déclarative ou à la suite d'un contrôle fiscal que les créances seront constatées et recouvrées sur base d'un titre exécutoire. Voir à ce sujet les développements de E. D. BA, *Procédures fiscales*, Dakar, L'Harmattan, pp.185 et suivantes.

[28] En doit nigérien, le recouvrement des impôts, droits, taxes, redevances, produits et revenus de toute nature institués par Code général des impôts est assuré par les receveurs de la Direction Générale des Impôts (Art. 1035, loi n°2012-37 du 20 juin 2012 portant Code Général des Impôts).

[29] La notion de titre exécutoire est vaste et renvoie à une diversité de titres de perceptions des créances. En ce qui concerne les créances publiques, il est utilisé pour désigner les arrêtés, états, rôles, avis de mise en recouvrement, titres de perception ou de recettes que l'État, les collectivités territoriales ou les établissements publics dotés d'un comptable public délivrent pour le recouvrement des recettes de toute nature qu'ils sont habilités à recevoir. Ces actes sont également considérés comme des titres exécutoires aussi bien par le juge administratif que par le juge civil : CE, 3 avril 1991, n° 80.572, M. Coffinet : Dr. Fisc. 1992, n° 23, comm. 1176; Cass. Com., 10 mars 1998, n° 649 D, Receveur des Impôts des Abymes c/ Komla : RJF 6/98, n° 726, *in* Th. GASQUET, « La notification d'un titre exécutoire au redevable de l'impôt constitue-t-elle un obstacle au recouvrement des créances fiscales ? », *msgw.free.fr/fichiers/titreexecutoire.pdf*, consulté le 12 février 2018.

[30] L'institution de l'Avis de mise en recouvrement comme le principal titre exécutoire répond à un souci de simplification et d'efficacité pour le recouvrement des créances fiscales concernées. Il a été préféré à la fois au rôle (qui est aujourd'hui uniquement utilisé pour le recouvrement de certains impôts locaux) et à l'avis d'imposition dont l'établissement et la mise en œuvre exigent une procédure plus longue et lourde.

qu'il doit payer à sa caisse un montant précis au titre d'un impôt déterminé[31]. Il revient à l'administration fiscale, par voie de conséquence, de prendre toutes les dispositions utiles pour assurer sa notification bien avant la date de mise en recouvrement[32]. Pour ce faire, il est prévu que l'avis de mise en recouvrement soit remis au redevable, à ses ayants-droit ou à son représentant[33]. Théoriquement, il est considéré comme étant notifié au redevable, dès lors qu'il a été adressé au lieu de son domicile, de sa résidence, de son principal établissement, de son siège social ou à l'adresse qu'il a lui-même fait connaître au service des impôts et a fait l'objet d'une décharge ou d'un accusé de réception. Mais, en pratique, cette obligation est difficilement observée en raison des moyens limités de l'administration fiscale qui ne lui permettent pas de notifier les titres aux redevables qui ne disposent pas de boîtes postales et dont les adresses communiquées sont erronées. Dans cette dernière hypothèse, la notification de l'avis est considérée comme irrégulière par la jurisprudence dans le cas où celui-ci revient avec la mention « n'habite pas à l'adresse indiquée»[34].

Lorsqu'il est régulièrement notifié, l'avis de mise en recouvrement entraîne des effets précis aussi bien à l'égard du redevable qu'à l'égard de l'administration fiscale. L'un des effets majeurs est de permettre d'authentifier la créance du Trésor public non acquittée dans les délais légaux[35]. Dans l'hypothèse où sa délivrance n'est pas suivie d'un paiement, le comptable est fondé à notifier un avis de mise en demeure pour contraindre le redevable à payer son impôt[36]. Par contre, au cas où un avertissement serait adressé tardivement au contribuable ou à une adresse erronée, l'impôt ne pourrait être exigible qu'à compter de la date à laquelle le contribuable aurait été informé de la mise en recouvrement du titre de perception[37]. En outre, du moment où l'acte est régulièrement notifié, il permet d'ouvrir le délai de réclamation contentieuse. C'est d'ailleurs une mention que l'AMR doit obligatoirement contenir, et ce au bénéfice du contribuable. On peut cependant

---

[31] L'AMR comporte les mentions obligatoires suivantes : l'identité complète et l'adresse du contribuable ; les indications nécessaires à la connaissance des impôts, droits, taxes et redevances ou autres sommes faisant l'objet du recouvrement ; la période à laquelle se rapporte l'imposition ; l'année au cours de laquelle l'imposition est établie ; le numéro d'ordre de l'avis de mise en recouvrement ; le montant des droits et pénalités ; le numéro d'identification fiscale pour les contribuables immatriculés ; la date de mise en recouvrement ; la date d'exigibilité et la date de majoration. Le défaut ou l'insuffisance de ces mentions sur un Avis de mise en recouvrement le rend irrégulier et peut constituer un motif d'annulation en cas de contentieux devant le juge. En droit nigérien, le juge sanctionne notamment le défaut de production des éléments ayant servi de bases d'imposition pour l'établissement d'un AMR : TGI hors classe de Niamey, ATLANTIQUE TELECOM Niger (MOOV) SA c./ DGI-Niger, 13 décembre 2017, Jugement civil n°596/17.

[32] La mise en recouvrement est la date limite d'envoi des titres de perception de l'impôt et ouvre droit au comptable public pour engager la procédure de recouvrement. Cette date constitue une mention obligatoire qui doit figurer sur les titres exécutoires comme l'AMR.

[33] Art. 1045 CGI-Niger.

[34] CE, 18 février 2004, n°230257, SEMIDEP, RJF 5/2004, comm. 534 et 551.

[35] Aux termes de l'article 1046 du CGI, en plus de l'authentification de la créance du Trésor, il permet également d'ouvrir la période de quatre ans sur laquelle s'exercent les privilèges du Trésor Public et de fixer le point de départ du délai de prescription.

[36] Art. 1049 CGI.

[37] CE, 20 novembre 1992, n° 71.902, M. Seigneur : Dr. Fisc. 1993, n° 11, comm. 567 et concl. J. Arrighi de Casanova à la RJF 1/93 p. 1 ; CE, 9 janvier 1995, M. Nizard, Droit fiscal, 1995, n°23-24, 1291 ; TA, Toulouse 28 janvier 2003, n°00-614, 1ere ch. Minguet, RJF 8/9/03, *in* T. GASQUET, *op.cit.*, p.1.

regretter que cette réclamation n'interrompe pas le recouvrement à moins qu'elle ne soit assortie d'une demande de sursis de paiement[38].

En tant qu'acte administratif, le titre de perception informant le contribuable de la mise en recouvrement de l'impôt doit, comme tous les actes de l'espèce, être motivé et indiquer notamment les bases de la liquidation. Cette exigence de fond a trouvé un écho favorable dans la jurisprudence du juge administratif en France à travers une ligne jurisprudentielle constante. En effet, c'est à travers l'arrêt Ifremer[39] qui a été régulièrement confirmé[40], que le Conseil d'Etat a élevé au rang de principe général de la comptabilité publique la règle selon laquelle tout état exécutoire doit contenir les bases de la liquidation de la créance pour le recouvrement de laquelle il est émis, à moins que ces bases n'aient été préalablement portées à la connaissance du débiteur. Ainsi, un titre de recettes doit, notamment, comporter des indications sur le calcul et le fondement légal de la dette[41]. Lorsqu'il est consécutif à une procédure de redressement contradictoire, il doit faire systématiquement référence aux notifications de redressement, ainsi qu'aux observations du contribuable[42]. Il en résulte que le défaut ou l'insuffisance de motivation du titre exécutoire peut constituer un motif de la décharge des créances en cas de litige.

L'obligation d'information au bénéfice du redevable doit également être respectée dans la phase du recouvrement forcé. A ce stade du recouvrement et compte tenu des conséquences que les mesures de poursuites[43] pourraient engendrer sur la situation du redevable, le législateur exige de l'administration que toute mesure de poursuite soit précédée d'un avis de mise en demeure[44]. Ainsi, aux termes de l'article 1114 du CGI, le receveur des impôts est tenu de notifier au redevable retardataire, c'est-à-dire celui qui n'a pas acquitté, à la date d'exigibilité, le montant de ses impôts, une mise en demeure de dix jours avant l'engagement de poursuites. La procédure serait, en conséquence, entachée d'irrégularité lorsqu'une mesure de poursuite engagée contre un redevable est conduite en méconnaissance de cette obligation. A cet effet, il ressort d'une jurisprudence de la Cour de cassation française que les titres exécutoires émis par une personne morale de droit public ne peuvent donner lieu à une mesure d'exécution forcée s'ils n'ont pas été notifiés au

[38] Art.1025 CGI.

[39] CE, 21 août 1996, n° 143.173 : Dr. Fisc. 1996, n° 49, comm. 1471,

[40] CE, 6 novembre 1998, n° 178-322, 171-574 et 171-576, CNIH : Dr. Fisc. 1999, n° 26, comm. 521, concl. G. Bachelier ; CAA Paris, 30 décembre 1998, n° 98-1489, CNIH : Dr. Fisc. 1999, n° 17, comm. 335, concl. V. Haïm

[41] CAA Paris, 2 mars 1995, n° 93-1429, Sté Codara : RJF 10/95, n° 1125.

[42] M. DOUAY, *op. cit.*, p.29.

[43] Conformément aux articles 1118 et suivants du CGI, les mesures de poursuites sont réparties en deux catégories : les mesures de poursuite de droit commun (la saisie mobilière et immobilière) et les mesures de poursuites spécifiquement fiscales (l'avis à tiers détenteur, la fermeture des locaux à usage professionnel et la contrainte par corps).

[44] Art. 1049- A défaut de paiement des sommes dues dans un délai de dix (10) jours de la notification de l'avis de mise en recouvrement et en l'absence d'un sursis de paiement accordé par le Receveur des Impôts avec constitution de garanties, ce dernier notifie une mise en demeure de payer les sommes réclamées dans un délai de dix (10) jours, avant engagement des poursuites.

débiteur[45]. En d'autres termes, l'obligation de notification préalable du titre exécutoire est une condition de validité de l'acte de poursuites.

En théorie, la notification de l'avis de mise en demeure s'effectue soit par voie postale, soit par voie d'huissier (principalement lorsque le redevable est domicilié à l'étranger). Mais, dans les faits, cet avis (tenant lieu de commandement en cas de saisie) est notifié dans les mêmes conditions que l'avis de mise en recouvrement, c'est-à-dire majoritairement remis en main propre au redevable, à ses ayants-droits ou à son représentant, sans respecter la confidentialité requise dans le domaine. Cette technique de notification archaïque est peu efficace, car l'agent des services fiscaux qui ne dispose pas de moyens de déplacement conséquents ne peut notifier tous les avis à temps. Gageons qu'avec la récente instauration des télé-procédures via la Loi n° 2017-82 du 28 novembre 2017 portant loi de finances 2018[46], cette garantie sera davantage respectée et renforcée conformément aux délais légaux.

2. Les garanties liées au respect du délai de recouvrement de l'impôt

En matière de recouvrement des créances fiscales, la question du respect des délais est d'une importance première aussi bien pour le fisc que pour le contribuable. Pour le premier, nous savons que « L'Etat doit collecter les ressources pour les montants attendus, dans les délais prévus [...].»[47]. Pour le second, l'obligation du respect du délai par l'administration implique que l'impôt ne peut être recouvré que lorsqu'un certain délai est respecté. Autrement dit, l'administration n'est pas autorisée à procéder au recouvrement de l'impôt en dehors du cadre des jours, mois et ans prescrits par la loi.

Pour situer le problème, il faut distinguer deux catégories de délais qui s'imposent à l'administration et qui, s'ils sont respectés, protègent le contribuable. Il y a d'abord le délai de quatre ans sur lequel s'exerce le privilège du Trésor et ce, à compter du jour de l'envoi du titre exécutoire. C'est le délai de prescription quadriennale. Ce délai, étant plus bref que celui de la prescription décennale de droit commun, constitue une réelle garantie pour le contribuable qui sait ainsi que, au-delà d'un certain délai, il n'est plus inquiété et sa situation devient intangible. Concrètement, l'administration fiscale ne peut plus exercer son droit de réparation des erreurs, omissions ou insuffisances constatées à l'encontre du redevable[48]. En d'autres termes, le délai de prescription quadriennale protège le contribuable contre les créances fiscales qui ne sont plus légales ou mal fondées.

---

[45] Cass. Civ., 10 novembre 1998, n° 1229 P, TPG de la Région de Haute-Normandie : Bull. Civ. II, n° 269, RJF 4/99, n° 489.

[46] Art 1038 bis-(création) : Les contribuables peuvent payer les impôts, droits, taxes, redevances, pénalités, contributions, amendes et intérêts de retard dont ils sont redevables par télépaiement.

[47] Cour des comptes, *Les relations de l'Administration fiscale avec les particuliers et entreprises*, Rapport public thématique, Evaluation d'une politique publique, février 2012, la documentation française, 2012, p. 27.

[48] Voir à ce sujet C. LOUIT, « Les pouvoirs de l'administration fiscale dans la perception et le recouvrement de L'impôt : mythes et réalités », *Les Cahiers de Droit*, vol. 24, no 3, septembre 1983, pp. 477-503 (1983), p. 502.

La loi a prévu cependant des situations où ce délai de prescription quadriennale peut être, soit interrompu, soit suspendu[49]. L'interruption a pour effet d'effacer le délai entamé et de faire courir un nouveau délai de quatre ans à compter de l'acte interruptif. Elle peut résulter soit d'une initiative de l'administration qui notifie un acte de poursuite (avis à tiers détenteur, fermeture des locaux professionnels ou saisie, par exemple), soit d'un fait du contribuable qui reconnaît sa dette envers le Trésor, fût-ce de façon implicite en demandant des délais de paiement, en versant des acomptes ou en offrant des garanties[50]. La suspension entraine l'arrêt du cours de la prescription, le délai écoulé étant maintenu et l'écoulement du délai reprenant à la date à laquelle la cause de la suspension a disparu. Par exemple, la prescription est suspendue lorsque le contribuable demande le bénéfice du sursis de paiement, le délai de prescription ne recommençant à courir qu'à la date où le sursis cesse de produire effet[51]. On se rend finalement compte que les cas d'interruption et de suspension du délai de prescription sont organisés plus au profit de l'administration dont les possibilités de recouvrement s'étalent sur le temps, qu'à celui du contribuable contre qui les chances de recouvrement de la dette fiscale se renforcent.

Il y a ensuite, en fonction des créances fiscales, le délai à partir duquel, le comptable public a la possibilité et non l'obligation de contraindre le contribuable au paiement de l'impôt[52] : c'est le délai ou la date d'exigibilité. Le principe ici est que le comptable public n'est pas autorisé à réclamer le paiement de l'impôt avant la date d'exigibilité. A ce titre, les dispositions de l'article 1048 du CGI fixent le délai général d'exigibilité de l'impôt mis en recouvrement à dix (10) jours calendaires. L'expression « délai général d'exigibilité » renvoie ici au même délai aussi bien en matière de recouvrement de droit commun qu'en matière de recouvrement forcé qui est effectivement de 10 jours. Le sens de cette disposition peut être résumé ainsi : le receveur des impôts est autorisé à demander le paiement de l'impôt mis en recouvrement, pendant dix jours, à compter de la date où le contribuable a été informé de la mise en recouvrement. En pratique, c'est la notification faite au contribuable qui vaut invitation de payer. Et, c'est à compter de cet instant que l'impôt devient exigible et le retard dans le paiement est sanctionné (majoration des droits)[53].

Le délai général d'exigibilité est particulièrement court en droit nigérien et s'explique par la volonté du législateur de ne pas laisser la créance de l'Etat souffrir pendant longtemps. En effet, le principe en ce domaine est que l'action en recouvrement réalisée rapidement offre de grandes chances de recouvrement. Avec le temps, le contribuable indélicat peut organiser son insolvabilité et la créance peut se prescrire[54].

---

[49] Arts 1025 et 1026 du CGI.

[50] CE, 17 mai 2013, n°342869, citée par J. GROCLAUDE et P. MARCHESSOU, *Procédures fiscales*, 8ème ed. Paris, Dalloz, p.119.

[51] *Ibidem.*

[52] *Idem.*

[53] D. WOUAKO, « *Le temps et le recouvrement de l'impôt* », Thèse de doctorat en droit public, Université Panthéon-Assas, Ecole doctorale Georges VEDEL (ED 7), Paris, 2012, p. 17.

[54] *Ibid.*, p.20.

Mais beaucoup d'autres impôts obéissent à des délais d'exigibilité spécifiques. Il s'agit globalement des impôts dont le paiement est effectué de manière spontanée, sans émission préalable d'un titre exécutoire[55]. Par exemple, pour un impôt comme la vignette, payable en totalité avant le 1er avril de chaque année[56], l'administration fiscale n'est pas autorisée à exiger le paiement avant la date prescrite. Ici, le respect de ce délai par l'administration apparaît, en toute évidence, comme une garantie pour les redevables de cet impôt. C'est aussi le cas pour l'impôt unique sur les traitements et salaires[57], de l'impôt sur le revenu des valeurs mobilières[58], ou encore de la taxe immobilière[59] dont l'exigibilité ne peut intervenir qu'à partir des délais suffisamment précis. Toute exigence de paiement avant la date prescrite est juridiquement irrégulière.

L'intérêt du respect du délai d'exigibilité pour les contribuables réside dans les conséquences qu'un retard ou un défaut de paiement peut engendrer à son encontre. En effet, il arrive souvent que la date d'exigibilité se confonde avec la date limite de paiement, c'est-à-dire la date à partir de laquelle des pénalités sont appliquées. Selon le principe ici est que l'application de ces pénalités[60] que le législateur nigérien considère comme des sanctions[61] ne peut intervenir avant la date limite de paiement. Concrètement, cette pénalité ne peut être appliquée que lorsque le contribuable n'a pas respecté les dates de paiement de l'impôt.

B. Les garanties du contribuable pendant le paiement de l'impôt

Le paiement de l'impôt est une obligation requise de tous et indispensable au fonctionnement de la puissance publique[62]. Ce paiement s'effectue généralement à l'amiable ou exceptionnellement de manière forcée. La mise en œuvre de l'un ou de l'autre procédé oblige l'administration fiscale à respecter certaines règles au risque de tomber dans l'illégalité, voire dans l'arbitraire. Quelle que soit la phase dans laquelle l'impôt est acquitté, la procédure doit d'abord se dérouler dans le

---

[55] Cependant, au cas où le contribuable ne paie pas spontanément, l'Administration prend une décision d'imposition qui revêt la forme d'un avis de mise en recouvrement établi au nom du redevable et l'impôt mentionné dans cet avis de mise en recouvrement n'est exigible qu'à compter de sa notification.

[56] Art. 1094 CGI-Niger.

[57] Cet impôt doit être reversé au receveur des impôts territorialement compétents dans les quinze (15) premiers jours du mois suivant celui au titre duquel il est pratiqué (Art. 1061 CGI).

[58] L'exigibilité de cet impôt devrait intervenir après les quinze (15) premiers jours des mois de janvier, avril, juillet et octobre de chaque année, et non avant (Art. 1077 CGI).

[59] La taxe immobilière est acquittée en deux (2) termes : un premier versement, d'au moins la moitié de la taxe, au plus tard le 31 mars ; un deuxième versement du solde de la taxe, au plus tard le 30 juin de l'année d'imposition (Art. 1079 CGI).

[60] En matière de recouvrement, le Code général des impôts prévoit qu'en cas de paiement tardif de toute somme due au receveur des impôts, il est appliqué une majoration de 10% au montant des cotes ou fraction de cotes non acquitté (art. 948). Il en résulte que le redevable qui ne s'acquitte pas de sa dette fiscale avant la date limite de paiement encourt une majoration de 10%. C'est une sanction qui tend principalement à dissuader le contribuable de payer l'impôt à temps.

[61] Arts. 944 à 948 du CGI.

[62] M. CHASTAGNARET, « La commission départementale, source de dialogues entre l'administration fiscale et les contribuables », *in* Mélanges *offerts à C. LOUIT*, Bruylant, 2016, p. 205.

respect strict de la vie privée du contribuable (1). Ensuite, le paiement de l'impôt doit fondamentalement respecter l'égale répartition de la contribution commune entre les redevables (2).

1. L'obligation de respecter la vie privée du contribuable

Généralement, le droit au respect de la vie privée est entendu comme la garantie juridique permettant à une personne de cacher sa vie privée aux yeux d'autrui. D'un point de vue doctrinal[63], on l'assimile à un droit à la tranquillité, un droit extra pécuniaire indissolublement lié à la personne. Il constitue à la fois une liberté publique tendant à protéger l'individu contre les abus de la puissance publique, et une liberté civile visant à garantir un droit au particulier contre les empiétements de ses congénères. En matière fiscale, le droit au respect de la vie privée se ramène, pour l'essentiel, à l'idée que les services fiscaux ne doivent pas divulguer des renseignements qu'ils auraient en leur possession sur un contribuable à des tiers.

En droit nigérien, la vie privée est protégée à la fois par les textes juridiques nationaux[64] que par les instruments juridiques internationaux[65]. Ces dispositions juridiques confèrent à cette garantie une protection suffisamment solide pour s'imposer à l'administration fiscale. Le droit au respect de la vie privée recouvre deux composantes essentielles dans le domaine fiscal : le droit du contribuable au respect de son domicile et le droit au secret fiscal. La particularité de ces composantes réside dans le fait qu'elles sont plus menacées dans la phase du paiement de l'impôt que dans les autres étapes.

Le droit au respect du domicile implique que l'administration fiscale ne viole pas l'intimité du domicile. Ce droit est généralement évoqué par rapport aux perquisitions et visites domiciliaires de l'administration fiscale. Ces mesures rigoureuses sont des actes particulièrement attentatoires à la vie privée étant donné les procédés mis en œuvre et la nature des informations qu'ils permettent de récolter. Au Niger cependant, les perquisitions et les visites domiciliaires ne sont qu'exceptionnellement utilisées dans les procédures de recouvrement des créances fiscales[66] en raison du vide juridique qui les entoure. En effet, en l'état actuel de la législation nigérienne, la perquisition est exclue des procédures de recouvrement

---

[63] K. SID AHMED, *Droits fondamentaux du contribuable et procédures fiscales : étude comparative. Les droits d'origine non procédurale du contribuable*, Paris, L'Harmattan, 2007, pp.77-80.

[64] L'article 27 de la Constitution du 25 novembre 2010 prévoit que « le domicile est inviolable […] » Et l'article 29 dispose que « Le secret de la correspondance et des communications est inviolable […] ». En France, le Conseil Constitutionnel a systématiquement rappelé l'obligation de protéger la vie privée dans le domaine fiscal : quelle que soit la nécessité de lutter contre la grande fraude fiscale, les investigations dans les lieux privés « ne peuvent être conduites que dans le respect de l'article 66 de la Constitution qui confie à l'autorité judiciaire la sauvegarde de la liberté individuelle sous tous ses aspects et notamment celui de l'inviolabilité du domicile ». Décision du 29 décembre 1983 n° 83-164 : http://www.chaintrier.com/content/vos-droits-dans-une-perquisition-fiscale?ck=droit-fiscal, consulté le 17/10/2017.

[65] Par exemple, l'article 17 du PIDCP prévoit que « *nul ne sera l'objet d'ingérences arbitraires dans sa vie privée, dans sa famille, dans son domicile ou dans sa correspondance, et nul ne subira d'atteintes à l'honneur ou à la réputation. Toute personne a droit à la protection de la loi contre ces ingérences* ».

[66] En 2005, il est arrivé que le recouvrement de certains arriérés d'impôts soit transféré aux forces de défense et de sécurité, en violation des règles de droit : N. YACOUBA, *op.cit.*, p.51.

des créances fiscales. Seules les visites au domicile professionnel sont autorisées, et ce dans le domaine du contrôle fiscal. Dans tous les cas, lorsque ces visites sont effectuées, elles doivent être conformes aux dispositions juridiques pertinentes et permettre au redevable concerné de jouir de toutes les garanties prévues par la loi[67].

Le droit au respect du domicile a fait l'objet d'une jurisprudence constructive de la Cour européenne des droits de l'homme. En effet, soucieuse du droit au respect du domicile privé des individus, celle-ci a estimé dans un arrêt rendu contre la France que ce droit doit être considéré comme inviolable[68]. Cette décision constitue le prolongement d'une ligne jurisprudentielle de la CEDH déjà tracée dans ce domaine. En effet, dans les arrêts FUNKE et MIAILHE c./ France du 25 février 1993[69], la Cour exige que toute perquisition soit fondée sur une loi claire, précise et prévisible justifiée par un des buts énoncés à l'article 8.2 de la Convention européenne des droits de l'Homme. Il découle de cette ligne jurisprudentielle que si les Etats peuvent estimer nécessaire de recourir à certaines mesures, telles que les visites domiciliaires pour établir la preuve matérielle de délits et en poursuivre les auteurs, encore faut-il que leur législation et leur pratique en la matière offrent des garanties suffisantes contre les abus.

La deuxième composante qui est le droit au secret fiscal renvoie à une obligation de protection des informations ou données à caractère patrimonial ou financier du contribuable ou de sa famille. Cette garantie organisée au profit du contribuable est assurée essentiellement par l'obligation au secret auquel sont assujettis les agents du fisc. Le principe est que les services fiscaux ne doivent pas divulguer des renseignements qu'ils auraient en leur possession sur un contribuable, à des tiers[70]. Le droit au secret fiscal est complété par une autre garantie en faveur du contribuable qui est le secret professionnel. Ce dernier interdit aux fonctionnaires de fonder une imposition sur des éléments protégés par le secret professionnel, imposés à certaines professions et auxquels ils n'ont pas légalement accès (médecins, avocats, etc...). Il en résulte que le secret fiscal imposé à l'administration vise à protéger le contribuable d'un fonctionnaire indélicat par la révélation coupable d'une information protégée dont il a eu à connaître dans l'exercice de ses fonctions professionnelles, tandis que le secret professionnel opposé au fisc protège le contribuable d'une imposition établie à l'issue d'une procédure viciée, parce que reposant sur des informations protégées[71]. C'est une garantie qui est constamment menacée par les mesures de poursuite, notamment

---

67 Art.927-CGI.

68 CEDH, affaire RAVON et autres c. La France, 8 mars 2012, 18497/03, **https://www.doctrine.fr/d/CEDH/HFRES54/EXECUTION/2012/CEDH001-109697**, consulté le 17 Septembre 2017.

69 CEDH, AFFAIRE FUNKE c. France, 25 février 1993, n°10588/83 ; CEDH, AFFAIRE MIAILHE c. France, 25 février 1993, n°12661/87, http://www.justice-en-ligne.be/rubrique182.html, consulté le 17 Octobre 2017.

70 K. SID AHMED, *op.,cit.,* pp. 165-170.

71 D. URY, « La discrétion fiscale, une obligation déontologique majeure dans le contexte de la mise en place du prélèvement à la source », *Gestion et Finances publiques*, n°1, 2017, Janvier-Février 2017, pp.82-86.

l'avis à tiers détenteur[72]. En effet, cet instrument de poursuite est susceptible de contenir des informations permettant de renseigner le tiers sur l'importance des affaires du débiteur fiscal et préciser la nature des impositions dont le paiement est réclamé. Si la procédure de l'avis à tiers détenteur est menée en révélant au tiers saisi le montant, le patrimoine ou les revenus d'un contribuable concerné, l'agent responsable commettrait ainsi une atteinte au secret fiscal. Mais la portée juridique de ce droit est à relativiser, car selon un arrêt du juge administratif français[73], la violation du secret fiscal n'entraine pas la décharge des impositions concernées, mais des sanctions disciplinaires et pénales pour l'agent coupable d'avoir méconnu la règle de confidentialité.

2. La protection du contribuable contre les atteintes excessives au droit de propriété

Le choix de l'expression « atteintes excessives » est fait pour mettre en exergue la différence de degré qu'il peut avoir avec le simple mot « atteinte » au droit de propriété. Dans la doctrine[74], il est en effet largement admis que le droit de propriété n'est pas absolu et que, pour des raisons d'intérêt général, l'Etat peut porter « atteinte » à ce droit. Pour le Professeur DE LA MARDIERE, « tout impôt constitue en lui-même une atteinte au droit de propriété »[75]. Au regard de la jurisprudence, le juge européen lui-même utilise des expressions telles que « violation manifeste du droit de propriété » ou « charge excessive et exorbitante» pour évoquer la violation du droit de propriété[76].

Défini et protégé par de nombreux textes juridiques au Niger[77], le droit de propriété implique que le contribuable doit pouvoir disposer d'un revenu qui lui permette, après acquittement de l'impôt, de conduire sa vie d'une manière autonome. D'un point de vue économique, en tant qu'il tient lieu de transfert obligatoire de richesse, l'impôt, créant une dette pécuniaire à la charge du contribuable, est réputé porter atteinte au droit de propriété[78]. En d'autres termes, le

---

[72] D'un point de vue pratique, l'avis à tiers détenteur est une simple demande qui permet au receveur des impôts d'obliger un tiers, à lui verser, sur des sommes dont il est dépositaire, détenteur ou débiteur à l'égard d'un redevable, le montant des impôts dus par ce dernier : N. YACOUBA, *op.cit.*, p.51.

[73] CE, 19 décembre 1975, n° 88119, sieur X, cité par D. URY, *op.cit.*, p. 83.

[74] Selon L. FAVOREU et L. PHILIP, il ne faut nullement y voir un « droit absolu », *in* L. FAVOREU et L. PHILIP, *Les grandes décisions du Conseil constitutionnels*, Paris, Dalloz, 2007, p. 291.

[75] C. DE LA MARDIERE, « Première décision « QPC » du Conseil constitutionnel en matière fiscale », Constitutions *2010, n°3*, p.240, *in* A. MANGIAVILLANO, *Le contribuable et l'Etat : l'impôt et la garantie constitutionnelle de la propriété (Allemagne-France)*, Paris, Dalloz, 2013, p.24.

[76] CEDH, 22 septembre 1994, Hentrich c/France, n°13616/05.

[77] « Le droit de propriété est garanti. Il ne peut y être porté atteinte que par nécessité publique ou dans l'intérêt général de la collectivité, ce, conformément aux dispositions des lois appropriées », (art. 14, CADHP) ; « La propriété étant un droit inviolable et sacré, nul ne peut en être privé, si ce n'est lorsque la nécessité publique, légalement constatée, l'exige évidemment, et sous la condition d'une juste et préalable indemnité » (art. 17 DDHC).

[78] A. MANGIAVILLANO, *op.cit.*, p.24. Cette définition a été élargie par le Conseil d'Etat français dans sa décision du 9 MAI 2012 (Société EPI) rendue en formation plénière fiscale : le fait « qu'à défaut de créance certaine, l'espérance légitime d'obtenir une somme d'argent doit être regardée comme un bien au sens des stipulations conventionnelles.

paiement de l'impôt constitue un transfert de valeurs du patrimoine du contribuable vers celui de l'administration. Mais, les contribuables ne doivent acquitter que des créances fiscales valables et normalement proportionnelles à leur capacité contributive.

D'un point de vue juridique, il est reconnu à l'Etat la faculté d'atteindre ce droit mais uniquement sur le fondement de l'intérêt général[79]. Ce qui n'est pas autorisé, c'est donc l'excès de l'atteinte[80] qui conduirait incontestablement et irrémédiablement à la violation de ce droit constitutionnel. De ce point de vue et au regard de la doctrine, l'examen du respect du droit de propriété peut être indirectement réalisé au titre de l'égalité des citoyens devant les charges publiques[81] et plus globalement au titre de l'égalité devant l'impôt[82]. En effet, la garantie d'une juste et égale répartition des charges publiques est une des exigences du principe d'égalité devant l'impôt[83] qui est un principe à valeur constitutionnelle. Ce principe implique « que le contribuable verse au trésor public ce qu'il doit, mais non pas plus qu'il ne doit…»[84]. L'égalité fiscale, exprimée ici, à travers l'égalité devant les charges publiques et l'égalité devant l'impôt visent donc une certaine idée de la justice fiscale qui implique qu'à des situations semblables soient appliquées des solutions semblables. Autrement dit, le législateur ne peut instituer un régime différent entre les contribuables que dans la mesure où cela se justifie par une différence de situations[85].

Dans un second temps, on peut relever que le respect du droit de propriété est apprécié par rapport au taux de l'impôt dont le niveau ne devrait pas constituer un obstacle à la pleine jouissance du droit de propriété. La question de l'excès d'imposition n'est pas détachable de la problématique de l'égale répartition des charges publiques qui est aujourd'hui en débat au Niger. Dans un système juridique construit sur l'égalité des citoyens, l'idée d'excès d'imposition repose d'abord sur la nécessité que le législateur fiscal n'exerce pas sa compétence de manière disproportionnée en mettant à la charge d'une catégorie de contribuables un impôt qui ne soit pas en rapport avec leurs facultés contributives. En effet, la garantie contre une imposition excessive permet ici, non plus de faire obstacle à l'Etat, mais de protéger l'individu contre une obligation fiscale qui, dans ses dernières conséquences, l'obligerait à renoncer à la libre disposition de ses biens, et qui en

---

[79] « *Toute personne a droit à la propriété. Nul ne peut être privé de sa propriété que pour cause d'utilité publique […]* », Art. 28 de la constitution du 25 novembre 2010.

[80] D'un point de vue juridique, le problème de l'excès d'imposition se pose dans l'hypothèse d'un contribuable contraint d'aliéner une part de son capital pour acquitter son obligation, d'une atteinte fondamentale qui serait faite à sa situation patrimoniale, A. MANGIAVILLANO (A.), *op. cit.*, p.153.

[81] E. OLIVA, « Décisions QPC en matière fiscale », *RFDC, n°87*, 2011, p.632.

[82] B. CASTAGNEDE, « Le contrôle constitutionnel d'égalité fiscale », *LPA, 1er mai 2001, n° 86,* p. *in* P-L. ROUZAUD, *op.cit.*, p. 25.

[83] L'autre dimension de ce principe est l'égalité devant la loi fiscale qui implique que la loi fiscale doit être la même pour tous.

[84] O. FOUQUET, « la sécurité fiscale en question », *Revue française de finances publiques*, n°133, Février 2016, p. 142.

[85] J. LAMARQUE, *Droit Fiscal Général,* LITEC, Paris, 1994, P. 427.

creux remettrait fondamentalement en cause ses choix de vie individuels[86]. Dans le contexte nigérien, le paiement de certaines impositions, nouvellement instituées et qui ne répondent qu'à des objectifs budgétaires à court terme, peut être considéré comme portant atteinte au droit de propriété. C'est le cas de l'impôt sur les plus-values de cession immobilière constituant un minimum de perception dont le montant équivaut, dans certains cas, à la moitié du prix d'acquisition ou de cession de l'immeuble[87]. C'est là, l'exemple d'un impôt que beaucoup de Nigériens considérèrent comme excessif, voire « confiscatoire »[88], car posant une problématique essentiellement patrimoniale.

Enfin, on peut relever une troisième situation où le droit de propriété peut subir une violation. C'est l'hypothèse des avantages fiscaux accordés à certains contribuables sous forme d'« exonérations fiscales ». En effet, lorsque les avantages fiscaux sont accordés sur des bases partisanes ou politiques, le principe d'égalité devant l'impôt est violé et certains contribuables supporteront plus de charges que d'autres. Au Niger, comme dans beaucoup de pays en Afrique, on ménage les riches et on fait plus payer les pauvres pour la couverture des charges publiques, pourtant bénéfique à toute la société, en raison notamment de l'octroi d'immenses exonérations fiscales aux contribuables les plus riches[89]. Pour dire simplement les choses, cette discrimination de notre système fiscal constitue une atteinte intolérable au droit de propriété de ceux qui sont contraints de payer plus que ce qu'ils ne doivent. En application du principe d'égalité, des exonérations ne doivent être permises et tolérées que pour des motifs d'intérêt général suffisants et le législateur ou l'administration doivent avoir fondé leur appréciation sur des critères objectifs et rationnels en fonction du but poursuivi ou qu'ils se proposent de poursuivre[90]. A ce titre, le juge constitutionnel français a jugé que la suppression d'un avantage fiscal permettait de « mieux prendre en compte les facultés contributives des redevables concernés »[91].

---

86 A. MANGIAVILLANO, *op.cit.*, pp. 140 et suivants.

87 Dans une ville comme Niamey (la capitale) par exemple, l'acheteur d'un immeuble non bâti acquis à 600 000 FCFA qui demande qu'on lui établisse un acte de vente, chez le notaire, est tenu de payer un acompte de 300 000 FCFA (c'est-à-dire la moitié), en application des dispositions de l'article 114 bis du CGI.

88 Un impôt est confiscatoire lorsque « l'élévation de son taux oblige le contribuable à amputer son patrimoine pour l'acquitter, son revenu disponible n'y suffisant plus », P.-M. GAUDEMET, « Les protections constitutionnelles et légales contre les impositions confiscatoires », *RIDC, vol. 42*, avril-juin 1990, n°2, p. 805. Défini comme tel, le caractère confiscatoire de l'impôt revient par ses effets à exproprier de manière déguisée le contribuable de son bien, selon P.-L. ROUZAUD, *op.cit.*, p.17.

89 Au Niger, la question des exonérations fiscales a fait l'objet de longs débats ces dernières années. En effet, pendant longtemps certains journaux indépendants avaient dénoncé ce qu'ils ont appelé « les cadeaux à la clientèle politique ». Pour le Gouvernement, ces exonérations qui ont représenté un montant cumulé de 1.153,40 milliards de F CFA de 2011 à 2016 étaient destinées à favoriser le développement des activités socio-économiques du pays. Mais, celui-ci a fini par admettre dans un « communiqué issu du Conseil des ministres du lundi 09 Octobre 2017 » qu'elles étaient irrationnelles et sources de pertes de recettes au vu de leur volume sans cesse croissant : http://afrique.latribune.fr/economie/budget-fiscalite/2017-09-26/niger-moins-d-exonerations-fiscales-pour-freiner-la-baisse-des-recettes-budgetaires-751771.html, consulté le 10/10/17.

90 P. PHILIP, *Procédures fiscales et garanties du contribuable*, Economica, Paris, 2014, p.97.

91 Cons. Const. Déc. n°2000-442 DC du 28 décembre 2000, citée par P. PHILIP, *op.cit.*, p.97.

II. LE RECOUVREMENT DE L'IMPOT ET LES GARANTIES SPECIFIQUES DU CONTRIBUABLE

Les procédés utilisés par l'administration fiscale pour recouvrer l'impôt ne produisent pas les mêmes effets à l'égard du contribuable. S'il est admis que les actes de recouvrement de droit commun ne présentent pas une menace immédiate pour le contribuable et ses biens, il n'en est pas de même pour les mesures de poursuites. Dans une conception plus imagée, on pourrait dire des premiers qu'ils sont menés d'une main molle et des seconds qu'ils sont effectués d'une main ferme. Dès lors, on peut déduire que chacune des deux catégories d'actes de recouvrement implique une protection spécifique. Au regard de la loi fiscale, on peut effectivement relever des garanties qui sont, d'une part, propres aux actes de recouvrement de droit commun (1) et d'autre part des garanties spécifiques aux actes de recouvrement forcé (2). Ces garanties ont été sensiblement renforcées par la jurisprudence et le contenu suffisamment précisé par la doctrine.

A. Les garanties propres aux actes de recouvrement de droit commun

Dans la phase du recouvrement fiscal de droit commun, la loi n'accorde que très peu de garanties au contribuable, mais qui sont tout de même utiles pour un minimum de protection. A ce stade du processus fiscal, la principale garantie du contribuable réside dans le droit au sursis de paiement de l'impôt (1). Mais, en cas de difficulté de paiement, la loi prévoit la faculté pour le contribuable de bénéficier d'un plan de règlement échelonné de l'impôt à acquitter (2).

1. Le droit au sursis légal de paiement

Il y a une règle en matière de paiement des créances fiscales : lorsque l'impôt devient exigible, l'existence d'une contestation, qu'elle porte sur la forme ou sur le fond, ne dispense pas le redevable de s'acquitter des impositions qui lui sont réclamées. Il lui est cependant permis d'assortir sa réclamation d'une demande de sursis de paiement dans l'objectif de sursoir au paiement jusqu'à ce que l'administration ou le juge de l'impôt ait statué sur sa réclamation[92]. En d'autres termes, le contribuable a la possibilité, nonobstant le principe suivant lequel les réclamations ne sont pas suspensives de paiement, de différer celui-ci, en usant de la procédure du sursis. Tel qu'organisé par le législateur, le régime du sursis de paiement a pour objectif de concilier les droits du contribuable et l'action de l'administration chargée de recouvrer l'impôt.

[92] L. GEORGES, *Contentieux fiscal : réclamations, sursis de paiement, recours juridictionnels, modèles et formulaires*, Paris, éditions Lefebvre, 2002. p. 225.

Au regard de la loi[93], le redevable qui aspire au bénéfice du sursis de paiement est tenu de respecter certaines conditions : la contestation de l'imposition, la constitution des garanties, une demande expresse adressée au receveur des impôts territorialement compétent et dans un délai bien défini. Ces conditions sont posées dans l'objectif de protéger le Trésor du contribuable.

L'octroi du sursis de paiement est d'abord conditionné à la contestation de l'impôt. Cette condition constitue l'élément juridique qui légitime la demande de sursis. Il est, en effet, difficilement admissible que l'administration puisse accorder une suspension du paiement de l'impôt à un contribuable qui ne conteste pas l'imposition qu'il est appelé à payer. Objet d'une jurisprudence riche, cette condition a été bien définie et précisée dans son application. Ainsi, selon le juge administratif français, le redevable de l'impôt ne peut bénéficier d'une mesure de sursis, s'il ne sollicite ni la décharge, ni la réduction des impositions réclamées ou s'il ne précise pas le montant contesté ou les bases du dégrèvement auquel il estime pouvoir prétendre[94], le tout dans une réclamation régulière[95]. Ensuite, le législateur exige que la demande du sursis de paiement soit subordonnée à la constitution des garanties, à même de préserver la sécurité des intérêts du fisc. Cette condition implique que le comptable doit inviter le contribuable qui demande le bénéfice du sursis à constituer ces garanties. Sur la nature des garanties à constituer, le législateur nigérien se contente d'exiger que « les garanties doivent être propres à assurer le recouvrement de l'impôt » et que « seul le receveur de l'imposition en question a qualité pour apprécier la validité des garanties proposées »[96]. Ce qui n'est pas de nature à rassurer le contribuable dans un contexte où le recouvrement de l'impôt est privilégié par rapport à d'autres considérations.

Mais, au regard des dispositions du CGI (art. 1028), la constitution de garanties ne s'impose pas de façon formelle et il appartient au receveur des impôts d'apprécier s'il y a lieu d'en dispenser les redevables de bonne foi et dont la solvabilité lui paraît certaine. Dans tous les cas le pouvoir d'appréciation du receveur ne peut être discrétionnaire, dès lors que tout refus de sa part doit être motivé et peut être soumis, en cas de désaccord, au juge[97]. En cas de saisine du juge[98], celui-ci peut, dans un délai d'un mois, décider si les garanties offertes sont suffisantes et si, de ce fait, elles doivent être ou non acceptées par le receveur des impôts, soit décider de dispenser le redevable de garanties autres que celles déjà constituées. La demande n'est,

---

[93] Art. 1026 CGI-Niger : « Le redevable qui conteste le bien-fondé d'une imposition peut surseoir au paiement de la partie contestée à condition qu'il en fasse la demande et fixe le montant ou précise la base du dégrèvement auquel il peut prétendre et qu'il constitue des garanties propres à assurer le recouvrement de l'impôt [...] ».

[94] 94 TA Toulouse, 1ere ch. 15 juillet 1997, n° 93-2481, *Vaysettes*; CAA Marseille, 4 e ch., 11 avril 2006, n°03-101, citées par G. LEGRAND, H. MARTIN et P. DE LAGARDE, *Le recouvrement de l'impôt*, 2e ed. Lexis Nexis, Paris, 2014, p.365.

[95] CE, 2 juin 1989, n°55514 : RJF 8-9/1989, n°1044.

[96] Art. 1026 CGI.

[97] « Lorsque les garanties offertes par le contribuable ont été refusées, celui-ci peut, dans les huit (8) jours de la notification du refus par le receveur des impôts, porter la contestation devant le Conseil d'Etat. » (Art. 1027-CGI-Niger).

[98] Mais la requête devant le juge est irrecevable à défaut de consignation préalable. Le contribuable doit en effet, justifier avoir effectué la consignation à un compte d'attente d'une somme égale au moins une somme égale au moins au quart des impôts contestés (art. 1027 CGI-Niger).

cependant, recevable que si le redevable a consigné auprès du receveur à un compte d'attente une somme égale au moins au quart des impôts contestés. En toute évidence, l'exigence du « quart des impôts contestés » semble être une somme relativement élevée quand on sait qu'en droit français, le législateur ne demande que le 10ème des impôts contestés. En posant une telle condition, le législateur nigérien a sans doute choisi de privilégier l'impératif du recouvrement de l'impôt. En tout état de cause et au regard de la loi, nonobstant l'absence de constitution de garanties, le redevable ne peut être poursuivi par voie de vente forcée pour la partie contestée jusqu'à ce qu'une décision soit prise.

En dehors de ces deux conditions de fond, l'octroi du sursis de paiement est aussi formellement conditionné à une demande expresse[99]. Cette condition implique que le contribuable désirant bénéficier d'un sursis de paiement doit le faire de façon formelle car il ne saurait y avoir de demande de sursis de paiement implicite. L'exigence de la forme écrite de la requête est destinée à déterminer de la façon la plus précise les éléments de contestation de l'impôt ou les éléments de dégrèvement sollicités. A cet effet, il a été jugé qu'un contribuable contestant les impositions mises à sa charge, mais qui a simplement proposé dans sa réclamation un échelonnement du règlement, doit être considéré comme ne l'ayant pas sollicité et pouvant donc faire l'objet de mesures de recouvrement forcé sous la forme d'une vente de son fonds de commerce[100]. Enfin, le bénéfice d'un sursis de paiement suppose que le demandeur agisse dans un délai précis qui lui est imparti par le receveur des impôts, à défaut de quoi, les impositions redeviennent exigibles, sans qu'il soit besoin d'en avertir le contribuable[101].

Malgré ces conditions qui semblent rendre cette garantie difficilement accessible notamment pour des contribuables maîtrisant peu ou même pas la procédure (il faut le dire, en réalité beaucoup sont illettrés), le sursis de paiement constitue un moyen efficace pour faire face aux éventuelles mesures de poursuites. Concrètement, pendant la durée du sursis, le receveur des impôts ne peut exercer sur les biens du redevable que les mesures conservatoires. C'est pourquoi le juge administratif considère le sursis de paiement comme un droit fondamental du contribuable en ce qu'il tend à préserver l'effectivité du droit de discuter le bien-fondé d'une imposition par un certain rééquilibrage des forces en présence[102].

2. Les garanties inhérentes aux plans de règlement échelonné de l'impôt

Dans le domaine du recouvrement de l'impôt, les plans de règlement échelonné de la dette fiscale constituent un outil pragmatique de dialogue entre le contribuable et le comptable public. Ils expriment l'idée que le fisc n'est pas insensible aux

---

[99] Art. 1027 CGI.

[100] Cass.com., 4 mars 1986, *in* G. LATIL, *op.cit.*, p.228.

[101] CE, 17 avril 1989, n° 83911 : RJF 6/ 1989, n° 767 ; CAA Paris, 2e ch., 27 janvier 1995, n°93-1042, RJF 5/ 1995, n° 671, G. LEGRAND, *Le recouvrement de l'impôt*, Paris, Lexisnexis, 2006, p. 337.

[102] CE, ord. référé, 13 juin 2007, n° 306252; C.E, 14 novembre 2001, n° 211588, Sté ORKOS Diffusion ; CE, 25 avril 2001, n° 213460, Sté PARFIVAL.

difficultés passagères que peut connaître le contribuable dans le paiement de ses impôts. Pour l'essentiel, ces plans constituent une mesure de suspension amiable à la disposition des comptables publics qui leur permettent de recouvrer contractuellement la créance du Trésor qu'ils détiennent sur les redevables de l'impôt[103]. A ce titre, il faut préciser que les propositions des plans de règlement ne doivent concerner que les créances d'impôt prises en charge pour défaut total ou partiel de paiement à l'échéance, elles ne peuvent s'appliquer à des créances à échoir. Formellement, l'engagement constituant le plan de règlement doit clairement designer le redevable, préciser les créances qui sont concernées par ce plan et décrire de façon détaillée ses modalités de déroulement : durée, montant des échéances, versement d'un acompte, etc.

D'un point de vue doctrinal, les plans de règlement sont conçus dans leur principe même comme une procédure très controversée. Certains comptables les considèrent comme un moyen souple et réaliste d'apurer certaines créances, tandis que d'autres considèrent cette pratique comme un avantage exorbitant accordé aux redevables au détriment des intérêts du Trésor. En fait, au-delà de cette approche doctrinale, les réalités économiques, sinon humaines, de même que la nécessité pour le comptable d'agir avec discernement et sens de l'opportunité appellent des réponses pratiques moins tranchées et conduisent à des solutions gracieuses[104].

Au-delà de cette approche subjective, les plans de règlement constituent, d'un point de vue juridique, une faculté pour le receveur des impôts. En effet, ils obéissent à des conditions particulières pour être accordés. Ainsi, aux termes des dispositions du CGI, seul le receveur chargé du recouvrement est habilité, sous sa responsabilité et dans des circonstances exceptionnelles, à accorder des plans de règlement des impôts et taxes exigibles[105]. Cela implique que l'acceptation d'un plan doit répondre à des difficultés passagères exceptionnelles et imprévisibles rencontrées par des redevables dont la bonne foi ne souffre d'aucun doute. Il s'agit généralement des redevables qui sont à jour dans leurs obligations déclaratives, qui respectent habituellement leurs échéances fiscales et qui s'engagent à respecter les échéances courantes. La loi exige aussi que les plans de règlement soient subordonnés à la constitution de garanties suffisantes laissées à l'appréciation du receveur des impôts qui a pris les impositions en charge. La garantie en question peut être soit une caution bancaire ou celle du dirigeant pour les personnes morales, une hypothèque conventionnelle, des valeurs mobilières, etc.[106] L'exigence de ces conditions répond à un objectif simple : l'argent qui revient au trésor public doit être sécurisé et recouvré.

L'accord du comptable public sur la proposition de plan signé par le redevable emporte pour l'avenir la suspension gracieuse des poursuites pour les créances qui le concernent. En pratique, c'est un échelonnement raisonnable (on parle de trois à six mois au maximum) que le receveur peut lui accorder. L'accord ainsi trouvé entre

[103] M. DOUAY, *Le recouvrement de l'impôt*, Paris, LGDJ, 2005, p. 159.

[104] Y. SAINTE-AURE, *Paiement et recouvrement de l'impôt*, Paris, ed. Liaisons, 1999, p.120.

[105] Art. 1042-CGI Niger.

[106] Y. SAINTE-AURE, *op.cit.*, p.120.

les deux parties va protéger le redevable contre toute mesure de poursuite pour les créances qui le concernent. Au regard de la jurisprudence, le juge administratif considère que l'acceptation par le comptable public de l'offre de paiement échelonné était créatrice de droits au profit du contribuable, notamment en ce qui concerne la suspension des poursuites[107]. Mais, cela implique aussi que tout manquement du redevable à ses engagements peut mettre fin à la suspension gracieuse des poursuites. La seule condition exigée ici est qu'il en soit préalablement informé et que les motifs de cette décision soient portés à sa connaissance.

B. Les garanties du contribuable propres aux actes de poursuite

En pratique, dès lors que les tentatives de recouvrement amiable ont échoué, l'engagement de poursuites en recouvrement forcé reste le seul moyen de contraindre les redevables défaillants à s'acquitter de leurs dettes fiscales. Dotée du privilège du préalable, l'administration fiscale n'a pas besoin de recourir au juge pour enjoindre à ses débiteurs de payer leurs dettes. Les voies d'exécution qu'elle émet sont en effet directement exécutables et le redevable est presque désarmé face à cette machine. Ainsi, pour remplir leur mission, et conformément à l'article 1117 du CGI, les receveurs des impôts ont pouvoir de mettre en œuvre des modes de poursuite de droit commun (la saisie mobilière et la saisie immobilière) et de moyens d'exécution particuliers (l'avis à tiers détenteur, la fermeture des locaux à usage professionnel et la contrainte par corps).

L'enjeu financier que représente la créance du Trésor explique largement l'exorbitance de ces règles. Pour autant, l'administration fiscale ne dispose pas d'un pouvoir absolu. En effet, les procédures de recouvrement sont conduites en permettant d'abord au contribuable de les contester (1) pour ensuite aboutir à limiter leur application pour certains d'entre eux, dans l'intérêt du contribuable (2).

1. Les garanties liées au droit de contester les actes de poursuite

Le droit reconnu au redevable[108] de contester les actes de poursuite suppose la naissance d'un contentieux du fait que celui-ci n'a pas honoré ses obligations fiscales dans les délais prévus et que l'administration fiscale exerce des poursuites contre lui[109]. C'est une garantie expressément prévue par la loi fiscale au Niger[110]. Ce droit apparaît, selon Daniel *Richer*, comme la contrepartie de l'obligation de contribuer qui incombe aux redevables de l'impôt dans un système fiscal

---

[107] CE, 18 mars 1994, n°129460, *Association GEPAD formation*, RJF 5/ 94, n°645.

[108] Ici, le redevable de l'impôt peut être soit le débiteur principal de la créance fiscale, soit le débiteur solidaire de la créance. En effet, ce dernier est également en droit de contester le principe ou l'étendue de la solidarité. C'est le cas lorsque l'administration réclame à un tiers le paiement de l'impôt d'autrui sur le fondement de la solidarité prévues par des dispositions relevant du droit civil ou des sociétés : CE, 18 mai 1992, n°82267, RJF 7/ 1994, n°1075.

[109] A. LEFEUVRE, *op.cit.*,p. 80.

[110] Article 1029, CGI-Niger.

démocratique[111]. En cela, il constitue le symbole de l'équilibre recherché par le législateur entre le caractère contraignant des actes de poursuite et la nécessité de protéger le redevable des éventuels abus du comptable public.

Au regard des dispositions pertinentes du CGI, les contestations du redevable peuvent porter soit sur la régularité en la forme de l'acte[112], soit sur l'existence de l'obligation de payer le montant de la dette compte tenu des paiements déjà effectués, soit encore sur l'exigibilité de la somme réclamée ou sur tout autre motif ne remettant pas en cause l'assiette et le calcul de l'impôt[113]. Dans les deux hypothèses, la contestation du redevable concerne la légalité *lato sensu* de l'acte de poursuite. Sur le plan procédural, le redevable concerné doit d'abord porter sa contestation devant l'administration fiscale avant de saisir le juge compétent et ce, en fonction de l'issue du recours. C'est le principe de l'obligation du recours administratif préalable[114].

Dans un pays où l'administration fiscale incarne une puissance redoutable[115], la faculté reconnue aux contribuables de contester les actes en recouvrement forcé présente des nombreux avantages et contribue largement à leur protection. Encore faudrait-il que les contribuables intéressés puissent l'utiliser avec efficacité. Le premier avantage que procure le recours devant l'administration est de permettre une éventuelle conciliation entre l'administration et le contribuable. Pour le professeur Vincent DUSSART, l'intérêt de cette phase est essentiellement de prévenir une instance juridictionnelle longue, complexe et certainement coûteuse[116]. En cas de désaccord, et c'est le second avantage, la réclamation du contribuable aura au moins permis de faciliter la tâche du juge en délimitant le litige. En fait, le recours devant l'administration permet aux parties de préparer leurs arguments juridiques et assure donc une plus grande efficacité de l'argumentation lors de l'éventuelle phase juridictionnelle.

En pratique, en dépit de son caractère procédurier et contraignant[117], la réclamation du contribuable demeure gratuite et s'exerce sans ministère d'avocat.

---

[111] D. RICHER, *Les droits du contribuable dans le contentieux fiscal*, Paris, LGDJ, 1997, p.10.

[112] C'est une opposition à la forme de l'acte de poursuite. Ici, le redevable remet en cause la légalité externe de l'acte : problème de qualité de la personne du signataire, par exemple.

[113] L'« existence de l'obligation de payer », « le montant de la dette compte tenu des paiements effectués », « l'exigibilité de la somme, ainsi que tout autre motif ne remettant pas en cause l'assiette et le calcul de l'impôt » constituent trois séries de motifs qui sont souvent mêlés en pratique. Ici, le contribuable conteste la légalité interne de l'acte de poursuite : M. COLLET et P. COLLIN, *op. cit.,* p.348.

[114] Pour la doctrine, le recours contentieux devant l'administration fiscale traduit le souci du législateur de préserver le plus longtemps possible les chances du dialogue entre administration et contribuable : J. GROCLAUDE, P. MARCHESSOU, *op.cit.,* p.291.

[115] Juridiquement, il faut dire que l'édifice juridique régissant les rapports entre les contribuables et le fisc est largement organisé en faveur de l'Etat. En pratique, l'administration des impôts apparaît pour beaucoup de Nigériens comme l'entité de l'Etat qui exerce son autorité sans pitié face aux contribuables.

[116] V. DUSSART, « Les garanties du contribuable dans la procédure contentieuse », *in* Alain A. BOYER et S. SCHMITT, *op.,cit.,* p.163.

[117] La loi a subordonné l'exercice de la réclamation contentieuse préalable à des conditions assez strictes : la forme de la requête, la motivation de la demande, le délai et le destinataire de la requête (art. CGI). Pour ce qui est de la forme de la requête, le redevable de l'impôt ou la personne solidairement tenue au paiement de l'impôt contestant les actes de recouvrement forcé doit exercer une demande écrite qui doit contenir toutes les justifications utiles à son examen. La condition liée à la motivation de la demande implique que le requérant

Pour le contribuable, c'est sans doute une garantie préalable. Quand l'administration reçoit une réclamation écrite, un récépissé doit être délivré au contribuable. A défaut, le délai de recours ne court pas. Il y a là aussi une garantie formelle importante qui permet de fixer le calendrier procédural[118]. Il faut souligner que la réclamation lie le contentieux du recouvrement, ce qui signifie que la décision de l'administration à la réclamation préalable est une condition de recevabilité du recours devant le juge du recouvrement[119].

Une autre garantie de taille pour le contribuable, au regard de la jurisprudence, réside dans l'obligation de motivation à laquelle l'administration fiscale est astreinte. En effet, comme il n'existe pas de hiérarchie dans la mise en œuvre des actes de poursuite, le receveur doit choisir avec discernement et beaucoup de professionnalisme l'acte de poursuite approprié en fonction des contextes. Le type d'action à mener doit être proportionnel aux enjeux en distinguant par exemple le primo reliquataire à fort enjeux du récidiviste à faible enjeux et vice versa. Aussi, pour certains actes, le choix des instruments de poursuite exige que le receveur soit en possession de certaines informations sur la situation économique du débiteur[120]. Concrètement, l'administration fiscale doit justifier à l'égard du redevable de l'impôt les raisons qui l'ont amené à choisir par exemple la saisie immobilière au lieu d'un avis à tiers détenteur. Cette exigence ressort également d'une jurisprudence constante du juge administratif français selon laquelle l'administration est tenue d'examiner de manière circonstanciée la situation du redevable[121].

Il en résulte que le droit de contester les actes de poursuite en recouvrement forcé présente des garanties réelles, utiles mais perfectibles pour se protéger contre les abus du fisc. Ces garanties peuvent être renforcées par l'instauration des nouveaux mécanismes procéduraux. Dans le contexte du droit nigérien, il nous paraît important d'étendre, par exemple, le bénéfice du sursis au paiement de l'impôt aux mesures de recouvrement forcé. Cette mesure contribuerait à mieux protéger le contribuable dans son patrimoine en limitant les conséquences que les mesures d'exécution pourraient engendrer. Dans tous les cas, le redevable de l'impôt qui n'est pas satisfait de la décision rendue par l'administration peut introduire un recours devant le tribunal compétent dans les délais prescrits par la loi.

---

motive suffisamment sa demande. En effet, Il est de principe, en matière de recouvrement, qu'un fait et des justificatifs qui n'ont pas été invoqués par le redevable dans sa réclamation au chef du service ne peuvent plus l'être utilement devant le juge en charge du contentieux du recouvrement (article 1032 CGI-Niger). En ce qui concerne le délai, le CGI prévoit que la réclamation contentieuse d'opposition à poursuite doit être adressée dans un délai de deux mois à compter de la notification de l'acte incriminé (art. 1030), et l'administration fiscale, saisie de la réclamation du redevable de l'impôt, dispose d'un délai de deux mois pour se prononcer (article 1031, al.1). Enfin, le contribuable doit obligatoirement adresser sa demande au chef du service ayant diligenté les actes de recouvrement forcé. En droit nigérien, Il s'agit du Directeur du service des impôts territorialement compètent qui peut être soit le Directeur départemental des impôts, soit le Directeur régional des impôts.

[118] CAA Douai, 23 mars 2000, *Boulay*, Droit fiscal n° 52, 27 Décembre 2000, comm. 1073.

[119] CE, 29 décembre 1946 *Derymacker* ; Cour. cass. 18 avril 2000, Société Vetter immobilier.

[120] N. YACOUBA, *op.cit.*, pp. 17 et suivants.

[121] CE, 26 avril 1976, CE, n°95585.

2. L'application limitée ou conditionnée de certains actes de poursuite dans l'intérêt exclusif du contribuable

Les actes de recouvrement forcé ont mauvaise réputation. Ils sont constitutifs de menace immédiate, soit sur les biens meubles ou immeubles du redevable (saisie mobilière ou immobilière de droit commun, fermeture des locaux professionnels, avis à tiers détenteur), soit sur sa personne (contrainte par corps). Pour atténuer la rigueur qui les caractérise, le législateur a prévu des situations où certains sont limités dans leur application, d'autres sont strictement conditionnés pour être appliqués. Dans le premier cas, on retrouve principalement les voies de saisie que la loi a fortement limitées en instituant une exception majeure : l'insaisissabilité de certains biens du débiteur. Dans le second cas, on retrouve la contrainte par corps dont la nature et les conditions d'application ne permettent pas qu'elle soit appliquée dans sa rigueur. L'objectif de cet encadrement strict répond à un impératif humain : la dignité du contribuable doit être préservée quelle que soit l'ampleur de sa dette fiscale.

Lorsque l'administration fiscale décide de contraindre le contribuable à se libérer de sa dette fiscale par la voie de la saisie, elle doit vérifier si les biens ciblés sont juridiquement saisissables. En effet, compte tenu des conséquences relativement lourdes qu'elle peut engendrer, la saisie est exclue pour trois séries de biens et ce, pour des motifs de protection du débiteur et la sauvegarde de l'intérêt général. Aux termes de l'article 1125 du CGI, la première catégorie de biens insaisissables concerne les effets ou objets de première nécessité tels que les vêtements, la literie, les ustensiles de ménage strictement indispensables à la vie du débiteur et des membres de sa famille vivant habituellement avec lui. A travers cette première exception, le législateur a entendu assurer au contribuable un minimum vital nécessaire à la préservation de la dignité inhérente à un être humain. Cet objectif du législateur vise ensuite une deuxième catégorie de biens insaisissables constitués par les instruments de travail indispensables à la pratique de la profession. Cette exception implique que la poursuite du recouvrement de la créance fiscale ne doit pas constituer un obstacle à la poursuite des activités du contribuable. Le contraire aurait d'ailleurs étonné, car la mesure aboutirait à un effet contreproductif aussi bien pour la société en général que pour l'administration fiscale qui verra l'assiette fiscale se réduire. Mais au fond, l'interdiction faite au fisc de saisir les instruments de travail vise à garantir au redevable la faculté d'exercer un droit économique à savoir le droit au travail. Enfin, l'exception d'insaisissabilité est élargie aux provisions nécessaires à l'alimentation du redevable et à celle des membres de sa famille vivant habituellement avec lui. Par cette dernière exception, le législateur a entendu protéger un impératif alimentaire nécessaire pour mener une vie digne.

A travers ces cas d'insaisissabilité, on trouve à juste titre l'idée que l'impôt n'a pas qu'un impératif de rendement. Son recouvrement est globalement conditionné au respect de la dignité inhérente à la personne du contribuable. C'est cette considération qui est aussi à la base de l'application conditionnée de la contrainte par corps[122]. Pour situer le problème, il faut dire que le législateur a prévu pour le receveur des impôts, la possibilité de recourir à la contrainte par corps, en dehors des voies d'exécution ordinaires, pour obtenir le paiement des impôts, droits, taxes et redevances[123]. En tant que mesure privative de liberté, la contrainte par corps est jugée peu conforme aux droits et libertés individuelles. Pour tenir compte de l'équilibre à retrouver entre le recouvrement des impôts et la préservation de la dignité du redevable de l'impôt dans une société démocratique, l'exercice de la contrainte par corps est subordonné à des conditions strictes. C'est la Loi n° 69-40 du 30 septembre 1969, instituant la contrainte par corps pour le recouvrement de certaines dettes civiles et commerciales[124], qui pose, pour ce qui est des créances fiscales, les conditions que le comptable public doit nécessairement respecter.

Aux termes de l'article 2 de cette loi, la contrainte par corps n'est ouverte que lorsque le receveur des impôts aura obtenu une condamnation du débiteur par une décision judiciaire devenue définitive et pour une créance en principal supérieur à 25 000 francs. La limite inférieure du montant minimum paraît très faible, mais la garantie principale pour le redevable de l'impôt se trouve plutôt dans la juridictionnalisation de la procédure, à travers l'intervention d'un magistrat qui doit vérifier si les conditions légales sont réalisées[125]. En d'autres termes, l'administration fiscale n'a pas compétence pour appliquer cette mesure sévère unilatéralement. En outre, en décidant d'exclure de l'application de la contrainte par corps les redevables âgés de moins de vingt et un an, la femme enceinte la femme qui allaite et les redevables en déclaration de faillite, le législateur a réduit considérablement les possibilités de mise en œuvre de cet instrument de contrainte qui finira, nous l'espérons, par disparaître.

CONCLUSION

L'édifice juridique en matière de recouvrement des créances fiscales au Niger est érigé en privilégiant l'optimisation des rentrées fiscales. C'est un choix qui ne surprend guère, car le pays a d'énormes besoins et il faut nécessairement les couvrir. La difficulté pour les pouvoirs publics est que le recouvrement des impôts est fortement limité en raison du caractère archaïque de certaines techniques utilisées, de l'absence de tenue de comptabilité pour beaucoup de contribuables, du faible taux de bancarisation des contribuables et l'inadéquation des capacités de

[122] Considérée comme un moyen de pression sur le contribuable, la contrainte par corps est une survivance du passé. Aujourd'hui, son appellation varie selon les systèmes juridiques. Si au Niger, elle n'a fait l'objet d'aucune réforme depuis son instauration en 1969, en France, le régime de la contrainte par corps applicable au recouvrement de l'impôt a été modifié afin de rendre cette procédure (désormais appelée « contrainte judiciaire ») plus conforme à la jurisprudence communautaire. C'est la Loi 2004-204 du 9 mars 2004 portant adaptation de la justice aux évolutions de la criminalité.

[123] Art. 1151 du CGI.

[124] Journal Officiel n° 05 du 1er mars 1969, *in* REPUBLIQUE DU NIGER (**Ministère de la justice),** *Recueil thématique de textes législatifs et règlementaires*, Niamey, Direction du Journal Officiel, 2008, p.540. L'article premier de cette loi énonce que l'Etat et les autres collectivités publiques peuvent recourir à la contrainte par corps pour le recouvrement de certaines dettes civiles et commerciales.

[125] Art.5 – Le président du tribunal de première instance ou le juge de section, du domicile du débiteur condamné est saisi par requête du créancier, après expiration du délai de paiement.

l'administration fiscale. Il résulte de tous ces facteurs, un reste à recouvrer conséquent pour l'administration fiscale chaque année. Malheureusement, les réformes engagées ces dernières années n'ont que très imparfaitement résolu le problème. Le Gouvernement n'a pas suffisamment pris en compte le fait que, pour trouver beaucoup d'argent et très rapidement par les impôts, il est indispensable de reformer les techniques et les moyens de recouvrement.

L'amélioration du recouvrement des impôts ne peut être réalisée qu'à la condition que les garanties du contribuable, évoquées et analysées plus haut, soient davantage renforcées par le législateur. C'est une condition indispensable si l'on veut construire un système fiscal moderne, démocratique et acceptable par ceux qui ont consenti de payer l'impôt. Dans tous les cas, c'est l'une des nombreuses exigences des contribuables nigériens dont le rapport avec l'impôt, et par extension avec l'administration fiscale, devient de plus en plus conflictuel. Il faut donc écouter ces exigences et améliorer le système de protection du contribuable nigérien qui puisse tenir compte de la réalité de notre société.

Les reformes, que nous appelons tous de nos vœux, devraient contribuer à rendre le texte fiscal accessible à tous dans l'objectif de renforcer l'information des contribuables. Par exemple, dans la phase contentieuse du recouvrement où les droits des contribuables sont relativement réduits, il est indispensable d'instituer une assistance juridique (permettre au contribuable de l'impôt d'être fixé sur l'état de la procédure à suivre, la juridiction à saisir, les modalités de saisine, etc.) et une aide juridictionnelle (ayant pour effet d'exonérer totalement ou partiellement son bénéficiaire de la charge des dépenses du procès et des honoraires d'avocat) permettant d'équilibrer les forces en conflit.

Errol M. TONI[1]

LES RÉVOLTES FISCALES DIFFUSES EN AFRIQUE DE L'OUEST FRANCOPHONE

INTRODUCTION

Dans la partie introductive de l'un de ses ouvrages de référence[2], le Professeur Michel BOUVIER, dédicataire de ces lignes, exhortait à « inventer une fiscalité pour le XXIe siècle, [à] donner un nouveau sens à l'impôt ». Ce cri de cœur a sans doute été inspiré par le constat d'une inadaptation des mécanismes fiscaux actuels aux enjeux de l'heure. Dans le même temps, les ressources fiscales continuent d'avoir une place de choix au sein des moyens financiers à la disposition des pouvoirs publics. La nécessité de développer des techniques afin d'augmenter leur part au sein des ressources publiques apparaît alors comme une évidence. Toute la question est de savoir comment procéder.

À ce propos, l'un des moyens les plus évoqués reste la lutte contre l'incivisme fiscal. En d'autres termes, il est très souvent proposé, pour atteindre l'objectif sus-énoncé, de créer et d'encourager, au sein des sociétés, une sorte de « bien-pensance » fiscale. Or, « rien n'est plus fragile que la vertu fiscale »[3]. Ce constat fait par Lucien MEHL en 1984 ne saurait souffrir d'une véritable contestation. Il était avéré hier, il l'est aujourd'hui encore et il le sera sans doute demain. En effet, l'impôt, en tant que prélèvement sur le patrimoine des personnes, comporte une part sacrificielle à laquelle il n'est pas toujours aisé de s'adonner[4]. C'est ce qui fait que, de tout temps, l'impôt a été perçu avec une relative défiance[5]. Il a été évoqué, à cet

---

[1] Docteur en droit public, Secrétaire scientifique du Centre d'études et de recherches sur l'administration et les finances (CERAF, Université d'Abomey-Calavi), Chercheur associé au Centre d'Études et de Recherches Financières et Fiscales (Université Jean Moulin – Lyon 3)

[2] M. BOUVIER, *Introduction au droit fiscal général et à la théorie de l'impôt*, Paris, LGDJ, 2012, 316 p.

[3] L. MEHL, « Avant-propos », *RFFP*, n° 5, 1984, p. 3.

[4] « Le premier visage de l'impôt reste, pour l'individu, celui de la contrainte. Accepter de rétrocéder une partie de ses biens, c'est faire violence à ses désirs et à ses passions. Même si l'individu a conscience que l'impôt n'est pas sans contrepartie et qu'il peut participer à leur détermination par les mécanismes de décision politique, il ressent l'importance de ces prélèvements collectifs comme une atteinte à ses impulsions personnelles ». A. BARILARI, « Le consentement à l'impôt, fragile mais indispensable aporie », *Regards croisés sur l'économie*, n° 1, 2007, p. 27.

[5] À titre d'illustration, un article publié dans la Revue *Pouvoirs* fournit une longue liste de raisons pour lesquelles on pourrait être hostile à l'impôt. Voir (v.) P. SALIN, « Contre l'impôt ou de quelques raisons de diminuer la fiscalité », *Pouvoirs*, n° 151, 2014, pp. 47-56.

égard, une « allergie fiscale »[6] ou la nécessité de « dédramatiser l'impôt »[7]. Certains courants idéologiques, comme le socialisme, ont même prôné la suppression de l'impôt, notamment celui sur le revenu[8].

Il est vrai que l'impôt est plus toléré dans certaines sociétés que d'autres. Sa légitimité est alors plus forte, entraînant une adhésion et un effort fiscaux plus soutenus de la part des contribuables. Mais, la tendance générale, pour ne pas dire naturelle, est celle du souhait de payer moins d'impôt que ce qui est demandé par l'administration fiscale. C'est à ce niveau que la résistance à l'impôt trouve son origine.

Elle peut être définie comme « tout comportement [...] qui tend à réduire, voire à supprimer, la charge fiscale assignée à une personne ou à un groupe socio-professionnel. Cette résistance peut se manifester aux divers stades du processus d'imposition. En adoptant une démarche régressive, on peut dire que la résistance peut être exercée au stade du recouvrement, à celui de l'assiette (y compris le contrôle), ainsi qu'au stade de la création ou de la modification du prélèvement fiscal »[9]. Ainsi définie, la résistance à l'impôt traduit un refus délibéré de contribuer (totalement ou partiellement) à la couverture des charges publiques en raison de ce que l'impôt est ressenti comme injustifié, excessif ou oppressif. Ce refus est polymorphe. Il peut être discret ou ostensible, spontané ou planifié, d'origine économique ou idéologique. Il peut se concrétiser au niveau individuel ou collectif. Dans ce dernier cas, il est porté par un groupement socio-professionnel qui en définit les modalités. L'expression « révolte fiscale » semble alors plus appropriée pour le désigner.

L'examen de l'histoire des pays comme la France et les Etats-Unis nous fournit des exemples de révoltes fiscales[10]. Les importantes révolutions qui ont marqué ces deux pays au XVIIIe siècle ont, on le sait, été le prolongement de contestations fiscales. De manière plus récente, en ce qui concerne la France, la révolte des

---

[6] Ph. AUBERGER, *L'allergie fiscale*, Paris, Calman-Levy, 1994, 244 p.

[7] J. DUBERGÉ, *Dédramatiser l'impôt*, Marseille, PUAM, 1994, 139 p.

[8] V. G. ORSONI, « Les idéologies révolutionnaires de l'impôt », *RFFP*, n° 84, 2003, pp. 11-52. Mais, l'auteur s'empresse de déconstruire cette hypothèse. V. p. 17 : « Ainsi donc, l'on se trouve bien, dans les pays socialistes, en présence d'impôts, ce qui tendrait à montrer que, sauf dans des sociétés qui relèvent très largement du mythe, les mécanismes fiscaux sont indispensables que ce soit parce que même un État collectiviste ne peut écarter les techniques libérales comme le pensait Gabriel ARDANT (*Histoire de l'impôt*, Fayard, 1973, t. 2, p. 745) ou tout simplement parce que la notion d'impôt est inhérente à tout État, toute société organisée ».

[9] L. MEHL, « Avant-propos », art. précité, p. 1.

[10] En France, on peut citer la révolte des va-nu-pieds de Normandie en 1639, la révolte des Bonnets rouges ou révolte du papier timbré en 1675, la timide campagne menée par la féministe Hubertine AUCLERT en 1880, la révolte des vignerons du Languedoc ou « révolte des gueux » du Midi en 1907, le mouvement Poujade dans les années 1950, la contestation menée par le CID-UNATI de Gérard NICOUD dans les années 1970, la révolte des Bonnets rouges de 2013, etc. Aux Etats-Unis, on peut citer le mouvement ayant donné lieu au vote en Californie en 1978, sur initiative du sénateur Howard Jarvis, de la proposition 13 (Initiative populaire de limitation de la taxation sur la propriété). Pour approfondir, on pourra lire D. BORNE, « "Vive le roi sans gabelle" : les révoltes contre l'impôt en France du XVIIe au XXe siècle », *RFFP*, n° 5, 1984, pp. 9-19 et N. DELALANDE, « Le retour des révoltes fiscales ? », *Pouvoirs*, n° 151, 2014, pp. 15-25.

Bonnets rouges bretons a conduit à s'interroger sur un éventuel « retour des révoltes fiscales »[11].

Mais, en Afrique occidentale francophone, le tableau est quelque peu différent. Il est plus difficile d'y trouver des exemples de révoltes fiscales au sens de « refus collectif de l'impôt ». Il faut certes signaler l'épisode des années 1930-1950 où on a assisté à des contestations fiscales dans plusieurs pays africains. Mais, lesdites contestations ne traduisaient pas une mise en cause du principe de l'impôt, pris indépendamment de toutes autres considérations. Il s'agissait en réalité pour les peuples colonisés, par ce biais, de donner un écho à leurs revendications d'indépendance.

Dans le même sens, il y a eu, par endroits et bien avant 1930 (au début du 20e siècle), des révoltes d'une certaine ampleur en Afrique occidentale francophone. Mais, elles n'étaient pas non plus fondées sur une contestation exclusive de l'impôt. Diverses exactions en étaient à l'origine. C'est le cas, par exemple, de la révolte des Bobos qui a eu lieu en 1916 et qui a été localisée sur un territoire correspondant à celui actuellement couvert par le Burkina-Faso et le Mali. Les populations s'étaient révoltées contre les colons français à cause des taxes exigées, mais aussi à cause des violences subies (travail forcé, maltraitance, dénigrements, violences sur les femmes, etc.).

Hormis ces cas de révoltes à origine diversifiée, les exemples de révoltes fiscales (*stricto sensu*) en Afrique de l'Ouest francophone sont inexistants. À ce constat s'ajoute l'inexistence de dispositions sanctionnant le refus collectif de l'impôt dans plusieurs codes généraux des impôts de la sous-région[12]. Lorsqu'on sait que le droit est souvent établi en réaction au vécu, on en vient à conclure que cette forme de protestation n'est pas usitée dans cet espace.

En réalité, les révoltes fiscales en Afrique de l'Ouest francophone ne sont pas collectives et organisées comme c'est le cas ailleurs. Elles sont larvées. Elles empruntent des formes plus subtiles. En ce sens, il apparaît approprié de parler de « révoltes fiscales diffuses ». Une phénoménologie de ces révoltes (I) permettra de mieux en saisir la portée. Il sera ensuite possible d'examiner, de manière plus pertinente, les voies et moyens auxquels l'administration recourt pour lutter contre elles (II).

I. LA PHENOMENOLOGIE DES REVOLTES FISCALES

La phénoménologie envisagée consiste à répondre aux questions « comment ? » et « pourquoi ? ». En d'autres termes, il s'agit de voir comment se manifestent concrètement les révoltes fiscales en Afrique de l'Ouest francophone (A) et quels sont les facteurs qui expliquent leur avènement (B).

---

[11] N. DELALANDE, « Le retour des révoltes fiscales ? », art. précité.

[12] Burkina-Faso et Côte d'Ivoire par exemple. *Contra*, voir. l'art. 1178 du CGI du Bénin, l'art. 686 du code général des impôts du Sénégal. Même dans les États où existent de telles dispositions, elles n'ont, à notre connaissance, pas été activées jusqu'ici.

A. Les manifestations

De prime abord, il convient de signaler l'existence de groupes de pression qui exercent une action sur le législateur fiscal. Ils mettent en place des stratégies pour orienter l'édiction des règles fiscales dans un sens ou dans un autre. Ce sont souvent des groupes professionnels. Les autres groupes (les associations de consommateurs par exemple) se caractérisent par une faible visibilité et donc une faible influence. Ce lobbying en amont ne sera pas davantage explicité, car il ne traduit pas véritablement un rejet de l'impôt, celui-ci n'étant pas encore constitué.

Dès l'entrée en vigueur de l'impôt, en revanche, sont observables d'autres formes d'actions qui en traduisent le rejet. Parmi celles-ci, l'inactivité occupe une place moindre. Les contribuables de l'espace étudié choisissent rarement d'arrêter leurs activités ou d'en réduire le volume afin de payer moins d'impôt. Ce qu'ils font, c'est plutôt soustraire lesdites activités du champ des radars de l'administration fiscale.

L'économie souterraine occupe ainsi une place importante dans les États ouest-africains francophones. Dix années plus tôt, André BARILARI faisait déjà ce constat : « Les pays en voie de développement ne fiscalisent généralement qu'une partie de leur économie, souvent les quelques grandes sociétés étrangères présentes, leurs salariés et ceux des organismes publics. Le reste de la population, c'est-à-dire l'essentiel, constitue un secteur pudiquement nommé "informel" dans les rapports du Fonds monétaire international (FMI). Le secteur informel échappe à l'impôt alors même qu'il recouvre des enjeux économiques non négligeables. »[13]. Il demeure valable.

Ainsi, les personnes exerçant dans le secteur informel sont estimées à environ 90% de la population active du Sénégal par l'Agence française de développement[14]. Que ce soit en Côte d'Ivoire, au Bénin ou au Togo, les chiffres ne sont pas plus reluisants et reflètent l'incapacité des États à appréhender la majorité des activités économiques se déroulant sur leurs territoires. Une part considérable des matières imposables potentielles est dissimulée aux services des impôts, ce qui réduit d'autant la capacité desdits États à satisfaire les besoins de développement et assurer une croissance durable[15].

Une étude réalisée en 2016 par le Centre d'études et de recherches sur l'administration et les finances (CERAF / Université d'Abomey-Calavi / Bénin) est venue confirmer cet état de fait[16]. Sur un échantillon de 81 personnes interrogées un peu partout en Afrique occidentale francophone, la quasi-totalité (97%) a estimé

[13] A. BARILARI, « Le consentement à l'impôt, fragile mais indispensable aporie », *Regards croisés sur l'économie*, n° 1, 2007, p. 28.

[14] Citée par S. CESSOU, « Le poids du secteur informel », Journal *Le Monde diplomatique,* n° 143, octobre – novembre 2015.

[15] Agence française de développement et Banque mondiale, *Les entreprises informelles de l'Afrique de l'Ouest*, 2010, p. 15 : « La nature dualiste des économies ouest-africaines, marquées par l'existence d'un vaste secteur informel non réglementé et non imposé, constitue ainsi un obstacle à la croissance soutenue ».

[16] N. MEDE et E. TONI (dir.), *La fiscalité de développement en Afrique de l'Ouest francophone*, Dakar, L'Harmattan, 2018, 108 p.

qu'il existait des activités totalement en marge de la fiscalité ou qui étaient largement sous-fiscalisées. Les exemples donnés étaient relatifs à la vente de l'essence frelatée, l'économie numérique, la location d'immeuble, etc.

Des chiffres précis sont peu disponibles, mais, au niveau africain, suivant un récent rapport de la Commission économique pour l'Afrique (ONU), « les flux financiers illicites commerciaux (en Afrique), y compris les prix de transfert abusifs de la part des multinationales, l'évasion fiscale, le blanchiment des transactions commerciales, l'évasion fiscale agressive (souvent par le biais d'exonérations fiscales nuisibles), les exonérations de droits et les fausses factures, représentent 60 % du total mondial »[17]. Au niveau ouest-africain, « bien que les estimations divergent grandement et soient fortement contestées, les observateurs économiques s'accordent généralement sur le fait que les flux financiers illicites en provenance de l'Afrique dépassent probablement, en volume, les flux d'aide et d'investissement »[18].

En dehors de l'économie souterraine, la résistance à l'impôt se manifeste, au niveau de certains contribuables, par l'instrumentalisation de la législation fiscale. Cette instrumentalisation est généralement le fait des grandes entreprises qui disposent de conseils fiscaux expérimentés. Elle est facilitée par leurs liens avec les décideurs politiques. Ainsi, il n'est pas rare que des exonérations fiscales[19] très importantes soient accordées par voie réglementaire et, parfois, contre l'avis des cadres de la Direction générale des impôts.

Enfin, il faut mentionner que l'expatriation fiscale n'est pas inconnue dans la sous-région étudiée. Au Bénin par exemple, il a été remarqué qu'à partir de l'année 2015, l'un des plus gros contributeurs au budget[20], à la suite de démêlés fiscaux successifs, a progressivement déplacé une part non négligeable de ses activités dans les pays voisins (Ghana, Burkina-Faso, Nigéria...).

Au regard de tout ce qui précède, il est légitime de s'interroger sur les facteurs explicatifs d'une telle résistance à l'impôt.

B. Les facteurs explicatifs

En Afrique occidentale francophone, les taux de pression fiscale sont généralement inférieurs au minimum de 20%[21] requis par l'Union économique et monétaire ouest-africaine (UEMOA). À titre d'illustration, il ressort des statistiques établies par l'Organisation communautaire qu'en 2017, ce taux était de 13,4% au Bénin, 17,5% au Burkina-Faso, 15,4% en Côte d'Ivoire, 15,3% au Mali, 15,1% au

---

[17] Commission économique pour l'Afrique (Nations unies), *Financements novateurs et transformation économique en Afrique*, mars 2015, p. 46.

[18] OSIWA, *Mobilisation des ressources domestiques en Afrique de l'Ouest : opportunités manquées*, février 2015, p. 11.

[19] Pour approfondir, voir. OCDE, *Principes pour améliorer la transparence et la gouvernance des incitations fiscales à l'investissement*, 2014, 7 p.

[20] Il s'agit de la Société Comptoir mondial de négoce (encore appelée Comon Cajaf).

[21] Suivant le pacte de convergence, de stabilité, de croissance et de solidarité entre les États membres de l'UEMOA, tel qu'il a été modifié en 2015.

Niger, et 15,9% au Sénégal. Seul le Togo a respecté la norme communautaire avec un taux de 22,3%[22].

L'existence de révoltes fiscales, même diffuses, peut donc surprendre puisque la charge fiscale pesant sur les contribuables est relativement faible. Mais, en vérité, c'est mal poser le problème que de procéder de cette manière. La faiblesse de la pression fiscale est plutôt une conséquence de l'importance de la résistance à l'impôt dans cet espace. Autrement dit, c'est parce qu'un bon nombre de contribuables échappe à l'impôt qu'à l'arrivée, les statistiques affichent une pression fiscale faible. Si chacun était effectivement soumis au juste impôt, la pression fiscale dans cet espace serait certainement beaucoup plus élevée.

Cela étant, qu'est-ce qui explique les réflexes d'évitement de l'impôt exposés précédemment ? En dehors de la tendance à souhaiter payer moins que le juste impôt, qui du reste est universelle, l'observateur est tenté d'avancer trois explications.

La première est une explication objective. Il s'agit de l'impécuniosité des populations. Les données fournies par la Banque mondiale enseignent que toutes les régions en développement du monde, en dehors de l'Afrique, ont atteint dès 2015 l'objectif du millénaire pour le développement et qui consistait à réduire de moitié l'extrême pauvreté et la faim[23]. L'Afrique compterait encore aujourd'hui plus de 300 millions de pauvres. Dans ces conditions, le prélèvement fiscal apparaît comme une gageure. Comment contribuer sans rechigner lorsque les besoins existentiels ne sont pas satisfaits ?

La deuxième explication tient à la cupidité de certains contribuables, notamment les multinationales. Elles profitent des faiblesses structurelles des administrations fiscales pour mettre en place des montages défiant les compétences des meilleurs de leurs agents. Sur ce point, il apparaît opportun de développer, à l'instar de la responsabilité sociale des entreprises, une théorie de la responsabilité fiscale des entreprises opérant dans l'espace de référence. Les travaux au sein de l'Organisation de coopération et de développement économiques (OCDE) et de divers cercles intra-africains confortent cette idée.

La troisième explication se situe au niveau de la légitimité du prélèvement fiscal, ou si l'on veut, de l'illégitimité dudit prélèvement. On pourrait ici convoquer Jean RIVERO et son Huron pour rappeler que, pour le contribuable, la légitimité de l'impôt s'apprécie « en termes de vie quotidienne »[24]. Il est vrai qu'on ne cesse de rappeler que l'impôt est un prélèvement sans contrepartie directe, mais l'idée demeure vivace pour les contribuables, non sans raison, qu'il existe un lien entre ce qu'ils paient et les services publics dont ils bénéficient. Or, en Afrique occidentale francophone, la qualité de ces services laisse généralement à désirer. De ce fait, l'impôt est perçu par le citoyen comme une contrainte évanescente, voire injustifiée.

---

[22] Commission de l'UEMOA, *Rapport de surveillance multilatérale*, décembre 2017, p. 109.

[23] Banque mondiale, *Poverty in a rising Africa*, 2016, p. 3.

[24] « Nous autres, bons sauvages, nous sommes des esprits simples : nous pensons que la justice est faite pour le justiciable et que sa valeur se mesure en termes de vie quotidienne ». J. RIVERO, « Le Huron au Palais-Royal ou réflexions naïves sur le recours pour excès de pouvoir », *Dalloz*, 1962, chronique VI, p. 37.

Elle est évanescente parce qu'il n'a pas en retour la promesse portée par le prélèvement fiscal. Il ne sent pas sa concrétisation. Elle est injustifiée parce qu'il voit le train de vie de ses dirigeants et est convaincu qu'il n'est pas le fruit exclusif de leurs « rémunérations officielles ». Il a le même sentiment lorsqu'il observe le train de vie dispendieux de l'agent des services des Impôts ou de celui des Douanes. Pire, il est avéré que le fardeau fiscal pesant sur les autorités est un peu trop allégé par rapport à celui du citoyen ordinaire et que, malgré cet allègement, ces dernières ne satisfont que rarement à leurs obligations fiscales. Une illustration est fournie par une dénonciation suivant laquelle les parlementaires sénégalais ne verseraient pas à l'État les impôts dus[25].

Toutefois, au regard de la nécessité de l'impôt, celui-ci doit être acquitté en totalité. C'est ce qui justifie que l'administration fiscale développe des mesures pour lutter contre les pratiques ci-dessus identifiées.

II. LA LUTTE CONTRE LES REVOLTES FISCALES

Les administrations fiscales des États ouest-africains francophones développent une batterie de mesures pour lutter contre les résistances à l'impôt. À l'analyse, ces mesures présentent des tendances communes (A). Il reste cependant qu'elles pourraient être améliorées en explorant d'autres pistes (B).

A. Les tendances communes

Partant du constat que « le rejet total de l'obligation fiscale n'apparaît que lorsqu'une forte imposition se combine avec une inadaptation du système fiscal au milieu socio-économique »[26], les États ouest-africains francophones s'emploient, depuis quelques années, à refonder leurs cadres juridiques fiscaux en concertation avec les contribuables. L'objectif visé est de rendre la législation fiscale plus cohérente avec le vécu de ces derniers. La concertation se fait en amont, au moment de l'inscription des dispositions fiscales dans le projet de loi de finances de l'année[27]. L'administration fiscale rencontre alors des regroupements représentant le secteur privé et échange avec eux sur les mesures proposées. Cette concertation demeure cependant limitée, car elle n'est souvent pas étendue aux associations de consommateurs et autres. Ce faisant, elle ne couvre véritablement que les impôts qui concernent des activités professionnelles.

En ce qui concerne l'économie souterraine, la principale stratégie retenue pour réduire son ampleur consiste à identifier les personnes et les opérations taxables. À cet effet, les États ont mis en place des mécanismes d'immatriculation des contribuables. La dénomination de l'identifiant varie en fonction des pays. Ainsi, il est question d'identifiant fiscal unique (IFU) au Bénin ? pendant qu'on parle du

[25] O. SONKO, « Les députés sénégalais ne paient pas l'impôt », Journal *Dakaractu*, 9 mai 2016, en ligne : http://www.dakaractu.com/Ousmane-Sonko-Inspecteur-des-Impots-Les-deputes-senegalais-ne-paient-pas-l-impot_a110441.html, consulté le 25 février 2017.

[26] P. BELTRAME, « La résistance à l'impôt et le droit fiscal », *RFFP*, n° 5, 1984, p. 22.

[27] Il faut savoir que, *de facto*, l'édiction des normes fiscales se fait dans les États étudiés exclusivement par ce biais.

numéro d'identification nationale des entreprises et associations (NINEA) au Sénégal.

Il est cependant possible de regretter que l'immatriculation des contribuables ne soit pas articulée avec un mécanisme les obligeant à utiliser quotidiennement leurs identifiants. Concrètement, il aurait fallu, par exemple, lier la jouissance de divers services publics (délivrance d'actes d'état civil, légalisation de documents, bénéfices d'avantages sociaux, enregistrement des transactions foncières, raccordement au réseau électrique, obtention de numéros pour la téléphonie mobile…), services bancaires (ouverture de compte, octroi de crédit, obtention de carte bancaire…) et autres à la présentation de l'attestation prouvant l'identification par les services des Impôts. De même, il faudrait également interconnecter davantage les services publics entre eux d'une part, et avec les services privés tels que les banques d'autre part. Cela éviterait, comme c'est encore le cas actuellement, que le patrimoine réel ou les opérations taxables effectuées par des personnes pourtant identifiées au niveau des services fiscaux soient encore totalement inconnus par ces derniers.

En tout état de cause, l'immatriculation est accompagnée de mesures visant à encourager l'exercice des activités professionnelles hors du secteur informel, surtout pour les petites et moyennes entreprises. Une imposition forfaitaire est ainsi instituée à leur profit. De même, dans la plupart des pays, des centres et associations de gestion agréés ont été créés avec des obligations fiscales allégées pour les adhérents. Des exemples sont fournis par les législations fiscales béninoise et ivoirienne. Au Bénin, en matière d'impôt sur le revenu, les adhérents aux centres de gestion agréés bénéficient d'une réduction de 40% du résultat issu de l'application des tarifs normaux d'imposition. Cette réduction est appliquée pendant quatre années à compter de celle de leur adhésion. Une réduction supplémentaire de 10% est accordée aux adhérents exerçant dans le secteur primaire[28]. En Côte d'Ivoire, en matière d'impôt sur le bénéfice, les adhérents aux centres de gestion agréés bénéficient d'une réduction d'impôt de 50% l'année de leur adhésion et les deux années suivantes[29]. Il convient de rappeler, avec Pierre BELTRAME, que la création de ces centres et associations de gestion agréés apparaît comme « un moyen des plus efficaces pour récupérer la contestation de l'impôt en l'intégrant dans les cadres de l'institution fiscale »[30].

Par ailleurs, les États étudiés renforcent de plus en plus leur coopération en matière fiscale. Ils se donnent ainsi les moyens d'opérer des recoupements au niveau international et de faire bénéficier leurs administrations fiscales respectives des expériences et compétences étrangères pertinentes. Des illustrations sont fournies par la participation aux rencontres organisées dans le cadre de l'ATAF (African tax administration forum), du CREDAF (Centre de rencontres et d'études des dirigeants des administrations fiscales), du Comité des affaires fiscales de l'OCDE (Organisation de coopération et de développement économiques), etc.

---

[28] Art. 141 du code général des impôts.

[29] Art. 67 du code général des impôts.

[30] P. BELTRAME, « La résistance à l'impôt et le droit fiscal », art. précité, p. 33.

En dehors des tendances communes citées, il y a une réforme solitaire opérée par le Togo qui ne saurait être occultée. C'est celle de la création d'un office des recettes. Ainsi, les services des impôts et de la douane sont actuellement réunis au sein de l'Office togolais des recettes (OTR). L'expérience entamée en 2012[31] suit son cours et affiche une évolution plus ou moins positive. Les niveaux de recettes fiscales ont considérablement augmenté[32], témoignant du coup d'un recul de l'incivisme fiscal. Cela montre que les pistes qui peuvent être explorées dans ce cadre par les États ouest-africains francophones ne sont pas épuisées.

B. Les pistes explorables

Deux pistes apparaissent urgentes à explorer. En premier lieu, il s'agit de réconcilier les contribuables et l'administration fiscale. Dans les États étudiés, les rapports entre eux se conçoivent plus souvent en termes de rapport de forces qu'en termes de partenariat. Ce constat est confirmé par l'étude précitée du CERAF. La majorité des contribuables interrogés au Bénin, en Côte d'Ivoire et au Togo (77%) estime que ses relations avec l'administration fiscale s'inscrivent dans le cadre d'un rapport de forces. Une proportion non négligeable (65%) ajoute que l'objectif visé par l'administration fiscale est exclusivement la mobilisation de ressources au profit de l'État, le développement économique étant une préoccupation négligée. Dans un tel contexte, il est logique que chacun utilise les moyens à sa disposition pour « vaincre » l'autre.

L'antifiscalisme prévalant dans la sous-région apparaît donc comme étant l'une des incidences de cette conception belliqueuse des relations entre le fisc et les contribuables. Tout se passe comme si les contribuables se situaient dans une posture complètement opposée à celle de leurs représentants au Parlement. Ils ne se reconnaîtraient pas dans le consentement donné par ces derniers, d'où la résistance qu'ils manifestent. En effet, il ne faut point oublier que la résistance à l'impôt n'est pas exclusivement un phénomène de défense des intérêts patrimoniaux. C'est aussi un phénomène sociologique. En ce sens, elle véhicule, implicitement ou explicitement, une mise en question du principe ou de l'intensité du prélèvement fiscal. Comme le souligne Lucien MEHL, « celui qui résiste à l'impôt porte témoignage, au moins à lui-même, de ce refus dont le but n'est pas seulement la défense des intérêts patrimoniaux »[33].

Pour inverser la tendance, il importe de sensibiliser davantage les populations sur la nécessité de l'impôt. Cette sensibilisation n'aurait de sens que dans le cadre d'une utilisation plus vertueuse des ressources publiques. Il est en effet illusoire de demander aux populations de payer le juste impôt lorsqu'ils sont constamment

---

[31] Loi n° 2012-06 du 14 décembre 2012, portant création de l'Office togolais des recettes.

[32] V. http://www.otr.tg/index.php/fr/536-apercu-general-sur-les-performances-de-l-office-togolais-des-recettes.html, consulté le 11 septembre 2016, où il est fait les deux constats suivants : « les performances de l'OTR toujours au-delà des objectifs assignés » et « les recouvrements de l'OTR en constante augmentation d'année en année ».

[33] L. MEHL, « Avant-propos », art. précité, p. 3.

informés d'actes de gaspillage ou de détournement de fonds publics de la part de leurs dirigeants.

Dans le même sens, la mise en place de politiques de communication plus offensives pourrait permettre d'améliorer les relations entre le fisc et les contribuables. L'une des actions fondamentales consisterait à mettre gratuitement à la disposition des populations des exemplaires (en format numérique au besoin) du code général des impôts. Ce code n'est encore que peu accessible dans les États étudiés, la version électronique actualisée étant rarement disponible et la version papier étant à un prix prohibitif.

En second lieu, il est nécessaire, pour reprendre les termes du professeur Michel BOUVIER[34], de créer les conditions d'une « juridicisation » de la résistance fiscale. Autrement dit, il s'agit de créer les conditions favorables pour le développement du contentieux fiscal. Actuellement, dans les États d'Afrique de l'Ouest francophone, ce contentieux est embryonnaire. Les règles sont peu connues des contribuables et les délais moyens de jugement sont de plusieurs années. Le contribuable manifeste donc une certaine réticence à s'engager sur cette voie lorsqu'il se sent injustement traité par l'administration fiscale. La facilitation de l'accès au juge fiscal et la modernisation du contentieux pourraient offrir une alternative au contribuable qui s'estime lésé. Au lieu de s'enfermer dans une résistance fiscale nocive pour la société, il pourrait engager, avec l'administration, un débat juridique beaucoup plus constructif devant le juge.

CONCLUSION

En définitive, les révoltes fiscales en Afrique de l'Ouest francophone ont la particularité d'être diffuses. Dit autrement, elles se présentent, non pas sous la forme de mouvement collectif de refus de l'impôt, mais sous une forme moins saisissable. De manière concrète, elles se manifestent surtout à travers l'économie souterraine, l'évasion et l'expatriation fiscales. En ce qui concerne les facteurs qui en sont à l'origine, plusieurs explications peuvent être avancées. Il s'agit notamment des faibles revenus dont disposent les populations, mais aussi de la faible légitimité de l'impôt dans cette région du monde. A ces deux facteurs, il est possible d'ajouter la mauvaise foi de certains contribuables. Les multinationales notamment n'hésitent pas à développer de nombreux artifices afin de payer le moins d'impôt possible.

Compte tenu de l'importance de cet incivisme fiscal, diverses actions sont menées par les administrations fiscales des États concernés. À l'analyse, ces actions pourraient être améliorées. C'est en ce sens que des pistes explorables ont été proposées. L'amélioration de ces actions est d'autant plus importante qu'elle constitue un enjeu démocratique. Il a, en effet, été montré que « l'impôt est nécessaire à l'éveil de la conscience politique ». Cela signifie que moins la résistance à l'impôt est importante, mieux la démocratie se porte[35].

---

[34] M. BOUVIER et alii, *Finances publiques*, Paris, LGDJ, 2015, p. 649.

[35] A. BARILARI, « Le consentement à l'impôt, fragile mais indispensable aporie », *Regards croisés sur l'économie*, n° 1, 2007, p. 28.

Abdou Aziz Daba KEBE[1]

DOCTRINE ADMINISTRATIVE FISCALE ET NORME JURIDIQUE EN AFRIQUE

INTRODUCTION

> « Les juristes dogmatiques pensent [...] que tout est droit [...]; le droit n'emplit pas toute l'atmosphère humaine, [...] il y a, dans les sociétés, des vides de droit [...] »[2].

L'étude des relations entre la doctrine administrative fiscale et la norme juridique confirme cet axiome du Doyen Carbonnier. Elle exprime l'existence de règles produites par l'Administration n'ayant ni fondement constitutionnel encore moins législatif et qui régissent la matière fiscale. Il s'agit concrètement des règles issues de l'interprétation que l'Administration fait de la loi fiscale.

L'interprétation administrative ou la recherche du sens des textes trouve une grande portée dans la sphère fiscale en raison de la complexité de la matière. Cet éclairage des textes fiscaux, qui a une vertu pédagogique pour les destinataires de cette norme (agents de l'Administration fiscale et contribuables), est nommé doctrine administrative. Celle-ci ne reflète pas l'opinion des auteurs, et « dont l'interprétation vise à éclairer la signification du droit ou de la pensée du juge » ; celle que la Cour Internationale de Justice qualifie de « doctrine des publicistes les plus qualifiés des différentes nations »[3]. La doctrine administrative, dont il est question dans notre propos, est le produit d'interprétation que l'Administration opère des lois et règlements fiscaux c'est-à-dire, la « pratique de l'Administration selon laquelle elle est amenée, par ses instructions, circulaires ou réponses ministérielles à préciser le sens et la portée de la loi »[4]. De façon simple, la doctrine administrative concerne ces différentes positions de l'Administration lors de l'interprétation des textes en général et ceux fiscaux en particulier ou encore lorsqu'interviennent des difficultés d'application de la loi[5].

---

[1] Maître de conférences agrégé, Université Cheikh Anta DIOP de Dakar.

[2] J. CARBONNIER, *Flexible droit. Pour une sociologie du droit sans rigueur*, Paris, LGDJ, 10ème éd., 2001, p. 25.

[3] G. ORSONI, « La doctrine et l'information du contribuable » *in R.F.F.P.* n° 57, 1997, p. 47.

[4] J.-P. DARRIEUTORT, « Le juge et la doctrine administrative » *in R.F.F.P.* n° 75, septembre 2001, p. 26.

[5] Ph. Bern, « La protection du contribuable contre les changements de doctrine administrative », *R.S.F.* 1971, p. 752.

Ainsi définie, la doctrine de l'Administration ne saurait revêtir les qualités d'une norme. Au sens de Kelsen, la norme est une règle de droit[6], qu'évoquerait dans la tradition romaine la notion de « *jus* »[7]. La norme, comme la loi, est un acte de commandement. Selon le célèbre légiste Portalis, elle « permet ou elle défend ; elle ordonne, elle établit, elle corrige, elle punit ou elle récompense. Elle oblige indistinctement tous ceux qui vivent sous son empire »[8] ; dispose de puissance « immédiate » et « virtuelle » chez Malberg[9]. Il faut bien donc convenir avec Demba SY que « L'expression de norme évoque en première approche, un modèle, une unité de mesure, un instrument servant à évaluer, à juger [...]»[10].

Les Etats, délibérément choisis en fonction de l'accessibilité de la documentation (le Sénégal, le Niger, le Burkina Faso, le Mali, la Côte d'Ivoire et le Bénin,) pour aborder le sujet notamment ceux de l'Afrique de l'Ouest, partagent tous, les mêmes traditions juridico-financières héritées de la France et évoluent dans un espace d'intégration identique. Les systèmes fiscaux y sont structurés autour de règles convergentes au plan organisationnel (système centralisé par les Régies financières avec des prérogatives de puissance publique (PPP) : taxation et rectification d'office, ATD) et relationnel (système déclaratif). L'harmonisation fiscale est très avancée d'ailleurs. Quelques incursions en Afrique centrale (au Cameroun, en République Démocratique du Congo, au Congo Brazzaville ou encore au Tchad) restent utiles parce qu'elles montrent que la nature juridique de la doctrine fiscale est une problématique commune à toutes les Administrations fiscales.

Dans l'ordonnancement constitutionnel des Etats étudiés, l'Administration n'y détient pas formellement de pouvoir normatif notamment dans la fixation du régime des impositions dominée par le principe constitutionnel de légalité fiscale. Pourtant, les positions et entendements administratifs sur les dispositions de la loi peuvent alourdir ou alléger l'impôt que doit supporter le contribuable. L'importance considérable de la doctrine reste évidente. Les contribuables organisent leur situation fiscale en fonction de l'interprétation administrative fiscale. **Peut-on, à ce titre, nier la teneur normative de la doctrine fiscale ? Ne renferme-t-elle pas un lot de contraintes, des facultés de faire ou de ne pas faire ? La création de normes n'est-elle pas inhérente à la fonction interprétative ? La doctrine administrative fiscale peut-elle avoir le statut de norme ?** L'étude repose sur le débat de la sécurité juridique en général et fiscale en particulier[11] laquelle est sapée par l'inflation normative provoquée par les modifications récurrentes de la

---

[6] H. KELSEN, *Théorie générale des normes,* Paris, *PUF,* 1ère éd., 1996, pp. 1-2.

[7] P. AMSELEK, « La teneur indécise du droit », *R.D.P.* 1991 n°5 p. 2.

[8] J.-E.-M. Portalis, *Discours préliminaire du premier projet de Code civil, (Discours* prononcé le 21 janvier et le Code civil promulgué le 21 mars 1804), Bordeaux, Editions Confluences, 2004, 78 p ; disponible sur : http://classiques.uqac.ca/collection_documents/portalis/discours_ 1ercode_civil/discours.html, consulté le 31 juin 2016, p.26.

[9] R. C. de Malberg, *Contribution à la Théorie Générale de l'Etat,* (1920) Paris, éd du CNRS, éd. 1985 T1, p. 327.

[10] D. Sy, « Normativité et juridicité. (Réflexions à partir de quelques décisions du Conseil constitutionnel sénégalais) », *Nouvelles Ann. af.* n°1 2009, pp.11-47.

[11] V : *La sécurité fiscale*, *RFFP*, n° 130, avril 2015.

législation par les circulaires fiscales. Et rien, *a priori,* n'interdit à l'Administration de changer ses interprétations au gré des circonstances.

En Europe, la recherche de l'intelligibilité de la norme juridique est plus affirmée et reste une préoccupation permanente du Conseil d'Etat français[12] (qui lui a consacré 3 Rapports) et du juge constitutionnel[13]. L'objectif d'avoir un droit simple et prévisible est également un sujet de préoccupation international. L'organisation de Coopération et de Développement économiques(OCDE) a lancé avec succès un programme pour la qualité réglementaire avec une évaluation périodique et comparée entre les Etats[14]. Elle est aussi une politique publique de l'Union européenne comme en témoigne l'accord interinstitutionnel « **Mieux légiférer » intervenu le 13 avril 2016 entre la Commission européenne, le Parlement européen et le Conseil**[15]. L'Union économique et monétaire ouest-africaine encourage les Etats membres dans les nouvelles réformes des finances publiques à produire des textes fiscaux accessibles pour limiter les dangers que peut comporter la doctrine administrative[16]. La dégradation de la production des règles fait partie des nouvelles tendances du droit administratif processuel.

Le statut de la doctrine administrative fiscale n'est pas linéaire et tranché dans les Etats sous examen. La recherche montre que la doctrine a un statut de droit souple et de droit rigide. Le diagnostic révèle des tendances. Les textes nationaux et internationaux[17] affirment sans ambigüité le principe de la légalité fiscale. Il appartient au législateur de fixer les règles d'assiette, de liquidation et de perception des impositions. L'autorité administrative, en contact quotidien avec les contribuables, doit se limiter à traduire en actes concrets la volonté du législateur. La normativité de la doctrine administrative dans cette mesure est impossible (I).

Pourtant de façon paradoxale, les législations fiscales africaines consacrent l'opposabilité de la doctrine fiscale. Les administrés peuvent invoquer les dispositions favorables d'une doctrine pour contester des redressements. Autrement dit, les contribuables peuvent exiger devant le juge que les décisions individuelles de l'Administration soient prises conformément à l'interprétation de loi. La doctrine administrative n'aurait-elle pas alors une valeur normative ? Sa normativité devient dès lors inévitable (II).

---

[12], EDCE, De la sécurité juridique, 1991 ; Sécurité juridique et complexité du droit, 2006 ; Les rapports du Conseil d'État » (ancienne collection « Études et Documents du Conseil d'État » - Simplification et qualité du droit – étude annuelle 2016 n° 67.

[13]Dans ce cadre, Le Conseil constitutionnel sénégalais a rappelé récemment que la sécurité juridique, qui peut être sapée par les interprétations modifiant la portée de la loi fiscale ; est un objectif de valeur constitutionnelle (Décision n°1 C/2016 du 12 février 2016).

[14] OCDE, Évaluer la qualité de la réglementation, juillet2008, 2008, http://www.oecd.org/fr/reformereg/politique-reglementaire/41106292.pdf.

[15] V : Les rapports du Conseil d'État », Simplification et qualité du droit,op.cit., pp.25-27.

[16] V : conclusion.

[17] L'article 29 de la Charte Africaine des Droits de l'Homme et des Peuples du 27 juin 1981 cite, parmi les devoirs des citoyens, celui « *de s'acquitter des contributions fixées par la loi pour la sauvegarde des intérêts fondamentaux de la société* ».

I. LA NORMATIVITÉ IMPOSSIBLE DE LA DOCTRINE

La doctrine administrative n'est pas une norme, une règle de droit. Elle ne confère pas de capacités d'action aux individus. En raison du caractère législatif de la norme fiscale (A), la doctrine a une fonction secondaire : assurer une application uniforme du prélèvement d'impôt (B).

A. LE CARACTÈRE LÉGISLATIF DE LA NORME FISCALE

Depuis fort longtemps, la loi est considérée comme l'unique norme capable d'assurer la liberté, la justice et le bonheur des citoyens[18]. La légalité s'exprime avec force lorsqu'il est question d'impôt. A juste titre, le prélèvement fiscal est une atteinte consentie au droit de propriété. Le citoyen est privé d'une partie de ses revenus. La norme fiscale dans ces conditions devrait, pour des raisons d'équité, être produite par les représentants du peuple.

Le droit fiscal fait partie de ces matières constitutionnelles où le législateur dispose d'une plénitude de compétence. La loi fixe le régime de la fiscalité composé de l'assiette, du taux et des modalités de recouvrement des impositions de toutes natures. Le législateur, disposant de la compétence fiscale[19] définit le statut de l'impôt[20].

D'ailleurs, durant la période coloniale, le mode d'assiette, de liquidation et de recouvrement des impôts fut du ressort de l'Assemblée locale de la colonie, le Conseil général. Il faut reconnaître tout de même, que les délibérations du Conseil général n'étaient applicables qu'après leur approbation par le Conseil d'Etat français[21]. Ce rituel, prohibant *a priori* l'intervention de l'Exécutif dans la sphère fiscale, a été repris et constitutionnalisé aux premières heures des Indépendances.

Les juridictions constitutionnelles africaines, dans les rares occasions saisies, rappellent avec force ce principe de la légalité qui s'impose à l'Administration fiscale.

---

[18] Platon, *Les Lois,* Collection « Folio Essais », 2003, voir notamment le chapitre I, p. 105 et le chapitre IV (La loi et le législateur), pp. 181-195 ; *La République*, Livre I, Edition Nathan, Collection « Les Intégrales de philo », 2002, p. 81 ; Aristote, *Politiques*, Edition Nathan, Collection « Les Intégrales de philo », 2006, Livre I ; Montesquieu, *De l'esprit des lois*, GF Flammarion, 1979 ; J.-J. Rousseau, *Du contrat social*, Collections « Les classiques de la Philosophie », Paris, LGF, 1996 ; J.-E.-M. Portalis, *Discours préliminaire du premier projet de Code civil, (discours* prononcé le 21 janvier et le Code civil promulgué le 21 mars 1804), préface de M. Massenet, Bordeaux, Editions Confluences, 2004, 78p, disponible sur : http://classiques.uqac.ca/collection_documents/portalisiscours_ 1ercode_civil/discours.html, consulté le 17 mars 2016.

[19] G. GEST, « Considérations générales sur la notion de souveraineté fiscale », *in Mélanges Paul AMSELEK*, Bruylant, 2005 p. 33 et s. ; L. MBELEK, « La souveraineté fiscale des Etats africains au Sud du Sahara (face aux enjeux du développement, l'exemple de Cameroun) », *EDJA,* n° 78, juillet-août-septembre 2008, pp. 39-54.

[20] G. JEZE, « Les pouvoirs financiers du Sénat des USA », *RDP,* 1911, p. 5 et s.

[21] Ce qui est très normal puisque les colonies, qui fonctionnaient à l'image des Collectivités locales disposaient de la personnalité morale. Par conséquent, elles avaient leur propre budget et bénéficiaient de l'autonomie financière. Le Grand Conseil qui est une Assemblée locale avait la compétence de délibérer sur les règles d'assiette, de liquidation et de perception des taxes et contributions. Art 56 et s du décret du 30 décembre 1912 portant Régime financier des colonies.

Ainsi, le Conseil constitutionnel burkinabé a indiqué, en se fondant sur l'article 101 de la Constitution, que les ressources publiques notamment fiscales doivent être définies dans la loi de finances[22].

En côte d'Ivoire, le Conseil constitutionnel censure en 2014 l'article 11 de la Loi organique relative au Code de Transparence dans la gestion des finances publiques « pour le motif que l'alinéa 2 de cet article renvoie au décret le soin de fixer le recouvrement des recettes non fiscales, notamment les droits et les redevances » alors que « **la Constitution n'opère pas une telle distinction entre les ressources de l'Etat qui, aux termes de son article 71, sont toutes déterminées par la loi »[23].** Le Conseil constitutionnel fait une interprétation stricte des dispositions de la Constitution en posant que le législateur doit épuiser ses titres de compétences.

Au Bénin, la Cour constitutionnelle avait annulé le projet de loi de finances portant budget général de l'Etat (Exercice-2014) sur requête des députés[24]. Le juge de Cotonou posait, entre autres que les normes constitutionnelles étaient violées parce que le budget était voté dans le secret, de façon donc non transparente. La légalité fiscale implique, en effet, que les ressources publiques ne puissent être levées dans l'opacité. Cette conception large de la loi apparaît aussi dans la Décision *Nicaise MEDE*. La notion d'impositions de toutes natures exige que les taxes soient exclusivement dans l'espace de compétence du législateur[25]. Le juge constitutionnel sénégalais s'était déjà prononcé dans les mêmes termes au début des Indépendances à l'occasion de l'adoption de la première Loi organique relative aux lois de finances. A l'époque, la Cour suprême avait même jugé que les taxes parafiscales devraient être établies par le législateur[26] livrant une conception extensive de l'imposition qu'elle systématisera plus tard dans l'arrêt *Taux de la redevance*.[27]

Le fisc est bien conscient qu'il ne peut déroger, par acte réglementaire encore moins par le biais de la doctrine administrative, à la loi fiscale, sans violer la Constitution. Ainsi, à une société qui sollicitait une exonération fiscale, le Directeur Général des Impôts du Burkina lui fournit cette réponse, « L'article 101 de la Constitution dispose que la loi fixe les règles concernant "l'assiette, le taux et les

---

[22] Décision n° 2003-001/CC sur la conformité à la Constitution de la loi n° 006-2003/AN du 24 janvier 2003 portant loi organique relative aux lois de finances *in Les avis et décisions commentés de la justice constitutionnelle burkinabé de 1960 à 2007*, Ouagadougou, CGD, 2009, p. 49.

[23] Décision n°CI-2014-136/06-01/CC/SG du 06 janvier 2014 relative à la saisine par le Président de la République aux fins de contrôle de la constitutionnalité de la Loi organique du 19 décembre 2013 portant Code de Transparence dans la gestion des Finances publiques et de la Loi organique du 19 décembre 2013 relative aux lois de finances *in* http://www.conseil-constitutionnel.ci/ (consulté le 31 avril 2016).

[24] Décision n° 13-171 du 30 décembre 2013 relative au rejet du budget général de l'Etat-exercice 2014. V : Dj. Ouedraogo, « L'annulation par la Cour constitutionnelle du rejet du budget 2014 par l'Assemblée nationale : Essai d'analyse d'une décision controversée », *Revue africaine de finances publiques*, n°01, Août 2015, pp.186-221.

[25] Décision DCCC 06-108 du 11 août 2006 in N. MEDE, Les *grandes décisions de la Cour constitutionnelle du Bénin, Editions universitaires européennes*, 2012, p. 116.

[26] Affaire n° 2-C-62 du 3 mai 1962, Loi organique relative aux lois de finances, JORS du 29 mai 1962.

[27] CS, sections réunies 25 juillet 1967, *Taux de la redevance pour certains produits miniers. V :* J. M. NZOUANKEU : « Les domaines respectifs de la loi et du règlement en droit sénégalais », Acte du 5ème colloque de la *RIPAS*, n° 23-24, Dakar, 11-15 décembre 1989, p. 86.

modalités de recouvrement des impositions de toutes natures''. A l'état actuel de la législation fiscale burkinabé, la loi ne prévoit pas la possibilité de bénéficier d'une exonération exceptionnelle de trois (03) ans de la TVA telle que sollicitée par la société Epsilon Gold Mines LTD. Par conséquent, l'Administration n'est pas compétente pour accorder une telle exonération en dehors de ce qui est prévu par la loi sous peine de tomber dans l'illégalité (...) »[28].

La doctrine administrative reste donc une source secondaire du prélèvement fiscal. Elle est au bas de la pyramide des normes et a un caractère subordonné.

B. La fonction secondaire de la doctrine administrative

En dépit de son importance quantitative et qualitative considérable, la doctrine administrative ne véhicule pas en soi une règle de droit. Elle n'a pas de force juridique. La doctrine ne fait que rappeler les dispositions de la loi fiscale sous des formes différentes.

Il est nécessaire que l'Administration interprète la loi fiscale. La législation fiscale est souvent éparpillée si bien que la recherche d'une source unique des règles fiscales est devenue une exigence communautaire[29]. Les réformes fiscales intervenues récemment **au Niger**[30] et au Sénégal[31] participent de cette volonté de réduire la juxtaposition des textes fiscaux.

Le Recueil des textes fiscaux au **Burkina Faso** fait presque 1000 pages ; le contribuable se référant à plusieurs dispositions séparées (Loi portant impôt sur les sociétés, Code des Impôts directs et indirects, Code de l'Enregistrement, du Timbre et de l'Impôt sur les Valeurs mobilières, Livres des Procédures fiscales...) pour connaitre ses obligations fiscales[32].

Au Mali, dans le Recueil publié en 2012, on dénombre 28 instructions, 7 lettres-circulaires et 120 réponses adressées aux contribuables[33].

---

[28] Ministère de l'Economie et des Finances/Direction générale des Impôts/Direction de la Législation et du Contentieux/Avis du 19 décembre 2015/Objet/Avis sur la demande d'exonérations fiscales de la société Epsilon Gold Mines (non publié).

[29] L'Annexe à la Décision n°10/2006/CMU/UEMOA du 23 mars 2006 *in* : http://www.uemoa.int/fr/type/actes, consultée le 20 septembre 2016.

[30] C'est l'un des objectifs de la Loi n°2012-37 du 20 juin 2012 portant Code Général des Impôts. Aux termes de cette loi les « *dispositions du Code Général des Collectivités Territoriales relatives aux impôts et taxes de ces collectivités font, désormais, partie intégrante du Code Général des Impôts* » (article 2) ; l' article 5 annexe au Code Général des Impôts, les lois fiscales sectorielles (Code des Investissement, Code pétrolier, etc.) ainsi que leurs textes d'application tandis que « *sont abrogées les dispositions du Code de l'Enregistrement et du Timbre et Taxes assimilées, du Code de Recouvrement, du Régime Fiscal et Domanial de la République du Niger et des lois de finances antérieures* » (article 7). Texte disponible sur : http://www.impots.gouv.ne/images/Stories/telechargements/CGI2013_%20MAJ_%20LFrec_%202015_et%20_LF_%202016.pdf, consulté le 03 janvier 2017.

[31] V : Exposé des motifs de la loi 2012-31 portant Code Général des Impôts, J.O.R.S. n° 6706 du lundi 31 décembre 2012.

[32] Ministère de l'Economie et des Finances, Direction Générale des Impôts, *Recueil des textes fiscaux du Burkina Faso*, 2016, non publié.

[33] Ministère de l'Economie et des Finances, Direction Générale des Impôts, *Recueil de Doctrine administrative fiscale*, janvier 2012, p. 4. Consulté le 10 décembre 2016 sur : http://www.dgi.gouv.ml/contenu_page.aspx?pa=86.

La doctrine administrative se manifeste sous la forme de circulaires[34] ou de réponses adressées aux contribuables. En fait, dans ce dernier cas, qui peut prendre la forme d'un rescrit fiscal[35], la position dégagée par les services de l'Administration n'est point personnelle. A des hypothèses identiques, l'interprétation déjà livrée sera appliquée. Monsieur Amadou BA, ancien Directeur général des Impôts et des Domaines du Sénégal, actuel Ministre de l'Economie, des Finances et du Plan, note à ce propos qu'en dehors des « directives, circulaires ou notes administratives, des correspondances du service comportent des positions de principe ou des éclairages souhaitables sur bien des aspects de notre fiscalité (...).»[36].

Aussi, une société souhaitant réorganiser ses services, demanda-t-elle à l'Administration fiscale burkinabé, les dispositions comptables à prendre pour que sa comptabilité soit considérée comme tenue localement. Sa réponse fut la suivante : « Par correspondance (...) vous exposez qu'à la suite de la restructuration de votre service, vous envisagez d'externaliser la comptabilité de votre société (...) auprès de votre centre administratif régional basé au Bénin. Du même coup, vous souhaiterez connaitre les diligences comptables minimales devant être exécutées au Burkina Faso pour que la comptabilité soit considérée comme tenue localement (...) »[37]. **Dans quelles conditions donc la comptabilité est considérée comme tenue au Burkina pour les entreprises**. Selon la Direction Générale des Impôts, l'article 69 de la loi 008-2010/AN du 29 janvier 2010 portant institution d'un impôt sur les sociétés qui en fait une exigence doit être entendu doublement. **Les livres ainsi que les pièces comptables doivent être obligatoirement disponibles et accessibles.** Ce qui permet de faciliter les contrôles sur pièce et sur place. « Si ces deux conditions sont réunies, la comptabilité est réputée être tenue au Burkina Faso »[38]. De même, par la doctrine administrative, les autorités publiques précisent le champ d'application de la retenue à la source de 1% ; expliquent les modalités de mise en œuvre du forfait en matière de mutation ; clarifient les nouvelles dispositions fiscales de la loi de finances de 2016 concernant l'imposition, à la TVA, des opérations à caractère industriel et commercial des personnes morales de droit public[39].

---

[34] La circulaire constitue un document dans lequel un chef du service (en sa qualité de supérieur hiérarchique), transmet à ses subordonnés des instructions ainsi que des directives sur la manière dont il souhaite voir fonctionner les services, ou sur l'interprétation qu'il donne des textes législatifs et réglementaires qu'il est chargé d'appliquer.

[35] Le rescrit fiscal constitue une variante de la doctrine administrative. Elle est une procédure qui permet aux contribuables de demander à l'administration, par avance, sa position sur une situation de fait au regard de la réglementation fiscale. La réponse fournie par les services fiscaux est opposable à l'administration.

[36] Ministère de l'Economie et des Finances, Direction générale des Impôts et des Domaines : *Etat des réponses à caractère général adressées aux contribuables au cours de l'année 2006,* Dakar, Gaël Imprimerie, juillet 2007, p. 3.

[37] Ministère de l'Economie et des Finances/Direction générale des Impôts/Direction de la législation et du contentieux/Réponse n° 00 393 du 23 février 2015/Objet/Demande d'information non publiée.

[38] *Ibid.*

[39] Doctrine disponible en ligne : http www.impots.gov.bf://; www.impots.gov. bf/fisc/page3_7.php, consultés le 15 décembre 2016.

Dans tous les cas, la doctrine(ou de façon générale) ne doit pas contenir une charge normative non prévue dans la loi conformément aux jurisprudences *PDS* et *Abdou FoutaDiakhoumpa* du juge administratif sénégalais[40]. Une circulaire ne peut créer du droit. Ainsi, **la Cour suprême annule la note de service n°002656/MPS/DRH/SP du 19 mars 2010 du Ministre de la Santé et de la Prévention portant affectation du Professeur El-Hadji NIANG à l'Hôpital DALAL JAMM de Dakar** pour vice de forme alors qu'il résulte de « l'article 22 alinéa 2 de la loi n° 81-59 du 9 novembre 1981 modifiée, portant statut du Personnel Enseignant des Universités, que les mesures d'ordre individuel concernant les personnels énumérés en son article 21 sont prononcées par arrêté conjoint du ministre chargé de l'Enseignement supérieur et du ministre chargé de la santé publique ou, s'il y a lieu, par décret pris sur rapport conjoint de ces deux ministres ».[41]

Spécifiquement à l'imposition, le juge sanctionne toute interprétation provenant de l'Administration qui diminue ou étend la portée de la loi fiscale. La jurisprudence du Conseil d'Etat français est classique sur la question (depuis un arrêt du 19 janvier 1814)[42].

En Côte d'Ivoire, le feuilleton juridique occasionné par le contentieux qui a opposé l'Union nationale des entreprises de télécommunications (UNETEL) c /Directeur général des impôts devant la Cour suprême est intéressant à signaler (avec quatre arrêts à propos des circulaires fiscales)[43]. A la suite de la loi n° 2013-908 du 26 décembre 2013 portant Budget de l'Etat pour l'année 2014, le Directeur

---

[40] CS, 21 février 1978, *Parti Démocratique Sénégalais* GDJAS, *op.cit.* p.161 ; CE, 26 avril 1995 Abdou Fouta DIAKHOUMPA, Bulletin des Arrêts du CE, Années judiciaires 1993-1997, p. 95 ; CS. 26 janvier 1972, *Abdoulaye SOW,* GADJAS, pp.355-359 ; CS 29 novembre 1967, *Ibrahima Cissé et autres*, GADJAS, op.cit. pp. 320-322.On peut voir en droit français : CE Ass. 29 janvier 1954 *Notre -Dame de Kreisker*, AJ, 1954, p. 54, chron. F. GAZIER et M. LONG Platon, *Les Lois*, op.cit., p. 197.

[41] Arrêt n°18 du 3 juin 2011, Professeur El Hadji NIANG c/ Etat du Sénégal. Le requérant est Professeur agrégé à la Faculté de Médecine et de Pharmacie de l'Université de Dakar et en même temps Radiologue au Centre Hospitalier Universitaire de l'Hôpital Aristide le Dantec.

[42] « *Aux termes de l'article 63 de la loi du 22 frimaire an VII, le ministre doit donner à l'Administration de l'enregistrement et des domaines la solution des difficultés relatives à la perception des impôts indirects [...] ; qu'il n'a jamais entendu que les opinions qu'il lui transmettait ainsi dussent faire règle absolue pour les redevables, ni les enlever à leur juge naturel* ». V : C.E, 19 janvier 1814, *Administration des droits réunis in* : J-. J. BIENVENU *in* « Naissance de la doctrine administrative » *R.F.F.P.*, n° 75 septembre 2001, p. 18.

[43] Arrêt n°217 du 23 décembre 2015, Union Nationale des Entreprises de Télécommunications (UNETEL) c/ Ministre de l'Economie et des Finances. Dans le même sens : Cour suprême, Chambre administrative Arrêt n°190 du 30 décembre 2014. Ici le juge avait rejeté le sursis à exécution demandé par l'UNETEL concernant la note de service attaquée. La fiscalisation du numérique dans un contexte de mobilisation des ressources publiques devient en effet grandissante (V : Arrêt n°59 du 8/11/12, Société Nationale des Télécommunications (SO.NA.TEL S.A) c / Etat du Sénégal et Agence de Régulation des Télécommunications et des Postes (A.R.T.P). La Cour suprême annule la circulaire n°1919/ARTP/DG du Directeur général de l'ARTP du 1er juillet 2010 fixant les modalités de facturation de la quote-part de l'Etat dans le cadre du système de contrôle et de tarification des communications téléphoniques internationales entrant en République du Sénégal. La circulaire avait été prise sur la base du décret n°2010-632 du 28 mai 2010 instituant un système de contrôle et de tarification des communications téléphoniques internationales entrant en République du Sénégal qui n'a pas de base juridique selon le juge car «la quote-part prélevée sur le coût des appels téléphoniques internationaux entrant en République du Sénégal est un impôt ; qu'il s'agit ainsi d'une ressource que l'Etat s'est créée par voie réglementaire, alors que cela relève du domaine de la loi de finances ».

Général des Impôts a pris la note de service n° 081/MPMB/DGI/DLCD-sdl/Sba/01-2014 du 16 janvier 2014 pour préciser les dispositions des articles 15 et 26 de l'annexe fiscale pour la gestion 2014. Dans les termes de la note de service, il est indiqué que le taux des impôts sur les bénéfices industriels et commerciaux des entreprises de télécommunication et des technologies de l'information et de la communication passe de 25% à 30% et que ce nouveau taux s'applique, pour la première fois, au bénéfice imposable déterminé au titre de l'exercice clos au 31 décembre 2013. La note de service ajoute en outre, que la taxe spécifique sur les communications téléphoniques et les technologies de l'information et de la communication qui, en raison d'une erreur de graphie, ne figure pas dans le texte publié au journal officiel, est de 3 %. La Cour suprême ivoirienne mentionne que la note du Directeur Général des Impôts, en posant , « en dehors de tout texte législatif, que le taux de 30 % de l'impôt sur les bénéfices industriels et commerciaux s'applique, pour la première fois, au bénéfice imposable déterminé au titre de l'exercice clos au 31 décembre 2013, ne s'est pas borné à interpréter la loi de finances 2014 ; qu'elle a ajouté à ladite loi, devenant ainsi un acte réglementaire susceptible de faire l'objet d'un recours pour excès de pouvoir »[44]. Puisque, plus tard, l'annexe fiscale à la loi de finances rectificative n°2015-636 du 17 septembre 2015 portant modification du budget de l'Etat pour l'année 2015 valide et confirme par modification de l'article 51 du CGI la nouvelle imposition établie par la note de service, le juge affirme un non-lieu à statuer.Le juge confirme le non-lieu à statuer pour les mêmes raisons dans une autre requête introduite cette fois-ci par la Confédération générale des Entreprises de Cote d'Ivoire[45].

Dans une quatrième requête, l'UNETEL soulève l'exception d'inconstitutionnalité de l'annexe fiscale à la loi de finances rectificative n°2015-636 du 17 septembre 2015 portant modification du budget de l'Etat pour l'année 2015 qui sert de fondement à l'application rétroactive du taux de 30% de l'impôt BIC. L'Union considère que ladite annexe fiscale est contraire à la loi organique n°2014-336 du 05 juin 2014 relative aux lois de finances et à la loi organique n°2014-337 du 05 juin 2014 portant code de transparence dans la gestion des finances publiques[46]. On peut penser que l'exception d'inconstitutionnalité sera écartée, en ce sens que les normes intermédiaires ne sont pas dans le bloc de constitutionnalité en droit ivoirien.

Au Burkina Faso, le juge estime que les circulaires interprétatives ne doivent pas faire grief[47] ; n'étant pas des normes, elles ne sont pas opposables aux tiers[48].

La Cour suprême sénégalaise, saisie par une mutuelle agricole, estimait que le Ministre des Finances n'a pas la compétence pour décider du régime d'une

---

[44]L'UNETEL invoquait la violation du principe de la non-rétroactivité de la loi et des actes administratifs du principe de sécurité juridique ainsi que l'incompétence du DGI à prendre la mesure querellée.

[45]Arrêt n°47 du 20 avril 2016, Confédération générale des Entreprises de Cote d'Ivoire c/ Directeur général des Impôts.

[46]Arrêt n°39 du 15 février 2017, Union nationale des Entreprises de Télécommunications (UNETEL) c/ Ministre auprès du Premier ministre, charge du budget.

[47] Décision du 31 décembre 1993, Claude Sawadogo, non publié.

[48] Décision du 13 mars 1970, Yameogo Ignace, non publié.

exemption en vertu de la Constitution ; que sous prétexte d'interpréter la loi fiscale, « le Ministre des Finances en a restreint le champ d'application »[49].

Au Mali, le juge a raté l'occasion de se prononcer sur la conformité d'une circulaire par rapport aux textes de droit supérieur[50]. Il s'agissait, en l'espèce, d'une circulaire en date du 25 juillet 1996 du Directeur Général des Douanes portant application du Régime tarifaire préférentiel transitoire des échanges commerciaux au sein de l'UEMOA. Le requérant soutient que la « circulaire lui porte grief en ce qu'elle exclut du bénéfice du régime préférentiel [...] l'eau minérale ''Awa'' qu'il importe de la Côte d'Ivoire et dont il est le distributeur exclusif au Mali ». Pour le juge, la circulaire querellée est une mesure d'ordre intérieur puisque destinée simplement aux services de l'Administration. Elle ne fait pas, par conséquent, grief au requérant. La requête est déclarée irrecevable.

Le doute est bien permis sur l'irrecevabilité de la circulaire parce que le régime préférentiel constitue des engagements consentis par les Etats au plan communautaire pour limiter le protectionnisme douanier. A l'évidence, le Directeur des Douanes n'a pas la faculté d'écarter une entreprise des faveurs que procure le régime préférentiel en l'occurrence le non-paiement de droits de douanes et de taxes à effet équivalent. L'harmonisation de la fiscalité de porte implique une union douanière[51]. En effet, l'article 76 du Traité de l'Union économique et monétaire ouest-africaine prévoit « l'élimination dans les échanges entre les pays membres des droits de douane, des restrictions quantitatives à l'entrée et à la sortie, des taxes d'effets équivalents et toutes autres mesures d'effets équivalents susceptibles d'affecter lesdites transactions »[52].

Par contre, dans l'arrêt Chambre des Notaires du Mali[53], le juge montre qu'une circulaire à portée normative doit être extirpée de l'ordonnancement juridique. En application de l'annexe fiscale à la loi n°2012-0063 du 26 décembre 2012 portant loi de Finances pour l'exercice 2013, le Directeur National des Domaines et du Cadastre avait ordonné, par lettre du 04 mai 2013, à tous les Directeurs régionaux des Domaines et du Cadastre de suspendre la mise en œuvre des dispositions de l'article 127 du Code Général des Impôts relatives aux abattements[54]. La Cour suprême du Mali de façon péremptoire sanctionne cette violation de la répartition des pouvoirs. Elle déclare que « l'autorité administrative en l'occurrence le Directeur National des Domaines et du Cadastre, ne peut, sous couvert d'augmenter les recettes publiques, faire une entorse au Code Général des Impôts en ordonnant

---

[49] CS 12 juillet 1972, *Mutuelle Agricole du Sénégal, G.D.J.A.S.,* TI, Contentieux général de la légalité, Dakar Publications RIPAS, 2ème éd.1984. pp. 362-364.

[50] Arrêt n° 21 du 27 février 1997, Roger GAMARD c/Directeur Général des Douanes, non publié.

[51] S. OUEDRAOGO, *Les compétences nationales en matière fiscale et la communautarisation des règles dans l'espace ouest-africain,* thèse, novembre 2015, p.314 et s.

[52]V : dans le même sens, le Règlement n° 2/97/CM/UEMOA du 28 novembre 1997 portant adoption du Tarif extérieur commun, *in* http://www.uemoa.int/fr/type/actes, consulté le 20 septembre 2016.

[53]Arrêt n°384 du 06/12/2013, *Chambre des Notaires du Mali c / le Directeur National des Domaines et du Cadastre,* non publié.

[54] L'abattement renvoie à une déduction forfaitaire opérée sur la base de l'impôt. Elle permet de soustraire la partie la plus faible du revenu à la base d'imposition. L'abattement impacte l'assiette de l'impôt d'où la compétence du législateur en vertu de la Constitution.

d'autorité la non application des dispositions de l'article 127 relatives aux abattements [...] ; en droit, il ne revient pas à une autorité administrative fusse-t-elle centrale d'ordonner la non application d'une disposition légale au motif qu'elle entraîne une perte de recette importante pour le trésor public ; Qu'en perturbant ainsi l'ordre des compétences, la lettre n° 084/MLAFU-DNDC du 04 mai 2013 procède d'un excès de pouvoir que le juge administratif se doit de censurer [...] ».

La position du juge malien est salutaire. Transposée au Sénégal, elle aurait permis d'annuler cette mesure du Ministre de l'Economie, des Finances et du Plan qui restaure le recouvrement des droits de timbres supprimés par le législateur[55].

On constate donc que dans la pratique administrative, les circulaires fiscales s'écartent des dispositions de la loi. Est-il possible d'ailleurs d'imposer à l'Administration d'appliquer mécaniquement la loi fiscale sans possibilité d'appréciations ? L'interrogation est légitime puisqu'il n'existe pas de complétude normative. Le pouvoir d'interprétation emporte une création de normes. Dès lors, la teneur normative, l'aspect règle de la doctrine est envisageable

II. LA NORMATIVITÉ INÉVITABLE DE LA DOCTRINE

Paradoxalement même si elle n'est pas une norme, la doctrine administrative est opposable à l'Administration (A). En soi, la consécration de l'opposabilité permet de sécuriser les droits du contribuable. Elle présente cependant un grand danger en ce que la circulaire supplante les dispositions constitutionnelles (B).

A. L'OPPOSABILITÉ CONSACRÉE

Dans une perspective de protection du contribuable, il est admis en droit fiscal le principe de l'opposabilité de la doctrine fiscale. L'Administration est liée par sa propre interprétation. Il est nécessaire pour les contribuables, sur le plan de l'efficacité économique, de connaitre exactement le montant des impositions mis à leur charge.

L'opposabilité de la doctrine administrative peut être entendue à deux niveaux. D'une part, elle signifie que les administrés peuvent s'en prévaloir, invoquer les dispositions d'une doctrine lorsque celles-ci sont favorables pour contester les redressements. Autrement dit, les contribuables peuvent exiger devant le juge que les décisions individuelles de l'Administration soient prises conformément à l'interprétation que l'Administration a faite de la loi fiscale[56]. D'autre part, la règle

[55] « *Les dispositions de l'article 517 de la loi n°2012-3 du 31 décembre 2012 portant Code général des Impôts ont prévu à la fin, au 31 décembre 2013, de l'utilisation du timbre mobile comme moyen de paiement du droit de timbre. Ainsi, la débite de timbres mobiles pour leur appositions sur des documents administratifs n'est plus admise. Toutefois, en attendant la sécurisation des nouvelles modalités de paiement du droit de timbre, les Bureaux de Recouvrement continueront à débiter leur stock de timbres mobiles au profit des usagers* ». V. Note- circulaire 000 240 MEF/DGID/DLEC/BRI du 7 janvier 2014/Prorogation de l'utilisation des timbres mobiles *in*http://www. impotsetdomaines.gouv.sn /sites/ default/files/ documentations/ notecirculaire240mef-dgid-dlec-bridu7janv2014relativealaprorogationdelutilisationdetimbres mobiles. pdf, consulté le 4 juillet 2016.

[56] J.-P. DARRIEUTORT, « Le juge et la doctrine administrative », *op.cit.*, pp. 22-25.

de l'opposabilité pose que l'Administration ne peut donner d'effet rétroactif à ses changements de doctrine. Ces interprétations ne valent que pour l'avenir.

L'opposabilité de la doctrine administrative tire essentiellement sa source des principes généraux de droit. Il s'agit de ceux relatifs au respect des droits acquis, à la non rétroactivité des actes administratifs ou à la limitation du retrait des décisions administratives créatrices de droits. De façon globale, ce sont des exigences de sécurité juridique, déclarée au début de l'année 2016 objectif à valeur constitutionnelle par le Conseil constitutionnel sénégalais[57], qui justifient l'opposabilité de la doctrine.

Les modalités de la consécration de l'opposabilité de la doctrine fiscale varient en fonction des Etats. La consécration totale et expresse est la règle. En ce sens, elle couvre les circulaires et les réponses adressées aux contribuables. Aux termes de l'article 18 de la Loi n° 004-2010 du 28 janvier 2010 portant institution d'un Livre de Procédures fiscales du Burkina, « il n'est procédé à aucun redressement d'impositions antérieures lorsque le contribuable établit qu'il s'est conformé à une interprétation d'un texte fiscal formellement admise par l'Administration, soit par une mesure d'ordre général, soit par une décision le concernant personnellement »[58].

En d'autres termes, un différend entre l'Administration et le contribuable doit porter sur l'interprétation d'un texte fiscal. La garantie peut être soulevée à l'égard d'une situation de fait. Il en est ainsi au Sénégal et en Côte d'Ivoire[59]. Ensuite, la prise de position de l'Administration doit être formelle (solennelle), publiée et non rapportée. Enfin, le contribuable (de bonne foi) a l'obligation de démontrer que la doctrine qu'il convoque concerne le rehaussement ou le relèvement d'une imposition. On retrouve les mêmes dispositions au Togo[60] et dans les Etats de l'Afrique centrale[61].

Dans d'autres hypothèses, la législation fiscale est silencieuse sur la valeur juridique de la doctrine administrative. Au Mali, l'article 18 de la loi n° 98-012

---

[57]Décision 2016 n° 1/C/2016 du 12 février 2016, *Projet de loi portant révision de la Constitution du 22 janvier 2001 in*http://www.gouv.sn/Avis-du-Conseil-Constitutionnel.html, consulté le 20 décembre 2016.

[58]Texte consultable sur : www.impots.gov.bf.

[59] Au Sénégal, selon les dispositions de l'article 602 de la loi n° 2012-31 du 31 décembre 2012 portant Code général des Impôts, la garantie contre les changements d'interprétation joue lorsque « *dans la réponse administrative, il est formellement pris position sur l'appréciation d'une situation de fait au regard d'un texte fiscal à la suite d'une demande écrite, précise et complète d'un contribuable* ». V. dans le même sens en Côte d'Ivoire, l'article 21 de la Loi n°97-24 du 25 avril 1997 portant Livre des Procédures fiscales (JO n° 20 du 15 Mai 1997).

[60]Art. 938 de la loi n°83-22 du 30 décembre 1983 portant Code général des Impôts *in* : http://www.otr.tg/index.php/fr/impots/reglementations-fiscales/code-general-des-impots/55-code-general-des-impots-final-aout-2016/file.html(consulté le 31 août 2016).

[61]Il en est ainsi au Tchad. V : art. L. 51 du Code Général des Impôts mis à jour par la loi n° 001/PR/2015 du 5 janvier 2015 portant budget général de l'Etat disponible sur le lien ci-dessous : http://www.dgitchad-finances-gouv.org/index.php/le-code-general-des-impots, consulté le 03 janvier 2017), au Cameroun (art L. 33 bis et L. 37 de la loi 2002-003 du 19 avril 2002 portant Code général des Impôts http://www.businessincameroon.com/investment-conditions/2601-2911-code-general-des-impots) ou dans la République Démocratique du Congo (Art 390 bis D loi n° 39-62 du 28 décembre 1962 instituant un nouveau Code général des Impôts modifié http://impots-gouv.cg/media/doc/documentation/CGI-2012.pdf, consulté le 03 janvier 2017 .

régissant les relations entre l'Administration et les usagers des services publics[62] se limite juste à mentionner que « font l'objet d'une publication régulière, les directives, instructions, circulaires et notes de service qui comportent une interprétation du droit positif ou une description des procédures administratives »[63]. De même, au Niger[64], au Bénin[65] et en Tunisie[66] , la règle de l'opposabilité n'est pas codifiée. Elle résulterait donc d'une simple pratique administrative.

Malgré les différences de style rédactionnel, il existe une constante dans les législations dépouillées. Si un contribuable applique la loi fiscale en fonction de l'interprétation délivrée officiellement, les services fiscaux ne peuvent soutenir une position contraire pour opérer des redressements. Evidemment, la règle engendre une stabilité juridique dans l'établissement et le recouvrement des impositions au bénéfice des citoyens ; elle infléchit toutefois l'échelle de la normativité en ce que la loi est supplantée.

B. La loi supplantée

La normativité de la doctrine est visible. L'interprétation administrative véhicule des ordres ou des injonctions prohibe, habilite et autorise des comportements. Les circulaires fiscales confèrent des capacités d'action aux sujets de droits et plus particulièrement les contribuables. La doctrine administrative contient tous les critères pour être une norme (Voir Demba SY, Normativité et juridicité)

Le principe de l'opposabilité de la doctrine administrative renferme un précieux avantage pour le contribuable mais soulève bien des réserves. Il constitue l'un des signes les plus significatifs de son caractère réglementaire.

---

[62]Loi n° 98-02 du 19 janvier 1998 régissant les relations entre l'Administration et les usagers du service public, https://www.ilo.org/dyn/natlex/docs/ELECTRONIC/51753/80083/F396194076/MLI-51753.pdf, consulté le 03 janvier 2017.

[63] V. dans le même sens : l'article 18 du décret n° 03-580 du 30 décembre 2003 fixant les modalités d'application de la loi régissant les relations entre l'Administration et les usagers des services publics in https://www.ilo.org/dyn/natlex/docs/electronic/96984/114898/f-576778572/mli-96984.pdf,consulté le 3 décembre 2016.

[64]V: Loi n° 2012-37 du 20 juin 2012 portant CGI (disponible sur le lien http://www.impots.gouv.ne/images/Stories/telechargements/CGI2013_%20MAJ_%20LFrec_%202015_et%20_LF_%202016.pdf (consulté le 03 janvier 2017).

[65] Loi n° 64-35 du 31 décembre 1964 portant codification des droits, impôts et taxes fiscales d'enregistrement, de timbre, de publicité foncière et hypothécaire et sur les revenus des capitaux mobiliers (J.O. du 31mars1965, disponible sur : http://legibenin.net/document/NNN/code_general_des_%20impots_du_benin-2012.pdf ; Ordonnance n° 02/PR/MFE du 10 janvier 1966 (JO du 1er mars 1966, disponible sur : https://benin.eregulations.org/media/code_general_des_%20impots_du_benin-2012.pdf).

[66]Le système fiscal tunisien est constitué d'un ensemble de lois : Loi N°88-61 du 2 juin 1988 portant promulgation du code de la TVA ; Loi N°88-62 du 2 juin 1988 Portant refonte de la Réglementation relative au droit de consommation ; Loi N°89-114 du 30 décembre 1989 portant promulgation du code de L'IRPP et de L'IS ; Loi N°93-53 du 17 mai 1993 Portant promulgation du code des droits d'enregistrement et de timbre ; Loi N°93-120 du 27 décembre 1993 portant promulgation du Code d'Incitation aux Investissements ; Loi N°97-11 du 3 février 1997 portant promulgation du code de la fiscalité locale ; Textes disponibles sur : http://www.finances.gov.tn/index.php?option=com_content&view=article&id=24&Itemid=311&lang=fr /
La Loi N°2000-82 du 09 août 2000 portant promulgation du Code des droits et procédures fiscaux ne fait pas mention de la doctrine fiscale *in* https://www.cmf.tn/sites/default/files/pdfs/reglementation/textes-reference/code_procedures_fiscaux.pdf.

En effet, si les contribuables invoquent la doctrine administrative, c'est parce que l'interprétation faite de la loi fiscale offre un régime d'imposition plus favorable aux contribuables. La doctrine n'a d'intérêt pour le contribuable que si elle est illégale. Liée par sa propre doctrine, l'Administration est dans l'obligation de faire primer l'interprétation administrative sur les dispositions de la loi fiscale même illégales. La loi s'intercale entre la circulaire et la Constitution. En fait, la loi fait écran à tel enseigne que l'interprétation administrative peut la contredire en méconnaissance de la Constitution.

L'Administration devient ainsi, par la force des choses, détentrice du pouvoir normatif sans base textuelle. C'est un abandon manifeste du Parlement de sa souveraineté fiscale. Le législateur se trouve dessaisi de sa compétence constitutionnelle de définir exclusivement le régime de l'impôt en la transférant à l'autorité administrative.

La juridiction constitutionnelle sénégalaise est hostile à cet amenuisement de la compétence parlementaire depuis les années 1960 car « le législateur ne peut être réputé avoir délégué au pouvoir réglementaire (...) les prérogatives qu'il tient de la Constitution (...) »[67]. Lorsque l'organe parlementaire n'épuise pas sa compétence, il « y a transfert du pouvoir législatif au profit de l'autorité gouvernementale ou administrative »[68] ; elle « abandonne *sa compétence* ». Cette incompétence négative ou ce refus implicite de légiférer est rédhibitoire dans la matière fiscale.

Il est difficile d'admettre en droit positif la dimension non normative de la doctrine fiscale[69]. D'ailleurs, en droit français, l'arrêt Société Export Press du Conseil d'Etat français du 2 décembre 2016 transforme le rescrit en nouvelle catégorie d'acte administratif susceptible de recours[70]. Il s'agit tout simplement, comme mentionné plus haut, de prises de position formelle de l'administration relatives à une situation de fait au regard d'un texte fiscal en réponse à une demande présentée par un contribuable. Eu égard aux effets qu'elles sont susceptibles d'avoir pour le contribuable et, le cas échéant, pour les tiers intéressés, ces réponses ont le caractère d'une décision[71].

CONCLUSION.

Au demeurant, le dispositif d'application de la loi fiscale dépasse largement le cadre tracé par le Constituant. Il ne serait pas inutile d'asseoir une réglementation communautaire pour harmoniser et fixer définitivement le statut de la doctrine fiscale. Ce dernier demeure intimement lié aux enjeux de développement. La

[67]CS. Sect. réunies 25 novembre 1961, *Ordre des médecins et ordre des pharmaciens*, RIPASn°23-24, *op.cit.*, pp. 85-86 ; CS. Sect. réunies, 5 mars 1963, *Commissariat à l'urbanisme et à l'Habitat,Ibid.*, pp. 89-90.

[68] Cons. const. 27 juillet 1994, *Modification du Statut des magistrats in Les décisions et avis du Conseil Constitutionnel du Sénégal in* I.M. FALL, (dir.), *Les décisions et avis du Conseil constitutionnel du Sénégal,* Dakar, *CREDILA*, 2008, p.119.

[69]E. CREPEY, « La nature non normative de la doctrine administrative » *in La sécurité fiscale*, *RFFP*, n° 130, op.cit. p. 47.

[70]CE, sect., 2 déc. 2016, n° 387613, Sté Export Press : Juris Data n° 2016-026268 ; Lebon, à paraître.

[71]P-O. RIGAUDEAU « Une voie de recours en construction : le contentieux des rescrits fiscaux », Droit Administratif n° 3, Mars 2017, comm. 11.

performance des systèmes d'imposition dépend de la clarté de la loi fiscale. Ces deux aspects, fortement imbriqués, préoccupent l'Union économique et monétaire ouest africaine. La Directive n° 01/2009/CM/UEMOA du 27 mars 2009 portant Code de Transparence dans la Gestion des Finances publiques au sein de l'UEMOA demande aux Etats d'élaborer des textes fiscaux « *facilement lisibles et compréhensibles* »[72] puisque l'Annexe à la Décision n° 10/2006/CMU/UEMOA du 23 mars 2006 portant adoption du programme de transition fiscale au sein de l'UEMOA pousse les Etats à accroître la mobilisation des ressources intérieures (le *ratio* recettes fiscales intérieures rapportées aux recettes fiscales totales doit être supérieur ou égal à 55%) afin de financer le développement[73].

Au total, il faut retenir que l'instabilité normative renforcée par les circulaires fiscales, demeure une source d'insécurité juridique. La solution la plus immédiate pour tempérer cette inflation des normes peut être trouvée dans cette pensée de Montesquieu : « Il *ne faut toucher aux lois que d'une main tremblante* » (Montesquieu, Lettres persanes 1721).

D'une manière générale, il faut bien que les services publics modernisent les structures et les pratiques administratives. La mise en ligne exhaustive de la doctrine fiscale en serait un premier pas. L'interprétation administrative ne doit pas déstabiliser la conception centralisatrice de la diffusion de la norme sous-tendue par le principe de la légalité et la conception unitaire de l'Etat. Des Etats, comme le Bénin, doivent consacrer, pour protéger les contribuables et garantir leur sécurité juridique, le principe de l'opposabilité de la doctrine fiscale.

Dakar, juillet 2017

[72]V. point I de la Directive, « Légalité et publicité des opérations financières publiques» *in*http://www.uemoa.int/fr/type/actes, consulté le 20 décembre 2016.

[73] Article 4 de la Décision n° 34/2009/CM/UEMOA du 17 décembre 2009 portant adoption des critères de la transition fiscale au sein de l'UEMOA *in*http://www.uemoa.int/fr/type/actes , consulté le 20 septembre 2016.

VARIA

Abdoulaye FOFANA[1]

L'ACCÈS À LA PROPRIÉTÉ FONCIÈRE EN DROIT MALIEN : ÉTAT DES LIEUX ET PERSPECTIVES

INTRODUCTION

S'il existe aujourd'hui, un concept juridique qui perturbe les Maliens, c'est bien la quête d'un droit[2]pour : « l'accès[3] à la propriété[4]foncière ». Cette constatation est illustrée par la multiplication des contentieux fonciers, avec leurs lots de crises sociales, qui affectent les rapports de coexistence entre les populations du pays. Ces rapports se sont consolidés à partir d'une interaction des facteurs administratifs, historiques, culturels, sociaux, économiques ou géopolitiques, plusieurs fois séculaires, ainsi que l'ordre public[5], républicain, instauré au prix de longues années de lutte patriotique pour l'instauration d'une gestion démocratique des collectivités territoriales.

---

[1] Docteur en droit public, Enseignant chercheur à l'Université de Droit et de Science Politique de Bamako, Assistant parlementaire à la Commission en charge des Finances de l'Assemblée nationale du Mali

[2] On souligne d'emblée, que « *L'étude du droit à deux domaines : le droit public et le droit privé. Le droit public envisage tout ce qui a rapport à l'Etat romain, le droit privé ce qui concerne les intérêts privés* ». Ce propos d'Ulpien, l'un des plus célèbres jurisconsultes romains, n'est pas fait pour étonner un lecteur contemporain ayant fréquenté un minimum le domaine juridique.

[3] T. SANKARA, *Nous sommes les héritiers des révolutions du monde,* Discours de la révolution de 1983-1987, Ouagadougou, 2007, PathfinderPress, p.89, « *L'accès à la propriété ou à la simple location des logements sociaux construits depuis le 4 août 1983 est strictement conditionné par l'engagement du bénéficiaire à planter un nombre minimum d'arbres et à les entretenir comme la prunelle de ses yeux. Des bénéficiaires irrespectueux de leur engagement ont été déjà expulsés grâce à la vigilance de nos Comités de défense de la révolution, que les langues fielleuses se plaisent à dénigrer systématiquement et sans aucune nuance [...]* »

[4] J. CHEVALLIER, *Les débuts de l'Etat moderne : une histoire des idées politiques au 19ème siècle*, Paris, Fayard, 1976, p.4. La propriété est un droit emblématique du libéralisme. Elle a été présentée, au 18ème siècle, comme un droit inaliénable et sacré, une de ces vérités évidentes en elles-mêmes. La vanité mais aussi l'hypocrisie sous-jacente à ces grandes proclamations retiennent aujourd'hui l'attention des chercheurs. On use de termes très généraux à des fins relativement restreintes. Cf. N. MEDE, *Les grandes décisions de la Cour constitutionnelle du Bénin,* Berlin, Editions universitaires européennes, 2012, p. 177.

[5] A. GIMALAC, *Droit public, concours administratif,* Paris, Librairie BELIN, 1986, p. 236. L'ordre public est déterminé par le triple objet traditionnellement reconnu au pouvoir de police du maire : la sûreté ou sécurité, c'est-à-dire la prévention des complots, des troubles menaçant les personnes et les biens, des fléaux et accidents (ex. : accidents routiers, incendies, inondations) ; la tranquillité ou le bon ordre, c'est-à-dire la prévention du bruit, des troubles et désordres divers dans les rues et les lieux publics ; la salubrité, c'est-à-dire *l'hygiène ou la santé publique : par ex., la prévention des pollutions et des épidémies.* » ; cours/textes d'applications/sujets d'étude.

En effet, la question de la propriété foncière se pose avec acuité au Mali, vaste d'une superficie de près de 1 204 000 km^2, peuplé de près de 18 000 000 d'habitants, avec un taux de croissance économique de près de 4,5 % en moyenne annuelle. Cette croissance est tirée par le secteur primaire, qui fournit près de 45 % du PIB. Il convient de préciser également que près de 65 % de la population malienne vivent en milieu rural et que la loi de finances 2018 a enregistré la somme de 11 825 000 000 FCFA au titre des aliénations d'immeuble. Aussi chaque Gouvernement voudrait-il « favoriser un accès équitable des citoyens à la terre, à un logement décent et une sécurité foncière aux producteurs et promoteurs économiques »[6].

Mais, vue la complexité de la question de la propriété foncière, les gouvernants, paysans ou cadres administratifs ayant en charge sa gestion, à l'instar des citoyens qui en sont confrontés, semblent croire que sa solution relèverait plus d'une énigme, que du droit[7]. Cette perception pose un problème de qualification de la notion de ***propriété***[8]. Celle-ci peut être publique ou privée, c'est-à-dire collective ou individuelle et le ***foncier*** peut être objet de plusieurs droits[9]et enjeux.

A en croire Caroline CHAMARD, « il nous semble, au contraire, que la propriété est une institution juridique qui n'est ni privée, ni publique : elle transcende l'opposition du droit public et du droit privé ; elle est commune et universelle. La propriété est en effet dans tous les cas, une relation qui unit une personne à un bien et qui se caractérise essentiellement par l'attribution à cette personne d'un pouvoir de libre disposition»[10].

Le problème devient plus complexe surtout en matière de droit de propriété des personnes publiques[11], lorsque la question intéresse plusieurs bénéficiaires, formant un groupement qualifié de personne morale ; ou lorsque l'on considère que « toutes les choses » qui peuvent procurer à l'homme une certaine utilité, sont susceptibles

---

[6] Cf. Ministère de l'économie et des finances, *Cadre stratégique pour la croissance et la réduction de la pauvreté* (*CSCRP 2012-2017),* Rapport de mise en œuvre, 2017, p. 95.

[7] B. CAMARA, *Evolution des systèmes fonciers au Mali. Cas du bassin cotonnier de Mali sud. Zone office du Niger et région CMDT de Koutiala,* Thèse de doctorat. Editions CODESRIA, 2015, p.7, « Les *droits fonciers comprennent les droits de propriété et d'autres droits de détention et d'usage (bail, usufruit, servitudes, droit de parcage, etc.), qui peuvent coexister sur la même parcelle de terre. Les droits fonciers peuvent être détenus par des particuliers ou des groupes (propriété privée, par exemple) ou par l'Etat (propriété domaniale, « trusteeship », etc.). Ils peuvent être basés sur la législation nationale, sur le droit coutumier ou sur une combinaison des deux* ».

[8] H. MOYSAN, *Le droit de propriété des personnes publiques*, Thèse de doctorat, Université Panthéon-Assas, 1999.

[9] J. MAZEAUD, F. CHABAS, *Leçons de droit civil*, Paris, Editions MONTCHRESTIEN, Tome II, deuxième volume, 1984, p. 12. Notre ancien droit a connu un système très différent de celui de la propriété romaine, au moins quant à la propriété des fonds. Dans le régime féodal, la terre – à l'exception des alleux – est concédée par le suzerain, soit à un noble (contrat de fief), soit à un roturier (contrat de censive). Elle n'est donc pas, comme en droit romain, objet d'un droit exclusif, mais de plusieurs droits : le droit du suzerain (domaine direct ou éminent), le droit du concessionnaire (domaine utile).

[10] C. CHAMARD, *La distinction des biens publics et des biens privés. Contribution à la définition de la notion de biens publics*, Paris, Dalloz, 2004, pp.22-23.

[11] J.-F. POLI, *Droit administratif des biens*, Paris, Ellipses, 2003, p.9. « *Pendant longtemps la doctrine a refusé de considérer que les personnes publiques puissent avoir sur leurs biens les mêmes droits que ceux qui sont détenus par des personnes privées [...]. Ces thèses sont restées dominantes jusqu'au XIXe siècle. Elles sont abandonnées à l'époque moderne avec le Doyen Hauriou* ».

de devenir une propriété privée. Or, « toutes les choses », connues sous le nom générique de biens en droit civil, font l'objet d'une gestion particulière en matière d'économie (générale ou familiale) ou en droit public.

Considéré sous un tel angle, le régime de la propriété privée aurait une signification politique, qui serait le pendant socioculturel du droit des biens en France, ou toute autre société d'essence libérale. Selon Jean- Jacques ROUSSEAU, l'accès à la propriété foncière revêt un fondement à la fois politique et historique, caractéristique d'une société donnée : « le premier qui ayant enclos un terrain s'avisa de dire ceci est à moi, et trouva des gens assez simples pour le croire, fut le vrai fondateur de la société civile »[12].

En abordant l'étude de ce thème consacré à la propriété foncière, on n'entend pas cogiter sur l'histoire du droit pour évoquer l'apport de la Révolution française, ou, proposer une solution immédiate à la question du logement[13], qui intéresse davantage les décideurs de politique publique, dans la gestion de la propriété immobilière, tant dans les villes européennes qu'africaines qui comptent toutes de nombreux cas de « sans domicile fixe », ou des « enfants de la rue ».

Il est simplement question d'analyser l'accès à la propriété foncière au Mali, caractérisé par un dualisme (sinon pluralisme) juridique, et de proposer des solutions de changement dans une perspective de bonne gouvernance et de développement durable.

Aussi, sa première partie serait-elle consacrée en un examen de l'état des lieux pour juger de la pertinence du maintien des droits coutumiers qui, malgré leur aspect anachronique, semblent résister à toute tentative de réforme. Surtout que la difficulté de leur interprétation a engendré des conflits multiformes, préjudiciables à toute entreprise d'exploitation agricole en milieu rural ou de construction de logement[14]en zone urbaine.

Il convient de rappeler que, depuis l'accession à la souveraineté internationale jusqu'à nos jours, les différents gouvernements du Mali, ont maintenu les droits coutumiers par défaut, en attendant la mise en œuvre des dispositions normatives relatives au foncier. Pour ce fait, ils comptent privilégier l'application d'une législation foncière moderne, avec un cadre approprié à la règlementation des contentieux y afférents. Certes, le droit positif malien, ne cesse de réglementer objectivement la propriété foncière comme une condition légale d'accès[15] à la terre.

---

[12] J.-J. ROUSSEAU, *Discours sur l'origine de l'inégalité*, 2e partie, 1971, p. 144. Cf. C. ATIAS, *Droit civil : Les Biens*, Paris, Litec, Tome 1, 1980, pp. 4-5.

[13] Il est nécessaire, certes, que chaque famille puisse disposer d'un immeuble bâti ou non bâti dans la circonscription territoriale de sa résidence ; ce qui pourrait justifier les efforts consentis de nos jours par les citoyens, soit pour acquérir un lopin de terre cultivable ; soit pour construire un logement, ou disposer simplement d'un immeuble quelconque dans leur cité. Mais, il serait dangereux de diviser excessivement ou indistinctement les réserves foncières stratégiques ou les fonds de terre agricole pour des actions publiques populistes d'octroi de propriété : en de tel cas « *[...], une division excessive est funeste* ; [...] »

[14] F. ENGELS, *La question du logement*, Paris, Editions sociales, 1976, p.7, « *Une nuée de vautours, trafiquants de tout acabit, se jette sur cette misère du logement. Ils spéculent sur les terrains à bâtir, ils spéculent sur les matériaux de construction, ils spéculent sur les appartements à louer ou à vendre* ».

[15] Il convient d'évoquer que jadis, dans la conception traditionnelle malienne, l'accès à la propriété foncière était fondé sur des règles qui tiennent compte avant tout, de l'harmonie sociale. Dans ce contexte, la règle de droit n'est pas rigide ; elle s'assouplit en tenant compte des conséquences concrètes de son application, dans

Mais, les pratiques informelles ou traditionnelles, résistent à toute volonté de réforme

Présentement, l'accès à la propriété foncière au Mali, est régi formellement par un Code domanial et foncier[16], d'inspiration occidentale. Or, le propre de cette forme de propriété est fondamentalement économique, mercantile voire capitaliste. Ainsi, la terre devient vénale sous la poussée de l'individualisme, et de l'intensification des transactions monétaires ou commerciales[17] propres au monde des affaires.

Aussi convient-il d'admettre à ce niveau, que le droit s'analyse comme un phénomène d'organisation de la société considérée comme une « coaction organisée » ; et que sa règle est incontestablement le produit de l'organisation, qui est l'incarnation du pouvoir. Par conséquent, pour revêtir un caractère juridique, la règle doit être édictée par une institution compétente en la matière, qui n'est autre que l'Etat. Cette compétence lui est naturellement dévolue en tant que pouvoir politique suprême, autorité administrative publique de régulation, notamment en matière d'organisation judiciaire ou fiscale pour la défense de l'intérêt général. En principe, le droit foncier n'existe en tant que règle obligatoire qu'à partir de l'instant où l'Etat l'a érigé en règle de droit. Paradoxalement, on a constaté, qu'il pourrait exister d'autres centres de pouvoir parallèles à l'administration de l'Etat, comme les réseaux informels[18], qui seraient eux aussi capables de produire leurs règles de droit. Aussi, la question serait-elle de savoir si en matière de gestion foncière, on doit tolérer un droit sans l'Etat[19].

---

un contexte communautariste. Ce qui conforte l'opinion, qui considère l'accès à la propriété comme un acquiescement à un désir ; ou une affectation d'un espace collectif à un usage particulier. Un des caractères fondamentaux de cette conception traditionnelle, réside dans le fait que le droit est considéré comme un facteur de conciliation entre l'intérêt collectif et le désir personnel. C'est la recherche d'une solution consensuelle, acceptable et amiable qui prévaut en la matière. Mais, la conception moderne attribue au sujet de droit la propriété, en vue de lui conférer un droit d'exercice et de maîtrise sur la chose objet de la propriété. Par conséquent, le propriétaire foncier aura le droit d'user et de disposer de sa propriété de la manière la plus absolue.

[16] Cf. ordonnance N°00-27/P-RM du 22 mars 2000 portant code domanial et foncier et le Recueil des codes et textes usuels du Ministère des domaines de l'Etat et des affaires foncières en République du Mali.

[17] Selon J. ATTALI, *« Le sol urbain devient progressivement une marchandise que marchands et nobles se disputent et qui s'achète avec de l'argent [...]. Aussi, les bourgeois une fois propriétaire du sol, revendiquent-ils leur liberté personnelle et le droit de propriété sur leurs biens, le droit de battre monnaie, de rendre la justice et de lever l'impôt. Ils prennent le contrôle politique de la ville »*. Ce phénomène capitaliste des temps anciens, où la bourgeoisie était une classe dominée par les féodaux, est la caractéristique des pratiques relatives à l'accès à la propriété foncière en cours, au Mali contemporain. Ainsi, l'accès à la propriété foncière revêt des enjeux multiformes et conflictuels, selon qu'il soit motivé par des intérêts individuels de droit d'accès au logement ou à une exploitation agricole familiale, ou motivé par des considérations politiques d'aménagement, de décentralisation.

[18] J. CHEVALLIER, *Science administrative*, Paris, PUF, 2007, pp. 358-359. L'administration n'est pas une machine huilée, régie par des règles purement objectives et rationnelles, et dont les rouages travaillent mécaniquement pour remplir les tâches qui leur sont assignées : c'est un système complexe, composé d'individus et de groupes entre lesquels se nouent des rapports d'influence et de pouvoir qui ne sont pas exclusivement fonction de la place des uns et des autres dans l'organigramme officiel.

[19] L. COHEN-TANUGI, *Du droit sans l'Etat, de la société contractuelle et de l'Etat de droit*, Paris, PUF, 2004, p. XI.

En guise de réponse à une telle interrogation, il convient de révéler que de nos jours au Mali, la détention d'un titre foncier[20] qui était le symbole authentique de la propriété immobilière, paraît hypothéquée à cause de l'ampleur gravissime de la spéculation foncière qui plombe le droit de propriété et sape toutes les règles juridiques ou éthiques en matière d'accès à la propriété foncière. Or, au mépris de toute référence coutumière ou légale, on constate dans l'actualité juridique, que le concept de propriété foncière revêt une connotation purement péjorative, faisant croire que son acquisition n'est ni collective ni individuelle. Comme une chose quelconque, elle pourrait appartenir, à la fois à tout le monde et à personne.

L'importance de cette question, justifie dans la seconde partie, l'approfondissement de la réflexion, non seulement sur les aspects politiques et techniques, en vue de garantir la propriété foncière avec la perspective de conduire le changement[21] en matière de gouvernance foncière, et d'une régulation du système foncier avec des informations cadastrales précises et les sanctions adéquates.

Toujours déterminé à assurer et garantir l'accès à la propriété foncière, dans la perspective d'un développement durable, l'Etat doit surmonter les difficultés d'accès à la propriété foncière en focalisant ses efforts et stratégie sur les théories de l'organisation et les sciences du management. Selon Jacques CHEVALLIER, « le management se situe dans le droit fil de la préoccupation traditionnelle et originaire des sciences de l'organisation : science de la « bonne gestion », de la gestion « efficace », il s'assigne une finalité résolument utilitaire et clairement opérationnelle ; son ambition est de définir des règles, des normes– mieux, des préceptes – permettant aux organisations d'atteindre les objectifs qu'elles se sont fixés avec le maximum d'efficacité »[22].

Ainsi comme le notait M. Michel BOUVIER, « On aborde, certes, avec des hésitations, un nouveau continent administratif et politique nourri d'une conception systémique de l'organisation de l'ordre social, c'est-à-dire diversifiée et unifiée à la fois, qui laisse deviner ce que sera l'Etat du XXIe siècle. » [23]

---

[20] Récemment, des investigations officielles ont permis de révéler l'existence d'un nombre élevé de titres fonciers, fabriqués de toute pièce, ayant servi de preuves de titre de propriété, pour obtenir des prêts bancaires, ou exproprier d'honnêtes citoyens détenteurs de droit coutumier, ou d'autorisations administratives provisoires, au profit des sociétés de promotion immobilière. Ainsi, des propriétaires légitimes sont dépossédés de leurs biens comme s'ils n'en étaient que possesseurs et non propriétaires. Compte tenu de la gravité d'une telle situation déplorable aux conséquences dramatiques, un ministre des Domaines de l'Etat et des affaires foncières a récemment suspendu d'autorité la délivrance des titres fonciers pendant près de deux années consécutives, et réglementé par le décret N° 2015-0537 / P-RM du 06 août 2015, les bases des taux de redevances et des prix de cession d'immeubles, afin de mieux réglementer le droit à la propriété immobilière. Pour autant, la spéculation foncière n'a pas régressé, et la mesure a plutôt amenuisé le recouvrement des recettes tirées des ressources foncières et droit d'enregistrement.

[21] M. BOUVIER, « Réforme des finances publiques : la conduite du changement », Actes de la IIIe Université de printemps de Finances publiques du Groupement Européen de Recherches en Finances publiques (GERFIP), . M. BOUVIER (dir.). Paris, LGDJ, EJA –Montchrestien, 2007, p.2. « *[...], nous sommes actuellement, en ce qui concerne l'Etat et ses institutions financières, entre deux mondes, dans une situation intermédiaire, dans une époque charnière où rien n'est encore stabilisé. C'est une époque passionnante que nous vivons, mais également une époque difficile, pleine d'incertitudes et il faut bien le dire de dangers de dérapages si les mutations ne sont pas correctement pilotées [...]* ».

[22] J. CHEVALLIER, *Science administrative*, *op.cit.*, p. 31.

[23] A. FOFANA, *La Direction du Budget au Mali, instrument stratégique de prévision et d'exécution de la loi de finances*, Bamako, Diffusion ANRT, 2014, p. 33.

Au-delà de ce qui précède, le présent article cherche à démontrer que toute politique globale de réforme de l'Etat, doit s'appuyer sur l'implication de l'administration dans le processus de transformation sociale[24].

Ce qui nous conduit concrètement à un examen substantiel du régime foncier pour y déceler les possibilités d'acquisition de la propriété foncière sous l'emprise des droits coutumiers traditionnels, d'une part, et d'autre part à sonder les perspectives d'une exploitation de la propriété foncière. Dans ce cadre, l'introuvable droit de la domanialité publique et les difficultés d'accès à la propriété foncière (I) seront étudiés, tout en préconisant la conduite du changement dans la perspective d'une réforme de l'accès à la propriété foncière (II).

I. L'INTROUVABLE DROIT DE LA DOMANIALITE PUBLIQUE ET LES DIFFICULTES D'ACCES A LA PROPRIETE FONCIERE

Il semblerait que l'une des difficultés d'accès à la propriété foncière en toute sûreté, est due au pluralisme juridique institué par le Code domanial et foncier. En effet, le Code domanial et foncier du Mali constate et confirme les droits fonciers coutumiers. Son article 44, alinéa 1er dispose que « les droits coutumiers susvisés peuvent faire l'objet d'une enquête publique donnant lieu à la délivrance d'un titre opposable aux tiers qui constate l'existence et l'étendue de ces droits ». Cette coexistence du droit coutumier et du droit positif en matière domaniale et foncière, pose d'énormes difficultés quant à l'accès à la propriété foncière en droit malien.

Ce qui complique également la bonne interprétation des règles prévues en cas de survenance d'un litige foncier, en zone rurale ou urbaine pour des questions transversales de droit de propriété foncière concernant : l'agriculture, l'élevage, la pêche, la sylviculture, l'environnement, l'habitat, le logement, *etc*.

En principe, le droit est l'expression de l'ordre et son but principal est d'organiser et de normaliser les relations sociales. Mais, l'ordre voulu par le droit n'est jamais neutre : il incarne certaines valeurs qu'il exprime et défend pour des principes cités ci-dessus. Ces valeurs [25]varient selon le modèle de société aux plans culturel, religieux ou idéologique.

Au regard de cette réalité, il devient nécessaire de recourir au droit comparé pour analyser la pertinence du maintien d'un système dualiste de droit d'accès à la propriété foncière (A), ainsi que la portée du droit positif en matière d'accès à la propriété foncière (B).

---

[24] Selon MESCHERIAKOFF, « *la cause première de la création des services publics réside dans la demande sociale dont les personnes publiques sont, dans un Etat démocratique, les interprètes officiels* ».

[25] P. MEYER, *Introduction à l'étude du droit Burkinabè*, Paris, Editions André Boland, 1988, p.9.

A. Les difficultés d'accès à la propriété foncière avec un système juridique dualiste

Les difficultés d'accès à la propriété foncière au Mali, remontent à l'époque coloniale, où le pouvoir s'exerçait suivant un système d'administration directe, en vue d'assimiler les populations locales. Ainsi, naquit un système juridique dualiste, sous l'administration des sociétés colonisées, avec la coexistence de deux types de règles : les règles du droit colonial, et les règles traditionnelles maliennes. Ce dualisme fut conservé en matière de législation domaniale et foncière, comme l'illustrent les dispositions de l'article 43 du Code domanial et foncier du Mali qui dispose que « les droits coutumiers exercés collectivement ou individuellement sur les terres non immatriculées sont confirmés. Nul individu, nulle collectivité, ne peut être contraint de céder ses droits si ce n'est pour cause d'utilité publique et moyennant une juste et préalable indemnisation. Nul ne peut en faire un usage prohibé par les lois et règlements ».

Cette reconnaissance des pratiques coutumières foncières, comme une des voies d'accès à la propriété foncière en droit malien, engendre une certaine confusion qui doit être élucidée.

1. L'accès à la propriété foncière sous l'emprise des croyances traditionnelles

Les régimes fonciers traditionnels sont caractérisés par un ensemble de règles séculaires de solidarité, statiques, voire même monolithiques avec des stéréotypes comme appropriation collective, droit du premier occupant, ou du conquérant, droit d'usage exclusif, interdits.

Ainsi, le système traditionnel de droit foncier malien, s'entend aussi comme le droit d'une société africaine originale, fondamentalement métaphysique et solidaire. Sa principale caractéristique réside dans le fait que la rationalité qui préside à l'édiction et à la mise en œuvre du droit, n'est pas seulement d'ordre foncier.

C'est ainsi qu'on a pu entendre que ce droit était un système de relations « qui unit les membres d'un même groupe entre eux ou à des personnes du monde invisible »[26], comme l'illustre la philosophie idéaliste de Platon. Ce qui conforte ces propos d'E. LAMY soutenant que « la coutume *est sans cesse* un rapport alterné entre les morts et les vivants »[27]. On constate ici que la cosmologie[28] traditionnelle est basée sur une philosophie de la continuité existentielle et réserve une large place à l'individualisation des forces présentes dans tout ce qui existe, qu'il s'agisse des êtres vivants et des êtres inanimés.

---

[26] Cf. J. POIRIER, « L'avenir du droit coutumier négro-africain », *in L'avenir du droit coutumier en Afrique*, Leiden, n°18, 1956, p. 157.

[27] E. LAMY, *Introduction à l'étude du droit écrit et du droit coutumier zaïrois*, Kinshasa, P.U.Z, 1975, p.133.

[28] Le cosmos est l'univers considéré comme un ensemble, un espace extra-atmosphérique. Dans la pensée grecque, le cosmos représente le monde, l'univers conçu comme un tout ordonné et hiérarchisé.

Mieux, on aurait pu comprendre davantage, la forte religiosité qui caractérise le droit traditionnel d'accès à la propriété foncière en citant le Professeur P. MEYER qui a écrit que : « Dans les systèmes traditionnels, la relation homme-terre a une connotation fort différente. Le lien qui unit ''l'homme à la terre n'est pas seulement terrestre (spatial et temporel), il est (il est même surtout) mystique. L'aspect religieux forme donc un substrat indispensable si l'on veut comprendre le régime juridique de la terre dans les systèmes traditionnels. L'on retrouve là aussi le principe de la coutume vitale [...] La terre est aussi d'une certaine manière '' divinité '' (elle entoure les morts). Le lien qui unit l'homme à la terre et à ses ancêtres est dès lors mystique, religieux [...] La règle générale sera donc l'inaliénabilité de la terre avec toutefois des aménagements possibles. »[29]

En considérant que le régime juridique offre à l'individu ses capacités d'action ou d'abstention, l'unique statut légitime de l'homme traditionnel serait le groupe. Ainsi, lorsqu'un individu commet une infraction, il répondra de son acte devant la communauté ; et si la sanction est d'ordre divin, toute la communauté y répondra. De même, il est impensable de voir les membres d'une famille, aller en procès contre un autre membre de la même famille qui aurait détourné ou aliéné une propriété foncière quelconque à son seul profit. Alors que le droit moderne est d'essence libérale, fondé sur le postulat théorique de l'autonomie de la volonté individuelle, qui instaure un régime de responsabilité civile.

En se référant à l'analyse marxiste où la société, en tant que lieu de contradictions, de rapport de forces, serait la clef de l'explication du droit moderne, on comprendra la désuétude des droits coutumiers face à la montée en puissance de ce droit.

2. La désuétude progressive des droits coutumiers d'accès à la propriété foncière

La désuétude progressive des droits coutumiers pour l'accès à la propriété foncière, est à la fois une logique de conflit entre différentes conceptions juridiques antagonistes, et une étape transitoire pour l'harmonisation de la législation domaniale et foncière en tenant compte des données environnementales.

Au demeurant, suite aux changements climatiques[30] avec leurs corollaires de sécheresse, la rareté de la terre, les conflits fonciers se sont accentués, en aggravant la convoitise de la terre ; soit à cause des ressources naturelles qu'elle procure en milieu rural ; soit à cause de la valeur marchande en milieu urbain. Ce qui mettra en exergue l'importance de la propriété foncière en sûreté, dans toutes les formes de production agricole. D'abord les céréales, les produits horticoles, l'élevage, la pêche et ensuite la pisciculture avec les étangs artificiels, baux emphytéotiques... Toutes ces productions valorisent la propriété foncière avec l'émergence des activités

[29] P. MEYER, *Introduction à l'étude du droit burkinabè*, *op. cit.*,pp. 71-72.

[30] M. BOUVIER, Préface académique à N. MEDE, *Finances publiques espace UEMOA/UMOA*, Dakar, L'Harmattan Sénégal, 2016, p.83. Le fonds vert sur le climat a été établi en 2010 et lancé en 2011 par la Conférence des parties de la Convention-Cadre des Nations Unies sur les changements climatiques (CCNUCC).

génératrices de biens spéculatifs ou de revenus monétaires à travers la transformation ou la commercialisation des produits dérivés. Ainsi, l'accès à la propriété foncière devenait objet de conflits violents.

L'ampleur desdits conflits est exacerbée par le fait que les droits coutumiers, en s'accrochant à la survie des collectivités traditionnelles qui ne correspondent plus aux mêmes réalités juridiques et environnementales, s'opposent *de facto* au pouvoir de l'Etat central, d'une part, et remettent en cause même la portée de toute législation, d'autre part. Ce qui pose le problème de la sécurité foncière, ardemment recherchée par les opérateurs du marché non formel à référence coutumière, qui ne doit pas se traduire obligatoirement par la détention d'un titre officiel. Mais par un mode de reconnaissance d'un droit d'occupation, d'installation, de caractère intermédiaire, susceptible de se transformer plus tard en droit immatriculé ou titre foncier, suivant la volonté des intéressés.

Ainsi, la garantie de l'accès à la terre à travers les diverses formes de tenure sera basée sur les relations de coopération entre différents groupes sociaux, ou partenaires intéressés par l'exploitation foncière. En référence à ce cas précis, on réalise que l'utilisation de la théorie des maîtrises foncières[31] serait sans doute d'une grande opportunité à deux conditions : celle d'en définir les applications potentielles aux terrains urbains, d'une part, et ensuite de lui donner un habillage juridique plus rigoureux dépassant leurs aspects anthropologique, sociologique, ou culturel[32]d'autre part.

Ce qui conforte la remarque suivante : « Aussi dans les métropoles[33] africaines, plus influencées par la 'Civilisation occidentale', le particulier propriétaire terrien cherche à bien profiter de son terrain en s'octroyant le droit d'en user et d'en disposer de la manière la plus absolue. Dès lors, on pense, que la meilleure façon de s'enrichir est de devenir propriétaire terrien à proximité d'une ville en expansion[34] ».

---

[31] Cf. E. LE ROY, *La sécurisation foncière en Afrique ; pour une gestion viable des ressources renouvelables*, Karthala, Paris, 1996, 388 pp. Dans cet ouvrage, l'auteur y a formalisé « *la théorie des maîtrises foncières »*.

[32] Tel est le cas spécifique au Mali, un vaste territoire d'un million deux cent mille kilomètre carrés (1 204 000 000 Km2), peuplé de près de dix-huit millions (18 000 000) d'habitants, composés d'une multitude de groupes ethniques repartis entre plusieurs communautés emfruntes d'un relent irrédentiste. De plus, la multiplicité des ethnies et des dialectes a entrainé des difficultés de communication, et rendu complexe l'émergence d'un vrai droit coutumier uniforme et respecté. A titre d'exemples, la communauté des « *Dogonons* » qui compte plus de deux cents dialectes distincts les uns des autres dans la région de Mopti, et environ, a été plusieurs fois meurtrie et endeuillée par un conflit séculaire entre les « *Kansaye* et *Yalcouye »* pour une petite bande de terre agricole, située dans la commune rurale de Nin-gari. Plus loin au nord du Mali, leurs cousins sédentaires ou nomades Songhaï, Tamasheqs, Maures, Peulhs, disposent d'espaces à revendre. Peut-on s'attendre aujourd'hui, dans de telles conditions, à l'application rigoureuse d'un droit coutumier applicable partout et pour tous en matière d'accès à la propriété foncière ?

[33] M. BOUVIER, M.-C. ESCLASSAN, J.-P. LASSALE, *Manuel de Finances publiques*, Paris, Lextenso, 2018. « Les métropoles : avenir du développement local [...] En même temps que l'explosion du phénomène urbain, c'est également une culture inédite de la gouvernance publique et du développement économique qui se dessine et prend forme [...] Les métropoles qui font aujourd'hui en France l'objet d'une construction juridique constituent un phénomène qui n'est pas absolument nouveau [...]».

[34]A. FOFANA, *Agence de cessions immobilières (ACI)*, Mémoire de maîtrise en Administration publique, Ecole nationale d'administration (ENA), 1995, p14.

Ainsi, les cessions de terre sont devenues légions et s'opèrent différemment, selon les principes du droit coutumier, sous des formes de cessions traditionnelles contre somme symbolique (noix de colas, poulets, etc.) et cessions spéculatives (vente spéculative).

Parallèlement, il existait des formes de cessions administratives sous forme de marché de gré à gré. Ces formes de cessions dites spéculatives s'effectuaient sur la base d'un droit coutumier à travers de simples transactions commerciales, suivant les lois de l'offre et de la demande. Elles sont effectuées par l'autorité administrative sous forme de concession rurale, permis d'occuper, de construire ou d'habiter, lettre d'attribution, bail emphytéotique. Elles peuvent toutes être précaires ou révocables et jouent un rôle de catalyseur dans les spéculations foncières.

Une chose est claire. Partout où les droits coutumiers ont pu être tolérés et continuent à cohabiter avec le droit positif, ils ont tendance à prendre une certaine ascendance sur ce dernier, soit pour un calcul économique existentiel, soit pour un motif politique avec l'éveil de la démocratie locale dans le cadre de la décentralisation. Généralement, on constate, dans la plupart des sociétés conservatrices, que la démocratisation s'est assortie d'une forte banalisation du rôle et de la place de l'Etat dans la gestion publique. Au *même moment, elle est assimilable à un instrument conçu pour favoriser le développement, de l'impunité, dans une atmosphère mouvante d'anarchie, en particulier dans le domaine de la gestion foncière et domaniale.* Du coup, cette renaissance des droits considérés comme coutumiers, ne reflète plus les mêmes valeurs traditionnelles, pour incarner une légitimité dans leur suivi. Ils deviennent plutôt des alibis, pour justifier les jeux des protagonistes. D'ailleurs, la désuétude de ces dits droits coutumiers ne pourrait que se confirmer à cause de leur précarité et révocabilité.

Leur évolution future demeure donc l'interrogation et l'inconnu principal, comme le note fort bien R. RARIJAONA : « [...], Le passage d'une législation coutumière à une législation moderne reste le fait d'une majorité de citadins et d'une minorité de la masse rurale [...], la phase de transition juridique mérite une attention particulière. Les coutumes sont devenues inaptes à régir la société coutumière en voie de destruction. Mais cette société elle-même, dans une étape de son évolution, est encore en deçà de la législation moderne trop en avance sur l'état social. Cette période de flottement pourrait durer longtemps [35][...]» avant l'accès hypothétique à la propriété foncière en sûreté par le Code domanial et foncier.

B. L'accès hypothétique à la propriété foncière en sûreté par le Code domanial et foncier

Estimant, que l'adoption d'un Code domanial et foncier, complété par un dispositif réglementaire, aurait pu favoriser l'abandon des droits coutumiers, et être une panacée au problème d'accès à la propriété foncière en toute sûreté, les différents gouvernements ont focalisé leur effort sur la production législative. Par

[35] A. ROCHEGUDE, *Décentralisation : acteurs locaux et foncier*, Bureau du développement et de la coopération technique, 2000, p. 28.

conséquent, on a donné l'impression que la loi[36] suffit à elle seule, pour changer le comportement de tous les acteurs du foncier, tant au niveau rural qu'au niveau urbain.

Ce qui est exprimé en parabole en ces termes ironiques : « Nous leur avons donné la meilleure loi foncière du monde. Quel dommage qu'ils ne s'en servent pas » ; ou « Faites la loi autant que faire se peut ; et révisez-la en cas de besoin d'adaptation, pour résoudre vos problèmes immédiats ». Rien n'est moins vrai que ces deux affirmations qui ignorent à la fois le rôle des autres acteurs et l'impact environnemental. Par exemple, le comportement foncier du paysan ou de l'éleveur, est déterminé par des relations socioculturelles complexes. Certes, les représentants de l'Etat central, ont tendance à imposer le respect du Code domanial et foncier, mais le paysan ou citadin continue à se référer à ses coutumes foncières et domaniales, relevant de traditions culturelles séculaires et statiques, qui résistent longtemps au changement. Ce qui n'a pas échappé aux administrateurs.

C'est pour admettre ici, que l'organisation de la propriété foncière demeure un enjeu fondamental, dans les relations de pouvoir entre les autorités compétentes au niveau des collectivités (administratives publiques, locales, coutumières), et les citoyens en leur qualité d'exploitants (usagers) ou propriétaires. Elle se présente généralement sous la forme d'un cercle vicieux, mettant en interaction les intérêts de nombreux acteurs, souvent antagonistes partageant des conceptions divergentes sur la notion de propriété foncière. Elle se manifeste également sous la forme d'un conflit intercommunautaire, opposant des protagonistes de génération en génération, sur la question d'accès à la propriété foncière. Ce qui donne l'envie de s'interroger sur l'évasive présentation des structures et acteurs en matière d'accès à la propriété foncière.

1. L'évasive présentation des structures et acteurs en charge du droit d'accès à la propriété foncière

On sait que le domaine public est réputé être mal connu et incompris, comme Achille Mestre a su bien l'écrire « Il n'est peut-être pas de théorie plus décevante pour le juriste que celle du domaine public (puisque) c'est un fait que chacun des juristes, qui cherche à creuser d'une manière tant soit peu personnelle, la notion du Domaine public, est conduit à proposer une théorie nouvelle après avoir ruiné celle des autres[37] ». Ce qui justifie une certaine ambivalence dans l'accès à la propriété foncière en droit domanial malien. D'ailleurs la notion de domaine public, considérée comme une partie du patrimoine des personnes publiques, est soumise à un régime de Droit public bien protecteur. Par contre, le Code domanial et foncier

---

[36] G. CONAC, *Les institutions administratives des Etats francophones d'Afrique noire*, Paris, Economica, 1979, p. XXVI. « *Une décision, juridiquement correcte et raisonnable au point de vue de la bonne gestion, sera jugée politiquement inopportune si, par un jeu de réactions en chaîne, elle remet en cause des équilibres ou est perçue comme une atteinte au prestige des dirigeants. Les textes officiels étant souvent inadaptés aux réalités économiques et sociales aussi bien qu'aux aspirations profondes des populations* ».

[37] M. MESTRE, *Introduction à l'étude de Lucien JANSEE*, Les traits principaux du régime des biens. Domaine public, Paris, Sirey, 1942, Cité par A. LEY, *Le régime domanial et foncier et le développement économique de la Côte d'Ivoire*, Thèse, Paris, 1972, p.45.

traite à la fois du domaine national, du domaine public immobilier de l'Etat, du domaine privé immobilier de l'Etat, du domaine immobilier des collectivités territoriales, du domaine mobilier de l'Etat et des collectivités territoriales, avant de traiter de la propriété foncière. Il dispose également, que le domaine national au Mali inclut l'intégralité des terres, et englobe l'espace aérien, ainsi que le sol et le sous-sol du territoire national. De même, il révèle que le domaine national comprend à la fois les domaines public et privé de l'Etat du Mali ; le domaine public immobilier des collectivités territoriales ; ainsi que le patrimoine foncier des autres personnes, physiques ou morales.

L'énumération à rédaction variable de ces différentes catégories domaniales dans le Code, ne peut être qu'hypothétique, suivant les domaines d'exploitation. Ainsi, on constate qu'au Sénégal, le domaine national inclut tous les statuts fonciers qui ne se rattachent ni au domaine public, ni au domaine privé de l'Etat ou des collectivités, ni des terrains immatriculés au nom des personnes privées, physiques et morales. Au Mali, le domaine national inclut l'intégralité des terres, quel qu'en soit le statut. Ainsi, ce domaine national comprend à la fois le domaine public, le domaine privé, la propriété immatriculée, et l'ensemble des terrains dont le statut juridique n'est pas fixé par écrit.

L'Etat, acteur privilégié parmi tant d'autres, doit-il exploiter cette ambigüité des dispositions du Code domanial et foncier, pour réaliser des objectifs économiques d'intérêt général ?

Vu la pratique domaniale et foncière, la réponse à cette question relèverait plutôt des solutions pragmatiques, acceptables pour les différentes parties concernées pour l'acquisition du droit de propriété. En témoigne, l'exemple de la protection du domaine public immobilier de l'Etat, des concessions rurales, des concessions d'exploitation minières, de l'aménagement des zones industrielles ou la commercialisation des immeubles immatriculés ou non. Ce qui tend à remettre en cause la question de la validité de l'application du régime spécial de la domanialité publique (inaliénabilité, imprescriptibilité et insaisissabilité).

Ainsi, la plupart des acteurs concernés, considèrent que l'accès à la propriété foncière, par le truchement de la législation domaniale et foncière, devient un alibi permettant de tirer le meilleur profit économique et financier du domaine public. Comme l'atteste l'article 18 du Code qui dispose que « le domaine public immobilier de l'Etat est géré par le Ministre chargé des Domaines qui peut toutefois déléguer ses pouvoirs de gestion aux autres Ministres pour les dépendances du domaine public relevant de leur attribution ». Ces autres Ministres vaguement désignés, peuvent être responsables de départements compétents pour la mise en œuvre de politiques publiques en matière d'urbanisme, de logements, d'habitat, d'agriculture, d'élevage, de pêche, des mines, de l'artisanat, de l'industrie, de la chasse, de l'environnement, etc. Ce qui complique la question d'accès à la propriété foncière avec l'inflation des réglementations relatives à la gestion domaniale et foncière, que chaque responsable peut décider au niveau de son secteur d'intervention. Et cela, sans se soucier de l'impact de la mesure sur les autres secteurs.

De même, le Code ne traite pas avec précision des problèmes du foncier rural et du foncier urbain, qui représentent l'épine dorsale des conflits fonciers, en dehors des rivalités séculaires entre pasteurs et agriculteurs. Aussi, pourrait-on constater simplement que les collectivités, personnes morales de droit public, dépendent exclusivement du bon vouloir de l'Etat central pour la constitution de leur domaine

En d'autres termes, ce formalisme d'une conditionnalité de mise en valeur du terrain, équivaudrait à une remise en cause tacite de ce droit de propriété. Cela expliquerait, par ailleurs, la lourdeur bureaucratique[38], qui caractérise le fonctionnement du régime foncier avec de nombreuses procédures à suivre, pour l'accès à la propriété foncière. Certes, le Code malien prévoit une possibilité d'immatriculation au nom des collectivités pour régulariser des droits coutumiers ; mais les procédures domaniales règlementaires prévues en la matière sont longues, contraignantes et même décourageantes.

Pour autant, l'ambiguïté des régimes juridiques ou la lourdeur des procédures, ne doivent point servir d'argument pour annihiler toute volonté de sécuriser et de réglementer des droits acquis en matière de propriété foncière.

2. Les tentatives empiriques de sécurisation de l'accès à la propriété foncière

Nonobstant l'existence d'un Code domanial et foncier, la question de la sécurisation de la propriété foncière au Mali, est plus résolue par des règles empiriques incertaines et complexes, que législatives.

Pour les indigènes du terroir constituant le peuple autochtone, la terre est avant tout un lieu (territoire ancestral, ou patrimoine communautaire) et un lien, facteur de cohésion et de consolidation des rapports sociaux. Or, pour le pouvoir central et ses services déconcentrés, la terre est considérée en toute légitimité comme un bien économique à valoriser. Alors, on comprend l'établissement d'un monopole de la puissance publique en matière de propriété foncière, comme si l'Etat incarne de fait un statut d'héritier moderne des ancêtres fondateurs, ou l'acteur idéal désigné pour relever le défi de la modernisation. Dans la logique du système traditionnel, le territoire est considéré comme un symbole de lien consanguin, culturel et historique suivant une lignée généalogique. Ainsi, la question de la sécurité foncière est à la fois une donnée naturelle et une exigence, qui oblige les acteurs à la protection de

[38] Cf. Code domanial et foncier du Mali en ses articles ci-après : article 140. - Il doit être établi une demande spéciale pour chaque corps de propriété composé d'une ou de plusieurs parcelles, pourvu que lesdites parcelles soient contiguës… ; article 141. – Préalablement à toute demande d'immatriculation, l'immeuble doit être déterminé quant à ses limites au moyen de bornes en pierre, en maçonnerie ou en béton plantées à chacun des sommets du polygone formé par le terrain… ; article 142.- Toute réquisition d'immatriculation remise au Conservateur de la propriété foncière, contre récépissé, doit contenir : 1 les noms, prénoms et qualité du représentant de l'Etat , à l'échelle de :… ou 1/10 000 pour les terrains lotis et les terrains ruraux ; - 1/5 000 ou 1/10 000 pour les concessions minières. Article 144 alinéa 2 - un placard reproduisant cette insertion est adressé par le Conservateur au greffier du tribunal de première instance ou à la justice de paix à compétence étendue, dans le ressort duquel se trouve l'immeuble, pour être affiché en l'auditoire…L'affichage est maintenue 30 jours…, ainsi que d'autres fixant d'autres procédures requises en la matière.

leur terre natale[39]. Ce qui amène à croire que les règles de gestion de sécurité foncière, sont d'ordre sociologique avant d'être juridique.

Par contre, dans la conception moderne qui privilégie l'approche juridique plus libérale et rigide, la terre est une richesse, un bien économique destiné à être mis en valeur pour produire plus, en vue d'atteindre un objectif de développement. Ainsi, son article 170 dispose que « toute action tendant à la revendication d'un droit réel non révélé en cours de procédure et ayant pour effet de mettre en cause le droit de propriété même d'un immeuble immatriculé est irrecevable ».

On voit là, dans une telle situation contradictoire que l'interaction entre ces deux systèmes fonciers, ne pourrait qu'engendrer un éternel conflit virtuel entre différentes conceptions sociologique et juridique du territoire. Il conviendrait en définitive d'établir un consensus entre logique sociale du territoire et les modes d'acquisitions traditionnels de la propriété foncière qui sont inclusifs, relationnels, implicites, imprécis et négociables, d'une part, et la logique économique qui caractérise le droit moderne qui instaure une sécurité foncière inconditionnelle, non relationnelle et consensuelle.

D'ailleurs, le service de la conservation foncière, gestionnaire du régime de la propriété immobilière, assure aux titulaires la garantie des droits réels soumis à publicité qu'il possède sur les immeubles relevant de régime de l'immatriculation, dans les conditions déterminées par le Code domanial et foncier. Cette garantie, aurait dû pérenniser la sécurité foncière, qui est consolidée par la publication dans les livres fonciers, à un compte particulier ouvert pour chaque immeuble, de tous les droits réels s'y rapportant, ainsi que des mutations[40] de ces mêmes droits. En vue de faciliter la publicité foncière[41], les immeubles doivent avoir été préalablement immatriculés sur les livres fonciers à la suite d'une procédure spécialement longue permettant la révélation de tous les droits réels déjà constitués, conformément aux dispositions du Code domanial et foncier[42]. La complexité de cette procédure se traduit dans la plupart des cas, par des dysfonctionnements, et conflits d'intérêts

---

[39] Ce qui a donné naissance à la catégorie juridique de *Jus sole* qui est un des déterminants du critère de la nationalité ou de l'apatridie selon le contexte visé.

[40] M. BOUVIER, *Introduction au droit fiscal général et à la théorie de l'impôt*, Paris, LGDJ, 8ème édition, 2007, p. 85. « *Les droits de mutation à titre onéreux sont recouvrés par le receveur des impôts (DGI) au moment de la présentation d'un acte de vente à la formalité de l'enregistrement. Certains ont le caractère d'impôts locaux [...], les cessions de fonds de commerce, d'offices ministériels, de droit au bail* ».

[41] Voir proposition de loi n°2017-15/5L, de l'honorable Moussa COULIBALY, rendant obligatoire la publication des droits acquis sur les biens et les droits réels immobiliers. On retient entre autres, que : « *la publicité foncière, est la procédure par laquelle, l'Etat et ses démembrements sont informés de la constitution d'un droit, qu'il s'agisse d'une inscription ou d'une radiation, C'est pourquoi des discordances sont constatées entre de nombreux titres fonciers et la réalité en ce qui concerne leurs situations juridiques. En guise d'exemple plusieurs titres demeurent à ce jour dans des livres fonciers au nom de*

- *l'Etat français par suite d'immatriculation au lieu de l'Etat du Mali par substitution ;*
- *personnes décédées depuis plusieurs dizaines d'années au lieu de leurs héritiers par succession ;*
- *sociétés n'existant plus au lieu de celles qui les ont acquises [...], d'autres formes d'insécurité telles que des ventes de titres fonciers sans considération des charges qui les grèvent.* »

[42] Article 88 du Code des domaines et du foncier- Sont immeubles par l'objet auquel ils s'appliquent : les droits d'usage et d'habitation ; l'emphytéose ; le droit de superficie ; les servitudes et services fonciers ; l'antichrèse ; les privilèges et hypothèques ; les actions qui tendent à revendiquer ces mêmes droits réels.

entre agents de la conservation foncière et opérateurs fonciers. Cette opposition entre les deux droits, complique la tâche des magistrats[43] lors des procès.

Selon certains témoignages, « … Cette procédure d'immatriculation a ouvert les terres africaines à l'appropriation privée. Elle a donné lieu à des vastes opérations d'expropriations déguisées ou directes et permis aux colons d'acquérir de vastes plantations de caféiers et de cacaoyers dans les zones côtières d'Afrique[44]». Elle se poursuit de plus belle au Mali, et permet à certaines couches sociales privilégiées, d'amasser des titres de propriété foncière dans les centres urbains.

En guise de conclusion pour cette partie, il devient impérieux d'opérer un changement rigoureux dans l'acquisition de la propriété, en vue de réussir une bonne gouvernance foncière pour un développement durable.

II. LA CONDUITE DU CHANGEMENT DANS LA PERSPECTIVE D'UNE REFORME DE L'ACCES A LA PROPRIETE FONCIERE

Dans un contexte socio politique et économique complexe, marqué par des progrès scientifiques et technologiques, les décideurs de politiques domaniales et foncières, gestionnaires de la propriété foncière ont l'obligation de prendre en charge l'ajustement des comportements et des stratégies des acteurs sociaux. L'administration foncière, qui n'est qu'un instrument d'action au service d'un pouvoir politique, doté d'un statut subordonné au sein de l'Etat, doit assurer un pilotage vers le changement, pour l'harmonisation des comportements et la résolution des conflits.

A. L'OPTION D'UNE RÉFORME INSTITUTIONNELLE ET POLITIQUE POUR UN DÉVELOPPEMENT DURABLE

La complexité de l'accès à la propriété foncière dépasse le cadre des seuls acteurs en charge de la gestion du problème, et nécessite une forte implication de l'Etat auprès des différents acteurs. Cette implication doit permettre une réforme institutionnelle et politique pour une bonne gouvernance[45]. Mais, l'Etat ne signifie pas seulement les bureaux, les dispositifs législatifs, les agents. C'est surtout la

---

[43] Selon M. O. SENOU, Magistrat à la Section administrative de la Cour suprême du Mali : « *le droit moderne est un droit individuel pouvant comporter les trois attributs du droit de propriété, à savoir l'usus, le fructus, et l'abusus ; contrairement au droit coutumier qui est un droit communautaire, transmissible, inaliénable, sacré ; oral, discriminatoire et territorialisé ; des difficultés de conciliation desdits droits par le juge, liées aux aspects ci-après :- l'absence d'une définition de la coutume ; - la diversité des coutumes ;- les non maîtrises des coutumes par les juges et assesseurs ;- les interprétations multiples de la règle coutumière ;- les problèmes relatifs aux modes de preuves en matière coutumière, notamment le témoignage, le serment décisoire, l'aveu, les conventions coutumières.* » Voir Rapport des travaux de la 1ère journée de l'Atelier des concertations professionnelles entre les acteurs de la gestion domaniale et foncière (Sélingué, du 22 au 24 janvier 2009).

[44] S. YONABA, *Droit et pratique du contentieux administratif burkinabè : de l'indépendance à nos jours*, Ouagadougou, 3ème éd., 2015, p. 277.

[45] M. BOUVIER, *Reforme des finances publiques : démocratie et bonne gouvernance*. M. BOUVIER (dir.), Actes de la 1ère Université de printemps de Finances publiques du Groupement Européen de Recherches en Finances publiques (GERFIP), Paris, LGDJ, 2004, p. 25.

satisfaction des besoins des usagers, incarnation de l'intérêt général, reflet de la représentation des citoyens.

Sans tomber sous le charme du service public[46], qui fait de l'intérêt général un critère finaliste du droit public en la matière, il serait approprié d'approfondir la question d'accès à la propriété foncière sous l'angle de l'étude des politiques publiques. Cette approche vise l'action des autorités publiques au sein d'une société. C'est-à-dire savoir ce que produisent ceux qui nous gouvernent pour quels résultats. A travers quels moyens ? Répondre à cette question, c'est admettre la réforme des institutions et politiques de gouvernance foncière.

1. La réforme des pratiques institutionnelles pour une gouvernance foncière appropriée

Un facteur important en matière d'administration pour l'acquisition de la propriété foncière, consiste à favoriser la bonne gouvernance du foncier, des ressources naturelles et des processus de changement ou de mutation des droits de propriété. Il faut comprendre par gouvernance foncière, l'ensemble des processus par lesquels les décisions relatives à l'accès à la terre et à son utilisation sont prises, les décisions mises en œuvre, et les intérêts conflictuels sont tranchés ou réconciliés. La gouvernance foncière s'entend donc comme un exercice technico-juridique, procédural et politique.

Elle permet de prendre en compte l'ensemble des actes administratifs : attribution-affectation-cession et de la jouissance des droits y afférents, à la même enseigne que les autres droits civiques, politiques, humains, de la citoyenneté... Tous ces droits sont interdépendants, et entièrement subordonnés à la volonté du gouvernement à mettre en œuvre une politique adaptée, favorisant une maîtrise performante de la gestion du régime de la propriété foncière.

Dans la perspective d'une bonne gouvernance, il serait approprié de mettre en coopération leurs administrations, et de traiter les droits concernés dans un cadre harmonisé. Ce qui est effectué à travers la coopération administrative et la décentralisation.

La coopération administrative est une forme de réforme administrative qui ne cesse de monter en puissance. C'est l'exemple de la coopération interministérielle qui permet à plusieurs départements ministériels ou leurs différentes administrations de se concerter pour prendre des décisions en harmonie. Une telle coopération permettra aux différents départements ou administrations (des domaines et affaires foncières, urbanisme et construction, mine et énergie, logements, habitats et finances etc.) de se concerter pour décider de conduire le changement dans les politiques d'accès à la propriété foncière.

[46] J.-M. DEVILLER, *Cours de droit administratif*, Paris, Montchrestien, 7ème éd., 2001, p. 454. « *Le service public est sans doute la notion la plus complexe, évolutive, controversée et essentielle du droit administratif ? C'est un mythe, une force agissante, une sorte de fiction harcelée par la réalité dont l'évolution pourrait être ainsi présentée [...]* »

La gouvernance foncière doit bénéficier également d'un renforcement des pouvoirs fonciers reconnus aux acteurs locaux, dans le cadre de la gestion des affaires locales par les administrés et leurs représentants. On sait qu'en matière de décentralisation, les collectivités apparaissent théoriquement, comme dotées d'un patrimoine domanial et foncier limité aux seuls biens qu'ils se sont appropriés suite à la procédure d'immatriculation leur conférant un titre foncier sur leur propre domaine privé. Il aurait donc été souhaitable qu'elles bénéficient, singulièrement de la présomption de domanialité. Celle-ci permet particulièrement à l'Etat de disposer des terrains vacants et sans maître, ou souvent sur des terrains non appropriés selon les règles du droit écrit. Un tel aspect mérite d'être pris en compte pour corriger les lacunes de l'acquisition de la propriété foncière au Mali, où les élus locaux sont toujours en procès contre les agents fonctionnaires de l'Etat central ou les autres citoyens et vice versa.

Dans tous les cas, un réel partage du pouvoir domanial et foncier entre le pouvoir central et la collectivité décentralisée[47], semble logique dans le cadre d'une bonne gouvernance locale, ou même de la mise en œuvre des politiques publiques foncières.

La politique foncière agricole est la vitrine d'un choix de société conçu par les gouvernants, et le plus souvent décidé en fonction des aspirations légitimes des citoyens. Elle poursuit également des objectifs visant la protection de l'environnement et de l'écosystème, ainsi que l'amélioration des conditions et droit d'accès à la terre. A cet effet, l'Etat doit mettre en œuvre une politique foncière cohérente soutenue par une loi spécifique portant sur le foncier agricole.

Ainsi, en vue de garantir un meilleur accès à la propriété foncière agricole, le forum national sur le foncier de 2009, a recommandé l'adoption législative d'une politique agricole, comme mesure d'accompagnement de la Loi d'orientation agricole (LOA). La nécessité d'une définition de la politique d'accès à la terre agricole, est à la fois une obligation pour tout gouvernement[48], et un droit fondamental de l'homme, généralement souligné dans les textes internationaux, comme les Objectifs du développement durable (ODD), dont les deux premiers objectifs tendent, entre autres, à : « éliminer la pauvreté sous toutes ses formes et partout dans le monde. Eliminer la faim, assurer la sécurité alimentaire [...] et promouvoir l'agriculture durable ».

Il convient de noter, que les cultures et traditions foncières maliennes sont dominées par le système patriarcal, qui a eu tendance à maintenir une certaine discrimination à l'endroit de la femme[49] en matière de propriété foncière. Or, les

[47] Ce qui confortera le pouvoir d'un maire, pour répondre légitimement à la demande de terrain exprimée par un de ses administrés, ou d'avoir la capacité de prendre une décision en sa qualité de chef de l'exécutif local.

[48] La loi française n° 2005-157 du 23 février 2005 relative au développement des territoires ruraux énonce en son article 1er que « l'Etat est garant de la solidarité nationale en faveur des territoires ruraux et de montagne ».

[49] Document de travail, *Les Droits des femmes sur les ressources naturelles, en particulier la terre et l'eau.* Vol.2. Femmes et développement, La Haye, NEDA 1997, p. 5. Les femmes et les hommes peuvent appartenir tous deux au cercle des ayants droit des terres familiales, alors que les femmes se voient accorder des parcelles plus petites à cultiver que les hommes… Une femme peut-elle participer au conseil de famille qui décide de changer le motif de vente éventuelle d'une parcelle familiale ? Une femme peut-elle siéger dans le comité d'un groupe d'usagers d'eau qui modifie le mécanisme d'attribution de l'eau ?

femmes en milieu rural travaillent autant que les hommes, sinon plus. Récemment, pour corriger cette iniquité, la Charte africaine sur les droits de l'Homme et des peuples et la Déclaration solennelle de 2004 sur l'égalité de genre en Afrique, ont envisagé des actions visant à traiter des inégalités envers le « genre », y compris l'accès inégal des femmes à la terre.

En outre, toute analyse de politique agricole doit prendre en compte la dimension de la protection environnementale[50] qui peut résulter de l'interaction entre les objectifs suivis par les responsables d'un secteur sur un autre. L'ultime but de cette protection est de garantir un environnement sain et le développement durable par la prise en compte de la dimension environnementale dans toute décision qui touche la conception, la planification et la mise en œuvre de politiques, programmes et activités de développement par la responsabilisation de tous les acteurs.

Dans cette optique, et suite aux nombreux textes légiférés en vue de l'encadrement des professions agricoles, comme le Code domanial et foncier, la charte pastorale et la loi sur la pêche et la pisciculture, le Gouvernement du Mali vient d'adopter la Loi n°2017-001 du 11 avril 2017 portant sur le foncier agricole, en vue d'un accès garanti à la propriété foncière.

Cette nouvelle loi a précisé le régime foncier agricole relatif aux terres agricoles de l'Etat, aux terres agricoles des collectivités territoriales et aux terres agricoles des particuliers. La nouvelle loi traite également de la sécurisation des droits fonciers agricoles et des organes de gestion du foncier agricole, avec précision. Les droits réels sont reconnus sur les terres agricoles, dans les formes et conditions définies par la loi en vigueur. Des organes de gestion du foncier agricole sont entre autres, les commissions foncières des villages et des fractions, l'observatoire national du Foncier agricole.

La nouvelle loi a soumis les infractions de faux, usage de faux ou de déclarations mensongères en matière de foncier agricole, au Code pénal et au Code de procédure pénale en vigueur. Ce qui illustre bien la volonté de pilotage de réforme législative de la propriété foncière vers le changement, tout comme cela est prévu en matière de politique nationale de la ville et les règles générales d'urbanisme.

2. La politique nationale de la ville et la loi relative aux règles générales d'urbanisme pour une sûre acquisition de la propriété foncière

En vue de concilier le droit d'accès à la propriété foncière agricole, et le droit d'accès de la majorité des citoyens à la propriété foncière urbaine, une politique[51]

[50] Dans le cadre de la définition ou de l'orientation d'une politique foncière, il est souvent fait référence à la constitution malienne du 22 février 1992 qui dispose, en son préambule, que « le peuple souverain du Mali s'engage à assurer l'amélioration de la qualité de la vie, la protection de l'environnement et du patrimoine culturel ».

[51] La politique nationale de la ville (PONAV), qui tend à maîtriser le phénomène d'urbanisation, trouve son fondement, dans plusieurs engagements internationaux auxquels le Gouvernement du Mali a adhéré, comme : les Initiatives spéciales pour l'Afrique de 1996 ; la Déclaration d'Istanbul de 1996 ; les Objectifs du Millénaire pour le Développement (OMD) ; ainsi que d'autres documents nationaux de référence comme la Constitution, le Cadre stratégique pour la relance économique et le développement durable (CREDD), la Politique nationale d'aménagement du territoire (PNAT), la Politique nationale de la population (PNP).

de la ville fut élaborée. Il s'agit surtout de la politique sectorielle du développement urbain (PSDU) qui a été déclinée en Stratégie de développement des villes du Mali (SDVM) et la Stratégie nationale de logement (SNL).

En terme de politique de la ville, il faut entendre par « urbanisation » le processus de déplacement des populations vers des zones où le peuplement atteint de fortes densités, ce mouvement s'accompagnant des changements dans les activités productives (abandon des tâches agricoles par ces populations) dans la structure sociale, dans les genres de vie, etc.

Les auteurs de cette politique estiment, qu' « elle est conduite par l'Etat et les collectivités territoriales dans l'objectif commun de rendre les villes maliennes conviviales et harmonieuses, [...] renforcement de la citoyenneté locale et l'affermissement des principes démocratiques et d'améliorer la gestion des villes »[52].

Il ressort des statistiques nationales, que la croissance soutenue sur la période 2007 à 2010 a permis de constater une légère réduction de la pauvreté qui a globalement baissé en milieu urbain de 18 % à 10 % pour Bamako et de 35 % à 31 % pour les autres villes. Cette situation a impacté l'étalement des villes et la croissance économique a permis la création d'emplois en faveur de près de 6 % de la population totale qui ont pu accéder à un emploi stable dans le secteur informel[53]. Comme conséquence immédiate, il a été constaté l'ascension d'une couche moyenne qui a littéralement investi le foncier périurbain consécutivement au changement de vocation des concessions rurales en lots à usage d'habitation.

L'impact de la politique de réforme foncière, au plan des aspects institutionnels et financiers, fut illustré par l'exploit du deuxième projet urbain du Mali, avec la création de l'Agence de cessions immobilières (ACI), qui a réalisé des résultats spectaculaires en matière de développement urbain. Ces résultats sont dus aux réformes audacieuses entreprises dans la gestion de cette structure administrative atypique, avec la création d'un budget annexe pour les opérations financières de cette Agence de cessions immobilières (ACI)[54], chargée spécifiquement de la commercialisation des parcelles neuves des opérations de lotissement, qui a illustré la qualité du changement apporté par la nouvelle politique urbaine.

D'où l'obligation pour les différentes autorités de politiques publiques ou autres acteurs, d'adhérer aux initiatives de pilotage vers le changement des législations foncières pour l'acquisition d'une propriété agricole ou urbaine, propice au développement durable. Ce qui fut réalisé avec l'adoption de la Loi n° 02-016 du 03 juin 2002 fixant les règles générales de l'urbanisme complétée par le décret n° 05-115 /P- RM du 9 mars 2005, fixant les modalités de réalisation des différents

---

[52]Ministère de l'Urbanisme, *Politique nationale de la ville*, adoptée par le Gouvernement le mercredi 26 février 2014. République du Mali, p. 21.

[53] Voir Résultats de l'Enquête permanente auprès des ménages (EPAM-2010).

[54] A. FOFANA, *Agence de cessions immobilières (ACI)*, Mémoire de maîtrise en Administration publique, Ecole nationale d'administration (ENA), 1995, p. 35. *L'Agence de cessions immobilières (ACI) a reçu le mandat de vendre pour le compte du District de Bamako 2847 parcelles résultantes du Titre Foncier numéro 5846 de Baco Djioroni et 3000 parcelles résultantes d'un morcellement partiel du Titre Foncier de KalabanCoura Sud portant le numéro 5026 [...] »*.

types d'opérations d'urbanisme dont les modalités de réalisation d'exécution sont réservées à la compétence respective des Ministres de l'Habitat et de l'urbanisme, de l'Administration territoriale et des Collectivités locales, de l'Equipement et des transports, de l'Environnement et de l'assainissement, des Domaines de l'Etat et des affaires foncières, du Plan et de l'aménagement du territoire (en qualité de signataire du décret), et de Ministre de l'Economie et des Finances.

Ainsi, l'extension des villes ne se fera plus à travers des lotissements anarchiques et le plus souvent sur des espaces agricoles. Les lotissements seront effectués dans le respect de la réglementation et des documents de planification urbaine[55], par des élus locaux, les administrateurs civils, les détenteurs de titre foncier ou de droit coutumier et même certains propriétaires de champ à usage d'agriculture. Cependant, il ne s'agit pas là d'une solution définitive, car de nouveaux phénomènes d'exploitation de la propriété foncière, tant en zone urbaine que rurale, tendent à bouleverser les pratiques foncières et domaniales.

C'est le cas de l'agriculture urbaine qui émerge en Europe, ou des concessions urbaines au Mali qui se transforment en véritables concessions rurales dans lesquelles on pratique l'élevage (des bovins, de la volaille) comme en campagne et où les concessions rurales se transforment en véritable zones industrielles abritant des usines. Le phénomène devient accablant quand on constate qu'un seul individu peut disposer de titres fonciers sur des hectares aux dépens de la collectivité ; ou qu'un seul dispose de plus de 200 immeubles, qu'il met en bail. Toutes ces pratiques sont des stratégies conçues intelligemment pour échapper à tout contrôle administratif ou fiscal ; ou simplement conforter la concurrence déloyale. Leurs auteurs sont pour la plupart des fonctionnaires de l'Etat. Ce qui justifie le recours à une bonne gouvernance foncière en vue de réguler légalement de telles pratiques.

B. L'AMÉLIORATION DU SYSTÈME D'INFORMATION FONCIÈRE POUR UN DÉVELOPPEMENT DURABLE

Aujourd'hui, le droit domanial et foncier constitue, de fait et de droit, le cadre de base de l'appropriation et de l'utilisation des immeubles en milieu rural ou urbain. Paradoxalement, le manque d'informations et de documentations requises semblent hypothéquer tout effort de développement en matière de gestion domaniale et foncière. Aussi, la perspective d'une exploitation rationnelle de la propriété foncière doit-elle se réaliser à partir d'un système d'information foncière à travers le cadastre et l'instauration d'une agence de régulation.

---

[55] *Selon un rapport de l'ONU, en 1950, plus des deux tiers (70 %) de la population mondiale vivait en milieu rural et moins d'un tiers (30 %) en milieu urbain. En 2014, 54 % de la population mondiale est urbaine. Et il est estimé par les auteurs du rapport qu'en 2050 cette proportion sera de l'ordre de 66 %. En même temps que l'explosion du phénomène urbain, c'est une logique nouvelle qui se met progressivement en place dans le monde, c'est également une culture inédite de la gouvernance publique et du développement économique qui se dessine et prend forme »*[55]

1. L'innovation du système d'information par le cadastre pour une meilleure acquisition de la propriété foncière

Il est fréquent d'entendre dire : « Sans cadastre, c'est-à-dire sans propriété clairement définie comment bâtir le progrès ? » … : Sans cadastre, il n'y a pas de progrès, sans propriété définie et juridiquement établie, il n'y a pas de progrès, mais l'avocat de la propriété est souvent l'importateur de barbelés ». [56]

Le cadastre[57] se révèle comme un moyen sûr d'intégrer la terre dans les stratégies de développement. Il désigne un ensemble de documents officiels (dont la gestion est assurée et garantie par la puissance publique) destinés à donner une information sur la localisation des propriétés bâties ou non bâties, les limites de ces propriétés, leur statut juridique, l'identité de leurs propriétaires, l'état de leur mise en valeur et leur valeur locative ou vénale.

En outre, il convient de préciser qu'il existe différents types de cadastre (légal, fiscal, technico-urbanistique). Le cadastre légal a pour objectif l'identification du propriétaire d'un terrain. Le cadastre fiscal est un système d'information foncière qui assure la gestion de l'ensemble des informations (littérales et cartographiques) permettant d'évaluer les biens fonciers de déterminer aussi les bases des taxes foncières ou afférentes au foncier (taxes sur les propriétés bâties et non bâties, taxes d'habitation, taxes sur les mutations, taxes professionnelles…). Enfin, le cadastre polyvalent (dit à buts multiples) poursuit plusieurs objectifs fiscaux, légaux et technico-urbanistiques. Il est à la fois un instrument de gestion du foncier et des équipements mais aussi un outil d'aide à la décision en matière de fiscalité de l'urbanisme[58] et d'aménagement.

La conservation cadastrale permet la mise à jour de la documentation[59] du cadastre (ventes, partages, etc.) mais aussi les changements ayant une incidence fiscale. Toute cette procédure portant modification de la situation juridique d'un immeuble, doit donner lieu à publication au fichier mobilier (système de la publicité foncière). Ainsi, comme une marchandise, la propriété foncière, bâtie ou non bâtie, en zone urbaine ou rurale, doit être obligatoirement imposée (assujettie à un impôt), et à un taux fixé au *prorata* de son utilité économique et sociale. Mieux, leurs contentieux doivent relever d'une juridiction mixte, avec des procédures

[56] C. VIGOUROUX, *Le juge face à l'expression des libertés communales*, Outils fonciers, modes d'emplois, Paris, ADEF, 1990, p.8.

[57] En outre, il véhicule deux types d'information à savoir : l'information littérale qui est contenue, d'une part, dans des fichiers où figurent les numéros des parcelles, les informations permettant de les localiser, leur superficie et leur usage : ce sont les fichiers parcelles ; elle est contenue d'autre part, dans des fichiers où figurent les noms et les adresses de l'ensemble des propriétaires dans la zone ou le secteur géographique considéré. Ce sont des fichiers propriétaires. Et l'information cartographique qui est constituée par des plans cadastraux appelés mappes cadastrales. Il s'agit de cartes et plans à grandes échelles (du 1/500 ou 1/ 5 000 selon les cas) que l'on appelle les feuilles parcellaires. La mise en relation des informations littérale et cartographique implique l'utilisation d'un numéro d'identification désigné sous le nom d'identifiant unique.

[58] E. CIAUDO, *La fiscalité de l'urbanisme et l'aménagement régional du territoire français,* Paris, LGDJ 1981, p. 156.

[59] La documentation cadastrale comprend pour chaque commune du territoire national : le plan cadastral, la matrice cadastrale qui récapitule pour chaque propriétaire les biens qu'il possède dans la commune, avec leur consistance et leur évaluation, les documents et fichiers complémenfofanataires.

dérogatoires, en vue de défendre les intérêts de la puissance publique et des collectivités.

Il semblerait que la volonté[60] de réformer les conditions de l'accès à la propriété foncière au Mali relève d'un miracle. Surtout que la gestion du domaine privé immobilier des diverses collectivités territoriales est réputée pour sa complexité et la diversité des acteurs. Cette citation du doyen DUGUIT est sans équivoque : « la volonté du gouvernement n'a aucune force comme telle ; elle n'a de valeur et de force que dans la mesure où elle poursuit, l'organisation et le fonctionnement d'un service public. Ainsi la notion de service public vient remplacer celle de souveraineté. L'Etat n'est plus une puissance souveraine qui commande, il est un groupe d'individus détenant une force qu'ils doivent employer à gérer les services publics [...] »

2. L'implémentation du système d'accès à la propriété foncière pour plus de sûreté

On sait que l'assignation à l'administration foncière d'objectifs à atteindre, ou d'orientations à poursuivre, n'a jamais préjugé de résultats concrets. Surtout qu'il est reconnu que les politiques publiques en général, notamment rurales ou urbaines en particulier, ne sont pas toujours réalistes, pour s'inscrire d'emblée dans le « réel », c'est-à-dire le concret. Or, l'administration n'est pas une machine impersonnelle et docile. Elle est plutôt une entité sociale complexe dont les réactions ne sont, ni prévisibles, ni programmables totalement. Par ailleurs, le cloisonnement des services fonciers met en péril la bonne exécution de ses actions transversales[61].

Comme les droits de propriété foncière, sont reconnus comme les moyens d'accumulation facile du capital, ou des ressources publiques, il faut savoir en faire un facteur de développement durable, à travers une culture managériale dans le sens d'une performance.

Ainsi, la recherche d'une grande efficience dans l'utilisation des ressources requises, place-t-elle l'administration dans un rôle d'acteur stratégique, fasciné par le raisonnement managérial. A l'instar des entreprises privées, elle s'efforce d'atteindre la performance en optimisant les moyens mis à sa disposition. Une telle option, ne peut que privilégier le choix d'un système capitaliste d'exploitation de la propriété foncière pour le développement durable. Pour la simple raison, qu'à partir de toute l'analyse développée, il ressort que la propriété foncière ne s'accommode pas longtemps à une appropriation collective. Or, l'école managériale insiste

---

[60] La volonté de l'Etat n'est que le produit d'un système prescriptif qui impose une certaine conformité dans les volontés et les actions. Selon KELSEN, hypostasier l'Etat ou sa volonté est un procédé caractéristique de la pensée primitive.

[61] J. CHEVALLIER, *science administrative*, *op. cit*, pp.534-535. « [...] actions transversales : le mouvement de désectorisation des politiques publiques (lutte contre l'exclusion, politique de la ville, développement local [...]) tend à imposer en effet de manière croissante une logique d'inter ministérialité et de partenariat au niveau de la mise en œuvre ; or, cette nécessaire coopération est freinée par les rivalités entre services et la méfiance qui domine dans les rapports entre l'Etat et les autorités locales. La lourdeur et la rigidité de l'appareil bureaucratique multiplient ainsi les risques de distorsions et d'écarts [...] ».

surtout sur l'efficacité économique, en transposant les méthodes du secteur privé pour opérer une large privatisation.

L'efficacité, est une mesure d'évaluation, qui permet aux décideurs de savoir si les moyens juridiques, matériels et humains de l'administration, leur ont permis d'atteindre les objectifs fixés. Ce qui justifie l'insertion de la propriété foncière au cœur des stratégies de l'économie du développement qui s'intéresse surtout aux questions relatives aux phénomènes démocratiques modernes exigeant plus d'engagement volontaire, de débats d'opinions contradictoires et de compétitivité. Les stratégies envisagées en la matière, privilégient les voies du changement institutionnel et de la bonne gouvernance. Importé de la gestion, le terme est un sujet à polémique car le développement n'est pas un simple problème technique. Il est également un choix de société avec des ressources humaines et matérielles.

En pratique, la « bonne gouvernance » telle que promue, recouvre surtout le respect des droits de propriété, l'absence de corruption, et le respect des droits de l'homme, la décentralisation et la promotion de la démocratie et de la société civile. Il s'agit de choisir « des idéaux d'organisation de la société qui oscillent entre deux types de gouvernance, l'une tirant sa légitimité du suffrage populaire, l'autre de l'efficacité de l'action, de la performance »[62].

Dans la perspective d'une performance dans la gestion foncière, il serait indispensable de moderniser les administrations domaniales, à travers l'introduction d'institution de régulation comme une « Agence de régulation du marché foncier », à l'instar de l'Agence de cessions immobilières (ACI), qui s'est révélée efficace, efficiente et économique.

En fait, la notion d' « Agence» a été utilisée dans le cadre des réflexions engagées dans les années 1990 à propos de l'amélioration de l'organisation et du fonctionnement de l'Etat[63]. Inspiré des systèmes administratifs anglo-saxons et scandinaves, ce nouveau mode institutionnel privilégie essentiellement une importante autonomie de ces organismes vis-à-vis de l'Etat. Ce que le Professeur J. CHEVALLIER qualifie comme « la préfiguration et la symbolisation d'une administration nouvelle émancipée du carcan administratif ». Pour le Professeur J.-B. AUBY la régulation désigne « les formes diverses d'intervention par lesquelles la puissance publique s'efforce de discipliner le fonctionnement d'un secteur économique ».

Enfin, l'implémentation de l'accès à la propriété foncière pourrait être renforcée par la méthode de l'évaluation[64]qui est le reflet d'une inflexion des représentants de l'administration. Cette méthode réserve à la gestion de l'administration publique, le sceau de la recherche de l'intérêt général ; tout en se donnant la conviction que l'administration est tenue de rendre compte de ses faits et gestes et de se soumettre

---

[62] M. BOUVIER, M.-C. ESCLASSAN, J.-P. LASSALE, *Manuel de Finances publiques*, *op.cit.*, p. 45.

[63] J. PICQ, *l'Etat en France*, Rapport, 1995.C. Blanc, *Administration et services publics : Pour un Etat stratège*, Rapport de la Commission d'Etat, 1993.

[64] X. PONS, *L'évaluation des politiques éducatives* : « *Finalement, qu'est-ce que l'évaluation ? L'évaluation est selon nous un idiome réformateur.* » Que sais-je ? Paris, PUF 2011, pp.115 et 117.

à un jugement[65] sur le bon emploi des ressources mises à sa disposition en vue de l'accomplissement de ses missions. Cependant, la question est de savoir quel type de sanction faudrait-il appliquer à la suite d'une évaluation qui dévoile des cas de défaillances avérées ?

Ainsi, on peut conclure cette partie, en recommandant la création d'un service cadastral, permettant de préciser la situation de chaque propriété foncière, d'une part, ainsi que l'institution d'une Agence de régulation du marché foncier, permettant de discipliner les acteurs évoluant sur ce marché, et les sanctionner en cas de besoin, d'autre part.

CONCLUSION

Il ne sera pas opportun d'aborder à ce niveau de réflexion une conclusion. L'étude n'étant qu'une étape d'un cheminement long et complexe, à poursuivre au-delà des incertitudes, et aspects informels supposés inconnus. De surcroit, l'approfondissement de cette étude sur la propriété foncière, doit impliquer la participation d'autres acteurs, qui interviennent dans le système foncier.

---

[65] E. DIARRA, « Finances publiques et institution étatique ou institution et désinstitution des finances publiques : deux moments de l'Etat en France », *in L'institution, passé et devenir d'une catégorie juridique*, Paris, L'Harmattan 2008, p. 283. « *En fait, en s'obligeant à obtenir et à montrer des résultats aux citoyens, les pouvoirs publics acceptent de se soumettre à leur jugement ; on dira, en utilisant un vocabulaire de science politique, au jugement du peuple* ».

Adjaï Benjamin AVAMASSE[1]

LA COMMANDE PUBLIQUE DANS LA NOUVELLE PLANIFICATION FINANCIÈRE DES COLLECTIVITÉS PUBLIQUES

INTRODUCTION

Depuis la loi organique du 29 janvier 1952 en France et celle de 1986 au Bénin consacrant la charte financière de l'Etat, l'action administrative est fondée sur la logique d'une gestion axée sur les moyens. Mais l'évolution des réalités économiques ont généré des contraintes budgétaires énormes dans tous les Etats et ceux dits sous-développés qui ne peuvent admettre le gaspillage des ressources en face d'une croissance exponentielle des besoins des administrés de plus en plus exigeants. Les contribuables non seulement murmurent en face de leurs obligations fiscales mais demandent à palper du doigt ce à quoi ont servi leurs contributions au fonctionnement de l'Etat et à la satisfaction de leurs besoins.

Au regard d'une telle réalité, l'Etat a été obligé d'opérer des changements en choisissant désormais une nouvelle gestion financière des activités d'intérêt général dont il s'occupe. La nouvelle gestion financière de l'Etat a été consacrée en France par la Loi Organique relative aux Lois des Finances (LOLF) du 1er août 2001 et au Bénin par la LOLF du 27 septembre 2013. Le socle de la nouvelle gestion financière de l'Etat est la consécration, voire la sacralisation du principe de la gestion axée sur les résultats qui, comme une toile d'araignée, se déploie pour s'étendre à toutes les natures de dépenses de l'Etat. Alors, l'Etat a aussi parallèlement entamé des réformes dans le secteur sensible de ses dépenses d'investissement qui est principalement constitué des contrats de la commande publique.

La notion de commande publique a été utilisée sans avoir été définie, pour la première fois, et est désormais employée en France et au Bénin pour consacrer les principes généraux devant régir certains types de contrats[2]. En République du Bénin, le législateur a tenté de définir la commande publique comme : « expression employée pour désigner la commande de biens, de services ou de réalisations de travaux par les personnes publiques »[3]. C'est aussi une « expression générique qui

---

[1] Haut fonctionnaire au Ministère de l'Economie et des Finances (Bénin)

[2] Art.1 du décret n°2001-210 du 7 mars 2001 portant code des marchés publics en France et art. 1 de l'ordonnance n°2015-899 du 23 juillet 2015 relative aux marchés publics en France ; art. 3 de la loi n°2009-02 du 7 août 2009 portant code des marchés publics et des délégations de service public en République du Bénin et l'art. 5 de la loi n°2017 du 19 0ctobre 2017 portant code des marchés publics en République du Bénin

[3] Loi n°2016-24 du 11 octobre 2016 portant cadre juridique du partenariat public privé en République du Bénin, art 1er.

regroupe les principaux contrats publics que sont les marchés publics, les délégations de service publics et les partenariats public-privé [4]». Cette notion de commande publique est donc une notion générique et vague qui ne désigne pas un type de contrat précis[5]. Ainsi, pour certains auteurs, la notion de commande publique procède de l'extension du régime juridique des marchés publics à d'autres types de contrats[6] dans la sphère des moyens de mise en œuvre de l'action administrative. On peut retenir que les contrats de la commande publique sont des contrats de "faire-faire"[7]. Ils appartiennent à un groupe qui « comprend notamment trois formes de contrats parmi les plus importants de l'administration : les marchés publics, les délégations de service public et les contrats de partenariats»[8].

La doctrine s'accorde généralement aussi bien en droit[9] qu'en économie[10] que les marchés publics, les délégations de service public et les contrats de partenariat public privé constituent les trois principaux types des contrats de la commande publique. La commande publique est constituée d'une part de l'ensemble des moyens par lesquels les collectivités publiques et leurs établissements publics commandent[11] des biens et services ou réalisent des travaux nécessaires à la gestion des services publics dont elles ont à charge.

La contrepartie des prestations rendues par les titulaires de ces contrats résulte en un paiement de prix pour les marchés publics[12], ou d'une rémunération intégralement ou substantiellement assurée par les résultats de l'exploitation s'agissant des conventions de délégations de service public[13], et de loyers[14] pour les contrats de Partenariat Public-Privé (PPP) .

---

[4] Art. 2 du décret n°2018-230 du 13 juin 2018 portant code d'éthique et de déontologie dans la commande publique en République du Bénin.

[5] X. BZANÇON, P. H. COSSALTER, C. H. CUCCHIARINI, J. FOURNIER DE LAURIERE, *Guide de la commande publique -marchés publics - concessions*, 4 édition, Antony, Groupe Moniteur (Edition du moniteur), 2017 p.13 « La notion de commande publique recouvre l'ensemble des processus par lesquels une personne morale de droit public ou une entité en dépendant :

- procède à des achats de travaux, de fournitures et de services ;
- ou organise une prestation pour le compte de tiers (en générale pour les usagers de la collectivité qu'elle gère »

[6] G. KALFLECHE, *Des marchés publics à la commande publique, l'évolution du droit des marchés publics*, thèse, Paris II 2004 p.188.

[7] E. TACHLIAN, « L'efficacité de la catégorisation des contrats de la commande publique », *in Civilizar* 9 (17) : 45-64, Julio-Deciembre de 2009, p.46.

[8] *Ibid* p.46.

[9] N. SYMCHOWICZ, « Pour un Code des contrats de la commande publique », *in Revue mensuelle lexisnexis jurisclasseur - Contrats et marchés publics*, n°4, avril 2007.

[10] S. SAUSSIER, J. TIROLE, « Renforcer l'efficacité de la commande publique », *in* Notes du conseil d'analyse économique, 2015/3 N°22 p 12 http://www.cairn.info/revue-notes-du-conseil-d-analyse-économique-2015-3-page-1 htm. N. SYMCHOWICZ, « Pour un Code des contrats de la commande publique », *in Revue mensuelle lexisnexis jurisclasseur - Contrats et marchés publics*, n°4, avril 2007.

[11] S. BRACONNIER, *Précis du droit de la commande publique*, 5e Edition, groupe moniteur (Edition du Moniteur) Antony, 2017.

[12] Loi n°2017-04 du 19 octobre 2017 portant code des marchés publics en République du Bénin, art. 4.

[13] Loi N°2009-02 du 07 août 2009 portant code des marchés publics et des délégations de services publics en République du Bénin, son art.3 ayant défini la notion des délégations de service public.

[14] Loi N°2016-24 du 11 octobre 2016 portant cadre juridique de partenariat public privé en République du Bénin, art 1er définissant les contrats de partenariat public privé.

Un constat s'impose et force l'attention de tout observateur de la gouvernance publique dans la sphère de la gestion des contrats de la commande publique. Il s'agit des nombreuses réformes qui ont été entreprises pour assainir la gestion des dépenses relatives à ces contrats.

Ainsi, la volonté récente d'assainir la gestion juridique et financière des contrats de la commande publique n'a épargné aucune nation moderne[15]. Cette vague de réformes a débouché sur l'adoption des principes généraux régissant désormais la commande publique. Le nombre de ces principes diffère selon les législateurs. Il faut globalement retenir les principes de la liberté d'accès à la commande publique, l'égalité de traitement, la transparence, l'efficacité, l'efficience ou l'économie et de la reconnaissance mutuelle dans l'espace Union Economique Monétaire Ouest-Africaine (UEMOA)[16].

Le respect de ces principes doit permettre de s'assurer d'une mise en concurrence effective, condition *sine qua non* pour réaliser le rapport prix qualité dans les dépenses publiques liées à ces contrats. Mais la réforme amorcée pour une gestion rationnelle des dépenses publiques relatives à la commande ne peut atteindre ses objectifs que si elle s'intègre dans le cadre global de la gestion des finances où a également lieu une réforme profonde visant à promouvoir la gestion axée sur les résultats. Dès lors, il doit exister des points d'intersection entre les mécanismes de gestion des contrats de la commande publique et la gestion des finances publiques régies par les principes d'annualité budgétaire, l'universalité, de l'unité de spécialité des crédits et de la sincérité budgétaire.

On peut affirmer sans ambages que la commande publique, eu égard à son volume financier et son impact économique, occupe une part importante des dépenses publiques. Par ailleurs, elle constitue également l'endroit où s'enregistrent les risques de contentieux les plus coûteux aux collectivités publiques. Cependant, l'articulation entre la gestion des contrats de la commande publique et la réforme des finances publiques, notamment celle des dépenses publiques, n'est pas si évidente.

En effet, les finances publiques constituent la matrice d'où les collectivités publiques puisent les moyens pour faire face à leurs obligations financières vis-à-vis des titulaires des contrats de la commande publique. Mais, le phasage entre les différentes étapes de la passation, du suivi de l'exécution des contrats de la commande publique et de celles de la préparation et de l'exécution des lois de finances, a parfois quelques ambiguïtés.

---

[15] Ordonnance n°2015-899 du 23 juillet 2015 et ordonnance n°2016-65 du 29 janvier 2016 y compris les efforts de réforme amorcés depuis les codes des marchés publics de 2001, 2004 et 2006 en France. Au Bénin, les réformes dans le secteur de la commande publique ont démarré en 1999 après le rapport analytique sur le système national de passation des marchés publics aboutissant au code de 1996, de 2004 ayant modifié l'ordonnance de 1996, les directives 04 et 05 de l'UEMOA de 2005 sur les marchés publics et les délégations de service, le code de 2009 sur les marchés publics et les délégations de service public, la loi n°2016-24 du 11 octobre 2016 portant cadre juridique du Partenariat Public Privé au Bénin et le code des marchés publics de 2017.

[16] Art. 2 de la directive N°04/2005/CM/UEMOA portant procédure de passation, d'exécution et de règlement, des marchés publics et des délégations de services publics dans l'Union Economique et Monétaire Ouest Africaine

Pour que la réforme des contrats de la commande publique croise la nouvelle planification financière des collectivités publiques, il est indispensable que les procédures de passation et le suivi de l'exécution de ces contrats se conduisent sur la base d'une gestion axée sur les résultats. C'est pour cette raison qu'il convient d'analyser d'abord dans quelle mesure la détermination et la budgétisation de l'objet des contrats de la commande publique constituent un résultat à atteindre (I). Il faut ensuite souligner qu'une gestion de la commande publique désormais axée sur les résultats est un véritable défi qui nécessite une nouvelle organisation administrative animée par une nouvelle qualité d'agent public motivé (II) à cet effet.

I. DETERMINATION ET BUDGETISATION DES RESULTATS DES CONTRATS DE LA COMMANDE PUBLIQUE

La détermination et la budgétisation des résultats des contrats de la commande publique correspondent à la phase de la planification des marchés publics et à celle de la préparation du budget de l'Etat. Une détermination précise de la nature et de l'étendue des besoins, objet des contrats de la commande publique (A), est une condition nécessaire à la réussite d'une budgétisation conséquente (B) des résultats à atteindre dans la mise en œuvre des procédures de passation et le suivi d'exécution des contrats.

A. DÉTERMINATION PRÉCISE DE LA NATURE ET DE L'ÉTENDUE DES BESOINS

L'expression et l'analyse des besoins permettent de faire une définition de l'objet du contrat (1). Mais la détermination précise et préalable de la nature et de l'étendue des besoins doit se poursuivre jusqu'à la spécification de l'objet et du type de chaque contrat (2).

1. Expression, analyse et définition des besoins

On ne peut déterminer la nature et l'étendue d'un besoin qui n'est pas exprimé. L'expression des besoins relève de la compétence des structures bénéficiaires des contrats à passer. Elle doit être pertinente par rapport aux résultats et être effectuée sur la base du Programme de Travail Annuel (PTA) ou un plan pluri annuel de la structure en particulier et sur celui de l'autorité contractante en général. Exprimer les besoins dans un processus de passation des contrats de la commande publique consiste de la part d'une structure bénéficiaire du contrat à dire à sa manière ce qu'elle ressent comme vide à combler en vue de la satisfaction d'un besoin portant sur l'objet précis d'un type de contrat.

Il n'est pas évident que le bénéficiaire exprimant son besoin, même s'il est un spécialiste de l'objet du contrat, soit bien précis par rapport à tous les aspects administratifs, économiques, sociaux, environnementaux et procéduraux ayant un impact sur le coût des contrats. Il convient alors d'attirer l'attention des structures qui ressentent un besoin de passation d'un contrat de la commande publique sur une réalité importante.

Il revient à une structure bénéficiaire, en vertu des attributions qui lui sont assignées, l'obligation et en même temps le droit d'exprimer ses besoins de passation de contrats mais, elle n'est tout à fait outillée pour procéder à la détermination précise de ses besoins. En réalité, beaucoup de paramètres interviennent au cours de la détermination précise des besoins et cette tâche pour ne pas être bâclée ou approximative, nécessite une analyse à fond sur plusieurs angles qui échappent à un travail mené en vase clos.

C'est pour cette raison que la route de l'affinement des besoins doit se poursuivre jusqu'à leur spécification et leur classification dans les différents types de marchés ou d'autres contrats de la commande publique.

2. Spécification et classification des besoins définis dans chaque type de marché public ou dans un autre type de contrat

A cette étape l'autorité contractante doit faire un pas de plus dans son obligation de détermination précise des besoins. Il s'agira pour elle de se conformer aux dispositions des articles 60, 61 et 62 de la loi n°2017-04 du 19 octobre 2017 portant Code des Marchés Publics (CMP). A cet effet, elle doit catégoriser chaque prestation et la classifier dans un type de marché public[17], et définir les travaux, les fournitures et les services par référence aux normes, agréments techniques ou spécifications tels que prévus par la loi. Il est également prévu que certains types de prestations dans le cadre d'une procédure de passation de marchés publics compte tenu de la grande complexité de leur objet, ne peuvent être attribuées que sur la base des critères de performance et non de spécifications techniques[18]. Cela constitue une source de difficultés supplémentaires pour l'autorité contractante car, il n'est pas aisé de spécifier les prestations par performance, d'en déterminer les critères d'évaluation ainsi que les coûts précis en vue d'attribuer les contrats et d'en faire le contrôle strict de l'exécution.

Quant aux prestations à satisfaire ne relevant pas des critères légaux caractéristiques des marchés publics, l'analyse au niveau de la détermination des besoins doit conduire à choisir les types de contrats adéquats de contrats entre les Délégations de Service Public (DSP) et les contrats de Partenariats Public-Privé (PPP). Au cas où il s'agit des contrats PPP, la détermination adéquate des besoins se fait par l'étude préalable du projet conformément à la loi n°2016-24 du 11 octobre 2016 portant cadre juridique du Partenariat Public Privé [19] en République du Bénin.

Après avoir procédé avec exactitude à la détermination de l'objet des types de contrats, la logique de la gestion axée sur les résultats recommande que l'autorité contractante prévoie les montants prévisionnels de la qualité, la quantité et la livraison dans un délai connu de l'objet des contrats. C'est le sommet idéal de

[17] Article 4 du CMP ayant défini les différents types de marchés publics.

[18] Art. 42 du CMP.

[19] Article 12 de la loi sur les PPP.

transparence souhaité par les réformes pour que l'Etat puisse respecter ses engagements financiers à la phase de l'exécution des contrats. Ainsi, l'ensemble des prestations désirées doivent être transformées en des résultats auxquels doivent inévitablement aboutir les procédures de passation et de suivi de l'exécution des contrats. Une fois les résultats à atteindre sont connus et maîtrisés, il est indispensable de déterminer leur incidence financière devant faire objet d'une autorisation de dépense dans les conditions définies par les règles relatives à la nouvelle planification financière de l'Etat.

B. BUDGÉTISATION DES RÉSULTATS DES CONTRATS DE LA COMMANDE PUBLIQUE

Pour mieux budgétiser les résultats des contrats de la commande, il est important de s'appuyer sur la nature et l'étendue précises des besoins déterminés en vue d'une bonne préparation du budget de ces contrats (1). De la logique d'une gestion des contrats axée sur les résultats, l'administration publique doit forcément veiller à un contrôle de l'exécution du budget des contrats (2).

1. Préparation du budget des contrats

La prévision financière des contrats à passer est une obligation stricte qui pèse sur toute autorité contractante. En effet, le législateur dispose que pour les marchés publics, « L'autorité contractante est tenue de s'assurer de la mise en place et de la disponibilité du financement avant le lancement de tout appel à la concurrence conformément à son plan annuel de passation de marchés et ce, jusqu'à la notification de marché [...] »[20].

Le plan annuel de passation des marchés doit être élaboré suivant les conditions prévues par le décret n°2018-231 du 13 juin 2018 portant procédures d'élaboration des plans de passation des marchés publics. Alors, il s'agit pour l'autorité contractante de s'appuyer sur les besoins déterminés avec précisions[21] pour planifier les projets d'acquisition de biens et services, et de réalisation des travaux.

Dans le cas des contrats de PPP, la même obligation de la planification financière des contrats pèse sur l'autorité contractante qui doit, entre autres, par le biais de l'évaluation préalable, réaliser : « [...] une étude des externalités afin de déterminer les coûts et les bénéfices attendus pour la personne publique » ainsi qu'« une étude de soutenabilité budgétaire[22] ».

La loi organique n°2013-14 du 27 septembre 2013 relative aux lois de finances (LOLF) fait écho des mêmes obligations de planification financière des dépenses à l'endroit des administrations publiques. En effet, le projet de loi de finances est accompagné d'un certain nombre de documents devant aider à connaître les détails

[20] Art. 26 du CMP.

[21] Art. 3 du décret n°2018-231.

[22] Art. 12 de loi sur les PPP.

des prévisions des dépenses budgétaires avec une précision au franc près[23]. Pour une précision aussi exigeante dans la prévision des dépenses relatives aux contrats, il faut recourir aux modalités de la comptabilisation des opérations de recettes, de dépenses, de trésorerie et de gestion de patrimoine de l'Etat[24]. Pour ce faire, à l'étape de la prévision financière des contrats, les autorités contractantes doivent exploiter les données de la comptabilité matière et celles de la comptabilité d'analyse des coûts.

L'exploitation des données de la comptabilité matière[25] permettra d'analyser et de faire ressortir la pertinence et la nécessité des besoins définis afin de trier ceux qui sont nécessaires des superflus. Il faut donc tamiser les coûts prévisionnels pour ne retenir que les montants nécessaires à la performance de la gestion administrative. Après ce tri, les montants prévisionnels des projets de contrats ne peuvent être précis qu'à l'aune de la comptabilité d'analyse des coûts. Car le législateur dispose que : « La comptabilité d'analyse des coûts a pour objet de faire apparaître les éléments de coût des actions engagées dans le cadre des programmes de mise en œuvre des politiques publiques.

Elle permet de justifier les crédits indispensables à la conduite des actions et de mettre en évidence les éléments nécessaires à la performance au sein des programmes.

Elle est destinée à fournir des éléments de comparaison dans l'espace et dans le temps et éventuellement entre différentes structures administratives[26]». La comptabilité d'analyse des coûts est alors un outil de détermination des coûts prévisionnels des contrats de la commande publique. Sa mise en œuvre judicieuse peut permettre à l'administration de faire des prévisions exactes du moins très approximatives en minimisant les écarts entre les montants réels et ceux prévisionnels.

Mais la réussite de la détermination des montants prévisionnels des contrats n'est pas une chose aussi simple qu'on peut l'imaginer. Cela suppose que les besoins de passation de contrats de la commande publique soient suffisamment déclinés suivant la structure d'actions administratives axées sur les résultats pour « faire apparaître les éléments de coût des actions engagées dans le cadre des programmes de mise en œuvre des politiques publiques ». Il faudra désormais élaborer les plans de passation des marchés en faisant apparaître non seulement les types de marchés et leurs montants prévisionnels mais aussi l'intitulé des politiques publiques, les missions, les programmes et les actions auxquels l'objet des contrats à passer sont rattachés. Désormais, les contrats doivent être d'abord ancrés dans le cadre organique d'une politique publique auquel le gestionnaire doit prêter attention pour réussir son exercice de cohérence. Ainsi les coûts estimés des contrats prévus seront monnayés et justifiés par les résultats à atteindre et l'évaluation de la part de ces contrats dans la performance de l'action administrative sera aisée.

---

[23] Art.49 a), b) et c) de la LOLF.

[24] Art. 78 de la LOLF.

[25] Art. 81 de la LOLF.

[26] Art. 82 de la LOLF.

En réalité, les obstacles qui ne permettent pas aux autorités contractantes de faire des prévisions financières exactes à la phase de la planification des contrats et à celle de préparation du budget de l'Etat résident surtout dans des impondérables qui caractérisent tout contrat administratif. Il s'agit de l'imprévision, des sujétions imprévues, le fait de prince, l'usage des pouvoirs de direction de contrôle, de sanction, de modification, de résiliation unilatérale reconnus à l'administration.

Aussi, les questions relatives à l'asymétrie d'information, la théorie des contrats incomplets, des coûts de transaction, *etc.* de même les possibilités d'avenants ne permettent pas d'inscrire la gestion des contrats de la commande publique dans une véritable logique de gestion axée sur les résultats du moins des résultats à une date initialement prévue.

Par exemple, les opérations de planification des marchés publics et de la préparation du budget de l'Etat se déroulent pratiquement à la même période suivant certaines dispositions du décret[27] relatif à l'élaboration du plan de passation des marchés publics et l'arrêté [28] ayant fixé le calendrier d'élaboration de la loi de finances pour la gestion 2019 et du budget pluriannuel 2019-2021. La concomitance de la planification des contrats et de la préparation du budget est un aspect important d'intégration des contrats dans la planification financière de l'Etat en vue d'éviter que ces contrats soient passés sans une autorisation de dépenses donnée par l'organe compétent. Mais, force est de reconnaître que cette pratique ne sera bénéfique pour une budgétisation exacte des coûts relatifs aux contrats de la commande publique si les procédures de réalisation des études pour la détermination des conditions techniques et financières de ces contrats ont été concrétisées avant le début de l'élaboration du budget de l'Etat.

2. Exécution et contrôle du budget des contrats de la commande publique

A la phase de l'exécution du budget des contrats de la commande publique, les objectifs de la gestion axée sur les résultats sont éprouvés par l'instabilité des crédits, les caractéristiques des contrats rattachés au service public lui-même exposé aux mutations économiques et sociales. A cela s'ajoutent les différents manquements des cocontractants de l'autorité contractante à leurs engagements. Tous ces facteurs peuvent expliquer en partie les contreperformances des gestionnaires des contrats de la commande publique.

Mais, il convient au prime abord de faire la différence entre la phase de l'exécution du budget des contrats de la commande publique de celle de l'exécution des contrats eux-mêmes. La phase de l'exécution des contrats commence à partir de leur notification ou à un moment ultérieur si les parties en conviennent[29] autrement

---

[27] Art. 5, 6 et du décret n°2018-231 du 13 juin 2018 portant procédures d'élaboration des plans de passation des marchés publics

[28] Arrêté n°467-c/MEF/DC/SGM/DGB/DPSELF/SPSB/SP/0S1SGG18 du 12 février 2018 portant fixation du *planning* des tâches relatives à l'élaboration de la loi de finances pour la gestion 2019 et du budget pluriannuel 2019-2021.

[29] Art. 97 du CMP

et, jusqu'à leur réception provisoire et/ou définitive éventuelle. Il est vrai qu'à cette phase les moyens financiers prévus lors de la préparation du budget sont énormément sollicités afin que l'autorité contractante honore ses engagements vis-à-vis de son contractant. Mais la phase de l'exécution des contrats ne couvre pas entièrement la phase de l'exécution du budget des contrats.

En effet, la phase de l'exécution du budget des contrats part précisément du montage du dossier de mise en concurrence[30], de la signature[31] du projet de contrat par les parties, ce qui correspond au début de l'engagement juridique. Le processus de passation des contrats se poursuit avec la réservation de crédit qui vaut l'engagement comptable. Ensuite intervient le visa du contrôleur pour confirmer la disponibilité du crédit, et l'approbation[32] du projet de contrat marquant la fin de l'engagement juridique. L'exécution du budget des contrats s'étend jusqu'à la réception provisoire ou définitive. Durant toute cette période il n'est pas certain de pouvoir garantir la stabilité des crédits.

L'instabilité des crédits budgétaires est liée en grande partie au pouvoir de régulation accordé au Ministre des Finances par certaines dispositions de la LOLF. En vertu de ce pouvoir de régulation, « [...] le ministre en charge des finances est responsable de l'exécution de la loi de finances et du respect des équilibres budgétaire et financiers définitifs de ladite loi.

A ce titre, il dispose d'un pouvoir de régulation budgétaire qui permet, au cours de l'exécution du budget :

- d'annuler un crédit devenu sans objet... ;
- d'annuler un crédit pour prévenir une détérioration des équilibres budgétaire et financier de la loi de finances. En outre, le ministre en charge des finances peut subordonner l'utilisation des crédits par les ordonnateurs aux disponibilités de trésorerie de l'Etat [33]».

II. DEFI D'UNE NOUVELLE ORGANISATION ADMINISTRATIVE ANIMEE PAR UNE NOUVELLE QUALITE D'AGENT PUBLIC

Faire face à une gestion des contrats de la commande publique axée sur les résultats suppose un changement de mode de gestion faisant appel à une nouvelle organisation administrative (A) dotée de nouvelle qualité d'agents motivés et dévoués à cette cause (B).

---

30 Art. 26 du CMP

31 Art. 94, alinéa 4 du CMP

32 Art. 95, alinéa 4 du CMP

33 Art. 71 de la LOLF

A. Nouveau cadre organisationnel pour une commande publique axée sur les résultats

Le nouveau cadre managérial pour une commande publique axée sur les résultats a besoin d'un cadre légal qui définit de manière transparente les rôles de chaque acteur et assure la cohérence des interventions de tous les maillons de la chaîne de gestion des contrats (1). Les règles strictes doivent être fixées pour éviter les redondances de tâches et combattre les conflits d'attributions (2) susceptibles de bloquer les processus de contractualisation.

1. Transparence et cohérence dans le rôle des acteurs intervenant dans la gestion de la commande publique

Lorsqu'on aborde l'étude du cadre institutionnel de la gestion des contrats de la commande publique, il convient de faire remarquer qu'au niveau des marchés publics, le législateur a fait un effort de démarcation des fonctions des organes spéciaux prévus pour un rôle dans ce secteur. Il a prévu une incompatibilité entre les fonctions de passation et de contrôle, les fonctions de contrôle et celles de régulation des marchés publics.

Cependant lorsqu'on examine séparément l'organe de passation des contrats, de contrôle et de régulation, il n'est pas sûr de ne pas découvrir d'autres velléités ou réalités de confusion de rôles qui ne sont certes pas de nature à garantir une gestion axée sur les résultats des contrats.

En ce qui concerne les opérations de passation des contrats de la commande publique, les autorités contractantes sont en même temps l'ordonnateur du budget de leurs structures. A cet effet, les fonctions d'ordonnateur et d'autorité contractante se retrouvent dans les compétences des mêmes autorités administratives. Mais pour préparer et exécuter leur budget général y compris celui des contrats, elles disposent de structures différentes de celle qui est spécialement compétente pour les opérations de passation des contrats. Il s'agit d'une part des directions techniques, des directions centrales et, des coordinations des projets qui jouent le rôle de structures techniques de l'autorité contractante. A côté de cette série de structures œuvrant toutes pour la même autorité contractante, il est prévu que l'autorité contractante délègue sa compétence à une personne mandataire dénommée Personne Responsable des Marchés Publics (PRMP). La PRMP est l'organe dont le rôle exclusif est de conduire les procédures de passation des marchés et d'en assurer le suivi de l'exécution.

Par conséquent, elle est la seule à répondre administrativement, civilement et pénalement de cette activité. Paradoxalement, les autres structures qui jouent d'importants rôles dans la gestion des contrats disposent de moyens financiers et une organisation administrative avec un personnel important.

Par les textes ou la pratique, les opérations de gestion des contrats sont dispersées au niveau de plusieurs structures techniques voire politiques qui, *in fine*, compromettent la possibilité du gestionnaire à répondre de sa performance. Aussi, le début des opérations de passation des marchés n'est pas explicitement délimité par le législateur.

Quant aux contrats de partenariat public privé, le cadre institutionnel de ces contrats n'est pas de nature à concentrer l'essentiel des activités entre les mains du seul organe de passation dans la logique d'une gestion axée sur les résultats. Le législateur dispose que : « Le cadre institutionnel des contrats de partenariat public privé comprend : le Conseil des Ministres; les organes de contrôle et de régulation; la Cellule d'Appui au Partenariat Public-Privé (CAPPP) ; la commission ad hoc d'appel d'offres[34] ». De plus, l'article 6 affirme que : « Le Conseil des Ministres est l'organe suprême de prise de décisions dans le processus de mise en œuvre des projets en partenariat public privé ».

Le contrôle des contrats de la commande publique est assuré par les organes de contrôle. Ces organes sont pour assurer principalement les contrôle a priori. Le contrôle a priori est rendu obligatoire sous peine de nullité des contrats. « Lorsque la passation d'un marché a été soumise à l'obligation d'une autorisation préalable et que cette obligation n'a pas été respectée, le marché est nul[35] ». Ce sacre du contrôle a priori contraste avec la logique d'une gestion axée sur les résultats.

L'atteinte des résultats à bonne date pose aussi une équation difficile pour le gestionnaire lorsque l'organe de régulation des contrats est saisi ou s'autosaisit dans une procédure de passation des contrats. Car, en vertu des dispositions du code, la saisine de l'organe de régulation suspend la procédure. Ainsi l'exercice régulier des attributions d'un organe peut bien retarder voire annuler un acte de gestion d'un autre.

2. Bannir les redondances et les conflits d'attributions

Lorsqu'on croise la gestion des contrats de la commande publique avec celle axée sur les résultats, on doit inévitablement rechercher une forme d'organisation débouchant sur une gestion optimale des ressources publiques investies dans les contrats. En effet, la nouvelle planification financière de l'Etat partage avec la réforme de la commande publique le but ultime de l'efficacité, de l'efficience susceptible d'induire le rapport coût qualité. Alors, optimiser, c'est aussi rechercher et combattre toutes les occasions de redondance des tâches et supprimer toutes poches de conflits d'attributions afin de faire produire à l'organisation en charge de ces contrats le maximum possible de performances et de minimiser voire éliminer toutes formes de contreperformances.

Pour y parvenir, il faudra procéder à une analyse institutionnelle des rapports d'activités qui existent entre les différents organes intervenant dans la gestion des contrats publics à la lumière de la nouvelle organisation préconisée par la LOLF. Il en ressort que la gestion des contrats de la commande publique doit être désormais déclinée à partir de la formulation des politiques publiques sous forme de missions à identifier, de programmes, d'actions et de tâches. Cette déclinaison

---

[34] Art. 5 de la loi n°2016-24 du 11 octobre 2016 *op cit.*

[35] Art. du CMP

permettra d'identifier avec précision les projets de passation des contrats de la commande publique.

Ainsi, la précision recherchée dans l'expression, la détermination préalable des besoins de passation de contrats seront effectives. Pour être plus concret, il est pratique de partir des besoins de passation de contrats de la commande publique afin de formuler les requêtes d'un Budget Opérationnel. Il est même recommandable d'agréger plusieurs besoins de contrats sous forme de programmes de soutien ou de support à plusieurs autres programmes ou à l'ensemble des programmes d'une autorité contractante.

Il en découle que les redondances de tâches et les conflits d'attributions entre les différents intervenants dans la chaîne de gestion des contrats pourront être vite décelés et bannis. Ainsi, l'accent sera mis sur les regroupements d'achat au moins pour les fournitures d'usage courant et une économie d'échelle sera possible sur ces acquisitions. Il convient alors de donner une place adéquate à la structure en charge de la gestion des contrats afin de lui permettre de disposer d'une autonomie nécessaire de décisions et d'actions susceptible de l'amener à l'atteinte des résultats à lui assignés.

La performance ou, précisément, l'atteinte des résultats attendus des structures chargées de la passation et du suivi des contrats de la commande publique dépend désormais des moyens organisationnels et de leur rang dans la gestion administrative mise en place. Ces contrats participant de la performance de toutes autres structures d'une autorité contractante, leur gestion doit être considérée comme une activité transversale et il n'est pas exagéré de les ériger en une direction centrale ou en un programme de support avec un responsable disposant de la qualification adéquate à la tête d'une activité déterminante avec un effectif conséquent.

Les redondances des tâches sur une même nature d'action administrative se manifestent par la reprise systématique de la même action, soit concomitamment, soit chronologiquement au niveau de plusieurs maillons de l'exécution des tâches. Elle a pour conséquence de retarder les délais d'exécution d'une mission et de faire perdre de temps à l'administration.

Les conflits sont soit formels ou de fait. Il y a conflit d'attribution formel, lorsque les textes constitutifs d'un cadre organisationnel attribuent à la fois les compétences à plusieurs acteurs sur une chaîne d'actions administratives. De fait, il y a conflit d'attributions par ignorance ou de gré lorsqu'un acteur s'immisce dans les attributions d'un autre. La redondance des tâches et les conflits d'attributions peuvent avoir lieu lors de l'exécution financière des contrats surtout pour les marchés publics car le code rend la Personne Responsable des marchés publics responsable des retards de paie, alors qu'elle n'a pas compétence pour conduire l'entièreté des opérations de paiement.

B. UNE NOUVELLE QUALITÉ D'AGENTS PUBLICS DISPONIBLES ET MOTIVES

La quête d'une nouvelle qualité d'agent public (1) préposé à la gestion des contrats de la commande publique axée sur les résultats est nécessaire. De plus, l'administration doit œuvrer à mettre en place un système de motivation (2) pour rendre attractive la nouvelle organisation administrative de gestion des contrats axée les résultats.

1. La quête d'une nouvelle qualité d'agents publics dédiés à la commande publique.

a. Définition d'un cadre transparent de gestion des carrières des agents publics

La réforme budgétaire implique une réforme générale de l'administration. Un nouveau paradigme de gestion des agents de l'Etat est indispensable. La gestion des ressources humaines doit être abordée dans un cadre transparent permettant aux agents d'avoir une lisibilité sur leurs carrières.

b. Mise en place d'un dispositif d'application effective d'un plan de carrières axé sur les résultats

Le renforcement des capacités est une tâche critique que les autorités administratives doivent traiter avec une attention particulière. La gestion prévisionnelle des compétences est plus que jamais nécessaire. Ainsi, sur chaque politique publique, déclinée en missions et programmes l'évaluation des besoins de compétence doit être effectuée et la qualité ainsi que le nombre d'effets nécessaires à la mise en œuvre d'une activité au sein d'un programme doivent être maîtrisés. Le coût y afférant doit être prévu, budgétisé et la mise à disposition du personnel adéquat doit être effective.

2. La gestion de la motivation des agents destinés à la commande publique

Motiver signifie entre autres « Créer chez quelqu'un les conditions qui poussent à agir ; stimuler[36] ». L'un des sens du mot motivation est aussi le « processus physiologique et psychologique responsable du déclenchement, de la poursuite et de la cessation d'un comportement[37] ». Pour les théories du management, « la motivation professionnelle se définit comme la volonté de fournir un effort important afin d'atteindre les objectifs fixés par l'entreprise, volonté conditionnée par la capacité dudit effort à satisfaire un besoin personnel [38]». Le système de

[36] Le Petit Larousse illustré, Paris, 2010.

[37] *Ibid.*

[38] S. ROBBINS, D. De CENZO, M. COULTER, *Mangement : L'essentiel des concepts et pratiques* 7è édit., Paris, Distribution Nouveaux Horizons-ARS, 2011, p.311.

motivation à préconiser pour une gestion incitative des agents publics intervenant dans le secteur de la commande publique, ne peut s'écarter des solutions classiques préconisées par la théorie des organisations en matière de gestion des ressources humaines en général. Dans la théorie de la gestion des ressources humaines et des organisations, la motivation est basée sur la pratique des sanctions. Les sanctions peuvent être positives comme négatives. Les règles régissant la commande publique semblent privilégier les sanctions négatives (a) dans le but de produire un modèle effet dissuasif à ne reproduire. Lorsqu'elles sont positives, elles ont pour but de susciter dans le conscient collectif une exemplarité.

a. Les sanctions négatives

La recherche d'une efficacité de toute organisation humaine voulant atteindre ses objectifs, ne peut se passer de la nécessité de punir d'une part tout écart délibéré à la norme et d'autre part toute absence d'initiative ou de reflexe de résultat. La gestion des contrats de la commande publique axée sur les résultats implique forcément un formatage d'un nouveau mental des agents publics pour les préparer à détester d'eux-mêmes une utilisation inefficace et inefficiente des ressources publiques mises à leur disposition pour la passation et le suivi de l'exécution des contrats.

S'agissant des sanctions adéquates, le secteur des contrats de la commande publique est l'un des plus répressifs du domaine d'activités des administrations publiques. C'est ainsi que le code des marchés publics de même que la loi sur les contrats de partenariat public privé inspirés au Bénin des directives régissant les marchés publics au sein de l'UEMOA, ont prévu des sanctions classiques comme des sanctions administratives, civiles et pénales d'une ampleur très déconcertante. La loi n°2011-20 du 12 octobre 2011 portant lutte contre la corruption et infractions connexes en République du Bénin a, en son article 21, disposé que : « les crimes sont imprescriptibles ». Les délits sont prescrits dans un délai de vingt (20) ans à partir de la découverte de l'infraction. Cette loi a récupéré, en ses articles 107 à 110, toutes les infractions prévues dans la gestion des contrats de la commande publique en soumettant ainsi, au même principe d'imprescriptibilité tout crime relatif à ces contrats.

Mais la particularité des sanctions dans une gestion axée sur les résultats des contrats de la commande publique doit être recherchée dans l'accentuation du contrôle de gestion ayant pour corollaire la notion de faute managériale ou de gestion plutôt que le simple contrôle de régularité jusqu'alors encensé dans les dépenses publiques. Cela suppose un changement de cap. Le gestionnaire des ressources votées pour la commande publique, en contrepartie des allègements de contrôle *a priori* dont il bénéficie, doit désormais craindre non seulement les conséquences d'une irrégularité de ses actes mais aussi une piètre performance de sa gestion.

Le juge financier est aussi formaté pour sanctionner les fautes d'inefficacité et d'inefficience des gestionnaires de programmes. Le Budget Opérationnel de Programme ainsi intitulé, a tout son sens lorsque le gestionnaire de programme est opérationnel c'est-à-dire parvient aux résultats pour lesquels les ressources sont mises à sa disposition. Ainsi, le gestionnaire d'un programme, une action, une activité de passation et de suivi de l'exécution des contrats de la commande publique doit désormais répondre d'une nouvelle faute managériale.

Il s'agit entre autres du non-respect des délais de passation, des délais d'exécution par le titulaire des contrats, des échéances de paiement par l'administration publique, de la qualité technique et de la quantité de l'objet des contrats ainsi que l'organisation tardive ou non de la réception de la chose commandée. A cet effet une nouvelle organisation donnant au gestionnaire les moyens juridiques, matériels et financiers est nécessaire. A un nouvel aspect de responsabilité correspond un changement de cap dans les sanctions dissuasives.

b. Les sanctions positives

La réussite de la logique d'une gestion axée sur les résultats des contrats de la commande publique implique la mise en place d'une nouvelle culture capable d'induire des changements intrinsèques au niveau des gestionnaires de ces contrats. La stratégie de motivation à adopter doit rechercher les mécanismes pouvant susciter dans la conscience de chaque agent public sa libre adhésion à la culture des résultats palpables dans la gestion de la commande publique. Evidemment, la mise en place d'une culture administrative ne peut être une tâche exclusive des autorités administratives. Elle est une œuvre collective aussi bien des administrés que de tout contribuable et citoyen en général. Alors, la nécessité d'une veille citoyenne ! Dans ce sens, les contraintes de reddition de compte pourraient constituer l'un des facteurs pouvant participer à des dispositifs de motivation.

Quant à la question délicate de la rémunération pécuniaire, elle doit être traitée avec beaucoup de sérénité pour ne pas tomber dans le cercle vicieux d'une augmentation de traitements sans suite concrète. Toutefois, l'amélioration des traitements des agents préposés à la gestion de la commande publique pourrait contribuer à la réduction des tentatives de préférence d'intérêts personnels à ceux des collectivités publiques. En dehors de la rémunération en espèce, d'autres moyens d'incitation doivent être envisagés et appliqués afin de drainer toutes les énergies vers ce nouvel horizon d'efficacité et de rationalisation de la gestion des contrats.

A cet effet, l'une des qualités à promouvoir chez le nouvel agent public est celle d'un *leadership* afin qu'il puisse prendre des décisions en toute liberté sans craindre d'éventuelles réprobations. Il s'agira de lui procurer un cadre de gestion qui le met en confiance. Pour certains auteurs en théorie du management, « la confiance apparaît comme l'un des attributs fondamentaux du leader [39]». C'est justement la qualité d'un leader qu'on attend d'un gestionnaire de programme et surtout d'un agent à charge de la passation et du suivi d'exécution des contrats de la commande publique.

Ainsi, il convient, dans le contexte d'une gestion axée sur les résultats, d'insister sur la mise en place des facteurs pouvant susciter chez l'agent public, en charge de

---

[39] S. ROBBINS, D. De CENZO, M. COULTER, *Mangement : l'essentiel des concepts et pratiques* 7e édit., *op cit.*, p.377.

la gestion des contrats, une confiance d'identification à son activité, en son autonomie de décision plutôt qu'une confiance de dissuasion[40]. La confiance de dissuasion est fondée sur la crainte de représailles souvent prévues par les textes législatifs et réglementaires tandis que la confiance d'identification permet d'atteindre « le plus haut niveau de confiance lorsqu'un lien affectif, un lien émotionnel s'établit entre les parties [41]». Il apparaît clair que tout ce qui peut concourir à créer un climat, où l'agent peut comprendre et pénétrer davantage son activité et se sentir plus autonome dans la prise de décision, pourra lui permettre d'atteindre les résultats.

Cependant, il est important de souligner que la recherche de l'efficacité ne doit pas occulter l'obligation du gestionnaire à se conformer aux règles relatives aux activités administratives dont il a la charge. Loin s'en faut, le nouveau génie de la gestion des contrats de la commande publique axée sur les résultats, est le gestionnaire qui réussira à concilier l'efficacité, l'efficience et l'assurance de la régularité des dépenses publiques. D'ailleurs le nouveau paradigme du contrôle de la régularité des dépenses publiques intègre désormais la notion de performance comme un critère de certification des comptes par le juge des comptes afin de délivrer un *quitus* au gestionnaire.

CONCLUSION

L'objectif fondamental de la nouvelle planification financière est la gestion axée sur les résultats. La gestion de la commande publique étant, entre autres, régie par les principes de la transparence, l'efficacité et l'efficience, poursuit les mêmes objectifs que ceux de la nouvelle planification financière de l'Etat.

En outre, un pan très important de la réforme budgétaire sera voué à l'échec si la gestion des contrats de la commande publique peine à épouser la logique d'une gestion axée sur les résultats compte tenu de l'importance des montants que les collectivités publiques injectent dans ces contrats chaque année.

Il apparaît ainsi nécessaire d'œuvrer à un ancrage effectif de la gestion des contrats de la commande publique dans le cadre global de la préparation, du vote et l'exécution du budget des collectivités publiques. Pour y parvenir, aucun sacrifice et aucun consensus ne seront de trop car l'enjeu est grand. Ainsi, le jeu vaut la chandelle pour libérer un tant soit peu les collectivités publiques en proie à une demande croissante des services publics dont elles ne peuvent supporter les coûts à cause d'une gestion hasardeuse des dépenses publiques.

L'insatisfaction conséquente des besoins exprimés par les administrés au bord du gouffre social justifie aujourd'hui les réformes budgétaires et celles des contrats de la commande publique. A ces maux, deux remèdes peuvent être préconisés :

- Premièrement, il faut adopter une nouvelle manière de déterminer l'objet des différents contrats de la commande publique. Cette nouvelle méthode consistera à transformer systématiquement les besoins exprimés en des

[40]S. ROBBINS, D. De CENZO, M. COULTER, *op cit.*

[41] *Ibid.*

résultats à atteindre avant de budgétiser les moyens financiers nécessaires à l'atteinte de ces résultats dans le respect des exigences de la nouvelle planification financière de l'Etat.

- Deuxièmement, ce pari ne sera gagné que s'il est mis en place une nouvelle organisation administrative, dans laquelle seul un personnel de qualité et conséquemment motivé agira pour incarner une nouvelle administration publique de développement, basée sur une gestion performante de la commande publique.

TABLE DES MATIÉRES

COMPTABILITE PUBLIQUE

DROIT FISCAL

VARIA

Structures éditoriales du groupe L'Harmattan

L'Harmattan Italie
Via degli Artisti, 15
10124 Torino
harmattan.italia@gmail.com

L'Harmattan Hongrie
Kossuth l. u. 14-16.
1053 Budapest
harmattan@harmattan.hu

L'Harmattan Sénégal
10 VDN en face Mermoz
BP 45034 Dakar-Fann
senharmattan@gmail.com

L'Harmattan Cameroun
TSINGA/FECAFOOT
BP 11486 Yaoundé
inkoukam@gmail.com

L'Harmattan Burkina Faso
Achille Somé – tengnule@hotmail.fr

L'Harmattan Guinée
Almamya, rue KA 028 OKB Agency
BP 3470 Conakry
harmattanguinee@yahoo.fr

L'Harmattan RDC
185, avenue Nyangwe
Commune de Lingwala – Kinshasa
matangilamusadila@yahoo.fr

L'Harmattan Congo
67, boulevard Denis-Sassou-N'Guesso
BP 2874 Brazzaville
harmattan.congo@yahoo.fr

L'Harmattan Mali
Sirakoro-Meguetana V31
Bamako
syllaka@yahoo.fr

L'Harmattan Togo
Djidjole – Lomé
Maison Amela
face EPP BATOME
ddamela@aol.com

L'Harmattan Côte d'Ivoire
Résidence Karl – Cité des Arts
Abidjan-Cocody
03 BP 1588 Abidjan
espace_harmattan.ci@hotmail.fr

L'Harmattan Algérie
22, rue Moulay-Mohamed
31000 Oran
info2@harmattan-algerie.com

L'Harmattan Maroc
5, rue Ferrane-Kouicha, Talaâ-Elkbira
Chrableyine, Fès-Médine
30000 Fès
harmattan.maroc@gmail.com

Nos librairies en France

Librairie internationale
16, rue des Écoles – 75005 Paris
librairie.internationale@harmattan.fr
01 40 46 79 11
www.librairieharmattan.com

Lib. sciences humaines & histoire
21, rue des Écoles – 75005 paris
librairie.sh@harmattan.fr
01 46 34 13 71
www.librairieharmattansh.com

Librairie l'Espace Harmattan
21 bis, rue des Écoles – 75005 paris
librairie.espace@harmattan.fr
01 43 29 49 42

Lib. Méditerranée & Moyen-Orient
7, rue des Carmes – 75005 Paris
librairie.mediterranee@harmattan.fr
01 43 29 71 15

Librairie Le Lucernaire
53, rue Notre-Dame-des-Champs – 75006 Paris
librairie@lucernaire.fr
01 42 22 67 13

www.ingramcontent.com/pod-product-compliance
Lightning Source LLC
LaVergne TN
LVHW011223061026
849535LV00001BA/148
9782343176338